# हिंदी बाल-साहित्य का
# विवेचनात्मक अध्ययन

# हिंदी बाल-साहित्य का विवेचनात्मक अध्ययन

मस्तराम कपूर

अनामिका पब्लिशर्स एंड डिस्ट्रीब्यूटर्स (प्रा.) लि.
4697/3, 21ए, अंसारी रोड, दरियागंज, नई दिल्ली 110002
दूरभाष : 23281655, 43708938
E-mail : anamikapublishers@yahoo.co.in

संस्करण : 2025



आई.एस.बी.एन. 978-81-7975-603-4

भारत में मुद्रित

अनामिका पब्लिशर्स एंड डिस्ट्रीब्यूटर्स (प्रा.) लिमिटेड, 4697/3, 21-ए, अंसारी रोड, दरियागंज, नई दिल्ली 110002 द्वारा प्रकाशित। वी.जी.ए., दिल्ली 110088 द्वारा शब्दांकित एवं विकास कंप्यूटर एंड प्रिंटर्स, ट्रॉनिका सिटी, गाजियाबाद में मुद्रित।

# अनुक्रम

# लेखकीय वक्तव्य

यह ग्रंथ सरदार पटेल विश्वविद्यालय, बल्लभ विद्यानगर (गुजरात) से बाल-साहित्य में पी.एच.डी. की उपाधि के लिए लिखा गया शोध-प्रबंध है। यह शोध-कार्य सन् 1966 के आस-पास शुरू हुआ था और मार्च 1968 में प्रस्तुत किया गया था संभवतः यह बाल-साहित्य पर पहला शोध-प्रबंध है। यह ग्रंथ अपने में एक रोचक कहानी है।

मैंने बाल-साहित्य का लेखन 1951 के आस-पास शुरू किया और 1956 तक मेरी बाल-साहित्य की तीन पुस्तकें और बड़ों के लिए कई कहानियां तथा लेख छप चुके थे। 'मनमोहन' पत्रिका के संपादक सत्यव्रत ने मेरी कहानियों की तुलना हंस क्रिस्चियन एंडरसन की कहानियों से कर मेरे मन में विश्व के बाल-साहित्य की जिज्ञासा पैदा कर दी थी। बाल-साहित्य में विशेष रुचि होने के कारण इस पर शोध करने की बड़ी इच्छा थी किंतु तीन-चार विश्वविद्यालयों में पूछताछ करने पर पता चला कि बाल-साहित्य शोध का विषय नहीं हो सकता। फिर एक दिन सरदार पटेल विश्वविद्यालय (उस समय की बल्लभ विद्यापीठ) के हिंदी विभागाध्यक्ष पं. मोहन बल्लभ पंत से अचानक भेंट हुई। उन्होंने आश्वासन दिया कि मेरा पंजीकरण हो जाएगा और मैं कार्य शुरू कर दूं। उन्होंने अपनी ओर से पंजीकरण शुल्क जमा कर मुझे सूचित कर दिया। कुछ समय बाद उनका निधन हो गया और विश्वविद्यालय के रीडर डॉ. ओमानंद सारस्वत मेरे गाइड हो गए। पंतजी के बाद हिंदी विभागाध्यक्ष बने थे डॉ. रामेश्वरलाल खंडेलवाल। उनकी डॉ. सारस्वत से कुछ खटपट चलती थी। अतः मेरे प्रति उनका रवैया ठंडा था। सारस्वत जी ने मुझे कह रखा था कि मैं जो भी लिखूंगा वह अंतिम होगा और वे उसमें कोई संशोधन नहीं करेंगे क्योंकि बाल-साहित्य की उनकी जानकारी नहीं के बराबर है। मैं दिल्ली में रहकर ही काम कर रहा था और विश्वविद्यालय में एकाध बार ही गया था, शायद कुछ अध्यायों का

प्रारूप डॉ. सारस्वत को दिखाने के लिए। उन्होंने सामग्री को सरसरी रूप से देखने के बाद कहा कि मैं स्वयं ही शोध-प्रबंध को अंतिम रूप देकर और टाइप कराकर उसकी तीन प्रतियां भेज दूं।

जब शोध-प्रबंध विश्वविद्यालय में जमा हो गया तो डॉ. सारस्वत के विरोधी गुट ने (गुटबाजी तो हर विश्वविद्यालय में चलती है) इसमें अड़ंगे लगाने शुरू कर दिए। पहले तो यह आपत्ति की गई कि शोधार्थी की विश्वविद्यालय में उपस्थिति नहीं रही। बाद में सिंडिकेट की बैठक में शोध-प्रबंध की विषय-प्रस्तुति आदि के संबंध में कई सवाल उठाए गए। मैंने कई पुस्तकालयों की धूल फांक कर बाल-साहित्य की 10 पृष्ठों की जो आधार सूची दी थी उसे अनावश्यक कहा गया। इस मीटिंग में मेरे मार्गदर्शक अकेले पड़ गए और उन्होंने तैश में आकर कहा कि यदि आप में से कोई बाल-साहित्य की दस पुस्तकों या दस लेखकों के नाम बता दें तो मैं अपने विद्यार्थी को कहूंगा कि वह नये सिरे से शोध-प्रबंध लिखे तथा इस प्रबंध को फाड़ दूंगा। इसका कोई उत्तर नहीं दे सका। मीटिंग की अध्यक्षता विश्वविद्यालय के कुलपति शिक्षाविद् ईश्वरभाई पटेल कर रहे थे। उन्होंने व्यवस्था दी कि जो लोग बाल-साहित्य का 'क', 'ख' नहीं जानते वे शोधार्थी के काम पर अंगुली उठाएं, यह तो उचित नहीं है। इस पर विवाद का अंत हो गया।

इसके बाद समस्या उठी कि शोध-प्रबंध का परीक्षक किसे नियुक्त किया जाए। चूंकि बाल-साहित्य के विशेषज्ञ विश्वविद्यालयों में नहीं थे, सूरदास के साहित्य से बाल-साहित्य की निकटता मानकर सूर-साहित्य के विशेषज्ञों डॉ. हरवंशलाल शर्मा और पं. मुंशीराम शर्मा को परीक्षक नियुक्त किया गया। डॉ. हरवंशलाल शर्मा ने 6 महीने थीसिस को दबाए रखा और उनके भाई डॉ. ओमप्रकाश शर्मा (जो केन्द्रीय हिंदी निदेशालय में उपनिदेशक थे) के माध्यम से अनुरोध करने पर ही उन्होंने अपनी रिपोर्ट विश्वविद्यालय को भेजी। किंतु पं. मुंशीराम शर्मा ने एक महीने के अंदर रिपोर्ट भेज दी। इतना ही नहीं, एक दिन वे कानपुर से दिल्ली आए और अपने बेटे को लेकर मुझे ढूंढते हुए लोधी रोड पहुंचे। मैं वहां कर्बला की शरणार्थी बस्ती में एक कमरे के मकान में रहता था। वहां पहुंचकर उन्होंने अपना परिचय दिया और कहा : "मैं तुम्हें बधाई देने के लिए आया हूं। मैंने अब तक पचासों थीसिस देखे होंगे लेकिन तुम्हारा थीसिस पहला थीसिस है जिसका एक-एक शब्द मैंने पढ़ा।" मेरे लेखकीय जीवन का यह सबसे बड़ा पुरस्कार था। किसको मिलता है यह सौभाग्य कि उसके लिखे पाँच सौ पृष्ठों की सामग्री को वेदादि शास्त्रों का महापंडित, तपःपूत ऋषि, इतनी तन्मयता से पढ़े।

डिग्री मिली जो किसी काम नहीं आई। हिंदी निदेशालय की सरकारी नौकरी में उसका कोई महत्त्व नहीं था। शोध-प्रबंध छपा नहीं क्योंकि छपवाने के लिए न पूंजी पास थी और न उपयोगिता दीखती थी। बाल-साहित्य पर शोध करने वाली एक महिला शोध-प्रबंध की मेरी दो प्रतियों में से एक प्रति ले गई और फिर उसने कभी नहीं लौटाई। दूसरी प्रति बाल-साहित्य और पुस्तकालय विज्ञान पर शोध करने वाले शोधार्थियों के बीच घूमती रही तथा अंत में भोपाल की एकलव्य संस्था ने मंगवाई और बार-बार लिखने पर भी वह प्रति नहीं लौटी। गनीमत हुई कि उर्दू के प्रसिद्ध लेखक मुजतबा हुसैन की एक जापानी शिष्या ने शोध-प्रबंध की दो फोटो प्रतियां कराईं थीं जिसमें एक वह अपने साथ ले गई और दूसरी मुझे दी थी। यह प्रति भी फाइलों में दबी दीमक के हवाले होने वाली थी किंतु मेरे युवा मित्र और पाठक, बागपत (उ.प्र.) के प्रदीप चौधरी ने उसे तार-जिल्द में सुरक्षित कर दिया। प्रस्तुत ग्रंथ उसी से बना। इसमें बाल-साहित्य की वह 90 पृष्ठों की सूची नहीं है जो मूल शोध-प्रबंध का हिस्सा थी। इसके अलावा परिशिष्ट में दी गई संदर्भ ग्रंथों की सूची भी मेरे पास नहीं थी। यह सूची तो मैंने अपनी पुरानी डायरी से ढूंढ कर बना ली किंतु बाल-साहित्य की सूची यहां न दे पाने के लिए क्षमाप्रार्थी हूं। जिज्ञासु उसे सरदार पटेल विश्वविद्यालय के पुस्तकालय में देख सकते हैं। वैसे इसकी एक प्रतिलिपि बिब्लियोग्राफर सूरजपाल शर्मा ने केंद्रीय हिंदी निदेशालय के पुस्तकालय के लिए भी कराई थी। संभव है वहां भी उपलब्ध हो। अब जब यह शोध-प्रबंध चार दशक से अधिक के इंतजार के बाद छपने जा रहा है तो दो व्यक्तियों के प्रति मन अगाध श्रद्धा से गद्‌गद्‌ होता है। एक तो डॉ. ओमानंद सारस्वत, मेरे मार्गदर्शक, जिन्होंने मुझे अपनी बात कहने की पूरी छूट दी और दूसरे महापंडित मुंशीराम शर्मा, मेरे परीक्षक, जिन्होंने मेरे लिखे प्रत्येक शब्द को अपना आशीर्वाद देकर मेरे लेखन को सार्थक बना दिया।

इस शोध-प्रबंध के पहले दो अध्याय बाल-साहित्य के सैद्धांतिक विवेचन के हैं। इनमें विश्व-प्रसिद्ध बाल-साहित्य मर्मज्ञों के विचारों को समाहित किया गया है और मेरा विचार है कि ये अध्याय आगे भी, बाल-साहित्य के रचना-शास्त्र को जानने के लिए उपयोगी बने रहेंगे। तीसरा अध्याय बाल-साहित्य के इतिहास से संबंधित है। यह अध्याय डॉ. नगेन्द्र और डॉ. गोपाल शर्मा के संपादकत्व में निकलने वाले हिंदी साहित्य के इतिहास के एक खंड के लिए लिया गया था किंतु मुझे जानकारी नहीं कि यह इतिहास छपा था अथवा नहीं और उसमें यह आलेख लगा था या नहीं। शेष अध्याय हिंदी बाल-साहित्य का विविध विधा अनुसार

अध्ययन प्रस्तुत करते हैं। और दो व्यक्तियों के प्रति आभार प्रकट करना चाहता हूं। एक हैं प्रदीप चौधरी जिन्होंने इस शोध-प्रबंध की एक प्रतिलिपि अपने पास संभाल कर रखी और प्रकाशन के लिए उपलब्ध कराई। दूसरे हैं पंकज शर्मा जिन्होंने इसे प्रकाशित कर वह काम कर दिया जिसे मैं अन्य सरोकारों की वजह से भुला ही चुका था।

यहां एक प्रश्न उठ सकता है कि लगभग 45 साल पहले लिखे गए शोध-प्रबंध को अब छपवाने का क्या तुक है? प्रश्न वाजिब है और स्पष्टीकरण की मांग करता है। इस संबंध में पहला निवेदन तो यह है कि यह प्रबंध अप्रकाशित रूप में विगत चार दशकों में बाल-साहित्य के विद्यार्थियों, शोधार्थियों, पुस्तकालय विज्ञान के छात्रों और बच्चों की शिक्षा में रुचि रखने वालों में परिचालित रहा है और आगे भी इसकी मांग बने रहने की उम्मीद है, विशेषकर इस बात को देखते हुए कि बाल-साहित्य के सैद्धांतिक और शास्त्रीय पक्ष की जो जानकारी, विश्व के प्रसिद्ध ग्रंथों के आधार पर इसमें दी गई है, वह आज भी प्रासंगिक है। ग्रंथ के निष्कर्ष के रूप में जो बातें कही गई हैं वे आज की स्थितियों में भी सटीक बैठती हैं। दूसरे, बाल-साहित्य की इस समय जो स्थिति है वह आज से लगभग 45 साल पहले की स्थिति से कोई ज्यादा भिन्न नहीं है। हमने पुस्तकों की छपाई आदि में भले ही काफी प्रगति की हो किंतु अंतर्वस्तु की दृष्टि से हमारा बाल-साहित्य आगे बढ़ा है, यह कहना मुश्किल है। बल्कि, जिस गति से अंग्रेजी के बढ़ते साम्राज्य के कारण भारतीय भाषाओं का क्षय हो रहा है, उसे देखते हुए तो यही कहना पड़ेगा कि हम पीछे हटे हैं। अंग्रेजी माध्यम के स्कूलों में पढ़ने वाले बच्चों के लिए हिंदी तथा भारतीय भाषाओं में प्रकाशित साहित्य का कोई मूल्य नहीं है। हाईस्कूल तक के बच्चे न शुद्ध हिंदी बोल सकते हैं, न लिख सकते हैं। उन्हें हिंदी शब्दों के अर्थ अंग्रेजी में बताने पड़ते हैं। पहली कक्षा से ही अंग्रेजी को अनिवार्य बनाने का पागलपन हिंदी क्षेत्रों के राजनेताओं सहित सब राजनेताओं तथा अंग्रेजीदां बुद्धिजीवियों पर सवार है। ऐसी स्थिति में अच्छे स्तर के बाल-सहित्य के लिए अनुकूल स्थितियां ही नहीं हैं। बड़ी बात यह कि बच्चों के प्रति हमारा रवैया अब भी दकियानूसी है। हम बच्चे को वयस्क जीवन का कच्चा माल मानते हैं। उसके स्वतंत्र अस्तित्व को स्वीकार नहीं करते। पुस्तक को छपवाने का एक कारण व्यक्तिगत मोह भी है। बाल-साहित्य और बाल-शिक्षा में मेरी रुचि लेखकीय जीवन के शुरू से ही रही है। इस शोध-प्रबंध को लिखने के बाद भी अनेक वर्षों तक मेरा संबंध बाल-साहित्य की गतिविधियों से बना रहा। इस अवधि में मैंने बाल-साहित्य पर

जो चिंतन-मनन किया उसे समाजवादी साहित्य संस्थान से प्रकाशित पुस्तक 'संस्कृति और साहित्य' में एक पृथक खंड में प्रस्तुत किया गया है। बाल-साहित्य को छोड़कर बड़ों के साहित्य लेखन में भटक जाने और वहां से भटक कर राजनैतिक-सामाजिक क्षेत्र में सारी ऊर्जा लगाने के बाद भी बाल-साहित्य के संबंध में किए गए चिंतन-मनन को असमय काल-कवलित होते देखने को मन तैयार नहीं था। अतः जब कुछ मित्रों ने इस प्रबंध को छपवाने का अनुरोध किया तो मैं तैयार हो गया। अब यह प्रबंध मेरी संपत्ति नहीं, सार्वजनिक संपत्ति है।

दिल्ली 91<br>
1 जुलाई, 2012

**मस्तराम कपूर**

# आमुख

बाल-साहित्य के सृजन में लगभग पंद्रह वर्षों से यत्किंचित् प्रयास करता रहा हूं। यद्यपि मेरे लिखने का क्षेत्र बच्चों के जीवन पर आधारित यथार्थ कहानियों तक ही सीमित रहा तथापि इस सीमित क्षेत्र में भी मैंने अनुभव किया कि बाल-साहित्य का सृजन बहुत कठिन कार्य है। अर्द्ध-विस्मृत बचपन की स्मृतियों को ताजा करना और उनके आधार पर ऐसे साहित्य की रचना करना जो बच्चों को सामान्य रूप से अपनी ओर आकृष्ट कर सके, मेरी दृष्टि में प्रारंभ से ही कठिन साधना का विषय रहा है। लिखने के साथ-साथ मैंने भारतीय और विदेशी भाषाओं के कुछ बाल-साहित्य का अध्ययन भी किया, जिसके परिणामस्वरूप मेरी यह धारणा और भी दृढ़ हो गई कि बाल-साहित्य उच्चकोटि का सृजन कार्य है। और तब मन में ये प्रश्न उठे कि यदि यह सत्य है तो हिंदी में बाल-साहित्य की उपेक्षा क्यों हुई? क्यों किसी विद्वान ने साहित्य के इतिहास में अथवा समालोचना के ग्रंथ में बाल-साहित्य का नामोल्लेख करना भी आवश्यक नहीं समझा? हिंदी के प्रतिष्ठित साहित्यकारों ने अपनी प्रतिभा का प्रयोग बाल-साहित्य के सृजन के लिए क्यों नहीं किया?

ये प्रश्न मन में कई वर्षों से उठ रहे थे अतः जब मेरे समक्ष शोध-प्रबंध के लिए विषय के चयन की समस्या उपस्थित हुई तो सबसे पहले यही प्रश्न तिर्यक मुद्राओं में मेरे सामने पंक्तिबद्ध खड़े हो गए। उन्हीं दिनों *कल्याण* पत्रिका का बालकांक अचानक मेरे हाथ पड़ गया। इसमें पं. बनारसीदास चतुर्वेदी का 'भारतीय बाल-साहित्य' शीर्षक से एक लेख छपा था। इस लेख में वयोवृद्ध साहित्यकार ने बाल-साहित्य विषयक अपने अज्ञान को आत्मग्लानि भरे शब्दों में स्वीकार किया था और बाल-साहित्य के प्रति विद्वानों की उपेक्षा पर अत्यंत खेद प्रकट किया था। एक स्थान पर उन्होंने लिखा था : ''रूस और चीन में पुस्तिकाओं की छपाई, सफाई तथा

सस्तेपन को देखकर हम चकित रह गए। क्या हमारे देश में कहीं पर भी इस प्रकार का कार्य हो रहा है? यदि हो रहा है तो उसका वृत्तांत सर्वसाधारण तक क्यों नहीं पहुंच पाता? यदि हम लोग सचमुच ही अपने बच्चों के स्वास्थ्य, मनोरंजन तथा देख-भाल के विषय में इतनी अधिक उपेक्षा कर रहे हैं तो हमारे लिए डूब मरने की बात है।"[1] इस लेख को पढ़ने के बाद मैंने शोध-कार्य के लिए बाल-साहित्य विषय चुनने का संकल्प कर लिया।

किंतु मेरा यह निर्णय मेरे कुछ मित्रों को बड़ा अजीब लगा। किसी ने कहा कि हिंदी में बाल-साहित्य है ही नहीं अतः यह शोध का विषय ही नहीं हो सकता। किसी ने परामर्श दिया कि इस विषय पर शोध करना अंतहीन मरुस्थल में भटकने के समान होगा क्योंकि बाल-साहित्य के सिद्धांत, इतिहास अथवा मूल्यांकन से संबंधित संदर्भ पुस्तकें ही उपलब्ध नहीं हैं। किंतु मेरा यह दृढ़ विश्वास बना रहा कि शोध छोटे से छोटे विषय पर भी हो सकता है क्योंकि मेरी दृष्टि में शोध ज्ञानरूपी ब्रह्म की खोज का ही नाम है। उस ब्रह्म की खोज स्वर्ण-प्रतिमाओं में भी की जा सकती है और धूल के कण में भी।

विषय-चयन में रुचि के अतिरिक्त एक और तत्व भी सहायक हुआ यद्यपि वह उस समय मेरे लिए अस्पष्ट था। बाल-साहित्य में मुझे ऐसी कहानी हमेशा ही प्रिय रही है जिसमें नायक अज्ञात एवं अपरिचित प्रदेश में भटकने के बाद अपनी मंजिल को पा ले। लगता है कि अनजाने प्रदेश में भटकने की इस अवचेतनस्थ इच्छा के कारण भी मैं इस विषय की ओर आकृष्ट हुआ था। तात्पर्य यह कि सतत जिज्ञासा और अज्ञात की खोज की इच्छा से ही मैं बाल-साहित्य पर शोध-कार्य करने में प्रवृत्त हुआ। मुझे इस बात का संतोष है कि मैं जिस भावना से प्रेरित होकर शोध-कार्य में प्रवृत्त हुआ हूं उसे विद्वानों ने अनुसंधान की मूल प्रेरक भावना माना है। उदाहरण के लिए, डा. विजयेंद्र स्नातक ने "सतत वर्धमान जिज्ञासा और ज्ञान पिपासा को अनुसंधान की मूल प्रेरक शक्ति माना है।"[2]

मेरे इस शोध-कार्य का महत्व क्या है यह तो विद्वान लोग ही बताएंगे किंतु मन में यह विश्वास रहा है कि उपलब्धियों और त्रुटियों का लेखा-जोखा प्रस्तुत करने के बाद साहित्य के इस अत्यंत महत्वपूर्ण किंतु उपेक्षित अंग की ओर विद्वानों और साहित्यकारों का ध्यान आकृष्ट होगा और इसकी श्रीवृद्धि के प्रयत्नों में गति आएगी।

1. *कल्याण* का बालक अंक, जनवरी 1953, पृ. 391-392।
2. *अध्ययन और अन्वेषण,* पृ. 40।

बाल-साहित्य से संबंधित सैकड़ों प्रश्नों का समाधान प्रस्तुत करने का दावा तो मैं कर ही नहीं सकता हूं किंतु भावी शोधार्थी इससे अपने मार्ग की दूरस्थ झलक तो प्राप्त कर ही सकेंगे। इसके अतिरिक्त मुझे विश्वास है कि इस शोध-प्रबंध से लेखकों को बाल-साहित्य की विभिन्न विधाओं की रचना-प्रक्रिया का ज्ञान होगा जिससे बाल-साहित्य के विविध क्षेत्रों में मौलिक सृजन की संभावनाएं बढ़ेंगी।

जहां तक मुझे ज्ञात हो सका है हिंदी में बाल-साहित्य पर अभी तक कोई शोध-प्रबंध नहीं लिखा गया है। कुछ शोधार्थी विभिन्न विश्वविद्यालयों से बाल-साहित्य के विभिन्न पक्षों पर शोध-कार्य कर रहे हैं किंतु अभी तक कोई शोध-प्रबंध प्रकाशित नहीं हुआ है। विवेचनात्मक साहित्य में निम्नलिखित पुस्तकें तथा लेख मैं देख पाया हूं :

(1) **बाल दर्शन :** कृष्ण विनायक फड़के द्वारा लिखित इस छोटी सी पुस्तक में बाल-साहित्य के स्वरूप, बालकों की रुचियों आदि के संबंध में सरसरी जानकारी दी गई है। यह पुस्तक सन् 1946 में भीष्म एंड ब्रदर्स, कानपुर से प्रकाशित हुई थी।

(2) **हिंदी किशोर साहित्य :** ज्योत्स्ना द्विवेदी कृत इस पुस्तक में शैक्षिक मनोविज्ञान और किशोरावस्था के बालकों की साहित्यिक अभिरुचियों तथा उनके अनुरूप उपलब्ध साहित्य पर विचार किया गया है। बाल-साहित्य के कुछ मनोवैज्ञानिक पहलुओं पर इस पुस्तक में अवश्य प्रकाश डाला गया है किंतु पुस्तक का मुख्य विषय बाल-साहित्य न होकर शैक्षिक मनोविज्ञान है। यह पुस्तक नंदकिशोर एंड ब्रदर्स, बनारस से सन् 1952 में प्रकाशित हुई थी।

(3) **कहानियों द्वारा शिक्षा :** यह पुस्तक 'एज्युकेशन बाई स्टोरी टेलिंग' नामक अंग्रेज़ी पुस्तक का अनुवाद है जिसे श्रीराम बाजपेयी ने सन् 1923 में सेवा समिति बालचर मंडल, इलाहाबाद के लिए प्रस्तुत किया था। पुस्तक में बालकों की रुचियों आदि की सरसरी चर्चा है। साहित्य की अपेक्षा शिक्षा पर अधिक बल दिया गया है।

(4) **आचार्य रामलोचन शरण अभिनंदन ग्रंथ :** इस ग्रंथ में बाबू ब्रजनंदन सहाय 'व्रजबल्लभ' ने एक लेख में बाल-साहित्य के इतिहास पर प्रकाश डाला है।

(5) **बाल-साहित्य की मान्यताएं एवं आदर्श :** इस पुस्तक में 'बाल-साहित्य' विषय पर हिंदी तथा अंग्रेजी के विभिन्न विद्वानों द्वारा लिखे गए निबंध संगृहीत हैं। सेंट्रल पेडागाजिकल इंस्टीट्यूट, इलाहाबाद द्वारा सन् 1962 में आयोजित एक बाल-साहित्य रचनालय में ये निबंध पढ़े गए थे। बाल-साहित्य के सैद्धांतिक पक्ष के संबंध में प्रतिष्ठित विद्वानों के विचारों का परिचय प्राप्त करने के लिए यह पुस्तक बहुत उपयोगी है।

(6) **बालगीत साहित्य :** श्री निरंकार देव सेवक की यह पुस्तक अभी हाल ही में किताब महल, इलाहाबाद से प्रकाशित हुई है। वैसे तो इस पुस्तक का विषय बालगीतों तक ही सीमित है किंतु इसमें बाल-साहित्य के इतिहास की श्रृंखला जोड़ने का प्रयत्न भी किया गया है। पुस्तक में हिंदी की बाल कविता का वर्गीकरण और विवेचन किया गया है और प्रसिद्ध कवियों के जीवन-परिचय आदि भी दिए गए हैं।

(7) **पत्र-पत्रिकाओं के लेख :** उपर्युक्त पुस्तकों के अतिरिक्त पत्र-पत्रिकाओं में प्रकाशित कुछ लेखों में भी बाल-साहित्य का सर्वेक्षण-विवेचन आदि प्रस्तुत किया गया है। इनमें निम्नलिखित लेख विशेष उल्लेखनीय हैं :

(1) बालकों की पुस्तकें श्री श्रीप्रकाश
(*विद्यार्थी,* भाद्रपद-आश्विन सं. वि. 1975)

(2) रूस का उपयोगी बाल-साहित्य
(*बालक,* अप्रैल, सन् 1933)

(3) हिंदी में बाल-साहित्य श्री हंस कुमार तिवारी
(*साहित्य संदेश,* अक्तूबर 1939)

इन लेखों के अतिरिक्त अभी हाल ही में *साहित्य संदेश, धर्मयुग, 'ज्ञानोदय, आलोचना* (त्रैमासिक) और *साप्ताहिक हिंदुस्तान* आदि पत्रिकाओं में विभिन्न विद्वानों के लेख प्रकाशित हुए हैं।

मैंने उपर्युक्त पुस्तकों और लेखों से कुछ न कुछ ग्रहण किया है भले ही उसका उद्धरण मैंने अपने शोध-प्रबंध में न दिया हो। बाल-साहित्य के सैद्धांतिक पक्ष के लिए मैंने अधिकांशतः अंग्रेजी के ग्रंथों की सहायता ली है जिनकी सूची परिशिष्ट दो में दी गई है। कहने का तात्पर्य यह कि हिंदी में इस विषय पर न तो अभी तक कोई शोध-प्रबंध प्रकाशित हुआ है और न कोई ऐसी पुस्तक ही उपलब्ध है जिसमें

बाल-साहित्य का सांगोपांग विवेचन प्रस्तुत किया गया हो अतः विषय की मौलिकता स्वयंसिद्ध है।

लेखकों तथा पुस्तकों की संख्या आदि की दृष्टि से हिंदी बाल-साहित्य बहुत विस्तृत विषय है। अनुमानतः छोटी-बड़ी लगभग दस हजार पुस्तकें और सैकड़ों लेखक हैं। शोध-प्रबंध में इतनी पुस्तकों और लेखकों पर सूक्ष्मतया विचार करना असंभव कार्य था अतः समस्त वाङ्मय के स्थान पर मैंने उन्हीं पुस्तकों को चुना है जो साहित्य की कोटि में आती हैं। साहित्य में भी मुझे प्रतिनिधि रचनाओं और लेखकों का चयन करना पड़ा है। सन् 1920 से 1950 तक के साहित्य पर मैंने विशेष ध्यान दिया है किंतु उससे पहले तथा बाद के साहित्य पर सरसरी तौर पर विचार ही कर सका हूं।

हिंदी बाल-साहित्य की न तो कोई पूर्ण सूची प्रकाशित हुई है और न किसी पुस्तकालय में समस्त बाल-साहित्य का संग्रह किया गया है। ऐसी स्थिति में मुझे चुने हुए चार पुस्तकालयों की समन्वित पुस्तक-सूची पर ही अपने अध्ययन को आधारित करना पड़ा है। इस सूची में छोटी-बड़ी लगभग 2,000 पुस्तकें और 68 पत्रिकाएं हैं। प्राचीन साहित्य में हिंदी साहित्य सम्मेलन के संग्रहालय तथा काशी नागरी प्रचारिणी सभा के आर्य-भाषा पुस्तकालय तक ही मेरी पहुंच रही है। नवीन साहित्य के लिए मैंने दिल्ली पब्लिक लाइब्रेरी और बाल भवन, नई दिल्ली के पुस्तकालय से सहायता प्राप्त की है। आधार सामग्री की संख्या प्रधानता के कारण यह विषय साहित्यिक शोध के अन्य विषयों से कुछ भिन्न हो जाता है और इसमें प्रत्येक कृति तथा कृतिकार के सूक्ष्म विवेचन के बजाय मुख्य प्रवृत्तियों के विवेचन के लिए ही अवकाश होता है। प्रस्तुत शोध-प्रबंध में इसीलिए प्रवृत्तिमूलक अध्ययन पर विशेष ध्यान दिया गया है। प्रबंध में यथासंभव ईसवी सन् का ही प्रयोग किया गया है किंतु जहां विक्रमी संवत् का प्रयोग करना पड़ा है वहाँ सं. वि. चिह्नों का प्रयोग किया गया है। बाल-साहित्य में छोटी-छोटी पुस्तकों की संख्या अधिक होने के कारण पाद-टिप्पणियों में पृष्ठ संख्या देने के बजाय कविता-कहानी का शीर्षक अथवा पुस्तक का नाम ही दिया गया है।

प्रस्तुत शोध-प्रबंध को आठ अध्यायों में विभाजित किया गया है। पहले अध्याय में

साहित्य, संस्कृति, समाज, राष्ट्र, शिक्षा और व्यक्ति के संदर्भ में बाल-साहित्य के महत्व को दिखाने का प्रयास किया गया है। दूसरे अध्याय में बाल-साहित्य के स्वरूप को समझने के लिए कुछ मूलभूत प्रश्नों को उठाया गया है। जैसे बाल-साहित्य क्या है, क्यों लिखा जाना चाहिए और कैसे लिखा जाना चाहिए। ये दोनों अध्याय विषय-पीठिका का काम करते हैं। तथापि मैंने इन्हें 'भूमिका' अथवा 'पीठिका' के अंतर्गत न रखकर स्वतंत्र अध्याय के रूप में रखा है। इसका कारण यह है कि बाल-साहित्य के महत्व और उसके शास्त्रीय पक्ष आदि के संबंध में हिंदी में कोई सामग्री उपलब्ध नहीं थी तथा इसके लिए मौलिक चिंतन एवं शोध आवश्यक था। ऐसी स्थिति में, इन अंगों को शोध-प्रबंध का अंग मानना अधिक समीचीन है।

तीसरे अध्याय में हिंदी बाल-साहित्य का ऐतिहासिक विकास दिखाने का प्रयत्न किया गया है। ऐतिहासिक अध्ययन प्रस्तुत करने में मेरे समक्ष अनेक कठिनाइयां थीं। इस विषय पर एक भी ग्रंथ उपलब्ध नहीं है। हिंदी साहित्य का इतिहास प्रस्तुत करने वाले अनेक ग्रंथ उपलब्ध हैं किंतु उनमें बाल-साहित्य का नामोल्लेख भी नहीं मिलता। अभी हाल ही में प्रकाशित डा. भोलानाथ कृत *हिंदी साहित्य 1926-1947* में बाल-साहित्य की तीन-चार पृष्ठों में चर्चा की गई है किंतु उसे बाल-साहित्य के लेखकों तथा उसकी कृतियों का सरसरी उल्लेख मात्र कहा जा सकता है।[1] *आचार्य रामलोचनशरण अभिनंदन ग्रंथ* में भी ब्रजनंदन सहाय 'व्रजबल्लभ' का लेख 'बाल-साहित्य के निर्माण में बिहार का हाथ' बाल-साहित्य की ऐतिहासिक पृष्ठभूमि प्रस्तुत करने का संभवतः प्रथम प्रयास है।[2] (वैसे स्वाधीनता प्राप्ति के बाद सामयिक पत्रिकाओं में अवधि विशेष के बाल-साहित्य के सर्वेक्षण प्रस्तुत किए जाते रहे हैं किंतु ये लेख पुस्तक-प्रणेता-गणना मात्र हैं।) श्री ब्रजनंदन सहाय का लेख बिहार की सीमाओं में आबद्ध है जैसा कि उसके शीर्षक से ही स्पष्ट है।

इन सब कारणों से मेरी स्थिति उस यात्री की सी थी जिसे बिना किसी मानचित्र की सहायता के एक अज्ञात प्रदेश की छान-बीन करने का काम सौंपा गया हों। मैं यह भी नहीं जानता था कि मुझे अपनी खोज कहां से प्रारंभ करनी चाहिए और किस प्रक्रिया से आगे बढ़ना चाहिए।

हिंदी साहित्य और उसके इतिहास के यत्किंचित् अध्ययन से मुझे लगा कि प्रचलित अर्थ में बाल-साहित्य आधुनिक युग की ही देन है। हिंदी साहित्य के

1. डा. भोलानाथ *हिंदी साहित्य 1926-1947,* पृ. 445-449।
2. *आचार्य रामलोचनशरण अभिनंदन ग्रंथ,* पृ. 256-263।

वीरगाथा काल, भक्ति काल अथवा रीति काल में किसी ऐसी पुस्तक का उल्लेख नहीं मिलता जो बच्चों के लिए विशेष रूप से लिखी गई हो। कुछ लोग अमीर खुसरो की पहेलियों को बाल-साहित्य के अंतर्गत रखने का परामर्श देते हैं किंतु एक तो ये पहेलियां बीरबल की कहानियों की तरह लोक-साहित्य का अंग हैं इसलिए इन समस्त पहेलियों का लेखक अमीर खुसरो को नहीं माना जा सकता है। इसके अतिरिक्त अमीर खुसरो की पहेलियों का प्रयोजन बालकों का मन-बहलाव नहीं अपितु राजाओं तथा नवाबों के रनिवासों के लिए मनोविनोद की सामग्री जुटाना है।

नागरी प्रचारिणी सभा द्वारा प्रकाशित हस्तलिखित ग्रंथों की सूची में बाल-साहित्य की किसी पुस्तक का उल्लेख नहीं मिलता किंतु इससे यह निष्कर्ष नहीं निकाला जा सकता कि हिंदी में बाल-साहित्य की कोई हस्तलिखित पुस्तक होगी ही नहीं। हमारे यहाँ पंचतंत्र की रचना ही बालकों को 'कथाच्छलेन' नीति-शिक्षा देने के लिए हुई थी और इस 'कथाच्छलेन शिक्षा' के उद्देश्य से समस्त विश्व में बहुत-सा बाल-साहित्य लिखा गया है तथा अब भी लिखा जा रहा है। अतः यह कहना कठिन है कि पंचतंत्र के प्रणयन से लेकर आधुनिक युग तक की कई शताब्दियों में किसी ने बच्चों को 'कथाच्छलेन' शिक्षा देने के लिए अथवा उनका स्वस्थ मनोरंजन करने के लिए कोई अन्य पुस्तक लिखने की बात सोची ही न हो, विशेषकर जब हमारे यहां उच्च शिक्षा की लंबी परंपरा रही है।

बाल-साहित्य की कोई हस्तलिखित पुस्तक उपलब्ध न होने के कारण मेरे सामने एकमात्र रास्ता यही था कि मैं मुद्रित पुस्तकों के आधार पर ही बाल-साहित्य के इतिहास का क्रम जोड़ने का प्रयत्न करता।

किंतु सभी मुद्रित पुस्तकों को हस्तगत करना भी सीमित-साधन युक्त छात्र के लिए संभव नहीं था। बाल-साहित्य हिंदी में इतना उपेक्षित रहा है कि किसी पुस्तकालय ने सुनियोजित ढंग से इसका संग्रह करने की आवश्यकता ही नहीं रागझी। न तो बाल-पत्रिकाओं की पूर्ण फाइलें कहीं उपलब्ध हैं और न समग्र बाल-साहित्य एक साथ कहीं मिल सकता है। इसके अतिरिक्त हिंदी बाल-साहित्य की सूची भी उपलब्ध नहीं थी। डा. माता प्रसाद गुप्त कृत *हिंदी पुस्तक साहित्य* में बाल-साहित्य की लगभग 225 पुस्तकों के नाम हैं और *उच्चतर साहित्य* (श्री राजबली पांडेय) में लगभग 1,100 पुस्तकें हैं। इन समस्त कठिनाइयों के कारण मुझे कुछ प्रमुख पुस्तकालयों को चुनकर उनके शेल्फों में पड़ी पुस्तकों तथा पत्रिकाओं तक ही अपने अध्ययन को सीमित रखना पड़ा है। 1950 से पहले के बाल-साहित्य के लिए मुख्यतः हिंदी साहित्य सम्मेलन और नागरी प्रचारिणी सभा के पुस्तकालयों को

और 1950 के बाद के साहित्य के लिए दिल्ली सार्वजनिक पुस्तकालय तथा बाल भवन के पुस्तकालय को मैंने चुना है। आधुनिक काल के बाल-साहित्य का दिल्ली सार्वजनिक पुस्तकालय में बहुत अच्छा संग्रह है किंतु जहां प्रतिदिन सैकड़ों पुस्तकें सदस्यों को पढ़ने के लिए दी जाती हैं, फटी-पुरानी पुस्तकें जिल्दबंदी के लिए दूसरे विभाग में भेज दी जाती हैं अथवा उन्हें शेल्फ से हटा दिया जाता है। इन कारणों से बहुत संभव है कि अनेक पुस्तकें मेरे अध्ययन से छूट गई हों। उपर्युक्त प्रक्रिया से लगभग 2,000 पुस्तकों और 68 पत्रिकाओं की एक आधार-सूची तैयार की गई है और प्रस्तुत ऐतिहासिक अध्ययन इसी सामग्री पर आधारित है।

चौथे, पाँचवें और छठे अध्यायों में कविता, कहानी-उपन्यास तथा विविध शीर्षकों के अंतर्गत बाल-साहित्य का विधागत अध्ययन प्रस्तुत किया गया है।

बाल-साहित्य के मनोवैज्ञानिक पक्ष का विवेचन विभिन्न आयुवर्गों के बालकों की अभिरुचियों और आवश्यकताओं के संदर्भ में सातवें अध्याय में किया गया है। मनोवैज्ञानिक पक्ष की कुछ चर्चा पहले अध्याय में बाल-साहित्य के वैयक्तिक महत्व के प्रसंग में भी की गई है। कुछ लोग बाल-साहित्य में बाल मनोविज्ञान की विस्तृत चर्चा पर अत्यधिक बल देते हैं किंतु मेरी यह दृढ़ धारणा रही है कि बाल मनोविज्ञान एक पृथक विषय है तथा साहित्य में उसका प्रवेश उतनी ही सीमा तक उचित है जितनी सीमा तक वह साहित्य के विवेचन-आस्वादन में सहायक होता है। आठवें अध्याय अर्थात 'उपसंहार' में उपलब्धियों, त्रुटियों और भविष्य की संभावनाओं की दृष्टि से बाल-साहित्य का एक सिंहावलोकन प्रस्तुत किया गया है।

अपने सीमित शक्ति-साधनों से मैं इस शोध-कार्य को पूरा करने में इसलिए समर्थ हो सका हूं कि मुझे अनेक व्यक्तियों और संस्थाओं से समय-समय पर बहुमूल्य सहयोग एवं मार्गदर्शन मिलता रहा है। सर्वप्रथम तो मैं आदरणीय प्रो. मोहन बल्लभ पंत का आभारी हूं जिन्होंने मुझे इस विषय पर शोध करने के लिए प्रेरित किया है। डा. ओमानंद सारस्वत तो निर्देशक के नाते इस कृति के परोक्ष प्रणेता ही हैं उनके प्रति आभार प्रदर्शन करना अपने दंभ का परिचय देना ही होगा तथापि मैं यह नहीं भूल सकता कि उन्होंने अपने निर्देशन द्वारा मेरी बौद्धिक शक्तियों को सतत सक्रिय बनाए रखा और मुझे किसी भी समय शिथिल नहीं होने दिया। भारत सरकार के प्रमुख शिक्षा सलाहकार श्री प्रेम कृपाल से मुझे न केवल बाल-साहित्य के संबंध में

विविध प्रकार की जानकारी मिली है अपितु नई दृष्टि भी प्राप्त हुई है। सरदार पटेल विश्वविद्यालय के हिंदी विभागाध्यक्ष, डा. रामेश्वर लाल खंडेलवाल, भारत सरकार के प्रकाशन प्रभाग के प्रमुख प्रकाशनाधिकारी श्री अशोक जी, बालसखा के वयोवृद्ध संपादक श्री लल्ली प्रसाद पांडेय, तथा बच्चों के लेखक और 'सम्मेलन पत्रिका' के संपादक श्री ज्योतिप्रसाद मिश्र 'निर्मल' ने समय-समय पर परामर्श देकर मुझे बहुमूल्य सहायता दी है। मैं इन सबके प्रति कृतज्ञ हूं। इसके अतिरिक्त, मुझे इस शोध-कार्य में स्वदेश तथा विदेश के अनेक विद्वानों का, उनकी रचनाओं के माध्यम से सहयोग मिला है। पं. बनारसी दास चतुर्वेदी के उस लेख से जो *'कल्याण'* के बालक अंक में छपा था, तथा श्रीमती महादेवी वर्मा के उस भाषण से जो उन्होंने सेंट्रल पेडागाजिकल इंस्टीट्यूट इलाहाबाद में बाल-साहित्य रचनालय का उद्घाटन करते हुए दिया था, मैंने प्रेरणा ग्रहण की है। बाल-साहित्य के सैद्धांतिक विवेचन के लिए मैंने प्रमुख रूप से अमरीका और ब्रिटेन के विद्वानों की कृतियों से सहायता ली है। फ्रेंच लेखक श्री पाल हज़ार्ड की अद्भुत कृति *बुक्स, चिल्ड्रेन्स एंड मैन* ने मुझे सबसे अधिक प्रभावित किया है। मैं इन सब विद्वानों के प्रति श्रद्धा और हार्दिक आभार प्रकट करता हूं।

व्यक्तियों के अतिरिक्त अनेक संस्थाओं से भी मुझे बहुमूल्य सहायता मिली है। हिंदी साहित्य सम्मेलन, इलाहाबाद के ग्रंथ संग्रहालय, काशी नागरी प्रचारिणी सभा, वाराणसी के आर्य भाषा पुस्तकालय, यू.एस.आई.एस. लायब्रेरी और ब्रिटिश काउंसिल लायब्रेरी, नई दिल्ली; दिल्ली पब्लिक लायब्रेरी, दिल्ली; सरदार पटेल यूनिवर्सिटी लायब्रेरी, वल्लभ विद्यानगर तथा बाल भवन पुस्तकालय, नई दिल्ली ने मुझे अपने यहां पुस्तकालय की समस्त सुविधाएं प्रदान की हैं जिसके लिए मैं इन संस्थाओं के अधिकारियों तथा कर्मचारियों के प्रति चिरकृतज्ञ हूं।

मेरे निजी मित्रों में हिंदुस्तान दैनिक के संपादक श्री रतनलाल जोशी, 'नंदन' के संपादक श्री राजेंद्र अवस्थी, 'संस्कृति' के संपादक श्री बदरी दत्त पांडेय, हिंदी निदेशालय में सहायक निदेशक श्री कुलभूषण, श्री संतराम वत्स्य, डा. भगतसिंह, श्री नंदकिशोर, पं. रघुनंदन शर्मा और श्री रामेश्वर गुरु ने सामग्री जुटाने में मेरी सहायता की है। कैलास, अंजु, मंजु, तनुजा, संतोष, कमलेश, शारदा, तिलक, रमेश आदि अनेक बच्चों ने मेरे लिए अनेक कहानियां पढ़ी अथवा सुनी हैं और अपनी प्रतिक्रिया से मुझे अवगत कराया है। श्री रामगोपाल गुप्त ने मेरी ऊबड़-खाबड़ पांडुलिपि को स्वच्छ टाइप करके उसका उद्धार किया है। मैं इन सब के प्रति भी बहुत-बहुत आभारी हूं।

**मस्तराम कपूर**

# 1. बाल-साहित्य का महत्व

## (अ) प्रस्तावना

प्रस्तुत शोध-प्रबंध का विषय बाल-साहित्य के विवेचनात्मक अध्ययन से संबद्ध है। अतः प्रस्तावना के रूप में बाल-साहित्य का विविध दृष्टिकोणों से प्रतिपादन करना विषयोचित पीठिका ही कही जाएगी। वास्तव में बाल-साहित्य विद्वानों द्वारा इतना उपेक्षित रहा है कि इस विषय पर किए गए किसी शोध-कार्य की सार्थकता तब तक स्पष्ट नहीं हो सकती जब तक उसके महत्व का भली-भांति प्रतिपादन नहीं हो जाता।

बच्चों के सर्वप्रथम कहानी लेखक फ्रांस देशवासी चार्ल्स पैराल्ट ने अपनी प्रसिद्ध परीकथाओं की पुस्तक *पाल हजार्ड* में लिखा है : "अनिश्चय और ग्लानि भाव से अपने लड़के पी. डर्मान्कूर (P. DARMANCOUR) के नाम की आड़ लेकर प्रकाशित की।"[1] इटली का प्रसिद्ध बाल-उपन्यास *पिनाक्यो* (PINOCCHIO) (जिसका हिंदी में कठपुतला शीर्षक से अनुवाद हो चुका है) कार्ले लारेंजिनी द्वारा लिखा गया था किंतु उसने पुस्तक में अपना असली नाम न देकर एक जाली नाम 'कालोदी' ही दिया। अंग्रेजी के सुप्रसिद्ध बाल-साहित्यकार ए.ए. मिल्ने ने अपने लड़के क्रिस्टाफर रोबिन को बहलाने के लिए जो कहानियां लिखीं उन्हें वे प्रकाशित ही नहीं कराना चाहते थे। उनकी सबसे अच्छी कविता वह है जिसमें क्रिस्टाफर रोबिन के प्रार्थना करने का वर्णन है किंतु इस कविता को लेखक बहुत सामान्य माना करता था। विश्वप्रसिद्ध पुस्तक *एलिस इन वंडरलैंड* के लेखक ने एलिस के बार-बार आग्रह करने पर पुस्तक प्रकाशित कराई और उस पर एक जाली नाम 'लुई कैरोल' देकर अपने आपको छिपाए रखा। टाम सायर और हकलबरीफिन के विश्वविख्यात लेखक

मार्क ट्वेन का असली नाम सेम क्लीमेंस था किंतु इस नाम से संभवतः कुछ ही लोग परिचित होंगे। इसी तरह के अनेक उदाहरण आज के युग में भी दिए जा सकते हैं जिनसे यह प्रकट होता है कि बाल-साहित्य का लेखक हमेशा से ही कुछ हीन-भाव से पीड़ित रहा है। हिंदी के लेखकों में यह बात और भी स्पष्ट रूप से दिखाई देती है। लेखकों की सभाओं में बाल-साहित्य का लेखक ऐसे स्थान पर बैठना चाहेगा जहां उसे कोई न देख सके। लेखक सभा-गोष्ठियों से बचने का प्रयास करता है। सरस्वती के 'नवविहारस्थल' अर्थात 'टी-हाउस' या 'काफी-हाउस' में बाल-साहित्य का लेखक शायद ही जाता है और यदि जाता भी है तो किसी को अपना परिचय बाल-साहित्य के लेखक के रूप में नहीं देता है। वयस्क-साहित्य में एक-दो कहानियां या कविताएं प्रकाशित हो जाने पर हर व्यक्ति अपने को लेखक कहने और कहे जाने में गर्व अनुभव करता है किंतु हिंदी में ऐसे लेखक भी मिल जाएंगे जो बाल-साहित्य की बीसियों पुस्तकें लिखने के बाद भी अपने को लेखक कहते हुए कुछ अपराधी अनुभव करते हैं।

लेखकों के मन में इस व्यापक हीन-भावना का कारण संभवतः यह रहा है कि विद्वत्समाज में बाल-साहित्य कलात्मक-सृजन के रूप में मान्य नहीं हो पाया है। विश्व के उन्नत देशों में भी बाल-साहित्य पर गंभीरतापूर्वक विचार अभी इस शताब्दी में ही होने लगा है और गत सत्तर वर्षों में विश्व इतना ही आगे बढ़ा है कि बाल-साहित्य का नाम सुनकर 'कंधे उचकाने वालों अथवा मन ही मन उपेक्षा व्यक्त करने वालों' की भीड़ में दो-चार व्यक्ति अपवादस्वरूप भी मिल जाएंगे। साहित्य-समालोचकों आदि का यह उपेक्षा-भाव हिंदी में तो स्पष्ट दिखाई देता है जहां साहित्य के इतिहास में (एकाध को छोड़कर) अथवा समालोचना के किसी भी प्रसिद्ध ग्रंथ में बाल-साहित्य का नामोल्लेख तक नहीं हुआ है।

हिंदी के वयोवृद्ध साहित्यकार पं. बनारसी दास चतुर्वेदी ने बाल-साहित्य के संबंध में अपने अज्ञान की स्वीकृति जिन आत्मग्लानि भरे शब्दों में की है उनसे विद्वानों द्वारा की गई बाल-साहित्य की घोर उपेक्षा का अनुमान लगाया जा सकता है। एक लेख में उन्होंने लिखा है "भारतवर्ष में बालक-बालिकाओं के लिए किन-किन स्थानों पर क्या-क्या हो रहा है, उसका पूरा तो क्या, अधूरा वृत्तांत भी हमें ज्ञात नहीं है। इसी कारण जब *कल्याण* के संपादक की यह आज्ञा हमें प्राप्त हुई कि हम भी बालकांड के लिए कुछ लिखें तब हम बड़े संकोच में पड़ गए और कुछ नहीं तो निर्लज्जतापूर्वक केवल यह बात स्वीकार करने के लिए कि चालीस वर्ष की कलम घिसाई के बाद भी इस विषय में हमारा ज्ञान नगण्य है, हमें ये पंक्तियां लिखनी पड़ी हैं।"[2]

वयस्क-साहित्य के लेखकों, आलोचकों तथा इतिहासकारों द्वारा बाल-साहित्य और उसके लेखकों की उपेक्षा तो कुछ समझ में आती है। हम उनके इस रवैये के पीछे सीमित दृष्टि, बच्चों की आवश्यकताओं की उपेक्षा आदि कारण देख सकते हैं। किंतु बाल-साहित्य का लेखक स्वयं अपने सृजन-कार्य को महत्वहीन क्यों समझता है यह बात समझ में नहीं आती है। क्या बाल-साहित्य घटिया कोटि का साहित्य होता है जिसके रचयिता को दूसरे साहित्यकारों के आगे लज्जित होने की जरूरत है? क्या बाल-साहित्य के लेखन के लिए साधना की, उच्च कोटि की प्रतिभा की, प्रखर कल्पनाशक्ति की और अत्यधिक श्रम की आवश्यकता नहीं पड़ती है? क्या बाल-साहित्य की कोई सामाजिक उपयोगिता नहीं है? क्या वह एक बेकार चीज है जिसमें अपना समय और शक्ति लगाने वाले किसी प्रकार की सामाजिक प्रतिष्ठा अथवा मान्यता के पात्र नहीं हैं? बाल-साहित्य का विवेचनात्मक अध्ययन प्रस्तुत करने से पूर्व इन प्रश्नों पर विचार कर लेना बहुत आवश्यक है, अतः इस शोध-प्रबंध के इस अध्याय में साहित्य, संस्कृति, समाज, राष्ट्र, शिक्षा, व्यक्ति आदि विभिन्न दृष्टियों से बाल-साहित्य के महत्व पर विचार करना ठीक समझा गया है।

## (आ) बाल-साहित्य का साहित्यिक महत्व

सर्वप्रथम मैं साहित्यिक महत्व के प्रश्न को लूंगा। अंग्रेजी के सुप्रसिद्ध बाल-कवि बाल्टर डिलामारे ने लिखा है :

"मैं यह बात अच्छी तरह जानता हूं कि उत्तम कोटि के साहित्य में भी जो सर्वोत्तम है उसी को बच्चों के लिए अच्छा साहित्य माना जा सकता है।"[3]

बाल्टर डिलामारे के उपर्युक्त कथन के दो अर्थ हो सकते हैं। एक तो यह कि जो रचना उत्तम कोटि के साहित्य में नहीं आती हो उसे बालकों को नहीं दिया जाना चाहिए। दूसरा अर्थ इस कथन का यह हो सकता है कि जो रचना साहित्य की उत्तम कोटि में नहीं आती है वह अच्छे बाल-साहित्य का दर्जा प्राप्त नहीं कर सकती है। दूसरे शब्दों में, यदि हम इस प्रकार की पुस्तक बच्चों पर थोप भी देंगे जैसा कि अक्सर हम करते हैं तो वह बालकों द्वारा अपनाई ही नहीं जाएगी।

जहां तक पहले अर्थ का संबंध है इस कथन से संभवतः कोई भी असहमत नहीं होगा। सभी जानते हैं बच्चों का हृदय बहुत कोमल और संवेदनशील होता है। किसी भी अच्छी अथवा बुरी बात को वह तुरंत ग्रहण कर सकता है। बचपन संस्कारों

का समय होता है और इस अवस्था में जो संस्कार उसके मन पर पड़ते हैं वे ही आगे चलकर उसके जीवन की दिशा निर्धारित करते हैं। मनुष्य के चरित्र की नींव बचपन में ही तैयार होती है। यदि इस आयु में उसके आसपास की चीजें घटिया होंगी तो वह निश्चय ही घटिया संस्कारों को लेकर जीवन प्रारंभ करेगा और आगे चलकर पथभ्रष्ट हो जाएगा। वस्तुतः बच्चे के संपर्क में आने वाली हर वस्तु के संबंध में यह शर्त अत्यंत आवश्यक है कि वह उत्तम कोटि की होनी चाहिए। यदि उसे घटिया किस्म का खाना मिलेगा तो वह बीमार और कमजोर बना रहेगा। घटिया कपड़े मिलेंगे तो वह हीनता ग्रंथि का शिकार बना रहेगा; स्कूल और मकान आदि घटिया मिलेंगे तो वह अन्याय के एहसास तथा ईर्ष्या के कारण समाजद्रोह की ओर उन्मुक्त होगा; संगी-साथी घटिया मिलेंगे तो वह चोर, डाकू और लंपट बनेगा; शिक्षक घटिया मिलेंगे तो शिक्षा और ज्ञान से उसे अरुचि हो जाएगी। माता-पिता घटिया मिलेंगे तो दुनिया में जो कुछ भी अच्छा है उस पर से उसकी आस्था उठ जाएगी।

किंतु ऐसे सौभाग्यशाली बालक कितने होंगे जिनको खाना, कपड़ा, स्कूल, मकान, शिक्षक और माता-पिता सभी उत्तम कोटि के मिलते हैं। भारत जैसे देश में जहां लगभग दो दशाब्दियों की स्वतंत्रता के बाद भी भूख की समस्या विकराल रूप धारण किए हुए है, प्रत्येक बालक के लिए उपर्युक्त सुविधाओं की बात करना व्यर्थ प्रलाप ही है। धनी-वर्ग, अफसर-वर्ग और मंत्री-वर्ग के कुछ बच्चों को छोडकर जिनके लिए अच्छे मकानों और अच्छे स्कूलों की (जिन्हें फरेब भरा 'पब्लिक स्कूल' का नाम दिया जाता है) व्यवस्था है, शेष अभागे बच्चों को तो घटिया मकानों, घटिया स्कूलों और घटिया शिक्षकों की छत्रछाया में बैठकर लोकतंत्र और समाजवाद के नारे लगाकर ही संतोष करना पड़ता है। इन बच्चों का भविष्य क्या है इस प्रश्न पर विचार न करना ही उचित है।

किंतु इन बच्चों के लिए आशा की एक किरण दिखाई देती है और वह यह है कि इनके लिए उत्तम कोटि का साहित्य हो। अच्छी कोटि का साहित्य उपर्युक्त अभावों की पूर्ण पूर्ति तो नहीं किंतु आंशिक पूर्ति तो कर ही सकता है। बच्चों को राजकुमारियों और परियों की कहानियां बहुत प्रिय लगती हैं, इसका कारण यह है कि उन पात्रों से तादात्म्य स्थापित करके वे अपनी निर्धनता और असुंदरता को भूल जाते हैं। बच्चों की पुस्तकों में बढ़िया स्वादिष्ट पदार्थों के वर्णन का महत्व इसीलिए होता है कि इन पदार्थों का कल्पनास्वाद करके बच्चे अपने अभाव की पूर्ति कर लेते हैं। एक अवस्था पर पहुंच कर बच्चे नायक-पूजा की भावना से प्रेरित होकर महापुरुषों की जीवनियों पर पिल पड़ते हैं क्योंकि उनके अभावग्रस्त तथा बाधाग्रस्त

जीवन प्रसंगों को पढ़कर वे अपने जीवन की अभाव-बाधाओं से लड़ने की शक्ति प्राप्त करते हैं। कहानी, नाटक आदि के अच्छे चरित्रों से तादात्म्य स्थापित करके वे उस वस्तु को प्राप्त कर सकते हैं जो उन्हें मित्रों, संबंधियों और शिक्षकों से नहीं मिल सकी है। लेमान हाप्ट ने इसी बात को निम्नलिखित शब्दों में व्यक्त किया है :

> "पुस्तक पठन की महान उपयोगिता का ज्ञान हमें कभी-कभी कटु अनुभव से प्राप्त होता है। मुझे हमेशा ऐसा लगा है कि मनुष्य के लिए सबसे दुखद चीज यह भावना है कि किसी अचूक और शत्रुतापूर्ण रीति से दुर्भाग्य ने अपने शिकार के लिए मुझे ही चुना है। यह विचार अत्यंत कष्टदायक सिद्ध हो सकता है कि संसार में अकेला मैं ही एक विशेष प्रकार के दुःख-भार से दबा हुआ हूं।....ऐसी स्थिति में संभव है तुम्हारे हाथ अचानक ऐसी पुस्तक पर पड़ जाए जो तुम्हें यह बताए कि ठीक इसी तरह का दुःख किसी और के जीवन में भी आया था और उसने कैसे उस पर काबू पाया था। आपको यह एक विचित्र संयोग की बात लगेगी किंतु होता अक्सर ऐसा ही है।"[4]

संक्षेप में साहित्य बच्चों के लिए एक जादुई चिराग सिद्ध होता है क्योंकि वह उनके तमाम अभावों की आंशिक पूर्ति कर देता है। यदि बच्चे को अच्छे स्कूल, शिक्षक और साथी-संबंधी नहीं मिल सकते हैं तो कम से कम उन्हें अच्छा साहित्य तो पर्याप्त मात्रा में उपलब्ध होना ही चाहिए। यह ठीक है कि बच्चों के जीवन में पुस्तकें माता-पिता और शिक्षकों आदि का स्थान नहीं ले सकतीं किंतु यह भी सत्य है कि पुस्तकों की स्थानपूर्ति किसी अन्य वस्तु से नहीं हो सकती है।

किंतु यदि दुर्भाग्य से, उन्हें साहित्य भी घटिया कोटि का मिले तो फिर उनके लिए कोई आशा नहीं है। इसलिए जो समाज अपने बच्चों के लिए अच्छे साहित्य की व्यवस्था नहीं करता है वह कल-कारखानों में पूर्ण विकसित होते हुए भी पिछड़ा हुआ है। जिस समाज में सरस्वती के पुजारी बाल-साहित्य की रचना करने में लज्जा अनुभव करते हैं और जो रचना करते हैं उन्हें 'हेठी' नजर से देखते हैं वह रागाज बच्चों को उनके मूलभूत अधिकारों से वंचित करने का अपराध करता है।

उपर्युक्त विवेचन से यह बात स्पष्ट हो जानी चाहिए कि बच्चों को उत्तम कोटि का साहित्य ही क्यों दिया जाना चाहिए। प्रत्यक्ष जीवन में तो उत्तम कोटि की वस्तुएं कुछ भाग्यशाली बालकों को ही मिल पाती हैं, हम उत्तम कोटि के साहित्य द्वारा उन्हें कम से कम काल्पनिक रूप से सर्वसुलभ बना सकते हैं।

इसके अतिरिक्त बच्चों के पास समय बहुत कम होता है। हम वयस्कों की दृष्टि से तो बच्चों के पास बहुत समय होता है किंतु यह बात सही नहीं है। आजकल

बच्चों का अधिकांश समय तो स्कूलों और स्कूलों द्वारा लादे गए 'होमवर्क' में चला जाता है। खेलना उनका जीवन है, अतः बच्चों के खेलने के समय से वंचित करना अन्यायपूर्ण व्यवहार है। शेष बहुत कम समय बचता है। इसके अलावा उनके बचपन का समय भी तो पूरे जीवन का पांचवां-छठा भाग ही होता है। ऐसी स्थितियों में घटिया साहित्य में उनका समय और शक्ति नष्ट करना अपराध ही होगा। लिलियन स्मिथ ए.एल.ए. का इस संबंध में कहना है कि "बच्चों के हाथ कभी-कभार भी घटिया किस्म का साहित्य नहीं दिया जाना चाहिए। उनके जीवन के ये उत्साह भरे और निर्माणात्मक वर्ष इतने संक्षिप्त होते हैं कि उनके एक क्षण का अपव्यय भी अनुचित है।"[5]

उत्तम कोटि की इस अनिवार्य शर्त के ठीक विपरीत बालकों को साहित्य के नाम पर जो कुछ दिया जाता है वस्तुतः वह बहुधा सामान्य तथा घटिया होता है। इसका कारण मनुष्य के आदर्शों तथा कार्यों के बीच की शाश्वत खाई हो अथवा उसका अज्ञान अथवा उदासीन भाव किंतु यह एक दुर्भाग्यपूर्ण बात ही है। यह स्थिति हिंदी में तो है ही किंतु मेरा अनुमान है कि लगभग सभी भाषाओं के बाल-साहित्य की यही स्थिति है। मेरे विचार से तो इसका कारण यह है कि बच्चे अपने लिए न तो स्वयं पुस्तकें लिख सकते हैं और न खरीद सकते हैं। वयस्क उनके लिए जिस प्रकार की पुस्तकें लिखते अथवा खरीदते हैं उन्हीं तक उनकी पहुंच होती है। उनका कोई सुसंगठित मंच भी नहीं है जिस पर से वे अधिकारों की वकालत कर सकें। वे पूर्णरूप से वयस्कों पर निर्भर होते हैं।

और इन वयस्कों की अपनी मजबूरियां होती हैं। एक तो वे अपनी समस्याओं में इतने अधिक उलझे रहते हैं कि बच्चों की ओर ध्यान देने की उन्हें फुर्सत ही नहीं मिलती और जिन्हें मिलती है वे बच्चों की दुनिया को बिलकुल ही नहीं समझते। इसके अतिरिक्त वे अपने पूर्वाग्रहों में इतने अधिक जकड़े होते हैं कि उनसे मुक्त होकर बच्चे की आवश्यकताओं पर तटस्थ दृष्टि से विचार कर ही नहीं पाते। वे चाहते हैं कि उनके बच्चे आन की आन में सर्वगुण संपन्न हो जाएं। अगर बाप नौकरी करता है जो वह चाहेगा कि उसका लड़का जल्दी से जल्दी अफसर बन जाए। वह स्वभाव से ही बच्चों पर अपनी इच्छाओं तथा मान्यताओं को थोपना चाहता है। इसलिए साहित्य के नाम पर ऐसी पुस्तकें ही अधिक संख्या में लिखी जाती हैं जिनमें साहित्य के तत्व कम और अनुरोध तथा जोर-जबर्दस्ती के तत्व अधिक होते हैं।

किंतु इन पुस्तकों तथा इनके लेखकों के साथ बच्चे वैसा ही व्यवहार करते हैं जैसा कि इनसे किया जाना चाहिए। जितनी तेजी से ये पुस्तकें छपती हैं उतनी

ही तेजी से ये मरती भी जाती हैं और लेखक का तो वे नाम पढ़ने की आवश्यकता भी नहीं समझते हैं। वयस्क बच्चों पर दबाव डालते हैं कि वे उन पुस्तकों और लेखकों को पढ़ें जिनका चुनाव उन्होंने अपनी परिपक्व बुद्धि से किया है किंतु बच्चे किसी प्रकार का दबाव नहीं सहन करते। वे अपनी पसंद की स्वतंत्रता की पूरी दृढ़ता से रक्षा करते हैं। पाल हजार्ड के शब्दों में, "हम उन पर हावी होना चाहते हैं और वे स्वतंत्र रहना चाहते हैं। परिणामस्वरूप दोनों के बीच तीव्र संघर्ष चलता रहता है।"[6] बलवान और निर्बल के बीच चल रहे इस संघर्ष में विजय अंततः निर्बल की होती है।

वयस्क अपने लिए उच्च कोटि के साहित्य के जो मानदंड निर्धारित करते हैं, बालकों के संदर्भ में उनकी आंख मूंद कर उपेक्षा कर देते हैं। अपने पूर्वाग्रह, स्वार्थ, अथवा अज्ञान के कारण वे बच्चों पर ऐसा साहित्य लादने की कोशिश करते हैं जो साहित्य के शाश्वत और सर्वमान्य मानदंडों के अनुसार घटिया होता है। किंतु बालक किसी भी घटिया चीज को सहन नहीं कर सकते हैं। उनमें वयस्कों की तरह पाठ्य-वस्तु का विश्लेषण करने की शक्ति नहीं होती। वे रचना की परख अपनी पसंद या नापसंद की कसौटी पर करते हैं। वे यह नहीं देखते कि रचना किसी विश्वविख्यात लेखक की है अथवा किसी अज्ञात लेखक की। वे किसी रचना को दूसरों के कहने पर अथवा पत्र-पत्रिकाओं के प्रशंसा करने पर नहीं अपनाते हैं। यदि कोई रचना बच्चे के दिल को नहीं पकड़ पाती है तो लाख दबाव डालकर भी आप उस रचना को पढ़ने के लिए बच्चे को तैयार नहीं कर सकते। लिलियन स्मिथ के शब्दों में, "दुनिया में कोई भी ताकत बच्चे को ऐसी पुस्तक पढ़ने के लिए मजबूर नहीं कर सकती जिसे वह पसंद नहीं करता है। वह अपनी पसंद करने की स्वतंत्रता की रक्षा बड़ी कुशलता एवं दृढ़ता के साथ करता है।"[7] वयस्क पाठक तो अनेक बातों से प्रभावित होकर किसी पुस्तक को पसंद अथवा नापसंद करते हैं जैसे लेखक की प्रसिद्धि, प्रकाशन संस्था की प्रतिष्ठा, पत्र-पत्रिकाओं की समीक्षा, पुस्तक की भूमिका आदि। किंतु बालक-पाठक इन सब चीजों की परवाह नहीं करता। वह तो पुस्तक को उस ठोस वस्तु से तोलता है जो पढ़ने के दौरान उसे प्राप्त होती है। इसलिए बच्चों में वही पुस्तक लोकप्रिय हो सकती है जिसमें बिना किसी गौण-साधन के सहज आनंद प्रदान करने की क्षमता हो, जो अपनी सफलता के लिए बाहरी साधनों का सहारा न ले बल्कि जो अपने में पूर्ण हो। इसके अतिरिक्त बच्चों की नैतिक भावना बहुत ऊंची होती है इसलिए बच्चों द्वारा वही पुस्तक पसंद की जाती है जो दृढ़ एवं शाश्वत नैतिक मूल्यों पर आधारित होती है। वयस्क संसार के प्रचार अभियानों से अप्रभावित रहकर बच्चे साहित्य के शाश्वत गुणों को सहज भाव से पहचान लेते हैं

और जो कुछ थोथा एवं क्षणिक है, उसकी उपेक्षा कर देते हैं।

जाहिर है कि बच्चों में जो पुस्तक लोकप्रिय होगी वह एक महान रचना होगी क्योंकि वह दृढ़ और शाश्वत नैतिक मूल्यों पर आधारित होगी। उसकी अपील सार्वकालिक और सार्वजनिक होगी और वह वादों तथा विज्ञापनों की सहायता लिये बिना केवल अपने गुणों के बल पर लोकप्रिय होगी।

बच्चों में लोक-साहित्य और पौराणिक कथाओं की सार्वजनिक लोकप्रियता का रहस्य भी यही है कि यह साहित्य सदियों से लेकर मानव जाति को आनंद, सान्त्वना और प्रेरणा देता रहा है और चिरकाल से परिवर्तन के भीषण थपेड़ों को सहता हुआ आज भी जिंदगी की धड़कनों के साथ अपना अस्तित्व बनाए हुए है। यह लोक-साहित्य या पुराण-साहित्य क्या है? इसका जन्म कैसे हुआ? इसकी रचना कब और किसके द्वारा हुई? इत्यादि प्रश्नों का उत्तर हम भले ही न दे पाएं किंतु इतना तो निश्चित है कि यह मानव जाति की चिरंतन अनुभूतियों की शाश्वत अभिव्यक्ति है। यह अपनी अनश्वरता; रोचकता, सार्वदेशिक तथा सार्वकालिक 'अपील' के कारण सर्वोच्च कोटि का साहित्य है।

जो लोग बाल-साहित्य के सृजन को सरल और हल्का-फुल्का काम मानकर उसके प्रति उपेक्षा भाव दिखाते हैं उन्हें यह बात ध्यान में रखनी चाहिए कि बालकों में सर्वाधिक लोकप्रिय साहित्य लोककथाओं और पुराणकथाओं का नव-सर्जन करना आज भी लगभग असंभव है। एंडरसन जैसे कुछ असाधारण प्रतिभाशील लेखकों को ही इस क्षेत्र में कुछ सफलता मिली है। साधारण या निम्न कोटि के लेखक तो इसकी बात भी नहीं सोच सकते।

## बाल-साहित्य की सृजन-प्रक्रिया

बाल-साहित्य का सृजन कठिन साधना का विषय है। यहां मैं साहित्य-सृजन और पुस्तक-लेखन को एक मानकर नहीं चल रहा हूं। वस्तुतः साहित्य-सृजन और पुस्तक-लेखन में बहुत बड़ा अंतर है जिसे न देख पाने के कारण हम बालकों के लिए लिखी गई हर पुस्तक को साहित्यिक कृति कह देते हैं और उसके रचयिता को साहित्यकार। बालकों के लिए पुस्तक लिखना तो सामान्यतः बहुत सरल काम होता है। बाल-पुस्तक का छोटा-सा कलेवर और हल्का-फुल्का विषय होता है और अधिकांश सामग्री वयस्क लेखक के मस्तिष्क में मौजूद होती है। दो-तीन घंटे की फुर्सत हो तो पुस्तक तैयार हो जाती है। बाल-साहित्य के नाम पर हर वर्ष जो सैकड़ों

पुस्तकें प्रकाशित होती हैं उनमें से अधिकांश ऐसी ही होती हैं। इन पुस्तकों को उत्तम कोटि का साहित्य नहीं कहा जा सकता। साहित्यिक कृति से अभिप्राय उस पुस्तक से है जो लेखक की मौलिक उद्भावना हो, किसी उदात्त भावना से प्रेरित होकर लिखी गई हो और किसी साहित्योचित लक्ष्य की सिद्धि करती हो।

इस प्रकार की बालोपयोगी साहित्यिक कृति के सृजन के लिए एक असाधारण प्रतिभा की आवश्यकता होती है। सर्वप्रथम तो लेखक के सामने विषय-क्षेत्र की समस्या आती है। वयस्क साहित्य के लेखकों को अपने दैनिक कार्य-क्षेत्र से ही विषय चुनना होता है किंतु बाल-साहित्य के लेखक को बचपन की उस दुनिया में प्रवेश करना पड़ता है जिसे वह भूल चुका है। वह वयस्क होने के नाते वयस्क की दृष्टि से वस्तुओं को देखने और अनुभव करने का आदी होता है किंतु बाल-साहित्य लिखने के लिए उसकी वयस्क दृष्टि न केवल बाधक होती है अपितु अवांछनीय भी होती है। जब तक हम अपने वयस्क संस्कारों से मुक्त नहीं हो जाते तब तक बाल-साहित्य का सृजन करना हमारे लिए असंभव है। और यह काम बहुत कठिन है। एक योगी को एकाग्रता की स्थिति में पहुंचने के लिए जितनी साधना करनी पड़ती है संभवतः उतनी ही साधना बाल-साहित्य के लेखक को भी करनी पड़ती है। जो लोग साहित्य की रचना-प्रक्रिया से परिचित हैं वे जानते हैं कि किसी विषय पर लिखने से पहले हमें उस विषय में अपने मन को सुस्थिर करना पड़ता है। हर साहित्यकार को दो स्थितियों से होकर गुजरना पड़ता है। उसे अपनी विषय-वस्तु में प्रवेश करना पड़ता है ताकि वह जो कुछ लिखना चाहता है वह उसकी अनुभूति अथवा उसका 'भोगा हुआ' बन जाए। फिर उसे विषय-वस्तु से असंपृक्त होकर मात्र द्रष्टा के रूप में उसे देखना पड़ता है क्योंकि ऐसा किए बिना वह उस विषय-वस्तु की व्याख्या अथवा निर्वचन नहीं कर सकता है।

श्रीमती महादेवी वर्मा ने सेंट्रल पेडागाजिकल इंस्टीट्यूट, इलाहाबाद में बाल-साहित्य रचनालय का उद्‌घाटन करते हुए इस संदर्भ में बहुत अच्छे विचार व्यक्त किए थे। उनके भाषण का उद्धरण नीचे दिया जा रहा है :

> ''वस्तुतः बालक तो विश्व का सबसे व्यापक बुद्धि वाला, विशाल हृदय वाला नागरिक है। सच्चे अर्थ में हम उसी को विश्वनागरिक कह सकते हैं। उसका धर्म ही जीवन धर्म है। जब हम प्रौढ़ हो जाते हैं तब धीरे-धीरे देश-काल की सीमाएं हमें बांधने लगती हैं और उसी प्रकार बांध लेती हैं जिस प्रकार नदी को उसके तट बांध लेते हैं और वर्षा में जो जल की तरलता सब ओर छाई रहती है वह तटों में बंट जाती है। हम भी बड़े होकर प्रौढ़ होकर अपनी कल्पनाओं को एक निश्चित दिशा

> दे लेते हैं। अपनी भावना को एक निश्चित लक्ष्य दे लेते हैं। अपनी बुद्धि की क्रिया को एक सांचे में ढाल लेते हैं और इस प्रकार हमारा जीवन बंध जाता है। हम एक परिवार के, एक समाज के, एक देश के प्राणी हो जाते हैं। संसार भर के जितने भी बालक हैं वे सब सारे विश्व के बालक हैं। उन्हें इस बात का कोई बोध नहीं है कि हम किस देश के हैं, किस समाज के हैं और किस परिवार के हैं।.... बाल-साहित्य की रचना में, मेरे विचार में, सबसे बड़ी बाधा तो मनोवैज्ञानिक है। साधारणतः हम सोचते हैं कि बालक के लिए लिखना ही क्या है? हमारे विचार में, हमारी हीन भावनाओं में ऐसा लगता है कि बालक के बहुत थोड़े ही विषय हैं और बहुत सहज ही उसे बहकाया जा सकता है, किंतु उसे बहकाया नहीं जा सकता। आप में से जो विद्वान हैं, जो विदुषी हैं, जानते होंगे कि कोई भी बालक दो मिनट में आपको निरुत्तर कर देगा। उसकी जिज्ञासा इतनी बलवती है, उसकी कल्पना इतनी विस्तृत है, उसकी भावना विश्व के हर जीवन को छूती है और निरंतर कुछ जानना चाहती है, कुछ पाना चाहती है। हम थक जाते हैं और कहते हैं कि इस समय नहीं, फिर, और वह समय कभी नहीं आता क्योंकि हमारे जीवन में उसका उत्तर कभी नहीं आता, समाधान कभी नहीं आता। आवश्यकता यह है कि हम यह समझें कि बालक की जिज्ञासा हमारी जिज्ञासा से विशाल है और उस जिज्ञासा को किसी एक दिशा में बांधना बड़ा कठिन है।"[8]

बाल-साहित्य का विषय बच्चों की दुनिया है जिससे हम वयस्क बहुत दूर जा चुके हैं। हम उनके मन में भयंकर उथल-पुथल मचाने वाली बातों को अपने मनोविनोद का विषय बनाकर हंसी में उड़ा देते हैं। जिन बातों, शब्दों, परिस्थितियों और घटनाओं पर वे आनंदित होते हैं उन्हें हम बेकार कहकर छोड़ देते हैं और उन पर अपनी वयस्क बुद्धि तथा वयस्क मान्यताओं को थोपते जाते हैं जिनसे बच्चे मन ही मन घृणा करते हैं। हम हर मौके-बेमौके उन्हें उपदेश पिलाकर यह सोचते हैं कि वे हमारे उपदेशों को आज्ञाकारी बनकर ग्रहण कर लेते हैं किंतु वे स्वीकृति में सिर हिलाकर मन ही मन विद्रोह से भर उठते हैं। यह विद्रोह उनके हृदय में एकत्रित होता जाता है और किशोरावस्था में उद्दंडता, अवज्ञा और उपेक्षा के रूप में विस्फोट बनकर प्रकट होता है। उस समय हम आश्चर्य करते हैं कि यह विद्रोह भावना, यह उद्दंडता उनमें अचानक कैसे प्रकट हो गई! किंतु वह अचानक नहीं होती है।

अपने वयस्क संस्कारों से मुक्त होकर बच्चों की दुनिया में प्रवेश करने की क्षमता जिस व्यक्ति में होगी वह सामान्य व्यक्ति नहीं होगा बल्कि हजारों में कोई एक होगा। बचपन में वैराग्य धारण करने वाले महात्मा बुद्ध की तरह वयस्कता में बचपन से तादात्म्य करने वाले को भी हम 'योगभ्रष्ट' ही कहेंगे।

बच्चों के सुप्रसिद्ध लेखक ए.ए. मिल्ने ने अपनी पुस्तक 'ह्वेन वी वेयर वेरी वेरी यंग' के निम्नलिखित तीन स्रोत बताए हैं[9]

(1) मेरे बचपन की स्मृतियां।
(2) सामान्य बचपन के विषय में मेरी कल्पनाएं।
(3) उस बचपन विशेष का प्रेक्षण जिसके संपर्क में मैं अब आया हूं (अर्थात लेखक का अपने लड़के क्रिस्टाफर रोबिन के साथ संपर्क)।

इसका अर्थ यह हुआ कि बाल-साहित्य के लेखक में ये तीन गुण होने चाहिए, अर्थात :

(1) उसके मन में अपने बचपन की स्मृतियां ताजा होनी चाहिए।
(2) बच्चों का सामान्य जीवन उसकी कल्पना का विषय होना चाहिए।
(3) उसे वर्तमान पीढ़ी के बच्चों के निकट संपर्क में आना चाहिए।

देखने में ये तीनों गुण सर्वसुलभ लगते हैं। उदाहरण के लिए, सभी वयस्कों के मन में बचपन की थोडी-बहुत स्मृतियां रहती हैं। किंतु बाल-साहित्य के लेखक में बचपन की अधिकांश स्मृतियां ताजा होनी चाहिए। इसके अतिरिक्त बचपन की घटनाओं की स्मृतियां मात्र पर्याप्त नहीं होतीं। उसे यह भी याद होना चाहिए कि बचपन में किस विशेष वस्तु, घटना अथवा परिस्थिति की उसके मन में क्या प्रतिक्रिया हुई थी। इसी तरह वर्तमान पीढ़ी के बच्चों के संपर्क में तो हर आदमी जनक, अभिभावक अथवा अध्यापक होने के नाते आता है किंतु उन बच्चों में रम जाने, उनमें खो जाने, उनकी तरह बन जाने की क्षमता सभी में नहीं होती। अधिकांश स्त्रियां बच्चों के संपर्क में रहती हैं। संभवतः इसीलिए बाल-साहित्य के लेखकों में महिलाओं की संख्या बहुत होती है, किंतु उच्च कोटि के लेखकों में महिलाओं की संख्या पुरुष लेखकों की तुलना में नगण्य है। इस बात को डोरोथी नील ह्वाइट ने भी स्वीकार किया है "यह बात उल्लेखनीय है कि यद्यपि बाल-साहित्य के सृजन में महिलाओं के योगदान की मात्रा बहुत अधिक रही है किंतु 'सुनहरी नदी के राजा'[10] सामान्यतः पुरुष ही रहे हैं। पता नहीं इसका कारण यह है कि पुरुष महिलाओं की अपेक्षा बच्चों को अधिक तटस्थ भाव से देखते हैं अथवा कुछ और किंतु यह हकीकत है कि प्रथम पंक्ति में सामान्यतः पुरुष ही आते हैं।"[11]

इसका कारण कुछ भी हो यहां मैं केवल इतना ही निवेदन करना चाहता हूं कि बालकों के संपर्क में आने का अभिप्राय यह है कि हम अपने व्यक्तित्व को

भुलाकर बच्चों के साथ तादात्म्य स्थापित कर सकें। इसके लिए यह आवश्यक नहीं है कि हम अधिकाधिक बच्चों के संपर्क में आएं। लुई कैरोल अविवाहित पादरी था और गणित जैसे सूखे विषय का विद्वान था। उसके संपर्क का दायरा एलिस आदि दो-तीन बच्चों तक ही सीमित रहा। ए.ए. मिल्ने ने तो केवल एक ही बच्चे (अपने लड़के) के संपर्क में आकर महान बाल-साहित्य की रचना कर डाली। बच्चों से तादात्म्य स्थापित करने के लिए बहुत से बच्चों के बीच रहना जरूरी नहीं है। यदि हम बच्चों की तरह निश्छल भाव से हंस नहीं सकते, खेल के लिए खेल नहीं सकते, अचेतन में चेतन, मूक में वाणी, निरर्थकता में सार्थकता और अनस्तित्व में अस्तित्व के दर्शन नहीं कर पाते तो हम सैकड़ों बच्चों के बीच रहते हुए भी उनसे अछूते ही रहेंगे।

बाल-साहित्य के लेखक को कठिन साधना का विषय बनाने वाला एक और तथ्य यह है कि बच्चों की पसंद के बारे में कोई भी निश्चित धारणा नहीं बनाई जा सकती है। लिलियन स्मिथ ने लिखा है "बच्चे पुस्तकों में क्या चीज ढूंढ़ते हैं, इस विषय में वयस्कों की अनिश्चितता का समाधान किसी भी सूत्र के द्वारा नहीं हो सकता है। कोई भी यह बात निश्चित रूप से नहीं कह सकता है कि बच्चे अमुक प्रकार की पुस्तकों को पसंद करते हैं और अमुक प्रकार की पुस्तकों को पसंद नहीं करते हैं।"[12]

मनुष्य अपना जीवन अकेलेपन की अनुभूति से शुरू करता है। जब बच्चा पैदा होता है तो वह अपने-आपको संसार में बिलकुल अकेला महसूस करता है। धीरे-धीरे माता-पिता और परिवार के अन्य लोगों से उसका लगाव होता है और फिर वह समष्टि की ओर धीरे-धीरे बढ़ने लगता है। अपने-आपको विस्तृत समाज अथवा समष्टि का सदस्य मानने की स्थिति बालक काफी समय बाद प्राप्त करता है। इसीलिए बालकों की पसंदों के अनुसार वर्गीकरण बहुत कठिन होता है क्योंकि किन्हीं दो बालकों की पसंद में समानता लाने वाला तत्व उनमें अभी विकसित नहीं होता है। वयस्कों में तो जाति, वर्ग, पेशे आदि के अनुसार वर्ग बन जाते हैं किंतु वैयक्तिक भावना की प्रधानता के कारण बालकों को समूहों में नहीं बांटा जा सकता है। ऐसी स्थिति में बच्चों में किसी पुस्तक की सफलता-असफलता के संबंध में कोई पूर्वानुमान नहीं लगाया जा सकता।

इसके अतिरिक्त एक और कठिनाई विषय-वस्तु के चुनाव की है। वयस्कों के लिए समस्त जीवन के किसी भी पहलू को साहित्य का विषय बनाया जा सकता है किंतु बालकों के लिए जीवन के केवल उसी अंश से विषय का चुनाव करना पड़ता

है जिससे बालक परिचित होते हैं। वयस्क साहित्य का सबसे लोकप्रिय विषय 'औरत' है और यह बाल-साहित्य में वर्जित है। यदि आज वयस्क-साहित्य में 'औरत' का प्रवेश निषिद्ध घोषित कर दिया जाए तो संभव है नब्बे प्रतिशत साहित्यकारों की कल्पनाशक्ति कुंठित हो जाए और उन्हें कलम के स्थान पर कुदाल का आश्रय लेने के लिए विवश होना पड़े।

## (इ) बाल-साहित्य का सांस्कृतिक महत्व

किसी देश अथवा जाति की महान सांस्कृतिक उपलब्धियां बाल-साहित्य का रूप ग्रहण करके ही काल के भीषण थपेड़ों के बीच अक्षुण्ण बनी रहती हैं। उदाहरण के लिए, साहित्य की कोई भी कृति तब तक अमर नहीं हो सकती जब तक वह उत्कृष्ट बाल-साहित्य के गुणों से संपन्न नहीं होगी जैसे, ऐसी कहानी जिसे बार-बार सुनने के लिए मन उतावला रहे, ऐसी कविता जिसे गाते रहने से मन कभी न अघाए, ऐसे चरित्र जो हमारी स्मृति में हमेशा ताजा बने रहें और जीवन को प्रेरणा देते रहें। ऐसे नैतिक मूल्य जो हमारी क्षुद्र सुविधाओं के अनुसार नहीं बदलते रहें, अपितु बलवान और निर्बल, धनी और निर्धन, भगवान और इंसान, मनुष्य और पशु सभी पर समान रूप से लागू हों तथा जिनसे बंधकर एक दुष्ट और क्रूर राक्षस एक अबोध बालक के आगे हार जाए।

यदि हम बच्चों में सर्वाधिक लोकप्रिय कथाओं और पुस्तकों पर विचार करें तो दिखाई देगा कि इनमें से अधिकांश पुस्तकें बच्चों के लिए नहीं लिखी गई थीं बल्कि इन्होंने प्रक्रिया-विशेष से गुजर कर बाल-साहित्य का रूप धारण किया है। इलियड और ओडेसी, रामायण और महाभारत, शेक्सपियर के नाटक, राबिंसन क्रूसो, गुलिवर की यात्राएं, डिकेंस, स्काट, ड्यूमा आदि के उपन्यास मूलतः बच्चों के लिए नहीं लिखे गए थे किंतु आज ये रचनाएं बच्चों के साहित्य का अभिन्न अंग बनी हुई हैं। बच्चों का साहित्य बनने के लिए इन्हें बहुत सी काट-छांट सहनी पड़ी है। धीरे-धीरे इनमें से अनावश्यक वर्णन कम होते गए और इनका रूप लघु होता गया। दूसरे शब्दों में, इन उत्कृष्ट कृतियों में जो ठोस चीज थी वह बाल-साहित्य में आ गई। उत्कृष्ट वयस्क साहित्य के बाल-साहित्य में परिवर्तित होने की यह प्रक्रिया व्यापक रूप में देखी जा सकती है। विश्व-साहित्य की वे समस्त उत्कृष्ट रचनाएं जिनकी अपील सार्वकालिक और सार्वजनीन है, जिनमें अत्यंत रोचक कथा अथवा सशक्त

चरित्र-चित्रण अथवा उदात्त भावनाओं का चित्रण हुआ है इस प्रक्रिया के अधीन धीरे-धीरे बाल-साहित्य का रूप लेती जा रही हैं। बाल-साहित्य का रूप लेने के बाद ये कृतियां जिल्दों में बंदी नहीं रहेंगी बल्कि कारामुक्त होकर खुले वातावरण में सांस लेंगी। बच्चे इन्हें बार-बार सुनेंगे और सुनाएंगे, और इस प्रकार ये सर्वसाधारण के हृदयों में वास करने लगेंगी और युगयुगांतर के लिए अमर हो जाएंगी।

साहित्यिक कृतियों की काट-छांट की प्रक्रिया हमारे चाहे-अनचाहे चलती रहती है क्योंकि इसके पीछे प्राकृतिक नियम काम करते हैं। उत्तरोत्तर स्थानाभाव के कारण वृहदाकार ग्रंथों का संक्षिप्तीकरण अनिवार्य आवश्यकता है। इसका प्रभाव विश्वकोशों, डाइजेस्टों, संक्षिप्त संस्करणों की बढ़ती हुई प्रवृत्ति में मिल जाता है। संसार की जनसंख्या की वृद्धि की गति को देखते हुए हम ऐसे समय की कल्पना भी कर सकते हैं जब मनुष्यों के रहने के लिए भी इस दुनिया में जगह न मिले। उस समय की कल्पना करके स्थानाभाव की भावी समस्या का सामना करने के लिए मनुष्य जाति अपनी प्रिय वस्तुओं के आकार में काट-छांट करती जा रही है।

इसी बात का दूसरा पहलू यह है कि हर महान रचना मूलतः बाल-साहित्य की देन होती है। अपनी बात को स्पष्ट करने के लिए मुझे कुछ विस्तार में जाना पड़ेगा। किसी देश की उत्तम साहित्यिक रचनाओं का मूल उस देश की संस्कृति में होता है और संस्कृति का मूल पुराण तथा लोक-साहित्य है। अब यह लोक-साहित्य और पुराण अपने मूलरूप में, यदि पूर्णरूप से नहीं तो अधिकांश रूप से तो अवश्य ही बाल-साहित्य है क्योंकि इनकी उत्पत्ति बालकों की आवश्यकताओं के कारण हुई है। बच्चे के मन में सृष्टि की प्रत्यक्ष घटनाओं का कारण जानने के लिए जब जिज्ञासा पैदा हुई तो उस जिज्ञासा को शांत करने के लिए माता-पिता ने अपनी समझ के अनुसार स्पष्टीकरण दिए। उदाहरण के लिए, बच्चे ने पूछा बिजली क्यों चमकती है? बादल क्यों गरजते हैं? भूचाल क्यों आते हैं? और अभिभावकों ने देवों तथा महादेवों की कल्पना करके उन प्रश्नों के उत्तर दिए। यही स्पष्टीकरण पुराण बने। इसी तरह बच्चे को जीवन जीने के लिए ज्ञानादि आवश्यक साधनों से संपन्न करने के उद्‌देश्य से अथवा बच्चे की कहानी की भूख को शांत करने के लिए माता-पिता ने सुने-सुनाए अथवा अनुभूत प्रसंगों को कहानी के रूप में बालकों को सुनाया तथा लोरियों आदि से उन्हें बहलाया तो उससे लोक-साहित्य का रूप स्थिर हुआ। यदि बच्चे अपने प्रश्नों से, अपनी जिज्ञासा और संगीत की स्वाभाविक पिपासा से वयस्कों को विवश न कर देते तो संभवतः लोक-साहित्य और पुराण का जन्म ही

न होता अथवा कम से कम उसका अधिकांश भाग अस्तित्व में न आता और फलस्वरूप इस लोक-साहित्य और पुराण साहित्य पर आधारित हजारों महान कृतियों से संसार वंचित रह जाता।

सारांश यह कि साहित्य में जो कुछ महान और शाश्वत है वह बाल-साहित्य के रूप में सुरक्षित रहता है और फिर इस सुरक्षित भंडार से पुनः वयस्क साहित्य की उत्कृष्ट कृतियों का निर्माण होता है। ये उत्कृष्ट कृतियां पुनः बच्चों का साहित्य बनती जाती हैं। इसी तरह यह चक्र चलता रहता है। इसका एक बहुत सुंदर उदाहरण शेक्सपियर के कुछ नाटक हैं। इन नाटकों का आधार वे कथाएं हैं जो परंपरा से चली आ रही थीं। इन कथाओं को भिक्षुओं ने स्कूलों में पढ़ाने के उद्देश्य से 'गेस्टा रोमानोरन' में संगृहीत किया था। शेक्सपियर के नाटकों ने चार्ल्स लैंब और मेरी लैंब के प्रयत्नों से पुनः बाल-साहित्य का रूप धारण कर लिया है। दूसरे शब्दों में, बाल-साहित्य एक विशाल सागर की तरह है। साहित्यकार अपनी कल्पना-किरणों द्वारा उससे रस ग्रहण करते हैं और उसे नया रूप देकर जन-जीवन को शीतल करते हैं। उस समय यह रस अनेकानेक रूपों में विभक्त होकर धरती को आनंदित करने लगता है। उसे बांधों में बांधा जाता है, नहरों और नालियों में कैद किया जाता है। कभी वह गंगा में मिलकर पूजा भाव जगाता है, कभी गटर में गिरकर दुर्गंध फैलाता है, किंतु अंत में जब वह अपने उद्गम स्थान पर लौट कर आता है तो उसका रूप शुद्ध, सरल और पवित्र हो जाता है।

इसी प्रकार किसी देश की संस्कृति में अन्य जो कुछ महान और आदर्श रूप होता है वह भी बाल-साहित्य के रूप में सुरक्षित रहता है। हर पिता अपने बच्चे को वह चीज सिखाना चाहता है जिसे वह अपना आदर्श मानता रहा है अथवा जिसे सीखने में वह स्वयं असमर्थ रहा है। जिस तरह वह अपने जीवन भर की कमाई को अपने बच्चों के हाथ सुरक्षित देखकर आनंदित होता है उसी तरह वह अपने जीवन भर की बौद्धिक अथवा मानसिक उपलब्धियों को अपने बच्चों के हाथ सौंप जाने के लिए आतुर रहता है। उसकी इस आतुरता के कारण ही पुरानी पीढ़ी के सभी स्वप्न तथा आदर्श बाल-साहित्य में आ जाते हैं। यदि कोई यह जानना चाहे कि किसी काल-विशेष में किसी देश अथवा जाति की अच्छे और बुरे, घटिया और बढ़िया, पाप और पुण्य, तुच्छ और महान, श्रेष्ठ और नीच की मान्यताएं क्या थीं तो उसे उस समय के बाल-साहित्य का अध्ययन करना चाहिए।

## (ई) बाल-साहित्य का सामाजिक महत्व

बाल-साहित्य सामाजिक स्थिति का यथार्थ सूचक होता है। बाल-साहित्य की मात्रा और कोटि इस बात पर निर्भर करती है कि समाज का बच्चों के प्रति क्या दृष्टिकोण है। क्या वह बचपन को जीवन का एक महत्वपूर्ण अंश मानता है अथवा नहीं? क्या वह बच्चों को अपने विशिष्ट अधिकारों से संपन्न एक विशिष्ट समाज मानता है अथवा उन्हें लघु-वयस्क मानकर ही रह जाता है? जो समाज बचपन को वयस्कता की मंजिल का एक पड़ाव मात्र मानता है वह बच्चों की आवश्यकताओं की अनजाने में ही उपेक्षा कर सकता है क्योंकि वह बचपन को एक अनिवार्य बाधा मानेगा और वह उसको ज्यों-त्यों पार करने की ओर ही जाने-अनजाने प्रयास करता रहेगा। ऐसी स्थिति में बच्चों को जल्दी से जल्दी वयस्क बनाने के प्रयत्न किए जाते हैं। अपने बच्चों को शीघ्रातिशीघ्र बचपन की सीमा पार करते देखने के लिए जो समाज उत्सुक है, वह बच्चों को मात्र आनंद देने के लिए पुस्तकों की व्यवस्था करने की बात सोच ही नहीं सकता क्योंकि उसकी दृष्टि में यह निष्प्रयोजन आनंद न केवल अनावश्यक होता है बल्कि वयस्कता प्राप्ति में विलंब करने के कारण हानिकारक भी होता है। ऐसे समाज की प्रवृत्ति बच्चों को ऐसा साहित्य देने की ओर होती है जो शिक्षा-प्रधान, उपदेशप्रद, ज्ञानवर्धक, नीति-प्रधान और बोझिल होता है, जिसका उद्देश्य बच्चे में अधिक से अधिक बुद्धिमत्ता भरना होता है और जो बच्चों को बचपन का समय बीतने से पहले ही सयाना बना देना चाहता है। सामान्यतः इस प्रकार की प्रवृत्ति उस समाज में पाई जाती है जो वर्तमान के बजाय भविष्य के लिए जीता है।

किंतु जो समाज प्रत्यक्ष और वर्तमान के ठोस धरातल पर कष्टों और संघर्षों की अनुभूति में जीता है वह बचपन की अवधि में कटौती करने के बजाय उसे लंबा करने का प्रयास करता है क्योंकि वह वयस्कता की अपेक्षा बचपन को जीवन का अधिक सुखपूर्ण समय मानता है। ऐसे समाज में साहित्य द्वारा बच्चों को अधिक से अधिक आनंद देने की कोशिश की जाती है। क्योंकि इस प्रकार समाज अगम और अरूप भविष्य के बजाय प्रत्यक्ष और मूर्त वर्तमान को ही जीवन का चरम साध्य मानता है, वह भविष्य के काल्पनिक सुख के लिए वर्तमान के प्रत्यक्ष आनंद को कुर्बान नहीं करना चाहता और बचपन के हंसी-खुशी के अनमोल क्षणों को शीघ्रातिशीघ्र 'सयानेपन' में परिवर्तित नहीं करना चाहता।

बाल-साहित्य समाज के जीवन-दर्शन का सूचक होने के साथ-साथ उसके विकास की अवस्था का द्योतक भी होता है। पाल हजार्ड अपनी पुस्तक *बुक्स*

*चिल्ड्रेन्स एंड मैन* में कहते हैं "जिन वयस्कों ने शताब्दियों तक बच्चों को ठीक ढंग से कपड़े पहनाने की बात तक नहीं सोची वे उनके लिए उपयुक्त पुस्तकों की व्यवस्था करने की बात कैसे सोच सकते थे?"[13] इसका अर्थ यह हुआ कि जो समाज रोटी-कपड़ा और मकान की मूलभूत आवश्यकताओं में ही फंसा हुआ है और निर्वाहमूलक अर्थव्यवस्था से ऊपर अपने आपको नहीं उठा सका है वह बच्चों के लिए साहित्य की व्यवस्था करने की बात सोच ही नहीं सकता है। विश्व के समृद्धतम देशों में भी बच्चों के लिए स्कूली-पुस्तकों के अतिरिक्त अन्य साहित्य की आवश्यकता अट्ठारहवीं शताब्दी में महसूस की गई। उससे पहले 'बाल-साहित्य' शब्द की कल्पना किसी ने स्वप्न में भी नहीं की थी।

## (उ) बाल-साहित्य का राष्ट्रीय महत्व

बाल-साहित्य के सामाजिक तथा राष्ट्रीय महत्व के संबंध में अधिक कहने की आवश्यकता नहीं है। हम बालकों को जिस प्रकार का साहित्य देंगे उसी के अनुसार कल के समाज का रूप निश्चित होगा। आज के बालक कल के नागरिक हैं। आने वाले समाज के विचार और व्यवहार का स्तर इस बात पर निर्भर है कि हम इस समय बालकों को घटिया दर्जे का साहित्य देते हैं या ऊंचे दर्जे का। सामाजिक बुराइयों और राष्ट्र की कमजोरियों का परिहार भाषणों तथा आंदोलनों से नहीं होता। इस विषय में हमारी आशाएं इन बच्चों पर लगी रहती हैं जो आगे चलकर समाज तथा राष्ट्र के कर्णधार बनेंगे।

जब कभी हम अपने समाज अथवा राष्ट्र में किसी बात की अत्यंत आवश्यकता अनुभव करते हैं तो उसकी सर्वप्रथम प्रतिक्रिया बाल-साहित्य पर होती है। भारत में जब चीनी और पाकिस्तानी आक्रमण के कारण देशप्रेम और एकता की भावनाओं पर नेताओं ने जोर देना शुरू किया तो इस विषय का बाल-साहित्य अत्यधिक मात्रा में तैयार हो गया। यद्यपि नारेबाजी के इस साहित्य में स्थायित्व का गुण बहुत अल्प मात्रा में होता है और इसमें से अधिकांश तो अनुभूतिशून्य और महज प्रचारात्मक होता है, तथापि इस उदाहरण से बाल-साहित्य का महत्व तो सिद्ध हो ही जाता है।

विश्व में इस समय लोकतंत्र और समाजवाद के आदर्शों को सर्वोपरि माना जा रहा है। यद्यपि इन दो आदर्शों के कारण विश्व इस समय दो भागों में बंटा हुआ है, किंतु धीरे-धीरे इन दोनों का एक-दूसरे में विलयन भी होता जा रहा है। समाजवाद

को अपना आदर्श मानने वाले देशों में भी लोकतंत्र का बहिष्कार नहीं होता है यद्यपि उनके लोकतंत्र का रूप किंचित् भिन्न होता है। दूसरी ओर लोकतंत्रीय पद्धति वाले देशों में समाजवाद किसी न किसी रूप में विद्यमान रहता है। तटस्थ देशों ने विशेषकर भारत ने इन दोनों के मिले-जुले रूप 'लोकतंत्रीय समाजवाद' को अपनाया है और अब दिन-प्रतिदिन यह धारणा जोर पकड़ती जा रही है कि लोकतंत्र और समाजवाद एक-दूसरे के पूरक हैं तथा मानव-जाति का भविष्य इन दोनों के एकीकरण में ही निहित है।

लोकतंत्र और समाजवाद आधुनिक युग के दो महान आदर्श हैं किंतु ये दोनों शब्द राजनैतिक ढांचे के नहीं, जीवन-पद्धति के बोधक हैं। राजनैतिक लोकतंत्र अथवा राजनैतिक समाजवाद प्राप्त करने के बाद लोकतंत्रीय तथा समाजवादी सभ्यता का काम शुरू होता है। जिन देशों को हम इन दो प्रकार के तंत्रों के लिए आदर्श मानते हैं उनमें भी ये आदर्श अभी तक राजनैतिक स्तर तक ही अपनाए गए हैं और यह काम भी संभवतः अभी अधूरा ही हुआ है अर्थात यहां जन-साधारण वोट द्वारा राज-काज के कार्यों में विधिवत योगदान तो देता है किंतु वस्तुतः योगदान की अवस्था अभी कल की चीज है। लोकतंत्रीय और समाजवादी सभ्यता का काम तो अभी प्रारंभ भी नहीं हुआ है। लोकतंत्रीय सभ्यता की समस्या बहुसंख्यक जन-साधारण को सुसंपन्न, सुशिक्षित और सुरुचिपूर्ण बनाने की समस्या है। आजकल हम देख रहे हैं कि जन-साधारण के विचार और व्यवहार का स्तर बहुत निम्न है। साहित्य, समाचार, शिक्षा, रेडियो कार्यक्रम, सिनेमा आदि समस्त क्षेत्रों में निम्न स्तर, निम्न रुचियों और निम्न आदर्शों की विद्यमानता इसका प्रमाण है। समाजवादी सभ्यता के निर्माण के लिए भी सबसे बड़ा काम जन-साधारण को सुसभ्य, सुसंस्कृत और सुरुचिवान बनाना है।

चाहे कोई राष्ट्र लोकतंत्रीय है अथवा समाजवादी उसकी सबसे बड़ी समस्या आज यही है कि राजनैतिक और सामाजिक संस्थाओं का संचालन करने वाले साधारण जन-समुदाय को सच्चाई, ईमानदारी, सहनशीलता, विद्वत्ता और उच्च मूल्यों की भावना जैसे महान गुणों से संपन्न कैसे किया जाए?

इस महत कार्य में बाल-साहित्य बहुत बड़ा योगदान दे सकता है। वर्तमान वयस्क पीढ़ी को तो हम बदल नहीं सकते, कल जो लोग सामाजिक तथा राजनैतिक संस्थाओं का संचालन करने वाले हैं हम उनकी रुचियों आदि का परिष्कार उच्च कोटि के साहित्य द्वारा कर सकते हैं। साहित्य जीवन के महान मूल्यों का साधारणीकरण करता है। बच्चा साहित्य में अभिव्यक्त इन महान मूल्यों को प्राप्त

करने के लिए न केवल उत्सुक रहता है बल्कि अपनी सामर्थ्य के अनुसार उसके लिए प्रयत्न भी करता रहता है। परीकथाओं और लोककथाओं के बीच पलने वाले बच्चे में सच्चाई, ईमानदारी, निर्भीकता और न्यायप्रियता के भाव सहज रूप से ही भर जाते हैं। पशुकथाएं बालक की संवेदना को इतना परिष्कृत करती हैं कि उसमें मानव-मानव के बीच तो क्या मानव और पशु के बीच भी भेद-भाव करने की गुंजाइश नहीं रहती।

वर्तमान वयस्क साहित्य तो अधिकांश मात्रा में उच्च कोटि का नहीं है क्योंकि वह निम्न रुचियों वाले साधारण समुदाय की मांग के अनुसार भी लिखा जाता है। बालकों में न तो निम्न रुचियां होती हैं और न उनकी कोई प्रत्यक्ष मांग होती है। उन्हें ऐसा ही साहित्य देना पड़ता है, जिससे सच्चाई, ईमानदारी, परिश्रम, न्याय आदि शाश्वत मानवीय गुणों पर आस्था दृढ़ हो, जो संकटों का सामना करने की शक्ति प्रदान करे और जीवन को हंसते-हंसते जीने की प्रेरणा दे। यदि वयस्क साहित्य में किसी अच्छी कृति का निर्माण होता है तो वह कुछ दिन की चर्चा अथवा सनसनी के बाद ऐतिहासिक महत्व का लबादा पहनकर प्रभावशून्य हो जाती है किंतु बाल-साहित्य की अच्छी कृति पीढ़ी-दर-पीढ़ी हजारों-लाखों बच्चों के जीवन को प्रभावित करती रहती है। महात्मा टाल्सटाय ने बाल-साहित्य के महत्व का वर्णन करते हुए कहा है "ऐसी परीकथा, हृदयस्पर्शी लघु-गीत, मनोरंजक पहेली, मजेदार चुटकुले अथवा ऐसे रेखाचित्र का निर्माण करना जो दर्जनों पीढ़ियों और लाखों-करोड़ों बच्चों तथा वयस्कों को आनंद प्रदान करे किसी ऐसे उपन्यास अथवा चित्र की रचना की तुलना में बहुत-बहुत महत्वपूर्ण तथा उपयोगी है जो धनी वर्ग के कुछ सदस्यों को कुछ समय के लिए अपनी ओर आकृष्ट करे और फिर विस्मृत हो जाए।"[14]

संक्षेप में, वर्तमान युग की समस्या चरित्र की समस्या है। इस समय हम पिछली शताब्दियों की तुलना में कई दृष्टियों से बहुत आगे बढ़े हुए हैं। शिक्षा का प्रसार जितना इस समय है उतना पहले कभी नहीं रहा है। भौतिक साधनों की बहुलता और वैज्ञानिक प्रगति ने मनुष्य के हाथ ऐसी शक्ति सौंप दी है, जिससे वह संसार का अपरिमित कल्याण भी कर सकता है और उसका सर्वनाश भी कर सकता है। जरूरत ऐसे व्यक्तियों की है जो इस शक्ति का सही प्रयोग करें। लोकतंत्र, समाजवाद, संयुक्त राष्ट्र संघ, पंचवर्षीय योजनाएं और अन्य राजनैतिक अथवा सामाजिक संस्थाएं अपने में बहुत अच्छी हैं किंतु उनका संचालन करने वाले, उनका कार्यरूप में परिणत करने वाले व्यक्तियों का चारित्रिक स्तर उतना ऊंचा नहीं है जितना चाहिए। इसलिए ये हमारी समस्याओं को सुलझाने में सफल नहीं हो रही

हैं। भ्रष्टाचार विरोधी कानून बनते हैं किंतु उनसे भ्रष्टाचार दूर नहीं होता क्योंकि उन कानूनों को कार्य-रूप देने वाले व्यक्ति स्वयं भ्रष्टाचारग्रस्त होते हैं। समानता और सद्भाव का उपदेश देने वाले नेता, अपने को विशिष्ट संप्रदाय का बनाए रखने के उद्देश्य से अपने लिए विशेष क्लबों, विशेष आवासगृहों, और अपने बच्चों के लिए विशेष स्कूलों की व्यवस्था करते हैं इसलिए उनके वचनों पर किसी को विश्वास नहीं होता। बातों में हम चारित्रिक गुणों की जितनी अधिक चर्चा करते हैं व्यवहार में हम उनकी उतनी ही उपेक्षा कर देते हैं। न्यायालयों में शपथ लेने के बाद भी हम धड़ल्ले से झूठ बोलते हैं। संसद-भवनों में प्रवेश पाने के लिए हम जनता को रिश्वत देते हैं, जातिवाद, धर्मवाद और संप्रदायवाद की पूजा करते हैं, लोगों से झूठे वायदे करते हैं और फिर साफ मुकर जाते हैं। जहां भी दृष्टि जाती है चारित्रिक संकट ही नजर आता है। लगता है कि जिस परिमाण में मनुष्य की मशीनी ताकत बढ़ी है उसी परिमाण में उसकी नैतिक शक्ति का ह्रास हुआ है।

बालकों को काफी मात्रा में अच्छी कोटि का साहित्य देकर हम इस नैतिक और चारित्रिक संकट का परिहार कर सकते हैं। इस तरह हम ऐसी पीढ़ी तैयार कर सकते हैं जो चरित्र और नैतिक बल की दृष्टि से घोर भौतिक सभ्यता का भार वहन करने में समर्थ हो। प्रश्न किया जा सकता है कि इस समय हमारा बाल-साहित्य विगत काल की अपेक्षा अधिक समृद्ध है फिर इस नैतिक संकट का क्या कारण है? उत्तर में कहा जा सकता है कि समाज और राष्ट्र के प्रभुत्व का विकेंद्रीकरण जिस मात्रा में इस युग में हुआ है वैसे पहले कभी नहीं हुआ था। पहले शिखर-स्थित दो-चार व्यक्तियों के चरित्र-बल से ही समाज में संतुलन बना रहता था क्योंकि सारी शक्ति उनके हाथ में केंद्रित होती थी। आज स्थिति बिलकुल बदल गई है। आज हमें हर क्षेत्र में हजारों-लाखों दृढ़ चरित्र व्यक्तियों की आवश्यकता है।

इसके अतिरिक्त आज हम विज्ञान की चकाचौंध में विज्ञानेतर विषयों के महत्व को नहीं देख पा रहे हैं अथवा देखते हुए भी उनकी उपेक्षा कर रहे हैं। हम वैज्ञानिक, इंजीनियर, डाक्टर आदि तैयार करने पर तो बार-बार जोर देते हैं किंतु सच्चे, ईमानदार तथा दृढ़ चरित्र मनुष्यों का निर्माण करने वाले साहित्य को उन विद्यार्थियों के लिए सुरक्षित रखते हैं जो इन प्रतिष्ठित विषयों में प्रवेश नहीं पा सकते हैं। बाल-साहित्य के नाम पर भी हम साहित्य की अपेक्षा विज्ञान आदि विषयों की जानकारी ही अधिक देते हैं।

## (ऊ) बाल-साहित्य का अंतर्राष्ट्रीय महत्व

परिवहन और संचार के साधनों की प्रगति के कारण विश्व दिन-प्रतिदिन सिमटता जा रहा है। अब हजारों मील दूर बैठे हुए लोगों से हम पड़ोसियों की तरह व्यवहार कर सकते हैं। अब मनुष्य जातीयता और राष्ट्रीयता की सीमाओं में बंधा रहकर नहीं जी सकता है। अंतर्राष्ट्रीयता की भावना इस युग की आवश्यकता है और आने वाले युग की अनिवार्यता। हम संयुक्त राष्ट्र संघ जैसी अंतर्राष्ट्रीय संस्थाओं के माध्यम से विश्वबंधुत्व की भावना का निर्माण करने में लगे हुए हैं किंतु हमारे संकुचित राष्ट्रीय और जातीय स्वार्थ कदम-कदम पर बाधा उपस्थित कर रहे हैं। धर्म, रंग, भाषा आदि के भेदों के कारण मनुष्यों के बीच कटुता और द्वेष बना हुआ है। ऐसी स्थिति में विश्वबंधुत्व के लक्ष्य की प्राप्ति में हमें अधिक आशा नहीं दिखाई पड़ती है।

यहां भी बाल-साहित्य हमारे लिए आशा की किरण है। बच्चों की दुनिया में जाति-भेद, रंग-भेद और धर्म-भेद के लिए कोई स्थान नहीं है। वे तो मूक पशुओं और बेजान खिलौनों को भी अपनी ही तरह मानते हैं। बेजान गुड़िया के गिर जाने से उसकी मालकिन के मुंह से अनायास ही चीख निकल पड़ती है। रुडयार्ड किपलिंग की कहानियों में जंगल के खूंखार जानवर मोगली के प्रति मित्रता के कर्तव्य को जिस निष्ठा से निभाते हैं उसके कारण वे उन मनुष्यों की अपेक्षा जो मोगली पर पत्थर बरसाते हैं, हमारे अधिक निकट हैं। किसी देश के बाल-साहित्य की एक अच्छी रचना विश्वभर की भाषाओं में अनूदित होकर विश्वबंधुत्व की भावना के प्रसार का जितना अधिक काम कर सकती है उतना कई अंतर्राष्ट्रीय सम्मेलन भी मिलकर नहीं कर पाते। जापान, अफ्रीका अथवा अमरीका की एक सुंदर कथा विश्वभर के बालकों में उन देशों की सभ्यता-संस्कृति अथवा उनके सुंदर स्थलों के विषय में जो अनुराग पैदा कर सकती है वह अंतर्राष्ट्रीय सद्भाव के लिए बहुत बड़ी देन होगी।

## (ए) बाल-साहित्य का शैक्षिक महत्व

बाल-साहित्य और शिक्षा का पारस्परिक घनिष्ठ संबंध एक स्वयंतथ्य है। बाल-साहित्य के प्राचीनतम ग्रंथ *पंचतंत्र* की रचना 'कथाच्छलेन' नीति-शिक्षा देने के उद्देश्य से हुई थी। यदि हम विश्व के बाल-साहित्य के इतिहास पर दृष्टिपात करें तो हमें दिखाई देगा कि बाल-साहित्य का प्रारंभ बाल-शिक्षा से हुआ है और आगे चलकर

शिक्षाशास्त्रियों के विचारों तथा सिद्धांतों से बाल-साहित्य को नई दिशा मिलती रही है। मानव-सभ्यता की प्रारंभिक अवस्था में हम साहित्य के रूप में पौराणिक कथाओं और लोककथाओं की कल्पना कर सकते हैं। इनमें से अधिकांश कथाएं बालकों की जिज्ञासा को शांत करने अथवा उन्हें जीवन की तैयारी के लिए आवश्यक शिक्षा देने के उद्देश्य से अस्तित्व में आई हैं। आगे चलकर जब बच्चों को पाठशालाओं आदि में नियमित रूप से शिक्षा देने की व्यवस्था हुई तो पाठ्य-पुस्तकों की आवश्यकता पड़ी। काफी समय तक बाल-साहित्य इन पाठ्य-पुस्तकों तक ही सीमित रहा, फिर शिक्षकों तथा अभिभावकों ने यह महसूस किया कि पाठ्य-पुस्तकों की शिक्षा अधूरी है और बच्चे की उचित शिक्षा के लिए जो बातें आवश्यक होती हैं वे इन पाठ्य-पुस्तकों में नहीं आ पाती हैं और जिन बातों का इन पुस्तकों में समावेश होता है उससे अधिक बातें इनसे छूटी हुई होती हैं। इसके अतिरिक्त उन्होंने यह भी देखा कि पाठशालाओं आदि में बच्चे की अभिरुचि आदि की ओर ध्यान दिए बिना ज्ञान ठूंसने या विषय को रटाने की जो प्रणाली विद्यमान है वह त्रुटिपूर्ण है, अतः उन्होंने ऐसी पद्धति की खोज करनी शुरू की जिसमें बच्चा सहज भाव से विषय-ज्ञान प्राप्त कर ले। इस दिशा में सर्वप्रथम प्रयास पंचतंत्र के रचयिता पं. विष्णु शर्मा ने किया जिन्होंने कथा के माध्यम से शिक्षा देकर मूर्ख राजकुमारों को राजनीति का पंडित बना दिया। शिक्षा के क्षेत्र में इस क्रांति का सूत्रपात लगभग दो हजार वर्ष पहले भारतवर्ष में हुआ।

किंतु वर्तमान अर्थ में जिसे हम बाल-साहित्य कहते हैं उसका प्रारंभ मुद्रण कला के विकास के बाद हुआ। फ्रांस में बाल-साहित्य की सर्वप्रथम पुस्तक के रूप में चार्ल्स पेराल्ट की परीकथाएं सन् 1697 में प्रकाशित हुईं। इंगलैंड में जान न्यूबरी ने 1 जनवरी, 1744 को नववर्ष के दिन बाल-साहित्य का सर्वप्रथम पुष्प 'ए लिटल प्रेटीबुक' भेंट किया और जर्मनी में सन् 1765 में क्रिश्चियन फेलिक्स वीसे ने अपने बच्चों तथा अन्य बच्चों के गीत प्रकाशित किए। ये तीनों पुस्तकें न तो पाठ्य-पुस्तकें थीं और न बच्चों को किसी विषय का प्रत्यक्ष ज्ञान कराने के उद्देश्य से लिखी गई थीं अपितु इनका सर्वप्रथम उद्देश्य बच्चों को आनंद देना था।

इन पुस्तकों के प्रकाशन से पहले किसी ने बच्चों के लिए पाठ्य-पुस्तकों के अतिरिक्त पुस्तकों की आवश्यकता अनुभव नहीं की थी। बच्चे या तो नानी-दादी की कहानियों से मन बहलाते थे अथवा एक या दो पेंस की सस्ती पुस्तकों ('चैप बुक्स' के रूप में प्रकाशित परंपरागत कथाओं) को लुक-छिपकर पढ़ते थे। बच्चों के लिए दिल बहलाने वाली अथवा आनंद देने वाली पुस्तकों की आवश्यकता को

वयस्कों द्वारा स्वीकार किया जाना एक बहुत बड़ी क्रांति थी और इस क्रांति के पीछे कुछ शिक्षाशास्त्रियों के क्रांतिकारक विचार थे। जान एमास कैमिनियस (1592-1670) आधुनिक शिक्षा सिद्धांत के प्रणेता माने जाते हैं। उन्होंने शैक्षिक जीवन को छह-छह वर्षों के चार भागों में विभक्त किया अर्थात मातृ पाठशाला, भाषा पाठशाला, लैटिन पाठशाला और विश्वविद्यालय जिसे क्रमशः घर पर शिक्षा, प्राथमिक पाठशाला शिक्षा, हाईस्कूल शिक्षा और विश्वविद्यालयीन शिक्षा भी कहा जा सकता है। उन्होंने पाठ्य-पुस्तकों में सर्वप्रथम चित्रों का प्रवेश कराया और शिक्षा में चरित्र निर्माण पर जोर दिया।

कैमिनियस के कुछ वर्ष बाद इंगलैंड में जान लाके (1632-1704) ने शिक्षा को नई दिशा दी। उन्होंने बौद्धिक शिक्षा के साथ-साथ शारीरिक शिक्षा पर भी जोर दिया। उनका मत था कि शिक्षा का उद्‌देश्य बच्चे को भावी जीवन के लिए तैयार करना, उसमें अच्छी आदतों तथा तर्कशक्ति का विकास करना है। संभवतः लाके ने ही सर्वप्रथम यह बात कही कि बच्चे को आनंद के लिए पुस्तकें दी जानी चाहिए यद्यपि वे सस्ती किस्म की कहानियों को बच्चों से दूर ही रखना चाहते थे। उन्होंने ईसप की नीतिकथाओं की विशेष रूप से सिफारिश की और उससे प्रेरणा पाकर सत्रहवीं शताब्दी के उत्तरार्ध में ईसप की नीतिकथाओं का काफी मात्रा में प्रकाशन हुआ।

जीन जेविक्स रूसो (1712-1778) के विचारों ने शिक्षा को सबसे अधिक प्रभावित किया है। उन्होंने ऐसी शिक्षा पर जोर दिया जिससे बच्चे का सहज रूप से बौद्धिक विकास हो। उनसे प्रभावित होकर (यद्यपि गलत ढंग से) फ्रांस, इंगलैंड तथा जर्मनी में एक-दूसरे की देखी-देखी शिक्षा-प्रधान बाल-साहित्य की बाढ़ आ गई थी जिसके विषय में पाल हजार्ड ने कहा है कि "यह नीरस और स्वादहीन खाद्य एक देश से दूसरे देश में निर्यातित होकर समस्त यूरोप के बच्चों को भेंट किया गया।"[15]

रूसो के कुछ समय बाद ही जान हैनरिख पेस्टालोजी (1746-1827) ने रूसो के अधिकांश सिद्धांतों का अनुसरण करते हुए बच्चे के संपूर्ण व्यक्तित्व के विकास पर जोर दिया। उन्होंने कहा कि शिक्षा के सामने बच्चे की सुषुप्त शक्तियों को जाग्रत करने तथा उनका विकास करने का लक्ष्य होना चाहिए।

इन चार शिक्षाशास्त्रियों के सिद्धांतों पर सरसरी नजर डालने से यह ज्ञात होगा कि उन्होंने बच्चे की शिक्षा को व्यापक परिप्रेक्ष्य में देखा और उसके लिए पाठ्य-पुस्तकों तक सीमित शिक्षा को अपर्याप्त माना। शिक्षा के कर्तव्यों में चरित्र-निर्माण और मानसिक शक्तियों के विकास को महत्व देकर उन्होंने वस्तुतः बाल-साहित्य

के विकास के लिए मार्ग प्रशस्त किया। चरित्र-निर्माण का कार्य साहित्य का कार्य है। सत-असत का ज्ञान प्राप्त कर लेना और बात है और उसके अनुरूप आचरण करना और बात। कार्य में प्रवृत्ति मनोवेगों और भावनाओं के माध्यम से होती है अतः भावनाओं के परिष्कार से चरित्र का निर्माण संभव है और यह साहित्य के माध्यम से ही हो सकता है।

यदि इन शिक्षाशास्त्रियों ने बच्चे के स्वतंत्र व्यक्तित्व को मान्यता न दी होती; यदि उन्होंने वयस्क को बालक का ही विकसित रूप मानने के स्थान पर बालक को लघु-वयस्क मात्र माना होता, यदि उन्होंने बच्चे के सर्वांगीण विकास और चरित्र-निर्माण को शिक्षा का लक्ष्य घोषित न किया होता तो उनकी शिक्षा बड़ी घिसी-पिटी, स्कूल की चारदीवारी में बंद, नीरस और अधूरी रह जाती और बच्चों को आनंद के लिए, पाठ्य-पुस्तकों से भिन्न कहानी, कविता आदि की पुस्तकें पढ़ने की अनुभूति नहीं मिलती। अमरीकी शिक्षाविद् जान डिवी (1859-1952) ने एक कदम और बढ़कर स्कूल के वर्षों को जीवन की तैयारी न कहकर स्वतंत्र जीवन ही कहा जिसका अर्थ है कि बच्चे को अपने वर्तमान क्षणों के भोग का पूरा-पूरा अधिकार है और भावी वयस्क-जीवन की तैयारी का नाम लेकर उनको वर्तमान क्षणों के सुख और आनंद से वंचित करना वयस्कों की अनधिकार चेष्टा है। अमरीकी बाल-साहित्य में भविष्य के लिए उपयोगी शिक्षा की अपेक्षा तत्काल आनंदोपभोग का जो गुण पाया जाता है उसका श्रेय जान डिवी को दिया जा सकता है।

कहने का तात्पर्य यह है कि यदि हम शिक्षा को स्कूली शिक्षा तक सीमित न रख कर व्यापक अर्थ में उसका प्रयोग करें (जो आज प्रायः प्रत्येक शिक्षाशास्त्री का मत है) तो साहित्य का आस्वादन बच्चे के शैक्षिक विकास के लिए अनिवार्य हो जाता है।

रूथ टूज़ ने साहित्य के शैक्षिक महत्व की चर्चा करते हुए लिखा है "शिक्षा का कर्तव्य बच्चे का सर्वांगीण विकास करना है। शिक्षा जीवन के लिए तभी पर्याप्त हो सकती है जब वह आत्मा के परिष्कार के लिए भी प्रयत्नशील हो।....यदि शिक्षा का लक्ष्य बच्चे का सर्वांगीण विकास करना है तो यह बहुत आवश्यक है कि बच्चा शिव और सौंदर्य की अनुभूति प्राप्त करे।"[16]

विज्ञान से चौंधिया कर और भयंकर परमाणु बमों की भीति से अभिभूत होकर आज मनुष्य हर क्षेत्र में लक्ष्यभ्रष्ट हो गया है। धर्म, नैतिकता, सदाचार, चरित्र आदि के पुराने नियम टूट गए हैं किंतु उनका प्रतिस्थापन करने वाले नियम वह नहीं बना सका है। परिणामस्वरूप चारों ओर अनास्था एवं लक्ष्यहीनता के लक्षण प्रकट हो रहे

हैं। शिक्षा का क्षेत्र भी इस महामारी से मुक्त नहीं रह सका है। ऐसा लगता है कि शिक्षा का कोई स्पष्ट लक्ष्य किसी के सामने नहीं है। राजनीति हर चीज पर हावी हो रही है। चूंकि राजनैतिक नेताओं को इंजीनियरों और शिल्पियों की आवश्यकता है इसलिए शिल्प और इंजीनियरी को छोड़कर शेष सभी विषय गौण हो गए हैं। यदि कल अखिल भारतीय स्तर पर अधिक अन्न उपजाने के कार्यक्रम को प्राथमिकता मिल गई तो खेती करने के लिए किसान तैयार करना शिक्षा संस्थाओं का सर्वप्रथम कर्तव्य हो जाएगा। प्राइमरी कक्षाओं की पाठ्य-पुस्तकों में विश्व के प्रायः सभी देशों का इतिहास-भूगोल, सभी धर्मों का परिचय, अधिकांश जातियों का रहन-सहन, रस्मो-रिवाज, त्योहार आदि, आदिम युग से परमाणु युग तक की वैज्ञानिक उपलब्धियों का ज्ञान भरा हुआ होगा किंतु साहित्य के नाम पर अच्छी कहानी अथवा कविता नहीं मिलेगी। भाषा शिक्षा की पुस्तकों में भी विज्ञान, नेताओं की जीवनियों, देश की भावनात्मक एकता आदि विषयों पर सरसरी जानकारी पूर्ण लेख मिलेंगे। पता नहीं, बच्चे के कंठ में दुनिया भर की जानकारी ठूंस कर शिक्षा के किस महान उद्‌देश्य की पूर्ति की जा रही है। यह तो ठीक है कि आज हमें इंजीनियरों, डाक्टरों, वैज्ञानिकों, शिल्पियों आदि की बड़ी जरूरत है किंतु मैं समझता हूं कि सबसे बड़ी आवश्यकता तो हमें सच्चे, ईमानदार और दृढ़ चरित्र वाले मनुष्यों की है और इन गुणों के विकास के लिए हम कुछ भी नहीं कर रहे हैं। शायद हम समझते हैं कि प्रमाण-पत्र अथवा उपाधियां प्राप्त कर लेने पर ये गुण स्वयं ही आ जाते हैं। किंतु यह धारणा बिलकुल गलत है। प्रतिवर्ष शिक्षित व्यक्तियों की संख्या में उत्तरोत्तर वृद्धि के बावजूद आज हम ऐसी स्थिति पर पहुंच गए हैं कि नीचे से ऊपर तक किसी भी तथाकथित सुशिक्षित व्यक्ति के ईमान पर हमें विश्वास नहीं होता है। सर रिचर्ड्स लिविंगस्टोन ने शिक्षा के कर्तव्यों तथा उद्‌देश्यों की चर्चा करते हुए लिखा है "शिक्षा के अनेक कर्तव्य और उद्‌देश्य हैं बुद्धि का शिक्षण, मस्तिष्क को विशाल करना, रुचियों का विस्तार करना तथा वे कलाएं सिखाना जिन पर वर्तमान सभ्यता आधारित है। शायद यह सभी काम शिक्षा कर दे और फिर भी केंद्रीय समस्या तक न पहुंचे। मनुष्य को बर्बरता से ऊपर कौन उठाता है? उसके अनुसंधान? उसका विज्ञान? यदि अर्थशास्त्र, विज्ञान, शिल्प और व्यवस्था ही सब कुछ है तो नाजी जर्मनी में किस चीज का अभाव था?"[17]

इसी प्रसंग में रस्किन के शिक्षा संबंधी विचार भी ध्यान देने योग्य हैं। उनका कहना है "शिक्षा का अभिप्राय यह नहीं है कि मनुष्य उन वस्तुओं का ज्ञान प्राप्त करे जिनका उसे ज्ञान नहीं है अपितु उसका अभिप्राय उनको वैसा व्यवहार करने की शिक्षा देना है जैसा वे नहीं करते।"[18]

हृदय का परिष्कार करके मनुष्य को बर्बरता से ऊपर उठाने और उसे सद्व्यवहार की कला सिखाने के कर्तव्य को शिक्षा तभी पूरा कर सकती है जब शिक्षा के अविभाज्य अंग के रूप में विद्यार्थी को उच्चकोटि के साहित्य के संपर्क में लाया जाएगा। दूसरे शब्दों में, साहित्य के बिना शिक्षा अधूरी है। किंतु इसके बावजूद आज के चारित्रिक संकट के युग में चरित्र-निर्माण करने वाले साहित्य कला आदि के विषयों को निम्नकोटि के विद्यार्थियों के विषय माना जाता है।

## (ऐ) बाल-साहित्य का वैयक्तिक महत्व

उपयोगिता अर्थशास्त्र का शब्द है और साहित्य के संदर्भ में उसका प्रयोग कुछ लोगों को अच्छा नहीं लगेगा। वस्तुतः अत्यधिक आदर्शीकरण के कारण साहित्य के संबंध में बहुत सी भ्रांतियां फैली हुई हैं। साहित्यकार की प्रेरणा, साहित्य के उद्देश्य और उससे मिलने वाले आनंद को बहुधा 'अलौकिकता' की सीमा में पहुंचा दिया जाता है जिसके फलस्वरूप साहित्य के मूल स्वरूप को भुला दिया जाता है और वह विचित्र लोक की विचित्र वस्तु बन जाती है। साहित्यकार के मन में यह भ्रांति हो जाती है कि वह ईश्वर की ओर से भेजा गया मसीहा है और उसकी कलम से निकली हर अच्छी या बुरी रचना को पढ़ने के लिए पाठक बाध्य है भले ही वह उसके लिए उपयोगी हो अथवा नहीं। वर्तमान युग में यह हठधर्मी अपनी चरम सीमा में दिखाई देती है। लेखक वर्ग ऐसे साहित्य की रचना करने में प्रवृत्त है जिसे लेखक को छोड़कर अन्य कोई समझ ही नहीं सकता है, उसका आस्वादन करना तो दूर रहा। लेखक कहता है कि मेरा काम मात्र लिखना है, पाठकों के मनोरंजन की व्यवस्था करना नहीं। मनोरंजन, आनंद और आस्वादन का आजकल बहुत सीमित अर्थों में प्रयोग हो रहा है। रसवादी मानव हृदय के समस्त भावों और उनके साहित्यिक आस्वादन को रस अथवा आनंद मानते थे किंतु प्राचीन शास्त्रों की बात नए लेखक को स्वीकार्य ही नहीं है। उसकी दृष्टि में सभी पुरानी बातें नए युग के संदर्भ में अप्रयोज्य हैं। संभवतः नए युग के संदर्भ में साहित्य वह चीज है जिसे साहित्यकार कहे जाने वाले किसी व्यक्ति ने लिखा है और साहित्यकार वह व्यक्ति है जिसने अपने-आपको साहित्यकार घोषित किया अथवा कराया है।

सौभाग्य से वयस्क-साहित्य की यह विकृति बाल-साहित्य में प्रवेश नहीं कर पाई है। बाल-साहित्य में अब भी किसी रचना की सफलता और सार्थकता उसकी

'आस्वाद्यता' पर निर्भर होती है। बाल-साहित्य में साहित्यकार का प्रमुख काम पाठकों को आनंद देना है किंतु इसमें रति, हास्य, वीर, क्रोध, भय, घृणा आदि समस्त भावों की अनुभूति सम्मिलित है। बाल-साहित्य में जब तक कोई रचना बालक पाठकों के लिए उपयोगी नहीं होगी   और आनंद सबसे बड़ी उपयोगिता है   तब तक वह पाठकों द्वारा स्वीकार्य नहीं होगी। बालक किसी पुस्तक को महज इसलिए स्वीकार नहीं करते हैं कि वह किसी प्रसिद्ध लेखक द्वारा लिखी गई है। लाख दबाव डालने पर भी वे किसी पुस्तक को तभी अपनाएंगे जब वह उनकी किसी आवश्यकता की पूर्ति करेगी।

आवश्यकता आविष्कार की ही जननी नहीं है वह संसार की हर वस्तु के अस्तित्व का मूल कारण है, यहां तक कि ईश्वर का अस्तित्व भी आवश्यकता के कारण ही बना हुआ है। अतः साहित्य के संदर्भ में उपयोगिता की चर्चा करने में कोई अनौचित्य नहीं है।

यहां हम इन प्रश्नों पर विचार करेंगे कि बच्चे पुस्तकें क्यों पढ़ते हैं? उनकी कौन-कौन सी आवश्यकताएं हैं जिनकी पूर्ति पुस्तकों द्वारा हो सकती है? क्या उनके लिए वस्तुतः साहित्य की आवश्यकता है अथवा नहीं।

बच्चों की आवश्यकताओं और पुस्तकों द्वारा उनकी पूर्ति का विस्तृत विवेचन मे हिल आर्बुथनाट ने किया है।[19] उन्होंने बच्चों की निम्नलिखित आवश्यकताएं बताई हैं :

(1) सुरक्षा की आवश्यकता।
(2) आत्मीय संबंध की आवश्यकता।
(3) प्यार करने और प्यार पाने की आवश्यकता।
(4) कुछ प्रशंसनीय कार्य करने की आवश्यकता।
(5) परिवर्तन की आवश्यकता।
(6) सौंदर्यानुभूति की आवश्यकता।

इन आवश्यकताओं पर संक्षेप में विचार कर लेना यहां आवश्यक होगा।

*(1) सुरक्षा की आवश्यकता :* विकास की अवस्था में बच्चे के सामने सबसे बड़ी समस्या सुरक्षा की होती है। वह कई दृष्टियों से अपने-आपको असुरक्षित अनुभव करता है। वह दूसरे लोगों की तुलना में शरीर से कमजोर होता है। भोजन, वस्त्रादि की भौतिक आवश्यकताओं के लिए वह माता-पिता तथा अन्य लोगों पर पूरी तरह निर्भर होता है। उसका

ज्ञान भी सीमित होता है और इसलिए उसे बहुत सी बातों की सही जानकारी की आवश्यकता पड़ती है। इसके अतिरिक्त उसे आत्मबल की आवश्यकता होती है जिससे वह संकट के क्षणों का मुकाबला कर सके। साहित्य बालक को भौतिक, बौद्धिक और संवेगात्मक तीनों प्रकार की सुरक्षा प्रदान करता है। परीकथाएं और लोककथाएं बच्चों को हमेशा से लोकप्रिय रही हैं। इसका कारण यह है कि इनमें बच्चे की भौतिक सुरक्षा की इच्छाओं की तुष्टि होती है। ये कहानियां ऐसे लोगों द्वारा सुनी-सुनाई जाती रही हैं जिनके पास बहुधा भोजन, वस्त्र आदि का अभाव रहा है। इन कहानियों में विविध व्यंजनों, बढ़िया कीमती कपड़ों और आभूषणों, सुंदर मकानों आदि के वर्णन भौतिक साधनों के अभाव की काल्पनिक पूर्ति करते हैं। बौद्धिक सुरक्षा की आवश्यकता बच्चे की एकमात्र आवश्यकता है जिसे वयस्कों ने स्वीकार किया है। बच्चे की ज्ञानबुद्धि के लिए वयस्क वस्तुतः इतने अधिक उत्सुक रहे हैं कि उन्होंने उसकी अन्य आवश्यकताओं की उपेक्षा कर दी है। संवेगात्मक सुरक्षा बच्चे को परिवार में मिलने वाले प्यार और विश्वास से मिलती है। यदि बच्चे की पारिवारिक परिस्थितियां अच्छी नहीं होंगी तो उसमें मानसिक बल की कमी होगी और वह संकटों तथा असफलताओं का मुकाबला नहीं कर सकेगा। संवेगात्मक सुरक्षा की आवश्यकता की पूर्ति के लिए बच्चे को ऐसा साहित्य मिलना चाहिए जो उसमें वीरता, निर्भीकता और दृढ़ आस्था के भाव पैदा करे। प्राचीन परीकथाओं के पढ़ने से बच्चे के मन में यह विश्वास हो जाता है कि अच्छा आदमी साहस और धैर्य से अंततः सारे संकटों पर काबू पा लेता है। दुखांत कथाओं को बच्चों के लिए प्रायः सभी विद्वानों ने अवांछनीय कहा है जिसका कारण यही है कि नायक की मृत्यु से बच्चे की आस्था डगमगा जाती है और वह मानसिक असुरक्षा अनुभव करने लगता है।

(2) *आत्मीय संबंध की आवश्यकता :* बच्चा इस संसार में अकेला आता है। धीरे-धीरे वह दूसरों के साथ अपने आत्मीय संबंध स्थापित करता है। सर्वप्रथम माता-पिता और परिवार के अन्य लोगों से वह आत्मीयता का संबंध जोड़ता है। फिर इस संबंध का विस्तार होता जाता है। जब वह स्कूल जाने के योग्य होता है तो वह बाहर की दुनिया के संपर्क में आता है। इसके बाद वह निरंतर इस आत्मीय संबंध का विस्तार करता जाता

है। कहानियों आदि के द्वारा वह उन बातों को सीखता है जो उसके सामाजिक संबंधों में सहायक होती हैं। इसके अतिरिक्त कहानियों आदि के माध्यम से वह अनजाने देशों और अनजाने लोगों के संपर्क में आता है और अपने-आपको विस्तृत समाज का सदस्य अनुभव करता है। इस अनुभूति का सुख वस्तुतः आत्मप्रसार का सुख है। जब बच्चा जापान अथवा रूस के किसी बच्चे की कहानी पढ़ता है तो वह उससे तादात्म्य स्थापित करता है। इस तरह उनकी आत्मीयता की भावना का विस्तार होता जाता है।

(3) *प्यार करने और प्यार पाने की आवश्यकता :* प्यार की भूख प्राकृतिक भूख है जो सभी प्राणियों में होती है। बचपन में यह भूख बहुत तीव्र होती है। यदि किसी बच्चे को परिवार में प्यार नहीं मिले तो उसका सारा जीवन कटु हो जाता है। साहित्य में पशुओं की कथाएं विशेषकर जिनमें पशु अपने बच्चों की रक्षा के लिए बड़े-बड़े खतरों का सामना करते हैं, बालक पाठक के हृदय में प्यार की अनुभूति पैदा करती हैं। परीकथाओं में बच्चों को रोमांस की प्रथम अनुभूति होती है। यद्यपि इस समय यह अनुभूति अत्यंत सूक्ष्म होती है किंतु आगे चलकर यह उन्हें पुरुषोचित अथवा स्त्रियोचित भूमिका के लिए अपने को तैयार करने में सहायक होती है।

(4) *प्रशंसनीय कार्य करने की आवश्यकता :* सामाजिक प्रतिष्ठा अथवा मान्यता प्राप्त करने की इच्छा जीवन की एक मूल प्रेरणा है। इसी प्रेरणावश बच्चा नित नवीन साहसिक कार्यों में प्रवृत्त होता है और यदि वह कुछ नहीं भी कर पाता है तो वह झूठ-मूठ की डींग हांककर अपने मित्रों आदि से प्रशंसा प्राप्त करने का प्रयत्न करता है। साहसिक कहानियां और रहस्यपूर्ण कहानियां इसीलिए एक विशेष अवस्था में बच्चों को बहुत प्रिय लगती हैं। ऐसी कहानियां जिनके नायक बाधाओं और असफलताओं को हिम्मत से पार करते हुए अंत में सफलता प्राप्त करते हैं, बच्चों के विकास के कठिन कार्य में सहायक होती हैं। बच्चों के लिए इस बात को जानना बहुत आवश्यक है कि यद्यपि सफलता हमेशा ही सुखदायी होती है तथापि बाधाओं को पार करते हुए जो सफलता प्राप्त की जाती है उसका सुख निराला ही होता है।

(5) *परिवर्तन की आवश्यकता :* यह जीवन की मूलभूत आवश्यकता अब मुक्ति या विश्राम का ही रूप है। बच्चों में खेल का महत्व परिवर्तन की

आवश्यकता के कारण ही है। अच्छी और मजेदार कहानियां बच्चों को खेल का सा आनंद देती हैं क्योंकि वे उन्हें जीवन के भारीपन से कुछ समय के लिए मुक्त करके उन्हें अजीब दुनिया में ले जाती हैं। परीकथाएं, नान्सेंस और हास्य-प्रधान साहित्य, अच्छी कविता की पुस्तकें पलायन में सहायक होकर इस आवश्यकता की पूर्ति करती हैं। कुछ लोग बच्चों को परीकथाएं देने का विरोध इसीलिए करते हैं कि वह पलायनकारी साहित्य होता है किंतु थोडे-बहुत पलायन की जरूरत तो प्रायः प्रत्येक व्यक्ति को पड़ती है। जिम्मेदारियों से भागकर जो पलायन किया जाता है वह निश्चय ही अवांछनीय है किंतु जीवन की उकताहट और भारीपन से थोड़ी देर के लिए अपने को मुक्त करने के उद्‌देश्य से जो पलायन किया जाता है वह तो हमारे स्वास्थ्य के लिए हितकर है।

(6) *सौंदर्यानुभूति की आवश्यकता :* सौंदर्यानुभूति की आवश्यकता बच्चों में सुंदर कपड़ों और गहनों आदि के प्रति उनके तीव्र झुकाव में प्रदर्शित होती है। हर अच्छी कहानी और कविता आदि में बच्चे की सौंदर्यानुभूति की आवश्यकता की तृप्ति होती है।

उपर्युक्त आवश्यकताओं की पूर्ति बच्चे के जीवन के लिए अनिवार्य है। इसके बिना उसका विकास रुद्ध हो जाता है और उसका भावी जीवन अनेक कुंठाओं से ग्रस्त हो जाता है। जिन बच्चों को पारिवारिक परिस्थितियां अनुकूल नहीं मिलती हैं उनके लिए तो पुस्तकें वरदान सिद्ध होती हैं। किंतु जिनको परिवार में हर तरह का सुख मिलता है उनके लिए भी साहित्य अनेक बातों में सहायक होता है। विकास की प्रक्रिया में बच्चे के सामने अनेक समस्याएं आती हैं जिन्हें न तो वह स्वयं समझता है और न किसी को समझा सकता है। इन रहस्यपूर्ण, अबूझ समस्याओं का समाधान न तो उसे माता-पिता से मिल सकता है और न परिवार के अन्य सदस्यों अथवा मित्रों आदि से। साहित्य में अनायास ही उसके सामने ऐसी कहानी आ सकती है जिसके पात्र उसी प्रकार की समस्याओं में उलझे हुए हों। उस समय न केवल उसके सामने समस्या का रूप स्पष्ट हो जाता है बल्कि वह उस पर काबू पाने की शक्ति भी प्राप्त कर लेता है। मे हिल आर्बुथनाट के शब्दों में, ''उपयुक्त पुस्तक पढ़ने से बच्चा विकास प्रक्रिया के कठिन कार्यों के लिए वस्तुतः शक्ति प्राप्त कर लेता है।''[20]

*स्वस्थ जीवन :* बच्चों की जिन आवश्यकताओं की चर्चा मे हिल आर्बुथनाट

के ग्रंथ में की गई है उनकी पूर्ति बच्चे के स्वस्थ जीवन के लिए आवश्यक होती है। जीवन के स्वास्थ्य में शारीरिक और मानसिक दोनों प्रकार के स्वास्थ्य सम्मिलित हैं। साहित्य का संबंध मुख्य रूप से मानसिक स्वास्थ्य से होता है जिसका अर्थ है भावनाओं का उचित मात्रा में संतुलन। यदि विभिन्न भीतियों से बालक घिरा रहेगा तो वह भीरू और मानसिक दृष्टि से दुर्बल हो जाएगा। यदि उसे पर्याप्त मात्रा में प्यार नहीं मिलेगा तो वह चिड़चिड़ा हो जाएगा, यदि उसे अपने आस-पास के लोगों से कभी प्रशंसा नहीं मिलेगी तो उसे अपने आप पर विश्वास नहीं रहेगा। साहित्य बच्चे को विभिन्न प्रकार के अनुभवों के संपर्क में लाकर उसके प्रत्यक्ष जीवन के अभावों की पूर्ति करता है। प्रत्येक पुस्तक पढ़ने के बाद बच्चे के अनुभव क्षेत्र में कुछ विस्तार हो जाता है, वह जीवन का उपभोग करने में पहले की अपेक्षा कुछ अधिक समर्थ हो जाता है।

बच्चों के स्वस्थ विकास की चर्चा करते हुए रूडोल्फ ड्रीकर्स, एम.डी. ने लिखा है "जीवन में उचित संतुलन के लिए यह आवश्यक है कि हम अपना और अपने से भिन्न व्यक्तियों का समुचित आदर करें। बच्चों के पालन-पोषण में आजकल बहुधा जो गलतियां की जाती हैं वे या तो वयस्कों के आत्मसम्मान के विरुद्ध होती हैं या बच्चों के आत्मसम्मान के विरुद्ध। जो माता-पिता बच्चे को बात करने अथवा काम करने की पूरी छूट देते हैं वे अपने आत्मसम्मान को हानि पहुंचाते हैं और बच्चे को बिगाड़ देते हैं। इसके विपरीत जो बच्चे को शर्मिंदा करते हैं और उसे दंड देते हैं वे बच्चे के आत्मसम्मान की उपेक्षा करते हैं।"[21]

किंतु बच्चों के पालन-पोषण में माता-पिता अथवा अन्य व्यक्तियों की हमेशा ही कुछ सीमाएं रहती हैं। प्राचीन काल में बाल-मनोविज्ञान के अपने अल्प ज्ञान के कारण यदि माता-पिता बच्चों का सही ढंग से पालन-पोषण नहीं कर पाते थे तो आज के माता-पिता मनोविज्ञान के प्रति अत्यधिक जागरूक होने के कारण अनेक गलतियां कर बैठते हैं। इसके अतिरिक्त आज जिन पारिवारिक एवं सामाजिक परिस्थितियों में बच्चा बड़ा होता है वे इतनी दूषित हो गई हैं कि बच्चे के स्वस्थ मानसिक विकास में कदम-कदम पर बाधाएं उपस्थित होती हैं। विवाह की पवित्रता नष्ट हो जाने तथा तलाकों, पुनर्विवाहों एवं पुनः तलाकों की संख्या के बढ़ते जाने से परिवार टूटते जा रहे हैं और इसका पूर्ण प्रतिस्थापन करने वाली अन्य कोई संस्था अभी हमने ईजाद नहीं की है। इसके परिणामस्वरूप बच्चा असुरक्षा के वातावरण में पलता है और अनेक कुंठाओं तथा अन्य मानसिक रोगों के साथ जीवन शुरू करता है।

ऐसी स्थिति में साहित्य बच्चे के स्वस्थ विकास में बहुत बड़ा योगदान दे

सकता है। वह बच्चे की अबूझ और रहस्यपूर्ण समस्याओं का समाधान करता है, उसके सैकड़ों-हजारों प्रश्नों के उत्तर देता है, उसके भीतर बैठी अनेक भीतियों को दूर करता है। वह अनाथ बच्चों के लिए माता-पिता का काम करता है, विकलांगों को अपनी असमर्थता पर काबू पाने में मदद देता है, मित्र-हीनों के लिए अच्छे मित्रों की व्यवस्था करता है, निर्बलों को बलवान बनने की प्रेरणा देता है और अंत में वह बच्चे की सुषुप्त शक्तियों को जगा कर उनका विकास करता है और उसके सुंदर, स्वस्थ तथा सुखी जीवन के लिए मार्ग प्रशस्त करता है।

## (ओ) निष्कर्ष

यदि बच्चे राष्ट्र के निर्माता हैं तो बाल-साहित्य राष्ट्र की बहुमूल्य संपत्ति है। बाल-साहित्य का सृजन हल्का-फुल्का लेखन कार्य नहीं है अपितु सर्वोच्च कोटि का सृजन कार्य है। सामान्य पुस्तक लिखना और बात है किंतु बच्चों के लिए वस्तुतः किसी साहित्यिक कृति की रचना करना अत्यंत कठिन काम है और इसके लिए असाधारण प्रतिभा की आवश्यकता होती है। अपने बचपन को हमेशा जीवित रखने की साधना महान योगी की साधना है जिसके बिना बाल-साहित्य की रचना करना असंभव है। बाल-साहित्य वयस्क-साहित्य का चरम लक्ष्य है। वयस्क-साहित्य की हर सुंदर कृति को काल अपनी कुशल छैनी से तरास-तरास कर बाल-साहित्य में परिवर्तित करता रहता है और उस मंजिल को प्राप्त करने पर वह कृति पुस्तकों की सीमा को तोड़ कर बच्चों की मन-वाणी में निवास करने लगती है। वह ससीम से असीम में और नश्वर से अनश्वर में परिवर्तित हो जाती है।

बाल-साहित्य मानव संस्कृति का प्राण है। मानव जाति के चिरंतन मूल्य, उसके महान आदर्श बाल-साहित्य में ही सुरक्षित रहते हैं। मनुष्य न केवल धन के रूप में अपितु समस्त रूपों में अपने जीवन भर की कमाई बच्चों को सौंप जाना चाहता है। अतः कोई भी जाति जो बच्चों को अच्छा साहित्य नहीं दे पाती, सुसंस्कृत होने का दावा नहीं कर सकती है।

समाज तथा राष्ट्र की उन्नति के लिए अच्छे बाल-साहित्य का सृजन बहुत आवश्यक है। बालकों में सच्चाई, ईमानदारी, दया, न्याय, उत्साह आदि मानवीय गुणों की प्रतिष्ठा किए बिना समाज और राष्ट्र को चारित्रिक स्खलन से नहीं बचाया जा सकता है। वर्तमान युग में बहुचर्चित अंतर्राष्ट्रीय भावना के निर्माण का सर्वश्रेष्ठ

साधन भी बाल-साहित्य है क्योंकि बच्चे वस्तुतः एक विश्व-परिवार के सदस्य होते हैं और उनका साहित्य किसी एक राष्ट्र या जाति का साहित्य नहीं अपितु समस्त विश्व के बालकों का साहित्य होता है।

साहित्य के बिना शिक्षा अधूरी रह जाती है। पाठ्य-पुस्तकें विविध विषयों का ज्ञान मात्र करा सकती हैं किंतु उस ज्ञान का उचित प्रयोग करने की कला साहित्य ही सिखा सकता है। यदि शिक्षा का लक्ष्य शारीरिक, मानसिक और आध्यात्मिक शक्तियों का विकास करना है तो वह साहित्य के बिना इस लक्ष्य को प्राप्त नहीं कर सकती है क्योंकि मानसिक और आध्यात्मिक शक्तियों का विकास साहित्य के अध्ययन से ही संभव है।

साहित्य बच्चों के स्वस्थ जीवन विकास के लिए बहुत आवश्यक है। बच्चे की मूलभूत आवश्यकताओं की तुष्टि करके और उसके अनेक अभावों की पूर्ति करके वह उसके जीवन को कुंठाओं एवं विकृतियों से बचाता है।

इस प्रकार साहित्य, संस्कृति, समाज, राष्ट्र, विश्व-बंधुत्व, शिक्षा और बच्चों के वैयक्तिक जीवन की दृष्टि से बाल-साहित्य के महत्व को देखते हुए इसका अध्ययन एवं मूल्यांकन बहुत आवश्यक है।

## संदर्भ

1. *बुक्स चिल्ड्रेंस एंड मैन,* पृ. 7।
2. *कल्याण* का बालकांक जनवरी 1953, पृ. 390।
3. *चिल्ड्रेन एंड बुक्स,* पृ. 130।
4. *दि लाइफ आफ दि बुक,* पृ. 174।
5. *अनरिलक्टेंट ईयर्स,* पृ. 14।
6. *बुक्स चिल्ड्रेन एंड मैन,* पृ. 47।
7. *अनरिलक्टेंट ईयर्स',* पृ. 133।
8. *बाल-साहित्य की मान्यताएं एवं आदर्श,* पृ. 11।
9. *बाई वे आफ इंट्रोडक्शन,* पृ. 202।
10. रस्किन की अत्यंत लोकप्रिय बाल-रचना 'किंग आफ दि गोल्डन रिवर' जिसका अनुवाद 'सुनहरी नदी का राजा', शीर्षक से हुआ है।
11. *एवाउट बुक्स फार चिल्ड्रेंस,* पृ. 9।
12. *अनरिलक्टेंट ईयर्स,* पृ. 7।
13. *बुक्स चिल्ड्रेंस एंड मैन,* पृ. 6।

14. *एबाउट बुक्स फार चिल्ड्रेंस,* पृ. 30।
15. *बुक्स चिल्ड्रेंस एंड मैन,* पृ. 41।
16. *योर चिल्ड्रेंस वांट टु रीड,* पृ. 87।
17. *शिक्षा की कुछ समस्याएं,* पृ. 113।
18. *यथोपरि,* पृ. 29।
19. *चिल्ड्रेंस बुक्स,* पृ. 2-12।
20. *चिल्ड्रेंस बुक्स,* पृ. 14।
21. *साइकोलाजी इन क्लासरूम,* पृ. 12।

# 2. बाल-साहित्य का स्वरूप निर्धारण

## (अ) प्रस्तावना

ब्रह्म से परमाणु पर्यंत सभी विषयों की जिज्ञासा मुख्यतया तीन प्रश्नों के रूप में अभिव्यक्त होती है  क्या? क्यों? कैसे?

'क्या' का प्रश्न संभवतः सर्वप्रथम उठता है। बच्चा जब किसी नई वस्तु को देखता है तो सर्वप्रथम वह यह जानना चाहता है कि वह वस्तु क्या है। हवाई जहाज को देखकर वह सबसे पहले यही जानने को उत्सुक होगा कि वह वस्तु क्या है? उसका नाम क्या है? उसका स्वरूप क्या है? वह आसमान में उड़ने वाली चील से किस रूप में भिन्न है?

इसके बाद उसके मन में 'क्यों' और 'कैसे' के प्रश्न उठते हैं अर्थात् अमुक वस्तु क्यों बनी? कैसे बनी? कैसे काम करती है? ये मूलभूत प्रश्न किसी भी विषय का अध्ययन प्रारंभ करने से पहले अपने स्पष्टीकरण की मांग करते हैं तथापि मैंने इन मूलभूत प्रश्नों को पहले अध्याय में न उठाकर दूसरे अध्याय में उठाने का निर्णय किया है। इसका कारण यह है कि बाल-साहित्य की अब तक हुई उपेक्षा का कारण मेरे विचार से, उसके महत्व का अपर्याप्त ज्ञान है और इसका प्रतिपादन किए बिना शोध-कार्य की सार्थकता सिद्ध नहीं की जा सकती थी।

## (आ) 'बाल-साहित्य' : व्युत्पत्ति, अर्थ और परिभाषा

**'बाल-साहित्य' पद की व्याख्या :** 'बाल-साहित्य' पद में बाल और साहित्य ये दो शब्द हैं। दोनों का अर्थ स्पष्ट है किंतु सापेक्ष होने के कारण इनकी सीमाएं निर्धारित

करना आवश्यक है। बाल्यावस्था वस्तुतः शिशु अवस्था और किशोरावस्था के बीच का समय है अर्थात् छह वर्ष से लेकर बारह वर्ष तक की अवस्था को हम बाल्यावस्था कह सकते हैं। किंतु यहां 'बाल' शब्द का व्यापक अर्थ में प्रयोग हुआ है। इसमें तीन से छह वर्ष की आयु के शिशु भी आ जाते हैं और बारह वर्ष से ऊपर के किशोर भी, जो वयस्कता और बाल्यपन के दो छोरों के बीच झूलते रहते हैं।

इसी प्रकार 'साहित्य' शब्द की भी यहां अपनी सीमाएं हैं। वैसे तो साहित्य शब्द में वह सब कुछ आ जाता है जो शब्दों में बद्ध होकर पुस्तकों, पत्र-पत्रिकाओं आदि के रूप में हमारे सामने आता है किंतु मैंने उस अर्थ में साहित्य शब्द का प्रयोग नहीं किया है। 'साहित्य' से मेरा अभिप्राय यहां केवल रचनात्मक साहित्य से है। दूसरे शब्दों में, 'बाल-साहित्य' के अंतर्गत समस्त बाल-पुस्तकें नहीं आ जातीं अपितु वे ही पुस्तकें आती हैं जिनका बालक रसास्वादन कर सकते हैं अथवा जिसमें लेखक के किसी विचार अथवा भाव की अभिव्यक्ति होती है।

**'बाल-साहित्य' समस्त पद के विभिन्न अर्थ** : जहां तक 'बाल-साहित्य' के समस्त पद के अर्थ का संबंध है, इसकी भी कुछ व्याख्या करने की आवश्यकता है। बाल-साहित्य के निम्नलिखित अर्थ हो सकते हैं

(1) वयस्क साहित्य का बाल अर्थात् लघु रूप; जैसे बाल रामायण, बाल महाभारत।
(2) बालकों द्वारा लिखा गया साहित्य।
(3) बालकों के विषय में लिखा गया साहित्य।
(4) बालकों के लिए लिखा गया साहित्य।
(5) बालकों द्वारा आस्वाद्य साहित्य।

इन विभिन्न रूपों पर संक्षेप में विचार कर लेना यहां अनावश्यक नहीं होगा।

**(1) वयस्क साहित्य का लघु रूप :** इस मान्यता का अभिप्राय यह है कि बाल-साहित्य को वयस्क साहित्य से पृथक करने वाले मुख्य तत्व भाषा, शैली, टाइप, पुस्तक का आकार और सज्जा आदि हैं। हिंदी बाल-साहित्य के प्रारंभिक काल अर्थात बीसवीं शताब्दी के प्रारंभ में यह धारणा आमतौर पर दिखाई देती है कि वयस्क साहित्य के किसी भी ग्रंथ को लघुरूप देकर बालकों के योग्य बनाया जा सकता है। बाल रामायण, बाल महाभारत, बाल रघुवंश आदि बहुत-सी पुस्तकें प्रकाशित हुई हैं, जो वृहद ग्रंथों के लघु संस्करण मात्र हैं किंतु वस्तुतः ये पुस्तकें बालकों के लिए नहीं अपितु उन

वयस्कों के लिए हैं जो बड़े आकार के ग्रंथ को नहीं पढ़ सकते हैं।

(2) **बालकों द्वारा लिखा गया साहित्य :** कुछ लोगों का कहना है कि सच्चा बाल-साहित्य वही है जिसके रचयिता स्वयं बालक होते हैं। बालक अपनी भावनाओं को जिस सच्चाई के साथ व्यक्त कर सकता है उतनी सच्चाई के साथ वयस्क लेखक नहीं कर सकता। पत्र-पत्रिकाओं में अधिकाधिक बालकों को आकृष्ट करने के लिए संपादक बहुधा बच्चों की रचनाओं को प्रोत्साहन देते हैं। चित्रकला में हर वर्ष राष्ट्रीय और अंतर्राष्ट्रीय स्तर पर बालकों की प्रतियोगिताएं आयोजित होती हैं। चिल्ड्रेंस बुक ट्रस्ट, नई दिल्ली से अभी हाल ही में अंग्रेजी पत्रिका *'चिल्ड्रेंस वर्ल्ड'* प्रकाशित होने लगी है जिसमें लगभग 80 प्रतिशत रचनाएं बालकों द्वारा लिखी गई होती हैं। किंतु अभी बालक द्वारा लिखी गई कोई उत्कृष्ट साहित्यिक कृति सामने नहीं आई है। पत्र-पत्रिकाओं में यदा-कदा जो रचनाएं पढ़ने को मिलती हैं वे बहुत सामान्य कोटि की होती हैं। पहली बात तो यह है कि बालक पत्रिका में प्रकाशनार्थ जो रचना भेजता है वह उसकी अपनी ही होती है या किसी दूसरे की लिखी हुई, इस बात का निश्चय करना बहुत कठिन है। इसके अतिरिक्त अनुभूति की अभिव्यक्ति एक विशिष्ट कला है जो सामान्यतः बालक को प्राप्त नहीं होती है। एक बात तो निश्चित है और वह यह कि बालकों द्वारा लिखा गया साहित्य बालकों की अपेक्षा वयस्कों के काम का अधिक होता है। यह साहित्य विद्यार्थियों, मनोवैज्ञानिकों आदि द्वारा बालकों के मन का विश्लेषण करने में सहायक सिद्ध हो सकता है।

(3) **बालकों के विषय में लिखा गया साहित्य :** यह तो ठीक है कि बालक जिन कहानियों को अधिक पसंद करते हैं उनमें बहुधा बालक पात्र होते हैं। साहित्य के रसास्वादन के लिए यह आवश्यक है कि पाठक कहानी के किसी पात्र के साथ तादात्म्य स्थापित करे। बालक पाठक अपनी आयु के पात्र के साथ अधिक सुगमतापूर्वक तादात्म्य स्थापित कर सकता है। किंतु यदि लेखक ने उस कहानी में ऐसी बातों का चित्रण किया है जिन्हें वयस्क ही समझ सकता है, अथवा जो वयस्क की रुचि की ही हो सकती हैं तो उसे बाल-साहित्य नहीं कहा जा सकता है। बालकों की मानसिक गुत्थियों का चित्रण-विश्लेषण करने वाली अनेक कहानियां वयस्क पत्रिकाओं में प्रकाशित होती रहती हैं। उनके पात्र

बालक ही होते हैं। इसके विपरीत राजा, राजकुमारी, जादू, भूत-प्रेत, परियों आदि की ऐसी हजारों कहानियां हमारे सामने हैं जिनमें कोई बालक पात्र नहीं होते फिर भी बालक उन्हें चाव से पढ़ते और सुनते हैं।

महाकवि सूरदास के बाल-लीला के पदों को कुछ लोग इसीलिए बाल-साहित्य के अंतर्गत रखने का प्रयास करते हैं कि इसमें बालकों की क्रीड़ाओं आदि का सजीव चित्रण हुआ है। किंतु ये पद वात्सल्य रस के हैं और वात्सल्य रस माता-पिताओं द्वारा अथवा वयस्कों द्वारा ही आस्वाद्य होता है। बालक के हाव-भावों में वयस्क को सौंदर्य दिखाई दे सकता है किंतु बालक के लिए उसमें कोई विशेष सौंदर्य नहीं होता। बालक की स्वभावोक्ति में वयस्क किसी अलंकार की कल्पना कर सकते हैं किंतु बालक को उसमें कोई चमत्कार, कोई हृदयग्राही बात नहीं दिखाई पड़ती। बहुत संभव है कि जिस स्वभावोक्ति पर वयस्क मुस्करा पड़े उसे पढ़कर बालक में अपमान या क्रोध की भावना पैदा हो। इससे तो इनकार नहीं किया जा सकता कि 'सूरसागर' के बहुत से पद बालकों द्वारा आस्वाद्य भी हैं किंतु इसका कारण कुछ अन्य बातें हैं वात्सल्य रस नहीं।

(4) **बालकों के लिए लिखा गया साहित्य :** बाल-साहित्य का यह अर्थ काफी व्यापक है। बालकों की आवश्यकताओं को दृष्टि में रखकर जो रचना लिखी जाएगी वह बालकों द्वारा आस्वाद्य होगी ही। किंतु उस अर्थ में भी एक त्रुटि है। उस साहित्य को हम कहां रखेंगे जो बालकों के लिए नहीं लिखा गया था किंतु जिसे बालकों ने अपना बना लिया है। अंग्रेजी साहित्य में जो पुस्तकें बालकों में पिछले तीन सौ वर्षों से लोकप्रिय रही हैं वे बच्चों के लिए नहीं लिखी गई थीं। राबिंसन क्रूसो और गुलिवर की यात्राएं इसके उदाहरण हैं। भारतीय साहित्य में भी भारतेंदु हरिश्चंद्र द्वारा लिखित *अंधेर नगरी चौपट राजा* नाटक बालकों के लिए नहीं लिखा गया था किंतु बालकों में वह निरंतर लोकप्रिय रहा है। इसके अतिरिक्त कथा *सरित्सागर, बेताल पच्चीसी, सिंहासन बत्तीसी* आदि की कथाएं बच्चों के साहित्य का अभिन्न अंग बन चुकी हैं यद्यपि इन्हें बच्चों के लिए नहीं लिखा गया था।

(5) **बालकों द्वारा आस्वाद्य साहित्य :** ऊपर की चर्चा से यह बात स्पष्ट हो जाती है कि बाल-साहित्य को उपर्युक्त चार परिभाषाओं में नहीं बांधा जा सकता है। ये परिभाषाएं बाल-साहित्य के विभिन्न रूपों की व्याख्या

> करने में सहायक हो सकती हैं किंतु उनमें से कोई भी पूर्ण नहीं है। विश्व-साहित्य के उत्कृष्ट ग्रंथों को लघु रूप देकर बालकोपयोगी बनाया गया है और ये लघु संस्करण बालकों में लोकप्रिय भी हुए हैं। किंतु इसका कारण केवल उनका लघु रूप नहीं है बल्कि यह है कि उन्हें बच्चों के लिए आस्वाद्य बनाया गया है। रामायण और महाभारत में बहुत से ऐसे विस्तृत वर्णन हैं जिनमें बालकों को कोई रुचि नहीं हो सकती है किंतु उनकी कथा-वस्तु, उनके संवाद, चरित्र-चित्रण आदि गुण बालकों को मोड़ लेते हैं। जिन-जिन तत्वों में बालकों की सामान्य रूप से रुचि होती है, उन पर विशेष जोर देकर इन महाकाव्यों को बालकोपयोगी बनाया जा सकता है। इसी तरह बच्चों द्वारा लिखा गया साहित्य भी तभी बाल-साहित्य के अंतर्गत रखा जा सकता है, जब वह बालकों द्वारा आस्वाद्य हो। यही बात अन्य दो प्रकार के साहित्य के बारे में भी कही जा सकती है। हेनरी स्टील कामेन्जर के शब्दों में, "आखिर बाल-साहित्य से हमारा तात्पर्य क्या है? क्या इसमें वह साहित्य आता है जो बच्चों के लिए विशेष रूप से लिखा गया हो, जैसे परीकथाएं और आश्चर्य कथाएं, नर्सरी गीत और कविताएं, सदाचार, नैतिक आग्रह की नीरस पुस्तकें, स्कूल, खेल के मैदान की कहानियां अथवा दूरस्थ प्रदेशों की साहसपूर्ण कथाएं?... निस्संदेह, बाल-साहित्य में यह सभी कुछ आ जाता है किंतु उसमें और भी बहुत कुछ आता है। इसमें वह समस्त साहित्य आ जाता है जिसे बालकों ने बड़ों के साझेदार बनकर और कभी-कभी एकाधिकार के रूप में अपना लिया है। यह शब्दार्थ के अनुरूप वस्तुतः बालकों का ही साहित्य है क्योंकि कौन सी पुस्तक बाल-साहित्य में आएगी इसका निर्णय अंततः बालक ही करते हैं न कि उनके माता-पिता, अध्यापक, उपदेशक, लेखक आदि।"[1]

किंतु इसका यह अर्थ कदापि नहीं है कि बच्चों द्वारा पढ़ी जाने वाली हर अच्छी या बुरी, उपयोगी या हानिकारक, साहित्यिक या असाहित्यिक, श्लील या अश्लील पुस्तक को हम बाल-साहित्य के पद से सम्मानित कर सकते हैं।

बच्चा जब शब्दों के जादू से एक बार परिचय प्राप्त कर लेता है तो उसके लिए कहानियां आदि पढ़ना अनिवार्य हो जाता है। यह उसकी प्राकृतिक आवश्यकता है। यदि माता-पिता अथवा समाज बच्चों के लिए अच्छी पुस्तकों की व्यवस्था नहीं

करेंगे तो वे उस अवांछित साहित्य को लुक-छिपकर पढ़ेंगे जो न केवल उनके जीवन में विकृतियां लाएगा बल्कि अंततः सारे समाज को ही विकृत कर डालेगा। प्रायः हर देश में और हर काल में इस तरह का विषमय साहित्य मौजूद रहता है। ऐसे साहित्य की अलिखित परंपरा भी मौजूद है। अस्वस्थ वातावरण में पलने वाले बच्चों में यह साहित्य बहुधा लोकप्रिय हो जाता है।

## बाल-साहित्य और अन्य समरूप विषयों में भेद

*(1) बाल-साहित्य और प्रौढ़-साहित्य :* कार्नेलिया मीड्स का मत है कि आदिम विचारों और आदिम मनोवेगों की प्राचीन दुनिया में वयस्कों और बालकों के मनोरंजन-साधनों में कोई विशेष अंतर नहीं था।[2] इस वक्तव्य का अभिप्राय यह है कि उस समय जो कहानी बालक को अच्छी लगती थी वह वयस्क के मनोविनोद का साधन भी थी। बालकों की कहानी अथवा गीत और वयस्कों की कहानी अथवा गीत में कोई विभाजन-रेखा नहीं थी। हर देश के पास लोक-साहित्य का अपना अक्षय भंडार है। इसमें पौराणिक, ऐतिहासिक कहानियां, जादूपरियों, भूत-प्रेतों की कहानियां और विविध प्रकार के गीत हैं। आज भी यह साहित्य वयस्कों और बालकों दोनों के द्वारा चाव से पढ़ा जाता है। विकास की इस उच्च अवस्था में पहुंचकर भी बालक और वयस्क साहित्यिक रुचि की दृष्टि से एक-दूसरे से बहुत पृथक नहीं लगते हैं। प्रौढ़-साहित्य की उत्कृष्ट कृतियों को बालोपयोगी बनाकर धड़ाधड़ प्रकाशित किया जा रहा है और ये पुस्तकें बालकों द्वारा चाव से पढ़ी जा रही हैं। इसी प्रकार बाल-साहित्य की उत्कृष्ट कृतियां बालकों के साथ-साथ वयस्कों का भी हमेशा मनोरंजन करती रही हैं। पुस्तकालयों में वयस्कों के शेल्फ में बाल-पुस्तकें अब एक आम बात हो गई हैं।

बालकों और वयस्कों की साहित्यिक रुचियों में कुछ बातों की समानता स्पष्ट दिखाई देती है। वस्तुतः यह समानता साहित्य के मूलभूत तत्वों की है जो बाल-साहित्य और प्रौढ़-साहित्य दोनों में विद्यमान रहते हैं। बाल-साहित्य प्रौढ़-साहित्य से बिलकुल पृथक कोई नई चीज नहीं है। साहित्य के अनिवार्य गुण दोनों में विद्यमान रहते हैं। दोनों प्रकार के साहित्य की उद्देश्य, उसकी रचना-प्रक्रिया, आस्वादन प्रक्रिया आदि में समानता है। दोनों ही आत्मा की अभिव्यक्ति हैं, दोनों में शब्द और अर्थ का अटूट संबंध रहता है, दोनों ही रमणीय अर्थ का प्रतिपादन करते हैं। यदि प्रौढ़-साहित्य पाठक की मानसिक वृत्तियों का परिष्कार करके उसे मनुष्यता

की उच्चतर भूमि पर ले जाता है तो बाल-साहित्य भी इस उद्देश्य की सिद्धि में सहायक होता है।

बाल-साहित्य और वयस्क-साहित्य में केवल विषय-वस्तु और शैली की भिन्नता हो सकती है। बालकों को केवल ऐसी कथा-वस्तु दी जाती है जो उनके अनुभव, ज्ञान और भावनाओं आदि की सीमा में होती है। वयस्कों की भावनाओं तथा अनुभूतियों का क्षेत्र अधिक विस्तृत होता है और बालकों की अनुभूतियों और भावनाओं का क्षेत्र उनकी आयु के अनुसार सीमित होता है। वयस्क अपने ज्ञान के कारण जिस शब्दावली का, भाषा के जिन प्रयोगों का आनंद ले सकता है, बालक उन्हें नहीं समझ सकता है अतः बाल-साहित्य के लेखक को ऐसी शैली का प्रयोग करना पड़ता है जो बालकों की पहुंच के बाहर न हो।

किंतु विषय और शैली की भिन्नता तो प्रौढ़-साहित्य में भी पाई जाती है। किन्हीं भी दो लेखकों की शैली ठीक एक जैसी नहीं होती है और दो रचनाओं में विषय की समानता होने पर भी किसी एक का मूल्य निश्चय ही घट जाता है। किसी भी साहित्यिक कृति को विषय अथवा शैली की असामान्यता के आधार पर उपेक्षित नहीं किया जा सकता है।

कहने का तात्पर्य यह है कि बाल-साहित्य और प्रौढ़-साहित्य को बिलकुल अलग-अलग करके देखना उचित नहीं है। यदि किसी कृति में साहित्यिक गुण मौजूद हैं तो केवल इस बिना पर उसकी उपेक्षा नहीं की जा सकती कि वह बालकों के लिए लिखी गई है और न ही उसके साहित्यिक गुणों को परखने के लिए किसी अलग कसौटी की आवश्यकता है।

*(2) बाल-साहित्य और साहित्येतर पुस्तकें :* बाल-साहित्य और प्रौढ़-साहित्य को दो अलग कलाएं मानने का जो प्रयास किया गया है और किया जाता है उसका एक कारण यह भी है कि बाल-साहित्य में सभी तरह की पुस्तकों को सम्मिलित करके उसे 'भानुमती का पिटारा' बना दिया गया है। बाल-साहित्य में साहित्यिक कृतियों के साथ-साथ साहित्येतर कृतियां भी जोड़ दी जाती हैं। पाठ्य-पुस्तकें, ज्ञानवर्धक साहित्य, चुटकुले, पहेलियां, धर्म, विज्ञान आदि की सरसरी जानकारी बढ़ाने वाली पुस्तकें भी बाल-साहित्य के अंतर्गत रख दी जाती हैं। प्रौढ़-साहित्य में तो हम साहित्यिक कृतियों और साहित्येतर कृतियों में स्पष्ट भेद करते हैं किंतु बाल-साहित्य में इसकी आवश्यकता अनुभव नहीं की जाती। यदि हम बाल-साहित्य के विस्तार और हर वर्ष प्रकाशित होने वाली पुस्तकों की संख्या पर ध्यान दें तो हमें पता चलेगा कि प्रौढ़-साहित्य की अपेक्षा यहां विशिष्टीकरण की अधिक आवश्यकता

है। साहित्यकारों और आलोचकों में बाल-साहित्य के प्रति उचित आदर भाव का जो अभाव दिखाई पड़ता है उसका एक कारण यह भी है कि उनकी दृष्टि में बाल-साहित्य का कोई निश्चित रूप ही नहीं है।

साहित्य एक कला है, एक साधना है। जब तक मनुष्य एक विशिष्ट मनोभूमि को प्राप्त नहीं कर लेता वह साहित्य-सृजन नहीं कर सकता है। इस उच्च मनोभूमि को प्राप्त करना आसान नहीं है और न यह हर एक के बस की बात है। केवल अभ्यास से कोई साहित्यकार नहीं बन जाता है। उसके लिए एक विशेष प्रतिभा की, विशेष मानसिक रुझान की आवश्यकता होती है। संभवतः इसीलिए साहित्यकार साधारण मनुष्य से कुछ भिन्न होता है, उसके सोचने और अनुभव करने का धरातल औसत से कुछ ऊपर होता है। इस दृष्टि से एक साहित्यिक कृति को साहित्येतर पुस्तकों से अलग करना आवश्यक है क्योंकि दोनों प्रकार की पुस्तकों का महत्व, उनके मूल्यांकन के मानदंड, उनकी रचना-प्रक्रिया, उनके प्रयोजन और उद्देश्य भिन्न-भिन्न हैं।

*(3) बाल-साहित्य और नव-साक्षर साहित्य :* स्वाधीनता के बाद साक्षरता के प्रसार के लिए सरकारी स्तर पर अनेक कार्यक्रम शुरू किए गए। सरकार ने नव-साक्षरों के लिए पुस्तकें खरीदने और लेखकों को पुरस्कार देने की व्यवस्था की। इधर बाल-साहित्य को प्रोत्साहन देने के लिए भी पुस्तकें खरीदने और लेखकों को पुरस्कृत करने की व्यवस्था की गई थी। प्रकाशकों ने धड़ाधड़ ऐसी पुस्तकें छापनी शुरू कीं जो बाल-साहित्य और नव-साक्षर साहित्य दोनों में जम जाती थीं। मोटा टाइप, छोटा कलेवर और कुछ चित्रों की व्यवस्था कर देने से एक ही पुस्तक बाल-साहित्य और नव-साक्षर साहित्य दोनों के अंतर्गत खरीदी जाने लगी। प्रकाशकों, लेखकों अथवा सरकारी खरीदारों में से किसी ने भी इस बात पर विचार करने की आवश्यकता नहीं समझी कि बालकों की आवश्यकताएं वयस्क नव-साक्षरों की आवश्यकताओं से भिन्न होती हैं। परिणाम यह हुआ कि पुस्तकालयों के बाल-कक्षों में ढेरों ऐसी पुस्तकें आ गईं जो नहीं आनी चाहिए थीं। यह ठीक है कि लोककथाएं और ऐतिहासिक एवं पौराणिक प्रसंगों के आधार पर सरल भाषा में लिखी गई कहानियां बालकों और वयस्क नव-साक्षरों दोनों में खप जाती हैं किंतु यहां भी बालकों के सीमित अनुभवों को देखते हुए चयन की पर्याप्त गुंजाइश होती है। सभी लोककथाएं बालोपयोगी नहीं हैं और कुछ तो निश्चय ही बालकों के लिए हानिकर हैं। अतः इन दोनों प्रकार की पुस्तकों में भेद करने की आवश्यकता है।

नव-साक्षर साहित्य उन वयस्कों के लिए है जिनका अक्षर ज्ञान भले ही बालकों

की तरह सीमित हो किंतु जिनके भाव और मनोवेग जीवन के विस्तृत अनुभव के कारण बालकों के भावों तथा मनोवेगों से पृथक होते हैं। इन पुस्तकों में विषय की सीमा नहीं होती है किंतु बालकों को केवल ऐसी ही पुस्तकें दी जा सकती हैं जो उनके अनुभूति क्षेत्र की सीमा में बंधी हों। उदाहरण के लिए, दांपत्य प्रेम की कहानियां और शराबखोरी, जुआ आदि सामाजिक बुराइयों का चित्रण करने वाली कहानियां नव-साक्षरों के लिए उपयोगी होंगी किंतु बालकों को उनमें आकर्षण नहीं दिखाई देगा। परंपरागत दुखांत कहानियां, क्रूरता, भयानकता और बीभत्स घटनाओं पर आधारित कहानियां नव-साक्षरों को ही दी जा सकती हैं किंतु बालकों के कोमल मन पर ऐसी कहानियों का बुरा प्रभाव पड़ेगा। सारांश यह है कि बाल-साहित्य और नव-साक्षर साहित्य में आकार, साज-सज्जा और टाइप आदि की समानता होते हुए भी विषय-वस्तु की भिन्नता रहती है।

## बाल-साहित्य की परिभाषा

हार्वे डार्टन ने अपनी पुस्तक *चिल्ड्रेंस बुक्स इन इंगलैंड* में बच्चों की पुस्तकों की जो सीमा बांधी है, मेरा विचार है कि उसे बाल-साहित्य का स्वरूप स्पष्ट करने के लिए अपनाया जा सकता है। उन्होंने कहा है

> ''बाल-साहित्य से मेरा अभिप्राय उन प्रकाशनों से है जिनका उद्देश्य बच्चों को सहज-रीति से आनंद देना है न कि उन्हें मुख्य रूप से शिक्षा देना अथवा उन्हें सुधारना अथवा उन्हें उपयोगी रीति से शांत बनाए रखना। अतः मैं इस इतिहास में सामान्य नियम के रूप में उन सभी पुस्तकों को शामिल नहीं करूंगा जो स्कूलों में पढ़ाई जाती हैं, जो विशुद्धतः नैतिक शिक्षा अथवा ज्ञानवर्द्धन के प्रयोजन से लिखी गई हैं, जिनमें बच्चे के जीवन का वयस्क दृष्टि से चिंतन-प्रधान वर्णन होता है अथवा जो वर्णमाला, प्राइमर और वर्तनी-शिक्षा की पुस्तकों की कोटि में आती हैं।''[3]

उपर्युक्त परिभाषा बहुत स्पष्ट है। इसके अनुसार बाल-साहित्य में वे सब गुण होने चाहिए जो किसी भी रचना को साहित्य का दर्जा देते हैं। लिलियन स्मिथ ए.एल.ए. ने भी अपनी पुस्तक *अनरिलक्टेंट ईयर्स* में कहा है कि ''बाल-साहित्य व्यापक साहित्य से असंबद्ध रिक्त आकाश में विद्यमान नहीं है। वह सामान्य साहित्य का ही एक अंग है।''[4]

और हिंदी की सुप्रसिद्ध कवयित्री महादेवी वर्मा ने भी बाल-साहित्य के संबंध में इसी प्रकार के विचार प्रकट किए हैं। उन्होंने कहा है, ''मैं समझती हूं कि उत्कृष्ट

साहित्य की जो परिभाषा है, बाल-साहित्य की परिभाषा उससे भिन्न नहीं होती क्योंकि मनुष्य की पूरी पीढ़ी बनाने का कार्य वह करती है।''[5] दूसरे शब्दों में, प्रौढ़-साहित्य और बाल-साहित्य में भेद बाहरी कलेवर मात्र का है, साहित्य के मूलभूत गुण दोनों के लिए अपरिहार्य हैं।

## (इ) बाल-साहित्य की प्रेरणाएं और उद्‌देश्य

बाल-साहित्य के स्वरूप को स्पष्ट करने के लिए शेष दो मूलभूत प्रश्न हैं, क्यों और कैसे? अर्थात बाल-साहित्य क्यों लिखा जाना चाहिए और कैसे लिखा जाना चाहिए। पहले प्रश्न के दो पहलू हैं। एक पहलू यह है कि लेखक को किस चीज से प्रेरित होकर बाल-साहित्य की रचना करनी चाहिए अर्थात बाल-साहित्य की प्रेरणाएं क्या होनी चाहिए? क्या अर्थोपार्जन अथवा यश प्राप्ति के लिए उसकी रचना की जानी चाहिए अथवा आत्माभिव्यक्ति के लिए? दूसरा पहलू इस प्रश्न का यह है कि पाठकों (अर्थात बालकों) की दृष्टि से बाल-साहित्य क्यों लिखा जाना चाहिए? दूसरे शब्दों में, बाल-साहित्य का उद्‌देश्य क्या होना चाहिए? क्या उसका उद्‌देश्य बच्चों को नीति शिक्षा देना होना चाहिए अथवा उन्हें समाज या राष्ट्ररूपी मशीन के कल-पुर्जों के रूप में गढ़ना अथवा उन्हें जीवन के लिए तैयार करना अथवा उन्हें मात्र आनंद पहुंचाना? साहित्य की प्रेरणाओं और उसके उद्‌देश्यों से संबंधित इस 'क्यों' के प्रश्न को लेकर अनेक विद्वानों में पर्याप्त विचार-विमर्श हो चुका है तथापि बाल-साहित्य के संदर्भ में इन प्रश्नों पर विचार करना नितांत आवश्यक है।

**बाल-साहित्य की प्रेरणाएं :** रचना की प्रेरणा से मेरा तात्पर्य उस शक्ति से है जिसके वशीभूत होकर लेखक सृजन कार्य में प्रवृत्त होता है। वस्तुतः कार्य किसी प्रकार का भी हो उसमें प्रवृत्त होने के लिए उसके पीछे किसी शक्ति का काम करना अनिवार्य है। समस्त प्राणियों की कार्य-प्रवृत्ति के पीछे आहार, निद्रा, भय, मैथुन की विवशताएं होती हैं। मनुष्य भी पशु-पक्षियों के समान एक साधारण प्राणी है और उसके कार्यों के पीछे भी ये विवशताएं विद्यमान रहती हैं।

ज्यों-ज्यों मानव इन मूलभूत आवश्यकताओं पर विजय प्राप्त करता जाता है ये आवश्यकताएं नए रूप धारण करती जाती हैं और मानव उन्हें नए-नए नाम देता जाता है। जो लोग पेट भरने की समस्या से मुक्त हो जाते हैं उनके लिए आहार की समस्या स्वादिष्ट भोजन अथवा संतुलित भोजन की समस्या बन जाती है। इसी प्रकार

निद्रा की समस्या विश्राम और मनोरंजन के विभिन्न साधनों और श्रम की बचत करने वाले विभिन्न साधनों का रूप लेती है। काम की आवश्यकता प्रेम के विभिन्न रूपों में सामने आ जाती है और भय गली के गुंडों से लेकर भीषण परमाणु अस्त्रों के भय तक सैकड़ों रूपों में प्रकट होता है। हजारों-लाखों वर्षों के प्रयत्न के बाद मानव आज जिस स्थिति पर पहुंचा है उसे हम गर्व से सभ्यता की उच्चतम स्थिति मानते थे। किंतु हमारे जीवन की मूल प्रवृत्तियां आज भी आहार, निद्रा, भय और मैथुन हैं यद्यपि उनका रूप बदल गया है और उनके विविध रूपों को हमने अपनी सुविधानुसार नए-नए नाम दे रखे हैं।

इन मूलभूत आवश्यकताओं की पूर्ति जीवन की रक्षा के लिए अपना अस्तित्व बनाए रखने के लिए आवश्यक है। समस्त प्राणियों के लिए जीवन सबसे प्यारी और मृत्यु सबसे भयानक वस्तु है, अतः उनके समस्त चेतन अथवा अचेतन प्रयास जीवन की रक्षा के लिए होते हैं। मनुष्य की सभ्यता और संस्कृति का यह विशाल प्रासाद जीवन की रक्षा, मृत्यु के परिहार के प्रयत्नों का ही साकार रूप है।

दूसरे शब्दों में, मानव के समस्त कार्यों की प्रेरक शक्ति अस्तित्व की रक्षा ही है। इस अस्तित्व-रक्षा की भावना को ही सर्वोत्कृष्ट रूप में मोक्ष की कामना कहा जा सकता है।

साहित्य-सृजन का कार्य भी मानव जीवन की परिधि में ही आता है। यह जीवन से बिलकुल पृथक अतिमानव का वायवी प्रयत्न नहीं है अतः इसकी प्रेरणाओं की खोज भी जीवन के संदर्भ में ही की जानी चाहिए। इधर कुछ समय से फ्रायड, एडलर और युंग आदि मनोवैज्ञानिकों के सिद्धांतों के आधार पर साहित्य की प्रेरणाओं को समझने-समझाने के प्रयत्न किए गए हैं। फ्रायड ने अतृप्त कामवासनाओं की अभिव्यक्ति को स्वप्न, चित्र तथा कविता का कारण माना है। एडलर के अनुसार, मनुष्य अपनी चिरंतन हीन-भावना की पूर्ति के लिए कविता आदि के रूप में अपने को अभिव्यक्त करता है। युंग महोदय जीवन का अस्तित्व बनाए रखने के लिए आत्माभिव्यक्ति को आवश्यक मानते हैं। वस्तुतः युंग महोदय की मान्यता इतनी व्यापक है कि इसमें फ्रायड और एडलर की मान्यताओं का समावेश हो जाता है। कामवासना जीवन के सातत्य के लिए अनिवार्य है। चिरंतन हीन-भावना की अनुभूति और उससे ऊपर उठने की इच्छा जीवन के संकटों का एहसास और उनसे मुक्त होने का प्रयास है।

कविता अथवा साहित्य का संबंध पशु-प्रवृत्तियों अर्थात जीवन की मूल प्रवृत्तियों से स्थापित करने के विचार को वे लोग सहन नहीं कर सकते हैं जो कविता

को ईश्वरोपासना, योग-साधना की कोटि की वस्तु मानते हैं। इन लोगों ने आत्माभिव्यक्ति पर ही जोर दिया है। 'वियोगी होगा पहला कवि, आह से निकला होगा गान' और बाल्मीकि द्वारा ब्याध को दिए गए शाप 'मां निषाद प्रतिष्ठा त्वंगमः शाश्वती समाः' में भावातिरेक के समय सहज अभिव्यक्ति को ही कविता कहा गया है। हीगेल की मान्यता भी यही है कि सौंदर्यानुभूति के समय आनंद के उच्छ्वास से कविता पैदा होती है। क्रोचे की सहजानुभूति का तो अनिवार्य गुण ही अभिव्यक्ति है।

किंतु आत्माभिव्यक्ति के सिद्धांत का अस्तित्व-रक्षा अथवा अमरता की इच्छा के सिद्धांत से विरोध नहीं है। आत्माभिव्यक्ति में आत्मा शब्द ऐसा है जिसके स्वरूप के संबंध में भिन्न-भिन्न मत हैं। भारतीय दर्शन में आत्मा को जो रूप बताया गया है वह सर्वत्र स्वीकार्य नहीं है। तथापि 'सोल', 'सेल्फ' अथवा तदर्थवाची शब्दों द्वारा आत्मा से मिलती-जुलती किसी वस्तु की सत्ता को सामान्य रूप से सर्वत्र ही स्वीकार किया गया है। मोक्ष की ओर अग्रसर शुद्धबुद्ध और नित्य आत्मा की कल्पना आध्यात्मिक दर्शन की चरमसीमा है। यह सामान्य बुद्धि से परे की वस्तु है। किंतु भारतीय दर्शन में सूक्ष्म शरीर, अंतःकरण की कल्पना भी की गई है। यह आत्मा की स्थूलता है और विभिन्न कार्यों के आधार पर इसे मन, चित्त, बुद्धि और अहंकार इन शक्ति-केंद्रों का सहकार माना गया है।

यह अंतःकरण अथवा सूक्ष्म शरीर मनुष्य का भीतरी जीवन है। मनुष्य की कल्पनाएं, अनुभूतियां, चेतन-अवचेतन आकांक्षाएं अथवा वासनाएं इस भीतरी जीवन की ही वस्तुएं हैं। इनकी सत्ता को मनोवैज्ञानिकों ने भी स्वीकार किया है। मन का धर्म कल्पना अथवा इच्छा करना है। बुद्धि तर्क-वितर्क करती है, अहंकार कार्य में प्रवृत्त करता है और चित्त हमारी भावनाओं का संचयागार है। वासनाओं को ही योगदर्शन में चित्तवृत्तियां कहा गया है। इन चित्तवृत्तियों में से कुछ चेतन होती हैं, कुछ दबकर अवचेतन में चली जाती हैं और समय-समय पर अनुकूल सामग्री पाकर पूरे वेग से उभर आती हैं। ये दबी हुई चित्तवृत्तियां अथवा कुंठाएं अत्यधिक शक्तिशाली होती हैं इसलिए मनोवैज्ञानिक विश्लेषण द्वारा इन्हें सुलझाने में हमेशा प्रयत्नशील रहते हैं। फ्रायड ने अधिकांश वासनाओं को कामजन्य माना है, एडलर ने हीनताजन्य और युंग ने जीवनेच्छा जन्य। योगदर्शन में चित्तवृत्तियों के क्षय को ही चरम लक्ष्य माना गया है।

वासनाओं का क्षय या तो भोग से हो सकता है अथवा योग से। भोग साधारण व्यक्ति का साधन है और योग विशिष्ट व्यक्ति का। योगी एकाग्रता की चरमावस्था अथवा समाधि को प्राप्त करके उन चेतन-अवचेतन चित्तवृत्तियों के जाल को सुगमता

से सुलझाता है और उनके पीछे छिपे हुए सत्य का दर्शन करता है। सत्य ज्ञान अथवा आत्मा की यह उपलब्धि ही योगी की चरम उपलब्धि होती है। सत्य के साक्षात्कार के बाद उसे चित्तवृत्तियां पथभ्रष्ट नहीं कर पातीं इसलिए वह उनके प्रभाव अथवा कर्म-विपाक से मुक्त हो जाता है।

साहित्यकार की स्थिति भी योगी की स्थिति से मिलती-जुलती है। साहित्यकार के लिए भी एकाग्रता अनिवार्य है। इस एकाग्रता की सहायता से वह अपने अंतःकरण के बिंबों-प्रतिबिंबों, चेतन-अवचेतन, वासनाओं, उदात्त कल्पनाओं और आकांक्षाओं की अभिव्यक्ति करता है। यह अभिव्यक्ति स्वांतःसुखाय भी होती है क्योंकि इससे अंतःकरण का विक्षोभ शांत हो जाता है। चित्तवृत्तियों के संतुलन से जो तारतम्य एवं संगीत उत्पन्न होता है वह स्वतः ही आनंददायक है। किंतु इसके अतिरिक्त अभिव्यक्ति का एक और परिणाम भी होता है और वह यह कि सर्जनकर्ता अमरता की ओर अग्रसर होता है। वह अभिव्यक्ति के द्वारा अपनी आत्मा के स्थूल रूप अंतःकरण का विस्तार करता है जो उसके शरीर के नष्ट होने के बाद भी बना रहता है। इस अभिव्यक्ति का विषय, अतृप्त कामवासना, हीन-भावना, सौंदर्यानुभूति, वियोग की अनुभूति अथवा उदात्त कल्पना जो कुछ भी हो वह उसके अंतःकरण की ही अभिव्यक्ति होगी और उसका फल आत्म-सुख तथा आत्म-विस्तार के रूप में प्राप्त हो जाएगा।

अभिव्यक्ति की प्रक्रिया में कभी सर्जनकर्ता जीवन में प्रवेश करता है, कभी उससे पलायन करता है। कभी वह अपने सुखमय क्षणों को स्थायी बनाता है, कभी अपने दुखमय क्षणों से विमुख होकर सुंदर कल्पना द्वारा उनकी प्रतिपूर्ति करता है। प्रक्रियागत इन विभिन्न दृष्टिकोणों को लेकर कविता की विभिन्न परिभाषाएं की गई हैं।

सारांश यह कि साहित्य की मूल-प्रेरणा आत्माभिव्यक्ति है। यह जीवनेच्छा या अमरता-प्राप्ति का प्रयत्न है। यह जीवन की मूल प्रेरणाओं से भिन्न कोई नई प्रेरणा नहीं अपितु उन्हीं का उदात्त रूप है। साधारण प्राणी आहार, निद्रा, भय, मैथुन की मूल आवश्यकताओं की पूर्ति करके जीवन का अस्तित्व बनाए रखना चाहता है। मनुष्य इन आवश्यकताओं से सदा के लिए छुटकारा पाने का प्रयत्न करता है और सभ्यता-संस्कृति को जन्म देता है। अपने अत्यंत बलवान शत्रु 'मृत्यु' से उसका शाश्वत संघर्ष चलता रहता है। राजा-महाराजा अथवा धनी व्यक्ति अपने स्मारक बनाकर किसी तरह अपना अस्तित्व बनाए रखने का प्रयत्न करते हैं। योगी योग-साधना से, भक्त अपनी भक्ति से और ज्ञानी ज्ञानोपलब्धि से मृत्यु पर विजय

प्राप्त करना चाहता है। कलाकार आत्माभिव्यक्ति की साधना से इसी उद्‌देश्य की पूर्ति करना चाहता है।

लेमान हाप्ट ने अपनी पुस्तक 'दि लाइफ आफ दि बुक'[6] में एक सीधा प्रश्न उठाया है कि लोग पुस्तक लिखने में क्यों प्रवृत्त होते हैं और उत्तर में उन्होंने ये कारण बताए हैं

(1) उनकी सृजनेच्छा इतनी बलवान होती है कि वे लिखने को विवश हो जाते हैं।
(2) वे समाज में प्रतिष्ठा प्राप्त करना चाहते हैं।
(3) बहुधा लोग जीविकोपार्जन के लिए अथवा अपनी आय में वृद्धि करने के लिए पुस्तकें लिखते हैं।

इनसे मिलते-जुलते विचार हमें प्राचीन संस्कृत साहित्य में भी मिल जाते हैं। भारतीय काव्यशास्त्र में काव्य को 'यशसे, अर्थकृते, व्यवहारविदे शिवेतरक्षतये', कहा है। *वृहदारण्यक* में 'पुत्रेषणा, वित्तेषणा, लोकेषणा' को जीवन की प्रेरणाएं माना गया है और फिर अन्यत्र इन तीनों को भी मूलतः आत्मा के लिए माना है।[7] इन उद्धरणों से यह निष्कर्ष निकलता है कि अर्थोपार्जन और सामाजिक प्रतिष्ठा के लिए साहित्य-सृजन प्राचीन काल में भी होता रहा है और आज भी होता है। वर्तमान काल में तो अधिकांश साहित्य-सृजन अर्थोपार्जन के लिए ही हुआ है। किंतु यदि कार्य की प्रेरणा कार्य की कोटि को प्रभावित करती है तो अर्थोपार्जन के लिए लिखे गए साहित्य में वह गुण नहीं आएगा जो सृजनेच्छा अथवा अभिव्यक्ति से विवश होकर लिखे गए साहित्य में आ सकता है। आज अधिकांश साहित्य अर्थोपार्जन के लिए लिखा जाता है इसलिए वह समाचारपत्रों की तरह क्षणिक और उथला होता है। हर वर्ष हजारों पुस्तकें प्रकाशित होती हैं किंतु उनमें से दो-चार ही उस स्थान को प्राप्त कर पाती हैं जिसके लिए हर रचयिता लालायित रहता है।

बालकों का यह दुर्भाग्य रहा है कि उनके अधिकांश साहित्य की रचना अर्थोपार्जन की प्रेरणा से की गई है। कम से कम हिंदी बाल-साहित्य में तो यही स्थिति है। ऐसे लेखकों को उंगलियों पर गिना जा सकता है जिन्होंने आत्माभिव्यक्ति की प्रेरणा से लिखा है। सामाजिक प्रतिष्ठा या लोकेषणा का आकर्षण तो उनके सामने था ही नहीं क्योंकि बाल-साहित्य और उसके लेखक को किसी ने मान्यता देने की आवश्यकता ही नहीं समझी। अधिकांश साहित्य प्रकाशकों की मांग पर लिखा गया है। जाहिर है कि इस प्रकार लिखे गए साहित्य में गहराई नहीं मिल सकती है।

विश्व के बाल-साहित्य की अमर पुस्तकों पर यदि हम विचार करें तो हमें पता चलेगा कि इनकी अमरता का कारण यह है कि इनकी रचना सृजनेच्छा अथवा आत्माभिव्यक्ति से प्रेरित होकर की गई थी। मार्क ट्वेन और आर.एल. स्टीवेंसन के उपन्यास बालकों में बहुत प्रिय हैं और इन उपन्यासों में लेखकों के बचपन की आकांक्षाओं और कल्पनाओं की सशक्त अभिव्यक्ति हुई है। हन्स क्रिश्चियन एंडरसन की परीकथाओं में यदि उसके जीवन की उथल-पुथल अभिव्यक्त न हुई होती तो उसका साहित्य लोककथाओं तथा परीकथाओं की सैकड़ों-हजारों पुस्तकों के समान सामान्य कोटि का माना जाता। लुइसा अलकाट द्वारा लिखित *दि लिटल वूमन* को क्लासिक माना जाता है और यह लेखिका के अपने जीवन का ही चित्र है। चार्ल्स डिकेन्स के डेविड कापरफील्ड की लोकप्रियता का रहस्य यह है कि उसमें लेखक ने अपने जीवन की अनुभूतियों, बचपन की संचित स्मृतियों, इच्छाओं एवं आकांक्षाओं को पूरी ईमानदारी के साथ अभिव्यक्त किया है। इसका प्रथम भाग तो बालक के अज्ञात हृदय की सूक्ष्म अभिव्यक्ति का उत्कृष्टतम उदाहरण है।

आत्माभिव्यक्ति की इच्छा से प्रेरित होकर बाल-साहित्य की रचना सरल काम नहीं है। इसके लिए लेखक में बचपन के प्रति तीव्र आकर्षण की आवश्यकता है। उसके हृदय में बचपन की स्मृतियां ताजा होनी चाहिए। स्मृतियों से तात्पर्य केवल बचपन की देखी-सुनी वस्तुओं की याद मात्र से नहीं है। अधिक आवश्यकता इस बात की है कि लेखक में बचपन के बिंब-प्रतिबिंब, उस समय की क्रियाएं-प्रतिक्रियाएं भी ताजी रहें। प्रौढ़-साहित्य का लेखक अपने प्रौढ़ जीवन की अनुभूतियों को व्यक्त करता है जो उसके हृदय में ताजा होती हैं किंतु बाल-साहित्य का लेखक उस काल की अनुभूतियों को अभिव्यक्त करता है जो बहुत पीछे छूट गया है। वयस्क जीवन की इच्छाओं, आकांक्षाओं एवं मान्यताओं से बचपन की इच्छाएं, आकांक्षाएं और मान्यताएं दब जाती हैं; उन्हें फिर से सजीव बनाकर अभिव्यक्त करना हंसी-खेल नहीं है और न यह हर किसी के बस की बात है। इसके लिए बचपन के प्रति एक प्राकृतिक सम्मान की, बहुत पीछे छूटे हुए बचपन की धूमिल स्मृतियों को सजीव बनाने वाली अत्यंत प्रखर कल्पना की और वयस्क जीवन के प्रभावों, उसकी वासनाओं एवं विवशताओं से मुक्त होकर बचपन के संसार में प्रवेश कराने वाली कठिन साधना की अत्यंत आवश्यकता है।

श्रीमती महादेवी वर्मा ने बाल-साहित्य के लेखक की योग्यता के संबंध में निम्नलिखित विचार प्रकट किए हैं "बाल-साहित्य की रचना यदि इतनी सहज होती तो सभी उसे कर सकते थे। फिर भी प्रत्येक देश में बाल-साहित्य लिखा गया

है। किंतु उन्हीं व्यक्तियों ने लिखा है जो अंत तक बालक का-सा हृदय लिये रहे। हमारे कवि रवींद्र ने बहुत कुछ बालकों के लिए लिखा है, किंतु अंत तक वे बालक के से हृदय के रहे। जिज्ञासा वैसी ही रही, कल्पना वैसी ही रही और जिन्हें हम छोटी वस्तुएं कहते हैं, तुच्छ कहते हैं, उनमें भी उनकी रसमयता वैसी ही रही। जिस लिखने वाले में यह रसमयता ऐसी निरीक्षण क्षमता के साथ रहती है कि वह छोटी से छोटी, क्षुद्र से क्षुद्र वस्तु से रस का संचय कर सके वह अच्छा साहित्य देता है।''[8]

एलिजवेथ नेस्बित ने भी आर.एल.एस. स्टीवेन्सन की विशिष्टताओं का उल्लेख करते हुए इस मत की पुष्टि की है। उन्होंने लिखा है ''यह वांछनीय है कि बालकों के गद्य-लेखक अपने वयस्क हृदय में बचपन की स्मृतियों तथा छापों को संजोए रहें और बच्चों के लिए कविता लिखने वालों में तो ये गुण अनिवार्य रूप से विद्यमान होने चाहिए। ...स्टीवेन्सन विस्मयकारी अनवरतता के साथ ऐसे लिखता जाता है जैसे कि बालक अपने-आपको अभिव्यक्त करता यदि वह हवा, वर्षा, नदी-नालों और सागर के प्रति अपनी भावनाओं को व्यक्त करने में समर्थ होता। बहुत कम स्थल ऐसे हैं जहां वह वयस्क दीख पड़ता है किंतु अधिकांश स्थलों में उसका कथ्य और कथन सामान्य बाल्य अनुभवों के प्रति बालक के आनंद और विस्मय के अनुरूप है।''[9]

उपर्युक्त उद्धरणों में जिन योग्यताओं का वर्णन किया गया है वे एक विशिष्ट प्रकार के व्यक्तियों में ही पाई जाती हैं।

*बाल-साहित्य का उद्देश्य* : साहित्यकार के संदर्भ में प्रेरणा और उद्देश्य में कोई अंतर नहीं होता। यदि लेखक आत्माभिव्यक्ति के लिए साहित्य-सर्जन करे तो आत्माभिव्यक्ति की प्रक्रिया पूर्ण हो जाने पर उसका उद्देश्य भी पूरा हो जाएगा। 'स्वांतः सुखाय' कविता यदि कवि को सृजन का आनंद दे देती है तो लेखक का उद्देश्य सिद्ध हो जाता है। ऐसी स्थिति में किसी अन्य उद्देश्य की कल्पना करना अनावश्यक है। संभवतः इसी प्रकार के तर्क के आधार पर कुछ साहित्यकार अपनी रचना की सामाजिक उपयोगिता-अनुपयोगिता के प्रति उदासीन भाव प्रदर्शित करते हैं। कभी-कभी यह उदासीनता विद्रोह के स्वरों में भी प्रकट होती है। अहंवाद के आधुनिक युग में इस प्रकार के विद्रोही स्वर बहुधा सुनाई पड़ते हैं। संभवतः कुछ लेखक अपने महत्व का अतिशयोक्तिपूर्ण मूल्यांकन करते हैं और इसलिए यह आग्रह करते हैं कि उन्होंने जो कुछ लिख दिया है समाज उसे नतमस्तक होकर स्वीकार कर ले चाहे वह उसके लिए उपयोगी हो अथवा अनुपयोगी।

किंतु आत्माभिव्यक्ति की प्रेरणा से साहित्य-सृजन करने वाला साहित्यकार

विद्रोह प्रकट करने के लिए शाब्दिक रूप में पाठकों की उपेक्षा भले ही करे वास्तविक रूप में वह ऐसा नहीं कर सकता है। यदि वह वस्तुतः पाठकों को नजरअंदाज करने के लिए तैयार हो तो उसे अपनी रचना के प्रकाशन की चिंता ही नहीं करनी चाहिए। किंतु बड़े से बड़ा लेखक भी यह नहीं चाहता कि जिस रचना को उसने कई दिनों के निरंतर परिश्रम के बाद लिखा है वह सर्वदा के लिए फाइल में ही बंद रहे अथवा कोई भी लेखक अपनी नई कृति को आग के हवाले करके आत्मसंतोष नहीं प्राप्त कर सकता है।

बात यह है कि कुछ लोग अभिव्यक्ति का सीमित अर्थ में प्रयोग करते हैं। पीछे कहा जा चुका है कि अभिव्यक्ति अपने में ही साध्य इसलिए है कि उसमें आत्म-प्रसार निहित है। अभिव्यक्ति का शाब्दिक अर्थ प्रकट करना है किंतु यह प्रकटीकरण किसी-न-किसी के लिए ही होता है। स्वयं लेखक के लिए तो प्रकटीकरण इतना आवश्यक नहीं है क्योंकि वह अभिव्यक्ति के विषय का द्रष्टा होता है। यह ठीक है कि उसे अपनी रचना पढ़ने से आनंद भी मिलता है और इस दृष्टि से वह भोक्ता भी होता है किंतु यह उस रचना का चरम लक्ष्य नहीं होता। जब वह रचना दूसरों को भी आनंद देती है तो उसका आनंद कई गुणा अधिक हो जाता है। यह आनंद आत्म-प्रसार का आनंद है और यही चरम लक्ष्य है। यदि रचना अर्थोपार्जन अथवा यश-प्राप्ति के लिए लिखी गई है तब तो उसकी सफलता सामाजिकों की स्वीकृति पर निर्भर होती ही है किंतु यदि वह आत्माभिव्यक्ति की प्रेरणा से लिखी गई है तो भी उसकी सार्थकता सामाजिकों द्वारा स्वीकार किए जाने में है क्योंकि बिना इसके आत्माभिव्यक्ति के वास्तविक प्रयोजन अर्थात् आत्म-प्रसार की सिद्धि नहीं होती। सामाजिकों की स्वीकृति का यह अर्थ नहीं है कि रचना तत्कालीन पाठकों की अभिरुचियों तथा उनकी सस्ती मांगों के अनुरूप हो। इस प्रकार का आग्रह तो साहित्य के प्रति घोर अन्याय होगा। महान साहित्यकारों की रचनाएं उनके जीवन-काल में प्रायः उपेक्षित रही हैं। वस्तुतः महान कृतियों का महत्व कुछ समय बाद ही स्पष्ट होता है क्योंकि कुशल लेखक की दृष्टि भविष्य में बहुत दूर तक पैठ जाती है और साधारण पाठक वहां तक नहीं पहुंच सकता है। अतः एक ओर तो यह सत्य है कि पाठकों की मांग अथवा पसंद को प्रमुख लक्ष्य मानकर न तो साहित्य-सृजन किया जा सकता है और न किया जाना चाहिए, वहीं दूसरी ओर यह भी सत्य है कि लेखक मात्र अपने लिए नहीं लिखता है। वह पाठकों की पूर्ण उपेक्षा नहीं कर सकता है। गोस्वामी तुलसीदास ने 'रामचरितमानस' की रचना स्वांतःसुखाय की। उन जैसे विरक्त और ईश्वरोन्मुख व्यक्ति के लिए अर्थोपार्जन और यशोपार्जन का

कोई महत्व नहीं था। फिर भी वे अपनी रचना को अपने तक ही सीमित नहीं रखना चाहते हैं। उन्होंने संस्कृत के स्थान पर तत्कालीन जनभाषा में अपने काव्य की रचना की और स्थान-स्थान में घूम कर भक्तों, संत-महात्माओं तथा सांसारिक लोगों के बीच अपनी रामकथा पढ़ी इसलिए कि उस रचना से प्राप्त आनंद को वे अधिक से अधिक लोगों तक संप्रेषित करना चाहते थे।

कहने का तात्पर्य यह है कि अभिव्यक्ति स्वांतःसुखाय होते हुए भी स्वतः संप्रेषणीय तथा सामाजिक मुखापेक्षी होती है। अतः साहित्य की उपयोगिता-अनुपयोगिता के प्रश्न से हम चाहते हुए भी बच नहीं सकते। जब किसी रचना की सफलता-असफलता, कम से कम आंशिक रूप से सामाजिकों अथवा पाठकों पर निर्भर है तो इस प्रश्न पर विचार करना अनिवार्य हो जाता है कि पाठकों के संदर्भ में साहित्य का क्या लक्ष्य होना चाहिए।

'साहित्य का प्रमुख काम पाठकों को आनंद देना है' इस कथन से तो अधिकांश साहित्यवेत्ता सहमत होंगे। रस को काव्य की आत्मा मानने वालों अथवा रमणीय अर्थ के प्रतिपादन को मुख्य कवि-कर्म मानने वालों को आनंद शब्द पर कोई आपत्ति नहीं हो सकती है क्योंकि रस अंततः आनंददायी होता है और रमणीयता की अनुभूति भी आनंददायी होती है। काव्य में चमत्कार अथवा उक्तिवैचित्र्य पर जोर देने वालों का लक्ष्य भी पाठकों में आनंद की सृष्टि करना होता है। मनोवैज्ञानिक दृष्टि से जो साहित्य की व्याख्या करते हैं उनके अनुसार भी साहित्य मानसिक वृत्तियों को संतुलनावस्था में लाकर पाठक को आनंद की अनुभूति देता है।

किंतु आनंद शब्द के निर्वचन में काफी मतभेद है। कुछ लोग आनंद को स्वतः साध्य मानते हैं और कुछ आनंद के माध्यम से मिलने वाली किसी अन्य वस्तु को ही प्रमुख मानते हैं। इसी प्रकार कुछ लोग आनंद को सामान्य मनोरंजन से बड़ा दर्जा नहीं देना चाहते हैं और कुछ उसे 'ब्रह्मानंदसहोदर' कहकर बहुत ऊंचा दर्जा देने के लिए तत्पर दिखाई देते हैं।

आनंद साध्य है अथवा साधन, कला कला के लिए है अथवा जीवन के लिए इत्यादि प्रश्न तो साहित्य के विवेचन में हमेशा ही मतभेद का विषय रहे हैं और संभवतः आगे भी रहेंगे। एक मान्यता स्थिर सौंदर्य पर अधिक बल देती है और दूसरी गत्यात्मक सौंदर्य पर। श्रीरामचंद्र शुक्ल के शब्दों में, "एक का लक्ष्य आनंद की सिद्धावस्था है और दूसरी का आनंद की साधनावस्था।"[10] वस्तुतः इन मान्यताओं में परस्पर विरोध नहीं है। जो लोग आनंद को ही साध्य मानते हैं उनकी दृष्टि में आनंद जीवन से पृथक कोई निरर्थक वस्तु नहीं है अपितु जीवन का पोषक तत्व है। उदाहरण

के लिए, डा. नगेंद्र रस को जीवन का सबसे बड़ा पोषक तत्व मानते हैं। कलावादियों का कहना इतना ही है कि साहित्य, धर्म, राजनीति या नीतिशास्त्र का दास नहीं है, उसका काम धार्मिक, राजनैतिक अथवा नैतिक उद्‌देश्यों की वकालत करना नहीं है। आचार्य नंददुलारे वाजपेयी के शब्दों में उसे 'वालंटीयरी' प्रवृत्ति शोभा नहीं देती।[11] उसकी स्वतंत्र सत्ता है और यदि वह धार्मिक, नैतिक मानदंडों का किंचित् उल्लंघन आनंद के उद्रेक के लिए करता है तो वह उसका अधिकार है।

काव्यानंद अथवा रस को जीवन का पोषक तत्व मान लेते के बाद इस विवाद का अंत हो जाता है क्योंकि इस प्रकार जीवन का चरम साध्य सिद्ध हो जाता है। वस्तुतः बात भी सही है। मनुष्य के सभी कार्य जीवन को सुंदर और सुखमय बनाने के लिए होते हैं जिसके लिए न केवल वह वैयक्तिक और एकांतिक आनंद की प्राप्ति के लिए प्रयत्नशील रहता है अपितु वह यह प्रयत्न भी करता है कि उसके आस-पास की वस्तुएं अथवा धार्मिक, राजनैतिक और सामाजिक परिस्थितियां भी ऐसी हों जो उसके जीवन को सुंदर और सुखमय बनाने में सहायक हों। इसलिए वह साहित्य में 'शिवेतरक्षतये' और 'कांता संमित उपदेश' के तत्वों को देखने के लिए भी लालायित रहता है।

संक्षेप में, पाठकों के संदर्भ में साहित्य का प्रमुख काम पाठकों को आनंद देना है किंतु यह आनंद मदारी के तमाशे या सर्कस से मिलने वाला आनंद नहीं है अपितु यह आनंद विविध प्रकार से हमारे जीवन के पोषण में सहायक होता है। यह हमें जीने की कला सिखाता है, जीवन के प्रति आदर और उत्साह पैदा करता है, जीवन को सुंदर और सुखमय बनाता है। प्राचीन शास्त्रों और उनकी शब्दावली का बहिष्कार करने वाली 'नई पीढ़ी' के लेखकों को आनंद शब्द पर आपत्ति हो सकती है। वे कहते हैं आज का लेखक पाठक को रिझाता है, कचोटता है, फटकारता है, क्रोधित करता है, आदि-आदि। इन सभी अनुभूतियों को आनंदानुभूति कहना उन्हें ठीक नहीं जंचता। किंतु यहां यह बात ध्यान देने योग्य है कि रसानुभूति में न केवल रति आदि सुखद भावों की अनुभूति होती है बल्कि क्रोध, भय, घृणा आदि के अप्रिय भावों की अनुभूति भी होती है। साहित्य में ये अनुभूतियां सुखद भले ही न बनें आनंददायक तो बन ही जाती हैं। इसीलिए तो पाठक ऐसी रचनाओं को भी बार-बार पढ़ना चाहता है।

साहित्य के ये व्यापक और मूलभूत सिद्धांत बाल-साहित्य पर भी लागू होने चाहिए। वस्तुतः बाल-साहित्य के विद्वानों ने इसे मुक्तकंठ से स्वीकार भी किया है। फिर भी बाल-साहित्य के लेखकों, प्रकाशकों और क्रेताओं में हमेशा ही इस विषय में अनेक भ्रांतियां रही हैं। विश्व की लगभग सभी भाषाओं में ढेरों ऐसा साहित्य

प्रकाशित हुआ है जिसका उद्‌देश्य बच्चों में उपदेश अथवा ज्ञान ठूंसना है, जिसमें उनकी इच्छाओं और आवश्यकताओं की उपेक्षा करके वयस्कों की इच्छाओं को बच्चों पर थोपा गया है, जिसमें आनंद की मात्रा नहीं के बराबर है और जो बच्चों में साहित्य के प्रति लगाव के स्थान पर घृणा पैदा करता है।

यह देखकर आश्चर्य होता है कि जिन बातों को हम वयस्क साहित्य में देखना तक नहीं चाहते उन्हें बाल-साहित्य में न केवल हम टाल जाते हैं बल्कि उनकी वकालत भी करते हैं। यदि किसी वयस्क पत्रिका में ऐसी कहानी प्रकाशित हो जाए, जिसका शीर्षक कोई उपदेश-वाक्य हो अथवा जिसके अंत में कोई उपदेश पूंछ बनकर लटका हुआ हो तो हम झुंझला उठेंगे और उस पत्रिका के प्रति हमारे मन में कोई आदर नहीं रहेगा। हम इस बात को सहन नहीं कर सकते हैं कि कोई साहित्यकार हमें सीधे-उपदेश देने लगे, या कहानी के सार को किसी नीति-वाक्य में व्यक्त करके हमें मूढ़ अथवा कम-समझ सिद्ध करे। किंतु जब बाल-साहित्य का प्रश्न आता है तो हम एकदम बदल जाते हैं। हम अपने लिए साहित्य में नित नवीन प्रयोग करना चाहते हैं किंतु बालकों को वही घिसा-पिटा पुराना साहित्य देना चाहते हैं,[12] पुस्तकालयों के बाल-कक्षों को हम सदियों पुरानी लोककथाओं, नीतिकथाओं, कपोल-कल्पित कथाओं तथा धार्मिक कथाओं से ठूंसते ही जा रहे हैं यद्यपि हम स्वयं इस साहित्य को कभी का भुला चुके हैं। हम चाहते हैं कि हमारा साहित्य जीवन की अभिव्यक्ति करे, जीवन के प्रति आदर और उत्साह भरे, जीवन के प्रति हमारे मन में आस्था पैदा करे, किंतु बच्चों को हम ऐसा साहित्य दिए जा रहे हैं जिसका जीवन के साथ कोई संबंध नहीं, जो जीवन को संवारने वाली कोई वस्तु नहीं देता, उलटा जीवन से पलायन के भाव बच्चों में भरता है। हम अपने साहित्य में 'कला कला के लिए' सिद्धांत का चरितार्थ देखना चाहते हैं और उसे राजनीति, धर्म, शिक्षा, विज्ञान आदि का दास नहीं बनाना चाहते किंतु बाल-साहित्य में हम कहानी की आड़ लेकर धर्म, विज्ञान, राजनीति और समाजशास्त्र की शिक्षा के लिए आग्रह करते हैं और 'कथाच्छलेन' नीतिकथन का पूर्वाग्रहपूर्ण प्रचार करते हैं। हम अपने लिए हीन पशुवृत्तियों को तुष्ट करने वाले साहित्य का भी अधिकार-भाव से पक्षपोषण करते हैं किंतु बालकों के साहित्य में ऊंचे से ऊंचा आदर्श देखना चाहते हैं और ऐसे साहित्य को बेकार मानते हैं जो उन्हें कोई शिक्षा न देकर मात्र मनोरंजन देता हो, उन्हें हंसाता हो, उनके मुरझाए हुए दिलों में कुछ प्रसन्नता भरता हो।

वयस्कों के इन दो भिन्न दृष्टिकोणों से क्षुब्ध होकर पाल हजार्ड ने कहा है

> "वयस्कों ने उन्हें ऐसी पुस्तकें दीं जो बेहद बोर करने वाली थीं, जो बच्चों के मन में ज्ञान और बुद्धिमत्ता के प्रति सर्वदा के लिए घृणा पैदा करने वाली थीं; ऐसी पुस्तकें जो मूर्खतापूर्ण थीं, सारहीन थीं, पांडित्य और बुद्धिमत्ता के उपदेशों से बोझिल थीं, जो आत्मा की नैसर्गिक शक्तियों को कुंठित करने वाली थीं।.... इसका कारण यह नहीं था कि वे बच्चों को प्यार नहीं करते थे बल्कि इसके पीछे उनकी मूर्खता थी, उनका भ्रम था; वे अपने को अति बुद्धिमान मानते थे और यह समझते थे कि वे जीवन के सभी रहस्यों से भली-भांति परिचित हैं और बचपन से कोई शिक्षा ग्रहण करने से उनकी शान को बट्टा लगेगा।"[13]

बच्चों का समाज निर्बलों और पराश्रितों का समाज है। वे अपनी हर आवश्यकता की पूर्ति के लिए वयस्कों पर निर्भर होते हैं। वे अपने लिए खाना, कपड़ा, खेल-कूद, मनोरंजन, शिक्षा इत्यादि का चुनाव स्वयं नहीं करते हैं। यह अधिकार उनके माता-पिता, अध्यापक आदि का है जो वयस्क होते हैं ऐसे वयस्क जो अपने बचपन को बहुत पीछे छोड़ चुके हैं और ऐसी दुनिया में बुरी तरह फंस चुके हैं जो बच्चों की दुनिया से बिलकुल भिन्न है। वे बच्चों की दुनिया को समझ ही नहीं सकते ऐसी बात नहीं है। कुछ लोग ऐसे होते हैं जो वयस्क होकर भी बच्चों की दुनिया में विहार करते हैं अथवा जो अपने हृदय में बचपन के अनुभवों को उसी रूप में संजोए रहते हैं जिस रूप में उन्हें वे मिले थे। किंतु सामान्य वयस्कों के लिए यह बहुत कठिन काम है क्योंकि वे अपनी दुनिया के स्वार्थों में ऐसे जकड़े होते हैं कि उनसे पृथक होकर सोच ही नहीं सकते। बच्चों की दुनिया वयस्कों की दुनिया से बिलकुल पृथक है। उदाहरण के लिए, वयस्क स्वतंत्र नहीं होते, वे अपनी भावनाओं के गुलाम होते हैं। उनके हर काम के पीछे कोई कारण, कोई स्वार्थ होता है। यदि वे कोई खेल खेलते हैं तो तनाव को कम करने के लिए, कुछ अप्रिय स्मृतियों को भूल जाने के लिए अथवा शारीरिक-स्फूर्ति को बनाए रखने के लिए। वे बच्चों की तरह केवल आनंद के लिए नहीं खेल सकते हैं। बच्चों के लिए खेल जीवन है, दिल-बहलाव का साधन भर नहीं है। जीवन के उत्साह से भरपूर, कभी न थकने वाले बच्चे दिनभर भागते हैं, रोते-रुलाते हैं, हंसते-हंसाते हैं और रात को गहरी नींद सोकर सब कुछ भूल जाते हैं तथा दूसरे दिन बाल रवि की तरह पुनः उसी उत्साह से, उसी ताजगी से अपनी यात्रा शुरू कर देते हैं। उधर वयस्क दिन-रात अपने आपको अपनी ही दुनिया की अटूट शृंखलाओं में जकड़ा हुआ अनुभव करता है। वह खाना खाता है तो डाक्टर का भूत पीठ के पीछे खड़ा रहता है। जब वह हंसता है, बातें करता है, चलता-फिरता है अथवा शरीर और मन की कोई भी क्रिया करता है, तो उसे शिष्टाचार, सदाचार

और व्यवहार के नियम तीरों की तरह चारों ओर से घेरे रहते हैं। वह मंदिर-मस्जिद और गिरजे में जाता है इस आशा से कि भगवान उसके स्वार्थों की पूर्ति में सहायक हो। वह दोस्ती करता है इस आशा से कि संकट के समय मित्र उसकी सहायता करके 'सच्चा मित्र' सिद्ध हो। वह धार्मिक, सामाजिक और राजनीतिक संस्थाओं में प्रत्यक्षतः सेवा-भावना से काम करता है किंतु भीतर से अपने स्वार्थों की सिद्धि की ताक में रहता है।

बच्चों के पास ऐसा धन है जो वयस्कों को उपलब्ध नहीं है। बच्चे इस सृष्टि की मामूली से मामूली चीज में अपरिमित विस्मय और आनंद के दर्शन कर सकते हैं। सहज-विश्वास का गुण उनकी अविकसित अवस्था का द्योतक नहीं है, यह उनकी जीवनी-शक्ति, उनकी स्वतंत्रता का प्रतीक है। इच्छा मात्र करने पर वे न केवल अपना रूप बदल सकते हैं अपितु दूसरी चीजों को मनचाहा रूप दे सकते हैं। वे जब चाहें तब चिड़िया बनकर उड़ सकते हैं, सिंह बनकर गरज सकते हैं, भालू बनकर अपने पंजों का जौहर दिखा सकते हैं और बंदर बनकर अपने रोते हुए साथी को हंसा सकते हैं। वे अंगुली को बंदूक मानकर के गोली चला सकते हैं। लकड़ी को घोड़ा मान कर सवारी कर सकते हैं और कागज के टुकड़ों को बिस्कुट मान कर उनका स्वाद ले सकते हैं।

वयस्कों के लिए ये सब बातें मूर्खतापूर्ण कार्य हैं। वे उनकी इन क्रियाओं को देखकर मुस्करा देते हैं और अपने तर्क-ज्ञान पर और नीर-क्षीर का विवेक करने वाली अपनी बुद्धि पर गर्व करते हैं। उनके लिए बच्चों का हंसना, कूदना, चिल्लाना और शोर मचाना शैतानी काम हैं। उनकी दृष्टि में बच्चे की हर क्रिया पर अंकुश की जरूरत होती है, उसकी हर प्रवृत्ति को ये घातक मानते हैं और उस पर किसी न किसी प्रकार का नियंत्रण रखना चाहते हैं। बच्चे जिन कार्यों को अपने लिए अत्यावश्यक समझते हैं, वयस्क उन्हें अनावश्यक मानते हैं। बच्चे जिन चीजों को बिलकुल पसंद नहीं करते, वयस्क उन चीजों को घोट कर पिलाना चाहते हैं। बच्चे अपनी स्वतंत्रता के लिए विद्रोह करते हैं, वयस्क उन पर एक के बाद एक अंकुश लगाते जाते हैं धर्म का, भगवान का, सदाचार का और न जाने कितनी ही प्रकार के अंकुश बच्चों पर लगाए जाते हैं। माता-पिता की आज्ञा मानो, सदा सच बोलो, सुबह उठकर भगवान से प्रार्थना करो, फलां न करो, ढिमका न करो इत्यादि सैकड़ों, हजारों, लाखों उपदेश उन्हें पिलाए जाते हैं। कविता के संगीत, कहानी के कुतूहल, नाटक के अंतर्द्वंद्व में भी ये उपदेश-वाक्य बीच-बीच में टपक पड़ते हैं और सारा मजा किरकिरा कर देते हैं।

यह तो हुआ वयस्कों का सामान्य दृष्टिकोण जो बाल-साहित्य को लक्ष्य-भ्रष्ट

करने के लिए दिन-रात प्रयत्नशील रहता है। इसके अतिरिक्त इन्हीं वयस्कों का एक दल जो समाज पर अपना प्रभुत्व जमा लेता है, अपनी समस्त शक्ति लगाकर ऐसे बाल-साहित्य को प्रोत्साहन देता है जो उसके सत्ता-स्वार्थ की सिद्धि कर सके। जिस समय समाज पर पादरी-पुरोहितों का प्रभुत्व था उस समय साहित्य के नाम पर धार्मिक कहानियां ही बच्चों को दी जाती थीं। वर्तमान युग में राजनीति समाज का सर्वेसर्वा बनी हुई है इसलिए साहित्य के क्षेत्र में हम दिशा-निर्देश के लिए राजनीतिक नेताओं का मुंह ताकते फिरते हैं। हिटलर को अपने राजनैतिक स्वार्थों की सिद्धि के लिए एक विशेष वातावरण तैयार करना था और उसके लिए उसने बच्चों की पुस्तकों को माध्यम बनाया। आज विश्व के प्रायः सभी देशों में इंजीनियरों और वैज्ञानिकों की आवश्यकता बढ़ती जा रही है अतः साहित्य के क्षेत्र में विज्ञान और यंत्र-भावना के नारे सुनाई पड़ते हैं। यदि कोई सत्तारूढ़ दल यह अनुभव करता है कि लोगों को देश-प्रेम की मदिरा पिलाकर बिगड़ती हुई स्थिति से उन्हें बेखबर रखना चाहिए तो वह सबसे पहले भोले-भाले बच्चों को इसका साधन बनाता है।

इस संदर्भ में खलील जिब्रान की निम्नलिखित पंक्तियों से मार्गदर्शन प्राप्त करना चाहिए

"तुम उन्हें अपना प्यार दे सकते हो किंतु उन्हें अपने विचार मत दो, क्योंकि उनके अपने विचार होते हैं।

"तुम उनके शरीर की रक्षा के लिए उन्हें घर की चारदीवारी में रख सकते हो किंतु उनकी आत्मा को बंद मत करो।

क्योंकि उनकी आत्मा कल के प्रासाद में निवास करती है जहां तुम स्वप्न में भी नहीं जा सकते।

"तुम उनकी तरह बनने का प्रयत्न कर सकते हो।

किंतु उन्हें अपने जैसा बनाने का प्रयत्न मत करो।"[14]

अंग्रेजी में एक कहावत है जिसका अर्थ है कि बहुत से रसोइये भोजन को खराब कर देते हैं। बाल-साहित्य के साथ यही हुआ है। लगभग प्रत्येक आदमी बालकों की पसंद-नापसंद के बारे में या उनके लिए उपयोगी साहित्य के स्वरूप के विषय में कुछ न कुछ साधिकार कह देता है। एक-दो बच्चों का अभिभावक अथवा अध्यापक होने के नाते ही वह अपने को इस विषय का अधिकारी मान लेता है। माता-पिता चाहते हैं कि उनके बच्चे ऐसी पुस्तकें पढ़ें जिनसे वे शीघ्रातिशीघ्र हमारी तरह पूर्ण बुद्धिमान बन जाएं। अध्यापक सोचते हैं कि बच्चों को ऐसा साहित्य दिया जाए जो उनके कर्तव्यभार को कम करे। राजनैतिक क्षेत्र के नेतागण कहते हैं कि

बच्चों का साहित्य ऐसा हो जो उन्हें अच्छा नागरिक बनाए और देश के कानून की इज्जत करना तथा नेताओं पर गर्व करना सिखाए। प्रकाशक बच्चों को ऐसा साहित्य देना चाहते हैं जो बहुत बड़ी मात्रा में बिक सके भले ही उसमें कूड़ा-कर्कट भरा हो।

विचारों और भावनाओं की अराजकता के इस युग में बाल-साहित्य के उद्‌देश्य के संबंध में अनेक भ्रांतियों का फैलना स्वाभाविक ही है किंतु यदि हम बाल-साहित्य को व्यापक साहित्य से अभिन्न मानते हैं तो हमें यह भी मानना होगा कि बाल-साहित्य का सर्वप्रथम और सबसे महत्वपूर्ण उद्‌देश्य बालकों को स्वस्थ आनंद देना होना चाहिए  ऐसा आनंद जो उनके जीवन का पोषक तत्व हो। मे हिल आर्बुथनाट का कहना है कि

> ''कोई पुस्तक बच्चों के लिए अच्छी पुस्तक तभी होती है जब बच्चों को उससे आनंद मिले और जिस पुस्तक को बच्चे पढ़ ही नहीं सकें अथवा जिसकी विषय-वस्तु से वे उकता जाएं वह पुस्तक बच्चों के लिए घटिया पुस्तक ही होगी भले ही वयस्क उसे 'क्लासिक' की कोटि में रखें।''[15]

किंतु आनंद ऐसा शब्द है जिसका हम अपने-अपने ढंग से अर्थ कर सकते हैं और जिसके नाम पर हम बच्चों को घटिया और रद्‌दी साहित्य भी दे सकते हैं। वस्तुतः ऐसा हुआ भी है, बच्चों के साहित्य में भी और वयस्क साहित्य में भी। मात्र कुतूहल को आनंद मानकर क्रूर और नृशंस कृत्यों, मार-धाड़ और हत्या की घटनाओं से पूर्ण कहानियां बच्चों को नहीं दी जा सकती हैं क्योंकि इनका बच्चों के जीवन पर स्वस्थ प्रभाव नहीं पड़ता है। अतः आनंद के साथ स्वस्थ विशेषण लगाना आवश्यक हो जाता है।

ऊपर जो कुछ कहा गया है उसका यह अर्थ न लिया जाए कि बच्चों के साहित्य में धर्म, शिक्षा, नीति-उपदेश का पूर्ण बहिष्कार होना चाहिए। वस्तुतः बच्चे अपनी बुराइयों को छोड़ने और सद्‌गुणों को ग्रहण करने के लिए हमेशा तत्पर रहते हैं और इस दिशा में दूसरों द्वारा किए जाने वाले प्रयत्नों का वे सामान्य रूप से स्वागत करते हैं। किंतु साहित्य में कोई उपदेश अथवा नीति-शिक्षा प्रत्यक्ष रूप से नहीं दी जानी चाहिए। लेखक को जो कुछ भी कहना हो वह उसे प्रत्यक्ष नहीं कहना चाहिए बल्कि ध्वनित अथवा व्यंजित करना चाहिए।

## (ई) शैली और शिल्प

शैली के शास्त्र की चर्चा करते हुए एलिज़बेथ नेस्बित ने लिखा है, "लेखक के पास एक अच्छी कहानी का होना ही पर्याप्त नहीं है। उसके पास कहानी कहने की अच्छी शैली भी होनी चाहिए ऐसी शैली जो कहानी विशेष द्वारा जाग्रत किए गए मूल कुतूहल को बनाए रखे, जो पाठक को कहानी की पृष्ठभूमि में प्रवेश करने और उसके क्रिया-व्यापार में सक्रिय भाग लेने के योग्य बना सके।"[16]

अच्छी शैली की, कहानी में ही नहीं समस्त प्रकार के साहित्य-सृजन में आवश्यकता होती है। एक दृष्टि से विचार करने पर तो ऐसा लगता है कि साहित्य मूलतः शैलीगत संकल्पना ही है। किसी कथ्य को कह देना मात्र साहित्य नहीं होता। जब तक उस कथ्य को एक विशेष रीति, ढंग या शैली से न कहा जाए तब तक उसे साहित्य की संज्ञा नहीं दी जाती। साहित्यकार, वैज्ञानिक, दार्शनिक और धर्मोपदेशक एक ही बात को भिन्न-भिन्न शैलियों में कहते हैं और उन शैलियों के अनुसार ही उनके कथ्यों को साहित्य, विज्ञान, दर्शन और धर्म आदि वर्गों में रखा जाता है। शब्द अथवा वाक्य को काव्य बनने के लिए 'रमणीयार्थ-प्रतिपादक' शैली में अथवा रसात्मक शैली में व्यक्त होना पड़ता है। रसात्मकता और रमणीयार्थ प्रतिपादकता शब्द भाव के साथ-साथ शैली के गुणों का भी बोध कराते हैं। संभवतः इसीलिए कथ्य और कथन, भाव और शैली, मैटर और मैनर अथवा फार्म को लेकर कवियों, कलाकारों तथा आलोचकों में हमेशा ही विवाद रहा है। जब जन-मानस क्षुब्ध होता है और जनमानस को तीव्रता से अनुभव करने वाले कवियों और कलाकारों के पास कहने के लिए बहुत कुछ होता है तो कथ्य को प्रधानता मिल जाती है और जब जन-मानस कुछ शांत होता है तो कलाकार अपनी शैली को संवारने में अधिक प्रयत्नशील रहते हैं। किंतु कभी-कभी कवि और कलाकार जन-मानस से असंपृक्त रहकर केवल फैशन के लिए अथवा अर्थोपार्जन के लिए सृजन-कार्य में प्रवृत्त होते हैं और उस स्थिति में शैली की सनक संक्रामक रोग की तरह अचानक सवार हो जाती है।

वस्तुतः भाव और शैली के बीच अन्योन्याश्रय संबंध होता है। कोई तुच्छ बात अच्छी शैली में कहे जाने पर भी महान रचना का रूप नहीं ले सकती है और ठीक रीति से न कहे जाने पर अच्छी बात का प्रभाव भी विपरीत हो जाता है।

हिंदी में शैली का अर्थ काफी व्यापक हो गया है। आचार्य गुलाबराय एम.ए. ने शैली की व्युत्पत्ति की चर्चा करते हुए लिखा है

> ''शैली शब्द का संबंध शील से है जिसका अर्थ स्वभाव है। किसी काम के किसी विशेष प्रकार से करने की पद्धति को शैली कहते हैं।...मनुस्मृति के श्लोक पर कुल्लक भट्ट की टीका में शैली शब्द पद्धति या प्रणाली के अर्थ में आया है 'प्रायेण आचार्याणामियं शैली यत्सामान्यंनाभिथायदिशेषेणविवृणोति'। अब यह कुछ-कुछ लिखने के ढंग में विशिष्ट हो गया है।... अंग्रेजी का 'स्टाइल' शब्द, लैटिन भाषा के 'स्टाइलस' शब्द से जिसका अर्थ कलम है, बना है। चित्रकारी में शैली को प्रायः कलम ही कहते हैं।... ''स्टाइल एक लोहे की कलम होती थी जिससे कि मोम की पट्टिकाओं पर शब्द अंकित किए जाते थे। कलम का अर्थ लक्षणा द्वारा लेखन-शैली हो गया।''[17]

आचार्य सीताराम चतुर्वेदी ने शब्द-योजना, वाक्य-योजना, भाव-योजना और वस्तु-योजना के विलक्षण संयोग को शैली कहा है।''[18]

हमारे प्राचीन काव्यशास्त्र में कला-पक्ष की चर्चा में रीति, वृत्ति, गुण, अलंकार आदि शब्दों का प्रयोग हुआ है। शैली शब्द हमारे लिए वर्तमान अर्थ में नया है और अंग्रेजी के स्टाइल शब्द का पर्यायवाची माना जाता है। रीति की अपेक्षा शैली अधिक व्यापक है क्योंकि रीति तो 'विशिष्ट पद-रचना' मात्र है और उसमें अभिव्यक्ति के सामान्य प्रकार का ही भाव है जबकि शैली में अभिव्यक्ति के विशिष्ट अथवा वैयक्तिक रूप और सामान्यरूप दोनों का समावेश हो जाता है। एक अर्थ में तो शैली पूर्णतः वैयक्तिक चीज है। अंग्रेजी की 'स्टाइल इज दि मैन' उक्ति का भाव यही है। दूसरे अर्थ में इसका प्रयोग भाषा, छंद, अलंकार आदि बाह्य-उपकरणों के लिए होता है।

बाल-साहित्य में शैली का बड़ा महत्व है और इसके संबंध में विचारों की अराजकता भी इतनी अधिक है कि दिमाग चकरा जाता है। भिन्न-भिन्न आयुवर्ग के बालकों के लिए भिन्न-भिन्न प्रकार की शब्द-योजना करनी पड़ती है। कुछ अति-उत्साही संस्थाओं तथा व्यक्तियों ने आयुवर्गों के अनुसार शब्दावली तक निश्चित कर डाली है। किस वर्ग के बालकों के लिए किस प्रकार के शब्द, अलंकार और ध्वनियां आनी चाहिए, कितने शब्दों वाले वाक्य होने चाहिए, कितनी संख्या में संयुक्ताक्षर अथवा सरलाक्षर होने चाहिए इत्यादि बातों का विस्तृत विवेचन किया गया है। बाल-साहित्य लिखने वालों से बार-बार आग्रह किया जाता है कि वे इन मानदंडों के आधार पर बाल-साहित्य की रचना करें। आयुवर्ग के अनुसार बाल-साहित्य के विभाजन ने और भी अनेक समस्याएं लेखकों के सामने खड़ी कर दी हैं। प्रश्न उठता है कि यदि साहित्य लेखक के मन की स्वाभाविक अभिव्यक्ति है तो भाषा, शिल्प और साहित्य के व्याकरण के इन असंख्य नियमों में जकड़ा हुआ लेखक

साहित्य की रचना कैसे कर सकेगा? यह तो लगभग असंभव ही है। यदि किसी के पास बच्चे की दृष्टि से वस्तुओं को देखने की प्रतिभा नहीं है, बच्चों के आश्चर्य-लोक में प्रवेश करने की क्षमता नहीं है, बच्चों की तरह सरल-सच्चा मन नहीं है, उनके जैसी दृढ़ नैतिक भावना नहीं है, उनके सुख-दुःख, हर्ष-विषाद के विषयों को अनुभव करने की शक्ति नहीं है तो वह साहित्य के व्याकरण और रचना-कौशल में पूर्ण निष्णात होते हुए भी बाल-साहित्य की रचना नहीं कर सकता है क्योंकि उस स्थिति में उसका लेखन अस्वाभाविक होगा तथा उसकी शैली कृत्रिम होगी। ऐसा व्यक्ति बच्चों के लिए पाठ्य-पुस्तकें लिख सकता है, अन्य भाषा की पुस्तकों का अनुवाद कर सकता है, इतिहास, नागरिकशास्त्र अथवा विज्ञान की साधारण जानकारी कराने वाली पुस्तकें लिख सकता है, पुरानी प्रसिद्ध कथाओं का सामान्य पुनर्कथन कर सकता है किंतु, मेरा दृढ़ विश्वास है, कि वह सही माने में साहित्यिक कृति की रचना नहीं कर सकता है।

बाल-साहित्य में स्वाभाविक शैली की महत्ता को विश्वभर के बाल-साहित्य मर्मज्ञों ने स्वीकार किया है। यह बात नीचे दिए गए कुछ उद्धरणों से स्पष्ट हो जाएगी :

> ''बच्चों की पुस्तक बच्चों के लिए नहीं स्वयं लेखक के लिए लिखी जानी चाहिए।''[19]
>
> *ए.ए. मिल्ने*

> ''जब किसी लेखक की रचना से ऐसा लगे कि वह बच्चों के लिए लिखी गई है तो समझ लेना चाहिए कि वह बच्चों पर अपनी श्रेष्ठता लाद रहा है।''[20]
>
> *राबर्ट लासन*

> ''जब तुम बच्चों के लिए लिख रहे हो तो उस विशेष अवसर के लिए विशेष शैली मत अपनाओ। अपनी पूरी क्षमता से सोचो, पूरी क्षमता से लिखो और सारी वस्तु को सजीव होकर आने दो।''[21]
>
> *अनातोले फ्रांस*

> ''मेरा विश्वास है कि बच्चे उन पुस्तकों से घृणा करते हैं जो बच्चों की क्षमता के स्तर पर उतरकर लिखी जाती हैं और उन पुस्तकों को प्यार करते हैं जो अधिकतर बड़ों के लिए होती है।''[22]
>
> *सर वाल्टर स्काट*

> "मुझे संदेह है कि बच्चों का कोई सफल लेखक लिखने से पहले अपने आपसे इस प्रकार कहता है कि 'अब मैं यह कहानी दस वर्ग के बालकों के लिए लिखूंगा'। जिस लेखक की कहानियां जीवित रहती हैं उसके पास कहने के लिए एक कहानी होती है और जब वह लिखी जाती है तो वह उस बच्चे के द्वारा अपना ली जाती है जिसे वह अच्छी लगती है।...आप बच्चों को बेवकूफ नहीं बना सकते हैं। इसके अतिरिक्त जब हम यह सोचते हैं कि हम बच्चों को बेवकूफ बना रहे हैं तो बच्चे हमारी इस चालाकी से घृणा करने लगते हैं। बच्चों के लेखकों तथा चित्रकारों को ईमानदार होना चाहिए। बच्चे चाहते हैं कि उन्हें दी जाने वाली जानकारी प्रत्यक्ष रीति से दी जाए, घुमा-फिरा कर नहीं और उन्हें जो कहानियां दी जाएं वे अच्छी कहानियां हो।"[23]
>
> *फिलिस फेनर*

> "जहां तक मुझे याद है मैंने कभी एक क्षण के लिए भी यह नहीं सोचा कि जिस चित्र को मैं बना रहा हूं वह वयस्क के लिए होगा या बालकों के लिए। मैंने कभी भी अपनी कृति को पाठक की प्रकल्पित आयु के उपयुक्त बनाने के लिए किसी संकल्पना, किसी रेखा अथवा किसी वर्ण-वस्तु को बदलने की आवश्यकता नहीं समझी। और मैंने जो कुछ भी लिखा है उसमें कभी भी किसी शब्द अथवा वाक्य को केवल इसलिए नहीं बदला कि वह वाक्य बच्चों के लिए भारी हो जाएगा। मेरा विश्वास है कि मैंने कभी भी किसी बच्चे की बुद्धि का अपमान नहीं किया। और यदि ईश्वर ने तथा मेरे प्रकाशकों ने चाहा, तो मैं वचन देता हूं कि मैं आगे भी ऐसा नहीं करूंगा।"[24]
>
> *राबर्ट लासन*

पीछे एक साथ छह उद्धरण देने की आवश्यकता मुझे इसलिए महसूस हुई है कि इस समय बाल-साहित्य की शैली के संबंध में अनेक भ्रांतियां और दुराग्रह फैले हुए हैं। संभव है विश्वविख्यात अधिकारी विद्वानों के उपर्युक्त उद्धरण इन भ्रांतियों के निवारण में सहायक हों।

## (उ) निष्कर्ष

गत पृष्ठों पर बाल-साहित्य के स्वरूप को स्पष्ट करने के लिए हमने 'क्या, क्यों और कैसे?' इन तीन मूलभूत प्रश्नों तक अपने विवेचन को सीमित रखा है। हमने देखा कि छोटे आकार और मोटे टाइप में प्रस्तुत की गई कोई भी रचना बाल-साहित्य नहीं

बन जाती। सर्वप्रथम शर्त यह है कि रचना बालकों द्वारा आस्वाद्य हो। इसके अतिरिक्त हमने देखा कि बाल-साहित्य सामान्य साहित्य से भिन्न कोई नई चीज नहीं है अपितु वह सामान्य साहित्य का ही एक रूप है। इसका अर्थ यह है कि रचना सर्वप्रथम एक साहित्यिक कृति होनी चाहिए; उसमें लेखक की कला सृष्टि अथवा उसके जीवन की अभिव्यक्ति होनी चाहिए। केवल सुनी-सुनाई कथाओं को लिपिबद्ध करके कोई रचना साहित्यिक कृति नहीं बन जाती। उसके लिए लेखक को एंडरसन की तरह इन कथाओं में अपने जीवन के विषाद और उल्लास की अभिव्यक्ति करनी होगी। जब तक किसी कहानी, गीत, जीवनी अथवा अन्य रचना में जीवन की धड़कन प्रवेश नहीं करती तब तक वह साहित्यिक कृति नहीं कहला सकती है।

बाल-साहित्य आत्माभिव्यक्ति से प्रेरित होकर स्वांतःसुखाय लिखा जाना चाहिए। उसका उद्देश्य बच्चों को शिक्षा तथा उपदेश देना नहीं उन्हें स्वस्थ आनंद की अनुभूति कराना है क्योंकि यह आनंद जीवन का पोषक तत्व होता है और बच्चों को कदम-कदम पर इसकी आवश्यकता पड़ती है। बाल-साहित्य कैसे लिखा जाना चाहिए, इस प्रश्न से संबंधित विवेचन का निष्कर्ष यह है कि बाल-साहित्य स्वाभाविक शैली में लिखा जाना चाहिए। जिस रचना की शैली से ऐसा लगे कि वह प्रकटतः बच्चों के लिए लिखी गई है उसे अच्छे साहित्य में नहीं गिना जा सकता क्योंकि कृत्रिमता के साथ-साथ उसमें बच्चों का अपमान भी निहित होता है। किसी निश्चित शब्दावली को सामने रखकर लिखी गई रचना पाठ्य-पुस्तक हो सकती है किंतु साहित्यिक कृति नहीं।

इन तीन प्रश्नों के अतिरिक्त एक अन्य प्रश्न भी सामान्यतः किया जाता है। यह प्रश्न है कि बाल-साहित्य कौन लिख सकता है अर्थात बाल-साहित्य के लेखक में क्या-क्या योग्यताएं होनी चाहिए? इस प्रश्न पर गत पृष्ठों में तथा प्रथम अध्याय में बाल-साहित्य के महत्व के प्रसंग में प्रत्यक्ष रूप से तो नहीं किंतु परोक्ष रूप से कुछ विचार किया गया है। कुछ लोग बाल-साहित्य को हल्का-फुल्का लेखन कार्य मान कर यह कहते सुनाई पड़ते हैं कि बाल-साहित्य कोई भी लिख सकता है। इसके अतिरिक्त कुछ लोग यह धारणा बनाए बैठे हैं कि बाल-साहित्य के लेखक के लिए बाल-मनोविज्ञान का विशेषज्ञ होना जरूरी है। पहली धारणा मूर्खतापूर्ण है और दूसरी बेतुकी। हेनरी स्टील कामिंजर के शब्दों में, "वयस्क साहित्य तो कोई भी लिख सकता है और प्रायः हर व्यक्ति लिखता भी है किंतु अच्छे बाल-साहित्य की रचना वही कर सकता है जिसमें बौद्धिक और नैतिक गुणों का अपूर्व सामंजस्य हो।"[25]

इसका अर्थ यह है कि बाल-साहित्य के लेखक में न केवल वयस्क साहित्य

के लेखक के समस्त गुण होने चाहिए अपितु कुछ अन्य गुण भी होने चाहिए क्योंकि उत्तम कोटि में भी जो सर्वोत्तम होता है वही अच्छा बाल-साहित्य होता है। यदि हम समस्त विश्व की महान कृतियों तथा उनके लेखकों पर विचार करें तो हम इन लेखकों को तीन वर्गों में विभाजित कर सकते हैं

(1) वे लेखक जिन्होंने अपने बचपन को हमेशा जीवित रखा है, जिनके हृदय में अपने बचपन की स्मृतियां ताजा बनी हुई हैं, जिन्हें न केवल बचपन की घटनाएं याद हैं अपितु यह भी याद है कि विभिन्न घटनाओं और वस्तुओं की उनके मन पर उस समय क्या प्रतिक्रिया हुई थी। मार्कट्वेन, एंडरसन, स्टीवेंसन, कालोदी, लुइसा अलकाट, चार्ल्स डिकेन्स, किपलिंग, हावर्ड पाइल, निकोलाई नसोव आदि विश्व के अधिकांश लेखक इसी कोटि में आते हैं।

(2) वे लेखक जो बच्चों के संपर्क में आकर अपने-आपको पुनः बच्चा बना सकते हैं और उन्हीं की तरह देख, सुन और सोच सकते हैं। इस प्रकार के लेखकों में लुई कैरौल, ए.ए. मिल्ने जैसे लेखक आते हैं।

(3) वे लेखक जो मानव-स्वभाव के गहन अध्ययन से प्राप्त अंतर्दृष्टि के बल से मनुष्य की सुसभ्य मूर्खताओं को बच्चों की क्रीड़ा में बदल सकते हैं। इस वर्ग में जोनाथन स्विफ्ट, जान बनियन, डेनियल डिफो, माइकेल सर्वान्ते, एंडरसन आदि आते हैं।

जिस लेखक में उपर्युक्त गुणों में से कोई गुण किसी भी मात्रा में मौजूद नहीं है वह बाल-साहित्य का सफल लेखक नहीं बन सकता है।

## संदर्भ

1. *ए हिस्ट्री आफ चिल्ड्रेंस लिट्रेचर,* पृ. 205।
2. *ए क्रिटिकल हिस्ट्री आफ चिल्ड्रेंस लिट्रेचर,* पृ. 4।
3. *चिल्ड्रेंस बुक्स इन इंगलैंड,* पृ. 1।
4. *अनरिलक्टेंट ईयर्स* पृ. 7।
5. *बाल-साहित्य की मान्यताएं एवं आदर्श,* पृ. 14।
6. *दि लाइफ आफ दि बुक,* पृ. 27-28।
7. *एवं वे तादात्मानं विदित्वा ब्राह्मणः पुत्रैभवायश्च, वित्तैषणायश्च, लोकेषणायश्च व्युत्थापाय विक्षाचर्य चरंति।* (*वृहदारण्यक* 3/5/1)

8. न या अरे वितस्य कामाय वित्तं प्रियं भवति आत्मनस्तु कामाय वित्तं प्रियं भवति।
(*वृहदारण्यक,* 2/4/5)
9. *बाल-साहित्य की मान्यताएं एवं आदर्श,* पृ. 16।
10. *ए क्रिटिकल हिस्ट्री आफ चिल्ड्रेंस लिट्रेचर,* पृ. 407-408।
11. *चिंतामणि,* भाग-1, पृ. 214।
12. *आधुनिक साहित्य,* भूमिका, पृ. 48।
13. *बुक्स चिल्ड्रेंस एंड मैन,* पृ. 3।
14. *चाइल्ड्रस ड्रामा,* पृ. 82।
15. *चिल्ड्रेंस एंड बुक्स,* पृ. 2।
16. *ए क्रिटिकल हिस्ट्री आफ चिल्ड्रेंस लिटरेचर,* पृष्ठ 33।
17. *सिद्धांत और अध्ययन,* पृष्ठ 232-33।
18. *शैली और कौशल,* पृष्ठ 42।
19. *वाई वे आफ इंट्रोडक्शन,* पृष्ठ 284।
20. *समथिंग शेयर्ड,* पृ. 42।
21. *समथिंग शेयर्ड,* पृ. 42।
22. *रीडिंग विद् चिल्ड्रेन,* पृ. 227।
23. *समथिंग शेयर्ड,* पृ. 42।
24. *यथोपरि,* पृ. 52-53।
25. *ए क्रिटिकल हिस्ट्री आफ चिल्ड्रेंस लिट्रेचर,* पृ. 15।

# 3. हिंदी बाल-साहित्य का ऐतिहासिक विकास

## (अ) प्रस्तावना

किसी भी विषय का अध्ययन उसके ऐतिहासिक अध्ययन के बिना अधूरा होता है। संसार में घटने वाली किसी भी घटना का तब तक कोई महत्व नहीं होता जब तक वह काल के संदर्भ में प्रकट होकर सामने न आए। ऐसा क्यों होता है इस प्रश्न का निश्चित उत्तर देना मेरे लिए संभव नहीं है। तथापि मैं मानता हूं कि यह सब एक प्राकृतिक नियम के अधीन होता है। काल शब्द समय के सामान्य अर्थ में प्रयुक्त होता है किंतु यह शब्द अनादि और अनंत ब्रह्म का पर्याय भी है। सृष्टि की समस्त वस्तुएं काल में विलीन हो जाती हैं। किसी प्राणी के मर जाने पर अथवा किसी वस्तु के नष्ट हो जाने पर हम उसे काल-कवलित हुआ मानते हैं अर्थात प्राणी मर जाने पर और वस्तु नष्ट हो जाने पर अभाव अथवा अनस्तित्व की स्थिति को प्राप्त नहीं करती अपितु काल के अनश्वर और अनंत प्रवाह में विलीन ही जाती है। इस काल-प्रवाह में अपना स्वतंत्र अस्तित्व बनाए रखने का नाम ही अमरता अथवा अनश्वरता है जो मानव-सभ्यता और संस्कृति की समस्त गतिविधियों का चरम लक्ष्य है।

मानव जिस चीज से प्रेरित होकर भूत काल की अतल गहराइयों में प्रवेश करने और भविष्यकाल की धूमिल छायाकृतियों को पकड़ने के लिए व्यग्र रहता है उसी से प्रेरित होकर वह अपनी उपलब्धियों को काल-प्रवाह में पूर्ण विलीनीकरण से बचाए रखने के लिए आतुर रहता है। इसके लिए वह अपने अस्त-व्यस्त प्रयासों को काल के संदर्भ में रखकर यह जानने का प्रयास करता है कि किन परिस्थितियों में उसने क्या काम किया था, कहां पर उसे सफलता मिली है और कहां उसने गलतियां की

हैं तथा भविष्य में वैसी ही परिस्थितियां उत्पन्न होने पर वह कैसे उन पर काबू पा सकता है। मैं समझता हूं किसी भी विषय के ऐतिहासिक अध्ययन का यही प्रयोजन होता है।

## (आ) परंपरा और पृष्ठभूमि

व्यापक अर्थ में बाल-साहित्य का श्रीगणेश मानव-सभ्यता के प्रारंभ में ही मानना पड़ेगा। जब प्रथम मानव-शिशु इस धरती पर अवतरित हुआ तो वह अपने साथ अनेक प्रश्न, अनेक जिज्ञासाएं लाया। नए संसार की हर वस्तु को देखकर उसने उनका परिचय प्राप्त करना चाहा, हर नई घटना को देख कर उसके कारण और परिणाम के विषय में जानकारी प्राप्त करनी चाही। उसने प्रश्न किए बिजली क्यों चमकती है? बादल क्यों गरजते हैं? सूरज रात के समय कहां चला जाता है? भूचाल क्यों आते हैं? वर्षा क्यों होती है? माता-पिता बच्चे की अनवरत जिज्ञासा को शांत करने के लिए देवों-महादेवों की कल्पना करके कुछ कहानियां गढ़ने लगे और उससे पुराण बने। इसी प्रकार जब जीवन-पथ पर आगे बढ़ने के लिए बालक को ज्ञानादि आवश्यक साधनों को आवश्यकता पड़ी तो माता-पिता ने स्वानुभूत अथवा सुने-सुनाए प्रसंगों को कहानी के रूप में बालकों को सुनाया अथवा जब अभिभावकों ने अभावजन्य यातनाओं से बच्चे का परित्राण करने को अनिवार्यता को समझा तो उन्होंने जादूभरी ऐसी कहानियों की रचना की जिसमें पहुंचकर बच्चे अपने समस्त अभावों को भूल जाते थे। इससे विविध प्रकार की लोककथाएं अस्तित्व में आईं। बच्चे के उद्वेलित एवं अशांत मन को बहलाने के लिए उन्होंने लय-ताल का आश्रय लिया जिससे अनेक प्रकार के गीतों को सृष्टि हुई।

कहने का तात्पर्य यह कि विश्व में जितना भी पौराणिक साहित्य तथा लोक-साहित्य उपलब्ध है उसका अधिकांश बच्चों की मांग के कारण अस्तित्व में आया है। इस दृष्टि से यह मूलतः बच्चों का साहित्य है। संभवतः इसीलिए यह साहित्य बच्चों में सर्वदा और सर्वत्र लोकप्रिय रहा है और वैज्ञानिक युग की आवश्यकताओं की लाख दुहाई देने पर भी बच्चों को इस साहित्य से विमुख नहीं किया जा सका है। इस अलिखित बाल-साहित्य की अटूट शृंखला समस्त जातियों तथा समस्त सभ्यताओं में विद्यमान है। साहित्य का यह अक्षय भंडार निरंतर बढ़ता जा रहा है; यहां तक कि आधुनिक काल में भी अदृश्य रूप से यह प्रक्रिया चल रही

है। लिखित साहित्य की महान रचनाओं और जीवन के अनुभवों, विश्वासों तथा मान्यताओं का सार छनकर अलिखित साहित्य की सीमाओं में प्रवेश करता जा रहा है अर्थात वह नश्वरता से अनश्वरता में परिवर्तित हो रहा है।

भारतवर्ष एक अत्यंत प्राचीन सभ्यता का देश है। यदि विदेशी विद्वानों के पूर्वाग्रहपूर्ण निष्कर्षों को ज्यों का त्यों मानकर चलें तो भी भारतीय सभ्यता लगभग दस हजार वर्ष पुरानी है और सिंधु-घाटी की लिपि के संबंध में सुधांशु कुमार राय की नवीनतम खोजों[1] के आधार पर तो वह और भी प्राचीन सिद्ध होती है। इतने प्राचीन देश में पौराणिक कथाओं, लोककथाओं और लोकगीतों के रूप में अलिखित बाल-साहित्य का बहुत बड़ा भंडार होना स्वाभाविक है।

यदि इस अलिखित साहित्य का सुनियोजित ढंग से संग्रह किया जाए तो पता चलेगा कि भारतीय बालक को पुस्तकों के रूप में साहित्य भले ही बीसवीं शताब्दी में दिया जाने लगा हो किंतु उसकी मानसिक भूख को शांत करने के लिए विविध प्रकार की पर्याप्त सामग्री हमारे पूर्वजों ने जुटाई थीं। इस भंडार में असंख्य परीकथाएं हैं जो बच्चे के हर अभाव की काल्पनिक तुष्टि करने में समर्थ हैं; इसमें पशु-पक्षी पात्रों से युक्त नीतिकथाएं हैं जो कथा की रोचकता प्रदान करने के साथ-साथ बालक को व्यवहार-कुशल बनाती हैं और इसमें जीवन के बहुमूल्य अनुभवों पर आधारित कहानियां हैं जो जीवन-पथ पर लड़खड़ाते पांवों को शक्ति प्रदान करती हैं। इसमें छोटे बच्चों को विशेष रूप से अच्छी लगने वाली कथाएं भी हैं और बड़े बच्चों को अपने रहस्य-रोमांच के तत्व से आकृष्ट करने वाली कहानियां भी हैं। इसमें जीवन का गूढ़ ज्ञान देने वाली कहानियां भी हैं और ऐसी कहानियां भी हैं जिनका उद्देश्य केवल हंसना और हंसाना होता है। इन कथाओं का क्षेत्र इतना विस्तृत है कि संसार की लगभग हर लोककथा का रूप भारत की लोककथाओं में ढूंढ़ा जा सकता है। यहां तक कि हंस क्रिश्चियन एंडरसन की कुछ मौलिक परीकथाओं के रूप भी इन कथाओं में मिल जाते हैं।

गीतों की दृष्टि से भी भारतीय बालक समृद्ध रहा है। भारत के प्रत्येक प्रांत में लोकगीतों का विशाल भंडार रहा है और इसमें अब भी निरंतर वृद्धि हो रही है। इन गीतों में भजन, आरती, भेंट-पूजा आदि के धार्मिक गीत, शिशु-जन्म, मुंडन, विवाह आदि के अवसरों पर विभिन्न रस्मों की अदायगी के समय गाए जाने वाले सामाजिक गीत, खेतों में काम करते समय अथवा धान कूटते समय गाए जाने वाले क्रिया-गीत और विविध अवसरों पर मन की कोमल भावनाओं को अभिव्यक्ति देने वाले शृंगार आदि के गीत शामिल हैं। बच्चों के लिए गिनती के पद, हंसी के बेतुके

पद, खेल के गीत, कथागीत आदि सभी प्रकार के गीत बड़ी संख्या में प्रचलित रहे हैं। फिल्मी गीतों के प्रचलन के कारण ये परंपरागत गीत समाप्त होते जा रहे हैं किंतु तथाकथित आधुनिक सभ्यता से अप्रभावित क्षेत्रों में अब भी बालकों के मनोरंजन का साधन प्रमुख रूप से ये परंपरागत गीत ही हैं।

इस अलिखित परंपरा के अतिरिक्त हमारे यहां लोकप्रचलित कथाओं को विशिष्ट प्रयोजनों से लिपिबद्ध करने के प्रयास भी प्राचीन काल से होते रहे हैं। प्रायः इन कथाओं को एक मूल कथा की उपकथा-शृंखला के रूप में जोड़ा गया है। इस लिखित कथा-परंपरा में वृहत्कथा, पंचतंत्र आदि की कहानियां उल्लेखनीय हैं।

**वृहत्कथा :** लोककथाओं के संग्रह का सबसे महान प्रयास गुणाढ्य नाम के विद्वान ने ईसा की प्रथम शताब्दी[2] में किया जिसने पैशाची भाषा में वृहत्कथा की रचना की। किंवदंती के अनुसार राजदरबार से मान्यता न मिलने के कारण लेखक ने अपनी अधिकांश कथाओं को जला डाला था और उनमें से कुछ कथाएं ही शेष बची थीं। कहा जाता है कि राजदरबार से निराश होकर लेखक निर्जन स्थान पर जाकर बैठ गया और उन कहानियों को एक-एक करके जंगल के पशु-पक्षियों को सुनाने लगा। कहानी सुना चुकने के बाद वह पांडुलिपि को आग में जला डालता था। कहानियां इतनी मजेदार थीं कि जंगल के पशु-पक्षी खाना-पीना भूल गए जिससे वे सूखकर कांटा हो गए। जब एक दिन राजा ने भोजन में सूखा मांस परोसे जाने का कारण पूछा तो उन्हें बताया गया कि जंगल के पशु-पक्षी गुणाढ्य की कथाओं को सुनकर खाना-पीना भूल गए हैं और सूखकर कांटा हो गए हैं। अब राजा ने उन कथाओं की महत्ता को समझा और उन्हें प्राप्त करने का प्रयत्न किया। किंतु तब तक गुणाढ्य पांडुलिपि के सात खंडों में से छः खंड अग्नि को समर्पित कर चुका था।

गुणाढ्य के शेष ग्रंथ के आगे चलकर कई संस्कृत अनुवाद हुए जिनमें से नेपाल के बुद्धस्वामी का वृहत्कथा श्लोक संग्रह, आचार्य क्षेमेंद्र कृत *वृहत्कथामंजरी* और सोमदेव कृत *कथा सिरत्सागर* बहुत प्रसिद्ध हैं।

वृहत्कथा की कथाएं वयस्क साहित्य की अनेक रचनाओं का मूल स्रोत रही हैं। बच्चों ने सदियों तक अलाव के पास बैठकर वयस्कों के मुंह से इन कथाओं को सुना है अतः जब बच्चों के लिए पुस्तकें लिखी जाने लगीं तो इन कथाओं का खूब उपयोग किया गया।

**पंचतंत्र :** भारतीय साहित्य का कोई ग्रंथ यदि व्यापक अर्थ में विश्व-साहित्य का ग्रंथ बना है तो वह पंचतंत्र ही है। विश्व की लगभग 60 भाषाओं में इसके 200 से अधिक भाषांतर तथा रूपांतर मिलते हैं।[3]

वृहत्कथा में पंचतंत्र की कुछ कहानियों को देखकर ऐसा लगता है कि पंचतंत्र का मूल स्रोत वृहत्कथा है। किंतु यह बात निश्चित रूप से नहीं कही जा सकती है। संभव है वृहत्कथा के निर्माण के समय पंचतंत्र की कहानियां प्रचलित रही हों और इसलिए उन्हें वृहत्कथा में स्थान मिला हो। पंचतंत्र में मानवीय भाषा बोलने वाले पशु-पक्षियों की कथाओं की प्रधानता है और ये कथाएं लोक-साहित्य का ही एक अंग हैं। जैसा कि पीछे कहा जा चुका है, बच्चे की जीवन-यात्रा के लिए तैयार करने के उद्‌देश्य से, उसे कुछ मूलभूत गुणों की शिक्षा देने के लिए अथवा उसकी अंतहीन जिज्ञासा की तुष्टि करने के लिए अथवा उसकी कहानी की भूख को शांत करने के लिए कुछ कथाएं हमेशा गढ़ी जाती रही हैं। पंचतंत्र की कहानियों का उद्‌देश्य लोक-व्यवहार की शिक्षा देना है। संभवतः पंचतंत्र के लेखक पं. विष्णु शर्मा ने दक्षिण स्थित महिलारोप्य नगर के अमरशक्ति नामक राजा के मूर्ख राजकुमारों को नीति-कुशल बनाने के उद्‌देश्य से इन लोक-प्रचलित कथाओं का उपयोग किया था। प्रायः समस्त देशों के लोक-साहित्य में इस प्रकार की कथाएं मिलती हैं इसलिए किसी एक व्यक्ति को इन कथाओं का लेखक मानना उचित नहीं लगता है। प्राच्यविद्या के सुप्रसिद्ध गुजराती विद्वान डा. भोगीलाल ज. सांडेसरा ने भी विष्णु शर्मा को पंचतंत्र का लेखक मानने में संदेह प्रकट किया है। उन्होंने कहा है कि ''लेखक अपना नाम अपनी रचना में प्रकट रूप में नहीं रख सकता है अतः यह नाम कल्पित भी हो सकता है।''[4]

**पंचतंत्र और ईसप की कथाएं :** पंचतंत्र की कहानियों से मिलती-जुलती कहानियां पश्चिम में ईसप की कहानियों के नाम से प्रचलित हैं। इन कहानियों के मूल रचयिता के विषय में भी अभी तक कुछ निश्चित रूप से नहीं कहा जा सका है। मे हिल आर्वुथनाट ने अपनी पुस्तक, *चिल्ड्रेंस एंड बुक्स* में ईसप की कथाओं की रचना के विषय में निम्नलिखित विचार प्रकट किए हैं

''चौदहवीं शताब्दी में प्लेन्यूड्स नामक एक भिक्षु ने नीतिकथाओं की एक पुस्तक प्रकाशित की जिसके साथ इन कथाओं के लेखक के रूप में ईसप की जीवनी भी दी गई थी। कुछ आधुनिक विद्वान न केवल इस जीवनी की प्रामाणिकता में संदेह व्यक्त करते हैं बल्कि वे इस बात को मानने के लिए भी तैयार नहीं हैं कि ईसप नाम का व्यक्ति कभी रहा होगा। जी.के. चैस्टरटन का मत है कि अंकलरेमस की तरह (जो इस प्रकार की कथाएं सुनाया करता था) ईसप भी एक मनगढ़ंत व्यक्ति है।''[5]

ईसप के विषय में यह कहा जाता है कि वह ईसा पूर्व 620 से 560 के बीच जीवित था। वह एक सामी गुलाम था और भाषण की स्वतंत्रता से वंचित होने के

कारण वह पशु-पक्षियों की कहानियों की आड़ में अपने राजनैतिक विचारों को व्यक्त किया करता था। कहा जाता है कि उसे एक पहाड़ की चोटी से गिरा कर मार डाला गया था।

प्लेटो के डायलाग्स में ईसप का उल्लेख स्पष्ट मिलता है। फैडो नामक डायलाग में यह कहा गया है कि जब सुकरात जेल में पड़ा मृत्यु दंड की प्रतीक्षा कर रहा था तो उसने इस समय का उपयोग ईसप की कहानियों को पद्यबद्ध करने में किया था। अंतिम दिन जब शिष्यों के आने पर सुकरात के हाथ-पांव की जंजीरें खोल दी गईं तो जंजीरों की जकड़न की पीड़ा और उसके बाद मुक्ति से प्राप्त होने वाले आनंद के रहस्य को प्रकट करते हुए सुकरात ने अपने शिष्यों से कहा था कि दुःख और सुख दो धड़ हैं किंतु वे एक ही सिर से जुड़े हुए हैं। इसी प्रसंग में सुकरात ने कहा "यदि ईसप का ध्यान इस ओर गया होता तो वह इसकी एक कथा गढ़ देता जिसमें वह यह दिखाता कि ईश्वर सुख और दुःख के झगड़े को सुलझाने का प्रयत्न करता है किंतु जब वह इसमें सफल नहीं होता तो वह दोनों के सिरों को जोड़कर एक कर देता है।"[6]

पंचतंत्र और ईसप की अनेक कहानियों में आश्चर्यजनक समानता दिखाई देती है। संभवतः पंचतंत्र की अनेक कहानियां ईसप की कहानियों में घुल-मिल गई हैं। प्राचीन समय से लेकर ही पंचतंत्र को पश्चिमी देशों में जो लोकप्रियता प्राप्त हुई है उसे देखते हुए यह स्वाभाविक ही लगता है। प्रो. वासुदेव उपाध्याय ने पंचतंत्र के अनुवादों का विवरण प्रस्तुत किया है।[7] उनके अनुसार छठी शताब्दी में नौशेरवां नामक बादशाह ने (जो अपने न्याय के लिए प्रसिद्ध था) अपने दरबारी हकीम 'बुरजोई' से (जो संस्कृत का पंडित था) 533 ईसवी में पंचतंत्र का अनुवाद पहलवी भाषा में कराया। इस अनुवाद के पचास वर्ष के भीतर ही बुद नामक एक ईसाई पादरी ने सन् 570 में इसका पहलवी भाषा से सीरियन भाषा में अनुवाद 'कीललग' और 'दमनग' के नाम से किया। कुछ दिनों बाद इसका सीरियन से अरबी में 'कलिलह' और 'दमनह' नाम से अनुवाद हुआ जो पंचतंत्र के प्रथम तंत्र के प्रधान पात्र करकट और दमनक के नाम पर है। ईसवी 781 में अब्दुल्ला बिन हवाजी ने पहलवी से अरबी में दूसरा अनुवाद किया। इस भाषा में अनुवाद होते ही धीरे-धीरे पाश्चात्य देशों में भी ये कथाएं फैलने लगीं। और कुछ ही सदियों में लैटिन, ग्रीक, जर्मन, फ्रेंच, अंग्रेजी आदि में इन कहानियों के अनुवाद हो गए।

पंचतंत्र और ईसप की कहानियों के रचना काल और उनके मूल रचयिता के विषय में कुछ भी निश्चयपूर्वक नहीं कहा जा सकता है। कुछ लोग ईसप की

कहानियों को पंचतंत्र की कहानियों का ही रूप मानते हैं और कुछ ईसप की कहानियों को पंचतंत्र से प्राचीन सिद्ध करने का प्रयास करते हैं। मैं समझता हूं कि इन कथाओं की रचना लोककथाओं की सामान्य रचना-प्रक्रिया के अनुरूप विभिन्न कालों में विभिन्न व्यक्तियों द्वारा हुई होगी और कालांतर में शिक्षा आदि के प्रयोजन के लिए इन्हें लिपिबद्ध किया गया होगा।

बहरहाल, हिंदी बाल-साहित्य की परंपरा और पृष्ठभूमि के प्रसंग में पंचतंत्र का बड़ा महत्व है। पंचतंत्र के जो संस्करण आज उपलब्ध हैं उनमें चार प्रमुख हैं (1) सीरियन और पहलवी अनुवादों से प्राप्त अनुवाद; (2) गुणाढ्य की वृहत्कथा में अंतर्निविष्ट अंश; (3) तंत्राख्यायिका तथा उसी से संबद्ध जैन कथा-संग्रह; (4) दक्षिणी पंचतंत्र का मूल रूप।

**हितोपदेश :** बंगाल के राजा धवलचंद्र के आश्रित नारायण पंडित ने 14वीं शताब्दी में पंचतंत्र के आधार पर हितोपदेश की रचना की। यह पुस्तक पहले संस्कृत में और फिर विभिन्न भारतीय भाषाओं में अनूदित होकर बच्चों की शिक्षा के लिए उपयोग में लाई जाती रही।

**रामायण और महाभारत :** वैसे तो अठारह प्राचीन और कुछ अर्वाचीन पुराणों में असंख्य पौराणिक कथाएं संगृहीत हैं किंतु बालकों में जो पौराणिक कथाएं सबसे अधिक लोकप्रिय रही हैं उनमें अधिकांश रामायण और महाभारत से आई हैं। ये दो ग्रंथ भारतीय जन-जीवन में सदियों से व्याप्त रहे हैं अतः बच्चों में इन कथाओं की लोकप्रियता स्वाभाविक ही है। बीसवीं शताब्दी में बाल-साहित्य का विधिवत प्रकाशन आरंभ होने तक बच्चों के मनोरंजन के साधन के रूप में लोककथाओं के अतिरिक्त महाभारत और रामायण की कहानियां छाई रहीं।

**जातक कथाएं तथा अन्य धार्मिक कथाएं :** बच्चों की धर्म में आस्था बनाए रखने के लिए, वयस्क समाज हमेशा जागरूक रहा है। धार्मिक कथाओं में सबसे अधिक लोकप्रिय बौद्धों की जातक कथाएं हुई हैं। इनमें भगवान बुद्ध के विविध योनियों में लिये गए अनेक जन्मों की कथाएं हैं। बच्चों में इन कथाओं की लोकप्रियता का कारण संभवतः यह है कि ये कहानियां पंचतंत्र की कहानियों की तरह ही पशु-पक्षी पात्रों की हैं। इन कहानियों के भी विदेशी भाषाओं में अनेक अनुवाद हो चुके हैं। इनको संख्या दो-तीन हजार बताई जाती है।

जातक कथाओं के अतिरिक्त जैन धर्मग्रंथों की कथाएं, वेद, ब्राह्मण और उपनिषद् आदि हिंदू धर्मग्रंथों की कथाएं भी बालकों को मौखिक रूप से दी जाती रही हैं। इनमें से अधिकांश कहानियां धार्मिक सिद्धांतों के प्रतिपादन के आग्रह के

कारण अथवा विषय की दुरूहता के कारण बच्चों के लिए अनुपयुक्त हैं किंतु आवश्यक काट-छांट के बाद प्रस्तुत किए जाने पर ये कहानियां बच्चों में काफी लोकप्रिय हुई हैं।

इसके अतिरिक्त हमारे यहां 'बैताल पच्चीसी' और 'सिंहासन बत्तीसी' की कहानियों की परंपरा भी रही है जो अपने रहस्य-रोमांच के तत्व के कारण बड़े बच्चों के लिए हमेशा आकर्षण का विषय रही हैं। दक्षिण की प्रसिद्ध बाल पत्रिका *चंदामामा* ने इन कथाओं की लोकप्रियता के रहस्य को समझकर तथा 'बैताल कथा' को बाल-साहित्य की विशिष्ट कथा-शैली मानकर अनेक नई कथाएं बच्चों को दी हैं।

वृहत्कथा, पंचतंत्र, हितोपदेश, रामायण, महाभारत आदि की कहानियां लगभग दो सौ शताब्दियों से बालकों का मनोरंजन करती आ रही हैं किंतु इस आधार पर यह नहीं कहा जा सकता कि भारत में पिछली दो सौ शताब्दियों से बाल-साहित्य का अस्तित्व रहा है। इनमें से अधिकांश कहानियां बालकों ने अलिखित लोककथाओं की तरह ही वयस्कों के मुंह से सुनी हैं। हितोपदेश और पंचतंत्र की कहानियों को छोड़कर जो पाठशालाओं में पाठ्य-पुस्तकों के रूप में उपयोग में लाई जाती रहीं, शेष कहानियां न तो कभी विशेष रूप से बच्चों के लिए लिखी गईं और न बच्चों के हाथ पड़ीं। हितोपदेश की कहानियां भी बच्चे गुरु जी के मुंह से सुनते थे क्योंकि मुद्रण कला के अभाव में पुस्तक की सीमित प्रतियां ही उपलब्ध होती थीं।

हिंदी साहित्य के आदिकाल तथा मध्यकाल में किसी ऐसी पुस्तक का उल्लेख नहीं मिलता जो विशेष रूप से बच्चों के लिए लिखी गई हो अथवा जिसे बच्चों ने अपना बना लिया हो। पुस्तक लिखना बहुत ही श्रमसाध्य काम होता था और अधिकतर बड़े-बड़े मंदिरों और मठों या राजदरबारों के आश्रय में रहकर ही ये काम किए जाते थे। इसके अतिरिक्त उस समय देश की राजनैतिक तथा सामाजिक परिस्थितियां ऐसी थीं कि बच्चों के मनोविनोद अथवा सौंदर्यानुभूति की आवश्यकताओं की ओर साहित्यकारों का ध्यान नहीं जा सकता था। वीरगाथा काल में साहित्यकार विदेशी आक्रमणों और गृह-कलह से घटित युद्धों में व्यस्त रहे और बाद में जब भारतीय जनता विदेशी शासकों के दमन के आगे हतोत्साह हो गई तो साहित्यकार निर्गुण, सगुण अथवा रसिक ब्रह्म को रिझाने में मगन हो गए। समाज में राजाओं, नवाबों तथा सामंतों का ही विशेष स्थान होता था और शेष जनता निम्नवर्गीय समाज के रूप में स्वतंत्र-व्यक्ति-बोध से शून्य रहकर जीवन-यापन कर रही थी। विदेशी शासकों के देशभर में छा जाने के बाद मंदिरों और मठों का प्रभुत्व कम हुआ तो बुद्धिजीवी राजाओं, नवाबों आदि के उच्चवर्गीय समाज के हाथ बिक गए और उनकी

विलास-क्रीड़ाओं के लिए साधन-सामग्री जुटाने में ही अपने कर्त्तव्य की इतिश्री समझने लगे। ऐसी स्थिति में बच्चों के मनोविनोद के लिए कोई पुस्तक कैसे लिखी जा सकती थी।

किंतु मनोविनोद के लिए न सही, बच्चों की शिक्षा के लिए तो कुछ पाठ्य-पुस्तकें लिखी जा सकती हैं। आखिर इस देश में बच्चों को कथा के माध्यम से शिक्षा देने का एक क्रांतिकारी प्रयोग सदियों पहले किया जा चुका था। उस परंपरा को आगे बढ़ाते हुए कुछ अन्य प्रयोग भी किए जा सकते थे किंतु ऐसे किसी प्रयोग का इतिहास में कोई संकेत नहीं मिलता है यद्यपि मन यह मानने को तैयार नहीं होता है कि डेढ़ हजार वर्षों में किसी ने बच्चों को इस प्रकार की नई पुस्तक देने की बात भी नहीं सोची।

यदि भारतवर्ष में बच्चों की शिक्षा के लिए पाठशालाओं की व्यवस्था ही नहीं होती तो भी यह बात समझ में आ सकती थी। किंतु स्थिति ऐसी नहीं थी। सार्वजनिक तथा व्यापक शिक्षा की व्यवस्था न होने पर भी हमारे यहां पर्याप्त संख्या में पाठशालाएं थीं, जिनमें बच्चों को प्रारंभिक शिक्षा दी जाती थी। किंतु इन पाठशालाओं में जो शिक्षा प्रणाली थी वह सदियों से बिना किसी परिवर्तन के चली आ रही थी। इसके अनुसार बच्चे को अक्षर-ज्ञान कराने के बाद व्याकरण, ज्योतिष, निरुक्त, छंद-अलंकार आदि के शास्त्र-ग्रंथ रटाने शुरू कर दिए जाते थे। एक और दुर्भाग्यपूर्ण बात यह थी कि जब साहित्य की रचना जन-भाषाओं में होने लगी तब भी शिक्षा का माध्यम संस्कृत अथवा फारसी भाषाएं ही बनी रहीं जिससे जन-भाषाओं में पाठ्य-पुस्तकों के रूप में भी बाल-साहित्य की रचना न हो सकी।

सारांश यह कि हिंदी साहित्य के आदिकाल और मध्यकाल में बाल-साहित्य के लिए अनुकूल परिस्थितियों का अभाव था। ईश्वर अथवा शासक के आगे पूर्णरूपेण आत्म-समर्पित होने के कारण लोगों का स्वतंत्र व्यक्ति-बोध मर चुका था और ऐसी परिस्थितियों में बालक के अपने अधिकारों तथा उसकी निजी आवश्यकताओं की ओर किसका ध्यान जा सकता था। शिक्षा घिसी-पिटी प्रणाली पर चल रही थी जिसमें नवीन प्रयोगों के लिए कोई गुंजाइश नहीं थी। समाज उच्च और निम्न दो वर्गों में विभाजित था। उच्चवर्ग के लोगों को जीवन की समस्त सुविधाएं बिना किसी प्रयत्न के जन्माधिकार से प्राप्त हो जाती थीं और निम्नवर्ग उन सुविधाओं को प्राप्त करने की बात भी नहीं सोच पाता था। एक वर्ग अतितुष्टि के नशे में चूर होने के कारण बालकों की मानसिक भूख की ओर ध्यान नहीं दे सकता था और दूसरे को शारीरिक भूख से ही मुक्ति नहीं मिल पाती थी। इसके अतिरिक्त मुद्रण कला से

अपरिचित होने के कारण पुस्तकों के व्यापक प्रचार की सुविधाएं भी नहीं थीं।

**आधुनिकता का श्रीगणेश :** कछुवे की तरह खोल में सिमटे रहने की यह स्थिति अठारहवीं शताब्दी तक बनी रही। फिर एक नए युग-परिवर्तन की भूमिका तैयार होने लगी। 1707 में औरंगजेब की मृत्यु के बाद विशाल मुगल साम्राज्य का विघटन प्रारंभ हुआ और राजनैतिक सत्ता विकेंद्रित होकर राजाओं, नवाबों तथा वीर सरदारों में विभाजित हो गई। उधर अंग्रेज, फ्रांसीसी और पुर्तगाली व्यापारियों ने भारतवर्ष में अपने अड्डे जमा लिये थे और अब उनमें एकाधिकार के लिए घातक प्रतिस्पर्धा चलने लगी। इन तीन विदेशी शक्तियों के माध्यम से भारतीयों का संपर्क पश्चिम की वैज्ञानिक उपलब्धियों से हुआ और उनके दृष्टिकोण में धीरे-धीरे परिवर्तन होने लगा। 1757 में प्लासी के युद्ध और 1764 में बक्सर की लड़ाई के बाद अंग्रेजों ने व्यापारी का चोला उतार फेंका और शासन-दंड अपने हाथ में ले लिया। शासकीय आवश्यकताओं की पूर्ति के लिए उन्होंने पश्चिमी ढंग की शिक्षा का सूत्रपात किया।

अंग्रेजों की राजनैतिक सत्ता से बल प्राप्त करके ईसाई मिशनरियों ने धर्म-प्रचार की गति तीव्र कर दी। मुसलमानों की तरह उन्होंने अपने धर्म का प्रचार तलवार के बल से नहीं किया यद्यपि अंग्रेजों की राजनैतिक सत्ता का समर्थन प्राप्त होने के कारण उनके धर्म-प्रचार में भय का तत्व अप्रत्यक्ष रूप से विद्यमान था। उनका मुख्य साधन धन था जिसका लोभ देकर वे भारतवर्ष की निर्धन जनता को बड़ी संख्या में अपने धर्म में दीक्षित करने लगे अथवा जिसके बल पर वे प्रेस आदि नवीनतम साधनों से संपन्न होकर व्यापक प्रचार करने में समर्थ हुए। ईश्वर के संदेश को दूसरों तक पहुंचाने का यह तरीका इतना कारगर सिद्ध हुआ कि इसे आधुनिक युग का एक महान आविष्कार कहा जाना चाहिए, यद्यपि धन की दासता स्वीकार करने के कारण ही धर्म जैसी पवित्र चीज आज बदनाम होकर रह गई है।

किंतु ईसाई मिशनरियों ने भारत के नव-जागरण में महत्वपूर्ण योगदान दिया इसे अस्वीकार नहीं किया जा सकता है। 1799 में श्रीरामपुर मिशन की स्थापना हुई और 1800 में फोर्ट विलियम कालेज की स्थापना के बाद शिक्षा और साहित्य के क्षेत्र में ईसाई मिशनरियों की गतिविधियां तीव्र हो गईं। 1800 से 1830 के बीच श्रीरामपुर मिशन ने बहुत बड़ी मात्रा में धार्मिक साहित्य हिंदी तथा अन्य भारतीय भाषादि में प्रकाशित किया। इधर फोर्ट विलियम कालेज ने शिक्षा के प्रचार में सक्रिय भाग लेना शुरू किया और अनेक भारतीय विद्वानों की सेवाएं प्राप्त करके स्कूलों के लिए पाठ्य-पुस्तकें तैयार कराईं।

मुद्रणालय और स्कूल आधुनिक युग के दो प्रमुख वाहन हैं और इन दोनों पर

1800 और 1850 के बीच मिशनरी संस्थाओं का ही आधिपत्य था। श्रीरामपुर मिशन के प्रेस और कलकत्ता स्कूल बुक सोसायटी की उत्तर भारत में फैली अनेक शाखाओं ने इस क्षेत्र में बहुत बड़ा काम किया। पश्चिमी क्षेत्र में निर्णयसागर प्रेस के मालिक जावजो दादा जी द्वारा 1864 में टाइप फाउंड्री स्थापित किए जाने के पूर्व नागरी लिपि के टाइप श्रीरामपुर मिशन प्रेस से ही प्राप्त किए जाते थे। इस प्रेस ने 1805 के आसपास हिंदी पुस्तकों का प्रकाशन आरंभ कर दिया था।

फोर्ट विलियम कालेज के सुप्रसिद्ध विद्वान जान गिलक्रिस्ट ने 1802-1803 में ही हिंदुस्तानी प्रेस स्थापित कर दिया था जिसने हिंदी पुस्तकों को संगठित रूप से छापने का काम किया।[8]

1800 से 1850 की अवधि में ईसाई मिशनरियों की गतिविधियां इतनी तीव्र हो गईं कि चारों ओर उसकी प्रतिक्रिया के लक्षण दिखाई देने लगे थे। प्रेस के माध्यम से अपने धर्म की अच्छाई और अन्य धर्मों को बुराई का उन्होंने मनमाने ढंग से ढोल पीटा और स्कूलों में भी बच्चों को ईसाई धर्म की शिक्षा दी जाने लगी। 1813 के शिक्षा संबंधी विलबफोर्स एक्ट से ईसाई मिशनरियों के हौसले और भी बढ़ गए। इधर ईस्ट इंडिया कंपनी के अधिकारीगण ईसाई मिशनरियों की शैक्षिक गतिविधियों से भयभीत होने लगे क्योंकि वे भारतीय जनता पर हो रही इसकी प्रतिक्रिया से आंखें नहीं मूंद सकते थे। इसके परिणामस्वरूप 1833 के मैकाले मिनिट्स तथा बाद में 1854 के बुड्स डिस्पैच द्वारा शिक्षा को मिशनरियों के हाथ से मुक्त करके व्यापक एवं आधुनिक रूप दिया गया।

**सर्वतोन्मुखी क्रांति :** जब ईसाई मिशनरी प्रेस और स्कूल के दो घातक अस्त्रों के साथ भारतीय संस्कृति को समूल नष्ट करने में जी जान से लगे हुए थे तो भारतीय जनजीवन भीतर-ही-भीतर सुलग रहा था। ईस्ट इंडिया कंपनी के अधिकारियों को भले ही उनकी गतिविधियां पसंद नहीं थीं किंतु वे उन्हें संरक्षण प्रदान करने के लिए विवश थे अतः जनता का क्रोध सबसे पहले कंपनी के शासन के विरुद्ध ही फूटा। इसके अतिरिक्त कंपनी के कर्मचारी जिस प्रकार लूट-खसोट कर धन जमा करने और भ्रष्टाचार की अन्य कार्रवाइयों में लगे हुए थे, उसके कारण वे न केवल इस देश में क्रोध और घृणा के पात्र बन रहे थे अपितु अपने देश में भी बदनाम हो रहे थे। परिणामस्वरूप 1857 का विद्रोह हुआ जिसमें भारत की बिखरी हुई शक्तियों ने एक होकर अंग्रेजों के शासन को उखाड़ फेंकने का प्रयत्न किया। वस्तुतः यह एक जनक्रांति थी क्योंकि इसमें भारतीय जनता ने न केवल विदेशी राजनैतिक सत्ता को उखाड़ फेंकने का प्रयत्न किया था अपितु इसके माध्यम से वह ईसाई मिशनरियों

के कुकृत्यों से भी मुक्ति प्राप्त करना चाहती थी। दुर्भाग्य से यह क्रांति पूर्ण सफल न हो सकी। कंपनी का भ्रष्टाचारपूर्ण कुशासन तो समाप्त हो गया किंतु विदेशी सत्ता को न उखाड़ा जा सका।

राजनैतिक विद्रोह को दबा दिया गया किंतु धार्मिक, सामाजिक तथा शैक्षिक क्षेत्र में क्रांति की प्रक्रिया नहीं रुकी। 1854 में चार्ल्स वुड की शिक्षा योजना के अनुसार उच्च शिक्षा के साथ-साथ गांव-गांव में पाठशालाएं खोलने की व्यवस्था की गई थी। उधर 1857 में कलकत्ता, मद्रास और बंबई में विश्वविद्यालयों की स्थापना हो चुकी थी।

चार्ल्स वुड की शिक्षा योजना ने बच्चों की शिक्षा को ईसाई धर्म प्रचारकों के चंगुल से मुक्त करने का अच्छा काम किया किंतु यह पर्याप्त नहीं था। ईसाई मिशनरी भारतीय संस्कृति के लिए अब भी खतरा बने हुए थे और उसे दूर करने के लिए स्वयं भारतीय जनता की ओर से प्रतिक्रिया अपेक्षित थी। बंगाल में इस प्रतिक्रिया के वाहक राजा राममोहन राय बने। उन्होंने हिंदू धर्म को एक नए रूप में विश्व के समक्ष रखा और समाज-सुधार का प्रबल आंदोलन चलाया। शिक्षा के क्षेत्र में ईसाई मिशनरियों के एकाधिपत्य को समाप्त करने के लिए उन्होंने बड़ी संख्या में शिक्षा-संस्थाएं खोलने का अभियान चलाया। उनकी प्रेरणा से अनेक प्रेस तथा प्रकाशन संस्थाएं स्थापित हुईं जिनसे पत्र-पत्रिकाएं और पुस्तकें प्रकाशित करने का काम बड़े जोर-जोर से होने लगा।

राजा राममोहन राय की नीति कुछ समझौतावादी थी किंतु पश्चिमी भारत में स्वामी दयानंद के नेतृत्व में ईसाई मिशनरियों की गतिविधियों के प्रतिक्रियास्वरूप जो धार्मिक और सामाजिक आंदोलन चला उसमें समझौते के लिए कोई गुंजाइश नहीं थी। स्वामी दयानंद ने धर्म प्रचार के अधर्मपूर्ण साधनों की कटु निंदा की और तर्क का अस्त्र लेकर ईसाई पादरियों तथा मुल्लाओं को शास्त्रार्थ के लिए ललकारा। उन्होंने हिंदू धर्म की बुराइयों की भी बड़ी निर्दयता से चीर-फाड़ की और इस्लाम, ईसाई धर्म तथा अन्य मतों का भी तीव्र खंडन किया। उन्होंने विश्व में अनेक धर्मों के अस्तित्व को अनुचित बताया। उनका मत था कि धर्म वह है कि जो मानव मात्र का कल्याण करे इसलिए कोई ऐसी चीज जो एक जाति के लिए हितकर हो और दूसरी के लिए अहितकर वह धर्म नहीं हो सकती। उन्होंने वैदिक धर्म को विश्वधर्म सिद्ध करने का प्रयत्न किया और इसके लिए उन्होंने शुद्ध बुद्धिवादी अर्थात तर्क-मार्ग अपनाया।

तर्कास्त्र का सामना करने की क्षमता ईसाई पादरियों में नहीं थी अतः उनके कदम पश्चिम में और आगे नहीं बढ़ सके। उधर शिक्षा के क्षेत्र में आर्यसमाज और

सनातन धर्म ने बड़े जोर-शोर से काम करना शुरु किय जिसके फलस्वरूप परिचय भातर में शिक्षा की संस्थाओं का जाल बिछ गया। स्वामी दयानंद ने हिंदी को 'आर्यभाषा' कहकर उसे अखिल भारतीय दर्जा दिया और ''पश्चिमी शिक्षा प्रणाली के स्थान पर एक राष्ट्रीय शिक्षा प्रणाली को जन्म दिया।''[9]

सारांश यह कि 1850 के बाद का काल उससे पहले के काल से कई दृष्टियों से बिलकुल भिन्न था। भारतीय जनता अपनी घोर निद्रा को त्याग कर नए उत्साह के साथ नव-निर्माण की ओर बढ़ने लगी। 1850 के बाद ही महत्वपूर्ण वैज्ञानिक आविष्कारों से भारत का परिचय हुआ। 1851 में तार और 1854 में रेल का सूत्रपात हुआ। इसी दशक में अनेक विश्वविद्यालयों की स्थापना हुई और भारत सदियों पुरानी शिक्षा-प्रणाली को छोड़कर नई शिक्षा प्रणाली को अपनाने के लिए तत्पर हुआ। परिवहन और संचार के सांधनों के अलावा प्रेस आदि ज्ञान-प्रचार के साधनों का विकास भी इसी काल में हुआ। हिंदी साहित्य की दृष्टि से नवलकिशोर प्रेस, भारत जीवन प्रेस, खड्गविलास प्रेस आदि महत्वपूर्ण संस्थाओं की स्थापना भी इसी काल में हुई। सबसे बड़ी बात यह कि 1857 के विद्रोह के बाद सामंत युग का अंत हुआ और जन-साधारण को अपने अधिकारों तथा अपनी क्षमताओं का भान हुआ।

भारतीय इतिहास में यह एक नए युग अर्थात् आधुनिक युग का प्रवेश था।

## (इ) हिंदी बाल-साहित्य का बीजारोपण

बाल-साहित्य इसी आधुनिक युग की देन है। वस्तुतः बाल-साहित्य आधुनिक युग की ही संकल्पना है। विश्व के अन्य देशों में भी बाल-साहित्य का विकास आधुनिक युग में ही हुआ है किंतु यह आधुनिकता कालगत नहीं अपितु दृष्टिकोणगत भाव है। पश्चिम के कुछ विकसित देशों में इस आधुनिक युग का पदार्पण काफी पहले हो गया था और भारत में यह घटना उन्नीसवीं शताब्दी के मध्य में घटित हुई।

बाल-साहित्य और आधुनिक युग के निकट संबंध को और स्पष्ट करने के लिए हमें एक बार पुनः हार्वे डार्टन की बाल-साहित्य की परिभाषा पर दृष्टिपात कर लेना चाहिए। उन्होंने कहा है ''बाल-साहित्य से मेरा अभिप्राय उन प्रकाशनों से है जिनका उद्देश्य बच्चों को सहज रीति से आनंद देना है न कि उन्हें मुख्य रूप से शिक्षा देना अथवा उन्हें सुधारना अथवा उन्हें उपयोगी रीति से शांत बनाए रखना।''[10]

इस परिभाषा में सबसे पहली शर्त यह है कि साहित्य प्रकाशित पुस्तकों आदि

के रूप में दिया गया हो जिसका अर्थ यह है कि बाल-साहित्य का जन्म मुद्रणकला के प्रसार के बाद ही होता है और मुद्रण कला आधुनिक युग का आविष्कार है। दूसरी बात उपर्युक्त परिभाषा में ध्यान देने योग्य यह है कि बच्चों को सहज रीति से आनंद देने के उद्‌देश्य से पुस्तकों की व्यवस्था करने की बात तभी सोची जा सकती है जब बच्चों में साक्षरता और सामान्य शिक्षा काफी व्यापक हो जाए। इसके अतिरिक्त साहित्य का उद्‌देश्य यद्यपि शिक्षा देना नहीं होता, किंतु वह सूक्ष्म अर्थ में शिक्षा से बिलकुल पृथक भी नहीं होता है। बच्चों को स्कूल की पाठ्‌य-पुस्तकों के अतिरिक्त अन्य प्रकार की पुस्तकें देने की बात तभी सोची जाती है जब शिक्षा के स्वरूप पर लोग सूक्ष्मता से विचार करने लगते हैं और यह देखते हैं कि शिक्षा का चरम उद्‌देश्य (अर्थात बच्चे की समस्त शक्तियों का उचित विकास) केवल स्कूली शिक्षा से नहीं हो सकता है। "यदि शिक्षा का लक्ष्य बच्चे का सर्वांगीण विकास करना है तो यह बहुत आवश्यक है कि बच्चा शिव और सौंदर्य के प्रभाव की अनुभूति प्राप्त करे।"[11] रूथ टूज के इन शब्दों में शिक्षा के जिस व्यापक स्वरूप की ओर संकेत किया गया है उसका एहसास स्कूली शिक्षा के काफी व्यापक हो जाने के बाद ही हो सकता है।

जैसा कि पीछे कहा जा चुका है, हिंदी क्षेत्र में मुद्रण-व्यवसाय और व्यापक शिक्षा का प्रारंभ 1859 के बाद ही हुआ किंतु इनका विकास बहुत धीरे-धीरे हुआ और इस प्रक्रिया में आधी शताब्दी लग गई। प्रगति की इस मंदगति के कारण अनेक थे। 1857 की सैनिक क्रांति के बाद समाज की स्थिति अस्त-व्यस्त हो गई थी और विदेशी शासकों में इस देश को शीघ्र उन्नत करने के प्रति कोई उत्साह नहीं था। सैनिक क्रांति भी प्रमुखतः हिंदी क्षेत्र में हुई थी जिससे विदेशी शासक इस क्षेत्र के प्रति काफी सशंकित हो गए थे अतः वे इसके विकास की अपेक्षा इसके दमन में अधिक उत्साह दिखाते थे। सौ साल के लूट-खसोट के शासन तथा व्यापक दुर्भिक्षों[12] ने समाज को इस स्थिति तक पहुंचा दिया था कि वे अपने साधनों से प्रकाशन-व्यवसाय और शिक्षा का विस्तार नहीं कर सकते थे। 'वुड्‌स डिस्पैच' के रूप गें शासकों की ओर से जो शिक्षा योजना भारत गें लागू की गई उसका उद्‌देश्य बच्चे का सर्वांगीण विकास करना नहीं था, वह तो मैकाले के स्वप्न के अनुसार ब्रिटिश साम्राज्य को भारत में हमेशा के लिए सुदृढ़ करने के उद्‌देश्य से बनाई गई थी। शिक्षा के क्षेत्र में चिंतन और मनन का काम बहुत देर बाद शुरू हुआ। भारतीय नेताओं और विचारकों के समक्ष सबसे बड़ी समस्या संस्कृति की रक्षा की थी जिसके लिए भयंकर खतरा पैदा हो गया था।

इन सब कारणों से बाल-साहित्य का विधिवत निर्माण बीसवीं शताब्दी से

पहले न हो सका। किंतु सन् 1850 से 1900 तक स्कूली आवश्यकताओं की पूर्ति के लिए जो साहित्य लिखा गया उसमें बाल-साहित्य का बीज विद्यमान था। अतः बाल-साहित्य के प्रारंभ की खोज के लिए हमें पहले पाठ्य-पुस्तकों के इतिहास पर सरसरी तौर पर विचार कर लेना चाहिए।

**पाठ्य-पुस्तकों का इतिहास :** उन्नीसवीं शताब्दी के पाठ्य-पुस्तकों के इतिहास को हम लल्लूलाल युग (1800-1825), मिशन युग (1825-1850) और शिवप्रसाद सितारेहिंद युग (1850 के बाद) में विभाजित कर सकते हैं।[13]

**लल्लूलाल युग :** फोर्ट विलियम कालेज ने सर्वप्रथम सुनियोजित ढंग से पाठ्य-पुस्तकें तैयार करने का काम शुरू किया। इस कार्य में लगे विद्वानों में सर्वश्री लल्लूलाल, इंशा अल्ला खां और सदल मिश्र के नाम तथा इनकी रचनाएं सर्वविदित हैं। इनकी रचनाएं क्रमशः *प्रेमसागर, रानी केतकी की कहानी* और *नासिकेतोपाख्यान* हिंदी गद्य की प्रारंभिक रचनाएं मानी जाती हैं किंतु इनमें बच्चों को अपील करने वाले तत्वों का अभाव है। लल्लूलाल जी कृत 'राजनीति' 1809 में सर्वप्रथम हिंदुस्तानी प्रेस कलकत्ता से छपी थी जिसमें बच्चों को आकृष्ट करने वाली कहानियां थीं किंतु यह हितोपदेश का अनुवाद मात्र है। गिलक्रिस्ट महोदय ने 1801 में हिंदी की दूसरी परीक्षा के लिए पाठ्य-पुस्तक लिखी थी किंतु वह रोमन लिपि में थी।

इस प्रकार फोर्ट विलियम कालेज के प्रारंभिक गद्य में बाल-साहित्य नहीं के बराबर था।

**मिशन युग :** सन् 1800 से 1850 की अवधि में शिक्षा के क्षेत्र में ईसाई धर्म प्रचारक सबसे अधिक क्रियाशील थे। इसके अतिरिक्त मुद्रण की सुविधाओं पर भी लगभग मिशनों का ही आधिपत्य था। मिशनरी स्कूलों में भाषा शिक्षा के लिए बच्चों को बहुधा ऐसी पुस्तकें पढ़ाई जाती थीं जिनका उद्देश्य प्रत्यक्ष-अप्रत्यक्ष रूप से ईसाई धर्म की शिक्षा देना होता था। किंतु कलकत्ता स्कूल बुक सोसायटी तथा उसकी आगरा आदि स्थित शालाओं ने कुछ मनोरंजक तथा नीति प्रधान कहानियों वाली पाठ्य-पुस्तकें दीं जिनमें धर्म प्रचार का इतना आग्रह नहीं होता था। इन पुस्तकों में *नीतिकथा* दो भाग (1822), *उपदेशकथा* (1825), *हिंदवी में कथाएं* (1832), *बालकों को ज्ञानदायक और नीति सिखाने के उपाख्यान* (1835), *शिक्षाबोधक* (1837), *ज्ञानप्रकाश* (1840), *हिंदुई प्राइमर* (1842) आदि उल्लेखनीय हैं। आगरा स्कूल बुक सोसायटी से 1841 में *गुणकारी उपदेश* नामक पुस्तक भी छपी थी जिसमें ईसाई धर्म के उपदेश थे। इस अवधि की पाठ्य-पुस्तकों में टुकर हेनरी केरी कृत *विद्यार्थी* (आजमगढ़ रीडर) (1840 में इलाहाबाद से प्रकाशित), मिर्जापुर *आर्फत प्रेस*

से 1850 में प्रकाशित *फूलों का हार* (नीति कथाओं के 8 भाग) और *हिंदुई प्राइमर* पुस्तकें बहुत प्रचलित हुईं।

नागरी प्रचारिणी सभा के पुस्तकालय में मुझे *हिंदी आजमगढ़ रीडर* की एक प्रति मिली जिस पर हिंदी अनुवादक का नाम शिव प्रसाद मीर मुंशी दिया गया था। सन् 1855 में प्रकाशित इस पुस्तक में लगभग सारी सामग्री अंग्रेजी से अनूदित है; उदाहरण के लिए 'बैंजामिन फ्रैंकलिन साहब का अहवाल', बोनापार्ट *ड्यूक आफ वाशिंगटन आदि* की कहानियां। यह पुस्तक लीथो पर छपी है।

**शिव प्रसाद 'सितारेहिंद' युग :** इस अवधि में हिंदी भाषा एवं साहित्य की सेवा के लिए दो व्यक्तियों के नाम चिरस्मरणीय हैं। इनमें से एक भारतेंदु बाबू हरिश्चंद्र हैं और दूसरे राजा शिवप्रसाद 'सितारेहिंद'। 'सितारेहिंद' का रचनाकाल सन् 1855 के आसपास और भारतेंदु जी का सन् 1868 से शुरू होता है। भारतेंदु जी ने वयस्क साहित्य की कविता, नाटक-निबंध आदि विधाओं को अपने कार्यक्षेत्र के लिए चुना और 'सितारेहिंद' शिक्षा की आवश्यकताओं की पूर्ति करने में जुट गए। उन्होंने बहुत सी पुस्तकें लिखीं जिनमें से अधिकांश शिक्षा विभाग द्वारा स्वीकृत पाठ्य-पुस्तकें थीं। उनकी रचनाओं में *वर्णमाला, भूगोल हस्तमलक, इतिहास तिमिरनाशक, बालबोध, लड़कों की कहानी, विद्यांकुर, वामा मनोरंजन, हिंदी व्याकरण, राजा भोज का सपना, गुटका, बच्चों का इनाम* आदि उल्लेखनीय हैं। अधिकांश पुस्तकें 1855 से 1870 के बीच लिखी गई हैं। श्री ब्रजनंदन सहाय 'ब्रजबल्लभ' ने उनकी पुस्तकों का स्मरण करते हुए कहा है

> ''हमको याद है कि बचपन में हमने उनका बनाया हुआ *आलसियों का कोड़ा* तथा *गुटखा* पढ़ा था। यह गुटका कई भागों में था। किसी भाग में *रामायण* तथा *प्रेमसागर* से सामग्री-संग्रह किया गया था किसी भाग में *बाधा मनरंजन* तथा *शकुंतला* से।''[14]

शिव प्रसाद 'सितारेहिंद' के बाद पाठ्य-पुस्तक लेखकों में श्रीलालजी का नाम स्मरणीय है। इन्होंने 1855-60 के बीच अनेक पाठ्य-पुस्तकें लिखीं जिनमें *भाषा चंद्रोदय, विद्यांकुर, समय प्रबोध, ज्ञानचालीसा,* और *सूरजपुर की कहानी* विशेष उल्लेखनीय हैं। *ज्ञानचालीसा* नामक पुस्तक के तो अनेक संस्करण हुए।

पाठ्यपुस्तकों में अन्य लेखकों तथा पुस्तकों में ब्रजवासी दास और गयादत्त पाठक कृत *बोध चतुष्वथ चंद्रिका* (1856), वंशीधर द्वारा अनूदित *पाठक बोधिनी* (1859), मनोहरलाल कृत *बालोपदेश* (पंजाब के स्कूलों की पाठ्यपुस्तक अनेक संस्करण (1667-70), पं. रामजसन कृत *भाषा तत्वबोधनी* (1858) और *स्त्री शिक्षा*

(1869), छोटेलाल तिवारी कृत *बालबोध* (1868), हाल फिट्ज एडवर्ड कूल *हिंदी रीडर* (1870), अब्दुल्ला कृत *पहली किताब हिंदुस्तानी* (बंबई शिक्षा विभाग, 1868), अशरफ अली कृत *हिंदुस्तानी* (1867), कालीचरण कृत *नीति दीपिका* (1870), काशीनाथ कृत *काशी नीति* (1867), निश्चल दास कृत *नीतिकथा* और *नीति प्रदीप* (1846), पं. कृष्णदत्त कृत *बुद्धि फलोदय* (1867), श्रीनिवासदास कृत *राजनीति या सुखप्रबंध* (1968) आदि पुस्तकें उल्लेखनीय हैं। इस अवधि में कुछ पुस्तकें अंग्रेजी तथा संस्कृत से अनूदित हुईं जिनके अंश पाठ्य-पुस्तकों में यत्र-तत्र दिखाई देते हैं। इनमें बदरीलाल द्वारा अनूदित *हितोपदेश* (1851) तथा *सहस रात्रि संक्षेप* (1861) (बंगला से अनूदित), वंशीधर द्वारा अनूदित *सैंडफोर्ड तथा मार्टिन की कहानी* (1855) का उल्लेख आवश्यक है क्योंकि ये पुस्तकें बाल-साहित्य के अंतर्गत आती हैं। स्कूलों में इतिहास पढ़ाने के लिए कुछ इतिहास की पुस्तकें भी तैयार की गईं जिनमें अधिकांश अनुवाद हैं। किंतु इनमें से 1893 में क्रिश्चियन लिट्रेचर सोसायटी इलाहाबाद से प्रकाशित *इतिहास मनविलास* नामक पुस्तक ही रोचकता के कारण यहां उल्लेखनीय हैं।

उन्नीसवीं शताब्दी के अंतिम दो दशकों की पाठ्य-पुस्तकों में अंबिकादत्त व्यास कृत *भाषा ऋजुपाठ* (जिसमें पंचतंत्र की कहानियां दी गई हैं), अंबिका प्रसाद कृत *बाल-शिक्षा* (1884), काशीनाथ खत्री कृत *स्वच्छ हिंदी भाषा की पुस्तक* (चार भाग) (1895-97), केशवराम भट्ट कृत *विद्या की नेव* (1880, अनूदित), गौरीदत्त पंडित कृत देवनागरी की पहली, दूसरी, तीसरी पुस्तकें (1893), नवलकिशोर कृत *बालभूषण* (1896), बिहारी लाल चौबे कृत *कालोपहार* (1886), भवानीप्रसाद कृत *आर्यभाषा पाठावली* (1884, गुरुकुल कांगड़ी के पाठ्यक्रमानुसार), नागरी प्रचारिणी सभा का भाषा *सार संग्रह* (1899) तथा साहब प्रसाद सिंह कृत *भाषा सार* (चार भाग) आदि उल्लेखनीय हैं।

## (ई) बाल-साहित्य का आरंभ और विकास

इन पाठ्य-पुस्तकों में भाषा-शिक्षा के लिए दी गई कहानियों और कविताओं में तथा इतिहास की शिक्षा के लिए दिए गए इतिहास के रोचक प्रसंगों में बाल-साहित्य का बीज वर्तमान था। अधिकांश कहानियां पंचतंत्र, हितोपदेश, प्रारंभिक गद्य निर्माताओं की रचनाओं, शिवप्रसाद और भारतेंदु की रचनाओं, राबिंसन क्रूसो (1860 में बदरी

लाल द्वारा रोमन लिपि में अनुवाद), 'सैंडफोर्ड तथा मार्टिन की कहानी' तथा अंग्रेजी से अनूदित कुछ अन्य फुटकर रचनाओं से ली गई थीं। कविता के अंशों के लिए मुख्य रूप से तुलसी, रहीम, वृंद, गिरधर, भारतेंदु आदि की रचनाओं पर ये पुस्तकें आश्रित होती थीं।

पीछे बदरीलाल द्वारा संस्कृत से अनूदित *हितोपदेश* (1851) तथा बंगला से अनूदित *सहसरात्रि संक्षेप* (1861) और वंशीधर द्वारा अंग्रेजी से अनूदित *सैंडफोर्ड तथा मार्टिन की कहानी* (1855), शिवप्रसाद *सितारेहिंद* कृत *लड़कों की कहानी* (1876) और *बच्चों का इनाम* (1867) का उल्लेख किया जा चुका है। मेरा विचार है कि इन अनुवादों से ही बालकों का साहित्य से प्रथम बार सीधा सा परिचय होता है। कविता की पुस्तकों में बनवारीलाल गुप्त कृत *शिशु लोरी* (1860 में प्रकाशित) छोटे बच्चों की कविता की प्रथम पुस्तक लगती है किंतु यह पुस्तक नागरी प्रचारिणी सभा के पुस्तकालय से लापता थी अतः बिना देखे यह कहना कठिन है कि इसमें किस प्रकार की कविताएं हैं तथा यह लेखक की मौलिक कृति है अथवा संकलन मात्र। इसके अतिरिक्त *हिंदी पुस्तक साहित्य* (डा. माता प्रसाद गुप्त) में मुंशीराम लाल कृत *बाल विनोद रामायण* (1879 में प्रकाशित) का उल्लेख है किंतु यह भी उपलब्ध नहीं है।

1879 के आसपास स्वामी दयानंद सरस्वती ने विद्यार्थियों के आचार-विचार सुधारने के उद्देश्य से *व्यवहार भानुः* नामक पुस्तक लिखी। वैसे तो यह पुस्तक उपदेश प्रधान है किंतु दृष्टांत के रूप में अनेक रोचक एवं हास्य प्रधान कहानियों के समावेश के कारण इस पुस्तक को बच्चे चाव से पढ़ सकते हैं।

सन् 1888 में अंबिकादत्त व्यास की पुस्तक *कथाकुसुम कलिका* (स्वरचित संस्कृत *कथाकुसुम* का अनुवाद) मित्र मंडली, रंगहाथी गली, बनारस से प्रकाशित हुई जिसमें कुछ हितोपदेश की और कुछ सुनी-सुनाई बातों के आधार पर लिखी गई नवीन शिक्षाप्रद कहानियां हैं। प्रत्येक कहानी के अंत में ब्रजभाषा में शिक्षा वाक्य दिया गया है।

1889 में इंडियन प्रेस से मुंशी देवीप्रसाद मुन्सिफ द्वारा रचित *विद्यार्थी विनोद* नामक पुस्तक दो भागों में प्रकाशित हुई जिसमें उर्दू-प्रधान भाषा में पंचतंत्र आदि की कहानियां दी गई हैं। यह पुस्तक लीथो पर छपी है। इसी समय की प्रकाशित एक अन्य पुस्तक नवलकिशोर प्रेस से प्रकाशित 'मनोहर कहानी' है जिसमें 'अलहदः अलहदः निहायत दिलचस्प किस्सा दर्ज है।' 'सुगम बोली' में लिखी गई इन छोटी-छोटी कहानियों में मनोरंजन का तत्व प्रमुख है।

सन् 1893 के आसपास बिहार बंधु छापाखाना से लक्ष्मीनाथ शर्मा की *शिशु मनरंजन* नामक पुस्तक दो भागों में प्रकाशित हुई जिसमें कुछ विदेशी बाल कहानियां और कुछ पंचतंत्र आदि की कहानियां बड़े सुंदर ढंग से प्रस्तुत की गई हैं। पुस्तक के प्रारंभ में लेखक की कुछ अन्य रचनाओं का (*रासेलस अर्थात् अबेसीनिया देश का राजकुमार, तीन दैत्य, नल दमयंती* आदि) उल्लेख भी है।

जैसा कि पीछे कहा जा चुका है ईसाई धर्म प्रचारकों ने धर्म-प्रचार के उद्‌देश्य से अनेक पुस्तकें अंग्रेजी से अनुवाद कराकर प्रकाशित कीं। इनमें अधिकतर बाइबल की धर्मकथाएं तथा कुछ नरक की विभीषिकाओं का वर्णन करनेवाली कथाएं हैं। उदाहरण के लिए, *कन्या चरित्र* नामक एक पुस्तक (क्रिश्चियन लिट्रेचर सोसायटी इलाहाबाद से प्रकाशित) में एक लड़की की कथा है जो जीते जी धरती में गाड़ी गई थी। यह अफ्रीका की एक जाति की क्रूरता भरी कहानी है जिसके अंत में ईसा की शरण में आने का उपदेश दिया गया है। *गर्रा की कथा* में एक हब्शी की भयावह कहानी है जो अंत में ईसाई बन जाता है। *प्राचीन अनूपकथा* नामक पुस्तक में बाइबल की प्राचीन धर्मकथाएं हैं। इस पुस्तक के *अर्थ* में लिखा गया है कि ''यह पुस्तक अमरीका की 'संडे स्कूल एसोसिएशन' की ओर से भारत के *बड़े स्कूलों* को भेंट स्वरूप दी गई है इस आशा से कि वहां के कुछ लड़के हमारे स्वामी ब्राह्मण को प्यार करने लगें।''

किंतु ईसाई धर्मप्रचारकों की सैकड़ों पुस्तकों में कुछ ऐसी भी थीं जो बच्चों को आनंद की अनुभूति करानेवाली थीं। इनमें *इतिहास मनविलास, हिंदुई कहानियां* (पंचतंत्र की कहानियों की सुंदर पुस्तक) और *बालोपहार, बच्चों का इनाम* (पशु-पक्षियों की और सांपों आदि के अनेक सुंदर चित्रों से युक्त छोटी-छोटी कहानियां) विशेष रूप से उल्लेखनीय हैं। ये तीनों पुस्तकें उन्नीसवीं शताब्दी के अंतिम दशक में प्रकाशित हुई थीं।

उन्नीसवीं शताब्दी का बाल-साहित्य पीछे चर्चित कुछ पुस्तकों तक सीमित है। यह कहना इस समय कठिन है कि इनमें से कौन सी पुस्तक बाल-साहित्य की प्रथम रचना है अथवा बाल-साहित्य का प्रथम लेखक होने का श्रेय किस व्यक्ति को मिलता है।

पाठ्य-पुस्तकों से भिन्न प्रयोजन के लिए लिखे गए बाल-साहित्य का मंद किंतु निरंतर प्रवाह हमें बीसवीं शताब्दी के प्रथम दशक से ही मिलने लगता है अतः ऐतिहासिक सर्वेक्षण के लिए मैं हिंदी-साहित्य को निम्नलिखित कालों में विभाजित करना सुविधाजनक समझता हूं

(क) शिशुकाल सन् 1901 से 1920 तक।
(ख) बाल्यकाल सन् 1921 से 1950 तक।
(ग) वर्तमान काल सन् 1951 के बाद।

उपर्युक्त काल-विभाजन सुविधा के अतिरिक्त कुछ अन्य बातों को ध्यान में रखकर भी किया गया है। नागरी प्रचारिणी सभा की स्थापना 1893 में हुई थी और वह कुछ समय बाद ही बाल-साहित्य के प्रकाशन में रुचि लेने लगी। 1900 में *सरस्वती* के उदय से हिंदी साहित्य में एक नए युग का प्रवेश होता है।

1921 से दूसरे काल का प्रारंभ मानने का एक कारण यह भी है कि प्रथम विश्वयुद्ध के बाद भारत की राजनैतिक और सामाजिक स्थिति में एक नया परिवर्तन आया था। महात्मा गांधी के असहयोग आंदोलन के साथ यह परिवर्तन और भी स्पष्ट हो जाता है। इस परिवर्तन से तत्कालीन हिंदी साहित्य प्रभावित हुआ दीखता है।

वर्तमाल काल का प्रारंभ मैंने 1950 से माना है यद्यपि भारत 15 अगस्त, 1947 को स्वतंत्र हो गया था। इसका कारण यह है कि स्वतंत्रता प्राप्ति के तत्काल बाद भारत को सांप्रदायिक दंगों और विस्थापितों की अत्यंत कठिन समस्याओं से उलझना पड़ा। ऐसी स्थिति में साहित्य आदि के रचनात्मक कार्यों में विशेष प्रगति संभव नहीं थी। इसके अतिरिक्त 1950 में संविधान के निर्माण के बाद ही राष्ट्र की आकांक्षाएं तथा आदर्श स्पष्ट रूप से अभिव्यक्त होते हैं।

कालों का नामकरण करते समय बच्चे के विकास की अवस्थाओं का ही विचार मन में प्रमुख रूप से रहा है किंतु यदि शिशुकाल से *शिशु* पत्रिका और बाल्यकाल से *बाल-सखा* और *बालक* पत्रिका का आभास मिले तो यह भी ठीक ही होगा।

## (क) शिशुकाल (सन् 1901 से 1920 तक)

आचार्य रामचंद्र शुक्ल ने अपने हिंदी साहित्य के इतिहास में आधुनिक काल को मोटे तौर पर पच्चीस-पच्चीस वर्षों में विभाजित किया है। उन्होंने भारतेंदु काल के बाद साहित्य के दूसरे उत्थान का प्रारंभ संवत् 1950 अर्थात् सन् 1893 से माना है। इसी वर्ष नागरी प्रचारिणी सभा की स्थापना हुई थी और हिंदी भाषा तथा साहित्य को हर प्रकार से समृद्ध करने के लिए कुछ उत्साही व्यक्तियों ने सम्मिलित रूप से प्रयास करना शुरू किया था। संयोग से यह वर्ष बाल साहित्य की दृष्टि से भी बहुत महत्वपूर्ण है। इसी वर्ष बिहार बंधु छापाखाना से पं. लक्ष्मीनाथ शर्मा की पुस्तक *शिशु*

*मनरंजन* प्रकाशित हुई जिसमें अंग्रेजी, फारसी और संस्कृत की प्रसिद्ध बालोपयोगी कथाओं को मनोरंजन के प्रमुख लक्ष्य से प्रस्तुत किया था। यह पुस्तक भाषा, कथाओं के चुनाव आदि की दृष्टि से एक अच्छी बालोपयोगी रचना कही जा सकती है, यद्यपि इसकी अधिकांश कहानियां अनूदित हैं। इसके एक वर्ष बाद ही खड्ग विलास प्रेस, बांकीपुर, पटना से बाबू चंडी प्रसाद सिंह द्वारा संपादित 'विद्या विनोद' नाम की प्रथम बाल-पत्रिका प्रकाशित हुई। यद्यपि यह पत्रिका विद्यार्थियों (बड़े बालकों) के लिए थी और पुस्तक के आकार में प्रकाशित होती थी, किंतु सामग्री के चयन तथा प्रस्तुतीकरण आदि की दृष्टि से इसे पत्रिका कहना ही अधिक उचित होगा। नागरी प्रचारिणी सभा के पुस्तकालय में इसे पत्रिकाओं के अंतर्गत रखा गया है और बाबू ब्रजनंदन सहाय ने भी इसे हिंदी बाल-साहित्य की प्रथम 'पत्रिका' कहा है।[15]

सन् 1893 से कुछ वर्ष पूर्व प्रकाशित मौलिक पुस्तकों में से पं. अंबिकादत्त व्यास की *कथा कुसुम कलिका* (सन् 1888), मुंशी देवी प्रसाद मुंसिफ कृत 'विद्यार्थी विनोद' (1889) और नवलकिशोर प्रेस से प्रकाशित 'मनोहर कहानी' (1890 के आस-पास) पुस्तकों में बाल-साहित्य के तत्व विद्यमान थे, यद्यपि इनकी भाषा तथा इनके लिखे जाने के प्रयोजन आदि को देखते हुए उन्हें हिंदी बाल-साहित्य की रचनाएं मानने में हिचक हो सकती है। पं. अंबिकादत्त व्यास की पुस्तक स्वरचित *कथा कुसुम* नामक संस्कृत पुस्तक का हिंदी अनुवाद है। इसमें कुछ कहानियां तो हितोपदेश आदि स्रोतों से ली गई हैं और कुछ देखी-चुनी बातों केआधार पर लिखे गए चुटकुले मात्र हैं। ऐसा लगता है कि अधिकांश कहानियां प्रवचन आदि के समय श्रोताओं को अपनी बात समझाने के लिए दृष्टांत के रूप में कही गई हैं। उदाहरण के लिए पुस्तक की 'दसईं' कहानी इस प्रकार है

"एक पुरुष आम कब खाऊंगा, यही विचारता हुआ उसी की मिठास का स्मरण कर रहा था। तब तक अचानक किसी पथिक ने पूछा कि अजी दो, पांच और दस जोड़ने से कितने होते हैं? वह बोला 'सत्रह आम'।"

"जाके जिय में जोई।
बूझत सो जन सोई॥"[16]

मुंशी देवी प्रसाद मुंसिफ की पुस्तक 'विद्यार्थी विनोद' में अच्छी-अच्छी बातें 'इलम और अकल को बढ़ाने वाली तवारीख की किताबों में से ढूंढ़-ढूंढ़ कर लिखी गई हैं।' पुस्तक प्रकट रूप से 'विद्यार्थियों के फायदे के लिए बनाई गई है।' लीथो पर छपी यह पुस्तक इल्म पढ़ने वालों द्वारा थकावट के समय मनोरंजनार्थ पढ़ी जाने के लिए

लिखी गई हैं। लेखक का कहना है "इनमें से एक भी बात ऐसी नहीं है जो इलमी और सही न हो और जिसका पता तवारीख की किताबों से न लगता हो। यदि लड़कियां और लड़के सबक याद करने की मेहनत से थकने के बाद उनको पढ़ेंगे और उनके फायदों पर गौर करेंगे तो दिल बहलाने और थकान दूर करने के सिवाय उनके इल्म और अक्ल में भी तरक्की होगी और वे हर एक मजलिस में बातचीत करने और शाबासी पाने के लायक भी हो जाएंगे।"[17]

पुस्तक की भाषा उर्दू है किंतु लिपि देवनागरी है। पुस्तक में छोटी-छोटी कहानियां हैं जिनके अंत में 'फायदों' का वर्णन किया गया है। उदाहरण के लिए एक कहानी इस प्रकार है

> "एक दफे एक माली और एक कुंभार ने शामलात में ऊंट खरीद कर उस पर एक तरफ तो तरकारी भरी और दूसरी तरफ बर्तन लादे और दोनों सफर को चले। ऊंट रास्ते में तरकारी खाता जाता था और कुंभार हंसता जाता था। माली बोला, 'अरे कुंभार, हंसो मत, यह ऊंट है, देखिए किस करवट बैठे।' आखिर जब मंजिल पर पहुंचे तो ऊंट बर्तनों पर जोर देकर बैठा जिससे सब बर्तन टूट गए और कुंभार रोने लगा।
>
> फायदा : इसी वास्ते बड़े लोगों ने कहा है कि आदमी को और का नुकसान देख कर खुश न होना चाहिए। क्या मालुम है कि जो उससे जियादा उसी का नुकसान हो जाए।"

नवल किशोर प्रेस, लखनऊ से 'बाजपेयी पं. रामरत्न के प्रबंध से' छपी 'मनोहर कहानी' नामक पुस्तक में लेखक का नाम नहीं दिया गया है। इसमें 'एक सौ अलहदः अलहदः निहायत दिलचस्प किस्सा दर्ज हैं।" छोटी-छोटी कहानियां वस्तुतः मजेदार हैं और 'सुमन बोली' में लिखी गई हैं किंतु अधिकांश कहानियां पं. अंबिकादत्त व्यास की कहानियों की तरह वयस्कोपयोगी व चुटकुले मात्र हैं। उदाहरण के लिए एक कहानी इस प्रकार है

> "एक बनिया कहीं गया था। दो-तीन दिन पीछे वहां से आया तो उसने अपने घर का द्वार बंद पाया। पुकारा किवाड़ खोलियो। भीतर से उसकी जोरू ने उत्तर दिया कि खोलती हूं बाबा। इसने सुन कर कहा ऐ रांड, क्या बकती है। वह बोली मेरी आंख दुखती है। कहा आंख की तो सच है मैया।"[18]

स्पष्टतः यह कहानी बालोपयोगी नहीं हो सकती। किंतु संग्रह में कुछ कहानियां ऐसी भी हैं जो बालकों द्वारा आस्वाद्य हो सकती हैं।

नागरी प्रचारिणी सभा के पुस्तकालय में बाल-साहित्य के सेल्फ में 1895 में पूर्व की *हास्यरत्न* नाम की एक पुस्तक है। इसके रचयिता बाबू चंडी प्रसाद सिंह हैं और यह सन् 1886 में खड्ग बिलास प्रेस से प्रकाशित हुई थी। इसमें वैशम्पायन और जनमेजय के वार्तालाप में हास्य और व्यंग्य-विनोद के बहुत सुंदर लेख हैं। यद्यपि यह पुस्तक बालकों के लिए नहीं लिखी लगती है किंतु किशोरावस्था के पाठक इसका आस्वादन कर सकते हैं। पुस्तक में बाबू जाति के जीवों, उच्च स्थानासीन व्यक्तियों, पुलिस अधिकारियों तथा वर्तमान सभ्यता के पुजारियों पर तीव्र व्यंग्य प्रहार किए गए हैं। बाबुओं का वर्णन इस प्रकार किया गया है

> "हे राजन, जिनका शरीर लाल रंग के वस्त्रों में छिपा, हाथ में बेंत संवारा हुआ केश और बड़ा जूता हो वे ही बाबू हैं। जिनसे बातों में कोई न जीते, जो विदेशी भाषा के पंडित और मातृभाषा के शत्रु हों वे ही बाबू हैं।"[19]

गर्दभ स्तोत्र में लेखक गधे से प्रार्थना करते हुए कहता है

> "हे गर्दभ, कौन कहता है कि आपका पद छोटा है। जहां देखते हैं वहां आप ही का पद बड़ा है। तुम उच्च आसन पर बैठ कर स्तुति करने वाले लोगों से घिरे हुए मोटे-मोटे घासों का बोझा पाते हो।"[20]

उपर्युक्त पुस्तकों में मुंसिफ देवी प्रसाद की पुस्तक ऐसी है जो बालकों के मनोरंजन के स्पष्ट उद्देश्य को लेकर लिखी गई है किंतु इसकी भाषा उर्दू है और फारसी के शब्दों से भरी हुई है। आगे चल कर मुंशी जी ने बालकों को और भी रचनाएं दी हैं किंतु उनकी भाषा सरल हिंदी है।

उपर्युक्त विवेचन के आधार पर यह कहना उचित ही होगा कि हिंदी बाल-साहित्य का प्रारंभ भारतेंदु काल में अर्थात सन् 1893 से पहले हो चुका था, कम से कम लोग यह महसूस करने लग गए थे कि बालकों को पाठ्य-पुस्तकों से भिन्न मनोरंजन अथवा ज्ञानवर्द्धन के लिए साहित्य दिया जाना चाहिए। किंतु बाल-साहित्य का सतत प्रवाह सन् 1900 के बाद ही दिखाई देता है।

**शिशुकाल की परिस्थितियां :** सन् 1885 में कांग्रेस की स्थापना के बाद राजनैतिक चेतना के जो स्वर धीरे-धीरे उठने लगे थे उनमें तीव्रता आ गई थी। कांग्रेस के नरमदल और गरमदल के मतभेद स्पष्ट दिखाई देने लगे थे किंतु स्वाधीनता प्राप्त करने की भावना व्यापक रूप से फैल गई थी। भारतेंदु काल में ब्रिटिश सत्ता का डरते-डरते विरोध किया जाता था। किंतु अब हममें स्वराज्य को जन्मसिद्ध अधिकार घोषित करने की क्षमता आ गई थी।

किंतु इसके बावजूद साहित्यकारों को अपनी रचनाओं की प्रेरणा मुख्य रूप से धार्मिक और सांस्कृतिक आंदोलनों से ही मिल रही थी। प्राचीन संस्कृति का भान और वर्तमान सामाजिक बुराइयों का सुधार साहित्य का मुख्य विषय था। वयस्क साहित्य में भी उपदेशात्मक, सुधारात्मक और इतिवृत्तात्मक साहित्य का ही बोलबाला था।

शिक्षा का प्रचार काफी व्यापक हो गया था। गांव तथा शहरों में स्कूलों की पर्याप्त व्यवस्था हो गई थी किंतु इनमें उर्दू और अंग्रेजी का ही अधिक प्रचार था। अदालतों में उर्दू-भाषा के प्रचलन के षड्यंत्र के कारण हिंदी की बहुत हानि हो रही थी। फिर भी अपनी व्यापकता तथा सांस्कृतिक अपील के कारण हिंदी का महत्व बड़ी तेजी से बढ़ता जा रहा था। सभी विद्वान हिंदी को अखिल भारतीय संपर्क की भाषा बनाने में लगभग एकमत थे; उधर धार्मिक तथा सामाजिक आंदोलनों ने तो हिंदी को अखिल भारतीय रूप पहले ही दे दिया था।

**साहित्य का निर्माण :** बीसवीं शताब्दी के साहित्य की विशेषता यह है कि उसका पत्रकारिता के साथ बड़ा घनिष्ठ संबंध रहा है। साहित्य के निर्माण में पत्र-पत्रिकाओं का बड़ा योगदान होता है। आज भी हिंदी में अधिकांश रचनाएं पत्रिकाओं के लिए लिखी जाती हैं और बाद में उन्हें पुस्तक रूप में प्रकाशित किया जाता है। शिशुकाल में बालकों की दो प्रसिद्ध पत्रिकाओं ('शिशु' और 'बाल-सखा') का प्रकाशन प्रारंभ हुआ किंतु यह इस काल के अंतिम चरण में जाकर हुआ। उससे पहले कुछ पत्रिकाएं निकलीं और अल्पकाल तक बच्चों को अपने-अपने ढंग से मनोरंजन करने के बाद बंद हो गईं। इन पत्रिकाओं पर सरसरी विचार कर लेना उचित होगा।

**विद्या विनोद :** खड्ग विलास प्रेस, बांकीपुर, पटना से प्रकाशित यह पत्रिका 1894 के आस-पास प्रारंभ हुई। इसके संपादक बाबू चंडीप्रसाद सिंह थे। यह वार्षिक पत्रिका लगती है। इसके प्रथम भाग पर सन् 1894-95 ई. और त्रयोदश भाग पर सन् 1986-87 छपा हुआ है। अच्छी पुस्तक के आकार की इस पत्रिका में इतिहास, विज्ञान आदि विषयों की छात्रोपयोगी सामग्री के साथ कहानियां, जीवनियां, कविताएं (अधिकतर ब्रजभाषा के पद) आदि होती थीं। इसकी एक प्रति का मूल्य एक रुपया था।

**बाल प्रभाकर :** सिद्धेश्वर स्टीम प्रेस से मुद्रित और प्रकाशित यह पत्रिका सन् 1996 से प्रारंभ हुई। इसके संपादक सिद्धेश्वर शर्मा थे। 32 पृष्ठों की इस पत्रिका का वार्षिक मूल्य एक रुपया और एक प्रति का मूल्य डेढ़ आना था। काशी नागरी प्रचारिणी सभा का आशीर्वाद इस पत्रिका को प्राप्त था। पारिश्रमिक का नियम बड़ा मजेदार था "एक वर्ष में जितने लेख इस पत्र में निकले उनमें से जो सर्वोत्तम और

उपयोगी समझा जाएगा उस लेख के लेखक को काशी नागरी प्रचारिणी सभा से सम्मति लेकर एक चांदी का मेडल (तमगा) दिया जाएगा।''[21]

पत्रिका में बालकों के लिए कविताएं, कहानियां, यात्रा प्रसंग, ज्ञानवर्द्धक लेखों के अतिरिक्त चित्रदर्शन तथा मनोविनोद के स्तंभ भी रहते थे। उदाहरण के लिए, संख्यावाचक और कलावाचक शब्दों में पत्र लिखने वाले बालक पाठकों को पुरस्कार दिए जाते थे। कहानियों में ऐतिहासिक और पौराणिक कहानियों का अधिक उपयोग होता था। कविता में ईश विनय के पद तथा सदाचार और स्वदेश प्रेम के गीत प्रमुख होते थे।

इस पत्रिका को हिंदी-साहित्य के मूर्धन्य लेखकों का सहयोग प्राप्त था जिनमें किशोरीलाल गोस्वामी, बंग महिला, आ. रामचंद्र शुक्ल, लाला भगवानदीन, बुंदेलवाला, लक्ष्मीधर बाजपेयी और मुंशी देवी प्रसाद मुंसिफ आदि उल्लेखनीय हैं।

**'बाल-हितैषी'** : 'बाल हितैषी यंत्रालय', खेड़ी तालाब, काशी से यह पत्रिका 1911 के आस-पास प्रकाशित होने लगी और आठ-नौ वर्षों तक चलती रही। इसका वार्षिक मूल्य डेढ़ रुपया और एक प्रति का मूल्य तीन आना होता था। चित्र प्रायः मुख्यपृष्ठ पर ही रहता था। बाल प्रभाकर की तरह इस पत्रिका को भी सुप्रसिद्ध साहित्यकारों का सहयोग प्राप्त था जिनमें आचार्य शुक्ल, हरिऔध, लाला भगवानदीन, गोविंददास जी, पं. देवीप्रसाद, रामनरेश त्रिपाठी, पं. जगन्नाथ प्रसाद चतुर्वेदी, रामनारायण मिश्र, सुखराम चौबे गुणाकर, परशुराम चतुर्वेदी, बाबू रामचंद्र वर्मा आदि उल्लेखनीय हैं। प्रारंभ में इसकी सामग्री बड़े बालकों या विद्यार्थियों के उपयुक्त होती थी। 1915 के आस-पास इसके रूप में सुधार हुआ और यह सामग्री गेटअप आदि की दृष्टि से बालकों के अधिक निकट आ गई। नीतिकथाएं, पौराणिक-ऐतिहासिक कथाएं और शिक्षाप्रद लोककथाएं अधिक छपती थीं। कविताएं अधिकतर ब्रजभाषा में होती थीं जिनका विषय देश-संस्कृति गान और नीति-उपदेश होता था। बाल-कविताओं के विषय में कोई स्पष्ट धारणा नहीं दिखाई देती थी। उदाहरण के लिए निम्नलिखित कविताओं को भी बालकों द्वारा आस्वाद्य समझा जाता था :

''तूने नन्हीं को क्यों मारा?
दया क्या नहीं होती तुमको देख बही आंसू की धारा।''[22]

*(हरिऔध)*

अथवा पं. देवी प्रसाद जी की अनुप्रास छटा

''जागी जमा जय जुटी जग में तुही है
छाई छवी छल-छुटी जग में तुही है

कल्याण की कलकुटी जग में तुही है
सत्यपुण्य की परपुटी जग में तुही है।''[23]

*(पं. देवी प्रसाद)*

पत्रिका में जहां एक ओर बच्चों के लिए पहेलियां, चुटकुले और समस्याएं होती थीं वहां माता-पिता और शिक्षकों आदि के लिए लेख आदि भी रहते थे।

**कन्या सर्वस्व :** यह पत्रिका 1913 में कर्नलगंज, प्रयाग से प्रकाशित होने लगी। संपादिका श्रीमती यशोदा देवी। रंगीन बोर्डर के बीच मोटे टाइप में सामग्री, एक-दो पूरे पृष्ठ के चित्र और कहानी-लेख आदि में प्रथमाक्षरी चित्र इसके आकर्षण थे।

सामग्री के रूप में भारत की वीर नारियों के चरित्र, नीतिकथाएं आदि दी जाती थीं। पहेलियों आदि के साथ-साथ कढ़ाई-बुनाई के पाठ भी होते थे। धीरे-धीरे यह पत्रिका स्त्री-पत्रिका होती गई।

**कन्या मनोरंजन :** यह पत्रिका भी 1913 में ही प्रारंभ हुई और इसके संपादक थे ओंकारनाथ बाजपेयी 132 पृष्ठों की इस पत्रिका का वार्षिक मूल्य सवा रुपया और एक प्रति का तीन आने था। इस पत्रिका को पं. माधव शुक्ल, श्रीधर पाठक, गिरिजा कुमार घोष, श्रीमती रमा देवी, आदि लेखकों का सहयोग प्राप्त था। सुंदर चित्रों से युक्त कहानियां इस पत्रिका का शुरू-शुरू में आकर्षण था। प्रथम अंक की संपादकीय टिप्पणी में इसे नन्हीं-नन्हीं बालिकाओं की पत्रिका बनाने का निश्चय प्रकट हुआ है। कहानियां और कविताएं भी छोटी-छोटी और बालोपयोगी छपती थीं। उदहारण के लिए

''है पलास का सुंदर फूल
गुणी न फंसते सुंदर भूल
कांटों में हो क्यों न गुलाब
झुक पड़ते हो सब बेताब।''[24]

*(रामदहिन मिश्र)*

''लली सुनो तो कान लगाई
डम डम डम कहां देत सुनाई।
अरी! सुनो अब धीरे-धीरे
पड़त सुनाई जोर जोर से।
हां वह देखो शोर मचाता
भालू वाला यहां पर आता।''[25]

*(पं. परशुराम चतुर्वेदी)*

धीरे-धीरे इस पत्रिका का रूप भी 'कन्या सर्वस्व' की तरह स्त्रियोपयोगी होता गया।

**विद्यार्थी :** ई. सन् 1914 से पं. रामजीलाल शर्मा ने अपने हिंदी प्रेस, प्रयाग से यह पत्रिका विद्यार्थियों तथा शिक्षकों के लिए प्रकाशित की। यद्यपि इसमें बालोपयोगी कविताएं और कहानियां पर्याप्त होती थीं किंतु यह मुख्य रूप से शिक्षा संबंधी पत्रिका थी। श्री शर्मा ने बालकों के लिए एक अलग पत्रिका 'खिलौना' कुछ समय बाद शुरू की थी।

**बाल मनोरंजन** (प्रारंभ सन् 1914) : पं. गणेश दत्त शर्मा द्वारा संपादित यह पत्रिका रजिस्ट्रेशन न मिलने के कारण पुस्तकमाला के रूप में ही छपती रही। बालकों की पत्रिका की अपेक्षा यह युवकों में समाज-सुधार की भावना जगाने वाली पत्रिका थी।

**शिशु** (प्रारंभ सन् 1916) : पं. सुदर्शनाचार्य द्वारा तथा बाद में सत्यजीवन वर्मा द्वारा संपादित यह पत्रिका वस्तुतः प्रथम पत्रिका थी जो बच्चों की समस्त आवश्यकताओं की पूर्ति करती थी। यह पत्रिका बच्चों में कई वर्षों तक लोकप्रिय रही। भरपूर चित्र, हास्य-प्रधान सामग्री, पहेलियां, चुटकुले, बच्चों के प्रश्न, इधर-उधर की रोचक सूचनाएं, बच्चों के चित्र, महापुरुषों के वचन, जादूभरी कथाएं, पशुओं की हास्य-प्रधान कथाएं आदि अनेक आकर्षण इस पत्रिका में विद्यमान थे।

इस पत्रिका को लगभग सभी सुप्रतिष्ठित साहित्यकारों का योगदान प्राप्त था जिनमें से भगवती प्रसाद वाजपेयी, लाला भगवानदीन, श्रीधर पाठक, रामनरेश त्रिपाठी, संतराम बी.ए., कामता प्रसाद गुरु, वंशीधर मिश्र, गिरिजादत्त शुक्ल आदि अनेक नाम उल्लेखनीय हैं। इसके अतिरिक्त इस पत्रिका को दर्जनों ऐसे बाल-साहित्य लेखकों का सहयोग मिला जो आगे चलकर बाल-साहित्य के क्षेत्र में प्रसिद्ध हुए। उनमें जहूरबख्श, श्रीनाथ सिंह, सुखराम चौबे गुणाकर, रामदास गौड़, स्वर्ण सहोदर, शिवनाथसिंह शांडिल्य, सोहनलाल द्विवेदी, रमापति शुक्ल, श्रीधर पंकज कुलश्रेष्ठ, प्रभुदत्त ब्रह्मचारी, आदि कितने ही नाम उल्लेखनीय हैं। 'बाल-सखा' के साथ इस पत्रिका ने बाल-साहित्य के स्वरूप को निखारने का प्रारंभिक काल में बहुत बड़ा काम किया है।

संपादक को बालकों की रुचियों की अच्छी जानकारी थी अतः *शिशु* में प्रकाशित कविताएं आदि बाल-साहित्य को आदर्श प्रस्तुत करती थीं। उदाहरण के लिए स्वर्ण सहोदर की एक कविता देखिए

"क्या ही अच्छा होता, होते
अगर कार्ड पेड़ों के पत्ते
लिखकर डाल भेज देता तो

तुरत चले जाते कलकत्ते।
क्या था यदि बढ़ कर बन जाती
टेलीफोन पेड़ की डाली
दुनिया भर की खबरें लेता
छिन भर मैं न बैठता खाली।''[26]

54 पृष्ठ की इस पत्रिका का वार्षिक मूल्य सवा रुपया और एक प्रति का मूल्य दो आने था।

**बाल-सखा** (प्रारंभ सन् 1917) : *शिशु* के एक वर्ष बाद ही इंडियन प्रेस से 'बाल-सखा' मासिक पत्रिका निकलने लगी। प्रथम संपादक बदरीनाथ भट्ट हुए। बाद में पं. देवीदत्त शुक्ल, कामता प्रसाद गुरू, गिरिजादत्त शुक्ल 'गिरीश', ठा. श्रीनाथ सिंह, सोहन लाल द्विवेदी तथा लल्ली प्रसाद पांडेय इसके संपादक हुए। यह पत्रिका पंडित लल्ली प्रसाद पांडेय के संपादकत्व में अंत तक निकलती रही।

प्रथम अंक में इस पत्रिका का उद्देश्य 'बाल-बालिकाओं को पढ़ने का शौक लगाना, उन्हें नाना प्रकार का ज्ञान सरलता से करा देना, उनमें उच्च भावों को भरना और उनमें से दुर्गुणों को निकालकर बाहर करना।'[27].... आदि बताया गया है।

'शिशु' की तरह इस पत्रिका में भी बच्चों के योग्य चुनी हुई सामग्री ही प्रकाशित होती थी। परीकथाओं, नीतिकथाओं आदि के साथ ऐतिहासिक-पौराणिक कहानियां और जीवनियां आदि भी प्रकाशित की जाती थीं। बच्चों की छोटी-छोटी रचनाओं, पहेलियों, चुटकुलों, बच्चों के पत्रों और पुस्तक परिचय आदि को उचित स्थान दिया जाता था। शिशु की तरह 'बाल-सखा' को भी बाल-साहित्य के लगभग सभी प्रसिद्ध लेखकों का सहयोग प्राप्त था। श्री राजेंद्रसिंह गौड़, निरंकार देव सेवक, बल्लभ दास बिन्नानी, शकुंतला सिरौठिया, प्रेम नारायण गौड़, श्रीधर पंकज कुलश्रेष्ठ, ज्योति प्रसाद 'निर्मल', शालिग्राम वर्मा आदि अनेक बाल-सखा-लेखक इस समय हिंदी बाल साहित्य के जाने-माने लेखक हैं।

पं. महावीर पसाद द्विवेदी और उनके सहयोगी लेखकों का इस पत्रिका की ओर हमेशा ध्यान रहा और उसकी सामग्री आदि में उत्तरोत्तर सुधार होता गया। अपनी इसी व्यापक लोकप्रियता के कारण यह पत्रिका आज भी (सन् 1967) निकल रही है यद्यपि समयानुसार न बदलने के कारण इसके ग्राहकों की संख्या अब काफी कम हो गई है।

**प्रकाशन संस्थाएं :** पत्रिकाओं के साथ-साथ प्रकाशन संस्थाओं में स्वतंत्र रूप से बाल-साहित्य का निर्माण इस काल में प्रारंभ हो गया। खड्ग विलास प्रेस, बिहार

बंधु छापाखाना आदि बिहार की संस्थाएं बाल-साहित्य के प्रकाशन में सबसे पहले रुचि लेने लगी थीं किंतु वे पाठ्य-पुस्तकों के निर्माण में ही अधिक ध्यान दे रही थीं। इलाहाबाद में इंडियन प्रेस, रामनारायण लाल, नेशनल प्रेस आदि संस्थाओं ने सुंदर चित्रों से युक्त बाल-साहित्य प्रकाशित करने का काम किया। चिंतामणि घोष द्वारा स्थापित इंडियन प्रेस ने बंगाल से प्रेरणा ग्रहण करके *बाल-सखा* पत्रिका निकालने के अतिरिक्त अनेक सुंदर पुस्तकों का प्रकाशन किया जिनमें रामजी लाल शर्मा द्वारा तैयार किए गए पुराणों के लघु संस्करण और बंगला से अनूदित कुछ पुस्तकें, पं. द्वारका प्रसाद चतुर्वेदी द्वारा लिखित कुछ ऐतिहासिक और पौराणिक कहानियां और मुंशी देवी प्रसाद मुंसिफ कृत *चमत्कारी बालक* तथा *बहराम बहरोज* आदि पुस्तकें बहुत ही प्रसिद्ध हुईं।

इंडियन प्रेस को अपने प्रयासों में काफी सफलता मिली अतः उनकी देखा-देखी अन्य प्रकाशकों ने भी उसी प्रकार की पुस्तकें छापनी शुरू कीं। नेशनल प्रेस, प्रयाग ने द्वारका प्रसाद चतुर्वेदी द्वारा तैयार किए गए पुराणों के लघु संस्करण तथा भारतीय उपाख्यान माला (पौराणिक कहानियां), हिंदी आख्योन्यास (अलिफ लैला की कहानियां) तथा ग्रीस और रोम की दंत कथाएं प्रकाशित कीं। रामनारायण लाल ने पुराणों के बाल-संस्करण, हितोपदेश, अरेबियन नाइट्स आदि की प्रसिद्ध कहानियों के सुंदर संग्रह प्रकाशित किए हैं।

इन प्रमुख प्रकाशन संस्थाओं के अतिरिक्त हरिदास माणिक एंड कंपनी, कलकत्ता, नागरी प्रचारिणी सभा, काशी, खड्ग विलास प्रेस, बांकीपुर आदि कई अन्य संस्थाओं ने भी बाल-साहित्य के निर्माण में योगदान दिया।

**लेखक :** इस काल के अधिकांश लेखक बच्चों के लिए कभी-कभी कुछ कृपा भाव दिखाने के लिए ही लिख दिया करते थे। किंतु कुछ लेखक बाल-साहित्य की कमी को अनुभव करने लगे थे तथा दूर करने के लिए उन्होंने पूरी गंभीरता से प्रयास भी किए। ऐसे कुछ लेखकों का परिचय नीचे दिया जा रहा है

**मुंशी देवी प्रसाद मुंसिफ :** सन् 1847 में कायस्थ परिवार में जन्म। पिता टोंक राज्य में नौकर थे। जोधपुर की कचहरी में हिंदी के प्रयोग को प्रोत्साहन देने के लिए आपने बहुत परिश्रम किया। इतिहास विभाग के अधिकारी के पद पर काम करते हुए आपने बच्चों के लिए अनेक ऐतिहासिक जीवनियां लिखी हैं।

मुंशी जी हिंदी बाल-साहित्य के प्रथम लेखक माने जा सकते हैं। 1889 में उनकी पुस्तक *विद्यार्थी विनोद* (दो भाग) विशेष रूप से बच्चों के लिए लिखी गई थी। इंडियन प्रेस से लीथो पर छपी इस पुस्तक की भाषा उर्दू प्रधान है। सन् 1917

में इंडियन प्रेस से *चमत्कारी बालक* और 1926 के आस-पास इसी पुस्तक का कुछ संशोधित और परिवर्धित संस्करण *होनहार बालक* (तीन भाग) खड्ग विलास प्रेस से प्रकाशित हुआ। दोनों पुस्तकों में देश-विदेश के इतिहास-प्रसिद्ध बालकों के प्रेरणादायक जीवन-प्रसंग हैं। इनकी भाषा शुद्ध हिंदी है। इन पुस्तकों के अतिरिक्त इन्होंने 1915 के आस-पास *बहराम बहरोज* नामक पुस्तक इंडियन प्रेस से प्रकाशित की जिसकी कहानियां हितोपदेश की कहानियों की तरह नीति-प्रधान हैं और फारसी से अनूदित हैं।

**मन्नन द्विवेदी गजपुरी :** पं. मन्नन द्विवेदी गजपुरी का जन्म सन् 1885 में गोरखपुर जिला के राजपुर नामक ग्राम में हुआ था। वे उत्तर प्रदेश में तहसीलदार के पद पर रहते हुए भी बालकों की आवश्यकताओं के प्रति जागरूक रहे, यह बड़े गर्व की बात है। बाल-साहित्य के शिशुकाल में उन्होंने बच्चों के लिए जो कुछ भी लिखा है वह आज के मानदंडों के अनुसार भी उत्तम कोटि का है। 1913 में उनके शिशुगीतों की पुस्तक *विनोद* छपी। शुद्ध खड़ी बोली की शिशु कविताओं की यह संभवतः सर्वप्रथम पुस्तक है। कविताएं इतनी सुंदर हैं कि आज भी उनकी ताजगी बनी हुई है जिसका कारण संभवतः यह है कि इनमें बच्चों की दृष्टि सर्वत्र विद्यमान है; उदाहरण के लिए

> ''जामुन काली-काली हैं!  
> मीठी जैसी रसवाली हैं।  
> फल से काली डाल हुई है।  
> कहीं कहीं पर लाल हुई है।  
> गिरा हुआ फल पाते हैं हम।  
> धूर फूंक खा जाते हैं हम।''[28]

कविताओं के अतिरिक्त उन्होंने बच्चों के लिए सुंदर जीवनियां भी लिखी हैं। उनकी पुस्तक *भारत के प्रसिद्ध पुरुष* में राजा राममोहन राय, स्वामी दयानंद, केशवचंद्र सेन आदि 17 महापुरुषों के जीवन-प्रसंग हैं।

**लाला भगवानदीन :** हिंदी के सुप्रसिद्ध कवि और आलोचक लाला भगवानदीन अपनी धर्मपत्नी 'बुंदेलबाला' की प्रेरणा से बालकों और किशोरों के लिए सुंदर एवं सुरुचिपूर्ण साहित्य देने में अपनी अनेक व्यस्तताओं के बावजूद लगे रहे। लक्ष्मी प्रेस से, 1910 में प्रकाशित *वीरबालक* नामक काव्य-संग्रह की भूमिका में उन्होंने अपनी बाल-रचनाओं की कहानी इस प्रकार सुनाई है ''हमारी धर्म-पत्नी ने (जिसे शायद

आप बुंदेलवाला के नाम से जानते हैं) एक बार हमसे प्रार्थना की थी कि समयानुकूल नए ढंग की कुछ कविताएं बननी चाहिए जिनके पढ़ने से प्राचीन भारत का वीरत्व प्रगट हो और साथ ही (हंसते हुए) यह भी कहा था कि यदि आप ऐसी कविताओं को बनाने में संकोच करेंगे तो मैं समझूंगी कि आप अपनी माता के गौरव को नष्ट करना विचारे हैं। उस प्रेममयी विदुषी बाला का ऐसा कथन हमसे अस्वीकार न किया गया। हमने फौरन कार्य प्रारंभ कर दिया और क्रमशः तीन पुस्तकें लिख डालीं (*वीर प्रताप, वीर क्षत्राणी, वीर बालक*) वीर प्रताप कविता प्रकाशित होकर आदर पा चुकी है। *वीर बालक* यह आपके सामने प्रस्तुत है। 'वीर क्षत्राणी' लक्ष्मी पत्रिका में प्रकाशित हो चुकी है। परंतु पुस्तककार नहीं हो सकी। शीघ्र ही उसे भी पुस्तकाकार करने की इच्छा थी कि गत जुलाई मास में हमारी धर्म पत्नी (बुंदेलबाला) का देहांत हो गया। हमारा चित्त इतना दुखी है कि हम नहीं कह सकते कि उक्त कविता पुस्तकाकार हो सकेगी या नहीं। 'वीर माता' और 'वीर पत्नी' नाम की दो कविताएं और तैयार करने की इच्छा थी कि पांचों कविताएं बुंदेलबाला के कर कमलों में समर्पित करते, पर कुटिल काल ने ऐसा न होने दिया। अब हम नहीं कह सकते कि अंतोक्त दोनों कविताएं हमसे बन सकेंगी या नहीं।

इस पुस्तक को पढ़कर यदि एक बालक भी सुपथ पर चलता हुआ भारत के गौरव का कारण हो सकेगा तो हमें आशा है कि 'बुंदेलवाला' की आत्मा को शांति प्राप्त होगी और हम भी अपना परिश्रम सफल समझेंगे।''[29]

अंतिम पैरा से यह स्पष्ट है कि उन्होंने कम से कम 'वीर बालक' पुस्तक तो बच्चों के लिए ही लिखी है। यद्यपि इसकी भाषा ब्रज मिश्रित है किंतु सरलता से समझ में आ सकती है। भाव और विषय की दृष्टि से तो पुस्तक निश्चय ही किशोरों के लिए है। कविता उच्च कोटि की है और उसके वर्णन किशोरों को सहज ही अपनी ओर आकृष्ट करने वाले हैं। उदाहरण के लिए

''इस ओर जो चाणूर ने अहिफांस से मारा
इस ओर कन्हैया ने उसे कील से काटा।
मुष्टिक ने दिया तोड़ तो बलदेव ने घिस्सा
बेलन से लपेटन से मचा खूब तमाशा।''[30]

अथवा

''कब तीर चढ़ा और कढ़ा किस पै चलाया।
किस ओर गया, किसके लगा, किसको गिराया॥

यह काम किसी के न कभी दृष्टि में आया।
सब देखते थे वीरों का होता है सफाया॥
फलमात्र फकत शत्रु को देता है दिखाई।
इतने से समझ लीजिए फुर्ती और सफाई॥"[31]

इन कविताओं के अतिरिक्त लाला जी ने बालकों के लिए कुछ कहानियां भी लिखी हैं जो 'बालकथा माला' नामक पुस्तक में संगृहीत हैं। अधिकांश कहानियां इतिहास, हितोपदेश आदि से ली गई नीतिपरक कथाएं हैं।

**पं. रामजीलाल शर्मा :** शर्माजी का जन्म सन् 1879 में मेरठ जिले के अतराडा नामक ग्राम में हुआ। 1905 में इंडियन प्रेस, इलाहाबाद में प्रूफ रीडर से काम शुरू करने के बाद वे शीघ्र ही बाल-साहित्य के निर्माण एवं प्रकाशन के क्षेत्र में प्रसिद्ध हो गए। यहां रहकर उन्होंने रामायण, महाभारत तथा अन्य पुराणों के बाल-संस्करण तैयार किए तथा बाल-सखा पुस्तक माला के अंतर्गत अनेक पुस्तकों का संपादन किया। 1910 में उन्होंने हिंदी प्रेस, प्रयाग की स्थापना की जहां से उन्होंने *विद्यार्थी* तथा बाद में *खिलौना* पत्रिकाओं का प्रकाशन किया। शर्मा जी की रचनाओं में पुराणों के बाल-संस्करणों के अतिरिक्त *बाल विनोद, बालिका विनोद, सीता चरित्र, बालनीति माला, हिंदी रामायण, बाल आरब्योन्यास* (बंगला से अनूदित), सीता बनवास, (बंगला से अनूदित) आदि अनेक पुस्तकें उल्लेखनीय हैं।

हिंदी बाल-साहित्य के 'शिशुकाल' में जब अधिकांश लेखक बच्चों पर कृपाभाव दिखाने के लिए जब-तब कुछ लिख दिया करते थे, श्री शर्मा ने पूरी लगन के साथ बाल-साहित्य के निर्माण में अपनी शक्ति लगाई। स्वयं अनेक पुस्तकें लिखने के साथ-साथ उन्होंने अपनी पत्रिकाओं के माध्यम से अनेक लेखक तैयार किए और बच्चों को काफी मात्रा में साहित्य उपलब्ध कराया। यद्यपि उन्होंने धार्मिक, पौराणिक तथा नीति-शिक्षा-प्रधान साहित्य ही अधिकांशतः दिया किंतु उस समय के बाल-साहित्य की स्थिति को देखते हुए उसका ऐतिहासिक महत्व है।

शर्मा जी के निधन के बाद उनके सुपुत्र पं. रघुनंदन शर्मा ने बाल-साहित्य के निर्माण के कार्य को आगे बढ़ाया। *विद्यार्थी* और *खिलौना* का वे कुशलतापूर्वक संपादन करते रहे हैं। उन्होंने पौराणिक कहानियों तथा पौराणिक जीवनियों का काफी बड़ा संग्रह तैयार कर रखा है किंतु वह अभी तक अप्रकाशित ही है।

**पं. द्वारका प्रसाद चतुर्वेदी :** शिशुकाल में बाल-साहित्य का निर्माण करनेवालों में पं. रामजीलाल शर्मा के साथ-साथ पं. द्वारका प्रसाद चतुर्वेदी का नाम भी स्मरणीय है। वे मूलतः इटावा के निवासी थे और प्रयाग में आकर बस गए थे। वे शिक्षा विभाग

में अच्छे पद पर थे। वारेन हेस्टिंग्ज का जीवन चरित्र लिखने के कारण सरकारी रोष के पात्र बने किंतु क्षमा-याचना करने की बजाय सरकारी नौकरी छोड़कर साहित्य-साधना में जुट गए। इलाहाबाद की प्रकाशन संस्था रामनारायण लाल के लिए उन्होंने डेढ़ आने प्रति पृष्ठ के पारिश्रमिक पर लिखना शुरू किया। यहां से प्रकाशित उनकी पुस्तकों में *श्रीमद्भागवत् संग्रह, हिंदी महाभारत, रामायण संग्रह, भारतीय उपाख्यान माला, हिंदी आरब्योन्यास* (दो भाग), *ग्रीस और रोम की दंतकथाएं, हिंदी हितोपदेश* आदि अनेक सुंदर पुस्तकें प्रकाशित हुईं। इंडियन प्रेस से भी उनकी *ऐतिहासिक कहानियां* और *मनोहर सच्ची कहानियां* नामक पुस्तकें प्रकाशित हुईं।

भाषा-शैली और पुस्तक-सज्जा आदि की दृष्टि से लगभग सभी पुस्तकें बहुत सुंदर हैं। उनके बाद उनके सुपुत्र हिंदी के सुप्रसिद्ध विद्वान संपादक पं. श्रीनारायण चतुर्वेदी ने भी बाल-साहित्य के निर्माण में योगदान दिया है।

उपर्युक्त लेखकों के अतिरिक्त पं. अंबिकादत्त व्यास, सुंदरलाल द्विवेदी, राधेलाल वैश्य, केदारनाथ भट्ट, गिरिजाकुमार घोष, गया प्रसाद शुक्ल 'सनेही', रूप नारायण पांडेय, रसिकलाल दत्त, रामदीन सिंह, शिवसहाय चतुर्वेदी, गोपाल प्रसाद शर्मा, अमृतलाल चक्रवर्ती, नंदकुमार देव शर्मा (संपादक *बिहार बंधु*) और ईश्वरी प्रसाद वर्मा आदि लेखकों ने भी शिशुकाल में बाल-साहित्य के निर्माण में महत्वपूर्ण योगदान दिया है।

इस काल में कविता और कहानी तथा जीवनी साहित्य ही मुख्य रूप से प्रकाशित हुआ। कविता में उपदेशात्मक पद्यों की प्रधानता रही किंतु नर्सरी कक्षाओं की आवश्यकताओं को देखते हुए कुछ शिशुगीत भी लिखे गए।

कहानियों में रामायण, महाभारत आदि प्रसिद्ध ग्रंथों के बाल-संस्करणों, ऐतिहासिक तथा पौराणिक कहानियों और अंग्रेजी अथवा बंगला से अनूदित अरेबियन नाइट्स आदि की प्रसिद्ध कहानियों की ओर ही विशेष रूप से प्रकाशकों का ध्यान गया। जीवनियों में भी ऐतिहासिक पौराणिक विभूतियों की लघु जीवनियां दी गईं।

वस्तुतः इस काल में अधिकांश साहित्य वयस्कों द्वारा बच्चों पर कृपा भाव दिखाने के लिए लिखा गया लगता है। पत्रिकाओं में हिंदी-साहित्य के जिन प्रसिद्ध लेखकों की रचनाएं छपती थीं उनमें से दो-तीन को छोड़ कर कोई भी गंभीरता से बाल-साहित्य लिखने में अग्रसर नहीं हुआ। बच्चों को किस प्रकार की कहानी-कविता दी जानी चाहिए, इस विषय पर भी किसी ने गंभीरता से विचार नहीं किया। अधिकतर लेखकों ने साहित्य को स्कूली शिक्षा का अनुषंगी मात्र माना। शिशु और बाल-सखा के पूर्व की लगभग सभी पत्रिकाओं में विद्यार्थियों और बालकों में अभेद

भाव स्पष्ट विद्यमान है और कहीं-कहीं तो बालकों और युवकों तथा बालिकाओं और नारियों में कोई भेद नहीं किया गया है। दूसरे शब्दों में, इस काल में बालक को बालक के रूप में नहीं अपितु लघु-वयस्क के रूप में मान्यता मिली और इसलिए इस अवधि में लिखा गया अधिकांश साहित्य भी बालकों को यथाशीघ्र वयस्क बना डालने के उद्देश्य से लिखा गया।

## (ख) बाल्यकाल (सन् 1921 से 1950 तक)

**राजनैतिक और सामाजिक परिस्थितियां :** प्रथम विश्वयुद्ध की समाप्ति के बाद देश के सामाजिक राजनैतिक वातावरण ने एक नया रूप ले लिया था। भारतीय सैनिकों ने प्रथम बार समुद्र पार के क्षेत्रों में जाकर अपना पराक्रम दिखाया था और इससे भारतीयों को अपने भीतर निहित शक्ति का भान हुआ था। उधर अंग्रेज शासक भारत को स्वायत्त शासन देने के अपने वायदे से मुकर गए थे जिसके फलस्वरूप महात्मा गांधी के नेतृत्व में राजनैतिक आंदोलन तीव्र हो गया था। अहिंसात्मक सत्याग्रह और सविनय अवज्ञा के रूप में भारतीयों को दो प्रबल अस्त्र मिल गए थे और अब वे आजादी के लिए हर प्रकार का बलिदान कर देने के लिए तैयार थे।

हिंदी साहित्य इन परिस्थितियों से प्रभावित हुए बिना नहीं रह सकता था। द्विवेदीकाल में देश-संस्कृति गान और सामाजिक सुधारों तक अपने, आपको सीमित रखने वाले साहित्यकार, राजनैतिक आंदोलन में खुलकर भाग लेने लगे। उधर हिंदी को अखिल भारतीय संपर्क की भाषा बनाने के लिए जोरदार प्रयत्न होने लगे। अन्य भारतीय भाषाओं की तुलना में हिंदी में जो कमियां थीं उन्हें दूर करने के प्रयत्न शुरू हुए।

अब तक बाल-साहित्य वयस्क साहित्य के लेखकों द्वारा बच्चों पर कृपादृष्टि भी दिखाने के लिए लिखा गया था। वे नीति शिक्षा की तुकबंदियां, चरित्र सुधारने वाली कहानियां अथवा बच्चों पर प्यार जताने वाली कविताएं लिखकर अपने कर्तव्य की इतिश्री समझ लेते थे। *शिशु* और *बाल-सखा* के प्रकाशन ने बालकों के निजी अधिकारों को मान्यता प्रदान की। शिशु कार्यालय और इंडियन प्रेस से बढ़िया पुस्तकों के रूप में सुंदर बाल-साहित्य निकलने लगा। यह बात स्पष्ट होने लगी कि बाल-साहित्य लिखने के लिए एक विशेष प्रकार की लेखन-क्षमता तथा एक विशिष्ट प्रकार की मनोदशा की आवश्यकता होती है।

*शिशु* और *बाल-सखा* की सफलता ने लोगों का ध्यान बच्चों की ओर आकृष्ट किया और शीघ्र ही अनेक सुंदर बाल-पत्रिकाएं निकलने लगीं। *बालक, खिलौना, बानर, बाल-विनोद, किशोर, कुमार, बाल-बोध, लल्ला, बाल-भारती, मनमोहन* आदि कितनी ही पत्रिकाएं बालकों को उपलब्ध होने लगीं। इन पत्रिकाओं ने अनेक लेखक तैयार किए जो सच्चे अर्थों में बाल-साहित्य के लेखक थे। इनमें हरिऔध, रामनरेश त्रिपाठी, रामवृक्ष बेनीपुरी, जहूरबख्श, शंभु दयाल सक्सेना, विद्याभूषण विभु, सोहनलाल द्विवेदी, श्रीनाथ सिंह, सुदर्शन, स्वर्ण सहोदर, दयाशंकर मिश्र दद्दा, आनंद कुमार, व्यथित हृदय, अशोक बी.ए., देवी दयाल चतुर्वेदी 'मस्त', ज्योति प्रसाद निर्मल, नर्मदा प्रसाद मिश्र, गणेश राम मिश्र, आत्माराम देवकर, अमृतलाल दुबे आदि कितने ही नाम उल्लेखनीय हैं।

एक ओर लेखक गंभीरता से बाल-साहित्य के लेखन में प्रवृत्त हुए तो दूसरी ओर प्रकाशन संख्याओं ने भी बाल-साहित्य के प्रकाशन में विशेष रुचि लेनी शुरू की। इंडियन प्रेस, रामनारायण लाल, गंगा ग्रंथागार, हिंदी पुस्तक एजेंसी आदि अनेक सुप्रतिष्ठित प्रकाशन संस्थाओं के बीच बाल-साहित्य के प्रकाशनों के लिए होड़ होने लगी। उधर कुछ नवीन प्रकाशन संस्थाएं केवल बाल-साहित्य के प्रकाशन के कार्यक्रम को लेकर मैदान में उतर आईं, जिनमें बाल-शिक्षा-समिति, छात्र हितकारी पुस्तक-माला, हिंदी प्रेस, हिंदी मंदिर, शिशु ज्ञान मंदिर, बालभारती, मिश्रबंधु कार्यालय, ज्ञानलोक आदि नाम प्रमुख हैं।

इन समस्त पत्रिकाओं, प्रकाशन संस्थाओं और लेखकों के प्रयत्नों से बाल्यकाल में बड़ी मात्रा में बाल-साहित्य का निर्माण हुआ। इस साहित्य का विवेचन अगले अध्यायों में किया जाएगा। यहां साहित्य की मुख्य-मुख्य प्रवृत्तियों की खोज करना ही अभीष्ट है जिसके लिए पहले साहित्य का निर्माण करने वाली प्रमुख पत्रिकाओं एवं प्रकाशन संस्थाओं आदि का सरसरी तौर पर परिचय प्राप्त कर लेना उचित होगा।

## पत्रिकाएं

**खिलौना** प्रारंभ सन् 1927; संस्थापक तथा संपादक : रामजीलाल शर्मा तथा बाद में रघुनंदन शर्मा; प्रकाशक; हिंदी प्रेस, काशी।

पं. रामजीलाल शर्मा ने इंडियन प्रेस की नौकरी छोड़कर सन् 1910 में ही हिंदी प्रेस की स्थापना कर दी थी। यहां से उन्होंने बच्चों के लिए पुस्तकों के प्रकाशन का काम शुरू कर दिया था। 1914 में उन्होंने *विद्यार्थी* नामक पत्रिका निकाली जिसमें

बालकों के लिए पर्याप्त सामग्री तो रहती थी किंतु मुख्यतः वह शिक्षा संबंधी पत्रिका ही थी। बालकों के लिए एक अलग पत्रिका निकालने की अपनी इच्छा को वे 1927 में *खिलौना* निकालकर पूरा कर सके।

बाल-साहित्य के लेखन-प्रकाशन के अपने लंबे अनुभव और सुप्रसिद्ध लेखकों के साथ अच्छे संबंध होने के कारण वे इस पत्रिका को शीघ्र ही साहित्य जगत् में प्रतिष्ठित करने में सफल हुए और उसके दस हजार से भी अधिक ग्राहक बन गए। यह उपलब्धि उस समय की बाल-पत्रिकाओं के लिए काफी बड़ी थी।

श्री शर्मा जी पौराणिक कथाओं के सिद्धहस्त लेखक थे अतः 'खिलौना' में इन कथाओं का विशेष आकर्षण रहता था। किंतु अन्य प्रकार की रचनाएं भी प्रचुर मात्रा में छपती थीं। बालकों के अपने स्तंभों में खेल-कूद, गणित के चमत्कार, सैर-सपाटा (भूगोल), पहेलियां और चुटकुले, चमत्कारी प्रश्न, शब्द चक्र, विचित्र चित्रलिपि आदि उल्लेखनीय हैं। पत्रिका के लेखकों में ज्योति प्रसाद निर्मल, विद्याभूषण विभु, लक्ष्मी निधि चतुर्वेदी, स्वर्ण सहोदर, सोहनलाल द्विवेदी, आत्माराम देवकर, वंशीधर मिश्र आदि अनेक जाने-पहचाने लेखक थे। कविताओं आदि के चयन में वयस्क भावों की अपेक्षा बच्चों के भावों का अधिक ध्यान रखा जाता था।

कविता का उदाहरण देखिए

"चार बजे बूढ़े बाबा
खांसते हैं खौं खौं खौं
कहते हैं बच्चे हाय
जाड़ा कैसा काल है!
जलती अंगीठी रोज
धक धक धक धक
चांदनी सी धाम हुई
जम गया ताल है।"[32]

*विद्याभूषण विभु*

**बालक** प्रारंभ सन् 1927; प्रकाशक : पुस्तक भंडार, लहेरिया सराय; संपादक : रामवृक्ष बेनीपुरी, आचार्य रामलोचन शरण।

*शिशु* और *बाल-सखा* के बाद इस पत्रिका ने हिंदी बाल-साहित्य के क्षेत्र में काफी हलचल पैदा की। इसके प्रारंभ के विषय में इसके प्रथम संपादक रामवृक्ष बेनीपुरी ने लिखा है

> ''मेरे आने से पहले ही मास्टर साहब ने (आचार्य रामलोचन शरण ने) *बालक* के आने की सूचना दे रखी थी। उन्होंने इंगलैंड और अमरीका से अंग्रेजी के कई बालोपयोगी मासिक पत्र और वार्षिक पुस्तकें (इयर-बुक) मंगाईं। बंगला, मराठी और उर्दू के प्रमुख बालोपयोगी पत्र भी मंगवाए। बच्चों के लिए अंग्रेजी में 'बुक आफ नालेज' आदि जो प्रसिद्ध ग्रंथमालाएं हैं, उन्हें भी मंगाया।''

इसी लेख में आगे चलकर उन्होंने *बालक* की प्रगति के संबंध में कहा है

> ''*बालक* ने निकलते ही एक अजीव धूम मचा दी। इंडियन प्रेस से उस समय *बाल-सखा* बड़ा सुंदर निकलता था। अब भी निकलता है। वहीं के सुदर्शन प्रेस से *शिशु* भी अच्छा निकलता है जो आज भी निकल रहा है। किंतु *बालक* ने अपनी उम्र से बड़ों को कहीं पीछे छोड़ दिया और छोटों को तो छाया भी न छूने दी। हिंदी के महारथियों और आचार्यों ने एक स्वर से कहा 'यह तो हिंदी का सर्वश्रेष्ठ बालोपयोगी पत्र है।' बंगाल, गुजरात और महाराष्ट्र आदि प्रांतों के पत्रों ने भी यह माना कि 'बालक' की कोटि का बालोपयोगी पत्र उन प्रांतों की भाषाओं में नहीं मिलता।''[33]

उपर्युक्त शब्दों में कुछ अत्युक्ति हो सकती है किंतु इस बात से इनकार नहीं किया जा सकता कि 'बालक' अपने समय के सबसे अधिक लोकप्रिय पत्रों में से एक था। इसके विशेषांक बड़ी सजधज के साथ बढ़िया कागज पर निकलते थे और उनकी बिक्री भी खूब होती थी। सरकारी अधिकारियों को खुश रखने और बच्चों के साथ-साथ वयस्क ग्राहकों को भी ध्यान में रखने की नीति के कारण यदि इसने *बाल-सखा* और *शिशु* को पीछे छोड़ दिया तो इसमें कोई आश्चर्य नहीं।

प्रारंभ से ही इसने बड़े-बड़े साहित्यकारों को अपनी ओर आकृष्ट किया। शुरू में इसका आकार भी बड़ा था और यह वयस्क पत्रिका के अधिक निकट था। उत्तरोत्तर इसकी भाषा वयस्कों के पांडित्य प्रदर्शन के कारण बोझिल होती गई और विषय चयन भी ठीक नहीं होता था। स्वयं रामवृक्ष बेनीपुरी ने ('बालक' छोड़ने के बाद) उसकी भाषा की कटु आलोचना की थी जिसके उत्तर में संपादक की ओर से यह कहा गया था

> ''हिंदी में शायद ही कोई ऐसा लेखक है जो किसी पत्र-पत्रिका के लिए लिखते समय उस पत्र में पाठकों की विद्या-बुद्धि का ध्यान रखता हो। शायद ऐसा कोई संपादक भी अब नहीं है जो सभी लेखों के प्रत्येक शब्द पर अपने पाठकों की दृष्टि से विचार करता हो।''[34]

बात यह है कि 'बालक' वयस्क साहित्यकारों के बीच धाक जमाने और सरकारी

अधिकारियों को प्रभावित करने की अपनी महत्वाकांक्षा से मुक्ति नहीं प्राप्त कर सका।

इसकी लेखक-सूची में हिंदी साहित्य के लगभग सभी गण्य-मान्य लेखक थे।

यह पत्रिका आज भी निकल रही है किंतु समयानुसार अपने रूप-रंग में परिवर्तन न करने के कारण इसकी बिक्री बहुत कम हो गई है।

**युवक** प्रारंभ जनवरी 1929; संपादक : रामवृक्ष बेनीपुरी; पता : युवक आश्रम, पटना।

वीरता, क्रांति, आग की भावनाओं के साथ 'युवक' का उदय हुआ। यद्यपि वह किशोरों की पत्रिका नहीं जवानों की पत्रिका है किंतु किशोर और युवक की बहुत सी रुचियों में समानता होती है। दोनों में आवेग, उत्साह, कुछ कर डालने की हविस होती है। इस दृष्टि से किशोरों में भी इस पत्रिका का काफी मान था।

*युवक* अपने साथ नई सजधज, नई रोशनी, नई विचारधारा, और नई उमंगें लेकर आया और काफी लोकप्रिय हुआ। किंतु एक ही साल बाद सरकार ने इसका प्रकाशन रोक दिया।

**बानर** प्रारंभ जुलाई 1931; संचालक : रामनरेश त्रिपाठी, हिंदी मंदिर प्रयाग; संपादक : ठा. सुरेश सिंह, रामनरेश त्रिपाठी।

यद्यपि *बानर* से पहले हिंदी में अनेक सुंदर बाल-पत्रिकाएं निकलती थीं किंतु इसमें एक नया ही आकर्षण था। *शिशु* और *बाल-सखा* का रूप बहुत कुछ स्थिर सा हो गया था। 'बालक' वयस्क बनने के लिए आतुर था। परीकथाओं, लोककथाओं और ऐतिहासिक, पौराणिक कहानियों तथा शिक्षाप्रद नीतिकथाओं की प्रधानता इन पूर्ववर्ती पत्रों में होने के कारण 'बानर' ने कुछ हट कर अपना रास्ता बनाया। उसने बोझिल विचार और शैली वाली रचनाओं को स्थान नहीं दिया। बहुत से चित्र, भरपूर विनोदपूर्ण सामग्री, शिक्षा देने की प्रवृत्ति से मुक्त रचनाएं, छोटे-छोटे बच्चों के जीवन से संबंधित कहानियां और कविताएं, छोटे बच्चों के उपयुक्त सरल और विनोदपूर्ण शैली इस पत्रिका के आकर्षण थे। बढ़िया कागज, रंगीन बार्डर और मोटे टाइप में छपी इस पत्रिका ने परीकथाओं और भूत प्रेतों की कहानियों से हट कर जीवंत साहित्य देने का सफल प्रयास किया। यद्यपि 'बानर' की अधिकांश सामग्री संचालक और संपादक को स्वयं ही जुटानी पड़ती थी किंतु इसने यह सिद्ध कर दिया कि बाल-साहित्य हर कोई नहीं लिख सकता है।

कविता-कहानी आदि के चुनाव में यह सावधानी बरती जाती थी कि रचना बालकों को अपील करने वाली हो, अतः 'बानर' की फाइलों में कुछ बहुत सुंदर रचनाएं मिलेंगी। कुछ उदाहरण देखिए

"आधा नंगा, आधा भूखा,
तन का दुबला, मुंह का सूखा।
दिल का कोमल दीन महान
खेत जोतने चला किसान।"[35]

*स्वर्ण सहोदर*

"कुआं कहो तुम कितने गहरे?
सुनते हो कुछ या तुम बहरे?
कुआं कहो तुम किसके लड़के?
उठते हो तुम कितने तड़के?"

*सोहनलाल द्विवेदी*

विविध प्रकार की रचनाओं के अतिरिक्त (जिनमें यथार्थ जीवन की रचनाओं के लिए विशेष स्थान रहता था) पत्रिका में कई ऐसे स्तंभ थे जो बच्चों में बहुत लोकप्रिय थे। जैसे 'हंसा भी करो', 'गणित के प्रश्न', पहेलियां, चुटकुले, बच्चों के चित्र, बच्चों के पत्र, गोरखधंधा (चित्रकारी को प्रोत्साहन देने के लिए), और गुपचुप कहानियां (बच्चों की चित्रों के माध्यम से संपूर्ण कहानियां) आदि।

बाल-साहित्य को 'बानर' का एक बहुत बड़ा योगदान यह है कि इसमें सदियों से प्रचलित बालकों के खेल गीत भी प्रकाशित होते थे। ये बहुमूल्य गीत नई सभ्यता के कोलाहल में विस्मृत होते जा रहे हैं। इस प्रकार के अनेक गीत 'बानर' की फाइलों में बंद पड़े हैं।

**कुमार** : प्रारंभ सन् 1932। संचालक : राजा कालाकांकर, संपादक : ठा. सुरेश सिंह; कुमार कार्यालय, कालाकांकर (अवध)।

यह पत्र बड़े बालकों के लिए था। प्रथम अंक के निवेदन में कहा गया है

"इस समय हिंदी में छोटे बालकों के लिए तो *बाल-सखा, बानर, खिलौना,* आदि बहुत से सुंदर बालोपयोगी पत्र निकल रहे हैं पर बड़े बालकों के लिए ऐसे पत्र का अभाव ही है जिसमें देश के बड़े बालक और बालिकाओं के लिए सुंदर, उपयोगी और ज्ञानवर्द्धक लेख निकलते हों।... *कुमार* में तो मैंने पहले 24 पृष्ठ बड़े बालकों और बालिकाओं दोनों के लिए रखे हैं। क्योंकि मैं चाहता हूं कि वाह्य ज्ञान में बालिकाएं बालकों से पिछड़ी न रहें। आगे के 25 से 32 पृष्ठ छोटी लड़कियों के लिए हैं पर वे सभी आयु की बालिकाओं के लिए उपयोगी हो सकते हैं। 30 से 48 पृष्ठ छोटे बालकों के लिए हैं और शेष 8 पृष्ठों में पहेलियां, गोरखधंधे, चयन और संपादकीय रहा करेगा जो सबके लिए होगा।"[36]

इस प्रकार विभिन्न आयु वर्गों के बालकों की आवश्यकताओं का ध्यान रखकर यह पत्र निकाला गया। रंगीन छपाई, आवश्यकतानुसार बढ़िया चित्र और व्यंग्य-चित्र, छोटे बालकों के बार्डर वाले पृष्ठ, खेलकूद, चित्रकला आदि की शिक्षा इसके अन्य आकर्षण थे।

वस्तुतः इस पत्र ने (और आगे चलकर 'किशोर' ने) कुमारों और किशोरों की आवश्यकताओं की पूर्ति की। नवीन जीवंत साहित्य की खोज करने का प्रयास भी किया। जयशंकर प्रसाद जी की एक कहानी 'छोटे जादूगर' एक नन्हें बालक की कहानी है जिसका पिता देशभक्ति के कारण जेल गया है और वह सड़क पर जादू का खेल दिखाकर पैसा कमाता है किंतु अपने स्वाभिमान की वह हर कीमत पर रक्षा करना चाहता है। एक बहुत ही सुंदर चित्र इस बालक का पाठक के मन पर खिंच जाता है। इस तरह की कहानियां जिनमें बालकों के जीवन की धड़कन हो, 8-9 वर्ष से ऊपर के बालकों के लिए सर्वश्रेष्ठ हैं।

1939 का वर्षांक 199 पृष्ठों का है जो पिछले अंकों की चुनी हुई सामग्री को मिलाकर बना है। हिंदी के प्रसिद्ध लेखकों की चुनी हुई किशोरोपयोगी रचनाओं का यह संग्रह बहुत सुंदर है।

यह पत्र भी वयस्क-पत्रिका की ओर अधिकाधिक उन्मुख होता गया। फरवरी, 1940 के अंक को कुमारों अथवा किशोरों का पत्र कहना कठिन होगा।

**बाल विनोद :** प्रारंभ 1934। संपादक : भगवत्प्रसाद भारद्वाज, मनोरंजन सहाय श्रीवास्तव, दुलारेलाल भार्गव, ज्योतिलाल भार्गव, गंगाप्रसाद कौशल आदि; प्रकाशक : गंगा ग्रंथागार, लखनऊ।

गंगा ग्रंथागार से प्रकाशित यह पत्रिका रामनरेश त्रिपाठी की पत्रिका *बानर* से कुछ समय बाद निकलने लगी और शीघ्र ही अपने गुणों के कारण इसने अपना अलग स्थान बना लिया। इस पत्रिका की विशेषता यह थी कि सामग्री के चयन में खूब परिश्रम किया जाता था। अच्छे-अच्छे लेखकों की चुनी हुई रचनाएं ही इसमें छपती थीं। इस पत्रिका के माध्यम से यथार्थ जीवन की कुछ बहुत सुंदर कहानियां बच्चों को मिली हैं जिनमें श्री अमृतलाल नागर की कुछ कहानियां *नटखट चाची* नामक पुस्तक में संगृहीत उल्लेखनीय हैं। परीकथाओं और नीतिकथाओं की अपेक्षा नवीन साहित्य-सृजन को इस पत्रिका ने प्रोत्साहन दिया।

पत्रिका के विशेष स्तंभों में विज्ञान वैचित्र्य, कहां क्या हो रहा है, कसरत और खेलकूद, यात्रा प्रसंग, मनोवैज्ञानिक परीक्षण, आंकड़ों के खेल आदि उल्लेखनीय हैं।

'बाल विनोद' में प्रकाशित अनेक श्रेष्ठ रचनाएं 'बाल विनोद पुस्तकमाला' के

अंतर्गत प्रकाशित की गई हैं।

**किशोर :** प्रारंभ 1938। संपादक : रामदहिन मिश्र; प्रकाशक : बाल शिक्षा समिति, बांकीपुर।

पत्रिका की नियमावली में दूसरे नियम के अंतर्गत इसकी सामग्री के स्वरूप की व्याख्या इस प्रकार की गई है

> "*किशोर* में सरल और सुबोध भाषा में ऐसे छोटे-छोटे लेख रहेंगे जिनसे लड़के स्वावलंबी, साहसी, निर्भीक, उद्योगी, परिश्रमी, बहुज्ञ और बहुदर्शी बनें तथा जो उन्हें विविध विषयों से परिचित करावें और कुछ न कुछ नई बात सिखलावें।"[37]

प्रारंभ में विभिन्न विद्वानों द्वारा दी गई सम्मतियों से पता चलता है कि यह पत्र किशोरावस्था के लड़के-लड़कियों के लिए विशेष रूप से शुरू किया गया था। रामदहिन मिश्र ने किशोर के शारीरिक विकास को देखने के लिए तुलसी की निम्नलिखित पंक्तियां उद्धृत की हैं

> "देखन बाग कुंवर दोउ आये
> वय 'किशोर' सब भांति सुहाये
> श्याम गौर किमि कहौं बखानी
> गिरा अनयन नयन बिनु पानी।"

इस पत्रिका में किशोरोपयोगी साहित्य जुटाने का प्रयत्न किया गया। कविता-कहानियां कुछ गंभीर किंतु किशोरों की ताजगी लिये हुए और उनकी समस्याओं को सुलझाने वाली होती थीं। कहानियों के नाम पर अधिकतर महापुरुषों की किशोरावस्था की घटनाएं और ऐतिहासिक प्रसंग रहते थे। शिक्षा संबंधी लेखों के अतिरिक्त राजनैतिक और सामाजिक समस्याओं की चर्चा वाले लेख भी रहते थे। विभिन्न प्रांतीय भाषाओं के किशोर साहित्य से भी बालकों को परिचित कराने का प्रयत्न किया जाता था। परीकथाओं और पशुकथाओं का इस पत्र में बहिष्कार सा हो गया था तथा जीवनियों की ओर अधिक ध्यान दिया जाता था।

देश-विदेश के किशोरों की जीवन की गतिविधियों से परिचित कराने का काम भी इस पत्र ने किया। अच्छी जानकारी देने वाले और उत्साह एवं प्रेरणा देने वाले लेख भी इसमें रहते थे।

किशोरों की आवश्यकताओं को देखते हुए उनके योग्य साहित्य जुटाने का यह प्रयास काफी हद तक सफल रहा। किशोरों के लिए प्रकाशित एक कविता का उदाहरण देखिए

"मैं आज बनूंगा बिहग बाल!
झंझा प्रवाह, वर्षा तुषार,
तानूंगा पंखों को पसार।
लघुपाल एक पल में प्रवाल
मैं आज बनूंगा बिहग बाल।"[38]

*केदारनाथ मिश्र 'प्रभात'*

इस पत्रिका में बाल-साहित्य तथा वयस्क-साहित्य के प्रसिद्ध लेखकों की रचनाएं छपती थीं। इसके लेखकों में मनोरंजन प्रसाद बी.ए., रामवृक्ष बेनीपुरी, सरयू पंडा, गौड, शांतिप्रिय, द्विवेदी, काका कालेलकर, हरिऔध, श्रीनाथ सिंह, सोहनलाल द्विवेदी, गोपाल सिंह 'नेपाली', केदारनाथ मिश्र 'प्रभात', श्री कपिलदेव नारायण सिंह, 'सुहृद', आरसी प्रसाद सिंह, मोहनलाल महतो 'वियोगी', हंसकुमार तिवारी, स्वर्ण सहोदर, देवकुमार मिश्र, शिवनंदन प्रसाद आदि उल्लेखनीय हैं।

यह पत्रिका उत्तरोत्तर वयस्क साहित्य की ओर झुकती गई और 1943 तक आते-आते यह वयस्क पत्रिका ही बन गई।

**बालबोध :** प्रारंभ सन् 1947; संपादक : श्रीनाथ सिंह, प्रकाशक : दीदी कार्यालाय, इलाहाबाद।

स्वतंत्रता प्राप्ति के बाद बालकों की अनेक पत्रिकाएं निकलने लगीं क्योंकि अब बाल-साहित्य के प्रचार की संभावनाएं बहुत बढ़ गई थीं। पुरानी पत्रिकाएं कुछ-कुछ शिथिल पड़ गई थीं। बहुत-सी तो धनाभाव की कठिनाइयों के कारण बंद हो चुकी थीं।

ठा. श्रीनाथ सिंह की इस पत्रिका ने बालकों को रंग-बिरंगे चित्रों से सुसज्जित विनोदपूर्ण साहित्य दिया। लोककथाओं, पौराणिक कथाओं आदि के अतिरिक्त इसमें शिकार की कहानियों और वन्यपशुओं के बढ़िया चित्रों की नवीनता थी। हास्य-प्रधान कहानियों और चित्रों का इस पत्रिका में विशेष स्थान था। संपादक स्वयं बाल साहित्य के बहुत अच्छे लेखक तथा मर्गज्ञ थे और उन्हें बाल-साहित्य के अनेक प्रसिद्ध लेखकों का सहयोग प्राप्त था इसीलिए यह पत्रिका बालकों में बहुत शीघ्र ही अपना स्थान बनाने में सफल हो सकी।

आर्थिक कठिनाइयों के कारण कुछ वर्षों के बाद यह पत्रिका बंद हो गई।

**बाल भारती :** प्रारंभ सन् 1947। संपादक : मन्मथनाथ गुप्त और सावित्री देवी वर्मा; प्रकाशक : भारत सरकार, प्रकाशन शाखा, पुराना सचिवालय, दिल्ली।

बढ़िया कागज, सुंदर और विविध प्रकार के चित्र, आकर्षक छपाई आदि अनेक

आकर्षणों के साथ यह पत्रिका निकलने लगी। उस समय की यह सर्वश्रेष्ठ बाल-पत्रिका थी। अब तक जो बाल-पत्रिकाएं निकल रही थीं उनकी आर्थिक स्थिति सुदृढ़ नहीं थी। 'बाल भारती' इस चिंता से मुक्त थी। इसमें 8-9 वर्ष से बड़े बालकों के लिए कविता, कहानी, लेख, गणित की पहेलियां, चुटकुले, ज्ञान-विज्ञान विवरण आदि विविध प्रकार की सामग्री होती थी।

पत्रिका के लेखकों की सूची में अनेक प्रसिद्ध लेखकों के नाम हैं किंतु इनमें से बहुत कम लेखकों ने गंभीरता से बालकों के लिए लिखा है। खानापूर्ति की प्रवृत्ति के कारण यह पत्रिका बाल-साहित्य के लेखक तैयार नहीं कर पाई।

पत्रिका आज भी निकल रही है किंतु *नंदन, पराग* और *चंदामामा* की तुलना में इसका स्थान बहुत नीचे हैं। बाल-साहित्य के प्रति उत्साह की कमी और सरकारी प्रकाशनों को सामान्य रूप से लगने वाले रोग के कारण यह पत्रिका समस्त साधनों के बावजूद अल्प संख्या में बिकती है।

**मनमोहन :** प्रारंभ मार्च, 1949; संस्थापक : क्षितींद्र मोहन मित्र; संपादक : नेमिचंद्र जैन तथा बाद में सत्यव्रत; प्रकाशक : माया प्रेस, इलाहाबाद।

'मनमोहन' पत्रिका ने बाल-साहित्य के निर्माण में बहुत योगदान दिया है और अब भी दे रहा है। इसका सबसे बड़ा योगदान तो यह है कि इसने हिंदी को बाल-साहित्य के अनेक लेखक दिए हैं। श्री सत्यव्रत लेखकों से संपर्क बनाए रखने तथा उन्हें रचनाएं भेजने के लिए अनुरोध भरे पत्र लिखने से कभी अघाते नहीं थे। उनके इस सतत पत्र-लेखन के कारण पत्रिका को अनेक लेखकों का सहयोग मिलता रहा जिनमें आरसी प्रसाद सिंह, सुमित्रा कुमारी सिन्हा, सरस्वती कुमार दीपक, मस्तराम कपूर 'उर्मिल', रमेश वर्मा, प्रेमनारायण गौड़, मनहर चौहान, उमाकांत मालवीय, श्रीप्रकाश, श्रीप्रसाद, मोहनचंद्र जोशी सुधाकर, द्रोणवीर कोहली, बाबूलाल शर्मा 'प्रेम', मनोहर वर्मा, रघुनाथ प्रसाद विकल आदि कितने ही लेखक इस समय भी बाल-साहित्य लिखते आ रहे हैं।

*मनमोहन* अपनी विविध प्रकार की सामग्री के कारण किसी समय बच्चों में बहुत लोकप्रिय था। यथार्थ जीवन की कहानियां बच्चों को उपलब्ध कराने में यह पत्रिका संभवतः सबसे आगे है। चित्र, छपाई, आदि में बहुत पिछड़ जाने के कारण अब इसकी बिक्री *नंदन, पराग* आदि पत्रिकाओं की तुलना में बहुत कम है।

**लल्ला :** प्रारंभ सन् 1948; संचालक-संपादक : शिक्षार्थी, इलाहाबाद।

इस पत्रिका में बाल-साहित्य के लगभग सभी प्रसिद्ध लेखकों के अतिरिक्त कई नए लेखक भी प्रकाश में आए जिनमें प्रेम नारायण गौड़, ओंकार शरद, रमेशचंद्र

शर्मा, 'धूलिकण,' हरिकृष्ण देवसरे, विराज, राजेंद्र शर्मा आदि अनेक नाम गिनाए जा सकते हैं। शिक्षार्थी जी स्वयं चित्रकार हैं और इसलिए पत्रिका में चित्रों का विशेष स्थान रहता था। हास्य-विनोद की सामग्री प्रचुर मात्रा में रहती थी। टेढ़े सवाल-सीधे जवाब, चित्र पहेलियां, गणित और विज्ञान के खेल, पहेलियां और चुटकुले इसके स्थायी आकर्षण थे।

उपर्युक्त पत्रिकाओं के अतिरिक्त इस काल में अन्य कई पत्रिकाएं निकलीं किंतु कुछ समय बाद बंद होती गईं। भूगोल कार्यालय से प्रकाशित भूगोल विषय की पत्रिका *बालसंसार* 1924 के लगभग प्रारंभ हुई और बच्चों को विज्ञान आदि विषयों की जानकारी देने वाली विशिष्ट पत्रिका थी। इसमें वैज्ञानिक विषय भी बड़े रोचक ढंग से प्रस्तुत किए जाते थे। यह पत्रिका अनेक वर्षों तक लोकप्रिय बनी रही। इसके संपादक रामनारायण मिश्र थे।

सन् 1929 में पं. जगन्नाथ शर्मा रसिकेश के संपादकत्व में गुप्त ब्रदर्स, काशी से *बालिका* नामक पत्रिका निकली जो बालिकाओं की पत्रिका थी। इस पत्रिका में हरिऔध और लाला भगवानदीन जैसे लेखकों की रचनाएं भी छपती थीं। किंतु अधिकतर इसमें स्त्रियां मिलती थीं जिनमें कृष्णा देवी, शिवप्यारी माथुर, सरस्वती देवी, कमला देवी आदि अनेक नाम दिए जा सकते हैं। शिक्षा देने वाले संवादों तथा शिक्षाप्रद कहानियों पर अत्यधिक जोर दिए जाने के कारण सामग्री अधिकतर नीरस होती थी। रसोई, सीना-पिरोना आदि के कन्योपयोगी क्षेत्र भी काफी स्थान घेरते थे।

1930 में *सहेली* नाम की स्त्रियोपयोगी पत्रिका निकली जिसके कभी-कभी *बाल सहेली* नाम से छोटे बच्चों के लिए विशेषांक निकलते हैं। इसमें रामेश्वर प्रसाद गुरु, देवी प्रसाद गुप्त 'कुसुमाकर', मोहनलाल नेहरू आदि लेखकों की रचनाएं प्रकाशित हुई थीं। मोहनलाल नेहरू का बाल उपन्यास *प्रेतनगर* इसी बाल सहेली में धारावाहिक रूप से प्रकाशित हुआ था।

सन् 1938 ई. में विजय दशमी के दिन महावीर प्रेस, आगरा से *झुनझुना* नामक मासिक पत्रिका निकलने लगी जिसमें अनेक चित्र होते थे। रंग-बिरंगी छपाई, आकर्षक आवरण और विविध प्रकार की रोचक सामग्री इसके आकर्षण थे। शिवदत्त शर्मा इस पत्रिका के संपादक थे।

सन् 1942 में दिल्ली से *हमारे बालक* नामक पत्रिका निकली जिसके संपादक रामकृष्ण 'खद्दर' जी हुए। यह शिक्षा संबंधी मासिक पत्रिका थी और मांटेसरी स्कूलों के अध्यापकों के लिए विशेष उपयोगी थी किंतु इसमें बालकों के लिए कुछ चुनी हुई रचनाएं भी रहती थीं। यह पत्रिका माता-पिताओं, शिक्षकों, सयानों, कन्याओं तथा

बालकों सबके लिए थी। दयाशंकर मिश्र दद्दा ने बाल-साहित्य के संबंध में कई विचारपूर्ण लेख इस पत्रिका के लिए लिखे हैं।

सन् 1946 में *बाल मित्र* नाम का एक साप्ताहिक पत्र निकला जिसने बालकों को जादू-परियों की कहानियों से भिन्न स्वस्थ और नवीन साहित्य देने का आश्वासन दिया। किंतु इसका पहला अंक ही अपनी घनी छपाई और चित्रहीनता के कारण विकर्षण पैदा करने वाला था। सामग्री का चयन बालकों को कड़वा घूंट पिलाने का उपक्रम मात्र था।

सन् 1933 में अलमोड़ा से 'नटखट' नामक पत्रिका निकलने लगी जो चित्रों और विषयवस्तु की दृष्टि से अच्छी पत्रिका थी।

इसके अतिरिक्त इस काल में निम्नलिखित पत्रिकाएं भी प्रकाशित हुई हैं। स्थानाभाव के कारण इनका उल्लेख मात्र किया जाता है। गंगाप्रसाद उपाध्याय द्वारा 1930 में संस्थापित *चमचम* (जिसके संपादक विश्वप्रकाश, श्रीप्रकाश तथा विमलेश हुए), 1938 में जवाहर प्रेस, कलकत्ता से प्रकाशित *दूध बताशा* (संपादक श्री परमानंद), सरदार महल, भोपाल से 1938 में प्रकाशित *लाल* (संपादक रविप्रताप श्रीनेत), 1942 में कुमुद विद्यालंकार द्वारा संपादित-प्रकाशित *नौनिहाल*, 1944 में मंदसौर ग्वालियर से प्रकाशित तथा राजाराम लोढा द्वारा संपादित *कुमार*, 1944 में प्रेम नारायण टंडन द्वारा संपादित *होनहार*, 1947 में एवट रोड लखनऊ से प्रकाशित *भारती* (संपादक पनराना कुंवर) और इसी वर्ष जोधपुर से प्रकाशित *झरना* (संपादक नेमीचंद्र भावुक), 1948 में कर्नलगंज, इलाहाबाद से प्रकाशित *बालभारती* (संपादक राजू दादा), जबलपुर से प्रकाशित *भाग्योदय* (संपादक टी. कृष्णास्वामी) और जमशेदपुर से 1950 के लगभग प्रकाशित *खिलौना* (संपादक अशोक बी.ए.)।

## प्रकाशन संस्थाएं

**इंडियन प्रेस, लिमिटेड, इलाहाबाद :** स्वर्गीय चिंतामणि घोष द्वारा स्थापित इस संस्था ने अकेले *सरस्वती* के प्रकाशन से हिंदी साहित्य में जो योगदान दिया है वह चिरस्मरणीय है। बाल-साहित्य का प्रकाशन तो सर्वप्रथम इसी संस्था ने किया। पाठ्य-पुस्तकों के क्षेत्र में खड्गविलास प्रेस या बिहार बंधु छापाखाना आदि को प्रथम प्रकाशक कहा जा सकता है किंतु पाठ्य-पुस्तकों से भिन्न साहित्य पर्याप्त मात्रा में बालकों को उपलब्ध कराने का दायित्व इसी संस्था ने लिया। मुंशी देवी प्रसाद मुंसिफ की पुस्तक 'विद्यार्थी विनोद' यहां से सन् 1889 में प्रकाशित हुई थी। बीसवीं शताब्दी

के प्रथम दशक में इसने पुराणों के बाल-संस्करण निकालकर तथा बंगला से अनेक पुस्तकों के अनुवाद प्रकाशित करके हिंदी बाल-साहित्य को प्रतिष्ठित किया। इस संस्था की देखादेखी इलाहाबाद की रामनारायण लाल नामक प्रकाशन संस्था ने भी इसी प्रकार का साहित्य प्रकाशित करना शुरू किया।

सन् 1917 में यहां से *बाल-सखा* का प्रकाशन होने लगा। उसके बाद तो बाल-साहित्य की पुस्तकें यहां से धड़ाधड़ प्रकाशित होने लगीं और आज भी इसकी गति कुछ ही मंद पड़ी है। विविध प्रकार की कहानियां, कविताएं, यात्रा कथाएं, जीवनियां, साहस और रोमांच की कहानियां, अंग्रेजी और बंगला की अनेक प्रसिद्ध पुस्तकों के अनुवाद आदि का विशाल साहित्य इस संस्था ने बच्चों को दिया है। इसके लेखकों में पं. रामजीलाल शर्मा, रसिकलाल दत्त, मुंशी देवी प्रसाद मुंसिफ, द्वारका प्रसाद चतुर्वेदी, देवीदत्त शुक्ल, संतराम बी.ए., पं. सुदर्शन, सोहनलाल द्विवेदी, आदि अनेक नाम उल्लेखनीय हैं।

इस संस्था की विशेषता यह रही है कि प्रारंभ से ही इसने बाल-साहित्य के प्रकाशन में गेटअप, चित्र, टाइप आदि के महत्व को समझा। जिस समय हिंदी के कई प्रकाशक फिल्मी गीतों की चौपड़ियों की कोटि की पुस्तकें निकालते जा रहे थे उस समय भी इंडियन प्रेस की पुस्तकें इन दिनों प्रकाशित अधिकांश पुस्तकों से बढ़िया होती थीं। अभी कुछ वर्ष पहले यहां से सोहनलाल द्विवेदी, निरंकार देव सेवक, चंद्रपाल सिंह यादव 'मयंक' आदि कुछ लेखकों की पुस्तकें प्रकाशित हुई हैं जो किसी भी अंतर्राष्ट्रीय प्रदर्शनी में सगर्व रखी जा सकती हैं।

**रामनारायण लाल, कटरा, प्रयाग :** इंडियन प्रेस की तरह इस संस्था ने भी बाल-साहित्य के प्रकाशन में बहुत पहले रुचि लेनी शुरू कर दी थी। रामायण और महाभारत आदि ग्रंथों के बाल-संस्करण, ऐतिहासिक और पौराणिक कथाओं की अनेक पुस्तकों से प्रारंभ करके इन्होंने कविता, कहानी, जीवनी, यात्रा वर्णन, वैज्ञानिक कहानियां आदि विविध प्रकार का साहित्य बच्चों को दिया। गेटअप आदि की दृष्टि से इस संस्था के प्रकाशन उच्च कोटि के होते थे और आज भी इन्हें आदर की दृष्टि से देखा जाता है। इसके लेखकों की सूची में अनेक प्रसिद्ध नाम हैं जैसे, हरिऔध, मन्नन द्विवेदी गजपुरी, कुंवर कन्हैयाजू देव, रामदहिन मिश्र, डा. नंदकिशोर सिंह, मुरारीलाल शर्मा, पांडे, ए.वी. और विद्या भास्कर शुक्ल, द्वारकाप्रसाद चतुर्वेदी, कामता प्रसाद गुरु आदि। अब तक संस्था विविध विधाओं की दो सौ से अधिक पुस्तकें बालकों के लिए प्रकाशित कर चुकी है।

**गंगा पुस्तकमाला, लखनऊ :** सन् 1920 में श्री दुलारे लाल भार्गव द्वारा

स्थापित इस संस्था ने *बाल विनोद* नामक मासिक पत्रिका बच्चों के लिए सन् 1934 में प्रकाशित की। उसके बाद ये लगातार बच्चों की पुस्तकें प्रकाशित कर रहे हैं। 'बाल विनोद' पुस्तकमाला के अंतर्गत ये दर्जनों सुंदर पुस्तकें प्रकाशित कर चुके हैं। 'शिशु' ज्ञान मंदिर के साहित्य की तरह इस संस्था के साहित्य ने भी बालकों को हास्य-विनोद की प्रचुर सामग्री दी है। इस संस्था के लेखकों में पं. जगन्नाथ प्रसाद चतुर्वेदी, जगमोहन विकसित, जहूरबख्श, भूपनारायण दीक्षित, वीरेंद्रकुमार पांडेय, लक्ष्मीनारायण टंडन, बाबूलाल भार्गव, गिरिजा शंकर द्विवेदी आदि उल्लेखनीय हैं।

**शिशु कार्यालय, प्रयाग :** स्वर्गीय सुदर्शनाचार्य द्वारा सन् 1916 में स्थापित इस संस्था से बच्चों की अत्यंत लोकप्रिय पत्रिका 'शिशु' प्रकाशित होती थी। यहां से बच्चों के लिए लगभग एक सौ पुस्तकें प्रकाशित हो चुकी हैं जिनके लेखकों में वंशीधर मिश्र, श्रीनाथ सिंह, ज्योतिप्रसाद मिश्र 'निर्मल', आदि प्रमुख हैं। स्वयं सुदर्शनाचार्य ने दर्जनों पुस्तकें लिखी हैं। इन पुस्तकों की अपनी विशेषता थी। हास्य-विनोद का एक निराला संसार ये बच्चों के आगे प्रस्तुत करती हैं। मानवीय वेशभूषा वाले पशुओं की कहानियां, हास्य प्रधान लोककथाएं, यथार्थ जीवन की रोचक कहानियां, मजेदार चित्रों के साथ प्रकाशित की जाती थीं। प्रकाशन और पुस्तक सज्जा के वर्तमान मानकों के अनुसार ये पुस्तकें भले ही उच्च कोटि की न हों किंतु आज से तीस-चालीस वर्ष पहले इन्हें हर दृष्टि से बहुत अच्छी पुस्तकें माना जाता था।

'शिशु' की तरह शिशु ज्ञान मंदिर की पुस्तकों का भी बाल-साहित्य में विशेष स्थान है। ये पुस्तकें बच्चों को शिक्षा और उपदेश से आक्रांत नहीं करती हैं और उन्हें जल्दी-से-जल्दी सयाना वयस्क बनाने का प्रयत्न नहीं करती हैं बल्कि उन्हें अपने बचपन के सुखद क्षणों का उपभोग करने का पूरा अवसर देती हैं। इस दृष्टि से वर्तमान काल का साहित्य शिशु ज्ञान मंदिर के साहित्य से पिछड़ा हुआ लगता है।

**छात्र हितकारी पुस्तकमाला, दारागंज, प्रयाग :** इसकी स्थापना सन् 1918 में हुई। प्रारंभ में यह संस्था विद्यार्थियों के लिए पाठ्य-पुस्तकें विशेष रूप से प्रकाशित करती थी। बाद में यह अपनी जीवनीमाला के लिए बहुत प्रसिद्ध हुई। देश-विदेश के अनेक महापुरुषों के जीवन प्रसंगों की एक सौ से अधिक पुस्तकें यहां से छप चुकी हैं। अनेक पुस्तकों के कई संस्करण हुए हैं। जीवनियों के अतिरिक्त यात्रा, खोज तथा आविष्कार की कहानियां, साहस, खेलकूद और जंगली जानवरों की कहानियां, ऐतिहासिक और पौराणिक कहानियां आदि भी प्रकाशित की हैं। इस संस्था के लेखकों में जहूरबख्श, गणेश पांडेय, व्यथित हृदय, केदारनाथ गुप्त, जगपति चतुर्वेदी आदि के नाम मुख्य हैं। कम कीमत की ओर विशेष ध्यान दिए जाने के

कारण पुस्तक सज्जा आदि की दृष्टि से इस संस्था की पुस्तकें उत्कृष्ट कोटि की भले ही न हों किंतु इसने विविध प्रकार की सामग्री जुटा कर बालकों का जो हित किया है उसे भुलाया नहीं जा सकता है।

**मिश्रबंधु कार्यालय, जबलपुर :** मध्य प्रदेश की इस संस्था की स्थापना 1930 के आस-पास हुई थी। इसके संस्थापक हैं पं. नर्मदा प्रसाद मिश्र। लगभग चालीस वर्षों की अवधि में इसने सैकड़ों पुस्तकें प्रकाशित की हैं जिनमें से विभिन्न कक्षाओं में पढ़ाई जाने के लिए पाठ्य-पुस्तकें अथवा सहायक पुस्तकें भी हैं किंतु बच्चों का स्वस्थ मनोरंजन करनेवाली अनेक पुस्तकें भी हैं। रंग-बिरंगे चित्र, बढ़िया छपाई, कम दाम और रोचक सामग्री इनकी पुस्तकों की विशेषताएं हैं और इनके कारण ये पुस्तकें समस्त उत्तर भारत के बच्चों में लोकप्रिय हुईं। अनेक पुस्तकों के एक दर्जन से अधिक संस्करण निकल चुके हैं।

विभिन्न आयुवर्गों के बालकों की आवश्यकताओं तथा ग्रहण-क्षमताओं को देखते हुए पुस्तकों का प्रकाशन सर्वप्रथम इसी संस्था ने किया। छोटे बच्चों द्वारा आसानी से पढ़ी जाने वाली संयुक्ताक्षर रहित पुस्तकें और चित्र-प्रधान पुस्तकें इसने बड़ी संख्या में प्रकाशित की हैं।

कविता, नाटक, जीवनियां, ऐतिहासिक-पौराणिक कहानियां, यथार्थ जीवन के प्रसंग, मानवीय वेशभूषा वाले पशुओं की हास्य-प्रधान कथाएं, मनमोहक परीकथाएं, साहस और रोमांच की कहानियां आदि विविध प्रकार का साहित्य इस संस्था ने प्रकाशित किया है। इसके लेखकों में पं. नर्मदा प्रसाद मिश्र, गणेश राम मिश्र, अमृत लाल दुबे, आत्माराम देवकर, सुखराम चौबे गुणाकर, स्वर्ण सहोदर और जहूरबख्श आदि मुख्य हैं।

**बाल शिक्षा समिति, बांकीपुर, पटना :** इस संस्था की स्थापना शाहबाद (आरा) जिला निवासी पं. रामदहिन मिश्र ने 1935 के आस-पास की। प्रारंभ में यह संस्था स्कूलों के लिए पाठ्य-पुस्तकों का प्रकाशन करती थी किंतु आगे चलकर इसने बच्चों को ऐतिहासिक-पौराणिक कहानियां, अनेक उच्च कोटि की जीवनियां, साहसपूर्ण यात्राएं, तथा वैज्ञानिक आविष्कारों आदि की अनेक पुस्तकें दीं। प्रकाशन की कोटि की दृष्टि से इन पुस्तकों का हमेशा आदर होता था। इस संस्था के लेखकों में रामदहिन मिश्र, देवकुमार मिश्र, रायबहादुर बेचू नारायण, काशीनाथ त्रिवेदी आदि लेखकों के नाम उल्लेखनीय हैं।

**हिंदी मंदिर, प्रयाग :** स्व. श्री रामनरेश त्रिपाठी द्वारा सन् 1924 के आस-पास स्थापित इस संस्था से 1931 में 'बानर' पत्रिका का प्रकाशन होने लगा था। इस

पत्रिका में प्रकाशित उत्कृष्ट कोटि की रचनाओं को हिंदी मंदिर से पुस्तक रूप में प्रकाशित किया जाने लगा। 'बानर' के लिए त्रिपाठी जी स्वयं ही अधिकांश सामग्री जुटाते थे अतः हिंदी मंदिर की अधिकांश पुस्तकों के लेखक स्वयं त्रिपाठी जी तथा उनके सुपुत्र आनंद कुमार जी हैं। इन पुस्तकों में जीवनियां, त्रिपाठी जी द्वारा लिखित कहानियों तथा कविताओं के संग्रह, आनंद कुमार द्वारा लिखित विविध प्रकार की लोककथाएं, नीतिपरक कथाएं तथा ऐतिहासिक कहानियां हैं।

**गीताप्रेस, गोरखपुर :** सन् 1923 में श्री जयदयाल गोयंका द्वारा स्थापित इस संस्था का प्रमुख उद्देश्य धार्मिक साहित्य को सस्ते दामों में लोगों तक पहुंचाना है। बालकों के लिए धार्मिक कथाएं और चरित्र-निर्माण की कहानियां, महान विभूतियों के जीवन-चरित्र, नीति-शिक्षा की कहानियां आदि प्रकाशित करके इन्हें बहुत सस्ते दामों में भारत भर के बालकों तक पहुंचाने के लिए यह संस्था बाल-साहित्य में स्मरणीय है। संस्था ने एक विशिष्ट प्रकार का साहित्य ही बच्चों को दिया किंतु वह इतना लोकप्रिय हुआ कि इसकी कुछ पुस्तकें लाखों की संख्या में छपीं और बिकी हैं। भारत के गरीब बच्चों को एक-डेढ़ आने में सुंदर चित्रों से भरपूर पुस्तकें इसी संस्था ने उपलब्ध कराई हैं।

**पुस्तक भंडार, लहेरिया सराय :** सन् 1913 में आचार्य रामलोचन शरण ने लहेरिया सराय, दरभंगा में पुस्तक भंडार की स्थापना की। इससे पहले ही वे पाठ्य-पुस्तकों के सफल लेखक के रूप में बिहार में प्रतिष्ठित हो चुके थे। भंडार की स्थापना के बाद उनके लेखन की गति तीव्र हो गई। श्री ब्रजनंदन सहाय 'ब्रजबल्लभ' के शब्दों में, "आज तक उन्होंने सैकड़ों पाठ्य-पुस्तकें निकाल डाली हैं जो साहित्य, व्याकरण, निबंध, इतिहास, भूगोल, गणित, स्वास्थ्य, विज्ञान आदि विषयों पर बड़े मार्मिक एवं सरल ढंग से लिखी गई थीं।"[39]

यद्यपि यह संस्था प्रमुख रूप से पाठ्य-पुस्तकों के प्रकाशन का काम करती रही किंतु 1927 में *बालक* पत्रिका निकलने के बाद उसने पाठ्य-पुस्तकों से भिन्न साहित्य का प्रकाशन भी किया। संस्था की पुस्तक सूची में अनेक जीवनियां, रामवृक्ष बेनीपुरी द्वारा लिखित अनेक सुंदर पुस्तकें तथा आचार्य रामलोचन शरण की अनेक पुस्तकें सम्मिलित हैं। भंडार से प्रकाशित जीवनियां काफी विस्तृत हैं और बड़े बच्चों के लिए उपयुक्त हैं।

**हिंदी साहित्य सम्मेलन, प्रयाग :** सम्मेलन की स्थापना सन् 1910 में हुई थी किंतु वयस्क साहित्य के प्रकाशन तथा हिंदी के प्रचार से संबंधित अन्य गतिविधियों में अत्यधिक व्यस्त रहने के कारण तथा सीमित साधनों के कारण वह बाल-साहित्य

के प्रकाशन की ओर विशेष ध्यान नहीं दे सका। मुजफ्फरपुर के सम्मेलन में श्री वियोगी हरि ने मंगलाप्रसाद पारितोषिक की बारह सौ रुपए की राशि सम्मेलन को दान दे दी जिससे बाल-साहित्य के प्रकाशन का निर्णय किया गया था। इस धनराशि से सम्मेलन ने कुछ पुस्तकें प्रकाशित कीं जो विषय-वस्तु की दृष्टि से बहुत अच्छी होते हुए भी गेटअप आदि की दृष्टि से साधारण कोटि की हैं। अब तक सम्मेलन से लगभग पंद्रह पुस्तकें प्रकाशित हो चुकी हैं जिनमें श्रीनाथ सिंह, स्वर्ण सहोदर, सत्यप्रकाश कुलश्रेष्ठ, देवी दयाल चतुर्वेदी आदि की कविताएं उल्लेखनीय हैं।

**नागरी प्रचारिणी सभा, बनारस :** सन् 1893 में स्थापित सभा ने बाल-साहित्य की ओर हिंदी साहित्य सम्मेलन से भी अधिक उदासीनता दिखाई। सन् 1942 के आस-पास श्रीमती रामदुलारी दुबे ने अपनी स्वर्गीया माता श्रीमती रुक्मिणी देवी की स्मृति में 2,000 रुपए की राशि सभा को दान दी जिससे बालोपयोगी तथा स्त्रियोपयोगी पुस्तकें छापने का निर्णय हुआ। इस निर्णय के फलस्वरूप सभा ने बालकों के लिए 'बिगुल' नाम का कहानी-संग्रह छापा जिसके लेखक गंगाप्रसाद मिश्र हैं। विषय-वस्तु और पुस्तक सज्जा दोनों दृष्टियों से यह पुस्तक अत्यंत सामान्य कोटि की है।

उपर्युक्त संस्थाओं के अतिरिक्त बहुत सी अन्य संस्थाओं ने भी बाल-साहित्य के निर्माण में महत्वपूर्ण योगदान दिया है। हिंदी पुस्तक एजेंसी से बैजनाथ केडिया ने पचासों पुस्तकें बच्चों के लिए प्रकाशित कीं जिनमें परीकथाओं और लोककथाओं के अतिरिक्त हास्य-विनोद की अनेक कहानियां हैं। छोटी-छोटी पुस्तकों के रूप में प्रकाशित ये पुस्तकें सस्ते दामों के कारण बहुत बिकती थीं। बैजनाथ केडिया ने *नानी की कहानी* सात खंडों में प्रकाशित करके बालकों को लोककथाओं का बहुत बड़ा भंडार दिया है।

बैजनाथ केडिया की तरह ही भगवानदास अवस्थी ने ज्ञानलोक, प्रयाग से बच्चों के लिए परीकथाओं, लोककथाओं तथा हास्य विनोद की कहानियों की कुछ दर्जन पुस्तकें प्रकाशित कीं। अधिकांश पुस्तकें फिल्मी गीतों की चौपड़ियों के आकार के 32 पृष्ठों में बड़े सस्ते ढंग से छपी हैं किंतु मजेदार कहानियों के कारण ये पुस्तकें भी बच्चों में अच्छी खपी हैं।

दक्षिण भारत हिंदी प्रचार सभा, मद्रास ने दक्षिण में हिंदी के प्रचार-प्रसार के लिए बहुत सी पुस्तकें प्रकाशित की हैं जिनमें अधिकांश तो पाठ्य-पुस्तकें हैं किंतु कुछ पुस्तकें बाल-साहित्य के अंतर्गत भी आती हैं। इन पुस्तकों में कुछ दक्षिण भारतीय भाषाओं की बाल-कहानियों के अनुवाद और कुछ में जीवनियां हैं। आचार्य

महावीर प्रसाद द्विवेदी द्वारा लिखित *पांडव बनवास* नामक बाल-उपन्यास भी इसी संस्था ने प्रकाशित किया है।

विश्वेश्वरानंद वैदिक शोध-संस्थान, होशियारपुर (सन् 1903 में स्थापित) ने बाल-साहित्य के प्रकाशन में, प्रारंभ से ही बड़ी रुचि ली है और अब तक वह दो दर्जन से अधिक पुस्तकें प्रकाशित कर चुका है जिनमें अधिकांश ऐतिहासिक-पौराणिक कहानियां तथा संस्कृत ग्रंथों की कहानियां हैं।

बीकानेर की प्रकाशन संस्था नवयुग ग्रंथ कुटीर ने दर्जनों पुस्तकें अब तक प्रकाशित की हैं जिनमें से अधिकांश के लेखक स्वयं शंभूदयाल सक्सेना ही हैं। इनमें ऐतिहासिक-पौराणिक कथाएं, जीवनियां, लोरियां तथा अन्य बालगीत शामिल हैं।

इसके अतिरिक्त गया प्रसाद एंड संस, आगरा; हिंदी भवन, लाहौर; साहित्य भवन, इलाहाबाद; हिंदी प्रचारक पुस्तकालय, बनारस से भी काफी मात्रा में अच्छी कोटि का बाल-साहित्य प्रकाशित हुआ है।

**लेखकों का योगदान :** साहित्य के निर्माण में पत्रिकाओं और प्रकाशन संस्थाओं के साथ-साथ लेखकों के वैयक्तिक प्रयास का भी बड़ा महत्व होता है। यहां सभी लेखकों के विषय में विस्तार से कुछ लिखना संभव नहीं होगा अतः केवल उन्हीं लेखकों का साहित्यिक परिचय दिया जा रहा है जिनकी चर्चा (पत्रिकाओं अथवा प्रकाशन संस्थाओं के संदर्भ में) गत पृष्ठों में नहीं की जा सकी है तथा जिन्होंने पूरी निष्ठा से अनेक पुस्तकें लिखकर बाल-साहित्य की श्रीवृद्धि की है।

**'हरिऔध' (पं. अयोध्या प्रसाद उपाध्याय) :** सुप्रसिद्ध महाकवि 'हरिऔध' का जन्म 1865 में निजामाबाद, जिला आजमगढ़ में हुआ था। वात्सल्य रस-प्रधान महाकाव्य *प्रियप्रवास* के लेखक होने के कारण बच्चों की ओर उनका झुकाव स्वाभाविक ही था। श्रीकृष्ण के बाल्य-जीवन ने ही संभवतः उन्हें बच्चों की आवश्यकताओं की ओर आकृष्ट किया। वे प्रमुख रूप से वात्सल्य रस के कवि थे अतः बच्चों के लिए भी वात्सल्य रसपूर्ण कविताएं लिखा करते थे। बाल-साहित्य का हमारे पास उस समय कोई मानदंड नहीं था। परंपरा से बालकों से संबंधित साहित्य हमें केवल ऐसा ही मिला था जो वात्सल्य रस-प्रधान था। *बाल-कवितावली* में उनकी बहुत-सी ऐसी कविताएं हैं जो वात्सल्य रस-प्रधान होने के कारण बालकों की अपेक्षा वयस्कों द्वारा आस्वाद्य हैं। कहीं-कहीं पर उन्होंने प्यार के साथ बच्चे को कही गई किसी साधारण बातचीत को ही कविता बना डाला है। उदाहरण के लिए *बाल विकास* में उनकी एक कविता इस प्रकार है

"तूने क्यों नन्हीं को मारा!
कितनी है यह भोली-भाली
कितना है इसका मुख प्यारा
दया नहीं क्या आती तुझको
देख बही आंसू की धारा।"[40]

किंतु उन्होंने बच्चों की सुपरिचित वस्तुओं आदि का जिन कविताओं में वर्णन किया है वे बहुत सुंदर बन पड़ी हैं। भाषा पर न केवल उनका अधिकार था बल्कि वे खड़ी बोली की कोमल-कांत पदावली के निर्माता भी माने जाते हैं। शब्द-चयन से चमत्कार पैदा करने में वे सिद्धहस्त थे। चुभते-चौपदे और चोखे चौपदे लिखकर उन्होंने यह सिद्ध कर दिया है। बालकों को शब्दों का जादू बरबस मोह लेता है और उस जादू में हरिऔध जी निष्णात थे। साधारण से साधारण बात को भी वे शब्दों के जादू से चमत्कारपूर्ण बना देते थे। तारे छिप गए, कलियां खिल गईं और प्रातःकाल हो गया, एक साधारण कथन मात्र है किंतु हरिऔध जी ने निम्नलिखित पंक्तियों में इसी कथन में मामूली सा हेर-फेर करके एक चमत्कार उत्पन्न कर दिया है

"छिप गए तारे, वही प्यारी हवा
खिल गईं कलियां, सवेरा हो गया।"

जैसा कि पीछे कहा जा चुका है हरिऔध जी ने श्रीकृष्ण के चरित्र के माध्यम से बालकों की दुनिया में प्रवेश किया था। वे बालक के हृदय से भली-भांति परिचित थे। उनकी दृष्टि मुख्य रूप से यशोदा की दृष्टि थी। किंतु आराधक की तल्लीनता की एक स्थिति ऐसी भी होती है जब वह अपने अस्तित्व को भूलकर आराध्यमय ही हो जाता है। इसीलिए कभी-कभी हरिऔध जी अपने यशोदा रूप को भूलकर बालक मात्र बनकर सोचने लग जाते थे। ऐसे क्षणों में उनकी कविताओं में बालकों के हृदय के स्पंदन होते थे। उनकी इस प्रकार की एक कविता वह है जिसमें बादलों की गोद से निकलकर धरती की ओर आने वाली नन्हीं बूंद के हृदय में उठने वाले भावों का वर्णन किया गया है। नन्हीं बूंद नन्हें बालक की तरह है जिसके समक्ष विस्तृत संसार है किंतु उसे यह पता नहीं कि वह इसमें कहां स्थान पाएगी, उसकी क्या दशा होगी, वह सुखी रहेगा या दुखी। संभवतः बालकों की इन अंतर्निहित भावनाओं को स्पर्श करने के कारण यह कविता बालकों में इतनी लोकप्रिय हो सकी।

किंतु बालकों की दुनिया से पूर्ण तादात्म्य के क्षण बहुत कम आते हैं। साधारण स्थिति में वे बच्चों को बुजुर्ग की स्थिति से प्यार अथवा उपदेश भर दे सकते

हैं। ऐसे स्थानों में शब्दों के शृंगार के बावजूद कविता में आकर्षण पैदा नहीं हो सका है। उदाहरण के लिए निम्नलिखित पंक्तियों में बच्चों के दिल को स्पर्श करने वाली कोई चीज नहीं मिलती

"लो पकड़ लड़को जुगनुओं को न तुम,
हाथ में पड़ हैं मुसीबत झेलते।
खेलते तुम लोग अपना खेल हो,
वे विचारे जान पर हैं खेलते।"[41]

हरिऔध जी की बाल रचनाएं *बाल विश्व, बाल विलास, फूल पत्ते, पद्यप्रसून, चंद्रखिलौना, खेल तमाशा,* आदि पुस्तकों में संगृहीत हैं।

**रामनरेश त्रिपाठी :** हिंदी के प्रसिद्ध साहित्यकार रामनरेश त्रिपाठी का जन्म सन् 1889 में ग्राम कोइरीपुर, जिला जौनपुर में हुआ था। प्रौढ़-साहित्य के प्रसिद्ध लेखक होते हुए भी इन्होंने बच्चों के लिए पूरी गंभीरता के साथ कविता, कहानी, जीवनियां आदि प्रचुर मात्रा में लिखीं। 1924 में हिंदी मंदिर प्रयाग की स्थापना करने के बाद उन्होंने प्रकाशन का काम प्रारंभ किया और 1931 में *बानर* पत्रिका निकालकर वे बाल-साहित्य की अभिवृद्धि में मिशनरी भावना से जुट गए। कविता में *हंसू की हिम्मत, कविता विनोद* (दो भाग), *बानर संगीत, मोहन माला* आदि अनेक पुस्तकें; कहानी में 'बाल-कथा कहानी' लगभग दो दर्जन भाग, 'बुढ़िया किसे खाऊं', 'चटक मटक की गाड़ी,' 'चुड़ैल रानी,' 'डंकू,' 'पकड़ पूछकटे को,' 'बेल कुमारी,' 'फूल रानी,' 'तीन मेमने,' आदि दर्जनों कहानियां और जीवनियों में चंद्रगुप्त, अशोक, महात्मा बुद्ध आदि की जीवनियां लिखकर उन्होंने बच्चों को विविध प्रकार का प्रचुर साहित्य दिया है।

कविता में उन्होंने कथा कविताएं, वस्तुवर्णन की कविताएं, नान्सेंस तुकबंदियां और खेल के गीत विशेष रूप से लिखे हैं और इन सभी रूपों में उन्हें सफलता मिली है। 'हंसू की हिम्मत' में हंसू नाम के एक बत्तख के बच्चे की कहानी है जो अनेक साहसपूर्ण प्रसंगों और रोचक वर्णनों के कारण सुंदर बन पड़ी है। हंसू बाज के पंजे से छूटकर पानी में गिरता है उस समय का वर्णन देखिए

"गिर पड़ा हंसू पानी में छप से,
गिरते ही गिरते डूब गया गप से।
पानी ही पानी, पानी ही पानी
पैंदे तक केवल पानी ही पानी...

कहीं नहीं सड़कें कहीं नहीं गलियां
यहां, वहां, जहां, तहां
तीर सी हैं दौड़ती सैकड़ों मछलियां।''[42]

'बानर संगीत' में उन्होंने बच्चों के खेलने, गाने और अभिनय करने के लिए कुछ राग-रंग उनके पुराने गानों से चुन लिये हैं और कुछ बिलकुल नए बना दिए हैं। भूमिका में लेखक बच्चों के परंपरा-गीतों के समाप्त होते जाने के लिए नई सभ्यता की व्यस्तता को दोषी ठहराते हैं और कहते हैं ''इसका परिणाम यह हुआ कि पुराने गीत, पुराने खेल, और पुराने नृत्य तथा अभिनय हमारे अंदर से चुपचाप खसक गए। वे बाहर नहीं गए। वे हमारे ही घरों में छटपटा कर मर गए।... अहो! कितनी बड़ी हानि है! हमारे बच्चों का सुख ही चला गया न!''[43]

इस प्रकार 'बानर संगीत' द्वारा उन्होंने न केवल कुछ प्राचीन गीतों को सजा-संवार कर प्रस्तुत किया है अपितु उनके ढंग पर कुछ नए गीत भी दिए हैं। 'बाल कथा कहानी' के अनेक भाग लिखकर त्रिपाठी जी ने बच्चों को शिक्षाप्रद लोक-कथाओं और नीतिकथाओं का काफी बड़ा संग्रह दिया है। हिंदी मंदिर और 'बानर' के साथ-साथ उनका वैयक्तिक योगदान भी बाल-साहित्य में सदा स्मरणीय है।

**मुंशी प्रेमचंद :** हिंदी कथा साहित्य के सम्राट मुंशी प्रेमचंद बाल-साहित्य की ओर अधिक ध्यान नहीं दे पाए तथापि उन्होंने बच्चों के लिए विशेष रूप से कुछ पुस्तकें लिखी हैं। उनकी बाल रचनाओं में *जंगल की कहानियां, कुत्ते की कहानी, रामचर्चा* और *दुर्गादास* बहुत लोकप्रिय हुई हैं। *जंगल की कहानियां* अफ्रीकी जंगलों के कुछ शिकार प्रसंगों पर आधारित हैं और बहुत रोचक हैं। *कुत्ते की कहानी* आत्मकथा शैली में लिखी गई है और इसमें कुत्तों की स्वामी-भक्ति आदि के बारे में प्रचलित अनेक कहानियों को भी जोड़ दिया गया है। कुल मिलाकर कथा रोचक बन गई है। *रामचर्चा* में रामायण की कहानी विशेषकर राम के जीवन की झांकी सरल शैली में प्रस्तुत की है। कथा के निरंतर प्रवाह के कारण कहीं रोचकता में कमी नहीं आती। इस पुस्तक की छपाई, जिल्दबंदी आदि उच्च कोटि की हैं। दुर्गादास की जीवनी भी बड़ी प्रभावपूर्ण शैली में लिखी गई है यद्यपि इस पुस्तक में चित्रों का अभाव खटकता है।

किंतु इन रचनाओं के अतिरिक्त उनके विभिन्न संग्रहों में ऐसी कहानियां बिखरी पड़ी हैं जो मामूली परिवर्तन करने के बाद बच्चों के लिए यथार्थ जीवन की बहुत सुंदर कहानियां बन सकती हैं। उदाहरण के लिए 'ईदगाह' बाल-साहित्य की एक उत्कृष्ट रचना है।

**पंडित सुदर्शन :** हिंदी के सुप्रसिद्ध कहानीकार पं. सुदर्शन ने बच्चों के लिए बहुत कुछ लिखा है और वह खूब सोच-समझकर, बच्चों की रुचियों और आवश्यकताओं को देखते-समझते हुए। 1907 के लगभग बारह-तेरह वर्ष की अवस्था में उन्होंने उर्दू भाषा में लिखना शुरू किया था। बाद में जब वे हिंदी में लिखने लगे तो बड़ों के साथ-साथ बच्चों के लिए भी बराबर लिखते रहे। उनकी अब तक एक दर्जन के लगभग बाल-पुस्तकें प्रकाशित हो चुकी हैं जिनमें *रुस्तम सोहराब* (उपन्यास), *राजकुमार सागर* (उपन्यास), *अंगूठी का मुकदमा* और *फूलवती* (कुछ अंग्रेजी कहानियों का रूपांतरण), *पारस, सात कहानियां, बच्चों का हितोपदेश, बाल रामायण* और *बाल महाभारत* आदि उल्लेखनीय हैं।

जैसा कि उपर्युक्त पुस्तक-सूची से पता चलता है उन्होंने बच्चों को ऐतिहासिक-पौराणिक कथाएं, अनूदित कथाएं, शिक्षाप्रद लोककथाएं दी हैं। *पारस* पुस्तक में उनकी कुछ कहानियां यथार्थ जीवन के आदर्शपूर्ण प्रसंगों को लेकर लिखी गई हैं। कहानी कहने की शैली में नवीनता लाने का प्रयास सर्वत्र दिखाई देता है। *बच्चों का हितोपदेश* में उन्होंने हितोपदेश की कहानियों को गुरु-शिक्षा संवाद प्रणाली में प्रस्तुत किया है। कुछ समय से उनका ध्यान बालकों के लिए पाठ्य-पुस्तकें लिखने की ओर विशेष रूप से रहा है और उनकी पुस्तक *सब की बोली* के आठ भाग महाराष्ट्र में बहुत लोकप्रिय हुए हैं।

बाल-साहित्य में नीति शिक्षा को वे अनिवार्य मानकर चलते हैं। इसके अतिरिक्त बालक को विद्यार्थी मानकर उनके भाषा-ज्ञान आदि में वृद्धि करने का लक्ष्य भी उनके समक्ष रहता है। *अंगूठी का मुकदमा* पुस्तक की भूमिका में वे लिखते हैं

> ''यह कहानियां लिखते समय मैंने इस बात का पूरा खयाल रखा है कि इन्हें पढ़कर तुम्हारी भाषा अच्छी हो, तुम्हारी जानकारी बढ़े, तुम्हें नए-नए शब्द आएं और तुम अपने चार दोस्तों से लायक बन जाओ। मैंने इस बात का भी ध्यान रखा है कि हर कहानी से तुम्हें कोई न कोई सबक मिले और तुम्हारी आदतें सुधरें और तुम्हारा चाल-चलन अच्छा हो। मगर मेरे लिखने से क्या होता है अगर तुम मेरी बातों पर अमल न करो।''[44]

**पं. सुखराम चौबे 'गुणाकर' :** पं. सुखराम चौबे मध्य प्रदेश के सुप्रसिद्ध हिंदी-लेखी तथा आशुकवि थे। प्राथमिक स्कूल के एक साधारण शिक्षक से प्रारंभ करके वे उर्दू का खुलकर विरोध करने के बावजूद उन्नति करते गए और व्यायाम-शिक्षक तथा अंत में सुपरवाइजर बने। नब्बे वर्ष की अवस्था में उनका स्वर्गवास हुआ।

उन्होंने दस-ग्यारह वर्ष की अवस्था में ही हिंदी में काव्य-रचना प्रारंभ कर दी थी। बालकों के लिए अत्यंत सीधी और सरल भाषा में कविता लिखने के लिए वे प्रसिद्ध थे। उनकी कविताएं मध्य प्रदेश की पाठ्य-पुस्तकों में तथा बाल-साहित्य की प्राचीन पत्रिकाओं में बिखरी पड़ी हैं। उन्होंने अपना अधिकांश साहित्य विद्यार्थी वर्ग के लिए ही लिखा है किंतु उनकी पुस्तकें आज उपलब्ध नहीं हैं।

**जहूरबख्श :** भोपाल के सुप्रसिद्ध हिंदी साहित्य-सेवी स्व. जहूरबख्श प्रमुखतः बच्चों के लेखक रहे हैं। सन् 1887 में मछरियाही (सागर) में एक मुस्लिम परिवार में आपका जन्म हुआ था। एक अध्यापक के नाते आपका बालकों के साथ लंबे समय तक संबंध रहा है। इस बीच आपने छोटी-बड़ी लगभग पौने दो सौ पुस्तकें लिखी हैं।

हिंदी बाल-साहित्य के निर्माण में इनका योगदान हमेशा स्मरणीय है। विविध प्रकार के साहित्य की दर्जनों पुस्तकें अब तक बालकों के लिए लिखी हैं जिनमें *वीरों की सच्ची कहानियां, इतिहास की कहानियां, मनोहर ऐतिहासिक कहानियां, मजेदार कहानियां, मनोरंजक कहानियां, रानी बिटिया, घोड़ों की खेती, झोंपड़ी का लाल, धन्य ये बेटियां* (तीन भाग), *सोनपरी, हत्तेरे गधे की, हाय नागिन, ईसप की कहानियां* आदि अनेक पुस्तकें उल्लेखनीय हैं। उपर्युक्त पुस्तकों में ऐतिहासिक-पौराणिक जीवन-प्रसंग, कल्पना प्रधान कहानियां, हास्य-मनोरंजन की कहानियां, साहस और रोमांच की कहानियां, लोककथाएं तथा यथार्थ जीवन की कहानियां सभी प्रकार की सामग्री है। *पहेली बुझौवल* नामक पुस्तक में उन्होंने पहेलियों का एक अच्छा संग्रह भी बच्चों को दिया है।

कहानियों में कथन की प्रभावपूर्ण शैली, हास्य-विनोद का पुट और रोचकता का तत्व सर्वत्र विद्यमान है। *वीरों की सच्ची कहानियां* नामक पुस्तक में महात्मा बुद्ध से लेकर औरंगजेब तक के इतिहास प्रसिद्ध चरित्रों को सिलसिले से प्रस्तुत किया गया है जिससे कहानियां पढ़ने के बाद बालक के मन पर इस काल के इतिहास का एक चित्र भी बैठ जाता है। *धन्य ये बेटियां* नामक पुस्तक विशेष रूप से लड़कियों की आवश्यकताओं को देख कर लिखी गई हैं और एक बड़े अभाव की पूर्ति करती हैं। इसमें देश-विदेश की प्रसिद्ध बालिकाओं के प्रेरणादायक जीवन-प्रसंग प्रस्तुत किए गए हैं। *मजेदार कहानियां* नामक पुस्तक में उन्होंने पुराने ढंग की कुछ मौलिक कहानियां लिखने का प्रयास भी किया है; भूमिका में उन्होंने लिखा है, ''इसमें हमने प्राचीन ढंग की कुछ कहानियां लिखी हैं और उन्हें लिखने में कहीं से भी सहारा नहीं लिया है। कुछ कहानियां तो बिलकुल ही कल्पित हैं और कुछ ऐसी हैं जो हमने

समय-समय पर अपने घर की वृद्धाओं से सुनी हैं।''[45]

किंतु इन मौलिक कथाओं को सुनी-सुनाई कथाओं से पृथक् करना संभव नहीं है।

जहूरबख्श जी की अधिकांश पुस्तकों की छपाई आदि सामान्य कोटि की हैं किंतु विषय-वस्तु की दृष्टि से इनका साहित्य उच्च कोटि का है।

**रामवृक्ष बेनीपुरी :** हिंदी साहित्य के सुप्रसिद्ध शैलीकार तथा प्रगतिशील लेखक बेनीपुरी जी ने बाल-साहित्य के निर्माण का काम मिशनरी भावना से किया है। उनकी लेखनी का चमत्कार सर्वप्रथम बाल-साहित्य में ही प्रकट हुआ। बिहार की सुप्रसिद्ध पत्रिका 'बालक' के संपादन काल में उन्होंने बच्चों के लिए अनेक सुंदर पुस्तकें लिखी हैं। वस्तुतः उस समय उन्होंने केवल बच्चों के लिए लिखने का ही संकल्प कर रखा था। उन्हीं दिनों में प्रकाशित *आविष्कार और आविष्कारक* नामक पुस्तक की भूमिका में उन्होंने लिखा है, ''मैंने प्रतिज्ञा कर ली है कि अपनी बाकी जिंदगी में केवल बच्चों के लिए ही लिखूंगा। जहां-कहीं जिस किसी भाषा में बच्चों के तुम लोगों के योग्य साहित्य पाऊंगा उसे निस्संकोच अपनी भाषा में तुम्हारे निकट लाऊंगा। मैं जानता हूं इसके लिए कितने ही ग्रंथकीट समालोचक मुझे चोर, डाकू आदि नाम से पुकारेंगे, कहेंगे मैंने अमुक ग्रंथ से अमुक कथा चुराई है आदि-आदि किंतु मुझे इनकी परवाह नहीं। तुम बड़े होंगे तो स्वयं जान जाओगे कि मैंने कौन सी कथा कहां से ली थी और किस रूप में कैसे अच्छे ढंग से तुम्हारे सामने रखा था।...मुझे विश्वास है कि बड़ा होने पर तुम मुझे पूरा हितकारी समझोगे और इन समालोचकों की करतूतों को याद कर खूब हंसोगे। मुझे गाली मिले या प्रशंसा मैं चुपचाप अपने भले-बुरे कामों की कोई कैफियत दिए बिना काम करता जाऊंगा। देखूं कब तक जीता हूं और तुम्हें कितनी पुस्तकें दे सकता हूं।''[46]

और बेनीपुरी जी ने अपने संकल्प के अनुसार बच्चों को संसार का उत्कृष्ट साहित्य अपनी शैली में ढालकर उपलब्ध कराया। *बेटे हों तो ऐसे* और *बेटियां हों तो ऐसी, अमर कथाएं, संसार की मनोरम कथाएं, पदचिह्न, आविष्कार और आविष्कारक, अनोखा संसार, पृथ्वी पर विजय* और *प्रकृति पर विजय* आदि अनेक रचनाओं की सामग्री उन्होंने विविध स्रोतों से प्राप्त की है किंतु उसे जिस शैली में बच्चों के आगे प्रस्तुत किया है वह उनकी निजी शैली है। इन पुस्तकों की प्रत्येक पंक्ति में बेनीपुरी जी का व्यक्तित्व दिखाई देता है अतः उनके पुनर्कथन में भी मौलिकता है। बाल-साहित्य में कहानियों आदि की सामग्री रामायण, महाभारत, हितोपदेश, ईसप आदि अनेक स्रोतों से हमेशा ही प्राप्त की जाती रही है और यदि बेनीपुरी जी ने कुछ अंग्रेजी पुस्तकों से कहानियां ली हैं तो कोई बड़ा अपराध नहीं किया है अपितु बच्चों

को एक प्रभावपूर्ण शैली में विविध प्रकार का साहित्य प्रस्तुत करने के लिए बच्चे उनके प्रति हमेशा आभारी रहेंगे।

उनकी लगभग दो दर्जन पुस्तकें *बेनीपुरी बाल ग्रंथावली* में संगृहीत हैं। उनमें साहस, रोमांच और देशभक्तिपूर्ण कहानियां, इतिहास और संस्कृति का मनोहर चित्र प्रस्तुत करने वाली कहानियां, आधुनिक विज्ञान के चमत्कारों से पूर्ण कहानियां, हास्य-विनोद की सामग्री प्रस्तुत करने वाली कहानियां, महान यात्रियों और लेखकों के जीवन-चरित्र आदि विभिन्न प्रकार का साहित्य है। विषय-वस्तु और कथन-शैली की दृष्टि से बेनीपुरी जी का समस्त साहित्य उच्चकोटि का है यद्यपि चित्र, छपाई और पुस्तक सज्जा की दृष्टि से उसमें अनेक कमियां भी हैं।

बेनीपुरी जी ने *बालक* के बाद *युवक* का संपादन शुरू किया था जिसे एक वर्ष के भीतर ही ब्रिटिश सरकार ने बंद कर दिया था। उन्होंने अपनी बाल्यावस्था को और विशेषकर किशोरावस्था को हमेशा सचेत और सक्रिय बनाए रखा है। साहस, निर्भीकता, अदम्य विश्वास और विद्रोह भावना उनके जीवन के गुण रहे हैं और ये गुण उनके साहित्य में भी विद्यमान हैं।

**सोहनलाल द्विवेदी :** द्विवेदी जी का जन्म सन् 1905 में बिंदकी, जिला फतहपुर में हुआ था। उनका नाम हिंदी साहित्य की राष्ट्रीय धारा के कवियों में बड़े आदर के साथ लिया जाता है किंतु बच्चों के लिए उन्होंने अपनी अनेक कविताओं में जिस संसार की रचना की है उसके लिए बच्चे उन्हें हमेशा प्यार करते रहेंगे। उनकी कविताएं *बांसुरी, शिशु-भारती, बालभारती, मोदक, दूध बताशा, पांच कहानियां* आदि पुस्तकों में संकलित हैं।

राष्ट्रीय आंदोलन में गांधी जी के साथ रहने के कारण उनकी वाणी में देश-प्रेम और राष्ट्रीयता की भावना मुखरित हुई। बच्चों के लिए भी उन्होंने इस भावना की अनेक कविताएं लिखीं किंतु बच्चों की दृष्टि के विद्यमान होने के कारण इन कविताओं में वयस्क भावनाओं का आरोप बहुत कम हुआ है। खादी, चरखा, गांधी, जवाहर के वर्णन के अतिरिक्त उन्होंने विविध पशु-पक्षियों तथा वस्तुओं में बच्चे की भावनाओं का आरोप करके स्वतंत्रता आदि के भाव जगाने का सफल प्रयत्न किया है, उदाहरण के लिए

> ''अगर कहीं मैं तोता होता,
> तो न बंद पिंजरे में होता।
> पिंजड़ा छोड़ तुरंत उड़ जाता,
> पिंजड़ा तोड़ तुरत उड़ जाता।''[47]

"अगर कहीं मैं बादल होता
तो मैं जग में धूम मचाता,
सूरज चंद्र और ये तारे
रहते मेरे वश में सारे।
किंतु शक्ति पाकर मैं इतनी
सेवा करता बनती जितनी।"[48]

इसी प्रकार उनकी कुछ कविताएं 'जी में होती है उमंग' से प्रारंभ होकर एक आदर्शपूर्ण कल्पना के संसार में बच्चे को ले जाती हैं।

देशप्रेम और राष्ट्रीय भावना की कविता के अतिरिक्त उन्होंने बहुत सी ऐसी कविताएं भी लिखी हैं जिनमें सुपरिचित वस्तुओं का वर्णन मात्र किया गया है। चूंकि यह वर्णन बच्चे की दृष्टि से किया गया है अतः ये कविताएं बालकों में बहुत लोकप्रिय हुई हैं। उदाहरण के लिए

"पुल पर चढ़, नभ तत्काल चली,
नीचे नीचे पाताल चली।
पृथ्वी पर धीमे चाल चली।
चढ़ पर्वत उच्च विशाल चली।
यह नदी चली, यह ताल चली
यह ढाल चली, उत्ताल चली।"[49]

अथवा

"लड़ गए किवाड़ों से किवाड़,
घर घुस आए झंखाड़ झाड़।
है धूल आंख मुंह पर छाई
आंधी आई, आंधी आई।"[50]

बच्चों के लिए हंसी-विनोद की कविताएं भी उन्होंने काफी लिखी हैं। यद्यपि नीति शिक्षा की बात वे बहुत कम भूल पाते थे। किंतु नीति उपदेश देने के पहले उनकी कविताएं ईसप की कहानियों की तरह अच्छा मनोरंजन भी कर देती थीं। उनकी एक नीतिशिक्षापूर्ण तुकबंदी इस प्रकार है

"मीठा होता खस्ता खाजा,
मीठा होता हलुआ ताजा,
मीठे होते गट्टे गोल,
सबसे मीठे, मीठे बोल।"[51]

अधिकतर द्विवेदी जी ने बच्चों के लिए लिखते समय बच्चों की अनुभूतियों का ध्यान रखा है किंतु एक वयस्क लेखक के लिए विशेषकर उसके लिए जो सामाजिक और राष्ट्रीय समस्याओं में व्यस्त है, हमेशा बालकों की मनोदशा को प्राप्त करना संभव नहीं होता है। इसीलिए द्विवेदी जी की कुछ कविताओं में वयस्क भावों का सीधा-सादा आरोप भी मिल जाता है।

**डा. विद्याभूषण विभु :** डा. विद्याभूषण विभु का जन्म 1892 में ग्राम मनोहरपुर, जिला कानपुर में हुआ था। विद्यार्थी जीवन से ही वे बालकों के लिए कविताएं लिखने लगे थे और फिर उत्तरोत्तर उनकी कविताओं में निखार आता गया। दो-दो, चार-चार पंक्तियों की सरल तुकबंदियों से लेकर विविध प्रकार के शिशुगीत, वर्णन गीत, कथा कविताएं आदि उन्होंने लिखी हैं। उनकी कविताएं *चार साथी, चंदा, बबुआ, पंखशंख, ता, गोबरगनेश, लाल बुझक्कड़, शेखचिल्ली, ढपोरशंख, चांद-तारा, खेल-खिलौने, लाल खिलौना,* आदि अनेक पुस्तकों में संगृहीत हैं।

विभु जी की सबसे अच्छी कविताएं वे हैं जो उन्होंने छोटे बच्चों के लिए शब्द-संगीत का सहारा लेकर लिखी हैं। उदाहरण के लिए

> ''पूसी, पूसी
> क्या तू रूसी
>
> पूंछ उठाए
> देह फुलाए
> ले हा हा! मनचाहा!
> मूसा आया
> जी ललचाया
> पीछे रपटी
> आगे झपटी
> हो! हो! हो! हो! हो! हो!''[52]

अथवा

> चिड़िया का नन्हा पर,
> गिरा कहीं उड़ कर।
> उड़ती है फर-फर-फर।
> पूछती है घर-घर
> मेरा एक नन्हा पर
> गिरा कहीं उड़ कर।''[53]

विभु जी ने अपने नर्सरी गीतों में बालकों के लिए हंसी-विनोद के संसार की रचना की है। उनकी समस्त पुस्तकें अब, विभु प्रकाशन, इलाहाबाद से प्रकाशित हुई हैं। चित्र, छपाई और पुस्तक सज्जा की दृष्टि से उनमें कुछ कमियां अवश्य हैं किंतु उसकी पूर्ति उत्कृष्ट विषय-वस्तु से हो जाती है।

**स्वर्ण सहोदर :** सभामोहन अवधिया 'स्वर्ण सहोदर' का जन्म सन् 1902 में शाहपुरा, जिला मंडला, मध्य प्रदेश में हुआ था। जीवन के अध्यापन-व्यवसाय के कारण बच्चों के साथ उनका लगभग इकत्तीस वर्षों तक संपर्क रहा। बाल्यकाल के लोकप्रिय बाल कवियों में स्वर्ण सहोदर का प्रमुख स्थान है। उनकी कविताएं *बाल-सखा, खिलौना, बालविनोद* आदि पत्रिकाओं में प्रकाशित होते ही बालकों में लोकप्रिय हो जाती थीं। अब तक उनकी अनेक पुस्तकें प्रकाशित हो चुकी हैं जिनमें *चगन मगन, गिनती के गीत, नटखट हम, हर हर बम, ललकार, लाल फाग, बाल खिलौना, वीर बादल, वीर हकीकत राय, वीर शतमन्यु, बच्चों के गीत,* चार भाग आदि उल्लेखनीय हैं।

स्वर्ण सहोदर जी के शिशुगीतों में शब्द संगीत के माधुर्य के साथ-साथ बच्चों की भावनाओं का आकर्षण हमेशा विद्यमान रहता है। उदाहरण के लिए

'‘है चिलबिल्ला बागड़बिल्ला,
कैसा मुंह मटकाता है।
छत पर चढ़ के खों खों कर के
अपने दांत दिखाता है।''[54]

''मुनमुन! मुनमुन!
म्याऊं! म्याऊं!
आजा तुमको माल खिलाऊं!
दूध पिलाऊं, दही चटाऊं!
पूरी-रबड़ी, खूब खिलाऊं
मैं खाऊं, तुझे खिलाऊं
मोटी तगड़ी तुझे बनाऊं।''[55]

उनकी *वीर शतमन्यु, वीर हकीकत राय* आदि पुस्तकें बड़े बालकों के लिए हैं। *वीर शतमन्यु* एक खंडकाव्य है जिसमें सरलता और कथा की रोचकता के साथ-साथ उच्च कोटि की कविता के गुण मौजूद हैं। वीररस-प्रधान इस काव्य को दस- ग्यारह वर्ष के बालक बड़े चाव से पढ़ सकते हैं।

**ठा. श्रीनाथ सिंह :** ठा. श्रीनाथ सिंह का जन्म 1901 में हुआ था। वे व्यवसाय से पत्रकार थे और *शिशु, बाल-सखा, बालबोध* आदि बाल पत्रिकाओं के अतिरिक्त *देशबंधु, अभ्युदय, सरस्वती, देशदूत, दीदी* आदि वयस्क पत्रिकाओं के संपादक भी रह चुके हैं। उन्होंने शिशु और बाल-सखा के लिए बाल-साहित्य लिखना शुरू किया था और आज भी वे उसी लगन के साथ बाल-साहित्य के निर्माण में लगे हुए हैं। बच्चों के साहित्य और उनके लेखकों की ओर उपेक्षा के बावजूद वे निरंतर इतने समय से बालकों के लिए लिख रहे हैं यह प्रशंसनीय बात है।

ठाकुर जी ने कहानी और कविता दोनों विधाओं में साहित्य की रचना की है। उनकी कविताएं *लंपा चंपा, गुब्बारा, दोनों भाई, पिपिहरी, बालभारती,* आदि पुस्तकों में संगृहीत हैं। *दोनों भाई, लंपा चंपा, पिपिहरी* में उन्होंने छोटी-छोटी हास्यपूर्ण कथाओं को लेकर कविताएं लिखी हैं। सुदर्शनाचार्य (शिशु के संस्थापक) के संपर्क में रहने के कारण वे बच्चों को हास्य-विनोद की सामग्री जुटाने के लिए अधिक प्रयत्नशील दिखाई देते हैं। उनकी कुछ पद्यकथाएं बहुत मजेदार और आश्चर्यचकित करने वाली हैं। सुंदर व्यंग्य चित्रों के कारण इन रचनाओं का आकर्षण बढ़ गया है। जिन कविताओं में उन्होंने विभिन्न वस्तुओं को बच्चे की दृष्टि से देखा है अथवा बच्चे के मन से समझने का प्रयास किया है वे बहुत सुंदर बन पड़ी हैं। उदाहरण के लिए

> "सड़क कहां से आती हो?
> और कहां को जाती हो?
> कितना लंबा है तेरा तन,
> देखे कितने हैं पहाड़ बन?
> कितने देखे नगर निराले,
> पार किए कितने नद नाले?"[56]

सोहनलाल द्विवेदी की तरह उन्होंने भी 'यदि मैं होता' की बाल-कल्पनाओं के आधार पर अनेक कविताएं लिखी हैं। *बालभारती* में उनकी राष्ट्रीय कविताएं संगृहीत हैं। महात्मा गांधी के विचारों के संपर्क में आने के कारण वे वीररस संबंधी अपनी वंशानुगत धारणा को छोड़कर यह मानने लगे थे कि किसी राजा की तोप-तलवार, किसी सरदार की मूंछ या किसी घोड़े की पूंछ का वर्णन वीररस नहीं है, वीररस है देश के नौजवानों में देश की स्वतंत्रता की लिए लड़ने का भाव जाग्रत करना। *बाल भारती* की कविताओं में इसी प्रकार के वीरभावना की अभिव्यक्ति हुई है। किंतु इन कविताओं में वर्तमानकालीन राष्ट्रीय कविताओं की तरह व्यर्थ की नारेबाजी नहीं है। उदाहरण के लिए 'चिनगारी' कविता की कुछ पंक्तियां इस प्रकार हैं

''घास फूस का ढेर पड़ा था
उस पर गिरी एक चिनगारी
धुआं हुआ, फिर हुआ उजाला
चमक उठी फिर गलियां सारी...
हंस कर बोली वह चिनगारी
ओहो! मैं हूं कितनी न्यारी
पहले कौन समझ सकता था
मुझमें इतनी ताकत भारी!''[57]

कहानियों में श्रीनाथ सिंह जी ने परीकथाएं, हास्य-विनोद की लोककथाएं, ऐतिहासिक-पौराणिक कथाएं, यात्रा कथाएं आदि लिखी हैं जो *गरुड़ कन्या और अन्य कहानियां, दो कुबड़े और अन्य कहानियां, अनोखी यात्राएं, तीन दुमकटों की कहानी, श्रीगणेश और अन्य कहानियां, परीदेश, जाओ बच्चू टिम्बकटू, दस कथाएं* आदि पुस्तकों में संगृहीत हैं। बच्चों को प्रत्यक्ष शिक्षा देने की प्रवृत्ति उनकी रचनाओं में प्रायः नहीं मिलती हैं और हास्य-विनोद की सामग्री जुटाने का प्रयास सर्वत्र दिखाई देता है।

**ज्योति प्रसाद मिश्र 'निर्मल' :** सन् 1904 में इलाहाबाद के सिंहगढ़ नामक गांव में 'निर्मल' जी का जन्म हुआ। उनका जीवन पत्रकारिता में व्यस्त रहा है। 1925 से अब तक वे *मनोरमा, भारतेंदु, साप्ताहिक भारत, देशदूत* आदि अनेक पत्रिकाओं के संपादक रहे और इस समय 'सम्मेलन पत्रिका' का संपादन कर रहे हैं।

चौदह-पंद्रह वर्ष की अवस्था में बच्चों की कविताएं लिखने से उन्होंने अपना साहित्यिक जीवन शुरू किया। *शिशु, बाल-सखा और बाल मनोरंजन* पत्रिकाओं में अनेक रचनाएं प्रकाशित हुईं। उनकी गद्य रचनाओं में *मजेदार कहानियां, अनोखी कहानियां, मनोहर कहानियां और विचित्र आविष्कारों की दिलचस्प कहानियां* उल्लेखनीय हैं। उनकी बाल-कविताओं का संग्रह *बाल मनोरंजन* शीर्षक से पुस्तक भवन, काशी से प्रकाशित हुआ था जिसमें प्रकृति वर्णन के गीत कुछ ओजपूर्ण गीत और कुछ बालकों की भावनाओं को व्यक्त करने वाली सुंदर कविताएं हैं। इसकी भूमिका में उन्होंने लिखा है, ''मैं इन पद्यों को कविता कहने का दावा नहीं कर सकता; हां, ये पद्य अवश्य हैं।''[58] किंतु बालकों के लिए इतनी सुंदर कविताएं बहुत कम लिखी गई हैं। चुन-चुन कर शब्द जड़े गए हैं जिनसे संगीत फूटता है। उदाहरण के लिए ग्रीष्म ऋतु का वर्णन इस प्रकार है

''धूल धूसरित हुई दिशाएं
भाग रही हैं घर को गायें।

पेड़ तले कुछ खड़ी जुड़ातीं।
पागुर करती कष्ट मिटातीं।
सब का सुख से वास नहीं है
पनघट पोखर पास नहीं है।
गर्मी से रव घोर मचा है,
पानी पानी शोर मचा है।''[59]

**व्यथित हृदय :** व्यथित हृदय जी का जन्म 1908 में जगन्नाथपुर, वाराणसी में हुआ। 1930 के आस-पास उन्होंने बच्चों के लिए लिखना शुरू किया था और आज भी वे अनवरत लिख रहे हैं। इस अवधि में उन्होंने अनेक दर्जन पुस्तकें बच्चों के लिए लिख डाली हैं जिनमें ऐतिहासिक-पौराणिक कथाएं, लोककथाएं, साहस और रोमांच की कहानियां, नीतिकथाएं, जीवनियां, ज्ञान-विज्ञान की पुस्तकें सभी तरह का साहित्य है। कथा-साहित्य में *गुड़गुड़ तीरगुलेली, देशभक्ति की कहानियां, सपूतों की गाथा, युद्ध की मनोरंजक कहानियां, जंगल की कहानियां, सियार पंडित, बुलबुल, सोने की परी* आदि अनेक पुस्तकें 1950 से पहले प्रकाशित हो चुकी थीं और स्वातंत्र्यकाल में भी उन्होंने अनेक कहानियां, उपन्यास तथा ज्ञान-विज्ञान की पुस्तकें लिखी हैं। नेताजी सुभाषचंद्र बोस, जवाहरलाल नेहरू, खान अब्दुल गफ्फार खां की जीवनियों के अतिरिक्त उन्होंने *देशभक्तों की कहानियां* तथा *बचपन की झांकियां* आदि पुस्तकों में अनेक नेताओं के जीवन-प्रसंग भी प्रस्तुत किए हैं।

**शंभूदयाल सक्सेना :** शंभूदयाल सक्सेना का जन्म 1901 में फर्रुखाबाद में हुआ। प्रारंभ में इंडियन प्रेस में नौकरी की फिर 1931 में फर्रुखाबाद में नवयुग ग्रंथ कुटीर नामक प्रकाशन संस्था की स्थापना की। अब यह प्रकाशन संस्था बीकानेर में स्थित है और यहां से सक्सेना जी की अनेक बाल-रचनाएं प्रकाशित हो चुकी हैं। लोरियों की अनेक पुस्तकों के अतिरिक्त *नाचो गाओ, बाल कवितावली* आदि में इनकी अन्य कविताएं भी संगृहीत हैं।

गद्य के क्षेत्र में इन्होंने *राजकुमारों की कहानियां, राजकुमारियों की कहानियां, सुनहरी कहानियां, वेदों की कहानियां, भाई-बहनों की कहानियां, ऋषियों की कहानियां, देवताओं की कहानियां* आदि अनेक स्वरचित पुस्तकें प्रकाशित की हैं। अधिकांश कहानियां ऐतिहासिक-पौराणिक स्रोतों से और लोकसाहित्य से ली गई हैं।

**अशोक बी.ए. :** सुंदर लाल वर्मा 'अशोक' का जन्म 1922 में जांजगीर, जिला बिलासपुर (म.प्र.) में हुआ। *इंद्रधनुष, गौरव, आरती, मंगला* आदि अनेक पत्रिकाओं के संपादक रहे और बाल-साहित्य का निरंतर सृजन करते रहे। अब तक गद्य और

पद्य में उनकी दो दर्जन के लगभग पुस्तकें प्रकाशित हो चुकी हैं। उनकी कविताएं *झुनझुना, शिकारी, रेलगाड़ी, राजा भैया, रसगुल्ला, मोहन भोग* आदि पुस्तकों में संगृहीत हैं और उनकी कहानियां *मोतीचूर का भुट्टा, समुद्र परी, जादू की सारंगी, भूतों का डेरा, जादू का झूला* आदि अनेक पुस्तकों में।

कहानियों में उन्होंने अधिकांशतः लोककथाओं को अथवा कुछ प्रसिद्ध कथाओं को प्रस्तुत किया है। किंतु कविता के क्षेत्र में उनकी मौलिकता असंदिग्ध है। वे *बाल-सखा, बालक, शिशु* आदि प्रसिद्ध पत्रिकाओं में लगातार लिखते रहे। उनकी कुछ पुस्तकें गंगा ग्रंथागार से और कुछ शिवाजी बुक डिपो, लखनऊ से प्रकाशित हुई हैं। उनकी कविताएं बच्चों को सहज भाव से आकृष्ट करने वाली हैं। उपदेश की प्रवृत्ति उनमें प्रायः नहीं दिखाई देती है। बालकों के मन से वे काफी परिचित दिखाई देते हैं क्योंकि अधिकतर वे अपनी कविताओं में बड़ी बात कह देते हैं जिसे कहने के लिए बच्चे उतावले रहते हैं। उदाहरण के लिए

> ''सिर पर हैट बगल में सोटा
> लिये हाथ में टामी छोटा
> पहन शिकारी का सब बाना
> भैया करते हैं मनमाना।''[60]

अथवा

> ''मैं हल्दी घाटी का प्रताप
> मैं चेतक घोड़े पर चढ़कर
> युद्धभूमि में आगे बढ़कर
> हर लूं अरियों का सभी ताप
> मैं हल्दी घाटी का प्रताप!''[61]

**देवीदयाल चतुर्वेदी 'मस्त' :** देवी दयाल चतुर्वेदी 'मस्त' का जन्म सन् 1911 में देवरी, जिला सागर में हुआ। *सरस्वती, बाल-सखा, मंजरी, बिजली* आदि पत्रिकाओं के संपादक रहे और पत्रकारिता के जीवन में ही उन्होंने बाल-साहित्य लिखा। *शेर का शिकारी और हवा महल* पुस्तकों में आपकी कहानियां संगृहीत हैं। कविता की अब तक *बिजली, झिलमिल तारे, मीठी तानें और मीठे गीत* पुस्तकें प्रकाशित हुई हैं।

*झिलमिल तारे* की भूमिका में ठा. श्रीनाथ सिंह ने लिखा है कि ''बाल स्वभाव का इतना सरस और सुंदर चित्रण मेरे देखने में बहुत कम आया है।''[62]

'मस्त' जी की कविताओं में बच्चों की सुपरिचित वस्तुओं का वर्णन (जैसे

राखी, सारे, जीजी, झूला, चंदा, सूरज आदि) प्रायः बच्चों की दृष्टि से हुआ है। *बिजली* नामक पुस्तक में उनकी दो कथा-कविताएं हैं, एक दुर्गावती पर और दूसरी कमला नेहरू पर। दुर्गावती के दुर्गा रूप का वर्णन करने वाली कुछ पंक्ति देखिए

"चमक उठी बिजली सी क्षण में
समर भूमि में बज्र समान।
टूट पड़ी यवनों पर दुर्गा
करने लगी शत्रु अवसान!"[63]

**रामेश्वर करुण :** रामेश्वर करुण जी के जीवन के संबंध में कोई विवरण मुझे प्राप्त नहीं हो सका है। किंतु उनकी रचनाओं को देखने के बाद पता चलता है कि बाल-साहित्य के एक समर्थ कवि हैं। सूरी ब्रदर्स, लाहौर से प्रकाशित *स्वाधीनता के पथ पर* और साहित्य सदन, अबोहर से प्रकाशित *बाल सतसई* और *ईसपनीति निकुंज* नामक पुस्तकों में उनकी बाल-साहित्य की साधना प्रकट हुई है। *स्वाधीनता के पथ पर* में देश-भक्ति की ओजपूर्ण कविताएं हैं जिनके आगे स्वातंत्र्य काल की राष्ट्रीय कविताएं कृत्रिम और बचकाना लगती हैं। *बाल सतसई* में बाल-विलास, बाल-विकास, बाल-विनय, काल-बितान, बाल-बिहार, बाल-विराट और बाल-गोपाल ये सात भाग हैं और प्रत्येक भाग में सौ छंद हैं। बच्चों के लिए 'मुक्तक' पद्यों का इतना बड़ा संग्रह प्रस्तुत करके लेखक ने बाल-साहित्य की बहुत सेवा की है। उनकी मुक्तक कविताएं अपने में पूर्ण हैं। उदाहरण के लिए

"नाना जी जब कहें कहानी
हूं हूं करती रहें भवानी
दादी से शरमाती हैं
पास न उनके जाती हैं।"[64]

अथवा

"चिड़ियाघर को चली बिलारी,
छड़ी हाथ में लेकर भारी।
जाकिट पहनी पीली नीली
ऐनक लें ली नीली नीली।"[65]

'ईसपनीति निकुंज' में ईसप की कहानियों को पद्यों में प्रस्तुत करके बच्चों को कथा-कविताओं का बहुत बड़ा भंडार दिया है।

उपर्युक्त लेखकों के अतिरिक्त बाल्यकाल में बाल-साहित्य के निर्माण में आनंद कुमार, दयाशंकर मिश्र दद्दा, शिवनाथ सिंह शांडिल्य, रमापति शुक्ल, आरसी प्रसाद सिंह, सत्यप्रकाश कुलश्रेष्ठ, बल्लभदास बिनानी, शालिग्राम वर्मा, विद्याभास्कर शुक्ल, भूपनारायण दीक्षित, ज्योतिर्मयी ठाकुर, काशीनाथ त्रिवेदी (गिजुभाई की रचनाओं में अनुवादक के रूप में विशेषकर), संतराम बी.ए. आदि कितने ही लेखकों का योगदान चिरस्मरणीय है। इन सबकी रचनाओं की चर्चा आगामी पृष्ठों में यथास्थान की जाएगी।

पत्रिकाओं, प्रकाशन संस्थाओं और लेखकों के वैयक्तिक योगदान के फलस्वरूप, बाल्य-काल में बड़ी मात्रा में बाल-साहित्य का निर्माण हुआ। अनुमान है कि इस अवधि में कम से कम तीन हजार पुस्तकें तो अवश्य ही छपी होंगी। अधिकांश साहित्य कविता, कहानी और जीवनी साहित्य के रूप में लिखा गया। कहानियों में शिक्षाप्रद लोककथाओं, परीकथाओं और पशुकथाओं की प्रधानता रही है। ऐतिहासिक और पौराणिक कहानियां भी प्रचुर मात्रा में प्रकाशित हुईं किंतु तथ्यप्रधान साहित्य का अभाव सा रहा है। नीति शिक्षा का साहित्य में विशेष स्थान रहा है किंतु केवल मनोरंजन के लिए भी पर्याप्त मात्रा में साहित्य लिखा गया है।

## प्रमुख धाराएं

साहित्य-निर्माण की प्रेरणाओं के आधार पर इस काल के साहित्य को मोटे तौर पर निम्नलिखित धाराओं के अंतर्गत वर्गीकृत किया जा सकता है

(1) धार्मिक और नैतिक धारा।
(2) राष्ट्रीय धारा।
(3) शैक्षिक धारा।
(4) विशुद्ध मनोरंजनमूलक धारा।

**(1) धार्मिक और नैतिक धारा :** शिशुकाल का साहित्य प्रमुख रूप से धार्मिक और नैतिक शिक्षा देने के लिए लिखा गया था। रामायण, महाभारत आदि धर्मग्रंथों की कथाएं और पंचतंत्र, हितोपदेश तथा ईसप की नीति कथाएं ही अधिकतर बच्चों को पत्र-पत्रिकाओं और पुस्तकों के रूप में दी गईं। कविता में ईश विनय के पद तथा नीति-उपदेश के पद्य ही बच्चों के योग्य समझे जाते थे। बाल्यकाल में भी यह धारा काफी बलवती बनी रही। जीवनियों में राम, कृष्ण, सीता, सावित्री आदि पौराणिक विभूतियों तथा बुद्ध, महावीर, शंकराचार्य, स्वामी दयानंद आदि धार्मिक

नेताओं की जीवनियां बहुत लिखी गईं। पौराणिक तथा धार्मिक कहानियां पं. रामजीलाल शर्मा, गिरिजाकुमार घोष, रामदहिन मिश्र, जहूरबख्श, द्वारका प्रसाद चतुर्वेदी, यशोदा देवी, विद्याभास्कर शुक्ल और मांडे ए.वी., शंभूदयाल सक्सेना और पं. सुदर्शन ने विशेष रूप से लिखीं। रामायण और महाभारत के जनसाधारण में अत्यधिक लोकप्रिय होने के कारण ये पौराणिक कहानियां बच्चों के साथ-साथ परिवार के नवसाक्षर पुरुषों तथा महिलाओं का मनोरंजन भी कर सकती थीं अतः इन पुस्तकों की बड़ी मांग थी। प्रफुल्लचंद्र ओझा ने बंगला से कुछ पौराणिक साहित्य की पुस्तकों का अनुवाद किया। गीताप्रेस से प्रकाशित *भक्त बालक* और *भक्त नारी* पुस्तकें धार्मिक दृष्टिकोण से ही लिखी गई थीं और ये काफी लोकप्रिय हुईं।

नैतिक साहित्य के रूप में पंचतंत्र, हितोपदेश और ईसप की कहानियों के अतिरिक्त विविध प्रकार की लोककथाएं भी बड़ी मात्रा में बच्चों को दी गईं। परीकथाओं, पशुकथाओं तथा अन्य प्रकार की लोककथाओं में समाज के चिरंतन नैतिक मूल्य सुरक्षित हैं, इस बात का पूरा एहसास इस काल के लेखकों को था अतः इन नैतिक मूल्यों में बच्चों की आस्था को सुदृढ़ करने के लिए इन कथाओं का खूब उपयोग किया गया। नीतिपरक लोककथाएं तथा परीकथाएं लिखने वालों में रामनरेश त्रिपाठी, बैजनाथ केडिया, आनंदकुमार, लक्ष्मी नारायण टंडन, रामरतन भटनागर, शिवनाथ सिंह, शांडिल्य, गोपाल देवी, गौरीशंकर मालवीय, रामचंद्र द्विवेदी, वीरेंद्र कुमार पांडेय, विष्णु तिवारी, विजय शर्मा आदि अनेक नाम उल्लेखनीय हैं। रामनरेश त्रिपाठी कृत *बालकथा कहानी* (अनेक भाग) और बैजनाथ केडिया कृत *नानी की कहानी* (सात भाग) इस प्रकार की कथाओं के वृहत्संकलन हैं।

कविता के क्षेत्र में हरिऔध, मंगरूप्रसाद मिश्र और लक्ष्मीनिधि चतुर्वेदी आदि कुछ लेखकों ने नीति शिक्षा-प्रधान साहित्य बच्चों को दिया।

**(2) राष्ट्रीय धारा :** राष्ट्रीय भावना का अंकुरण 1857 की सैनिक क्रांति के समय हुआ था जब भारतवर्ष की बिखरी हुई शक्ति ने एक होकर विदेशी सत्ता को उखाड़ फेंकने का प्रयत्न किया था। ईसाई धर्म-प्रचारकों के विषैले प्रचार ने भारतवासियों को अपने धर्म, अपनी संस्कृति और अपने देश की भावना के सूत्र में पिरोना शुरू किया। स्वामी दयानंद, राजा राममोहन राय आदि नेताओं के प्रयत्नों का प्रमुख उद्देश्य ही यही था कि भारतवासी अपने देश और अपनी संस्कृति पर गर्व करने लगें। स्वामी दयानंद ने शुद्ध और तर्कसंगत वैदिक धर्म की पुनः प्रतिष्ठा करके राष्ट्रीय भावना के जागरण में सबसे अधिक योगदान दिया। कुछ समय तक तो हमारी राष्ट्रीय भावना देश और संस्कृति पर स्वाभिमान करने तक ही सीमित रही।

सन् 1885 में कांग्रेस की स्थापना हुई। कुछ समय तक इस संस्था का उद्देश्य विदेशी शासकों से कुछ सुविधाएं प्राप्त करने तक ही सीमित रहा किंतु बाल गंगाधर तिलक आदि नेताओं के नेतृत्व में जनता ने बीसवीं शताब्दी के प्रारंभ में स्वराज्य प्राप्त करने के अपने दृढ़ निश्चय की घोषणा कर दी। प्रथम विश्वयुद्ध तक राजनैतिक नेताओं में स्वराज्य के अपने अंतिम लक्ष्य के विषय में कोई दुविधा नहीं रही थी किंतु जनसाधारण तक स्वराज्य का संदेश अभी नहीं पहुंच सका था। अतः शिशुकाल में राष्ट्रीय भावना से पूर्ण जो भी थोड़ा-बहुत साहित्य लिखा गया वह ऐतिहासिक और पौराणिक कथाओं के रूप में अपने सांस्कृतिक वैभव के प्रशस्ति-भाव तक ही सीमित था।

बाल्यकाल में राष्ट्रीय भावना का रूप काफी व्यापक दिखाई देता है। एक ओर तो पौराणिक और ऐतिहासिक कहानियों आदि के रूप में प्राचीन संस्कृति और अपने देश की महानता के भाव बच्चों में भरने की प्रयत्न किया गया और दूसरी ओर राजनैतिक नेताओं की जीवनियों आदि द्वारा स्वराज्य की भावना से भी उन्हें परिचित कराया गया। महात्मा गांधी के राजनैतिक मंच पर आने के बाद राजनैतिक स्वाधीनता का आंदोलन सुदूर ग्रामीण क्षेत्रों तक फैल चुका था। यद्यपि वयस्क साहित्य के कवि (एक वर्ग को छोड़कर) शताब्दी पुराने अंग्रेजी कवियों के चरणचिह्नों पर चलकर प्रकृति की सुकुमार भुजाओं में बंधने लगे थे और इस प्रकार राजनैतिक संघर्ष के क्षेत्र से पलायन कर रहे थे किंतु बाल-साहित्य के क्षेत्र में यह संभव नहीं था। बच्चों के मन में स्वाधीनता के प्रति लगाव पैदा करना आवश्यक था क्योंकि आगे चलकर इन्हीं बच्चों को यह उत्तरदायित्व संभालना था। इसके अतिरिक्त विद्यार्थी वर्ग भी स्वराज्य के आंदोलन में कूद पड़ा था और उनके अदम्य साहस भरे कारनामे, विशेषकर क्रांतिकारी दल के सदस्यों के कार्य, साहस और रोमांच के तत्वों के कारण बालकों को अपनी ओर सहज आकृष्ट कर लेते थे। फलस्वरूप राजनैतिक नेताओं की जीवनियां जिनमें क्रांतिकारी युवकों की जीवनियां प्रमुख हैं, इस काल में लिखी गईं। उधर सोहनलाल द्विवेदी आदि कुछ लेखक स्वतंत्रता संग्राम में सक्रिय भाग ले रहे थे। उन्होंने महात्मा गांधी की विचारधारा से प्रेरित होकर कई सुंदर कविताएं बच्चों को दीं। राष्ट्रीय भावनापूर्ण कविता लिखने वाले अन्य कवियों में देवी दयाल चतुर्वेदी 'मस्त', परमानंद सिंघई, बल्लभदास बिन्नानी, रामेश्वर करुण, सत्यप्रकाश कुलश्रेष्ठ, श्रीनाथ सिंह, सुभद्रा कुमारी चौहान, माधव शुक्ल आदि उल्लेखनीय हैं।

ऐतिहासिक प्रसंगों के माध्यम से राष्ट्रीयता की भावना जाग्रत करने वाले

कवियों में शिवनंदन कपूर, स्वर्ण सहोदर, चंद्रपाल सिंह यादव 'मयंक', वृंदावन नामदेव रसिकेंद्र उल्लेखनीय हैं। राष्ट्रीय भावना से प्रेरित ऐतिहासिक कहानियों तथा जीवनियों के लेखकों में शालिग्राम वर्मा, व्यथित हृदय, जहूरबख्श, रामवृक्ष बेनीपुरी, रामदहिन मिश्र, नर्मदा प्रसाद मिश्र, काशीनाथ त्रिवेदी आदि गणनीय हैं। राजनैतिक नेताओं की जीवनियों की संख्या इस काल में कम रही। अधिकांश जीविनयां धार्मिक महापुरुषों और इतिहास के प्रसिद्ध वीरों की लिखी गईं। तथापि गोखले, तिलक, महात्मा गांधी, जवाहरलाल नेहरू, भगतसिंह, चंद्रशेखर आजाद, सुभाषचंद्र बोस, लाला लाजपतराय आदि नेताओं की जीवनियां भी बच्चों को दी गईं।

इस काल के राष्ट्रीय भावना के साहित्य में जो गरमाहट है वह स्वातंत्र्यकालीन राष्ट्रीय साहित्य में नहीं मिलती।

**(3) शैक्षिक धारा :** बाल-साहित्य के लेखकों में हमेशा एक वर्ग ऐसा रहा है जो साहित्य को स्कूली शिक्षा का अनुचर मानकर चलता है। ये लेखक स्कूलों में पढ़ाए जाने वाले विषयों को कहानी की मिठास में लपेटकर बच्चों के आगे रखते हैं। वस्तुतः ये लेखक पंचतंत्र और हितोपदेश की शैली का अनुसरण करते हैं किंतु हितोपदेश आदि की कहानियां तो नीति शिक्षा के वाक्य को हटाकर भी बच्चों द्वारा केवल कहानी की रोचकता के कारण पढ़ी जा सकती हैं जबकि वर्तमान शैक्षिक साहित्य से शिक्षा के अंश को हटाने के बाद शेष कुछ नहीं रह जाता है।

इतिहास, भूगोल, जीव विज्ञान, वनस्पति विज्ञान, भौतिकी, रसायन आदि विविध स्कूली विषयों के ज्ञान को अति बुद्धिमान वयस्क और बच्चों के बीच संवादों के रूप में अथवा घटिया सी कहानी के रूप में व्यक्त करने की शैली बहुत हास्यास्पद है।

बाल्यकाल में इस प्रकार का साहित्य बहुत कम मिलता है। शिशुकाल के लेखक हर बालक को विद्यार्थी मानकर चलते थे किंतु बाल्यकाल में बालक को बालक के रूप में मान्यता दी गई है। ज्ञान-विज्ञान का साहित्य लिखने वाले लेखकों में अनंत प्रसाद विद्यार्थी, अयोध्या प्रसाद मिश्र, चंद्रशेखर शास्त्री, जगपति चतुर्वेदी, रामदहिन मिश्र, श्रीनाथ सिंह, रामवृक्ष बेनीपुरी आदि अनेक नाम उल्लेखनीय हैं किंतु इन लेखकों ने प्रत्यक्ष शैली में बच्चों के आगे तथ्य प्रस्तुत किए हैं।

इस काल में, हिंदी स्कूली शिक्षा का माध्यम अल्प समय तक ही रही अतः स्कूली विषयों को जैसे-तैसे बच्चों के गले उतारने के लिए हिंदी साहित्य का भी बहुत कम प्रयोग हुआ है।

**(4) विशुद्ध मनोरंजनमूलक धारा :** इस काल की सबसे बड़ी विशेषता यह है कि इसमें ऐसा साहित्य अधिक मात्रा में दिया गया जिसे बच्चे सहज रूप से ग्रहण

कर सकते थे। लेखकों को रचना लिखते समय तथा पत्र-संपादकों को सामग्री का चयन करते समय यह बात ध्यान में रखनी पड़ती थी कि उनकी सफलता बच्चों द्वारा उन रचनाओं अथवा पत्रिकाओं के स्वीकार किए जाने में है। पत्रों के पीछे न तो कोई बड़ी पूंजी होती थी और न किसी दानी का अथवा सरकारी संस्थाओं का उन्हें संरक्षण प्राप्त था। यही स्थिति प्रकाशित पुस्तकों की थी। पुस्तकालयों तथा स्कूलों के लिए बड़ी मात्रा में पुस्तकें खरीदने की कोई व्यवस्था न होने के कारण पुस्तकों की बिक्री इनकी रोचकता-अरोचकता पर ही निर्भर होती थी।

इसके अतिरिक्त इस काल में कुछ ऐसे लेखक आगे आए जो सच्चे अर्थों में बाल-साहित्य के लेखक थे, जो बच्चों की भावनाओं से परिचित थे तथा उनका आदर करते थे। वे उनमें ऊंची भावनाएं अवश्य भरना चाहते थे किंतु उनको आनंद के क्षणों से वंचित करके नहीं। वे जानते थे कि हास्य-विनोद का जीवन में बड़ा महत्व होता है। वे स्वयं हंसना-मुस्कराना जानते थे और बच्चों को हंसता-मुस्कराता हुआ देखना चाहते थे।

इन सब कारणों से इस काल में हास्य विनोद तथा शुद्ध मनोरंजन की बहुत सी रचनाएं बालकों को दी गईं। कविता में अशोक बी.ए., ज्योतिलाल भार्गव, रामनरेश त्रिपाठी, विद्याभास्कर शुक्ल, विद्याभूषण विभु, शिक्षार्थी, श्रीनाथ सिंह, सुदर्शनाचार्य आदि लेखकों ने विशुद्ध मनोरंजन की दृष्टि से कविताएं लिखीं जो अधिकतर छोटी-छोटी हास्य-कथाओं पर आधारित होती थीं किंतु अनेक कविताएं बच्चों की अटपटी कल्पनाओं के कारण भी मजेदार बन गई हैं।

कहानी के क्षेत्र में अधिकांश हास्य-विनोद की सामग्री लोककथाओं से चुनी गई। अति मूर्ख, अति बुद्धिमान, अति सज्जन और अति धूर्त चरित्रों की कहानियां लोक-साहित्य में पर्याप्त मात्रा में हैं। सदियों से लोग इन कहानियों को सुन-सुनाकर अपने जीवन के बोझिल क्षणों को हल्का करते रहे हैं। इस प्रकार की कहानियां मिश्रबंधु कार्यालय, बालभारती, ज्ञानलोक, हिंदी पुस्तक एजेंसी, शिशु ज्ञान मंदिर आदि संस्थाओं से निकलीं। अक्सर इन कहानियों में पशु-पात्र होते थे जिन्हें मानवीय वेश-भूषा में प्रस्तुत किया जाता था। उधर अंग्रेजी में इस प्रकार का साहित्य बड़ी मात्रा में लिखा गया था जिसमें खरगोश, भालू, मेंढक, बिल्ली, कुत्ता आदि सुपरिचित पशुओं को मानवीय वेश-भूषा में प्रस्तुत किया जाता था तथा उनके माध्यम से जीवन के हास्य-विनोदपूर्ण प्रसंगों की योजना की जाती थी। ये नवीन पशुकथाएं थीं जिनमें पशु न केवल नीति कथाओं के पात्रों की तरह मानवीय भाषा बोलते थे बल्कि मनुष्य की तरह व्यवहार भी करते थे। अंग्रेजी में इस प्रकार की कहानियां बहुत लिखी गई हैं।

'ऐलिस इन वंडरलैंड' से लेकर ए.ए. मिल्ने की खिलौना कथाओं तक इस प्रकार की सैकड़ों पुस्तकें प्रकाशित हुई हैं।

बाल्यकाल में इस प्रकार की कहानियों की एक बाढ़ सी आ गई। गज्जू, गप्पू, उदकू विदकू, लंबू पिटपिट आदि अजीब-अजीब नाम धारण किए हुए ये पशु-पात्र बच्चों के समान ही चंचल, शरारती और भोले होते थे। इस प्रकार की कहानियां शिशु ज्ञान मंदिर, बालभारती और मिश्रबंधु कार्यालय से बड़ी संख्या में प्रकाशित हुईं। सुदर्शनाचार्य, शिक्षार्थी, श्रीनाथ सिंह, नर्मदा प्रसाद मिश्र, गणेशराम मिश्र, अमृतलाल दुबे, राजेंद्र सिंह गौड़, राजू दादा, बैजनाथ केडिया ने इन नवीन पशुकथाओं के रूप में बच्चों के लिए हंसी-खुशी भरे संसार का निर्माण किया।

**उपलब्धियां और त्रुटियां :** हिंदी बाल-साहित्य के इतिहास में यह काल कई दृष्टियों से महत्वपूर्ण है। प्रथम बार बच्चों के इस अधिकार को मान्यता मिली कि उन्हें पाठ्य-पुस्तकों की नीरस सामग्री से भिन्न मजेदार कहानियां और कविताएं मिलनी चाहिए। पुस्तकालयों तथा स्कूलों आदि के लिए सरकार की किसी क्रय-योजना का मुंह ताके बिना ही दो-तीन हजार पुस्तकें प्रकाशित हुईं तथा खपीं और दो दर्जन के लगभग पत्रिकाएं निकली, यह बड़े गर्व की बात है। बाल-साहित्य को स्वतंत्र रूप से प्रतिष्ठित करने का यह महान कार्य कुछ उत्साही लेखकों ने किया जिन्होंने एक मिशनरी भावना से बाल-साहित्य की रचना की।

यद्यपि इस काल में कहानी, कविता और जीवनियों में बड़ी मात्रा में साहित्य प्रकाशित हुआ किंतु नाटक तथा ज्ञान-विज्ञान के तथ्य-प्रधान साहित्य की ओर पर्याप्त ध्यान नहीं दिया गया। नाटकों की कुल मिलाकर दस-बारह पुस्तकें ही मिलती हैं और उनमें भी या तो वयस्कोपयोगी विषय प्रस्तुत किए गए हैं या वे पाठ्य-पुस्तकों के काम के लिए छोटी-छोटी संवाद-कथाएं मात्र हैं। ज्ञान-विज्ञान की जानकारी देने वाला साहित्य कुछ प्रसिद्ध यात्रियों की कथाओं और वैज्ञानिक आविष्कारों की कुछ कहानियों तक ही सीमित हैं। रामनारायण मिश्र ने भूगोल कार्यालय से कुछ साहित्य प्रकाशित करके तथा बाल-संसार पत्रिका निकालकर बच्चों की इस आवश्यकता की आंशिक पूर्ति की है।

इस काल की सबसे बड़ी त्रुटि यह है कि चित्र, पुस्तक सज्जा और छपाई आदि की दृष्टि से इस अवधि में प्रकाशित अधिकांश पुस्तकें साधारण कोटि की हैं। यद्यपि इंडियन प्रेस, रामनारायण लाल, गंगा ग्रंथागार, शिशु ज्ञानमंदिर, मिश्रबंधु कार्यालय आदि कुछ प्रकाशन संस्थाओं ने बहुत सुंदर गेटअप के साथ पुस्तकें भी छापीं किंतु

अधिकतर पुस्तकें साधारण कोटि की ही निकलीं। संभवतः उस समय ऐसी ही पुस्तकों का प्रचलन था।

## (ग) वर्तमान काल (सन् 1950 के बाद)

15 अगस्त, 1947 के दिन भारत में स्वाधीनता का सूर्योदय हुआ। विदेशी शासन की बेड़ियों से मुक्त होने के बाद हमने हजारों आशाओं और लाखों आकांक्षाओं को लेकर एक नए युग में प्रवेश किया। किंतु सदियों के अंधेरे से अंधियाई हुई हमारी आंखें अभी पूरी तरह खुल भी नहीं पाई थीं कि विदेशी शासन की 'फूट डालो' नीति के कारण सांप्रदायिक दंगों में मानव का बीभत्स और नंगा रूप प्रकट हो गया। पावन पर्व का समारंभ भयंकर राक्षसी कुकृत्यों से हुआ। हजारों की संख्या में नर-नारियां, बच्चे और बूढ़े मानव की दानव-वृत्ति का शिकार हुए। लाखों परिवार अपने घरों और गांवों को छोड़कर तथा अपने सदियों पुराने संबंध को तोड़कर एक स्थान से दूसरे स्थान पर आए। अपने सामने निस्सहाय मनुष्य को मूली-गाजर की तरह कटता देखकर, बहू-बेटियों की इज्जत को सरेबाजार लुटता देखकर, मनुष्य और फूल से कोमल बालकों को नालियों में तड़पते हुए देखकर मनुष्य तो क्या ईश्वर पर भी आस्था बने रहना असंभव दिखाई देता था। किंतु दानवता के इस भूकंप से भारतीय जनता स्वर्णिम भविष्य की बलदायिनी आशा के कारण शीघ्र ही संभल गई। साधारण जनता के अथक उत्साह और सरकारी प्रयत्नों से शरणार्थियों को बसाया जाने लगा। नए नगर बसने लगे, चारों ओर नव-निर्माण होने लगा और भारतीय जनता राजनैतिक स्वाधीनता से शक्ति प्राप्त करके आर्थिक स्वाधीनता के लक्ष्य को लेकर आगे बढ़ने लगी। 1950 में देश का संविधान बना जो हमारी आकांक्षाओं का प्रतीक था। इस संविधान के अनुरूप हमने अपने भावी कार्यक्रम तैयार किए। अपने देश की चतुर्दिक उन्नति करने के लिए हमने पंचवर्षीय योजनाओं के कार्यक्रम शुरू किए और अपने अभावों को शीघ्रातिशीघ्र दूर करने की योजनाएं बनाईं।

अगस्त 1947 से 1950 तक की अवधि में देश और समाज की समस्त शक्ति देश-विभाजन से पैदा हुई समस्याओं में ही मुख्य रूप से लगी रही और इस काल में साहित्यिक और सांस्कृतिक नव-प्रयासों के लिए अवसर नहीं था। अतः राजनैतिक इतिहास में 1947 से भले ही नए युग का प्रारंभ माना जाए किंतु साहित्य के इतिहास में नए काल का प्रारंभ 1951 से मानना ही अधिक समीचीन होगा।

**राजनैतिक और सामाजिक परिस्थितियां :** सदियों की पराधीनता के बाद हमने जब आजादी के खुले वातावरण में सांस ली तो हमने अपने आपको विश्व के स्वतंत्र और विकसित राष्ट्रों के समकक्ष खड़े पाया। जिस प्रकार फटे-पुराने कपड़े पहने किसी बालक को साफ-सुथरे कपड़ों वाले बालकों की पंक्ति में खड़ा कर दिया जाए तो उसे अपनी दरिद्रता का ज्ञान होता है उसी प्रकार अब हमें अपने अभावों की तीव्र अनुभूति हुई। हमने देखा कि हम कई क्षेत्रों में विश्व के अन्य देशों से पिछड़े हुए हैं। हमने अपने अभावों को दूर करने के लिए तथा विश्व के अन्य राष्ट्रों से समता प्राप्त करने के लिए बड़ी-बड़ी योजनाएं बनाईं, महान लक्ष्य निर्धारित किए और उन पर सपनों के महल खड़े किए। इन सपनों को साकार करने के लिए हमने बड़े उत्साह से काम करना शुरू किया। हमारे पास समय कम था और काम बहुत अधिक। हर क्षेत्र में बड़े पैमाने के उत्पादन की आवश्यकता महसूस हो रही थी।

15 अगस्त, 1947 के दिन इस देश में जो राजनैतिक स्थिति-परिवर्तन हुआ था, वह एक परिवर्तन मात्र था, क्रांति नहीं थी। विदेशी सत्ता के स्थान पर स्वदेशी सरकार बनी थी किंतु ब्रिटिश शासन से विरासत के रूप में मिली अनेक बातों को हमने यत्किंचित् परिवर्तन करने के बाद स्वीकार कर लिया था। अंग्रेजी शिक्षा, अंग्रेजी कानून, अंग्रेजी प्रशासन, अंग्रेजी भाषा और अंग्रेजी विचारधारा को हमने खुली खिड़की की ताजा हवा के नाम पर स्वीकार कर लिया। संभवतः, समय और साधनों के सीमित होने के कारण उस समय यह उचित ही था, किंतु यह प्रवृत्ति धीरे-धीरे जोर पकड़ती गई और हमने अपनी हर छोटी-बड़ी समस्या का सरल समाधान ढूंढ़ने के लिए विदेशों की ओर ताकने की आदत बना ली। सौभाग्य अथवा दुर्भाग्य से हमें विदेशों से पूरा सहयोग मिलता गया। इसके फलस्वरूप मौलिक प्रयास की प्रवृत्ति कम होती गई और अनुकरण की प्रवृत्ति बढ़ती गई।

स्वतंत्रता संग्राम में कल्पनाशील सफलता के कारण भारतीय जनता अपने नेताओं के प्रति श्रद्धा और आदर भाव से भर उठी। 'बिना खड्ग और बिना ढाल' के शक्तिशाली विदेशी सत्ता को उखाड़ फेंकने वाले इन नेताओं में जनसाधारण ने कुछ-कुछ दैवी चमत्कार देखा और इसलिए इनके प्रति पूजा भाव पैदा हुआ। उनके विचार समस्त जनता के विचार और उनकी मान्यताएं समस्त जनता की मान्यताएं बन गईं। सद्यः स्वतंत्र राष्ट्र में यह स्वाभाविक ही था किंतु इससे आगे चलकर बड़ा नुकसान हुआ। धर्म, दर्शन, शिक्षा, साहित्य, कला आदि अन्य क्षेत्रों में भी राजनैतिक नेताओं के शब्दों को ब्रह्मवाक्य माना जाने लगा। दूसरे शब्दों में, कला, साहित्य, शिक्षा आदि समस्त क्षेत्रों पर राजनैतिक प्रभाव बढ़ता गया और राजनैतिक आवश्यकताओं

के अनुरूप शिक्षा, साहित्य आदि की दिशा निश्चित होने लगी।

अपने नए संविधान के अंतर्गत हमने भारत को पूर्ण कल्याणकारी राज्य बनाने का संकल्प किया था। इसका अर्थ यह था कि सरकार मात्र पुलिस-व्यवस्था के लिए नहीं होगी बल्कि यह जनसाधारण को भोजन, वस्त्र, मकान, शिक्षा, स्वास्थ्य, चिकित्सा आदि हर प्रकार की आवश्यक सुविधाएं भी उपलब्ध कराएगी। फलस्वरूप सरकार का कार्यक्षेत्र बहुत विस्तृत हो गया यहां तक कि सामान्य जीवन के अधिकांश क्षेत्रों में सरकार का नियंत्रक, निरीक्षक, हितचिंतक, सहायक, मार्गदर्शक अथवा किसी अन्य रूप में प्रवेश हो गया। इससे दो बातें हुईं। एक तो यह कि शिक्षा, साहित्य आदि के क्षेत्रों की गतिविधियों में सरकारी सहायता आदि के कारण तीव्रता आई। और दूसरी यह कि इन कार्यकलापों पर कुछ सरकारी छाप भी दिखाई देने लगी। प्रौढ़-साहित्य में इस सरकारी छाप से बचने के प्रयास में ही संभवतः बौद्धिक वर्ग सामाजिकता से विमुख होकर घोर वैयक्तिकता की ओर झुकता गया।

स्वतंत्रता संग्राम की अवधि में भारतीय जनता ने स्वाधीनता प्राप्ति के लक्ष्य के लिए एक होकर काम किया था। उसने धर्म, जाति, भाषा आदि के भेदों को भुलाकर एकमात्र राष्ट्रीय भावना से प्रेरित होकर काम किया था। देश के स्वतंत्र होने पर हमारे सामने जो असंख्य समस्याएं उपस्थित हुईं उनमें सामाजिक भेदभावों की समस्याएं भी प्रमुख हैं। उन्नीसवीं शताब्दी के उत्तरार्ध में स्वामी दयानंद और राजा राममोहन राय आदि महान समाज-सुधारकों ने सामाजिक कुरीतियों के उन्मूलन का प्रयत्न किया था किंतु वह काम आगे नहीं बढ़ा। राजनैतिक स्वाधीनता के लक्ष्य के समक्ष सामाजिक सुधारों का प्रश्न गौण हो गया। महात्मा गांधी ने अपने पूर्ववर्ती नेताओं के कार्यक्रमों को आगे बढ़ाने का प्रयत्न किया किंतु वह वैयक्तिक प्रयास मात्र था। देश की सर्वप्रमुख संस्था राष्ट्रीय कांग्रेस राजनैतिक स्वाधीनता के लक्ष्य को लेकर ही चल रही थी। किंतु स्वाधीनता प्राप्ति के बाद दबे हुए सामाजिक भेद-भाव पुनः उभर आए। राष्ट्रीय भावना की खुमारी में हम अपनी जिन कठिनाइयों को भूल गए थे वे फिर हमारे सामने उपस्थित हो गईं। वस्तुतः हम एक काल्पनिक दुनिया से वास्तविक दुनिया में आ गए थे। धर्म, जाति और संप्रदायगत क्षुद्र भावनाओं का प्रकट होना देश के लिए बहुत अहितकर था। देश के नव-निर्माण के जिन स्वर्णिम स्वप्नों की हमने कल्पना की थी, उन्हें साकार करने के लिए समस्त देश को एक हृदय होकर काम करने की आवश्यकता थी। अतः एक बार पुनः राष्ट्रीय भावना भरने की आवश्यकता महसूस की गई और हर क्षेत्र के हर मंच से राष्ट्रीय भावना का प्रचार होने लगा।

किंतु इस राष्ट्रीय भावना और स्वातंत्र्य प्राप्ति के पहले की राष्ट्रीय भावना में काफी अंतर था। इसका एक प्रमुख कारण यह था कि स्वातंत्र्य प्राप्ति से पहले जिस राष्ट्रीय संस्था के पीछे समस्त देशवासी चल रहे थे वह संस्था अब राजकीय संस्था बन गई थी। उसका राष्ट्रीय रूप समाप्त हो चुका था क्योंकि वह सरकारी गद्दियों पर आसीन हो चुकी थी और स्वातंत्र्य संग्राम के कई नेता उससे अलग हो गए थे। किंतु जनसाधारण के लिए उसका यह परिवर्तित रूप सहज ग्राह्य नहीं था क्योंकि उस संस्था का नाम, प्रतीक आदि वही थे और इसके नेता जनता की दृष्टि में उसके राष्ट्रीय रूप को ज्यों-का-त्यों बनाए रखने का प्रयत्न कर रहे थे। इसके परिणामस्वरूप जनसाधारण में राजकीय भावना को ही राष्ट्रीय भावना माना जाने लगा और देश-प्रेम राजभक्ति का पर्याय बन गया।

**साहित्य का निर्माण :** आधुनिक काल में बाल-साहित्य पर उपर्युक्त बातों का सीधा और स्पष्ट प्रभाव पड़ा है। बड़ी मात्रा के उत्पादन की प्रवृत्ति के कारण ऐसी पुस्तकों के लेखन-प्रकाशन की प्रधानता दिखाई देती है जो सरलता से एक ही बैठक में लिखी जा सकती है। राष्ट्रीय नेताओं की जीवनियों और राष्ट्रीय भावनापूर्ण साहित्य के बाहुल्य तथा अनुवाद, रूपांतरण, पुनर्कथन, की अपेक्षा मौलिक रचनाओं की अल्पसंख्या का कारण हमें इन्हीं परिस्थितियों में ढूंढ़ना पड़ेगा।

बाल-साहित्य के निर्माण में इस काल में जो प्रयास किए गए उन्हें मुख्यतः दो वर्गों में रखा जा सकता है सरकारी और गैर-सरकारी प्रयास। गैर-सरकारी प्रयास के अंतर्गत प्रकाशन संस्थाओं, लेखकों और पत्रिकाओं के योगदान की चर्चा की गई है। इसके अतिरिक्त विश्व की अन्य भाषाओं के बाल-साहित्य का तथा रेडियो, टेलीविजन, फिल्म आदि दृश्य-श्रव्य साधनों का भी हिंदी बाल-साहित्य के निर्माण पर बहुत प्रभाव पड़ा है। इन सबकी सिलसिलेवार चर्चा आगे की गई है।

**सरकारी संस्थाओं का योगदान :** जैसा कि ऊपर कहा जा चुका है भारत को कल्याणकारी राज्य बनाने के उद्देश्य से सरकार की ओर से शैक्षिक, सांस्कृतिक आदि क्षेत्रों में उन्नति के लिए प्रयास किए गए। बाल-साहित्य के संवर्द्धन के लिए सरकार ने अनेक योजनाएं शुरू कीं। बाल-साहित्य पर हर वर्ष पुरस्कार दिए जाने लगे। शिक्षा के क्षेत्र में स्कूलों और पुस्तकालयों का विस्तार हुआ और उनके लिए सरकार ने बाल-साहित्य की पुस्तकों को खरीदने की योजनाएं भी बनाईं।

**राष्ट्रीय शैक्षिक अनुसंधान और प्रशिक्षण परिषद :** यद्यपि इस परिषद का कार्य मुख्यतः शिक्षा के क्षेत्र में अनुसंधान आदि करना है किंतु बाल-साहित्य के स्तर

को सुधारने के लिए तथा बच्चों की आवश्यकताओं के अनुरूप साहित्य के लेखन तथा प्रकाशन को प्रोत्साहित करने के लिए परिषद के पाठ्यचर्या विभाग ने साहित्य के मूल्यांकन के कार्यक्रम भी तैयार किए। परिषद ने अनुभवी अध्यापकों तथा विद्वानों की गोष्ठियां आयोजित कीं जिनमें बाल-साहित्य के निर्माण के विभिन्न पहलुओं पर विचार किया गया और उपलब्ध साहित्य का बच्चों की आवश्यकताओं एवं क्षमताओं को देखते हुए वर्गीकरण करने का प्रयत्न किया गया। साहित्य के मूल्यांकन तथा वर्गीकरण का यह काम अभी चल रहा है और इसके निष्कर्षों के प्रकाशित होने से निश्चय ही लेखकों, प्रकाशकों तथा क्रेताओं को बहुमूल्य मार्गदर्शन मिलेगा। अभी हाल में परिषद ने ज्ञान-विज्ञान आदि की कुछ पुस्तकें भी बच्चों के लिए प्रकाशित की हैं।

**प्रकाशन विभाग** (सूचना और प्रसारण मंत्रालय) : इसके अतिरिक्त भारत सरकार की प्रकाशन शाखा ने बाल-साहित्य के प्रकाशन का काम भी अपने हाथ में ले लिया। प्रकाशन विभाग से *बालभारती* नामक बाल-पत्रिका 1947 से ही निकल रही थी जो काफी लोकप्रिय हो चुकी थी। *बालभारती* में प्रकाशित रचनाओं को पुस्तक रूप में प्रकाशित करने की प्रथा ने प्रकाशन शाखा के बाल-साहित्य को जन्म दिया। इस प्रकार यहां से बच्चों के लिए लगभग पचास पुस्तकें प्रकाशित हुईं जिनमें बच्चों के लिए लोककथाएं, नीतिकथाएं, पहेलियां, पशु-पक्षियों की कहानियां आदि विविध सामग्री प्रस्तुत की गई थीं।

प्रकाशन विभाग में इस समय भी अंग्रेजी का बोलबाला है। अंग्रेजी के प्रकाशनों की संख्या तथा उन पर होने वाला औसत व्यय हिंदी के प्रकाशनों पर होने वाले औसत व्यय से बहुत अधिक है। हिंदी प्रकाशनों के मुद्रण के लिए पर्याप्त सुविधाएं नहीं हैं। तथापि प्रकाशन शाखा को सबसे अधिक आय हिंदी के प्रकाशनों से होती है। इनमें भी बाल-साहित्य के प्रकाशनों का स्थान सबसे ऊपर है। प्रकाशन शाखा की कुल बिक्री में हिंदी बाल-साहित्य का अनुपात सबसे अधिक अर्थात 70 प्रतिशत है; सरकारी प्रकाशन बहुधा सरकारी गोदामों में ही भरे रहते हैं किंतु प्रकाशन शाखा के बाल-साहित्य ने इस धारणा को बिलकुल गलत सिद्ध कर दिया है।

इलाहाबाद स्थित सेंट्रल पेडागाजिकल इंस्टीट्यूट ने बाल-साहित्य के रचनालय का आयोजन सन् 1962 में किया था। इस रचनालय में आयोजित बाल-साहित्य संबंधी विचारगोष्ठी में पढ़े गए निबंध पुस्तककार प्रकाशित हो चुके हैं। इसके अतिरिक्त यहां से बाल-साहित्य भी प्रकाशित हुआ है।

बाल-साहित्य के निर्माण में सरकार का प्रत्यक्ष योगदान राष्ट्रीय शैक्षिक अनुसंधान और प्रशिक्षण परिषद तथा सूचना तथा प्रसारण मंत्रालय के प्रकाशन विभाग आदि के प्रकाशनों के रूप में ही हैं। किंतु सरकार ने परोक्ष रूप से भी बाल-साहित्य के निर्माण में योगदान दिया। यह योगदान शिक्षा मंत्रालय की अखिल भारतीय पुरस्कार योजना तथा यूनेस्को की नवपाठकोपयोगी तथा बालकोपयोगी साहित्य की पुरस्कार-योजना के माध्यम से दिया गया। यद्यपि इन योजनाओं से बाल-साहित्य के कोटिगत सुधार की दिशा में कोई विशेष प्रगति नहीं हुई और न ही इनके अंतर्गत पुरस्कृत रचनाओं को सर्वत्र आदर्श तथा उच्च कोटि की रचनाएं माना जा सकता है किंतु इनसे प्रेरणा पाकर बड़ी मात्रा में बाल-साहित्य लिखा गया। पुरस्कार-योजनाओं की अपनी सीमाएं होती हैं। अच्छे और स्वाभिमानी लेखक पुरस्कारों के लिए साहित्य का सर्जन नहीं करते, विशेषकर उस स्थिति में जब अच्छे-बुरे के निर्णय की कोई सर्वमान्य कसौटी नहीं होती और यह निर्णय कुछ व्यक्तियों की पसंद-नापसंद पर होता है। तथापि, बाल-साहित्य की संख्यात्मक वृद्धि का श्रेय तो इन पुरस्कार योजनाओं को दिया ही जाना चाहिए।

इसके अतिरिक्त सरकार ने कुछ संस्थाओं को आर्थिक सहायता देकर भी बाल-साहित्य के निर्माण में परोक्ष योगदान दिया है। इन संस्थाओं में चिल्ड्रेंस बुक ट्रस्ट और शिक्षा भारती उल्लेखनीय हैं। इनका संक्षिप्त परिचय नीचे दिया जा रहा है।

**चिल्ड्रेंस बुक ट्रस्ट, नई दिल्ली :** बाल-साहित्य के निर्माण में चिल्ड्रेंस बुक ट्रस्ट की स्थापना एक महत्वपूर्ण घटना है। बाल-साहित्य के संरक्षण और पोषण के लिए साहित्य अकादमी जैसी एक संस्था की आवश्यकता थी। अंतर्राष्ट्रीय ख्याति प्राप्त व्यंग्य चित्रकार श्री शंकर पिल्लै ने सरकार से तथा कुछ अन्य सूत्रों से लगभग 55 लाख रुपए का ऋण लेकर इस संस्था को खड़ा किया। इसके ट्रस्टियों की सूची में देश के मूर्धन्य नेताओं के नाम देखकर, सरकारी संस्था नेशनल बुक ट्रस्ट के नाम से इस संस्था की समानता जोड़कर तथा सरकार की ओर से संस्था को दी गई विपुल ऋणराशि को देखते हुए इसको सरकारी संस्था अथवा साहित्य अकादमी जैसी संस्था मानने में किसी को संकोच नहीं हो सकता है किंतु यह भ्रम है जो जनता पर ही नहीं उच्च अधिकारियों तथा नेताओं के मन पर भी छाया हुआ है।

कहने का तात्पर्य यह है कि चिल्ड्रेंस बुक ट्रस्ट सरकारी सहायता से निर्मित एक निजी संस्था है जिसने गत पांच-छह वर्षों में लगभग 30 पुस्तकें प्रकाशित की हैं। बढ़िया चित्रों और आकर्षक पुस्तक-सज्जा के कारण ये पुस्तकें किसी भी

अंतर्राष्ट्रीय प्रदर्शनी में रखी जा सकती हैं यद्यपि विषय-वस्तु की दृष्टि से अधिकांश पुस्तकें सामान्य कोटि की हैं। अधिकांश पुस्तकों के रचयिता स्वयं शंकर पिल्ले हैं, जिन्होंने अनेक नामों से पुस्तकें लिखी हैं। संस्था ने कुछ बढ़िया चित्र पुस्तकें प्रकाशित करके हिंदी बाल-साहित्य के एक बड़े अभाव की पूर्ति की है।

**शिक्षा भारती, दिल्ली :** राजपाल एंड संस की इस सहायक संस्था ने शिक्षा मंत्रालय की सहायता से छोटे बालकों के लिए ज्ञान-विज्ञान की बहुत सुंदर पुस्तकें प्रकाशित की हैं। 'क्यों और कैसे?' पुस्तकमाला की ये 17 सचित्र पुस्तकें अंग्रेजी की पुस्तकों के आधार पर तैयार की गई हैं। बालकों के लिए यह पुस्तकमाला बहुत उपयोगी है। इस संस्था ने और भी बहुत सा साहित्य प्रकाशित किया है जो पुस्तक-सज्जा और चित्रों आदि की दृष्टि से चिल्ड्रेंस बुक ट्रस्ट के साहित्य की तरह उत्तम कोटि का है। अभी हाल ही में यहां से 10 खंडों में एक सचित्र विज्ञान कोश भी छपा है।

**प्रकाशन संस्थाओं का योगदान :** उपर्युक्त पुरस्कार योजनाओं और स्कूलों एवं पुस्तकालयों के लिए खरीद की योजनाओं के कारण बाल-साहित्य की खपत की संभावनाएं बढ़ गईं। इससे प्रेरणा पाकर प्रकाशक बड़े उत्साह से बाल-साहित्य की पुस्तकें छापने लगे। कुछ नए प्रकाशक केवल बाल-साहित्य के प्रकाशन के कार्यक्रम को लेकर ही मैदान में उतर आए और बहुत थोड़े से समय में ही उन्होंने सैकड़ों पुस्तकें प्रकाशित कर दीं। राजधानी के इन नए प्रकाशकों में शिक्षा भारती, रानी प्रकाशन, उमेश प्रकाशन, शकुन प्रकाशन, मिलिंद प्रकाशन, भारतीय साहित्य मंदिर, बाल सदन, मीनाक्षी प्रकाशन, हेमकुंट प्रकाशन आदि प्रमुख हैं। वस्तुतः दिल्ली नगर बाल-साहित्य के प्रकाशन का केंद्र बना रहा। आत्माराम एंड संस, राजकमल प्रकाशन, राजपाल एंड संस, नेशनल पब्लिशिंग हाउस, सस्ता साहित्य मंडल आदि दिल्ली की प्रसिद्ध प्रकाशन संस्थाओं ने बाल-साहित्य के प्रकाशन में बड़ी रुचि ली। इसके अतिरिक्त राजधानी से बाहर के पुराने तथा प्रसिद्ध प्रकाशक भी इस ओर क्रियाशील रहे जिनमें हिंदी प्रचारक पुस्तकालय, वाराणसी, इंडियन प्रेस, बालशिक्षा समिति, छात्र हितकारी पुस्तकमाला, गंगा पुस्तकमाला, किताब महल, पुस्तक भंडार, अजंता प्रेस, साहित्य भवन, मिश्रबंधु कार्यालय, हिंदी प्रकाशन मंदिर, हिंदी पुस्तक एजेंसी, गीता प्रेस, हिंदी साहित्य सम्मेलन, विश्वेश्वरानंद वैदिक शोध संस्थान, होशियारपुर तथा हिंदी ग्रंथ रत्नाकर, बंबई विशेष रूप से उल्लेखनीय हैं। इनके अतिरिक्त अन्य कई नए तथा पुराने प्रकाशकों ने भी बाल-साहित्य की अभिवृद्धि

में महत्वपूर्ण योगदान दिया जिनमें से दिल्ली स्थित ओरिएंटल बुक डिपो, राजहंस प्रकाशन, मक्तबा जामिया मिलिआ, नवयुग प्रकाशन, आर्य बुक डिपो, विजय प्रकाशन, बंसल एंड कंपनी, साहित्य प्रकाशन, तथा भारतीय साहित्य प्रकाशन, मेरठ, लोकचेतना प्रकाशन, जबलपुर, चौधरी एंड संस, वाराणसी, वोरा एंड कंपनी, बंबई, बेनीपुरी प्रकाशन, मुजफ्फरपुर, सर्वोदय साहित्य प्रकाशन, वाराणसी आदि कितने ही नाम लिये जा सकते हैं। बंबई से बाल-विनोद कार्यालय तथा केशव भिकाजी ढबले नामक दो प्रकाशन संस्थाओं ने मराठी और गुजराती का कुछ सुंदर बाल-साहित्य बच्चों को हिंदी में उपलब्ध कराया। यद्यपि इन प्रकाशन संस्थाओं का मुख्य उद्देश्य लाभ अर्जित करना था किंतु अनेक प्रबुद्ध प्रकाशक समयानुसार बच्चों की बदलती हुई आवश्यकताओं के प्रति जागरूक रहे और उन्होंने उस साहित्य के प्रकाशन की ओर भी ध्यान दिया जिसका हिंदी में प्रायः अभाव था। राजकमल प्रकाशन तथा हिंदी प्रचारक पुस्तकालय ने शिशुओं के लिए बहुत सुंदर चित्र-पुस्तकें दीं। आत्माराम एंड संस तथा नेशनल पब्लिशिंग हाउस ने लोककथाओं के अतिरिक्त कुछ उपन्यास, नाटक, शिशुगीत और ज्ञान-विज्ञान का साहित्य भी उपलब्ध कराया। राजपाल एंड संस की सहायक संस्था, शिक्षा भारती ने तो जीवनियों, विश्व बाल-साहित्य की प्रसिद्ध कृतियों के अनुवादों तथा विज्ञानमाला के कारण अपने लिए विशिष्ट स्थान बना लिया है। हिंदी ग्रंथ रत्नाकर, बंबई ने सुप्रसिद्ध लेखक कृश्नचंदर की बहादुर बलराज सीरीज प्रकाशित करके अत्यंत रोचक फैंटेसी बच्चों को दी है और 'किशोर जीवन की कहानियां' प्रकाशित करके बच्चों को घर तथा स्कूल के जीवन की यथार्थ-कहानियां दी हैं जो हिंदी में यथार्थ जीवन की कहानियों की अब भी अकेली पुस्तकें हैं। नए प्रकाशकों में उमेश प्रकाशन ने बच्चों को ऐतिहासिक, वैज्ञानिक तथा यथार्थ जीवन के अनेक मौलिक उपन्यास दिए हैं। पीपुल्स पब्लिशिंग हाउस, दिल्ली ने कुछ बहुत सुंदर जीवनियां प्रकाशित कीं। गीता प्रेस ने धार्मिक और नैतिक शिक्षा-प्रधान साहित्य बहुत सस्ते दामों पर बच्चों को उपलब्ध कराया है और उनकी पुस्तकें लाखों की संख्या में बिकी हैं।

**पत्रिकाओं का योगदान :** पुरानी पत्रिकाओं में *बाल-सखा,* और *बालक* निरंतर प्रकाशित होती रहीं यद्यपि इनका आकर्षण अब काफी कम पड़ गया है। बाल्यकाल में इनकी प्रतियोगिता करने वाले कुछ पत्र निकल रहे थे किंतु उनके पीछे अर्थ-शक्ति न होने से अनेक पत्र बंद हो गए। बाल्यकाल के अंत में, देश में स्वाधीनता के उदय के साथ-साथ अनेक पत्रिकाएं निकलने लगीं जिनमें दीदी कार्यालय, इलाहाबाद से प्रकाशित ठा. श्रीनाथ सिंह द्वारा संपादित *बालबोध* (1947),

लल्ला कार्यालय से प्रकाशित 'शिक्षार्थी' द्वारा संपादित *लल्ला* (1947), भारत सरकार सूचना और प्रसारण मंत्रालय द्वारा प्रकाशित मन्मथनाथ गुप्त और बाद में सावित्री देवी वर्मा द्वारा संपादित *बालभारती* (1947), जोधपुर से नेमिचंद्र भावुक द्वारा संपादित *झरना* (1947), इलाहाबाद से राजू दादा द्वारा संपादित तथा प्रकाशित *बालभारती* (1947), बाल शिक्षा समिति, बांकीपुर, पटना से देवकुमार मिश्र द्वारा प्रकाशित और रघुवंश पांडेय द्वारा संपादित *किशोर* (1948), मद्रास से चक्रपाणि द्वारा संपादित *चंदामामा* (1949) और माया प्रेस से सत्यव्रत द्वारा संपादित *मनमोहन* (1949) विशेष रूप से उल्लेखनीय हैं। इनमें से *बालभारती* (भारत सरकार), *चंदामामा* और *मनमोहन* अब भी बच्चों में काफी लोकप्रिय हैं। 1950 में अजंता प्रेस, पटना से रामवृक्ष बेनीपुरी तथा बाद में जयनाथ मिश्र द्वारा संपादित *चुन्नू-मुन्नू* निकला जो कुछ समय तक बच्चों में बहुत लोकप्रिय रहा। 1954 में रमेश वर्मा और प्रेम नारायण गौड़ ने मिलकर *किशोर भारती* नामक मासिक पत्रिका बड़ी सज-धज के साथ निकाली किंतु वह आर्थिक कठिनाइयों के कारण कुछ समय बाद ही बंद हो गई। 1955 में जयपुर से ताराचंद वर्मा द्वारा *बानर* पत्रिका का प्रकाशन हुआ है। इधर पं. रघुनंदन शर्मा अनेक आर्थिक कठिनाइयों के बावजूद *खिलौना* पत्रिका को खींचे जा रहे थे। किंतु ये सभी पत्रिकाएं आर्थिक स्थिति के दृढ़ न होने के कारण जम नहीं पाईं। बाल-साहित्य के सुप्रसिद्ध लेखक दयाशंकर मिश्र 'ददूदा' ने दिल्ली से 1959 में *राजा भैया* निकालना शुरू किया था जो अब भी निकल रहा है और पाठ्य-सामग्री की विशिष्टता के कारण अब भी स्थान बनाए हुए है। बाल-पत्रिकाओं में इस दशक की महत्वपूर्ण घटना टाइम्स आफ इंडिया द्वारा *पराग* का प्रकाशन है। आनंद प्रकाश जैन द्वारा संपादित यह पत्रिका *चंदामामा* के बाद दूसरी पत्रिका है जिसका प्रचार समस्त भारत में हुआ है। अखिल भारतीय स्तर की तीसरी हिंदी बाल-पत्रिका *नंदन* नवंबर 1964 से, हिंदुस्तान टाइम्स पब्लिकेशंस की ओर से निकली, जिसके संपादक राजेंद्र अवस्थी हैं। 1960 में आगरा से शंकर मेहरा के संपादकत्व में *विज्ञानलोक* पत्रिका निकली जो इस समय बच्चों के लिए एकमात्र वैज्ञानिक पत्रिका है। 1958 से और 1961 की अवधि में वाराणसी से *राजा बेटा* (ओमप्रकाश बेरी द्वारा संपादित), अंबाला से *बाललोक,* लुधियाना से *बाल-लीला,* मुरादाबाद से *बालबंधु,* अमृतसर से *बाल फुलवाड़ी,* कानपुर से *बालज्योति,* करनाल से *बालजीवन,* फगवाड़ा से *बालगोपाल,* हरिद्वार से *बाल-कल्याण,* जयपुर से *बालक,* अंबाला से बच्चों का *खेल-खिलौना,* देहरादून से *नन्हीं दुनियां,* दिल्ली से *अमर कहानी* आदि अनेक पत्रिकाओं का प्रकाशन होने लगा है। इन पत्रिकाओं के अतिरिक्त अभी हाल ही में दिल्ली से

*मिलिंद* और राजस्थान से *मुकुल* नामक पत्रिकाएं भी निकलने लगी हैं। किंतु *चंदामामा, पराग* और *नंदन* की प्रतियोगिता में इन पत्रिकाओं का टिक पाना असंभव ही दिखाई देता है। वस्तुतः इस समय *नंदन, पराग,* और *चंदामामा* ये तीन पत्रिकाएं ही बाल-साहित्य जगत को आलोकित किए हुए हैं। अन्य पत्रिकाएं तो उनके इर्द-गिर्द टिमटिमाते हुए तारों के समान हैं। प्रत्येक पत्रिका की बिक्री 75,000 के आस-पास है।

**लेखकों का योगदान :** पत्रिकाओं और प्रकाशन संस्थाओं के विस्तार के अनुरूप बाल-साहित्य के लेखकों की संख्या में भी इस काल में आश्चर्यजनक वृद्धि हुई है। कविता के क्षेत्र में धर्मपाल शास्त्री, निरंकार देव सेवक, चंद्रपाल सिंह, यादव 'मयंक', चिरंजीत, देवी दयाल चतुर्वेदी 'मस्त,' देवेंद्र दत्त तिवारी, रघुवीर शरण मित्र, द्वारका प्रसाद माहेश्वरी, वंशीधर विद्यालंकार, रमापति शुक्ल, शकुंतला सिरौठिया, बालकराम नागर, सरस्वती कुमार दीपक, रामातार चेतन, राधेश्याम झिंगन, अवधेश आर.वी., उर्मिला वर्मा, गौरी शंकर लहरी, कमला ओबेराय, शांता संत, वेणीमाधव शर्मा, प्रशांत, रामसिंहासन सिंह 'मधुर,' मनोहर प्रभाकर, प्रेमनारायण गौड़, रुद्रदत्त मिश्र, श्रीप्रसाद आदि कितने ही नाम गिनाए जा सकते हैं। पत्र-पत्रिकाओं में कविताएं अब बहुत कम छपती हैं किंतु *पराग* के नवीन शिशुगीतों वाले स्तंभ से कुछ बहुत अच्छे कवि सामने आए हैं।

गद्य के क्षेत्र में लोककथाएं, जीवनियां तथा ज्ञान-विज्ञान के विवरण प्रस्तुत करने वाले लेखकों की संख्या बहुत अधिक है। मौलिक सर्जन की ओर उन्मुख लेखकों में विष्णु प्रभाकर, दयाशंकर मिश्र 'दद्दा', देवराज दिनेश, जगन्नाथ शर्मा प्रभाकर, बालकृष्ण एम.ए., मनहर चौहान, मस्तराम कपूर 'उर्मिल', श्रीकृष्ण, शिवमूर्तिसिंह वत्स्य, व्यथित हृदय, हरिकृष्ण देवसरे, मनमोहन मदारिया, राजेंद्र शर्मा, राबिंशा पुष्प, विश्वमित्र शर्मा, शंकर सुल्तानपुरी, हबीदुल्ला खां, स्वदेश कुमार, मनोहर वर्मा, रामनारायण उपाध्याय, वीणा दर, शारदा मिश्र, कमलेश्वर, हिमांशु जोशी, हरसरनदास विश्नोई, हिमांशु श्रीवास्तव, रामकृष्ण शर्मा, रमेश वर्मा, रत्नप्रकाश 'शील' आदि कितने ही नाम उल्लेखनीय हैं। प्रकाशकों की पुस्तकमालाओं से संबद्ध होने के कारण जिन लेखकों ने पुनर्कथन, अनुवाद, संकलन-संपादन आदि द्वारा बच्चों को विविध प्रकार का साहित्य दिया है उनमें श्रीकांत व्यास, रमेशचंद्र प्रेम, जयप्रकाश भारती, संतराम वत्स्य, योगराज थानी, किशोर गर्ग, राजबहादुर सिंह, सावित्री देवी वर्मा, गोकुलचंद्र संत, योगेंद्र कुमार लल्ला आदि नाम उल्लेखनीय हैं।

**दृश्य-श्रव्य साधनों का योगदान :** रेडियो, टेलीविजन आदि दृश्य-श्रव्य

साधनों का साहित्य के निर्माण में विशेष हाथ होता है। इन नवीन साधनों की व्यापकता और लोकप्रियता के कारण लेखक इनकी ओर विशेष रूप से आकृष्ट होते हैं। रेडियो से बाल-कार्यक्रम नियमित रूप से प्रसारित किए जाते हैं जिनमें कविता, कहानी, नाटक, पहेलियां, चुटकुले आदि बच्चों में बड़े लोकप्रिय होते हैं। बालकों के लिए नियमित और सुव्यवस्थित रंगमंच के अभाव में हिंदी में बच्चों के लिए अधिकांश नाटक रेडियो नाटक के रूप में लिखे गए हैं। गीत और कहानी के क्षेत्र में आकाशवाणी के बाल-कार्यक्रमों ने काफी योगदान दिया है। आकाशवाणी के दिल्ली, लखनऊ, जयपुर और भोपाल केंद्रों ने बालकों को विविध प्रकार का साहित्य उपलब्ध कराने में सराहनीय काम किया है। टेलीविजन का प्रचार देश में अभी सीमित ही है। बड़े शहरों के स्कूलों तथा कुछ संस्थाओं में टेलीविजनों की व्यवस्था है जिस पर मुख्य रूप से शैक्षिक कार्यक्रम प्रस्तुत किए जाते हैं।

**विश्व के बाल-साहित्य से संपर्क :** देश के स्वतंत्र होने पर विश्व के अन्य देशों के साथ हमारे राजनैतिक संबंध स्थापित हुए। राजधानी में विदेशों के सांस्कृतिक संपर्क कार्यालय तथा पुस्तकालय स्थापित हुए जिनसे भारत और विदेशों में सांस्कृतिक आदान-प्रदान के लिए पर्याप्त मार्ग खुल गए। संयुक्त राष्ट्र संघ की यूनेस्को संस्था ने भी इस दिशा में महत्वपूर्ण कार्य किया और इस प्रकार विदेशों के बाल-साहित्य से हमारा संपर्क स्थापित हुआ। अमरीका के सौहार्द्र से हमारे यहां बाल-भवन जैसी संस्था की स्थापना हुई। इस संस्था के उद्घाटन के समय एक विचार- गोष्ठी हुई जिसमें देश-विदेश के बाल-साहित्य-मर्मज्ञों ने शोध-निबंध पढ़े। अमरीका के सूचना विभाग द्वारा संचालित पुस्तकालय और ब्रिटिश काउंसिल पुस्तकालय ने विशेष रूप से राजधानी के लेखकों तथा प्रकाशकों को विविध प्रकार के बाल-साहित्य से परिचित कराया। इन सबके परिणामस्वरूप हिंदी के बाल-साहित्य में वैविध्य और विस्तार आया।

हिंदी में छोटे बच्चों के लिए अच्छी पुस्तकों का अभाव ही रहा है, विशेष रूप से यह अभाव पुस्तक सज्जा, चित्र, छपाई आदि के संदर्भ में बड़ा खटकता था। 1950 से पहले के बाल-साहित्य में पुस्तक का असुविधाजनक आकार, घटिया कागज, अनाकर्षक छपाई आदि कुछ त्रुटियां व्यापक रूप से पाई जाती थीं। पाठ्य-सामग्री के अच्छा होने पर भी ये पुस्तकें प्रकाशन की दृष्टि से सामान्य कोटि की थीं। विश्व के बाल-साहित्य के संपर्क में आकर हमने इन त्रुटियों को दूर करने के प्रयत्न किए हैं। छोटे बच्चों के लिए समुचित चित्र-पुस्तकों का प्रारंभ वस्तुतः अभी कुछ समय पहले इसी संपर्क के परिणामस्वरूप हुआ है।

अन्य देशों के बाल-साहित्य के संपर्क के फलस्वरूप हिंदी में वैज्ञानिक साहित्य की ओर अधिक ध्यान दिया जाने लगा। यद्यपि इस समय हमारा अधिकांश वैज्ञानिक साहित्य अंग्रेजी से अनूदित अथवा रूपांतरित है किंतु विज्ञान के विविध विषयों की जानकारी प्राप्त कराने वाला पर्याप्त साहित्य बच्चों को उपलब्ध है। विश्व के प्रसिद्ध बाल-उपन्यासों के अनुवादों से हिंदी में बच्चों के लिए उपन्यासों की कमी की ओर हमारा ध्यान गया है और पिछले कुछ वर्षों में अनेक मौलिक उपन्यास प्रकाशित हुए हैं। साहसिक कथाओं, रहस्य-रोमांच की कहानियों के अभाव को दूर करने के प्रयत्न हो रहे हैं।

**प्रमुख धाराएं :** वर्तमान काल के बाल-साहित्य में चार धाराएं स्पष्ट दृष्टिगोचर होती हैं। ये चार धाराएं हैं : (1) लोक-साहित्य धारा; (2) अनुवाद रूपांतरण धारा; (3) राष्ट्रीय धारा; और (4) शैक्षिक धारा। इनका संक्षिप्त परिचय नीचे दिया जा रहा है।

**लोक-साहित्य धारा :** जैसा कि पीछे कहा जा चुका है बाल-साहित्य और नवसाक्षर-साहित्य को सरकारी प्रोत्साहन मिलने से प्रकाशक अधिकाधिक मात्रा में ऐसी पुस्तकें प्रकाशित करने लगे जो बाल-साहित्य और नवसाक्षर-साहित्य दोनों के अंतर्गत आ सकती थीं। दुतरफा लाभ के इस आकर्षण ने प्रकाशकों का ध्यान सबसे पहले लोककथाओं की ओर आकृष्ट किया। लोककथाओं में परीकथाओं और नीतिकथाओं का बाहुल्य होता ही है जो बच्चों का हमेशा ही प्रिय साहित्य रहा है। दूसरी ओर लोकसाहित्य, नाम से ही, जनसाधारण का साहित्य था और इसलिए नवसाक्षरोपयोगी साहित्य के अंतर्गत बिना किसी बाधा के आ सकता था। इसके अतिरिक्त लोकतंत्र की लोकप्रियता के कारण 'लोक' शब्द में ऐसा कुछ पवित्र आकर्षण समा गया था कि कोई भी सरकारी अथवा अर्ध-सरकारी खरीदार उससे प्रभावित हुए बिना नहीं रह सकता था। फलस्वरूप लोककथाओं के संग्रह धड़ाधड़ प्रकाशित होने लगे। अकेले आत्माराम एंड संस ने कुछ वर्षों की अवधि में डेढ़ सौ के लगभग लोककथा-संग्रह छाप दिए। इस संस्था की पुस्तक-सूची में सचित्र लोककथा माला के अंतर्गत एक लंबी सूची के अतिरिक्त बाल-साहित्य के अंतर्गत भी अधिकांश पुस्तकें लोककथाओं के संग्रह मात्र हैं। उनकी देखादेखी अन्य प्रकाशकों ने भी लोककथाओं के संग्रह निकालने शुरू किए। किताब महल, इलाहाबाद ने लोकभारती कथामाला और सुगम कथामाला के अंतर्गत लगभग पचास पुस्तकें निकालीं। राजकमल प्रकाशन, राजपाल एंड संस, नेशनल पब्लिशिंग हाउस और भारत सरकार के प्रकाशन प्रभाग तथा अन्य कई प्रकाशकों ने लोककथाओं की

पुस्तकें निकालीं। प्रत्येक छोटे और बड़े प्रकाशक ने अपनी पुस्तक में लोककथाओं की एक अच्छी-खासी सूची जोड़ ली। साधारण लेखक और उच्चकोटि के लेखक दोनों ने लोककथाओं पर अपनी कलम आजमाई और ऐसा लगने लगा कि हिंदी के हर लेखक लोककथा लेखक और बाल-साहित्य लेखक हैं। कुछ ही वर्षों में लोककथाओं के अंबार लग गए और पुस्तकालयों के बालकक्ष लोककथाओं से भर गए। इनमें से कुछ ही पुस्तकें बच्चों की अभिरुचियों को ध्यान में रखकर लिखी गई थीं किंतु पुस्तकालयों के बालकक्षों में उनकी खूब खपत हुई। मात्रा-वृद्धि की इस अंधाधुंध प्रवृत्ति के कारण बालकक्षों में बहुत सी ऐसी पुस्तकें भी आ गईं जो बालकों के लिए हानिकारक थीं।

लोककथाओं की इन ढेर सारी पुस्तकों में खोज अथवा मौलिकता का तत्व नहीं मिलता। किसी ने ग्रिम बंधुओं की तरह गांव-गांव घूमकर लोगों के शब्दों में ही उन कथाओं को लिपिबद्ध करने का प्रयास नहीं किया और न किसी ने लोककथाओं में अपने जीवन को डुबोकर हंस क्रि. एंडरसन की तरह उन्हें अपने जीवन की अभिव्यक्ति का साधन बनाया।

लोक-साहित्य के अतिरिक्त लेखकों और प्रकाशकों का प्रिय विषय प्राचीन ग्रंथों की कहानियों आदि का पुनर्कथन था। रामायण, महाभारत, हितोपदेश, पंचतंत्र, कथा सरित्सागर, बेताल पच्चीसी, सिंहासन बत्तीसी की कहानियां और बुद्ध तथा जैन धर्मों की कथाएं बड़ी मात्रा में लिखी गईं। ये पुस्तकें भी बाल-साहित्य और नवसाक्षर साहित्य दोनों में बड़ी आसानी से खप सकती थीं और बिना अधिक समय-शक्ति लगाए लिखी जा सकती थीं।

**अनुवाद रूपांतरण की धारा :** बाल-साहित्य की खपत की संभावनाओं के बढ़ जाने से प्रत्येक प्रकाशक बाल-साहित्य की अधिक से अधिक पुस्तकें प्रकाशित कर डालने के लिए उतावला था। इस उतावली में लेखक उसका साथ तभी दे सकते थे जब उन्हें पुस्तक लिखने के लिए कुछ विशेष प्रयास न करना पड़ता। उपर्युक्त साहित्य के अतिरिक्त जिस प्रकार का साहित्य सरलता से लिखा तथा प्रकाशित किया जा सकता था वह था अनुवाद साहित्य। फलस्वरूप विदेशी भाषाओं के (विशेष रूप से अंग्रेजी के) अनुवाद तथा रूपांतरण प्रकाशित होने लगे। कुछ प्रकाशकों ने एक सुनिश्चित योजना के अंतर्गत अंग्रेजी की प्रसिद्ध पुस्तकों के अनुवाद निकाले जिनके कारण विदेशी साहित्य की कुछ उत्कृष्ट रचनाओं से बालकों का परिचय हुआ। कुछ प्रकाशन संस्थाएं अंग्रेजी के अनुवाद और रूपांतरण का कार्यक्रम लेकर ही सामने आईं और अपनी व्यावसायिक चतुरता के कारण खूब फली-फूलीं। किंतु

अनूदित साहित्य की सैकड़ों पुस्तकों में मूल लेखक की कलम के जादू से साक्षात्कार कराने वाली रचनाएं मुश्किल से ही मिलेंगी। मूल लेखक के प्रति आभार प्रदर्शन अथवा उसका उल्लेख किए बिना भी अनेक पुस्तकें अनूदित अथवा रूपांतरित हो गईं और राजधानी के नर्सरी स्कूलों में अंग्रेजी के नर्सरी गीतों के भद्दे रूपांतरण बच्चों को सिखाए जाने लगे।

**राष्ट्रीय धारा :** हमें एक लंबे संघर्ष के बाद स्वतंत्र देश के स्वतंत्र नागरिक होने का सौभाग्य प्राप्त हुआ था और स्वराज्य पर हमारी लाख-लाख आशाएं केंद्रित थीं। राष्ट्रीय उत्कर्ष की कल्पनाएं हमारे जीवन की प्रेरणा थीं। हमें एक ऐसी प्रेरक शक्ति की आवश्यकता थी जो देश में व्याप्त निर्धनता, निरक्षरता आदि अभावों को दूर करने के लिए हमेशा प्रोत्साहित करती रहती। यह प्रेरक शक्ति राष्ट्रीय भावना थी जिसकी अभिव्यक्ति हमें इस काल के बाल-साहित्य में सबसे अधिक दिखाई देती है।

यह भावना सर्वप्रथम उन नेताओं के प्रति श्रद्धा और आदर के रूप में प्रकट हुई जिन्होंने अनेक यातनाएं सहकर हमारे लिए स्वराज्य प्राप्त किया था। फलस्वरूप जीवनियों की ओर लेखकों तथा प्रकाशकों ने अधिक ध्यान देना शुरू किया। व्यावसायिक दृष्टि से भी जीवनियों का प्रकाशन बहुत लाभप्रद था क्योंकि बाल-साहित्य और नवसाक्षर साहित्य दोनों की सरकारी खरीद में यह साहित्य खप सकता था। इसके अतिरिक्त बच्चों के लिए जीवनी की छोटी सी पुस्तक लिखने में कुछ अधिक समय-शक्ति की भी आवश्यकता नहीं थी। फलस्वरूप राष्ट्रीय नेताओं की जीवनियां इस अवधि में बहुत अधिक मात्रा में प्रकाशित हुईं। राजपाल एंड संस से प्राणनाथ वानप्रस्थी, श्री विनोद, विश्वनाथ और सत्यकाम विद्यालंकार की पचासों छोटी-छोटी जीवनियां निकलीं। सर्वोदय प्रकाशन, दिल्ली से वीरेंद्र गुप्त, संतोष कुमार जैन आदि ने, सर्वोदय प्रकाशन मंदिर से तरुण भाई ने, हिंदी प्रकाशन मंदिर से बाबूराव जोशी, नारायण दत्त पांडेय ने और नारायण प्रकाशन मंदिर से जगत नारायण ने इसी तरह अनेक दर्जन छोटी-छोटी जीवनियां प्रकाशित कर डालीं। इसके अतिरिक्त शायद ही हिंदी का कोई ऐसा प्रकाशक हो जिसने जीवनियों की आठ-दस पुस्तकें नहीं निकाली हों। पुराने प्रकाशकों में छात्र हितकारी पुस्तकमाला, पुस्तक भंडार, अजंता प्रेस, सस्ता साहित्य मंडल आदि ने पुरानी पुस्तकों के नवीन संस्करण छापे और कुछ नई जीवनियां प्रकाशित कीं।

जीवनियों के अतिरिक्त हमारी राष्ट्रीय भावना एक और प्रकार के बाल-साहित्य में अभिव्यक्त हुई। हमारी लोकतंत्रीय सरकार भाषावाद, प्रांतीयवाद और संप्रदायवाद

की विघटनात्मक प्रवृत्तियों के कारण चिंतित थी और भावनात्मक एकता के आह्वान चारों ओर से हो रहे थे। इन अवांछित और अशोभनीय प्रवृत्तियों के लक्षण बीच-बीच में प्रकट होते ही रहते थे और ऐसा लगता था हममें राष्ट्रीय भावना की कमी है। चूंकि बच्चे आने वाले कल के नागरिक होते हैं अतः बच्चों में राष्ट्रीय भावना का मंत्र फूंकने के लिए लेखकगण बड़े उत्साह से काम करने लगे। परिणामस्वरूप बच्चों के लिए बड़ी मात्रा में ऐसा साहित्य लिखा जाने लगा जिसमें राष्ट्रीयता की भावनाओं का वर्णन होता था। इस प्रकार का साहित्य राष्ट्रीय गीतों के रूप में बहुत लिखा गया। इस काल की कविता में लगभग 50 प्रतिशत राष्ट्रीय गीत हैं। मिडिल स्कूल और हाई स्कूल के बच्चों के लिए जितनी भी कविताएं लिखी गईं उनमें कुछ, चार-छह, पुस्तकों को छोड़कर शेष सबकी सब राष्ट्रीय गीतों की ही पुस्तकें हैं। कुछ लेखक राष्ट्र के निर्माण में हाथ बंटाने के लिए बहुत अधिक व्यग्र थे, उन्होंने इससे भी आगे जाकर बालकों के लिए ऐसी पुस्तकें लिख मारीं जिनमें राजनैतिक प्रचार मात्र था। 1962 में चीनी आक्रमण तथा बाद में पाकिस्तानी आक्रमण के समय इस प्रकार का साहित्य भारी मात्रा में लिखा गया है। इसके पीछे वही प्रवृत्ति काम कर रही थी जो चुनाव के दिनों में छोटे-छोटे बच्चों के हाथ झंडे देकर नारे लगवाने में प्रकट होती है।

**शैक्षिक धारा :** 1950 से पहले के साहित्य में बच्चों को नीति शिक्षा देने पर बहुत जोर दिया जाता था। यद्यपि उस समय मात्र मनोरंजन के लिए भी पर्याप्त साहित्य लिखा गया किंतु किसी भी कहानी अथवा कविता में नैतिक शिक्षा की विद्यमानता को सामान्य रूप से आवश्यक माना जाता था। यह मान्यता आधुनिक काल में भी बनी हुई है यद्यपि अब विभिन्न भाषाओं के बाल-साहित्य के संपर्क में आने के बाद लेखक और प्रकाशक इस आग्रह को छोड़ रहे हैं और बाल-साहित्य को साहित्य के व्यापक मानदंडों से मापने का प्रयत्न कर रहे हैं। नीतिकथाएं, आदर्श प्रस्तुत करने वाली कथाएं इस काल में भी काफी लिखी गई हैं और बच्चों को संबोधन करके 'ऐसा बनो, ऐसे न बनो' का प्रत्यक्ष उपदेश कविता में बहुत दिया गया है, विशेषकर जहां बच्चों में उच्च भावनाएं भरने का 'मिशन' लेखक के मस्तिष्क पर हावी रहा है। तथापि अब यह सामान्य रूप से माना जाने लगा है कि बच्चों को शिक्षा देने के पूर्वाग्रह से लिखा गया साहित्य निम्न कोटि का है।

किंतु एक ओर तो हम परंपरागत शैक्षिक साहित्य को बच्चों के लिए अवांछित मानने लगे हैं और दूसरी ओर एक नए प्रकार का शैक्षिक साहित्य उन पर बड़ी मात्रा में लादने लगे हैं। यह दूसरा साहित्य वह है जिसके पीछे बच्चे में अधिकाधिक

जानकारी ठूंसने की अथवा बच्चे को बचपन के सुखभोग का अवसर दिए बिना ही गांधी, जवाहर, रवींद्रनाथ ठाकुर अथवा आइंस्टीन बना डालने की प्रवृत्ति दिखाई पड़ती है। परंपरागत शैक्षिक साहित्य में चारित्रिक अथवा नैतिक शिक्षा ऐसी कहानियों के माध्यम से ही दी जाती थी जिन्हें बच्चे बहुत पसंद करते रहे हैं किंतु नवीन शैक्षिक साहित्य बड़ी नीरस कहानियों एवं कविताओं के रूप में प्रस्तुत किया जा रहा है। परीकथाओं और प्राचीन नीतिकथाओं की प्रतिक्रिया के रूप में आजकल ज्ञान-विज्ञान का साहित्य बड़ी मात्रा में बच्चों को दिया जा रहा है जिसका उद्देश्य बालक की स्कूली योग्यता में वृद्धि करना मात्र है। इस नए शैक्षिक साहित्य का स्वरूप पाल हजार्ड की व्यंग्यभरी निम्नलिखित पंक्तियों से स्पष्ट हो जाता है

> ''जब बच्चे पुस्तकें मांगते हैं तो वयस्क कहते हैं  हमारे बच्चे अब पढ़ना सीख गए हैं और बड़े हो रहे हैं। वे हमसे पुस्तकें मांग रहे हैं। हमें उनकी इच्छा और उत्सुकता का लाभ उठाना चाहिए। वे जिस महल के लिए उत्सुक हैं हम उसी के निर्माण का अभिनय करेंगे किंतु हम उसका निर्माण अपने उच्च ज्ञान और बुद्धिमत्ता से करेंगे। हम उनके महल में स्कूली व्यवस्था छिपाकर रखेंगे और उनके बगीचों में साग-सब्जियां लगा देंगे जिन्हें वे फूल समझकर खुश होंगे। हम उस बाग में तथा महल में तर्कशास्त्र, नागरिक शास्त्र, समाजशास्त्र, प्राकृतिक इतिहास, भौतिकी और रसायन विज्ञान जैसे विषयों को ऐसे स्थानों पर स्थापित करेंगे जहां वे प्रत्यक्ष दिखाई न दें किंतु जो उनके सामने अनायास आ जाएं। देखने में ऐसा लगेगा कि हम उन्हें जानी-पहचानी शिशुकथाएं सुना रहे हैं किंतु वास्तव में वे ज्ञान से भरी हुई कहानियां सुन रहे होंगे।''[66]

इस प्रकार के कपट भरे साहित्य का उत्पादन आज भी बड़ी मात्रा में हो रहा है।

आधुनिक काल के बाल-साहित्य पर समग्र रूप से विचार करने पर अनेक त्रुटियां मिलेंगी। एक ओर मात्रा की दृष्टि से बाल-साहित्य में बहुत वृद्धि हुई और दूसरी ओर कोटि अथवा गुण की दृष्टि से काफी ह्रास भी हुआ। प्रकाशकों की अल्प समय में अधिकाधिक पुस्तकें छापने की आतुरता के कारण ऐसे लेखक तैयार हुए जो किसी भी समय किसी भी विषय पर पुस्तक लिखकर उसे सस्ते मूल्य पर प्रकाशक को बेच सकते थे। ऐसी स्थिति में अंतःप्रेरित मौलिक साहित्यिक कृतियों का अभाव स्वाभाविक ही था। उदाहरण के लिए, कहानी और उपन्यास की पुस्तकों में लगभग 50 प्रतिशत में लोककथाओं और नीतिकथाओं का पुनर्कथन, 20 प्रतिशत में ऐतिहासिक और पौराणिक तथा धार्मिक कथाओं का पुनकर्थन, 20 प्रतिशत में अनुवाद तथा रूपांतरण है। शेष दस प्रतिशत पुस्तकों में विभिन्न प्रकार के साहित्य

विषयों में मौलिक प्रयास दिखाई देता है। लगभग यही स्थिति साहित्य की अन्य विधाओं में भी है।

दूसरी ओर व्यावसायिकता के उदय से अनेक प्रकाशक बाल-साहित्य के प्रकाशन की ओर उन्मुख हुए जिससे प्रतियोगिता का समावेश हुआ। इससे कोटि में सुधार होना आवश्यक था और इसके लक्षण अब पिछले एक-दो वर्षों से स्पष्ट दिखाई देते हैं। अनेक नए प्रकाशक केवल बाल-साहित्य के प्रकाशन को मुख्य लक्ष्य बनाकर इस क्षेत्र में आए हैं। उमेश प्रकाशन, शकुन प्रकाशन, आर्य बुक डिपो आदि संस्थाओं ने पिछले कुछ वर्षों में बढ़िया पुस्तकें निकाली हैं और काफी सरकारी पुरस्कार भी प्राप्त किए हैं। चिल्ड्रेंस बुक ट्रस्ट से अनेक नयनाभिराम पुस्तकें निकली हैं। शिक्षा भारती ने अंग्रेजी की क्लासिकल पुस्तकों की सुंदर माला देने के बाद ज्ञान-विज्ञान माला के अंतर्गत कुछ पुस्तकें प्रकाशित की हैं जो पाठ्य-सामग्री और पुस्तक-सज्जा दोनों दृष्टियों से उच्च कोटि की हैं। पीपुल्स पब्लिकेशंस से बाल-जीवनी माला के अंतर्गत कुछ बहुत बढ़िया जीवनियां प्रकाशित हुई हैं जिनमें से सुप्रसिद्ध आलोचक डा. रामविलास शर्मा द्वारा लिखी गई महाकवि निराला की जीवनी 'क्लासिक' की कोटि की है। स्वामी विवेकानंद शतवर्ष जयंती प्रकाशन ने अभी हाल ही में नन्हें मुन्नों और बालकों और किशोरों के लिए स्वामी विवेकानंद की जीवनी के अलग-अलग संस्करण निकाले हैं और हिंदी विश्वभारती कार्यालय, लखनऊ से भारत निर्माता माला के अंतर्गत ऐतिहासिक, पौराणिक और राष्ट्रीय विभूतियों की जीवनियों के संग्रह प्रकाशित किए हैं जो बहुत सुंदर और उपयोगी हैं।

कविता के क्षेत्र में यद्यपि अधिकांशतः स्कूलों के उत्सवों में गाए जाने के लिए राष्ट्रीय भावुकतापूर्ण गीत ही बच्चों को अधिक मात्रा में दिए गए हैं किंतु पिछले कुछ वर्षों से छोटे बच्चों की आवश्यकताओं के अनुरूप गीतों की कुछ सुंदर पुस्तकें भी दी गई हैं। नवीन शिशु गीतों, 'नान्सेंस,' तुकबंदियों आदि के प्रयोग होने लगे हैं। कथा-कहानी के क्षेत्र में यद्यपि अभी तक लोककथाओं, धार्मिक-पौराणिक कथाओं और नीतिकथाओं का ही बोलबाला रहा है किंतु अब बच्चों की अन्य आवश्यकताओं की ओर भी ध्यान दिया जाने लगा है। रहस्य-रोमांच की कहानियों तथा वैज्ञानिक कुतूहल की कहानियों के अतिरिक्त बच्चों के यथार्थ जीवन की समस्यामूलक कहानियों की रचना होने लगी है। नौ-दस वर्ष के बालक के लिए उपन्यासों तथा लंबी कहानियों की आवश्यकता अब लगभग सर्वमान्य हो गई है और इस दिशा में प्रयास होने लगे हैं।

नाटक साहित्य में रेडियो नाटकों और पाठ्य-पुस्तकों के नाटकों की ही अब

तक प्रधानता रही है किंतु अब ऐसे रंगमंचीय नाटकों की ओर ध्यान दिया जाने लगा है जिन्हें बच्चे साधारण साज-सामान के साथ स्वयं खेल सकते हैं।

किंतु अभी बाल-साहित्य में बहुत से क्षेत्र अछूते हैं। नवीन परीकथाओं (फैंटेसी) तथा नवीन नीतिकथाओं की ओर अभी किसी ने ध्यान नहीं दिया है। यथार्थ जीवन के साहित्य का बहुत विस्तृत क्षेत्र अभी अछूता है। किशोर साहित्य तो अभी लिखा ही नहीं गया है।

## (उ) निष्कर्ष

गत पृष्ठों में हिंदी बाल-साहित्य को इतिहास को सूत्र में पिरोने का जो प्रयत्न किया गया है उसमें, संभव है, अनेक त्रुटियां रह गई हों। त्रुटियों की संभावना के लिए सर्वप्रथम कारण तो यह है कि बाल-साहित्य की समस्त प्रकाशित पुस्तकों और पत्रिकाओं आदि को प्राप्त करना मेरे लिए असंभव था। ऐसा कोई पुस्तकालय नहीं है जहां बाल-साहित्य की समस्त प्रकाशित पुस्तकें उपलब्ध हो सकें। ऐसी ग्रंथ-सूची भी नहीं है जिसमें बाल-साहित्य की समस्त पुस्तकों के नाम आदि मिल जाएं। अपने छोटे आकार और कम कीमत के कारण अधिकांश बाल-पुस्तकों को ग्रंथ-सूचियों में भी स्थान नहीं मिला है। राष्ट्रीय संदर्भ पुस्तकालय, कलकत्ता से प्रकाशित *राष्ट्रीय ग्रंथ सूची,* हिंदी साहित्य सम्मेलन से प्रकाशित *हिंदी का उच्चतर साहित्य,* भारतीय ग्रंथ निकेतन, दिल्ली से प्रकाशित *बृहद् हिंदी ग्रंथ सूची* और डा. माता प्रसाद गुप्त कृत *हिंदी पुस्तक साहित्य* आदि ग्रंथ सूचियां बाल-साहित्य की दृष्टि से अधूरी ही हैं। *हिंदी पुस्तक साहित्य* में सन् 1947 तक प्रकाशित बाल-साहित्य की कुल 227 पुस्तकें आ सकी हैं। *हिंदी का उच्चतर साहित्य* नामक ग्रंथ-सूची में बाल-साहित्य की पुस्तकों की संख्या सन् 1957 तक लगभग 1,100 है। *राष्ट्रीय ग्रंथ-सूची* और *बृहद् ग्रंथ-सूची* में बाल-साहित्य को पृथक वर्ग में नहीं दिखाया है किंतु इनमें एक निश्चित आकार और निश्चित मूल्य की पुस्तकों को ही सम्मिलित किया गया है अतः इनमें बाल-साहित्य की सैकड़ों पुस्तकों को स्थान नहीं मिल सका है। प्रकाशन संस्थाओं के सूची-पत्रों से बाल-साहित्य की सूची बनाने का काम और भी दुष्कर है क्योंकि प्राचीन और नवीन समस्त सूची-पत्रों को प्राप्त करना असंभव है। कुछ प्रकाशन संस्थाओं ने प्रचार की दृष्टि से समय-समय पर पुस्तक सूचियां प्रकाशित की हैं किंतु उनमें तो और भी अधिक त्रुटियां हैं। प्रकाशन व्यवसाय की पत्रिकाओं

में अखिल भारतीय हिंदी प्रकाशक संघ की पत्रिका *हिंदी प्रकाशक* चार-पांच वर्ष से और राजकमल प्रकाशन की पत्रिका *प्रकाशन समाचार* लगभग 15 वर्ष से निकल रही हैं। अतः इनसे भी बाल-साहित्य की पूर्ण सूची बनाने में अधिक सहायता नहीं मिल सकती है। इन सब कठिनाइयों के कारण मुझे कुछ पुस्तकालयों से अपनी आधार सामग्री का चयन करके अपने अध्ययन को उतने तक ही सीमित रखना पड़ा है। हिंदी साहित्य सम्मेलन का ग्रंथ संग्रहालय, नागरी प्रचारिणी सभा का आर्य भाषा पुस्तकालय, बालभवन पुस्तकालय और दिल्ली पब्लिक लायब्रेरी का बाल विभाग मुख्यतः इन चार स्थानों में मिली पुस्तकों तक ही मेरा अध्ययन सीमित है। मेरी इस आधार सूची में लगभग दो हजार पुस्तकें और 68 पत्र-पत्रिकाएं हैं। इनमें से लगभग एक हजार पुस्तकें सन् 1950 के पहले की और शेष उससे बाद की हैं। मेरा अनुमान है कि सूची में समाविष्ट पुस्तकों की संख्या कुल प्रकाशित साहित्य के एक चौथाई से अधिक नहीं होगी। इन सीमाओं के कारण संभव है मेरे अध्ययन में अनेक त्रुटियां रह गई हों किंतु मैंने जो कुछ भी लिखा है एक शोधार्थी की दृष्टि से तथा वस्तुनिष्ठता को सर्वोपरि कर्तव्य मानकर ही लिखा है।

मैंने हिंदी बाल-साहित्य का अध्ययन बीसवीं शताब्दी से प्रारंभ किया है। यद्यपि इस बात के निश्चित संकेत मिलते हैं कि उन्नीसवीं शताब्दी के उत्तरार्ध में भी काफी बाल-साहित्य लिखा गया होगा। अपनी सीमाओं के कारण मैंने इसका निर्णय भावी शोधार्थियों पर छोड़ दिया है। सन् 1920 तक के बाल-साहित्य अर्थात शिशु-काल के संबंध में भी अधिक खोज-बीन की आवश्यकता है। उपलब्ध सामग्री के आधार पर मैं इस निष्कर्ष पर पहुंचा हूं कि शिशुकाल धार्मिक, नैतिक और सुधारवादी साहित्य का काल है। रामायण, महाभारत, पंचतंत्र, हितोपदेश आदि ग्रंथों की कहानियां तथा कुछ प्रसिद्ध विदेशी कहानियां ही प्रमुख रूप से इस काल में दी गईं। इसके अतिरिक्त इस काल के साहित्य में बंगला से अनूदित पुस्तकों की संख्या काफी अधिक है। साहित्य निर्माण का प्रमुख श्रेय *बाल प्रभाकर, बाल-हितैषी, शिशु* और *बाल-सखा* आदि प्रसिद्ध पत्रिकाओं, इंडियन प्रेस, खड्गविलास प्रेस, बिहार बंधु छापाखाना, रामनारायण लाल आदि प्रकाशन संस्थाओं तथा लाला भगवानदीन; मुंशी देवीप्रसाद मुंसिफ, पं. रामजीलाल शर्मा, पं. द्वारका प्रसाद चतुर्वेदी, मन्नन द्विवेदी गजपुरी, पं. नंदकुमार देव शर्मा, रसिकलाल दत्त, अमृत लाल चक्रवर्ती, गिरिजा कुमार घोष आदि लेखकों को दिया जा सकता है।

बाल्यकाल (सन् 1920 से 1950 तक) के हिंदी बाल-साहित्य में आश्चर्यजनक परिपक्वता दिखाई पड़ती है। पत्रिकाओं में *शिशु* और *बाल-सखा* के अतिरिक्त

*बालक, खिलौना, बानर, बालविनोद, किशोर, बालभारती, मनमोहन, लल्ला* आदि पत्रिकाएं पठन-सामग्री और बिक्री की दृष्टि से अच्छी पत्रिकाएं कही जा सकती हैं। लेखकों की दृष्टि से तो इस बात को हिंदी बाल-साहित्य का स्वर्णिम काल कहा जा सकता है। हरिऔध, रामनरेश त्रिपाठी, रामवृक्ष बेनीपुरी, आचार्य रामलोचन शरण, जहूरबख्श, विद्याभूषण विक्षु, स्वर्ण सहोदर, सुखराम चौबे गुणाकर, सोहनलाल द्विवेदी, श्रीनाथ सिंह, पं. सुदर्शन आदि कितने ही प्रसिद्ध लेखकों ने अपनी संपूर्ण शक्ति से बाल-साहित्य को समृद्ध किया है। यद्यपि इस काल में पुस्तकों का प्रकाशन उतने अच्छे ढंग से नहीं हुआ जितने अच्छे ढंग से होना चाहिए था तथापि शिशु कार्यालय, प्रयाग; मिश्रबंधु कार्यालय, जबलपुर; हिंदी मंदिर, प्रयाग; छात्र हितकारी पुस्तकमाला, प्रयाग; बालशिक्षा समिति, बांकीपुर, पटना; पुस्तक भंडार, लहेरिया सराय; इंडियन प्रेस, इलाहाबाद; गंगा पुस्तकमाला लखनऊ; बालभारती, प्रयाग; आदि प्रकाशन संस्थाओं ने बड़ी मात्रा में और यथाशक्ति अच्छी पुस्तकें प्रकाशित की हैं।

सन् 1950 के बाद अर्थात वर्तमान काल में बाल-साहित्य का सर्वतोन्मुखी विकास हो रहा है। प्रकाशित पुस्तकों की संख्या में बहुत वृद्धि हुई है। पुस्तक सज्जा, छपाई, चित्रों आदि की दृष्टि से इस काल में प्रकाशित अधिकांश पुस्तकें सन् 1950 से पहले प्रकाशित पुस्तकों की तुलना में बहुत सुंदर हैं। बाल-साहित्य का लेखन और प्रकाशन एक लाभप्रद व्यवसाय के रूप में प्रतिष्ठित हो चुका है अतः इसने बड़ी संख्या में लेखकों और प्रकाशकों को अपनी ओर आकृष्ट किया है। हिंदी के लगभग सभी प्रकाशकों ने बाल-साहित्य के प्रकाशन का काम हाथ में लिया है। दर्जनों प्रकाशन संस्थाएं केवल बाल-साहित्य के प्रकाशन का कार्यक्रम लेकर ही स्थापित हुईं और कुछ को तो दो-तीन वर्षों में ही आशातीत सफलता मिली है। चिल्ड्रेंस बुक ट्रस्ट और शिक्षा भारती आदि संख्याएं तीन-चार वर्षों में ही राजधानी की सर्वश्रेष्ठ और सर्व साधन-संपन्न संस्थाएं बन गई हैं। राजधानी की ही कुछ अन्य संस्थाओं का भी (उदाहरण के लिए उमेश प्रकाशन, शकुन प्रकाशन, हेमकुंट प्रकाशन) केवल बाल-साहित्य के बल पर, कुछ वर्षों में आशातीत विस्तार हुआ है। पत्र-पत्रिकाओं के क्षेत्र में *नंदन, पराग, चंदामामा* आदि पत्रिकाओं की बिक्री की समानता कोई भी वयस्क मासिक पत्रिका नहीं कर सकती। बाल-साहित्य के लेखन के क्षेत्र में अनेक नई प्रतिभाएं प्रकट हुई हैं। प्रतिष्ठित लेखक भी बाल-साहित्य के सर्जन की ओर उन्मुख होते जा रहे हैं। डा. रामविलास शर्मा, विष्णु प्रभाकर, कमलेश्वर, अमृतलाल नागर, रघुवीरशरण मिश्र, राजेंद्र यादव, मोहन राकेश, कुलभूषण,

कृश्नचंदर आदि कितने ही प्रतिष्ठित साहित्यकार बाल-साहित्य के सर्जन की ओर उन्मुख हुए हैं।

वर्तमान काल के बाल-साहित्य का क्षेत्र बहुत विस्तृत है। विषय की सीमाओं के कारण इस काल पर सरसरी तौर पर ही विचार कर सका हूं। इसके विस्तृत विवेचन का काम मैंने भावी शोधार्थियों पर छोड़ दिया है।

## संदर्भ

1. श्री सुधांशु कुमार राय की खोजों के संबंध में प्रथम लेख टाइम्स आफ इंडिया के 28 अप्रैल, सन् 1963 के अंक में प्रकाशित हुआ था। उसके बाद उनके टाइम्स आफ इंडिया तथा संडे स्टैंडर्ड में अनेक लेख प्रकाशित हुए हैं। उन्होंने सिंधु-घाटी को सभ्यता को आर्य-सभ्यता कहा है तथा सिक्कों में खुदी लिपि को ब्राह्मी लिपि का प्राचीन रूप माना है।
2. प्रो. वासुदेव उपाध्याय, *पूर्व मध्यकालीन भारत,* पृ. 166।
3. भारत सरकार के प्रकाशन विभाग से प्रकाशित सरल पंचतंत्र की भूमिका में विष्णु प्रभाकर जी ने यही मत व्यक्त किया है।
4. डा. भोगीलाल ज. सांडेसरा, *पंचतंत्र* (गुजराती), उपोद्घात, पृ. 3।
5. मे हिल आर्बुथनाट, *चिल्ड्रेंस एंड बुक्स,* पृ. 301।
6. *दि वर्क्स आफ् प्लेटो,* इरविन एडमेन द्वारा संपादित, पृ. 112।
7. *पूर्व मध्यकालीन भारत,* पृ. 196।
8. कृष्णाचार्य, *हिंदी के आदि मुद्रित ग्रंथ,* पृ. 24।
9. के.सी. व्यास, *दि डेवेलपमेंट आफ नेशनल एजूकेशन इन इंडिया,* पृ. 69।
10. हार्वे डार्टन, *चिल्ड्रेंस बुक्स इन इंगलैंड,* पृ. 1।
11. रूथ ट्रूज, *योर चिल्ड्रेंस वांट टु रीड,* पृ. 87।
12. लक्ष्मीसागर वार्ष्णेय कृत *आधुनिक हिंदी साहित्य* में सन् 1860 से 1900 तक दस बार दुर्भिक्ष पड़ने का उल्लेख है।
13. यह विभाजन कृष्णाचार्य कृत, *हिंदी के आदि मुद्रित ग्रंथ,* के आधार पर मोटे तौर पर किया गया है।
14. *आचार्य रामलोचन शरण अभिनंदन ग्रंथ,* पृ. 257।
15. ब्रजनंदन सहाय, *आचार्य रामलोचन अभिनंदन ग्रंथ,* पृ. 26।
16. *कथा कुसुम कलिका,* पृ. 5।
17. *विद्यार्थी विनोद,* भूमिका।
18. *मनोहर कहानी,* पृ. 3।
19. *बाबु चंडी प्रसाद, हास्य रत्न,* पृ. 12।
20. *बाबू चंडी प्रसाद,* हास्य रत्न, पृ. 19।

21. *बाल प्रभाकर,* अप्रैल 1908 अंक।
22. *बाल-हितैषी,* जनवरी 1915।
23. *यथोपरि।*
24. *कन्या मनोरंजन,* मई 1914।
25. *यथोपरि,* दिसंबर 1914।
26. *शिशु,* जनवरी 1936।
27. *बाल-सखा,* जनवरी 1917।
28. *विनोद,* जामुन कविता से।
29. *वीर बालक,* भूमिका से।
30. *वीर बालक,* 'राम-कृष्ण' कविता से।
31. *यथोपरि* 'वीर अभिमन्यु' कविता से।
32. *खिलौना,* जनवरी 1928।
33. आचार्य रामलोचन अभिनंदन ग्रंथ, पृ. 723-241
34. *बालक,* अप्रैल, 1939।
35. *बानर,* मार्च-अप्रैल अंक, 1940।
36. *कुमार,* जुलाई, 1932।
37. *किशोर,* जुलाई, 1938।
38. *किशोर,* जुलाई 1938।
39. *आचार्य रामलोचन शरण अभिनंदन ग्रंथ,* पृ. 261।
40. *बाल विलास* से।
41. *बाल विलास* से।
42. *हंसू की हिम्मत,* पृ. 5।
43. *बानर संगीत* की भूमिका।
44. *अंगूठी का मुकदमा* भूमिका से।
45. *मजेदार कहानियां* भूमिका से।
46. *आविष्कार और आविष्कारक* भूमिका से।
47. *शिशु भारती* 'अगर कहीं मैं तोता होता' से।
48. *बांसुरी* 'अगर कहीं मैं बादल होता' से।
49. *शिशु भारती* 'रेल की खिड़की' से।
50. *यथोपरि* 'आंधी आई' से।
51. *शिशु भारती* 'मीठे बोल' से।
52. *खेलो मैया,* से।
53. *लाल चिड़िया और उसका पंख* से।
54. *बाल खिलौना,* नटखट बंदर' से।
55. *यथोपरि* 'म्याऊं आ जा' से।
56. *पिपिहरी,* पृ. 36।

57. *बाल भारती,* पृ. 3।
58. *बाल मनोरंजन* भूमिका।
59. *बाल मनोरंजन* 'गर्मी' कविता से।
60. *भिखारी* से।
61. *राजा भैया* से।
62. *झिलमिल तारे* भूमिका से।
63. *बिजली* 'दुर्गावती' कविता से।
64. *बाल-गोपाल,* पृ. 15।
65. *यथोपरि,* पृ. 30।
66. षाल हजार्ड, *बुक्स, चिल्ड्रेंस एंड मैन,* पृ. 4।

# 4. हिंदी बाल-साहित्य का अध्ययन (कविता)

## (अ) प्रस्तावना

*"कविता के आस्वादन का अधिकार कुछ चुने हुए व्यक्तियों को ही प्राप्त नहीं है, यह तो मानव जीवन के व्यापक अनुभव का एक अंग है। बच्चे में ताल और आवृत्ति के प्रति जो स्वाभाविक आकर्षण होता है उसे हम कविता का आदि रूप कह सकते हैं।"*[1]

*राबर्ट सिंह*

बच्चे को अच्छी-अच्छी चीजें खिलाइए, बढ़िया कपड़े पहनाइए, सुंदर खिलौने दीजिए और खूब लाड़-प्यार कीजिए किंतु यदि आप उससे कविता छीन लेंगे तो आप उससे बचपन का सारा आनंद ही छीन लेंगे। कविता के बिना वह एक क्षण-भर भी नहीं रह सकता है। उठना, बैठना, दौडना, रुकना, खेलना, खाना, रूठना, मनाना, हंसना, रोना आदि सभी कामों में उसे कविता की आवश्यकता पड़ती है। यदि वह लकड़ी टांगों के बीच दबाकर दौड़ना चाहता है तो उसे 'चल मेरे घोड़े टिम्बकटू' जैसे पद कंठस्थ होने चाहिए। यदि वह अपने भैया के साथ खेलना चाहता है तो वह गाएगा 'हम भैया के संग खेलेंगे।' और यदि दूसरे बच्चे उसे खेल में शामिल नहीं करते हैं तो उसे कहना पड़ेगा, 'हमको नहीं खिलाएंगे, हम ऊधम खूब मचाएंगे।' यदि वह किसी से नाराज होकर दोस्ती तोड़ना चाहेगा तो दांतों से नाखून छुआकर 'तेरी-मेरी कुट्टा' कहने से पहले उसे उट्टी, मुट्टी या छुट्टी वाला कोई तुक जोड़ना पड़ेगा। यदि उसे बहुत से लड़कों में से किसी विशेष लड़के को चुनने के लिए कहा जाएगा

तो वह 'अक्कड़ बक्कड़ भम्भड़ भौ, अस्सी नब्बे पूरे सौ' जैसी तुकबंदी का सहारा लेगा। स्कूल लगने पर मास्टर जी के कमरे में आने से पहले यदि उसकी दवात में स्याही न रहे तो वह 'कौआ कौआ ढोल बजा, चार आने की स्याही ला' वाला गाना गाकर स्याही भी प्राप्त कर सकता है। गिनती गिनते समय, पहाड़े बोलते समय, पाठ याद करते समय उसे लय और ताल की आवश्यकता पड़ती है। बच्चे का लय-ताल के प्रति यह आकर्षण क्यों है इसके स्पष्टीकरण में इतना ही कहा जा सकता है कि बच्चे की निर्मल आत्मा चराचर जगत् में व्याप्त शब्द ब्रह्म की लय के अधिक निकट होती है।

उपर्युक्त विवेचन के संदर्भ में यह प्रश्न बेतुका सिद्ध हो जाता है कि बच्चे को कविता की क्यों आवश्यकता होती है। हर देश अथवा जाति के इतिहास के हर युग में बच्चे की इस आवश्यकता को स्वीकार किया गया है और उसकी पूर्ति के लिए यथासामर्थ्य प्रयत्न किए गए हैं। इसीलिए प्रायः हर जाति के लोक-साहित्य में बच्चे को सुनाए जाने वाले अथवा उसके द्वारा गाए जाने वाले गीतों का भंडार रहता है।

बच्चे का कविता से प्रथम परिचय इन परंपरागत गीतों के माध्यम से होता है। अंग्रेजी के बाल-साहित्य में मदरगूज के शिशुगीतों को बालक का सर्वप्रथम कविता साहित्य कहा गया है। ये शिशुगीत वस्तुतः परंपरागत लोकगीत ही हैं जिनका संकलन किया गया है। यदि विश्व के समस्त देशों के परंपरागत शिशुगीतों के संकलन तैयार किए जाएं तो वे संभवतः मदरगूज के शिशुगीतों की तरह ही बालकों में लोकप्रिय होंगे। हिंदी में इस दिशा में अभी तक कोई विशेष प्रयास नहीं किया गया है। स्वर्गीय रामनरेश त्रिपाठी ने *बानर* पत्रिका के संपादन काल में उत्तर प्रदेश में प्रचलित कुछ गीतों का संग्रह अवश्य किया था किंतु उस काम को आगे किसी ने नहीं बढ़ाया।

बच्चों के मुंह से फिल्मों के भद्दे गाने सुनकर हम चौंक पड़ते हैं किंतु हम यह नहीं समझते कि बच्चे का गीत के प्रति स्वाभाविक आकर्षण होता है। यदि हम उसके लिए अच्छे गीत पर्याप्त मात्रा में नहीं देंगे तो वे भद्दे गीत सीख लेंगे। बच्चे अधिकांश गीतों का अर्थ नहीं समझते हैं अतः उनके लिए अच्छे और बुरे गीत में कोई भेद नहीं होता। नगर जीवन के बढ़ते हुए प्रभाव के कारण हम अपने परंपरागत गीतों को भूल चुके हैं या भुलाते जा रहे हैं और उनके स्थान पर नए गीत हमने बच्चों को नहीं दिए हैं। ऐसी स्थिति में बच्चे और क्या कर सकते हैं?

बच्चों के लिए नए गीत लिखने का काम इस दृष्टि से बहुत महत्वपूर्ण है। किंतु यह काम उतना ही कठिन भी है। सर्वप्रथम कठिनाई तो यह है कि बच्चों की कविता का रूप सामान्यतः वयस्कों के लिए स्पष्ट नहीं होता। बच्चों के विषय में

कविता आदि की रचना तो चिरकाल से होती आ रही है किंतु बच्चों के लिए कविता की रचना करने के लिए एक नवीन प्रकार की साधना अपेक्षित है। "कविता मूलतः मनःस्थिति एवं मनोवेग की चीज है : वह मानसिक बिंबों की अनुक्रिया है। सीधी वस्तुगत इतिवृत्तात्मक कविता और शुद्ध बेतुकी (नान्सेंस) कविता को छोड़कर अन्य प्रकार की कविता मूलतः विषयिगत साहित्य है। विषयि अर्थात् कवि अंतर्मुख हो या बहिर्मुख, वह सामान्यतः बच्चों को आकृष्ट नहीं कर पाता है क्योंकि बच्चों में जीवन का इतना लंबा अनुभव नहीं होता है कि वे पाकर खोई जा चुकी वस्तुओं के प्रति हमारी तीव्र कामना को समझ सकें। इसके अतिरिक्त वे अपने मनोभावों को तीव्रता से अनुभव तो करते हैं किंतु उनका विश्लेषण नहीं करते।... अतः यदि किसी भाषा में वस्तुतः बच्चों की और बच्चों के लिए (बच्चों के विषय में नहीं) कविता लिखी गई है तो वह आश्चर्य एवं प्रशंसा की बात है।"[2]

ऐलिजबेथ नेस्वित के उपर्युक्त उद्धरण से यह बात स्पष्ट हो जाएगी कि बच्चों के लिए कविता लिखना बहुत कठिन कार्य है। सामान्य स्थिति में वयस्क बालकों के लिए कविता लिख ही नहीं सकता है। उसे इसके लिए पुनः बच्चा बन जाने की कठिन साधना करनी पड़ती है। वह बच्चे के आस-पास की वस्तुओं का वर्णन एक वयस्क की दृष्टि से करेगा तो उसमें बच्चे के लिए क्या आकर्षण होगा? जैम्स रीव्स का कहना है कि "बच्चों के लेखक के लिए यह आवश्यक है कि वह अपनी अनुभूति को बच्चे के मन से; उसकी दृष्टि से अभिव्यक्त करे। बच्चों के लिए कविता लिखते समय मैं किन्हीं सैद्धांतिक निष्कर्षों को लेकर नहीं चला हूं बल्कि मैंने यही आवश्यक समझा है कि मैं बच्चे की दृष्टि से देखूं, बच्चे के कानों से सुनूं, बच्चे के मन से कल्पना करूं और कुछ हद तक बच्चे के मन से ही चीजों को महसूस करूं और इस समस्त प्रक्रिया में परिपक्व लेखक के तकनीकी अनुभव का उपयोग करूं।"[3]

बच्चे की दृष्टि अथवा उसकी मनःस्थिति को प्राप्त करना सामान्य मनुष्य के लिए, तो संभव ही नहीं है। कुछ इने-गिने लेखक ही इस साधना में सफल हो पाते हैं और ऐसे लेखक भी नियमित रूप से कविता की रचना नहीं कर सकते हैं। हर रोज बच्चों के लिए कविताएं लिख देना प्रतिभाशाली लेखक के लिए भी संभव नहीं है क्योंकि उनकी वयस्क दुनिया के विचार और पूर्वाग्रह हस्तक्षेप करते रहते हैं और जब तक वह बालक की सी मनःस्थिति को काफी समय तक नहीं बनाए रखता वह बाल-कविता-लेखन की अपनी शक्ति का भली-भांति उपयोग नहीं कर सकता।

इसके अतिरिक्त बच्चों के कवि के समक्ष एक कठिनाई अभिव्यक्ति की ईमानदारी की है। यदि कवि कोई ऐसी बात लिखता है जिस पर वह स्वयं विश्वास

नहीं करता तो उसकी कविता दोषपूर्ण होगी। अनुभूति विश्वास से भी सूक्ष्म चीज है और कवि अपनी अनुभूति को अभिव्यक्ति देता है। ऐसी स्थिति में बच्चों के लिए कविता लिखने से पहले कवि के लिए बच्चों की दुनिया में विश्वास करना आवश्यक हो जाता है। कम से कम उसे कुछ समय के लिए बच्चों की दुनिया में अपने अविश्वास को छोड़ देना पड़ता है। कविता लिखने में पूर्ण एकाग्रता प्राप्त करने के लिए यह बहुत आवश्यक है कि कवि वस्तुतः अपने लिए लिखे भले ही वह प्रत्यक्षतः बच्चों के लिए लिख रहा हो।

बच्चों की दुनिया में प्रवेश और उस दुनिया में अविश्वास के निलंबन की क्षमता किसी निश्चित फार्मूले से प्राप्त नहीं की जा सकती है। जब तक लेखक के जीवन में ही कुछ ऐसी बातें न हों जो उसे बचपन की ओर उन्मुख करें तब तक वह बच्चों का सफल लेखक नहीं बन सकता है। उदाहरण के लिए, उसका बाल्यकाल इतना सुखी और मजेदार हो कि वह वयस्क दुनिया में प्रवेश करने के बाद भी उसके रोमांचपूर्ण अनुभवों को न भुला सके। मार्क ट्वेन और हावर्ड पाइल का बचपन इसी प्रकार का था। इसके विपरीत आर.एल.एस. स्टीवेंसन का मन बीमारी और कमजोरी के कारण और हमेशा परिचारिकाओं की देख-रेख में रहने के कारण बचपन का प्रत्यक्ष आनंद लेने में अपने-आपको असमर्थ पाता था और इसलिए कल्पना की दुनिया में खोए रहकर इसकी अभावपूर्ति करता था। उसकी 'चाइल्ड्स गार्डन आफ वर्सिस' बच्चों की कविता का उत्कृष्ट नमूना है क्योंकि इसमें बच्चे की तमाम कल्पनाएं मूर्तिमान हुई हैं।

कविता बच्चों को क्यों अच्छी लगती है, उसमें कौन-कौन से तत्व ऐसे हैं जो बच्चों को अपनी ओर आकृष्ट करते हैं, इत्यादि प्रश्नों का विवेचन कविता के आकर्षण को स्पष्ट करने के लिए आवश्यक है। यदि हम इन प्रश्नों के उत्तर की खोज में बच्चों से पूछें कि कविता में उन्हें कौन सी चीज अच्छी लगती है, तो हमें संतोषजनक उत्तर नहीं मिल सकता है। कविता का आस्वादन वैसे भी गूंगे के गुड़ के आस्वादन की तरह अनकहा होता है और बच्चों में तो अपनी अनुभूतियों का विश्लेषण करने तथा उन्हें अभिव्यक्त करने की क्षमता होता ही नहीं है। अतः इस प्रकार के सर्वेक्षण अधिक सहायक नहीं होते हैं। इसका एकमात्र तरीका यह है कि बच्चे जिन कविताओं को अधिक पसंद करते हैं उनका विश्लेषण करके उनमें विद्यमान तत्वों का पता लगाया जाए। मे हिल अर्बुथनाट ने अंग्रेजी साहित्य के सर्वाधिक लोकप्रिय गीतों (मदरगूज राइम्स) का विश्लेषण करने के बाद उनमें निम्नलिखित आकर्षण बतलाए हैं[4]

1. विविधता विविध प्रकार के मनुष्यों, पशुओं, पक्षियों, खेलों तथा पहेलियों आदि से परिचय।
2. गेयता।
3. क्रिया-व्यापार (एक्शन)।
4. कथा तत्व।
5. हास्य।
6. चित्र।

ये गुण बच्चों को सदियों से अपनी ओर आकृष्ट करते रहे हैं अतः बच्चों की कविता में इन्हें आवश्यक माना जाता है। इनमें से विविधता संकलनगत और चित्र प्रकाशनगत विशेषताएं हैं किंतु गेयता, क्रिया-व्यापार, कथा तत्व और हास्य ऐसे गुण हैं जिनकी योजना लेखक को करनी पड़ती है। इन गुणों पर यहां सरसरी विचार कर लेना अप्रासंगिक नहीं होगा।

## गेयता

कविता को गद्य से पृथक करने वाला तत्व उसकी गेयता अथवा संगीतात्मकता है। मानव-इतिहास के एक बहुत लंबे काल तक कविता गाई जाती रही है। भारतीय इतिहास के प्राचीन काल में तो गणित, ज्योतिष, आयुर्वेद, दर्शन आदि साहित्येतर विषयों के ग्रंथ भी पद्य में लिखे जाते थे। संभवतः ऐसा विषय को सुगमता से कंठस्थ कराने के लिए किया जाता था। मुद्रण के साधनों के अभाव में ज्ञान के परिरक्षण, पठन-पाठन आदि में कंठस्थ करने की प्रक्रिया का विशेष महत्व होता था। किंतु बच्चों के लिए ये सब गौण महत्व की चीजें हैं। गीत गाना उसकी प्राथमिक आवश्यकता है। सांस लेने की तरह ही वह जीवन की एक अनिवार्य प्रक्रिया है। स्वर, ताल, और लय-माधुर्य के संयोजन से रचना में गेयता का गुण आता है। छंद गेयता के लिए अनिवार्य है यद्यपि छंद से अभिप्राय यहां परंपरागत अथवा नवीन कुछ गिने-गिनाए छंदों से नहीं अपितु आचार्य हजारी प्रसाद द्विवेदी की व्याख्या के अनुसार 'प्रवाह और गति'[5] से है।

## क्रिया-व्यापार

अंग्रेजी शब्द 'एक्शन' के लिए यहां क्रिया-व्यापार शब्द का प्रयोग हुआ है। क्रिया जीवन का लक्षण है। निष्क्रिय और निर्जीव में सूक्ष्मद्रष्टा अथवा तर्क-कुशल व्यक्ति

भले ही भेद कर लें किंतु बच्चे की नजर में उनमें भेद नहीं होता। बच्चे स्वयं भी निश्चल और निष्क्रिय होकर नहीं बैठ सकते। यह उनके स्वभाव के विपरीत है और इसीलिए संभवतः वे दुनिया की हर चीज को गतिशील एवं क्रियाशील देखना चाहते हैं। नाचना, कूदना, दौड़ना, भागना, चिल्लाना, हंसना, रोना आदि अनेक क्रियाओं को न केवल वे अपने जीवन में करना चाहते हैं बल्कि अपने साहित्य में भी देखना चाहते हैं। उन्हें निष्क्रिय चित्र अच्छे नहीं लगते और न ही उन्हें वह कविता अच्छी लगती है जिसमें क्रिया-व्यापार का अभाव हो।

## कथा तत्व

गीत बच्चों के मन की वाणी है और कहानी उनके मन का भोजन। बच्चे की अंतहीन उत्सुकता के कारण ही मानव संस्कृति में कहानी का अंतहीन सिलसिला चलता रहता है। कहानी बच्चे की भूख भगा देती है, उसकी आंखों की नींद उड़ा देती है। कहानी को वह हर समय और हर स्थिति में सुनने के लिए तैयार रहता है। बच्चों की अधिकांश कविताओं में कहानी का तत्व विद्यमान रहता है। परंपरागत गीतों में तो कहानी का पुट रहता ही था, आधुनिक काल में भी अधिकांश कविता किसी न किसी कथा को आधार बनाकर लिखी जाती रही है। प्रायः सभी भाषाओं की बाल-कविता में कथा-कविता या अनुपात सबसे अधिक है। संभवतः इसका एक कारण यह भी है कि बच्चे भावगीतों अथवा भाव-प्रधान कविताओं में अनिवार्यतः आने वाली अमूर्त संकल्पनाओं को समझने में असमर्थ होते हैं।

## हास्य

संजीदगी और गंभीरता बच्चे के स्वभाव से विपरीत की चीजें हैं। चुपचाप गंभीर बनकर बैठे हुए को देखकर उसके स्वस्थ होने के विषय में अनायास ही संदेह होने लगता है। हंसते, मुस्कराते और खुशी से किलकारियां मारते हुए बच्चे सबको भले लगते हैं। फिर भी आश्चर्य है कि वयस्कों ने कविता के नाम पर बच्चों को गंभीरता ही पिलाई है। हम अपनी धर्म-भावना में विभोर होकर बच्चों को गंभीर धर्मोपदेश देते रहे हैं, उन्हें शीघ्रातिशीघ्र सयाना बनाने के उद्देश्य से नीति-शिक्षा के कड़वे घूंट पिलाते रहे हैं। किंतु बच्चों ने इस प्रकार की कविताओं को अपने हृदय में स्थान नहीं दिया है। वे इन कविताओं की अपेक्षा उन भद्दे गीतों को तत्काल अपना लेते हैं जिन्हें वे गली-कूचों में सुनते हैं। किंतु जो गीत अपनी विचित्र ध्वनियों से,

अप्रत्याशित क्रिया-कलापों से, अजीब-अजीब नामों से उन्हें हंसने-हंसाने का अवसर देते हैं वे उनके हृदय की संपत्ति हो जाते हैं।

कविता के आकर्षणों के साथ-साथ उसके विकर्षणों पर भी कुछ विचार करना आवश्यक होगा। विश्व के बाल-साहित्य मर्मज्ञों ने बच्चों की कविता में तुक और छंद के अभाव, अलंकारों की भरमार, दार्शनिक विषय और अमूर्त संकल्पनाओं को अवांछनीय माना है। अंग्रेजी बाल-साहित्य के सुप्रसिद्ध कवि बैनेथ ग्रैहम का कहना है कि वे बच्चों के लिए अतुकांत पद्य, अलंकारपूर्ण क्लासिकल कविता, मृत्यु का चित्रण करने वाली कविता, सृजनात्मक तत्व रहित मात्र पद्य और बच्चों के विषय में लिखी गई कविता को अवांछनीय समझते हैं।[6] मेरा विचार है कि इस उद्धरण में बाल-कविता के विकर्षणों का समाहार हो जाता है।

## (आ) बाल कविता के विभिन्न रूप

बच्चों की कविता के सामान्यतः निम्नलिखित रूप प्रचलित हैं

(1) शिशु गीत;
(2) उपदेश-प्रधान कविता;
(3) कथा-कविता;
(4) हास्य-प्रधान और नान्सेंस पद;
(5) राष्ट्रीय गीत;
(6) बच्चे के बाह्य संसार का वर्णन;
(7) बच्चे के भीतरी संसार का वर्णन अर्थात् प्रगीति।

हिंदी में सभी प्रकार की कविताएं लिखी गई हैं किंतु उपदेश-प्रधान कविता, कथा-कविता, राष्ट्रीय गीत और वाह्य वस्तु वर्णन की कविताओं की प्रधानता रही है। कविता के इन रूपों का संक्षिप्त विवेचन नीचे किया जा रहा है

**(1) शिशुगीत :** बच्चों का कविता से प्रथम परिचय शिशुगीतों के माध्यम से होता है। इन्हें नर्सरी गीत भी कहते हैं। किंडरगार्टन और नर्सरी प्रणाली के प्रचलन से कविता की इस विधा का महत्व बहुत बढ़ गया है।

शिशुगीतों का आदर्श अंग्रेजी के 'मदरगूज नर्सरी राइम्स' को माना जाता है किंतु जैसा कि पीछे कहा गया है 'मदरगूज राइम्स' में अधिकांशतः ऐसे पद्य हैं जो परंपरा से बच्चों में लोकप्रिय थे। उन्हीं के शिल्प आदि के अनुकरण पर कुछ नवीन

पदों की रचना भी हुई है।

हिंदी के परंपरागत बालगीतों की चर्चा पीछे की जा चुकी है। यद्यपि इन बिखरे हुए गीतों को सजा-संवारकर पुस्तकाकार प्रकाशित करने का काम अभी नहीं हुआ है किंतु अंग्रेजी के नर्सरी गीतों की प्रेरणा से हिंदी में पर्याप्त शिशुगीतों की रचना हुई है। शिशुगीतों में हास्य-प्रधान कथाएं, नान्सेंस तुकबंदियां, गिनती के कुछ पद, अक्षरगीत, खेल के गीत, पहेलियां, विचित्र ध्वनियों वाले पद्य आदि बाल कविता के अनेक रूप सम्मिलित हैं। दूसरे शब्दों में, बालकों के उपयुक्त किसी भी विषय पर लिखा गया गीत शिशुगीत हो सकता है बशर्ते उसमें स्कूलपूर्व की अवस्था के बच्चों को सहज भाव से आकृष्ट करने वाले गुण विद्यमान हों। ये गुण हैं शब्द-संगीत, लय-ताल माधुर्य और हास्य। इन गीतों में शब्दों के अर्थ की अपेक्षा उनकी ध्वनियों का अधिक महत्व होता है। यह आवश्यक नहीं कि बच्चे प्रत्येक शब्द के अर्थ को भली-भांति समझ ही लें। अंग्रेजी के नर्सरी गीतों में कुछ ऐतिहासिक और राजनैतिक प्रसंगों का उल्लेख भी निहित है और कुछ विद्वान तो 'मदरगूज राइम्स' के प्रत्येक गीत में किसी छिपे हुए अर्थ को खोजने में लगे हुए हैं। जाहिर है कि इन गीतों की बारीकियां बच्चों की पहुंच से बाहर हैं फिर भी बच्चे इनका आस्वादन बिना किसी बाधा के करते आ रहे हैं।

विभिन्न पशु-पक्षियों की आवाजों की ओर बच्चों का स्वाभाविक आकर्षण होता है अतः इन आवाजों को लेकर बड़ी संख्या में गीत लिखे गए हैं। प्रायः इन गीतों की तुकबंदी इतनी सरल होती है कि बच्चे उनमें अपनी मनचाही ध्वनियां भी जोड़ सकते हैं। इस प्रकार की सरल तुकबंदी के दो उदाहरण नीचे दिए जा रहे हैं

"तोता बोले सीताराम
मैना बोले राधेश्याम।
उल्लू बोले धू धू धू
मुर्गा बोले कुकड़ूं कूं।
कुत्ता बोले भौं भौं भौं
दादा खासें खौं खौं खौं।"[7]

"मैं तो सो रही थी
मुझे बिल्ली ने जगाया
बोली म्याऊं म्याऊं म्याऊं।
मैं तो सो रही थी

मुझे चुहिया ने जगाया
बोली च्याऊं च्याऊं च्याऊं।''[8]

किंतु पशु-पक्षियों की ध्वनियों का संयोजन करना इतना कठिन काम नहीं है जितना सीधे-साधे शब्दों से लय-ताल के माधुर्य की सृष्टि करना। इस प्रकार के गीत लिखना समर्थ कवि का ही काम है। सरल छंद, शब्द-योजना का चमत्कार, हास्य का पुट और गेयता इन गीतों के मुख्य आकर्षण होते हैं। कुछ उदाहरण देखिए

''चिड़िया का नन्हा पर
गिरा कहीं उड़कर।
उड़ती है फर फर
पूछती है घर घर।
मेरा एक नन्हां पर
गिरा कहां उड़कर।''[9]

''धक धक आग
रही है जाग
भक भक भक भक जलती है।
कपड़े घास
लकड़ियां बांस
ईंधन बहुत निगलती है।''[10]
''घोड़े घोड़े
तले पकौड़े
कितने हैं ज्यादा या थोड़े?
एक, दो, तीन, चार
पांच, छह सात।
खा लूं पीछे करना बात।''[11]

''तीतर तीतर
आओ भीतर।
खाना दूंगा
कपड़ा दूंगा।
तुम्हें रखूंगा मैं सुंदर
पिंजड़े के अंदर।''[12]

शिशुओं में अभिनेय गीतों की लोकप्रियता भी असंदिग्ध है। ये गीत ऐसे होने चाहिए जिन्हें बच्चे सम्मिलित रूप से या अकेले में अभिनय के साथ गा लें। उदाहरणार्थ

"बड़े सवेरे कौन जगेगा?
अच्छी धुन में कौन लगेगा?
बानर वीर बानर वीर।
कुल में कौन सपूत बनेगा?
तन मन से मजबूत बनेगा?
बानर वीर बानर वीर।"[13]

अथवा

"पत्ती डोली
चिड़िया बोली
हुआ सवेरा उठो उठो।
छाई लाली
क्या ही आली
मिटा अंधेरा उठो उठो।"[14]

शिशुगीत छोटी-छोटी कहानियों को लेकर भी लिखे जाते हैं और बच्चों की जानी-पहचानी वस्तुओं के वर्णन से भी शिशुगीत बन सकता है। दोनों प्रकार के गीतों में शब्द-संगीत के अतिरिक्त क्रिया का तत्व अनिवार्य है। निम्नलिखित गीत में बिल्ली का वर्णन समस्त क्रियाओं के साथ हुआ है जिसके कारण गीत बहुत सुंदर बन गया है

"पूसी पूसी!
क्या तू रूसी?
पूंछ उठाए, देह फुलाए,
ले हा! हा!
मनचाहा!
मूसा आया
जी ललचाया।
पीछे रपटी, आगे झपटी,
हो हो हो। हो हो! हो।"[15]

नर्सरी कक्षाओं के बच्चों को गिनती और वर्णमाला का ज्ञान कराने के उद्देश्य से गिनती के पद और अक्षरगीतों की रचना की जाती है। किंतु इन पदों का मुख्य उद्देश्य भी बच्चों का मनोरंजन करना ही होना चाहिए। अक्षरगीत का एक उदाहरण देखिए

"ऊंट खड़ा है
बहुत बड़ा है
गरदन ऊंची ऊंची।
खावै घास
पात को खावै
आंखें नीची नीची।"[16]

विविध प्रकार के खेल खेलते समय बच्चे जिन तुकबंदियों का प्रयोग करते हैं वे अधिकांशतः परंपरागत तुकबंदियां ही हैं। ये परंपरागत गीत अब समाप्त होते जा रहे हैं और इनका स्थान लेने वाले गीतों की रचना करना लगभग असंभव सा लग रहा है। पुराने खेल भी अब नहीं खेले जाते हैं। उनका स्थान नए खेलों ने ले लिया है जिनके साथ गीत गाने की प्रथा नहीं है। फिर भी लड़कियों के रस्सी के खेल, लड़कों की कबड्डी और घर बैठे खेले जाने वाले कुछ खेल तो अब भी बालकों में प्रचलित हैं। जब तक नई सभ्यता जनसुलभ प्राचीन खेलों को पूर्णरूप से नहीं निगल जाती कम से कम तब तक के लिए हमें परंपरागत गीतों के अच्छे संकलन बच्चों को देने चाहिए। बच्चों के स्वस्थ मनोरंजन के साथ-साथ इससे एक लाभ यह होगा कि इन गीतों के पीछे छिपे हुए विश्वमानव की एक झांकी भी विभाजित मानव पर प्रकट हो जाएगी। वह यह देख सकेगा कि विश्व के एक कोने में रहने वाले बच्चों की दूसरे कोने में रहने वाले बच्चों के साथ कितनी समानता है। उदाहरण के लिए चार-छह लड़कों में किसी चोर का पता लगाने के लिए अथवा अनेक बंद मुट्ठियों में किसी वस्तु विशेष वाली मुट्ठी का पता लगाने के लिए बच्चे ऐसे छंद का प्रयोग करते हैं जिसमें चार शब्दों के बाद यति आती है। हिंदी क्षेत्र में इस तुकबंदी का रूप कुछ इस प्रकार है

"अक्कड़ बक्कड़ भंभड़ भों
अस्सी नब्बे पूरे सौ।
सौ कलोटा तीतर मोटा
चल मदारा पैसा खोटा।"

और इंग्लैंड, जर्मनी, इटली, फ्रांस आदि अनेक देशों के बच्चे ठीक इसी प्रकार की तुकबंदी का प्रयोग अपने एक खेल में करते हैं। इस तुकबंदी का अंग्रेजी रूप इस प्रकार है

Eana Meena mona my
Barcelona lona, stray
Air Wair frum Dy
Araca baraca wo wack

जर्मनी, फ्रांस आदि देशों में उपर्युक्त तुकबंदी में मामूली सा परिवर्तन हो जाता है।

इसी प्रकार एक खेल में बहुत से बच्चे एक बच्चे की पीठ पर एक के ऊपर एक मुट्ठी रखकर मीनार-सा बनाते हैं और फिर एक-एक मुट्ठी हटाकर एक तुक बोलते जाते हैं जिसका उत्तर दूसरे तुक में वह बच्चा देता है जिसकी पीठ पर मीनार खड़ा होता है। हिमाचल प्रदेश में तुकबंदी का रूप इस प्रकार है

"भुंडा भुंडारिया कितना कि भार
इक मुठ चुक्की लै दूजी तैयार!"

और अमरीका की न्यूयार्क महानगरी में बच्चों के इसी प्रकार के खेल में ठीक इसी प्रकार की तुकबंदी सुनी जा सकती है, यथा

Buck buck you lousy muck
How many fists have I got up?

अथवा

Buck she Buck she buck
How many fingers do I hold up?

इन परंपरागत गीतों और तुकबंदियों के संग्रह से हिंदी में उच्चकोटि के खेल-गीतों और नान्सेंस तुकबंदियों के अभाव की पूर्ति हो सकती है।

कुल मिलाकर हिंदी में अच्छे शिशुगीतों की कमी नहीं है जैसा कि कुछ लोग कहते हैं। 1950 से पहले अनेक सिद्धहस्त कवियों ने बहुत सुंदर शिशुगीत लिखे हैं जिनमें शब्दों का चमत्कार, संगीत, हास्य आदि सभी गुण विद्यमान हैं। स्वतंत्रता प्राप्ति के बाद हमने साहित्य के क्षेत्र में ही नहीं लगभग सभी क्षेत्रों में अपनी पूर्व प्राप्त उपलब्धियों को भुलाकर नए सिरे से अंग्रेजी के चश्मे से अपने आपको देखना शुरू किया। यह मानकर कि हिंदी में अभी तक शिशुगीत लिखे ही नहीं गए प्रकाशकों ने इस अभाव की पूर्ति करने का बीड़ा उठाया और कुछ लेखकों ने अंग्रेजी के नर्सरी गीतों की पुस्तक सामने रखकर उनकी पूर्ति की और लगभग सभी प्रसिद्ध गीतों के रूपांतरण कर डाले जो इस समय नर्सरी कक्षाओं और किंडरगार्टन स्कूलों के बच्चों के मुंह से सुने जा सकते हैं।

**(2) उपदेश प्रधान कविता :** बच्चों के साहित्य में नीति शिक्षा को अनिवार्य मानने वालों की संख्या हमेशा ही अधिक रही है। बालक और वयस्क का संबंध अबोध और बुद्धिमान का संबंध है और अधिकतर यह गुरु-शिष्य का संबंध अथवा अभिभावक और संरक्षित के संबंध के रूप में होता है। शिक्षक और अभिभावक दोनों का यह प्रयत्न रहता है कि बालक शीघ्रातिशीघ्र बुद्धिमान और हर तरह से व्यवहार-कुशल हो जाए। इस प्रयोजन के लिए कविता का प्रयोग बहुत प्रभावशाली माना जाता है।

भारत में नीतिपरक साहित्य की बहुत लंबी परंपरा रही है। जीवन के बहुमूल्य अनुभवों से प्राप्त ज्ञान को सुभाषितों, नीति के दोहों आदि के रूप में व्यक्त करने वाली कविता को संस्कृत, प्राकृत, अपभ्रंश और हिंदी साहित्य में मान्यता प्राप्त है। हिंदी में कबीर, तुलसी, रहीम, वृंद आदि अनेक कवियों ने उच्चकोटि की नीति-प्रधान कविताएं लिखी हैं। किंतु बच्चों को इस प्रकार की कविता नहीं दी गई। इसके स्थान पर उन्हें बहुधा प्रत्यक्ष संबोधन करके 'ऐसा करो या ऐसा न करो' का उपदेश मात्र दिया गया है, उदाहरण के लिए

(1) "दिन में कर्म सांझ को खेल
स्वच्छ वायु से कर लो मेल।"[17]

(2) "मूल्यवान है समय बालको
व्यर्थ न इसको जाने दो
समय-समय पर काम करो
गलती जरा न आने दो।"[18]

उपर्युक्त पद्यों में सीधा-सादा उपदेश है। न तो इनमें उक्ति-वैचित्र्य है और न जीवन के अनुभव का सार ही इनमें अभिव्यक्त हुआ है। वे पद्य बच्चों को पाठ्य-पुस्तकों में जबर्दस्ती कंठस्थ कराए जा सकते हैं किंतु बच्चे इन्हें अपना नहीं सकते। आश्चर्य तो यह है कि इस प्रकार के पद्य इस समय भी बड़ी मात्रा में लिखे जा रहे हैं जबकि बाल-साहित्य के विषय में काफी विचार-विमर्श होने लगा है; यथा

(1) "निबट शौच से दातुन करके,
कर लो शीतल जल से स्नान।
धुले हुए सब कपड़े पहनो
गाओ मस्ती भरे शुभगान।"[19]

(2) "थोड़ा खाना खूब चबाना

पढ़ो जगत में नाम करो।
छोटों से तुम 'जी' कह बोलो
सदा बड़ों से आप कहो।"[20]

(3) "माता-पिता गुरु को हरि जानो
उनकी सेवा में सुख मानो।
विषय-भोग को मार भगाओ
विद्या और विवेक बढ़ाओ।"[21]

(4) "ओ समझदार बच्चे।
खाकर मत सड़कों पर फेंको
केले के छिलके।
अम्मां जब बाजार जाएगी
खाने की चीजें लाएगी
जब छिलके पर पैर पड़ेगा
तुरत फिसल कर गिर जाएगी
तब क्या तुम्हें नहीं दुःख होगा?"[22]

इन सीधे-सादे उपदेशों के स्थान पर जहां कवियों ने नीति-काव्य के नियमों का अनुसरण करते हुए अपने कथन में नवीनता लाने का प्रयत्न किया है अथवा जीवन के किसी गूढ़ सत्य को अभिव्यक्त किया है वहां बच्चों ने उन कविताओं को अपनाया है। हरिऔध जी की अधिकांश बाल कविताएं उपदेश-प्रधान हैं किंतु वे साधारण सी बात को भी चमत्कारपूर्ण ढंग से कहने में सिद्धहस्त थे, अतः उनकी कविताएं बालकों में लोकप्रिय रही हैं। इसी प्रकार सोहनलाल द्विवेदी, रामनरेश त्रिपाठी, स्वर्ण सहोदर आदि कवियों ने भी उपदेशपरक कविताएं लिखी हैं किंतु इनमें कविता के तत्व विद्यमान हैं अतः बच्चों ने उन्हें अपनाया है। सोहनलाल द्विवेदी का निम्नलिखित गीत संगीत के कारण ही बालकों में लोकप्रिय है

"घंटा बोला चलो मदरसे
निकलो, निकलो, निकलो घर से।
कुरता ले लो, टोपी ले लो,
चप्पल ले लो, बस्ता ले लो।
बाहर निकल चलो झट घर से
घंटा बोला चलो मदरसे।"[23]

निकलो की आवृत्ति और घंटे की चोट की आवृत्ति में कितना साम्य है? इसी प्रकार

रामनरेश त्रिपाठी ने जब बच्चों से यह कहना चाहा कि सवेरे उठो, कुल में सपूत बनो और शरीर को स्वस्थ्य रखो तो उन्होंने एक बहुत सुंदर गीत की रचना कर दी

"बड़े सवेरे कौन जागेगा?
अच्छी धुन में कौन लगेगा?
बानर वीर, बानर वीर!
कुल में कौन सपूत बनेगा?
तन मन से मजबूत बनेगा?
बानर वीर, बानर वीर।"[24]

इसी तरह निम्नलिखित पद्य में प्रभावपूर्ण कथन शैली के कारण ही एक आकर्षण आ गया है

"उठे वे ही जो गिरे,
डूब कर लाखों तिरे,
घड़ा गिर कर भर उठे,
इस तरह गिरना समझ लो।
पांव के बल का धुआ,
गिर पड़े तो क्या हुआ?"[25]

बच्चे ज्ञान, नीति, शिक्षा अथवा उपदेश के विरुद्ध नहीं होते। नीति-ज्ञान उनके जीवन की आवश्यकता है और वे उसे प्राप्त करने के लिए उत्सुक रहते हैं। किंतु जब लेखक प्रत्यक्ष लेक्चरबाजी पर उतर आते हैं तो बच्चों को चिढ़ ही होती है। तुलसी, वृंद, रहीम आदि के दोहों की लोकप्रियता से यह सिद्ध होता है कि बच्चे नीति उपदेश प्रधान कविता को भी स्वीकार कर सकते हैं बशर्ते इसमें काव्य के अनिवार्य गुण विद्यमान हों। इस परंपरा में बच्चों के लिए नीति-प्रधान कविता लिखने वालों में रामेश्वर करुण और मेलाराम वैश्य का नाम विशेष उल्लेखनीय है। रामेश्वर करुण कृत *बाल रातराई* गें नीति-शिक्षा के अनेक पद्य हैं और मेलाराम वैश्य ने तो बालकों के लिए सत्य, सौजन्य, दुर्जनता, परमार्थ, भाषा आदि विषयों पर एक हजार दो पद्यों की रचना कर डाली है। उनकी कविता का एक उदाहरण देखिए

'मगरमच्छ की खाल असर न हो हथियार का
संसारी का हाल असर न हो उपदेश का।
रामभरोसे जी रहा यह तो भारत देश
डबल रोटियां खाय क्या सुनकर कवि उपदेश।"[26]

**(३) कथा कविता :** बच्चों में सबसे अधिक लोकप्रिय कविता वह होती है जिसमें कोई कहानी कही गई हो। शिशुगीतों में भी कथा-सूत्र वाले पद्य बच्चों द्वारा तत्काल अपना लिये जाते हैं। संभवतः इसका कारण कहानी के प्रति बच्चे का स्वाभाविक लगाव है। किंतु एक कारण यह भी है कि कहानी-रहित कविता को भली-भांति समझ पाना बच्चे के लिए कठिन होता है। कविता में यदि कहानी नहीं होगी तो उसमें किसी विचार या भाव की अभिव्यक्ति होगी और कहानी की मूर्त घटनाओं की अपेक्षा अमूर्त भाव अथवा विचार को ग्रहण करना बच्चे के लिए स्वभावतः कठिन होता है। बड़ी अवस्था के बच्चे में भी प्रगीति काव्य की अपेक्षा साहसपूर्ण कार्यों वाली कथाओं अथवा प्रेमकथाओं पर आधारित कविता के प्रति अधिक आकर्षण होता है।

छोटी अवस्था के बच्चों में सुपरिचित जीवन के छोटे-छोटे प्रसंगों पर आधारित कविताएं विशेष लोकप्रिय होती हैं; उदाहरणार्थ

"एक तरफ से दूध मलाई,
एक तरफ से चूहिया आई।
किसको खाऊं? किसको खाऊं?
म्याऊं! म्याऊं! म्याऊं! म्याऊं।"[27]

ईसप और हितोपदेश की कहानियों पर आधारित कविताएं बच्चों को बड़ी संख्या में दी गई हैं। परी कथाओं और अन्य शिक्षाप्रद लोककथाओं को बच्चों ने हमेशा ही अपनाया है। इस प्रकार की कविता का एक उदाहरण देखिए

"मिली कहीं तुलसी की माला,
लेकर उसे गले में डाला।
तन में अपने राख लगाया,
वैरागी का रूप बनाया।
अपना पहला पाप मिटाने,
बिल्ली चली प्रयाग नहाने।"[28]

किंतु कथा कविता में भी ऐसी कविताएं बच्चों को अधिक अच्छी लगती हैं जिनमें क्रिया का तत्व हो और कहानी बड़े वेग के साथ संगीत की धारा से मिलकर आगे बढ़े। सोहनलाल द्विवेदी की निम्नलिखित कविता में भरपूर क्रियातत्व विद्यमान है

"नटखट पांडे आए आए
पकड़ किसी का घोड़ा लाए।

घोड़े पर हो गए सवार
घोड़ा चला कदम दो-चार।
नटखट थे पूरे शैतान
जमा दिए दो कोड़े तान।
घोड़ा भगा देख मैदान
नटखट पांडे गिरे उतान।''[29]

किसी कहानी को लेकर पद्यबद्ध कर देना तो सरल काम है किंतु उसमें इतिवृत्तात्मकता से ऊपर उठकर कविता का जादू भरना कठिन काम है। कथा कविता यदि गेय नहीं है तो वह कविता की कोटि में आ ही नहीं सकती। नीचे एक पद्य में साधारण सी घटना को संगीत में बांधकर एक नया ही रूप दे दिया गया है

''दो थीं परियां,
छोटी बाई, मोटी बाई।
उन दोनों ने,
शर्त लगाई, शर्त लगाई।
मोटी बाई सूरज लाई,
छोटी बाई चंदा लाई।
मोटी ने सूरज सरकाया,
छोटी ने चंदा लुढ़काया।
सूरज ने भी दौड़ लगाई,
चंदा ने भी दौड़ लगाई।
आगे बढ़ने की दोनों ने,
होड़ लगाई, होड़ लगाई।''[30]

कुछ बड़े बच्चे कथा कविता में हास्य-व्यंग्य के पुट को हमेशा पंसद करते हैं। दिनकर जी ने 'पढ़क्कू की सूझ' नामक कविता में 'मूर्ख पंडित' पर व्यंग्य किया है

''एक पढ़क्कू बड़े तेज थे
तर्कशास्त्र पढ़ते थे।
जहां न कोई बात
वहां भी नई बात गढ़ते थे।
एक रोज वे पड़े फिक्र में
समझ नहीं कुछ पाए।
बैल घूमता है कोल्हू में

कैसे बिना चलाए?''[31]

और कविता के अंत में तेली उसे उत्तर देता है

''यहां सभी कुछ ठीक ठाक है
ईश्वर की माया है।
बैल हमारा नहीं अभी तक
मंतिख पढ़ पाया है।''[32]

कथा कविता का ही एक रूप वीरगाथा है। कुछ वीरगाथाएं लोककथाओं की तरह परंपरा से चली आ रही हैं। इनमें लोककथाओं के समस्त आकर्षणों के अतिरिक्त संगीत और नाटक का तत्व भी विद्यमान होता है। इसलिए दस वर्ष के बाद की अवस्था के बालकों में ये विशेष रूप से लोकप्रिय होती हैं। अंग्रेजी के बाल-साहित्य में इन परंपरागत कथागीतों (बैलाड) का विशेष स्थान है? हिंदी में इन कथागीतों के संग्रह का कुछ काम लोक-साहित्य के अध्येताओं ने किया है किंतु बच्चों के लिए इनकी कोई पुस्तक अभी देखने में नहीं आई है।

किंतु इतिहास के मार्मिक प्रसंगों को लेकर अनेक कविताएं लिखी गई हैं। द्विवेदी काल के कवियों में मैथिलीशरण गुप्त की कुछ कथा कविताएं ग्यारह-बारह वर्ष के बालकों के उपयुक्त हैं। सुभद्राकुमारी चौहान की कविता 'झांसी की रानी' भी इसी का एक उदाहरण है। विशेष रूप से किशोरों के लिए लिखी गई इस प्रकार की कविता का एक उदाहरण देखिए

''गांडीव का गर्व सारा टूटा
औ' धैर्य धनंजय का टूटा।
चट मूर्छित हो गिर पड़े वहीं
हो तन में जैसे जान नहीं।
गांडीव गिरा छुट पड़ा कहीं
तरकस भुरकुस हो गड़ा कहीं।
सुकिरीट कहीं, ये बाण कहीं
खोजे न मिला पर प्राण कहीं।''[33]

**(4) हास्य प्रधान और नान्सेंस पद्य :** नैंसी लेरिक ने तीन प्रकार की कविता को बच्चों में सबसे अधिक लोकप्रिय माना है   हास्य प्रधान कविता, कथा कविता और गेय कविता।[34] वस्तुतः हास्य बच्चों की कविता का अनिवार्य तत्व है। बच्चों के लिए लिखी गई हर प्रकार की कविता में हास्य विनोद का पुट होना आवश्यक है।

असंगति हास्य का मूल है। जो वस्तु जहां नहीं होना चाहिए उस वस्तु का वहां अप्रत्याशित रूप से आ जाना हास्य का प्रमुख कारण होता है। किसी विशालकाय व्यक्ति का बौनों के बीच आ जाना अथवा सामान्य मनुष्यों के बीच डेढ़-दो इंच के मनुष्यों का प्रकट होना, हाथी, घोड़ा, खरगोश आदि पशुओं का मानवीय वेश-भूषा में प्रकट होना, बिल्ली, कुत्ते, बंदर आदि का मानवोचित काम करना इत्यादि सभी स्थितियां हास्य उत्पन्न करने वाली हैं। इस प्रकार की स्थिति का वर्णन करने वाली कविताएं बच्चों में हमेशा ही लोकप्रिय होती हैं।

संसार में हास्य-विनोद की सबसे अधिक सामग्री मूर्खों और बेडौल शरीर वाले व्यक्तियों ने जुटाई है। लोक-साहित्य में इस प्रकार के लोगों की अनेक कहानियां प्रचलित हैं जो सदियों से बच्चों तथा वयस्कों का समान रूप से मनोरंजन करती आ रही हैं।

बच्चों को हास्य-विनोद की कविता देने का विचार उन लोगों के मन में नहीं आ सकता जो बच्चों को लघुवयस्क मानते हैं और उन्हें शीघ्रातिशीघ्र वयस्क बनाने के लिए आतुर रहते हैं। ऐसे लोग बच्चे के जीवन के लघु क्षणों को वयस्कता की तैयारी में अर्थात बुद्धि-ज्ञानोपार्जन में ही लगा देना चाहते हैं। वे उसमें नीति शिक्षा, ज्ञान-विज्ञान की जानकारी और महानता के आदर्शों को ठूंस-ठूंस कर भर देना चाहते हैं और उनके हंसी के क्षणों को बहुमूल्य समय का अपव्यय मानते हैं। जो समाज भविष्य के लिए जीता है वह बच्चों को हास्य-विनोद की सामग्री जुटाने की ओर ध्यान नहीं देता है। इसके अतिरिक्त जिस समाज का सामान्य जीवन हर तरह से सुखी है वह भी बालकों को हास्य-विनोद की सामग्री जुटाने का प्रयत्न नहीं करता क्योंकि वह बच्चे को यथाशीघ्र जीवन की सुख-सुविधाओं का उपभोग करने के योग्य बना देना चाहता है। इसके विपरीत जिस समाज का जीवन संघर्षमय होता है वह बचपन के सुखमय क्षणों को अधिक से अधिक लंबा बनाने का प्रयत्न करता है और इस प्रकार उसका ध्यान बच्चों को हंसी-विनोद की सामग्री जुटाने की ओर अधिक रहता है।

भारतीय जीवन में धर्म और दर्शन का स्थान हमेशा ही प्रमुख रहा है अतः उसमें हास्य-विनोद के लिए बहुत कम गुंजाइश रही है। संसार को मायाजाल और ऐहिक जीवन को निस्सार मानने वाले समाज में बचपन के क्षणों को कठोर अनुशासन में बिताने का विधान कोई आश्चर्य की बात नहीं है। इसीलिए भारतीय साहित्य में हास्य-विनोद के साहित्य का सामान्य रूप से अभाव दिखाई देता है।

हिंदी में जब तक बाल-साहित्य बच्चों की कल्याण की भावना से लिखा जाता रहा तब तक उसमें हास्य-विनोद के लिए कोई स्थान नहीं था। किंतु जब लेखकों तथा प्रकाशकों के सम्मुख यह समस्या उपस्थित हुई कि पुस्तकों और पत्र-पत्रिकाओं

को बालकों द्वारा सहज ग्राह्य कैसे बनाया जाए तो उन्हें शिक्षा-प्रधान उपयोगी साहित्य देने के आग्रह को छोड़ना पड़ा तथा अनेक लेखक केवल बच्चों के लिए हास्य-विनोद की सामग्री जुटाने के उद्‌देश्य से कविता, कहानी लिखने लगे। इन लेखकों में सुदर्शनाचार्य, श्रीनाथ सिंह, रामनरेश त्रिपाठी, शिक्षार्थी, विद्याभूषण विभु, ज्योतिलाल भार्गव आदि उल्लेखनीय हैं।

सबसे पहले लोगों का ध्यान लोक-प्रचलित हास्य-विनोद की कहानियों की ओर गया। शेखचिल्ली, पेटू पांडे और मोटू लाला की कहानियां कविता में दी जाने लगीं। हास्य रस के ये परंपरागत आलंबन आज भी लोकप्रिय बने हुए हैं। विद्याभूषण विभु द्वारा लिखित शेखचिल्ली की कहानी की एक कविता इस प्रकार आगे बढ़ती है

"चले शेखचिल्ली मिल चार
चारों ही थे निपट गंवार।
जाकर मूढ़ नदी के पार
मन में करने लगे विचार।
तब हों चलने को तैयार
पहले सबको करें शुमार।
क्या जाने कोई मंझधार
डूब गया हो अपना यार।"[35]

धीरे-धीरे कवि साधारण वर्णनों में भी असंगतिपूर्ण प्रसंगों की योजना करके हास्य की सृष्टि करने लगे। उदाहरण के लिए

"डेढ़ हाथ के मुन्नेखां जी
मक्के से बन आए हाजी
लंबी टोपी बड़ा पुछल्ला
दाढ़ी मूंछें अल्ला अल्ला!"[36]

"टर टर टर टर रहो निडर
उछला मेंढक यों कह कर।
गिरा सांप के वह फन पर
निगल गया उसको अजगर।
नौले ने वह मार गिराया
मेंढक निकल पेट से आया।
कूदा जल में यों कह कर

टर टर टर टर रहो निडर।"[37]

कभी-कभी अजीब-अजीब शब्दों की योजना से ही हास्य की सृष्टि की जाने लगी, जैसे :

"आला बाला
मकड़ी जाला।
चूहिया रोवे
चिड़िया सोवे।
मच्छर गावे
चपत लगावे।
बचना लाला
आला बाला।"[38]

बच्चों की विनोदपूर्ण दृष्टि से किया गया वस्तु-वर्णन भी हास्य का स्रोत बना। उदाहरण के लिए, शिक्षार्थी जी तख्ती का स्मरण इस प्रकार करते हैं

"जिस पर जब तब बोतल घोंटा
जिस पर गोदा मोटा मोटा।
जिस पर ठीक न कुछ लिखने से
हाथों पर लगता था सोंटा।
    होगी कहां पड़ी वह तख्ती?
जिसे मजे में मैं था धोता
रंग-रंग से रंग कर पोता
जिसे सुखाने बाहर जाकर
घूम-घूम घंटों खुश होता
    खूब बहाना थी वह तख्ती।"[39]

और विद्याभूषण विभु खटमल मारने की क्रिया का वर्णन इस प्रकार करते हैं

"चौंक पड़ा, हुआ खड़ा
ओ हो काट रहा खटमल!
रे खटकीड़ा
देता पीड़ा
देखूंगा मैं तेरा बल।
पकड़ लिया
जकड़ लिया

अब डालूंगा तुझे मसल।
पता नहीं
छिपा कहीं
चुटकी से चट गया निकल।''[40]

**नान्सेंस पद्य :** हास्य और नान्सेंस में कोई स्पष्ट विभाजन रेखा नहीं खींची जा सकती है। फिर भी इन दोनों में अंतर है। नान्सेंस में असंभाव्य की मात्रा अधिक होती है, उदाहरण के लिए, गाय का चांद पर छलांग मारना, बिल्ली का चायपार्टी में सम्मिलित होना, मेंढक का गाड़ी खींचना, खरगोश का जेब की घड़ी में बार-बार समय देखकर अपना उतावलापन प्रकट करना आदि नान्सेंस के उदाहरण हैं। हास्यपूर्ण कविता में वास्तविकता बनी रहती है जबकि नान्सेंस में वास्तविकता नहीं रहती है और यदि रहती है भी तो वह केवल बच्चों को ही दिखाई देती है। एने थैक्टर ऐटन का कहना है

''संभव है कि कोई भी दो व्यक्ति इस बात पर सहमत न हो सकें कि नान्सेंस कविता क्या है और शब्दकोश भी इसका अर्थ स्पष्ट करने में अधिक सहायक नहीं होता। यदि हम यह मान लें कि नांसेंस वह है जिसमें कोई संगति ही नहीं हो तो भी हमें यह बात तो माननी ही पड़ेगी कि इसके भी अपने नियम हैं और इनमें बेतुकेपन का नियम प्रमुख है।...दुर्भाग्य से बहुत से लेखक नान्सेंस के स्वरूप को भली-भांति समझे बिना ही इस प्रकार की कविता लिखने लग जाते हैं किंतु उच्चकोटि की नान्सेंस रचना वही कर सकता है जिसमें उत्तम कोटि की लेखन-कला, समझ-बूझ तथा सुरुचि हो और जिसकी विनोदी-प्रवृत्ति सतत सक्रिय हो।''[41]

जैसा कि पीछे कहा गया है नान्सेंस कविता में भी एक संगति होती है किंतु वह बच्चों को ही दिखाई पड़ती है। अंग्रेजी के एक प्रसिद्ध नर्सरी गीत में गाय के चंद्रमा के ऊपर छलांग मारने का वर्णन है। वयस्कों के लिए यह बिलकुल बेतुकी बात है। किंतु बालक ने गाय देखी है, चांद देखा है और गाय को छलांग मारते भी देखा है अतः उसकी दृष्टि में यह नितांत असंभव नहीं है।

खेलों के परंपरागत गीतों में उच्चकोटि की नान्सेंस कविता के दर्शन होते हैं। उत्तर भारत के कुछ क्षेत्रों में प्रचलित टेसू के गीतों में तथा पंजाब और हिमाचल प्रदेश में लोढ़ी से कुछ पहले लड़के-लड़कियों द्वारा गाए जाने वाले गीतों में इसके बहुत अच्छे उदाहरण हैं। टेसू के गीतों को निरंकारदेव सेवक ने कुछ सजा-संवारकर *टेसू के गीत* नामक पुस्तक में प्रस्तुत किया है जिसकी कुछ पंक्तियां नीचे दी जा रही हैं

"घंटाघर से कूदा भालू
खाये सब कुंजड़े के आलू।
उसे पकड़ने भागा कालू
कालू राम बड़े झगड़ालू।"[42]

रामनरेश त्रिपाठी ने इन परंपरा गीतों से प्रभावित होकर कुछ सुंदर नान्सेंस कविताएं दी हैं। एक उदाहरण देखिए

"मेंढक की दुम पकड़कर
लगा कूदने कूप
पी को लगा पछोरने
हाथी लेकर सूप।
ऊंट चढ़ गया चांद पर
है सचमुच डरपोक
मछली बोली लाल को
मूसल से दो छोंक।"[43]

**(5) राष्ट्रीय गीत :** बाल कविता में राष्ट्रीय गीतों का विशेष स्थान है। राष्ट्र के कर्तव्यों का भार वहन करने के लिए बालकों को तैयार करने की उत्सुकता वयस्क समाज में स्वाभाविक है यद्यपि राष्ट्रीयता एक अमूर्त संकल्पना है और बच्चे तो क्या अधिकांश पढ़े-लिखे वयस्क भी राष्ट्रीयता के अर्थ को भली-भांति नहीं समझते हैं।

एक लंबे अर्से तक विदेशी शासन के दमन-चक्र में पिसकर जो भारतीय समाज राष्ट्रीय स्वाभिमान को खो चुका था वह उन्नीसवीं शताब्दी के उत्तरार्ध में धार्मिक और सामाजिक नेताओं के प्रयत्नों से जाग उठा। उन्नीसवीं शताब्दी में हमारी राष्ट्रीय भावना देश की संस्कृति और सभ्यता पर स्वाभिमान की भावना तक सीमित थी। बाद में राष्ट्रीय कांग्रेस के तत्वावधान में जब देश की स्वाधीनता के आंदोलन ने जोर पकड़ा तो देश की स्वतंत्रता और विदेशी शासन के प्रति असहिष्णुता का भी राष्ट्रीय भावना में समावेश हो गया।

सन् 1950 के पहले की राष्ट्रीय कविताओं में बहुधा देश का प्राकृतिक सौंदर्य तथा प्राचीन संस्कृति का प्रेम ही व्यक्त होता था। इतिहास-प्रसिद्ध वीरों के साहसिक कारनामों के वर्णनों में स्वतंत्रता की भावना भरने का प्रयास किया जाता था।

राष्ट्रीय गीत बच्चों के अपने गीत नहीं होते क्योंकि वे राष्ट्रीयता का अर्थ नहीं समझते। ये गीत तो वयस्कों की उस प्रवृत्ति के द्योतक हैं जिसके अनुसार वयस्क

बच्चों पर अपनी भावनाओं को आरोपित करने के लिए व्यग्र रहते हैं। अधिकतर इन गीतों को बच्चे पाठ्य-पुस्तकों में पढ़ते हैं अथवा स्कूल-समारोहों में शिक्षकों तथा संरक्षकों को प्रभावित करने के लिए गाते हैं। स्वतंत्रता प्राप्ति से पहले स्कूलों पर विदेशी शासन का पूर्ण नियंत्रण होने के कारण राष्ट्रीय भावनापूर्ण साहित्य के लिए अधिक अवसर नहीं थे फिर भी कुछ उत्साही कवियों ने इस प्रकार की कविता बच्चों के लिए लिखी। किंतु यह कविता पूरी ईमानदारी के साथ हृदय की अनुभूतियों को व्यक्त करने के लिए लिखी गई थी। इसलिए इसमें जो उच्चता है वह स्वातंत्र्य काल की कविता में नहीं मिलती। उदाहरण के लिए, माधव शुक्ल ने देश-प्रेम की भावना का निम्नलिखित पंक्तियों में प्रभावशाली वर्णन किया है

> ''बंधु कौन है पिता तुम्हारा?
> भारत सकल विश्व से न्यारा।
> भला कहो जन्मे हो किस पर?
> इस विशाल भारत धरती पर।
> यह धरती है कौन तुम्हारी?
> जननी जन्मभूमि है प्यारी।''[44]

रामेश्वर करुण ने विदेशी शासन के विरुद्ध खुलकर लिखा है। *स्वाधीनता के पथ पर* नामक पुस्तक की भूमिका में उन्होंने लिखा है

> ''हमारे देश की आज जो सबसे बड़ी समस्या है स्वाधीनता की ओर अग्रसर होना उसका एक उपाय है पराधीनता के प्रति घृणा उत्पन्न करना। इसी उद्‌देश्य से यह पुस्तक लिखी गई है। इसमें बाल मनोविज्ञान को सम्मुख रखकर आज की कठिन परिस्थितियों पर सरलता और सुगमता से विचार करने और किसी उचित परिणाम पर पहुंचने के लिए बालकों के कोमल मनोविज्ञानों को उकसाया गया है। मैं नहीं कह सकता कि इसमें मुझे कहां तक सफलता मिली है किंतु इतना मैं निश्चित रूप से कह सकता हूं कि मेरा उद्‌देश्य पवित्र है और वह यह कि मैं बालक को सच्चे अर्थों में मनुष्य का पिता बना सकूं।''[45]

विदेशी शासन की स्थापना के षड्‌यंत्र का परिचय कवि बालकों को इस प्रकार देता है :

> ''निज हाथों में लिए तराजू
> एक विदेशी बनिया आया।
> हमने समझा दीन दुखी है
> अपने घर में उसे टिकाया।

आह! यही वह वणिक विदेशी
बैठ हम पर हुक्म चलाता।
कमा-कमा कर भरते हैं हम
लूट-लूट कर वह ले जाता।''[46]

भारत के लिए प्राण न्यौछावर करने का प्रबोधन कवि ने बड़े ओजपूर्ण शब्दों में किया है

''बांझ भली थी जिसकी माता
जो भारत के काम न आता।''[47]

भारत की सेवा कमजोर बच्चे नहीं कर सकते हैं अतः कवि बच्चों को बलवान बनने के लिए कहता है

''यह दुनिया तो मेरे मुन्ना
बलवानों की बस्ती है।
बलवानों के इस जंगल में
दुर्बल की क्या हस्ती है?''[48]

ठा. श्रीनाथ सिंह ने बालकों को कठिनाइयां झेलने की शक्ति पैदा करने का प्रबोधन दिया है

''कड़ी धूप में निकल पड़े तब
भूभल से घबराना क्या?
सागर में जब कूद पड़े तब
डूबे डूबे चिल्लाना क्या?''[49]

सोहनलाल द्विवेदी ने गांधीवाद, चरखा-खादी आंदोलन आदि की अनेक कविताएं लिखी हैं। 'पै धन विदेस चलि जात' की कसक को द्विवेदी जी ने निम्नलिखित पंक्तियों में अभिव्यक्त किया है

'' 'अगर कहीं मैं पैसा होता,
व्यर्थ विदेश नहीं मैं जाता।
नित स्वदेश ही में मंडराता।''[50]

स्वतंत्रता-प्राप्ति से पहले के कवियों में देश और राष्ट्रीयता के प्रति जो लगाव था वह वर्तमान काल के कवियों में नहीं दिखाई देता। वर्तमान काल में देशभक्ति और राजभक्ति में भेद करना अधिकांश कवियों के लिए कठिन हो गया। इस काल

में बड़ी मात्रा में राष्ट्रीय कविता लिखी गई क्योंकि इस प्रकार के साहित्य की सरकारी संस्थाओं में बड़ी मांग थी, किंतु उसमें नेताओं की प्रशस्तियां, तिरंगे झंडे का गान और नेताओं द्वारा स्थापित राजनैतिक आदर्शों का प्रचार ही अधिक है। स्कूल-समारोहों आदि के लिए अभिनेय गीतों और प्रयाण गीतों की बड़ी मांग हुई जिनके लिए कृत्रिम जोश और भावुकतापूर्ण गीत बड़ी मात्रा में लिखे गए। उदाहरण के लिए

''शेर से दहाड़ते चलो
आसमान फाड़ते चलो।
वीर हो महान देश हिंद के विजय करो
मातृभूमि की व्यथा जलन समस्त हरो।''[51]

इस काल की राष्ट्रीय भावना में जय हिंदी जय नागरी, पंचशील, विश्वशांति, एशियाई देशों की एकता और बांध-निर्माण सब कुछ आ जाता है

''जय हिंदी जय देवनागरी
जय जय भारतमाता।''[52]

''चलो विश्व को गांधी जी का सत्य सिखाएं।''[53]

''पंचशील की आन है
नया एशिया गान है।
फिर चमका सबकी आंखों में
अपना देश महान है।''[54]

''बदलो सदी कि बांधो नदी
कि जोड़ो मन के तार-तार को
जागो समय को पढ़ो।''[55]

चीन और पाकिस्तान के आक्रमण के समय लिखी गई कृत्रिम जोश की सैकड़ों कविताएं राष्ट्रीय कविता के नाम पर अनाचार हैं। किंतु कोरी भावुकता के इस बोलबाले के बीच राष्ट्रीय नेताओं के प्रति व्यक्त की गई भावनाओं के रूप में तथा कुछ प्रयाण गीतों के रूप में अच्छी कविताएं भी लिखी गईं। कुछ उदाहरण नीचे दिए जाते हैं

"वीर जवाहर! वीर जवाहर!
भारत के जो भोले-भाले,
कभी न कुछ कह सकने वाले,
दीन-दुःखी नंगे तन वाले,
उनके तन के चीर जवाहर!
वीर जवाहर! वीर जवाहर!"[56]

"चाचा नेहरू गिर पड़े
एक रोज वह दिन ढले
घोड़े पर चढ़कर चले।
हंटर को फटकारते
कोड़े कसकर मारते।
देख रहे बच्चे खड़े
चाचा नेहरू गिर पड़े।"[57]

"बूझो ऐसा कौन हंसोडा
बच्चों का जो बनता घोड़ा।
ऐनक पहनी धोती बांधी
बच्चो कौन? महात्मा गांधी।"[58]

"सिर पर धर खादी का टुकड़ा
कटि में लगा लंगोटी।
बापू कहां चल पड़े बोलो
लिए लकुटिया छोटी।"[59]

**(6) वस्तु वर्णन की कविताएं :** 'सत्यं, शिवं, सुंदरम्' की इस चराचर सृष्टि में बच्चे के लिए अपरिमित सौंदर्य, संगीत, रहस्य और कुतूहल छिपा हुआ है। इस बाह्य सृष्टि की छोटी-छोटी बातें भी बच्चे के लिए आकर्षण की वस्तुएं हैं, यद्यपि वयस्क की दृष्टि में वे नितांत महत्वहीन होती हैं। विस्तृत नीले आकाश में तारों का टिमटिमाना, चांद का मुस्कराना और बादलों में आंख-मिचौनी खेलना, पर्वत पर झरनों का किलकारियां मारते हुए भागना, पंछियों का अजीब-अजीब ध्वनियों में चहकना, इत्यादि बातों में जो सौंदर्य है वह न केवल बच्चों को अपितु वयस्कों को भी बरबस मोह लेता है। किंतु इनके अतिरिक्त चींटियों का पंक्ति बांध कर चलना, बिल्ली का

अपने पंजों से मुंह पोंछना, गेंद का उछलना, सड़क का लेटे-लेटे बहुत दूर तक चले जाना इत्यादि बातों में भी बच्चों के लिए सौंदर्य निहित होता है जिसे वयस्क नहीं देख पाते हैं। बाह्य संसार की इन वस्तुओं में जहां सामंजस्य और संगति है वहां बच्चों के लिए संगीत निहित है और जहां असंगति तथा बेतुकापन है वहां उनके लिए हास्य-विनोद की सामग्री है। इसके अतिरिक्त कुछ वस्तुओं के साथ बच्चों की भावनाओं का साम्य भी होता है। उदाहरण के लिए, पशु-पक्षी बच्चों की तरह ही मूक और निस्सहाय होते हैं तथा तारों की तरह बच्चे भी अपने-आपको इस विस्तृत संसार में अकेला अनुभव कर सकते हैं। इन सब कारणों से बच्चों में वस्तु वर्णन की कविताएं लोकप्रिय होती हैं।

वस्तु वर्णन की कविताएं बच्चों को सबसे अधिक दी गई हैं। सूरज, चांद, सितारे, पशु-पक्षी, नदी-झरना आदि कवियों के प्रिय विषय रहे हैं। किंतु बच्चों के मन को स्पर्श करने वाले वस्तु वर्णन प्रस्तुत करना आसान काम नहीं है। वयस्क की दृष्टि से प्रस्तुत किए गए वर्णनों में बच्चों के लिए आकर्षण नहीं होता। कारण यह है कि वयस्क की सौंदर्यवृत्ति अधिकतर कुंठित हो जाती है और वह जीवन की सामान्य वस्तुओं में सौंदर्य देख ही नहीं पाते हैं। जब तक लेखक बच्चों की दृष्टि से वस्तुओं को देखने में समर्थ नहीं होता तब तक वह इस प्रकार की अच्छी कविता नहीं कर सकता है। केवल वस्तुओं की ओर उंगली उठाकर यह कह देना कि यह चांद है, यह सुंदर पक्षी है और यह भालू है कोई कविता नहीं है। सूक्ष्म वर्णन के साथ वर्णित वस्तु की भावनाओं अथवा द्रष्टा (बच्चे) की भावनाओं का वर्णन इस प्रकार की कविताओं की जान होती है। बच्चों की दृष्टि से किए गए कुछ वर्णनों के उदाहरण देखिए

"माथ घुमाती सींग हिलाती
धंसा खुरों को धूल उड़ाती
भर आंखों में गाढ़ी लाली
भां भां करके लपकी काली
पड़ी हेरनी घूम निराली
बनी शेरनी गैया काली।"[60]

"है चिलबिल्ला, बागड़बिल्ला
कैसा मुंह मटकाता है
छत पर चढ़ के खों खों करके

अपने दांत दिखाता है।"[61]

"छोटे से बछड़े की मैया
कितनी सीधी है यह गैया
पुचाकरो तो दूध पिलाती
मारो तो है सींग हिलाती।"[62]

"नानी का संदूक निराला
हुआ धुएं से बेहद काला।
पीछे से वह खुल जाता है
आगे लटका रहता ताला।
मिलता उसमें कागज कोरा
मिलता उसमें सुई व डोरा।
मिलती उसमें कौड़ी माला
नानी का संदूक निराला।"[63]

"सिर पर हैट बगल में सोंटा
लिए साथ में टामी छोटा।
पहन शिकारी का सब बाना
भैया करते हैं मनमाना।"[64]

गर्मी, आंधी, वर्षा, नदी-नालों आदि के सूक्ष्म वर्णनों में सौंदर्य का तत्व हमेशा ही विद्यमान रहता है। 1950 से पहले के कवियों ने इस प्रकार की अनेक सुंदर कविताएं दी हैं। कुछ उदाहरण देखिए

"चार बजे बूढ़े बाबा
खांसते हैं खों खों खों।
कहते हैं बच्चे हाय
जाड़ा कैसा काल है।
जलती अंगीठी आगे
धक धक धक धक।
चांदनी सी घाम हुई
जम गया ताल है।"[65]

"धूल धूसरित हुई दिशाएं
भाग रही हैं घर को गाएं।
पेड़ तले कुछ खड़ी जुड़ाती
पागुर करती कष्ट मिटाती।
सब का सुख से वास नहीं है
पनघट पोखर पास नहीं है।
गर्मी से ख घोर मचा है
पानी पानी शोर मचा है।"[66]

आंधी के सौंदर्य ने अनेक कवियों को आकृष्ट किया है। देवीदत्त शुक्ल और सोहनलाल द्विवेदी द्वारा रचित आंधी की कविताओं की निम्नलिखित पंक्तियों में सूक्ष्म वर्णन की छटा दिखाई देती है

"फुलवाड़ी बागों में धंस कर
डाले तोड़ फूल फल हंस कर।
कलमी आमों को टपकाया
जिससे माली ने दुख पाया।
छानी छप्पर उड़ा बहाए
पेड़ बहुत से तोड़ गिराए।"[67]

"लड़ गए किवाड़ों से किवाड़
धर धुस आए भंखाड़ झाड़।
है धूल आंख मुंह पर छाई
आंधी आई। आंधी आई।"[68]

बच्चों की दृष्टि से देखने पर कवियों ने सड़क, रेल, मोटरकार, आदि जड़ वस्तुओं में भी सौंदर्य के दर्शन किए हैं

"सड़क कहां से आती हो,
और कहां को जाती हो?
कितना लंबा है तेरा तन,
कितने देखे हैं पहाड़ वन?
कितने देखे नगर निराले,
पार किए कितने नद-नाले?"[69]

"लदा बिस्तरा लादी पेटी
है तैयार रेल की बेटी।
भीतर रखे कपड़े लत्ते,
मोटर चली तुरत कलकत्ते।"[70]

और पशुओं के वर्णन में उनकी भावनाओं का वर्णन कविता में एक अजीब सा जादू भर जाता है; उदाहरणार्थ

"शेर कहे मैं बन का राजा,
खून पिया करता हूं ताजा।
यह पहाड़ मेरी दहाड़ से
गूंजे कांपे थर्राए।
दुनिया मुझसे घबराए।"[71]

**(7) बच्चों के भीतरी संसार की कविता :** जेम्स रीड्स ने बच्चों के लिए कविता के विषय में कहा है, "बच्चों की आदर्श कविता वह है जो अपनी मौलिकता से बच्चे को तत्काल आनंदित कर देती है और जिसे पढ़ते ही उसे ऐसा महसूस होता है कि इस प्रकार की कविता तो वह स्वयं लिख सकता था। यह कविता बच्चों के मन में अनजाने प्रवेश कर जाती है और बच्चा उसे तत्काल अपना लेता है।"[72]

उपर्युक्त कथन सबसे अधिक उस कविता के निकट है जिसमें बच्चों की अपनी भावनाओं और आकांक्षाओं की अभिव्यक्ति होती है। यह बच्चों के भीतरी संसार की कविता अर्थात प्रगीति कविता है। वस्तु वर्णन की अच्छी कविता लिखने के लिए वस्तुओं और घटनाओं को बच्चों की दृष्टि से देखने की आवश्यकता होती है किंतु बच्चों के लिए अच्छी प्रगीति की रचना तभी की जा सकती है जब लेखक बच्चों की तरह सोच सके। बच्चों की मनःस्थिति को प्राप्त करना वयस्क के लिए अत्यंत कठिन कार्य है अतः बच्चों के लिए भावगीत कुछ इने-गिने व्यक्ति ही लिख सकते हैं।

बच्चों के भावगीत लिखने का प्रयास उन लोगों को नहीं करना चाहिए जिनके हृदय में अपने बचपन की अनुभूतियों और प्रतिक्रियाओं की स्मृतियां ताजा न हों अथवा जो बच्चों के संपर्क में आकर अपने वयस्क व्यक्तित्व को निलंबित करने में समर्थ न हों। बाल मनोविज्ञान का विशेषज्ञ होना इसके लिए जरूरी नहीं है। विश्व के श्रेष्ठ बाल साहित्यकारों में बाल मनोविज्ञान की डिग्री धारण करने वाला व्यक्ति हमें शायद ही मिले।

1950 से पहले की अवधि में जितने अच्छे भावगीत लिखे गए हैं, उनकी तुलना में वर्तमान काल की उपलब्धि नगण्य है। कारण यह है कि उस समय बाल-साहित्य के क्षेत्र में ऐसे व्यक्ति क्रियाशील थे जो वस्तुतः बच्चों के लेखक थे जबकि वर्तमान काल में कुछेक व्यक्तियों को छोड़कर अधिकांश लेखक अर्ध-साहित्यकार हैं जो प्रकाशन संस्थाओं आदि की मांग पर किसी भी प्रकार की पुस्तक किसी भी समय लिख सकते हैं।

भावगीतों में सबसे अधिक गीत बच्चों की मनचाही कल्पनाओं को लेकर लिखे गए हैं। कवि अपने को बच्चे की स्थिति में मानकर यह सोचता है कि यदि मैं अमुक वस्तु होता तो क्या करता अथवा यदि ऐसा हो जाए तो कितना मजा हो। कहा नहीं जा सकता कि इस प्रकार की कविता लिखने का विचार सबसे पहले किस व्यक्ति को सूझा था किंतु लगभग सभी जाने-माने लेखकों ने इस प्रकार की कविताएं लिखी हैं। उदाहरण के लिए, सोहनलाल द्विवेदी ने 'अगर कहीं मैं तोता होता' की प्रसिद्ध कविता के अतिरिक्त (जिसकी प्रयोगवादियों ने भी नकल की है) इस प्रकार की अनेक कविताएं लिखी हैं। अधिकतर उन्होंने देशभक्ति और राष्ट्रीयता की भावनाओं का आरोप किया है, जैसे

"अगर कही मैं बादल होता
तो मैं जग में धूम मचाता
सूरज चंद्र और ये तारे
रहते मेरे वश में सारे
किंतु शक्ति पाकर मैं इतनी
सेवा करता बनती जितनी।"[73]

किंतु द्विवेदी जी के अतिरिक्त उस समय के प्रायः सभी कवियों ने इस प्रकार के गीत लिखे हैं। कुछ उदाहरण देखिए

"यदि मैं होता बन का तोता
कभी न पिंजड़े में खुश होता।
यदि मैं होता घर का घोड़ा
कभी न पड़ता मुझ पर कोड़ा।"[74]

"अगर कहीं होता हलवाई
बुला-बुला कर सब बच्चों को
देता खूब मिठाई।

लेता नहीं किसी से पैसे
तब फिर कोई रोता कैसे?''[75]

''यदि तुम हो बच्चों के साथी
भेजो पिल्ला जैसा हाथी।
यदि तुम हो बच्चों के प्यारे
छत से लटका दो कुछ तारे।''[76]

और वर्तमान काल में भी इस तरह के अनेक गीत लिखे गए हैं

''यदि मैं होता कहीं पास में
रहता जो हलवाई
खाने को पाया करता मैं
मन भर सभी मिठाई।''[77]

''पेट बड़ा हो इतना मेरा
जितना कुएं का हो घेरा।
बरफी जामुन लड्डू पेड़ा
दिन भर खाता जाऊं।''[78]

''यदि मैं होता काला इंजन
तो इस जंक्शन से उस जंक्शन
लाखों मीटर दौड़ लगाता
धू धू धू धू धुआं उड़ाता।''[79]

''सुन रे पिंकू। सुन के टिंकू।
अपने दिल की बात बताऊं।
दाएं बाएं पंख लगा कर
काश! अगर मैं उड़ने पाऊं।
चंदा की तब गेंद बनाकर
खेलूं, कूदूं, मौज उड़ाऊं।''[80]

लगता है कि बच्चों की इन कल्पनाओं का उपयोग एक विश्वव्यापक तथ्य है। अंग्रेजी के सुप्रसिद्ध कवि ए.ए. मिल्ने का प्रसिद्ध पात्र 'विनी दि पूह' भी इस प्रकार की कल्पना करता है

It is very funny thought that
If bears were bees

They would build their nests at the bottom of the trees

And that being so (if the bees were bears)
We shouldn't have to climb up all these stairs.[81]

इस प्रकार की कविताओं का किंचित् भिन्न रूप उन कविताओं में मिलता है जिनमें बच्चों से पूछा जाता है कि यदि ऐसा होता तो तुम क्या करोगे। उदाहरण के लिए

"लग जाते अंगूर नीम में
और कुएं से दूध निकलता
बिना तेल के डाले ही यदि
घर में दीया रात-दिन जलता।
तो क्या बतला सकते बच्चो
हम क्या करते, तुम क्या करते?"[82]

"कहो कहीं यह बैल न होता
खेती का कुछ डौल न होता।
क्या खाते क्या पहना करते?
रहते कहां न घर होता
बना जंगली नर होता।"[83]

"बोलो बच्चो! अपने घर में
रुपयों का यदि पेड़ निकलता।
पेट्रोलों की नदी निकलती
तुम क्या करते? हम क्या करते?"[84]

किंतु बच्चों की भावनाओं की अभिव्यक्ति केवल इस प्रकार की कविताओं में ही हो सकती है ऐसी बात नहीं है। सच्ची बात तो यह है कि इस सूत्र का कुछ लोगों ने लेक्चरबाजी के लिए भी प्रयोग किया है। बच्चे के मन में असंख्य इच्छाएं तथा आकांक्षाएं हैं जिनकी वह स्वयं अभिव्यक्ति नहीं कर पाता है। उसकी अपनी मानसिक उलझनें हैं जिन्हें वह स्वयं नहीं सुलझा पाता और जिन्हें न सुलझा पाने के कारण उसे मानसिक क्लेश भी होता है। कवियों का काम है कि वे उसके मन में प्रवेश करके उसकी उन मानसिक उलझनों को अभिव्यक्ति दें। जिस बात को वह

अपनी सीमाओं के कारण नहीं कह पाता है उसे कहें जिससे उसे लगे कि यह तो उसी के मन की बात है जिसे वह इतने दिनों से कहना चाह रहा था। इस प्रकार की कविता बच्चे की अनेक मानसिक ग्रंथियों को सुलझाकर उसे अपरिमित आनंद दे सकती है और साथ ही उसके जीवन के स्वस्थ विकास में सहायक हो सकती है। इस प्रकार की कविता का विस्तृत क्षेत्र कवियों के लिए खुला पड़ा हुआ है। बच्चों की जिज्ञासा और औत्सुक्य को लेकर सुंदर गीत लिखे जा सकते हैं, उदाहरण के लिए

"कोई मुझे बतलाओ रे
जंगल में क्या होता है?
कब उठता सो कर बनमानुष
और हाथ-मुंह धोता है?"[85]

और नित्यप्रति के जीवन की ऊब से दूर जाने की इच्छा भी बच्चों में होती है। इसी इच्छा के कारण उनमें विचित्र परीलोक की कथाएं लोकप्रिय होती हैं। पलायन की इच्छा की अभिव्यक्ति के कुछ उदाहरण नीचे दिए जा रहे हैं

"मधुर मधुर पवन जहां
देह की थकान हरे।
कोयल दिन-रात जहां
मधुर-मधुर गान करे।
भौंरे गुंजार करें,
फूलों से प्यार करें,
आओ चलें उस देश में।"[86]

"मिट्टी का है घोड़ा सुंदर
कागज की है लगी लगाम।
चल वे घोड़े पानी पी ले
चलना तुझको रात तमाम।
भीगा चना खिलाकर तुमको
चढ़कर चलूं बहन के धाम।"[87]

"ताड़ों के ऊपर मेघों के
सिर पर मामा की बाड़ी।
चंदा मामा के आंगन में

एक चमेली की झाड़ी।
उसमें फूल खिले होंगे।
जो मैं चुन-चुन कर गूंथूंगा।''[88]

## (इ) हिंदी बाल कविता का विकास

मानव सभ्यता के उस काल की कल्पना नहीं की जा सकती जब मनुष्य बालक गीत अथवा कविता से बिलकुल अपरिचित रहा होगा। मां की गोद में बैठकर लोरियां सुनने और धार्मिक-सामाजिक उत्सवों पर अन्य प्रकार के गीत सुनने का अवसर तो हर बालक को मिला ही होगा। बच्चों के लिए विशेष रूप से लिखी गई पुस्तकों के प्रचलन से पहले बच्चों में अनेक प्रकार के गीत अथवा कविताएं प्रचलित रही होंगी।

**अलिखित कविता :** इन परंपरागत गीतों में लोरियां, खेल के गीत, गिनती के पद्य, पहेलियां और तुकबंदियां, धार्मिक-सामाजिक उत्सवों पर गाए जाने वाले गीत (जैसे विवाह आदि के गीत, भजन आदि), भाट-चारण आदि पेशेवर जातियों द्वारा गाए जाने वाले वीरगीत अथवा कथागीत सम्मिलित हैं। भारत में इस प्रकार के गीत प्रचुर मात्रा में अब भी प्रचलित हैं यद्यपि नई सभ्यता के विकास के साथ-साथ इनका लोप होता जा रहा है।

ये परंपरागत गीत बच्चों की कविता का आदर्श प्रस्तुत करते हैं। ये गीत बच्चों पर थोपे नहीं गए हैं अपितु इन्हें बच्चों ने स्वयं ही अपनाया है। न तो किसी प्रसिद्ध कवि की लेखनी ने इन्हें संवारा है और न पाठ्य-पुस्तकों के माध्यम से ये जबर्दस्ती सिखाए जाते हैं। इन गीतों के रचयिताओं को कोई नहीं जानता और इनकी रचना करने वालों ने काव्यशास्त्र अथवा बाल मनोविज्ञान का अध्ययन शायद ही किया हो? फिर भी ये गीत बच्चों की कविता का सुंदर उदाहरण हैं। अंग्रेजी में इन्हीं परंपरागत गीतों को किसी व्यक्ति ने 'मदरगूज राइम्स' के रूप में सर्वप्रथम 1744 में संकलित एवं प्रकाशित किया था जब अंग्रेजी बाल साहित्य के प्रथम प्रकाशक न्यूबरी ने लंदन में अपनी दुकान खोली थी[89] और आज भी ये गीत बालकों में सर्वाधिक लोकप्रिय बने हुए हैं। इन्हीं गीतों के आधार पर बालकों की कविता के गुण-अवगुण निश्चित किए गए हैं।

भारतवर्ष संसार की एक प्राचीनतम सभ्यता का देश है। इसके विस्तृत भूखंड पर अनेक भाषाएं तथा बोलियां बोलने वाले लोग हजारों वर्षों से रह रहे हैं। इस लंबी

अवधि में बच्चों की सहज भूख को शांत करने के लिए गीतों के भंडार में कितनी वृद्धि हुई होगी इसकी कल्पना कोई भी कर सकता है। यदि इन तमाम गीतों का संग्रह हो जाए तो यह विश्व-साहित्य की एक आश्चर्य कृति बन जाए।

हिंदी के इन अलिखित गीतों में वे तमाम गीत शामिल हैं जो उत्तर प्रदेश, बिहार, राजस्थान, मध्य प्रदेश, हरियाणा, पंजाब तथा उत्तर के पहाड़ी इलाकों में प्रचलित हैं। हिमाचल प्रदेश और जम्मू क्षेत्र के गीत भी हिंदी के निकट हैं और साधारण परिवर्तन करने पर ही उन्हें हिंदी जानने वाले बालकों द्वारा आस्वाद्य बनाया जा सकता है। वस्तुतः भारतवर्ष के विभिन्न प्रांतों के परंपरागीत बालगीतों में भाव तथा शैली की समानता पाई जा सकती है। उदाहरण के लिए कबड्डी का खेल जहां भी प्रचलित होगा वहां कबड्डी देते समय खिलाड़ियों द्वारा जोर-जोर से बोले जाने वाले कुछ तुक अवश्य प्रचलित होंगे। उदाहरणार्थ

"छल कबड्डी आल आल
मेरी मूंछें लाल लाल
मर गए बिहारी लाल।"

हिमाचल प्रदेश में कबड्डी का खेल खेलने वाले बच्चों में इसी प्रकार की अनेक तुकबंदियां प्रचलित हैं। एक तुकबंदी इस प्रकार है

"घाणियां दी रेल पेल
मारूं मुक्का कड्ढूं तेल।"

इन तुकबंदियों का मुख्य प्रयोजन सांस रोकना है किंतु बहुधा इनका प्रयोग विपक्षी खिलाड़ियों पर रोब जमाने के लिए भी किया जाता है। यदि हम इनके अर्थ पर विचार करें तो उसमें हमें कोई क्रम अथवा संगति नहीं दिखाई देगी किंतु वस्तुतः ये बिलकुल निरर्थक और असंगतिपूर्ण नहीं होते। उदाहरण के लिए, स्कूल के बच्चे दवात की स्याही कलम से घोटते हुए जब कहते हैं कि

"कौआ कौआ ढोल बजा
चार आने की स्याही ला
आधी तेरी आधी मेरी
तू मर जाए तो सारी मेरी।"

तो इसमें वयस्कों को कोई संगति नहीं दिखाई देगी। किंतु बच्चे की दृष्टि में काला कौआ काली स्याही तत्काल ला सकता है और आधी-आधी बांटने के बाद यदि कौआ

मर जाए तो सारी स्याही उसे मिल ही जाएगी। इसी प्रकार बच्चे तख्ती सुखाते समय कुछ तुकबंदियां बोलते हैं। एक तुकबंदी इस प्रकार है

> ''सूख सूख पट्टी, चंदन गट्टी
> राजा आया, महल चुनाया।
> झंडा गाड़ा, बजा नगाड़ा,
> रानी गई रूठ, पट्टी गई सूख।''

अथवा

> ''काला चोर आएगा, डंडा लेकर आएगा।
> डंडा गया टूट, पट्टी गई सूख।''

बच्चों को इस प्रकार की तुकबंदियों की आवश्यकता हर्ष, उल्लास, क्रोध, उपहास आदि की भावनाओं को व्यक्त करने के लिए पड़ती है। अधिकतर इनके रचयिता स्वयं बच्चे ही होते हैं। इसीलिए इनके विचारक्रम में कोई तारतम्य दिखाई नहीं पड़ता है। कभी-कभी तो महज तुक मिलाने के लिए किसी नाम और बात को जोड़ दिया जाता है किंतु इस 'व्यर्थ' अभिव्यक्ति में भी बच्चे कुछ 'अर्थ' ढूंढ़ निकालते हैं।

वयस्कों के आगे बिलकुल लाचार और निर्बल होने के कारण बच्चे कभी-कभी उपहास के माध्यम से प्रतिशोध की भावना को भी व्यक्त करते हैं। मुझे याद है कि बचपन में हम लोग मीनू नाम के व्यक्ति से डरते थे। उसकी बाड़ी में आड़ू, नाशपाती, अमरूद आदि कई फल लगते थे। किंतु जब कभी हम लोग फल चुराने के लिए बाड़ी में घुसते थे तो वह खूब गालियां देता था और हाथ लगने पर पीटता भी था। बच्चे दीवाली के दिन अपना बदला लेते थे। उस दिन बच्चे गांव के बीच चौराहे पर इकट्ठे होकर 'ध्यो' जलाते थे। 'ध्यो' घास के पूले को कहते थे जिसका एक सिरा मोटा और दूसरा पतला होता था। मोटे सिरे पर आग लगाकर और पतले सिरे को दोनों हाथों से पकड़कर उसे घुमाते थे और चिल्लाते थे

> ''ध्यो दियालिए ध्यो
> आज दियाली, कल दियाली
> परसों मीनूए दी जंघ जाली।''

दीवाली के बाद मीनू की टांग जलाने के उत्सव की घोषणा करके बच्चे अपने प्रतिशोध को शांत कर लेते थे। अब मीनू इस संसार में नहीं है तो उसके स्थान पर एक और व्यक्ति का नाम जुड़ गया है और यह व्यक्ति भी ऐसा है जिसके विरुद्ध बच्चों को कई शिकायतें हैं। इसी प्रकार किसी भी लंबी चुटिया का उपहास करने

के लिए बच्चे इस तुकबंदी का प्रयोग करते हैं

> "दुंदीलाल चने की दाल
> उड़ गई चुटिया नैनीताल
> सिर पर रह गए बाल ही बाल।"

बहुत मारपीट करने वाले कुछ अध्यापकों के प्रति भी बच्चों के मन में क्रोध छिपा रहता है और कभी-कभी तुकबंदियों में प्रकट होता दिखाई देता है, जैसे

> "पंडित जी पंडाखता
> गोली मारी फाखता
> गोली गई रेल में
> पंडितजी गए जेल में.... ।"[90]

बच्चों के मुंह से इस प्रकार की तुकबंदियां अच्छी तो नहीं लगतीं किंतु इसका दोष वयस्कों के अनुचित व्यवहार को ही दिया जा सकता है।

खेल के गीतों तथा तुकबंदियों के अतिरिक्त बच्चों को परंपरा से कई धार्मिक गीत, वीरगीत आदि भी प्राप्त होते हैं। हिंदी में इन गीतों के बालोपयोगी संस्करण तैयार करने का प्रयास अभी नहीं किया गया यद्यपि चारण-भाटों की यहां बहुत लंबी परंपरा रही है।

## लिखित कविता

**(1) शिशुकाल :** बच्चों की लिखित कविता का प्रारंभ बीसवीं शताब्दी से ही होता है। यद्यपि उससे पहले पाठ्य-पुस्तकों में विद्यार्थियों को कविताएं पढ़ाई जाती थीं किंतु उनमें सूर, तुलसी, रहीम, कबीर आदि प्रसिद्ध कवियों के सरल पद्य ही रहते थे जिन्हें बच्चों की कविता नहीं कहा जा सकता है। कुछ लोग अमीर खुसरो को बच्चों का सर्वप्रथम कवि मानते हैं क्योंकि उसने बहुत सी पहेलियां लिखी हैं जो बच्चों में आज भी प्रचलित हैं। किंतु इस प्रसंग में ध्यान देने की बात यह है कि अमीर खुसरो ने पहेलियों की रचना रनिवासों के मनोविनोद के लिए की थी, बच्चों के लिए नहीं। इसके अतिरिक्त यह कहना भी कठिन है कि खुसरो के नाम से प्रचलित पहेलियों में से कितनी अमीर खुसरो की हैं और कितनी परंपरागत अथवा लोक-निर्मित हैं। इतर प्रयोजन के लिए लिखे गए जिस साहित्य को बालकों ने

अपना लिया है उसमें अमीर खुसरो की पहेलियां, घाघ, भड्डरी और लालबुझक्कड़ के नाम से प्रचलित हास्य-प्रधान तुकबंदियां, भारतेंदु बाबू हरिश्चंद्र के नाटक 'अंधेर नगरी चौपट राजा' के कुछ गीत ('चने का लटका' आदि) सम्मिलित हैं। वस्तुतः जब बच्चों के लिए विशेष रूप से साहित्य नहीं लिखा जाता था तो बच्चे वयस्क-साहित्य से अपने मतलब की चीजें निकालकर काम चलाया करते थे। इस प्रक्रिया से अंग्रेजी बाल-साहित्य में *राबिंसन क्रूसो, गुलिवर्ज़ ट्रैवेल्ज़, पिलग्रिम्स प्राग्रेस* जैसी अमर कृतियां आई हैं। हिंदी में भी प्रयास करने पर इस प्रकार की कहानियों-कविताओं आदि का पता लगाया जा सकता है जो बच्चों के लिए नहीं लिखी गई थीं किंतु जिन्हें बच्चों ने अपना लिया था। भारतेंदु बाबू हरिश्चंद्र का नाटक *अंधेर नगरी चौपट राजा* इसका एक उदाहरण है।

किंतु जहां तक बच्चों के लिए विशेष रूप से लिखी गई कविता का संबंध है, बीसवीं शताब्दी से पहले मुझे कोई पुस्तक नहीं मिली। डा. माता प्रसाद गुप्त कृत *हिंदी पुस्तक साहित्य,* मुंशीराम लाल कृत *बाल विनोद रामायण* (सन् 1879 में प्रकाशित) तथा नागरी प्रचारिणी सभा के पुस्तकालय की सूची में बनवारी लाल गुप्त कृत *शिशु लोरी* (सन् 1860 में प्रकाशित) का उल्लेख है। ये पुस्तकें मुझे देखने को नहीं मिलीं, अतः यह नहीं कहा जा सकता कि इनमें बच्चों के लिए विशेष रूप से लिखी गई मौलिक कविताएं हैं अथवा नहीं। मैंने जिन पुस्तकों को देखा है उनमें बाल कविता की सर्वप्रथम पुस्तक ब्रजबिहारी लाल द्वारा लिखित *बालबोध* है जो 1901 में ग्रंथकार द्वारा स्वयं प्रकाशित की गई थी। इसमें ब्रजभाषा में उपदेशात्मक पद्य मात्र हैं। 1904 में वेणी माधव त्रिपाठी द्वारा लिखित पुस्तक *बालकेलि* क्राउन यंत्रालय, मोतीहारी से प्रकाशित हुई जो लेखक के शब्दों में 'कर्म-संगीत' की पुस्तक है। इसमें शिशुओं के लिए रस-गंधादि शक्तियों के विकास में सहायक सुंदर कविताएं हैं। शब्दों की आवृत्ति और ध्वनि-योजना के गुण भी इन कविताओं में विद्यमान हैं। भाषा ब्रजमिश्रित खड़ी बोली है। रामचरित राय की पुस्तक *कर्म संगीत* (शिवरत्नराय वर्मा द्वारा बांकीपुर से 1908 में प्रकाशित) भी नर्सरी कक्षाओं के लिए अभिनेय गीतों की पुस्तक है। इसकी भाषा भी ब्रज-अवधि मिश्रित है। पशुओं की आवाजों की कुछ कविताएं इसकी काफी आकर्षक हैं। 1910 में लक्ष्मी प्रेस, प्रयाग से लाला भगवानदीन की *वीर बालक* नामक पुस्तक प्रकाशित हुई जिसमें राम-लक्ष्मण, राम-कृष्ण, लव-कुश, अभिमन्यु, वभ्रुवाहन, आल्हा-ऊदल आदि प्रसिद्ध बालकों के वीरतापूर्ण प्रसंगों पर आधारित कविताएं हैं।

1913 में नागरी प्रचारिणी सभा के अनुमोदन से मन्नन द्विवेदी गजपुरी की

पुस्तक *विनोद* छपी जो शिशुगीतों की बहुत सुंदर पुस्तक है। इस संग्रह के आगे बाद की लिखी शिशु कविताएं फीकी लगती हैं। 1915 में शिवमंगल प्रसाद की पुस्तक *कुमार चरित सुधार व कुमारी चरित सुधार* एम.एन. बर्मन, बांकीपुर से प्रकाशित हुई जिसमें लड़के-लड़कियों की दिनचर्या के संबंध में उपदेशात्मक पद्य हैं और दृष्टांत के रूप में प्रसिद्ध पुरुषों तथा नारियों की कहानियां भी सुनाई गई हैं। इसकी भाषा में भी अवधि और ब्रज का मिश्रण है। 1915 में महावीर प्रसाद की स्वतः प्रकाशित पुस्तक *हेमिलटन* का *रंग बिरंगा तुमड़ी वाला* निकली जो प्रसिद्ध अंग्रेजी कविता का पद्य रूपांतरण है। लगभग इसी वर्ष गया प्रसाद शुक्ल 'सनेही' की पुस्तक *कुसुमांजलि* प्रताप पुस्तकालय, कानपुर से प्रकाशित हुई जिसमें मेल, उद्यम, राजभक्ति, देशभक्ति आदि विषयों पर प्रत्यक्ष उपदेश देने वाले पद्य हैं। रसिकलाल दत्त ने स्वरचित बंगला पुस्तक का हिंदी रूपांतरण *खिलौना* 1917 में इंडियन प्रेस से प्रकाशित किया जिसमें गद्य-पद्य कहानियां और खेलगीत हैं। पुस्तक-सज्जा की दृष्टि से यह पुस्तक बहुत बढ़िया है। शिवदुलारे त्रिपाठी की पुस्तक *छात्र शिक्षा* में भी ब्रह्मचर्य, धर्म, विद्या आदि पर सीधे उपदेश दिए गए हैं और इसमें व्याकरण की अशुद्धियों की भी भरमार है। यह पुस्तक 1918 में साहित्य भवन, मोरांवा से प्रकाशित हुई थी। इसी वर्ष अमृतलाल चक्रवर्ती की शिशुगीतों की पुस्तक *कविता पाठ* गोपालदास कन्हैयालाल कालबादेवी, बंबई से प्रकाशित हुई जिसमें किंडरगार्टन शिक्षा की आवश्यकताओं की पूर्ति के लिए इक्कीस शिशुगीत प्रस्तुत किए गए हैं। व्याकरण की अशुद्धियां इस पुस्तक में भी अनेक हैं किंतु स्वर-ताल के माधुर्य के कारण कविताएं बहुत सुंदर बन पड़ी हैं। 1917 में पं. श्रीधर पाठक की पुस्तक *मनोविनोद* प्रकाशित हुई जिसके बाल विलास, भाग में बच्चों की कुछ सुंदर कविताएं हैं। कविताओं की भाषा सरल तथा बालोपयोगी है।

उपर्युक्त पुस्तकों के अतिरिक्त इस काल में बच्चों के लिए फुटकर कविताएं अनेक लेखकों ने दीं। *बाल प्रभाकर, बल्लभ कन्या मनोरंजन, बाल हितैषी, विद्यार्थी, बाल मनोरंजन, बाल-सखा तथा शिशु* आदि अनेक बाल-पत्रिकाओं के लिए कविताएं लिखी गईं। ऐसे लेखकों में आचार्य रामचंद्र शुक्ल, सुखराम चौबे गुणाकर, रमादेवी, हरिऔध, मैथिलीशरण गुप्त, कामताप्रसाद गुरु, रामजीलाल शर्मा, रामनरेश त्रिपाठी, विद्याभूषण विभु, मुरारीलाल शर्मा 'बालबंधु', देवीप्रसाद गुप्त 'कुसुमाकर', गिरिजादत्त शुक्ल 'गिरीश', मनोरंजन प्रसाद सिन्हा, ठा. श्रीनाथ सिंह, शंभुदयाल सक्सेना और स्वर्ण सहोदर आदि लेखकों के नाम लिये जा सकते हैं। इनमें से अधिकांश लेखकों ने आगे चलकर बाल-साहित्य में महत्वपूर्ण योगदान दिया।

इस काल में बाल कविता की पुस्तकें तो बहुत कम हैं किंतु पत्र-पत्रिकाओं के माध्यम से काफी साहित्य बच्चों को दिया गया। कविता की भाषा के संबंध में अनिश्चितता इस काल की विशेषता है किंतु ध्यान देने की बात यह है कि लगभग सभी प्रतिष्ठित साहित्यकारों ने बाल-साहित्य लिखने की ओर रुचि दिखाई।

इस काल की कुछ प्रतिनिधि कविताओं के उदाहरण

''क्रोध कबौ मत कीजिए, याते वह उत्पात,
सुख संपत्ति स्वारथ घटे, रूप शील गुण जात।
जीव मारिबो ना भलो, हिंसा में बड़ पाप
सबको दुख सम जानिए, जस दूसर, तस आप।''[91]

''हींचू हींचू बोले गदहा,
भूरा रंग जानवर लदहा।
गदहा देख और वह घोड़ा,
देखत में अंतर है थोड़ा।
छोटा गदहा घोड़ा भारी
घोड़े पर होती असवारी।
गदहा केवल लादा जाता
नीच जाति राखत है नाता।''[92]

''गाय बोले भां भां भां,
बकरी कहे मां मां मां।
मुरगा बोले कुकरू कूं,
कुकरूकूं कुकरूंकूं कुकरूंकूं।
पपीहा बोले पीकहां पीकहां,
काग कहै कां कां कां कां।''[93]

''कब तीर कढ़ा और चढ़ा, किस पै चलाया,
किस ओर गया किसके लगा किसको गिराया।
यह काम किसी के न कभी दृष्टि में आया,
सब देखते हैं वीरों का होता है सफाया।
फल मात्र फकत शत्रु को देता दिखाई,
इतने से समझ लीजिए फुर्ती व सफाई।''[94]

''यों कहते हुए म्यान से तलवार निकाली
दाहन ने दुहाई दी तो सकुचा गई काली।
बिजली ने चकाचौंध से निज आंख छिपा ली।
चकरा के गिरी चिल्ली तो सुरपति ने संभाली।
बस देख अभयचंद की तलवार की चमकन
दिननाथ उठे कांप दवी शुक्र की दमकन।''[95]

''मिली कहीं तुलसी की माला,
लेकर उसे गले में डाला।
तन में अपने राख लगाया,
बैरागी का रूप बनाया।
अपना पहला पाप मिटाने,
बिल्ली चली प्रयाग नहाने।''[96]

''ऐ मम परम पवित्र कुमारि
शिक्षा देहू सुनो मन धारि।''[97]

''करते हो अभिमान कहीं तो मान न होगा,
होगा सतत पतन कभी उत्थान न होगा।
चिंता ही में चित्त तुम्हारा चूर रहेगा,
सुख तो होगा दूर, दुख भरपूर रहेगा।[98]

''सुन सुन री बहरी ओ मैना।
जरा सुनाओ तो मीठे बैना,
काले पर काले हैं डैना।
नीले चोंच, कटीले नैना ॥
पर्वत से तू पकड़ी आई।
जकड़ बंद पिंजड़े में पाई ॥''[99]

''नाथ घुमाती सींग चलाती,
पंख खुरों को धूल उड़ाती।
भर आंखों में गाड़ी लाली,
भौं भौं करती लपकी काली।

पड़ी हेरनी घूम निराली,
बनी शेरनी गैया काली।"[100]

"ऐसा मेरा मुन्ना लाला
नहीं किसी से डरता है,
नाचे कूदे गिर कर रोबे
सब बहनों से लड़ता है।
आंखें लंबी बाल जटीले
मुखड़ा गोल सलोना है,
रोने में भी इसके मानो
भरा हुआ कुछ टोना है।"[101]

"है पलास का सुंदर फूल
गुणी न फंसते सुंदर भूल।
कांटों में हो क्यों न गुलाब
झुंक पड़ते हो सब बेताब।"[102]

"लली सुनो तो कान लगाई
डम डम डम कहं देत सुनाई।
अरी! सुनो अब धीरे धीरे
पड़त सुनाई जोर जोर से।
हां, वह देखो शोर मचाता
भालु वाला यहां पर आता।"[103]

"आदि हेतु अनादि और
अनंत दीन दयाल,
जोरि जुग कर करत विनति
सकल भारत बाल।
विविध विद्या कला सीखें
त्यागि आलस घोर।
दूर दुख दरिद्र बहावें
देश को इक ओर।"[104]

**बाल्यकाल :** शिशुकाल की कविता में उपदेश-प्रदान पद्यों की प्रधानता रही।

अधिकांश काव्य-रचना स्कूलों में पाठ्य-पुस्तकों की आवश्यकताओं को देखते हुए अथवा बाल-पत्रिकाओं की आवश्यकताओं को ध्यान में रखकर लिखी गई। कविता के लिए खड़ी बोली और ब्रजभाषा के बीच प्रतिद्वंद्विता चल रही थी किंतु यह विवाद वयस्क-साहित्य में अधिक मुखर था। बाल कविता के क्षेत्र में खड़ी बोली की आवश्यकता को प्रारंभ से ही स्वीकार किया जाने लगा था। यद्यपि रहीम, वृंद आदि की परंपरा के नीति-पद्य ब्रजभाषा में बच्चों को दिए गए किंतु वे कक्षाओं में पढ़ाने के लिए थे। छोटे बच्चों के लिए लिखी गई सर्वश्रेष्ठ पुस्तक मन्नन द्विवेदी गजपुरी कृत *विनोद* में खड़ी बोली का बहुत सुंदर रूप मिलता है। इसके अतिरिक्त बाल-पत्रिकाओं में भी ब्रजभाषा की कविता ईशविनय के पदों अथवा पुराने ढंग के नीति-पद्यों तक ही सीमित रही।

उन्होंने बच्चों को राष्ट्रीय कविताएं भी दीं। किंतु उनकी सबसे अच्छी कविताएं वे हैं जिनमें उन्होंने बच्चों की भावनाओं और उमंगों का वर्णन किया है। *जी में होती है उमंग* जैसी कविताएं बच्चों की अपनी बात कहती हैं इसलिए वे बच्चों में बहुत लोकप्रिय हुई हैं।

श्री रामधारीसिंह 'दिनकर' ने भी *मिर्च का मजा* और *धूपछांह* नामक पुस्तकों में बच्चों के लिए मजेदार कथा कविताएं लिखी हैं जिनमें भाषा के प्रवाह और शब्दों के जादू के कारण विशेष आकर्षण है। किंतु इसके बाद वे बड़ों के कवि ही बने रहे।

किंतु इन लेखकों के अतिरिक्त बाल्यकाल में बहुत से ऐसे कवि सामने आए जो वस्तुतः बच्चों के ही कवि थे। इनमें डा. विद्याभूषण विभु, ठा. श्रीनाथ सिंह, सभा मोहन अवधिया (स्वर्ण सहोदर), अशोक बी.ए., देवी दयाल चतुर्वेदी 'मस्त', सुदर्शनाचार्य, रामेश्वर करुण, शिक्षार्थी, शंभुदयाल सक्सेना, विद्याभास्कर शुक्ल, रमापति शुक्ल, देवीदत्त शुक्ल, ज्योति प्रसाद 'निर्मल', आरसी प्रसाद सिंह, सत्यप्रकाश कुलश्रेष्ठ, ठा. नंदकिशोर सिंह, अमृतलाल दुबे, गणेशराम मिश्र आदि अनेक नाम उल्लेखनीय हैं। इनमें से अधिकांश कवियों का परिचय पिछले अध्याय में दिया जा चुका है। पत्र-पत्रिकाओं के माध्यम से बहुत से अन्य कवि भी सामने आ रहे थे जिनमें से चंद्रपाल सिंह यादव 'मयंक', निरंकारदेव सेवक, शकुंतला सिरौठिया, रामसिंहासन सिंह सहाय 'मधुर', मुरारीलाल शर्मा 'बालबंधु' आदि नाम उल्लेखनीय हैं। इन कवियों ने आगे चलकर बालकों को बहुत सुंदर रचनाएं दीं।

बाल्यकाल के साहित्य में क्या साहित्य की अपेक्षा कविता में मौलिकता-नवीनता और स्थायित्व अधिक मात्रा में विद्यमान है। वस्तुतः इस काल में कविता का चतुर्मुखी विकास हुआ। यद्यपि कथा कविता की ओर कवियों का विशेष झुकाव दिखाई पड़ता

है किंतु शिशुगीत, वस्तु वर्णन, हास्य मनोरंजन की कविता और प्रगीतों आदि की रचना भी पर्याप्त मात्रा में हुई।

शिशुगीतों में इस काल के कवियों ने नवीन प्रयोग किए। उन्होंने रोचक कथाएं, सुपरिचित वस्तुओं के वर्णन, बच्चे की भावनाओं के गीत और हास्य-प्रधान तुकबंदियों आदि विविध प्रकार की सामग्री छोटे बच्चों के योग्य बनाकर प्रस्तुत कीं। शब्द-संगीत, रस-ताल-माधुर्य, हास्य आदि गुण इन गीतों में विद्यमान हैं। विद्याभूषण विभु कृत *खेलो भैया, बुबुआ, चंदा* आदि रचनाएं, अशोक कृत *झुनझुना, मोहनभोग, रसगुल्ला, राजा भैया* आदि, स्वर्ण सहोदर कृत *बालखिलौना,* रामनरेश त्रिपाठी कृत *मोहन माला,* भगवान मिश्र कृत *भारती,* ब्रजभूषण प्रसाद कृत *खेल खिलौना* और शिक्षार्थी कृत *कुहू कुहू, धिन्नकधिन्ना* आदि रचनाओं में छोटे बच्चों के लिए बहुत से गीत संगृहीत हैं।

खेल और अभिनय के गीतों की ओर भी लेखकों ने ध्यान दिया। इस क्षेत्र में पं. गणेशराम मिश्र कृत *खेल की तानें,* गिरिजा कुमार घोष कृत *लड़कियों का खेल,* रामनरेश त्रिपाठी कृत *बानर संगीत* और श्रीनाथ सिंह कृत *लंपाचंपा* पुस्तकें उल्लेखनीय हैं।

कथा कविता का बच्चों के साहित्य में हमेशा ही विशेष स्थान रहा है। इस काल में छोटी-छोटी नीति कथाओं और हास्य-प्रधान कथाओं को लेकर बहुत सी पुस्तकें लिखी गईं। हरिऔध कृत *बाल कवितावली, बालविभव और बालविलास* में अधिकतर कथा-कविताएं हैं जिनमें नीति शिक्षा का तत्व सर्वत्र विद्यमान है। ठा. श्रीनाथ सिंह कृत *गुब्बारा, दोनों भाई* और *पिपिहरी* पुस्तकों में हास्य विनोद की सुंदर कहानियां कविता के रूप में दी गई हैं। रामेश्वर करुण द्वारा लिखित *ईसप नीति निकुंज* में ईसप की अनेक कथाएं पद्यबद्ध की गई हैं। कथा कविता की अन्य रचनाओं में सोहनलाल द्विवेदी कृत *पांच कहानियां,* रामनरेश त्रिपाठी कृत *हंसू की हिम्मत,* लक्ष्मीनिधि चतुर्वेदी कृत *भैंसा सिंह,* रामधारी सिंह 'दिनकर' कृत *मिर्च का मजा,* बाबूलाल भार्गव कृत *बालकथा मंजरी,* भगवानदास अवस्थी कृत *चाय की होली* और *भलाई का मंत्र,* काशीप्रसाद श्रीवास्तव कृत *कहानियों की फुलवारी* आदि अनेक रचनाएं उल्लेखनीय हैं।

कथा कविता का ही एक रूप वीरगीत अथवा चरित्रगीत है। इतिहास-प्रसिद्ध व्यक्तियों के चरित्र अथवा उनके साहसपूर्ण कारनामों को लेकर लिखी गई ये कविताएं बड़े बालकों में बड़ी लोकप्रिय होती हैं। इस प्रकार की कविता में चंद्रपाल सिंह यादव कृत *वीरांगना लक्ष्मी* और *साहसी सेठानी,* देवीदयाल चतुर्वेदी कृत *बिजली,*

वृंदावन नामदेव कृत *वीर संतान,* स्वर्ण सहोदर कृत *वीर शतमन्यु',* ठा. नंदकिशोर कृत *बाल रणरंग* पुस्तकें उल्लेखनीय हैं। इन रचनाओं में प्रेरणादायक कहानी के अतिरिक्त उच्चकोटि की कविता भी विद्यमान है।

सूरज, चांद, सितारे, गर्मी, सर्दी, आंधी, वर्षा आदि प्रकृति के सुपरिचित दृश्यों तथा बालकों के जीवन की सुपरिचित वस्तुओं के वर्णन बाल कविता के लोकप्रिय विषय हैं। प्रायः इन कविताओं में 'देखो बच्चो' का संबोधन और 'प्यारे', 'सुहाने' आदि विशेषण लगाकर वस्तु गणना मात्र कर दी जाती है किंतु बाल्यकाल के सिद्धहस्त कवियों ने बच्चों की दृष्टि से विभिन्न वस्तुओं को देखकर इनका वर्णन किया जिससे यह कविता बच्चों को तत्काल ग्राह्य हो गई। इस प्रकार की रचनाओं में रामनरेश त्रिपाठी कृत *कविता विनोद,* विद्याभूषण विभु कृत *पंख शंख* और *ता,* सोहनलाल द्विवेदी कृत *शिशु भारती, मोदक* और *दूध बताशा,* देवीदत्त शुक्ल कृत *बाल कविता माला,* अमृतलाल दुबे कृत *जंगल के गीत* और *गोमाता के गीत,* गुरुराम विश्वकर्मा कृत *बाल विलास,* ज्योति प्रसाद निर्मल कृत *बाल मनोरंजन।*

प्रथम विश्वयुद्ध की अवधि में बाल-साहित्य की दो सर्वाधिक लोकप्रिय पत्रिकाओं (*बाल-सखा* और *शिशु*) ने जन्म ले लिया था। इन पत्रिकाओं ने आगे चलकर बाल-साहित्य की बहुत सेवा की और उसे अनेक लेखक दिए। इन पत्रिकाओं तथा इनकी पूर्ववर्ती पत्रिकाओं ने एक अच्छा लेखक वर्ग तैयार कर लिया था। साहित्य-सृजन की प्रवृत्ति वाले व्यक्ति मुख्य रूप से कविता की ओर आकृष्ट होते थे क्योंकि कविता के क्षेत्र में मौलिक सृजन के अधिक अवसर थे। कहानी तथा जीवनी आदि के क्षेत्र में सामान्य पुनर्कथन की ही अधिक गुंजाइश थी क्योंकि बालकों को मुख्यतया परंपरागत लोककथाएं और हितोपदेश, पंचतंत्र आदि की नीतिकथाएं ही दी जाती थीं।

*शिशु* और *बाल-सखा* के अतिरिक्त *बालक, बानर, खिलौना, किशोर, कुमार, बाल विनोद, बालबोध और लल्ला* आदि पत्रिकाओं ने भी बाल-साहित्य के लेखक तैयार करने का काम किया। इनमें से कुछ पत्रिकाओं की तो आर्थिक स्थिति भी अच्छी थी और वे लेखकों को पारिश्रमिक भी देती थीं। प्रतियोगिता के कारण बाल-साहित्य की हर विधा में उत्तरोत्तर सुधार होना आवश्यक था।

शिशुकाल की पत्रिकाओं को देखने से पता चलता है कि वयस्क-साहित्य के सुप्रसिद्ध लेखक बाल-साहित्य के निर्माण में सहयोग देते रहे किंतु उन्होंने यह सहयोग बाल-साहित्य को संरक्षण प्रदान करने की भावना से दिया। बाल्यकाल में इन लेखकों में से केवल हरिऔध, रामनरेश त्रिपाठी और सोहनलाल द्विवेदी ने ही

गंभीरता से बालकों के लिए कविता लिखी। हरिऔध जी मुख्य रूप से वात्सल्य रस के कवि थे अतः उनकी बाल-कविताओं में वात्सल्य रस व्यंजित होता है जो बालकों द्वारा सहज आस्वाद्य नहीं है। किंतु कुछ कविताओं में वे बालकों की भावनाओं को अभिव्यक्ति देने में सफल हुए हैं और ऐसी कविताएं उनकी बहुत लोकप्रिय हुई हैं।

श्री रामनरेश त्रिपाठी ने *बानर* के संपादन काल में बाल-साहित्य की बहुत सेवा की। उन्होंने न केवल *बानर* के माध्यम से अनेक लेखक तैयार किए बल्कि स्वयं भी उत्कृष्ट कोटि की रचनाएं कीं। *बानर संगीत* में उन्होंने बच्चों के उन गीतों को सजा-संवार कर प्रस्तुत किया है जो परंपरा से बच्चों के खेलने, गाने, नाचने और अभिनय करने के गीत रहे हैं। इसके अतिरिक्त उन्होंने कथा कविता, नान्सेंस, तुकबंदियां, वस्तु वर्णन की कविताएं आदि भी लिखी हैं।

सोहन लाल द्विवेदी जी अपनी राष्ट्रीय भावना की कविताओं के लिए वयस्क-साहित्य में प्रसिद्ध हैं। किंतु उनकी प्रतिभा का असली चमत्कार उनकी बाल कविताओं में दिखाई पड़ता है। *मनोरंजन,* चंद्रिकाप्रसाद सिंह कृत *बच्चों का अजायबघर,* दयाशंकर मिश्र ददूदा कृत *खरहा मामा की शादी,* देवीदयाल चतुर्वेदी कृत *झिलमिल तारे,* भूपनारायण दीक्षित कृत *खिलवाड़,* व्यथित हृदय कृत *गांव के गीत* और सुंदर लाल द्विवेदी कृत *शिशुगान* आदि पुस्तकें उल्लेखनीय हैं।

बच्चों के भीतरी संसार की अभिव्यक्ति के गीत लिखना वयस्क लेखक के लिए अत्यंत कठिन साधना का विषय है, अतः इस प्रकार के गीतों की संख्या अधिक न होना स्वाभाविक है। तथापि बाल्यकाल में कुछ सुंदर भावगीतों की पुस्तकें प्रकाशित हुईं जिनमें रमापति शुक्ल कृत *शैशव,* आरसी प्रसाद सिंह कृत *चंदा मामा,* गुरुराम विश्वकर्मा कृत *बाल विलास* और ब्रजभूषण प्रसाद कृत *खेल खिलौना* उल्लेखनीय हैं। देवीदत्त शुक्ल और ज्योतिप्रसाद निर्मल, सोहनलाल द्विवेदी और श्रीनाथ सिंह, शंभुदयाल सक्सेना और स्वर्ण सहोदर ने भी बच्चों की कल्पनाओं और भावनाओं को अभिव्यक्ति देने वाले सुंदर गीत लिखे हैं।

राष्ट्रीयता की धारा इस काल की कविताओं में विशेष रूप से मुखरित हुई। इस धारा की रचनाओं में सोहनलाल द्विवेदी कृत *बांसुरी,* श्रीनाथ सिंह कृत *बालभारती,* सुभद्रा कुमारी चौहान कृत *सभा के खेल,* माधव शुक्ल कृत *बालगीत,* बल्लभदास बिन्नानी कृत *सिंहनाद,* रामेश्वर करुण कृत *स्वाधीनता के पथ पर, परमानंद सिंघई कृत जय जय स्वदेश,* तथा सत्य प्रकाश कुलश्रेष्ठ कृत *बाल कवितावली* गणनीय हैं। रघुवीरशरण मित्र और नर्मदा प्रसाद खरे ने भी राष्ट्रीय भावना पूर्ण कविताएं लिखी हैं।

इस काल की राष्ट्रीय कविता के विषय में देशप्रेम, सांस्कृतिक प्रेम, खादी-चरखा आंदोलन, सत्य-अहिंसा आदि गांधीवाद की भावनाएं हैं। कविता में वर्तमान काल की राष्ट्रीय कविता की तरह नारेबाजी मात्र नहीं है अपितु उसमें तत्कालीन समाज के हृदय की धड़कन अभिव्यक्त हुई है।

कविता के माध्यम से बच्चों को नीति का उपदेश देने की प्रवृत्ति इस काल में काफी कम दिखाई देती है। उपदेश-प्रधान कविता में भी भाषा, शैली और अंतर्दृष्टि के कारण चमत्कार पैदा करने वाली रचनाओं में रामेश्वर करुण कृत *बाल सतसई,* मेलाराम वैश्य कृत *शिक्षा सहस्री,* हरिऔध कृत *उपदेश कुसुम,* और सरयू प्रसाद पांडेय कृत *बच्चों की मिठाई* उल्लेखनीय हैं।

किंतु कुछ लेखक उपदेश की प्रवृत्ति को त्याग शुद्ध मनोरंजन के उद्देश्य से कविता लिख रहे थे। विद्याभास्कर शुक्ल कृत *कनेठी पड़ाका, जादू का पिटारा, दोनों भाई,* विद्याभूषण विभु कृत *गोबरगनेश, ढपोरशंख, शेखचिल्ली, लाल बुझक्कड़* तथा सुदर्शनाचार्य कृत *चुन्नू-मुन्नू, हंसी-खेल* आदि पुस्तकों में तथा शिक्षार्थी, श्रीनाथ सिंह, अशोक बी.ए. आदि की रचनाओं में हास्य-विनोद की भरपूर सामग्री विद्यमान है।

संक्षेप में बाल्यकाल की कविता विषय-विविधता और काव्य-गुणों की दृष्टि से समृद्ध है। अंग्रेजी की कविताओं का अनुकरण अथवा पाठ्य-पुस्तकों के लिए जैसे-तैसे तुकबंदियां करने की प्रवृत्ति इस काल में कम दिखाई देती है। मौलिकता के लिए इस क्षेत्र में अधिक अवसर होने के कारण अधिकतर लेखकों ने इसी विधा को चुना। अधिकांश कविता पाठ्य-पुस्तकों के लिए प्रकाशकों की मांग पर नहीं अपितु पत्र-पत्रिकाओं के लिए अथवा बच्चों का मनोरंजन करने के लिए लिखी गईं। यद्यपि इस काल की कविता पुस्तकें प्रकाशन की कोटि की दृष्टि से इतनी बढ़िया नहीं हैं किंतु इनकी अंतर्वस्तु में स्थायित्व का गुण अपेक्षाकृत अधिक मात्रा में विद्यमान है।

## वर्तमान काल

स्वातंत्र्य काल में गद्य-साहित्य की तुलना में कविताएं बहुत कम लिखी गईं। जो लिखी गईं उनमें से भी अधिकतर नर्सरी कथाओं, पाठ्य-पुस्तकों और स्कूल के समारोहों आदि की आवश्यकताओं की पूर्ति के लिए लिखी गईं। बच्चों की आयु वर्गों की दृष्टि से यदि हम उपलब्ध कविता साहित्य पर विचार करें तो पता चलेगा कि अधिकांश कविता शिशुओं और प्राथमिक कथाओं के बालकों के उपयुक्त हैं। लगभग

16 प्रतिशत पुस्तकें ऐसी हैं जिनमें नर्सरी कक्षाओं के बच्चों को सिखाए जाने वाले गीत संगृहीत हैं। इनमें 'नान्सेंस' तुकबंदियां, छोटी-छोटी कथा-कविताएं, पालतू जानवरों और अन्य सुपरिचित वस्तुओं के वर्णन की कविताएं, गिनती और खेल के पद्य, अक्षरगीत आदि शामिल हैं। अधिकांश शिशुगीतों की प्रेरणा अंग्रेजी के नर्सरी गीत रहे हैं और दिल्ली की नर्सरी कक्षाओं में तो बहुत सी कविताएं ऐसी प्रचलित हो चुकी हैं जो अंग्रेजी के नर्सरी गीतों की प्रसिद्ध पंक्तियों के फूहड़ रूपांतरण हैं। किंतु कमियों के बावजूद शिशुगीत साहित्य के क्षेत्र में बालकों की आवश्यकताओं की आंशिक पूर्ति हुई है। धर्मपाल शास्त्री कृत *मुन्नों के गीत, गाओ बच्चा, खेलें कूदें नाचें गाएं, मेरी गुड़िया कुछ तो बोल, नवीन शिशुगान* आदि पुस्तकें, निरंकार देव सेवक कृत *पप्पू के बालगीत,* आर.वी. अवधेश कृत *शिशुगान,* कमला ओबेराय कृत *बालतरंग,* दयाशंकर मिश्र दद्दा कृत *मेरे गीत,* वेणी माधव शर्मा कृत *बिल्ली का चिड़ियाघर* और *पढ़ ले बेटा पढ़ ले,* शांता कृत *माखन चोर* (जनता चित्र लि. बंबई से प्रकाशित), शांता संत कृत *वर्ण गीतिका, बबुआ के बोल* और *मधुर गान,* शीला गुजराल कृत *बालगीत* आदि कुछ पुस्तकें इस क्षेत्र में उल्लेखनीय हैं।

प्राथमिक कथाओं के बालकों अथवा आठ-नौ साल की अवस्था के बालकों को जो कविता ग्राह्य होती है उसका रूप शिशुगीतों से कोई विशेष भिन्न नहीं होता है। अंतर केवल इतना होता है कि नर्सरी कक्षाओं में बच्चे स्वयं उन गीतों को नहीं पढ़ते हैं जबकि प्राथमिक कक्षाओं के बच्चे स्वयं पढ़कर इनका आस्वादन कर सकते हैं। दोनों प्रकार की कविता-पुस्तकों में पुस्तक की छपाई आदि की ही प्रमुख भिन्नता होती है। वर्ण्य विषयों में एक ओर नान्सेंस तुकबंदियां, सूरज-चांद-सितारे, सुपरिचित पशु-पक्षियों आदि का वस्तु वर्णन, कथागीत आदि लोकप्रिय बने रहते हैं दूसरी ओर खेल के गीतों तथा अभिनेय गीतों की मांग बढ़ जाती है। इसके अतिरिक्त इस अवस्था के बालक को प्रगीतों की भी आवश्यकता होती है जिनमें उसकी अपनी भावनाओं की अभिव्यक्ति हुई हो।

स्वातंत्र्य काल में 60 प्रतिशत कविताएं इसी आयु वर्ग के बालक के लिए लिखी गई हैं। इसमें से 15 प्रतिशत कथागीत, 16 प्रतिशत चांद-सितारों, पशु-पक्षियों आदि सुपरिचित वस्तुओं के वर्णन, 13 प्रतिशत राष्ट्रीय भावनाओं की कविताएं और 11 प्रतिशत भावगीत हैं। शेष 5 प्रतिशत में लोरियां, पहेलियां आदि विविध कविताएं आती हैं।

कथागीत और सुपरिचित वस्तुओं के वर्णन कवियों के प्रिय विषय रहे हैं। इस प्रकार की कविता की रचना करना वैसे तो बहुत सरल होता है किंतु उनमें

साहित्यिक गुण लाना बहुत कठिन होता है। इस दृष्टि से जो पुस्तकें सफलता के निकट दिखाई पड़ती हैं उनमें निरंकारदेव सेवक कृत *टेसू के गीत* और *जापान की लोक कथाएं,* चंद्रपाल सिंह यादव मयंक कृत 'सैर सपाटा' और 'परियों का नाच', रुद्रदत्त मिश्र कृत *फूल खिले हैं डाली डाली* और *हमारे पक्षी,* रामावतार चेतन कृत *दूब के मोती,* राष्ट्रबंधु कृत *बालभूषण,* चिरंजीत कृत *बच्चो गाओ गीत* और सरस्वती कुमार दीपक कृत *चुन्नु-मुन्नू* के नाम उल्लेखनीय हैं। इनके अतिरिक्त प्रेमनारायण गौड़, गौरी शंकर लहरी, चंद्रिका प्रसाद मिश्र, कपिल, उर्मिला वर्मा, कमला ओबेराय, कुमारी मधु, रामचंद्र तिवारी आदि लेखकों ने भी बच्चों के मन के अनुकूल वर्णन प्रस्तुत करने में अच्छे प्रयास किए हैं। ईसप की नीतिकथाओं तथा अन्य शिक्षाप्रद कथाओं को कविता में प्रस्तुत करने वाले सेवकों में देवर्षि सनाढ्य, बद्री विशाल विद्यार्थी, प्रेमनारायण गौड़, मनोहर प्रभाकर और गंगाप्रसाद कौशल आदि नाम उल्लेखनीय हैं।

भावगीतों के क्षेत्र में जो पुस्तकें उभरकर सामने आती हैं उनमें से चिरंजीत की पुस्तक *नटखट के गीत,* देवीदयाल चतुर्वेदी मस्त कृत *मीठे गीत,* निरंकारदेव सेवक कृत *पप्पू के बालगीत,* बालकराम नागर कृत *छुक छुक छुक,* देवेंद्र दत्त तिवारी कृत *नया फूल* और *फुलझड़ी,* रमापति शुक्ल कृत *अंगूर का गुच्छा,* राधेश्याम झिंगन कृत *मटरू सेठ और अन्य कविताएं,* रामसिंहासन मधुर कृत *बच्चों के गीत,* वंशीधर विद्यालंकार कृत *बालपद,* शंभुनाथ शेष कृत *आओ गाएं,* शकुंतला सिरौठिया कृत *नन्हीं चिड़िया,* और प्रशांत कृत *नटखट पिंकू* उल्लेखनीय हैं। इनके अतिरिक्त पुराने कवियों में ठा. श्रीनाथ सिंह की पुस्तक *मीठी तानें,* डा. विद्याभूषण विभु कृत *कोका बेली* और शंभुदयाल सक्सेना कृत *नाचो गाओ* पुस्तकें भी सामने आई हैं किंतु यह पता नहीं कि वे पुनर्मुद्रित हैं अथवा नहीं।

राष्ट्रीय भावनाओं की कविताएं इस काल में बहुत अधिक लिखी गई हैं। कुल कविता साहित्य का 35 प्रतिशत राष्ट्रीय भावनाओं से आच्छादित हैं। इसमें नेताओं के चरित्र-गीत, देश-महिमा वर्णन, अभिनेय गीतों और प्रयाण गीतों के रूप में राष्ट्रीय भावनापूर्ण गीत आते हैं। इनमें से चरित्र-गीत तो छोटे बालकों द्वारा कथा गीतों के रूप में आस्वाद्य हो सकते हैं किंतु राष्ट्रीयता एक अमूर्त संकल्पना है और बच्चे माध्यमिक तथा उच्च माध्यमिक कक्षाओं में जाकर ही इसे कुछ-कुछ समझने लगते हैं। किंतु इन सब बातों का विचार किए बिना ही हमने बच्चों को बड़ी मात्रा में राष्ट्रीयता और देशप्रेम पिलाने का प्रयत्न किया है। गांधी-जवाहर बनने अथवा देश का भाल ऊंचा करने और देश की लाज बचाने के आग्रह भरे उपदेश देने तक ही

लेखक नहीं रुके। चीन और पाकिस्तान के साथ युद्ध छिड़ने पर शत्रुओं को मार भगाने तथा काश्मीर और तिब्बत को मुक्त कराने के लिए बच्चों को तैयार करने में भी कुछ लेखकों ने बहुत उत्साह दिखाया। किंतु इन सब त्रुटियों के बावजूद कुछ अच्छी राष्ट्रीय कविताएं भी सामने आईं जिनमें चंद्रपाल सिंह यादव मयंक कृत *दूध मलाई,* द्वारका प्रसाद माहेश्वरी कृत *लहरें, माखन मिसरी, बढ़े चलो,* धर्मपाल शास्त्री कृत *बच्चों के बापू,* निरंकारदेव सेवक कृत *चाचा नेहरू के गीत,* रघुवीर शरण मित्र कृत *अमर रहे यह देश,* सोहनलाल द्विवेदी कृत *बच्चों के बापू* और *बालभारती,* रामेश्वर दयाल दुबे कृत *मां यह कौन,* मनोहर प्रभाकर कृत *पप्पू के गीत* और डा. कृष्णदत्त भारद्वाज कृत *बालगीत* विशेष रूप से उल्लेखनीय हैं।

'ऐसा बनो और ऐसा न बनो' का प्रत्यक्ष उपदेश अथवा प्रबोधन देने वाली कविता इस काल में बहुत लिखी गई। ऐसा लगता है कि 'लेक्चरबाजी' के रोग से सारा समाज ही पीड़ित है। इस प्रकार की सबसे अधिक कविता राष्ट्रीय भावना भरने के नाम पर दी गई। सत्यमेव जयते, पंचशील, विश्वबंधुत्व, विश्वशांति जैसे महान राजनैतिक आदर्शों को घर-घर पहुंचाने के लिए बालकों को प्रबोधन देने वाली अनेक रचनाएं मिल जाएंगी। इसके अतिरिक्त कुछ लेखकों ने बिना किसी दुराव के सीधे-सादे उपदेश भी कविता में दिए हैं।

हास्य-विनोद पूर्ण कविता लिखने की प्रवृत्ति इस काल में बहुत कम दिखाई देती है। फिर भी ज्योतिलाल भार्गव कृत *मौलाना,* उर्मिला वर्मा कृत *पढ़ो, हंसो और गाओ,* ब्रजकिशोर नारायण कृत *पेटू पांडेय,* शांता गुप्ता कृत *रंग-बिरंगी कविताएं,* सरस्वती कुमार दीपक, धर्मपाल शास्त्री, चिरंजीत और बालकराम नागर की कविताओं में हास्य-विनोद की सामग्री मिलती है।

## (ई) निष्कर्ष

हिंदी के समस्त बाल कविता साहित्य पर दृष्टि डालने के बाद यह जानकर प्रसन्नता होती है कि कम से कम इस विधा में तो बच्चों को अच्छी कोटि की सामग्री जुटाने के प्रयत्न किए गए हैं और उसमें पर्याप्त सफलता भी मिली है। कविता-साहित्य की समृद्धि का श्रेय 1950 के पहले के कुछ उत्साही लेखकों को है जिन्होंने कविता में विभिन्न प्रकार के प्रयोग किए और सामाजिक मान्यता अथवा अर्थलाभ की चिंता किए बिना अपना कार्य जारी रखा। उस समय के कवियों में बच्चों की दुनिया में

प्रवेश करने की जो क्षमता थी वह वर्तमान काल के कवियों में नहीं मिलती। वस्तुतः वर्तमान काल में दो-तीन व्यक्तियों को छोड़कर अन्य कवियों ने उपदेशक, शिक्षक अथवा राष्ट्र के उत्थान के लिए चिंतित नेता के आसन पर बैठकर कविता लिखी है। इन कवियों का ध्यान बच्चों की आवश्यकताओं की ओर नहीं, समाज और राष्ट्र की सतही आवश्यकताओं की ओर था इसलिए इनकी रचनाओं में कृत्रिमता और उथलापन दिखाई देता है। चूंकि इस काल का अधिकांश साहित्य अंतःप्रेरणा से नहीं सरकारी पुरस्कारों और क्रय-योजनाओं के लिए प्रकाशकों की मांग पर लिखा गया इसलिए इसमें सरकारी अधिकारियों को खुश करने की प्रवृत्ति सामान्य रूप से दिखाई देती है। उधर 1950 से पहले बहुत सुंदर कविताएं लिखी गई हैं किंतु अधिकांश पुस्तकें अब बाजार में उपलब्ध नहीं हैं। बाल-साहित्य के प्रकाशन का काम इस समय सबसे अधिक उपेक्षित है। प्रकाशक सस्ते दामों में पांडुलिपियां खरीदने में ही रुचि लेते हैं और सरकारी, अर्ध-सरकारी संस्थाएं आदि (जो बाल-साहित्य की इस समय सबसे बड़ी क्रेता हैं) केवल यह देखती हैं कि कौन प्रकाशक सबसे अधिक कमीशन दे सकता है। इस प्रकार बाल-साहित्य के नाम पर कूड़ा-कर्कट तो भरा जा रहा है किंतु अच्छी पुस्तकों के पुनरुद्धार की ओर कोई ध्यान नहीं दिया जा रहा है।

यद्यपि विविध प्रकार का कविता-साहित्य इस समय बच्चों को उपलब्ध है किंतु कुछ क्षेत्रों में अभी बहुत काम बाकी है। देश के विभिन्न भागों में प्रचलित बालकों के परंपरागत गीतों के संग्रह का सुनियोजित प्रयास किया जाना चाहिए। इसी प्रकार लोक-साहित्य की दृष्टि से समृद्ध इस देश में बहुत अच्छे कथा-गीत (बैलेड) चले आ रहे हैं। इन गीतों को सजा-संवारकर कुछ बड़े बच्चों के लिए देने की आवश्यकता है। हिंदी के अनेक प्रसिद्ध लेखकों की रचनाओं में से बालोपयोगी रचनाओं को चुनकर उन्हें प्रकाशित किया जाना चाहिए। बच्चों की इच्छाओं और भावनाओं को अभिव्यक्त करने वाले गीतों की अभी हमारे यहां बहुत कमी है। इसके लिए उच्च कोटि की प्रतिभा वाले कवियों की प्रतीक्षा है। प्रायः बच्चों की कविता को शब्दों का खेल मात्र माना जाने लगा है किंतु यह बात नहीं भूलनी चाहिए कि बाल-कविता में वयस्कों के विचारों, भावों और कल्पनाओं का बहिष्कार तो करना चाहिए किंतु किसी भी प्रकार के भाव-विचार आदि से शून्य होकर कविता कविता नहीं रह जाती है। बच्चों के मन में भी राग-विराग होता है, उन्हें भी विचारों की आवश्यकता होती है और उनकी भी अपनी कल्पनाएं होती हैं। कवियों को इन आवश्यक तत्वों का संयोजन अपनी कविताओं में करना चाहिए अन्यथा उनकी कविताओं में स्थायित्व का गुण नहीं आ सकता।

हास्य-प्रधान कविता और नान्सेंस कविता की हिंदी में बहुत कमी है। विश्व के बाल-साहित्य में इस प्रकार का साहित्य लिखने वालों में कुछ ऊंची कोटि के हास्य-रस लेखक आते हैं। जब तक इस प्रकार के साहित्यकार बाल-साहित्य के क्षेत्र में नहीं आ जाते तब तक इस अभाव की पूर्ति असंभव दिखाई देती है।

## संदर्भ

1. लिलियन स्मिथ कृत, *अनरिलक्टेंट ईयर्स,* पृष्ठ 98।
2. एलिजबेथ नेस्बित, *ए क्रिटिकल हिस्ट्री आफ चिल्डेंस लिटरेचर,* भाग तीन, पृ. 407।
3. बोरिस फोर्ड द्वारा संपादित *यंग राईटर्स यंग रीडर्स,* पृ. 150।
4. मे हिल आर्बुथनाट, *चिल्ड्रेंस एंड बुक्स,* पृ. 22।
5. *विचार प्रवाह,* पृ. 119।
6. लिलियन स्मिथ, *अनरिलक्टेंट ईयर्स,* पृ. 100।
7. स्वर्ण सहोदर *बाल खिलौना।*
8. दयाशंकर मिश्र ददूदा *मेरे गीत* से।
9. विद्याभूषण विभु कृत *लाल* से।
10. स्वर्ण सहोदर कृत *बाल खिलौना* से।
11. धर्मपाल शास्त्री कृत *नवीन शिशुगान* से।
12. वंशीधर विद्यालंकार कृत *बालपद* से।
13. रामनरेश त्रिपाठी कृत *मोहनमाला* से।
14. सोहनलाल द्विवेदी कृत *शिशु भारती* से।
15. डा. विद्याभूषण विभु कृत *खेलो भैया* से।
16. आर.वी. अवधेश कृत *शिशुगान* से।
17. रामावतार विद्याभास्कर कृत *बालगीत* से।
18. सरयू प्रसाद पांडेय कृत *बच्चों की मिठाई* से।
19. कृष्णदत्त भारद्वाज कृत *बालगीत* से।
20. भगवती प्रसाद उपाध्याय कृत *मां ने पुकारा है से।*
21. आ. भद्रसेन कृत *सत्यमेव जयते* से।
22. शकुंतला सिरौठिया कृत *चटकीले फूल* से।
23. सोहनलाल द्विवेदी कृत *मोदक* से।
24. रामनरेश त्रिपाठी कृत *मोहनमाला* से।
25. गौरीशंकर लहरी कृत *तितली के पंख* से।
26. मेलाराम वैश्य कृत *शिक्षा सहस्री* से।
27. धर्मपाल शास्त्री कृत *मुन्नों के गीत* से।

28. मन्नन द्विवेदी गजपुरी कृत *विनोद* से।
29. सोहनलाल द्विवेदी कृत *शिशुभारती* से।
30. धर्मपाल शास्त्री कृत *खेलें कूदें नाचें गाएं* से।
31. रामधारी सिंह 'दिनकर' कृत *मिर्च का मजा* से।
32. *यथोपरि।*
33. ठा. नंदकिशोर सिंह कृत *बालरणरंग* से।
34. नेंसी लैरिक *ए पेरेंट्स गाइड टु चिल्ड्रेंस रीडिंग,* पृ. 136।
35. विद्याभूषण विभु कृत *शेखचिल्ली* से।
36. ज्योतिलाल भार्गव द्वारा संपादित *भदभद* से।
37. विद्याभूषण विभु कृत *खेलो भैया* से।
38. श्रीनाथ सिंह कृत *गुब्बारा* से।
39. शिक्षार्थी कृत *कुहू कुहू* से।
40. विद्याभूषण विभु कृत *पंखशंख* से।
41. एने थेक्टर ऐटन कृत *रीडिंग विद चिल्ड्रेंस,* पृ. 310 और 327।
42. निरंकारदेव सेवक कृत *टेसू के गीत* से।
43. रामनरेश त्रिपाठी कृत *मोहनमाला* से।
44. माधव शुक्ल कृत *बालगीत* से।
45. रामेश्वर करुण कृत *स्वाधीनता के पथ पर।*
46. रामेश्वर करुण कृत *स्वाधीनता के पथ पर*।
47. *यथोपरि*।
48. *यथोपरि*।
49. ठा. श्रीनाथ सिंह कृत *बालभारती* से।
50. सोहनलाल द्विवेदी कृत *बांसुरी* से।
51. महेंद्र भटनागर कृत *हंस हंस गाने गाएं हम* से।
52. रघुवीरशरण मित्र कृत *सुनो बच्चो* से।
53. यथोपरि, *भारत के लाल* से।
54. वीरेंद्र मिश्र कृत *अपना देश महान* से।
55. *यथोपरि*।
56. द्वारिका प्रसाद माहेश्वरी कृत *माखन मिसरी* से।
57. निरंकारदेव सेवक कृत *चाचा नेहरू के गीत* से।
58. धर्मपाल शास्त्री कृत *बच्चों के बापू* से।
59. सोहनलाल द्विवेदी कृत *बच्चों के बापू* से।
60. अमृतलाल चक्रवर्ती कृत *कविता पाठ* से।
61. स्वर्ण सहोदर कृत *बाल खिलौना* से।
62. चंद्रिका प्रसाद मिश्र कृत *चिड़ियाघर* से।
63. ठा. श्रीनाथ सिंह कृत *मीठी तानें* से।

64. अशोक बी. ए. कृत *शिकारी* से।
65. विद्याभूषण विभु कृत *पंखशंख* से।
66. ज्योति प्रसाद निर्मल कृत *बाल मनोरंजन* से।
67. देवीदत्त शुक्ल कृत *बाल कविता माला* से।
68. सोहनलाल द्विवेदी कृत *शिशु भारती* से।
69. ठा. श्रीनाथ सिंह कृत *पिपिहरी* से।
70. शिक्षार्थी कृत *कुहू कुहू* से।
71. अमृतलाल दुबे कृत *जंगल के गीत* से।
72. बोरेस फोर्ड द्वारा संपादित *यंग राइटर्स यंग राडर्स,* पृ. 151।
73. सोहनलाल द्विवेदी कृत *बांसुरी* से।
74. ठा. श्रीनाथ सिंह कृत *पिपिहरी* से।
75. रमापति शुक्ल कृत *शैशव* से।
76. शिक्षार्थी कृत *कुहू कुहू* से।
77. देवेंद्र दत्त तिवारी कृत *फुलझड़ी* से।
78. धर्मपाल शास्त्री कृत *मुन्नों के गीत* से।
79. निरंकारदेव सेवक कृत *पप्पू के गीत* से।
80. प्रशांत कृत *नटखट पिंकू* से।
81. दि क्रिस्टाफर राबिन्स स्टोरी बुक, पृ. 1।
82. सोहनलाल द्विवेदी कृत *बांसुरी* से।
83. अमृतलाल दुबे कृत *गोमाता के गीत* से।
84. उर्मिला वर्मा कृत *पढ़ो, हंसो और गाओ* से।
85. ठा. श्रीनाथ सिंह कृत *बालभारती* से।
86. रामनरेश त्रिपाठी कृत *बानर संगीत* से।
87. गुरुराम विश्वकर्मा कृत *बाल विलास* से।
88. आरसी प्रसाद सिंह कृत *चंदामामा* से।
89. हार्वे डार्टन *चिल्ड्रेंस बुक्स इन इंगलैंड,* पृ. 101।
90. निरंकारदेव सेवक कृत *बालगीत साहित्य,* पृ. 28।
91. ब्रजबिहारी लाल कृत *बालबोध* से।
92. वेणी माधव त्रिपाठी कृत *कर्म संगीत* से।
93. रामचरित राय कृत *कर्म संगीत* से।
94. ला. भगवानदीन कृत *वीर बालक* से।
95. *यथोपरि*।
96. मन्नन द्विवेदी गजपुरी कृत *विनोद* से।
97. बाबू शिवमंगल प्रसाद कृत *कुमार चरित सुधार व कुमारी चरित सुधार* से।
98. गया प्रसाद शुक्ल 'सनेही' कृत *कुसुमांजलि* से।
99. श्रीधर पाठक कृत *मैना* कविता से।

100. अमृतलाल चक्रवर्ती कृत *कविता पाठ* से।
101. रमा देवी, *कन्या मनोरंजन,* मई 1914 का अंक।
102. राम दहिन मिश्र, *कन्या मनोरंजन,* भाग-1, अंक 3।
103. पं. परशुराम चतुर्वेदी, *कन्या मनोरंजन,* दिसंबर, 1914।
104. पं. रामचंद्र शुक्ल, *बाल प्रभाकर,* फरवरी 1910।

# 5. हिंदी बाल-साहित्य का अध्ययन (कहानी-उपन्यास)

## (अ) प्रस्तावना

कहानी बाल-साहित्य की सबसे महत्वपूर्ण विधा है। कहानी बच्चे की नींद उड़ा सकती है, उसकी भूख भगा सकती है, उसके हृदय के अवसाद को दूर कर सकती है और उसके अनेक अभावों की पूर्ति कर सकती है। कहानी सुखी बचपन के लिए अनिवार्य है। बच्चे अत्यंत कठिन परिस्थितियों में पलकर भी बचपन के सुख का उपभोग कर सकते हैं। उन्हें भौतिक वस्तुओं के अभाव का तब तक बोध नहीं होता जब तक वे काफी बड़े नहीं हो जाते। यदि उन्हें अच्छे-अच्छे कपड़े, स्वादिष्ट भोजन तथा विविध प्रकार की अन्य सुख-सुविधाएं न मिलें तो भी वे अपने बचपन के क्षणों को कुंठाग्रस्त हुए बिना जी सकते हैं बशर्ते उन्हें माता-पिता का प्यार और उपर्युक्त अभावों की काल्पनिक पूर्ति करने वाली कहानियां मिलती रहें। एक गरीब किसान के लड़के को अपने परिश्रम से अथवा किसी जादू के चमत्कार से सुनहरे वस्त्रधारी राजकुमार बनते देखकर निर्धन परिस्थितियों में पला हुआ बालक अपनी निर्धनता को भूल जाता है। माता-पिता के प्यार से वंचित बच्चों को कहानियों में परियों का भरपूर प्यार-दुलार मिल सकता है। अशक्त और निर्बल बच्चे हनुमान, भीम, हर्क्यूलस आदि महान योद्धाओं से तादात्म्य स्थापित करके अपने को सुरक्षित एवं सुखी अनुभव कर सकते हैं। एकांत जीवन बिताने वाले बच्चों को कहानियों में मनोनुकूल साथी मिल सकते हैं। साहस और रोमांचपूर्ण कहानियों में कुछ कर

दिखाने, कुछ खोज निकालने की इच्छा की तृप्ति हो जाती है। अपनी छोटी-सी दुनिया में जब बच्चों का जी ऊबने लगता है तो वे कहानियों के माध्यम से दूर-दूर के क्षेत्रों में कल्पना के सुनहरे पंख पसार कर विहार कर सकते हैं। सारांश यह है कि कहानी बालकों के लिए बहुत महत्वपूर्ण एवं उपयोगी साहित्य है। क्योंकि इससे उनकी लगभग समस्त मूलभूत आवश्यकताओं की पूर्ति हो जाती है।

कहानी के प्रति बच्चे का लगाव उसकी चिर-जिज्ञासा का परिणाम है। बच्चा जब इस अपरिचित तथा अनदेखे संसार में आंखें खोलता है तभी उसके मन में जिज्ञासाएं कुलबुलाने लगती हैं। वह पहले अपने आस-पास के संसार को जानना चाहता है। धीरे-धीरे उसकी जिज्ञासा का क्षेत्र विस्तृत होता जाता है और वह न केवल इस विस्तृत भूखंड की अपितु उस लोक की भी जानकारी प्राप्त करना चाहता है जो उसकी दृष्टि में 'बादलों के उस पार' बसा हुआ है। संक्षेप में, वह जानना चाहता है कि विस्तृत ब्रह्मांड में क्या होता है, इसमें जो लोग बसते हैं वे क्या-क्या करते हैं, इस पर उगने वाले पेड़-पौधे और इस पर जीने वाले पशु-पक्षी किस प्रकार के होते हैं, आदि आदि।

कहानी का निर्माण ऐसे तत्वों से होता है जिनसे इन समस्त जिज्ञासाओं की तृप्ति हो जाती है। कथावस्तु, पात्र और चरित्र-चित्रण, देश, काल, उद्देश्य और शैली के सर्वमान्य तत्व बाल कहानी में विद्यमान होते हैं चाहे वह कहानी परीकथा, पशुकथा, यथार्थ कहानी किसी भी प्रकार की हो। कहानी के इन अनिवार्य तत्वों की योजना में कहानी के प्रकार अथवा उद्देश्य को देखते हुए आनुपातिक भिन्नता हो सकती है किंतु ये सभी तत्व कहानी में विद्यमान अवश्य रहते हैं। उदाहरण के लिए, लोककथाओं में तथा इसी प्रकार की अन्य परंपरागत कथाओं में देश और काल का वर्णन विस्तार से नहीं किया जाता। पाठक को कहानी के संसार में प्रविष्ट कराने के लिए 'एक समय की बात है' और 'किसी नगर या गांव में' कहकर देशकाल का संकेत भर कर देना ही पर्याप्त होता है। नीति कथाओं में घटनाओं और पात्रों की योजना कहानी के उद्देश्य को सामने रखकर ही की जाती है। पात्रों के चरित्र-चित्रण के लिए उनकी वेश-भूषा, आकार-प्रकार और चारित्रिक गुणों का वर्णन भी परंपरागत कहानियों में सांकेतिक रूप में ही किया जाता है।

वस्तुतः बच्चों की कहानी में कथावस्तु का तत्व सबसे अधिक महत्वपूर्ण होता है। वयस्कों में कथा-रहित रचना, अथवा किसी भाव या जड़ स्थिति का वर्णन करने वाली रचना भी कहानी हो सकती है किंतु बच्चों की कहानी में यदि घटना नहीं है तो वह उन्हें आकृष्ट नहीं कर सकती भले ही वह किसी महान लेखक की कृति हो।

बच्चा कहानी पढ़ते समय हमेशा यह जानना चाहता है कि आगे क्या हुआ, अतः कहानी में न केवल कुछ घटना चाहिए बल्कि निरंतर घटते रहना चाहिए। किंतु घटनाओं का काल-क्रम से सीधा-सादा वर्णन कर देना भर पर्याप्त नहीं होता। इन घटनाओं को एक-दूसरे के संदर्भ में तथा समस्त कहानी के संदर्भ में प्रस्तुत करना उन्हें कथावस्तु का रूप देने के लिए आवश्यक है।

जैसा कि पीछे कहा जा चुका है बच्चों की कहानी में सर्वप्रथम एक अच्छी कथावस्तु (प्लाट) का होना जरूरी है। 'आगे क्या हुआ' यह प्रश्न बच्चे में कहानी के अंत तक बना रहना चाहिए जिसके लिए कहानी में 'संस्पेंस' की उचित मात्रा का होना आवश्यक है। 'उचित' इसलिए कि अत्यधिक संस्पेंस से बच्चे का धैर्य छूटने लगता है और वे कहानी से चिढ़ उठते हैं। बच्चों का जीवन क्रियापूर्ण होता है और वे अपने आस-पास की चीजों को जड़वत् नहीं देखना चाहते अतः उनकी कहानी में क्रिया-व्यापार का तत्व भी आवश्यक है। यदि कहानी के पात्र एक स्थान पर बैठकर केवल बातें करते रहेंगे अथवा अपनी भावनाओं का विश्लेषण करते रहेंगे तो बच्चों का कहानी के प्रति आकर्षण नहीं रहेगा। वे कहानी के पात्रों को दौड़ते, भागते, लड़ते, खेलते अथवा कुछ न कुछ काम करते देखना चाहते हैं। कहानी का आरंभ और अंत विभिन्न प्रकार की कहानियों में भिन्न-भिन्न ढंग से किया जाता है किंतु यह बात सभी प्रकार की कहानियों में आवश्यक है कि प्रारंभ इतना अधिक लंबा न हो कि वास्तविक कहानी तक पहुंचते-पहुंचते बच्चे को बड़ी देर तक प्रतीक्षा करनी पड़े और अंत ऐसा न हो कि उसके मन को ठेस लगे। दुःखांत कहानी को बच्चों के लिए लगभग सभी विद्वानों ने अश्रेयस्कर माना है। इसके अतिरिक्त कहानी का अंत हर तरह से न्यायसंगत भी होना चाहिए। कहानी में जो-जो प्रश्न उठाए गए हैं उन सभी का उत्तर अंत में मिल जाना चाहिए। बच्चे को कहानी पढ़ने के बाद यह पूछने के लिए विवश नहीं होना पड़े कि अमुक पात्र अथवा अमुक बात का क्या हुआ।

कहानी का उद्देश्य बच्चे को कोई बात सिखाना हो अथवा उसमें अच्छी भावनाएं भरना अथवा अन्य कुछ, यह काम प्रत्यक्ष रीति से अथवा सीधे-सादे शब्दों में कहकर नहीं किया जाना चाहिए। यह बात ध्यान में रखी जानी चाहिए कि साहित्य का प्रमुख उद्देश्य पाठक को रसात्मक अनुभूति कराना होता है और रस व्यंजित होता है। साहित्य-शास्त्र में रस की शाब्दिक चर्चा को दोष माना जाता है। कहानी के समग्र प्रभाव के रूप में व्यंजित होने पर कोई भी उद्देश्य बच्चों द्वारा ग्राह्य होता है।

और अंत में कहानी एक अच्छी शैली में कही जानी चाहिए। वस्तुतः किसी भी साहित्यिक कृति में शैली का तत्व ही प्रमुख होता है। सीधी-सादी घटना को सुगठित और रोचक कथा-वस्तु में बदलना, पात्रों को सजीव बनाना, देश और काल को अमूर्त से मूर्त रूप देना और उद्देश्य को रसात्मक अनुभूति के रूप में व्यंजित करना सभी शैली का चमत्कार है। कहानी की शैली जितनी अच्छी होगी उसका प्रभाव उतना ही अच्छा होगा। कहानी आत्मकथा शैली में कही जाए अथवा अन्य पुरुष में अथवा पत्र आदि की शैली में, यह लेखक की अपनी पसंद पर निर्भर होता है किंतु सामान्यतः आत्मकथा शैली और पत्र-शैली को पकड़ना बच्चे के लिए कठिन होता है। बच्चे ही क्यों अधिकांश वयस्क भी इस प्रकार की शैली को नहीं पकड़ पाते हैं क्योंकि इसके लिए विशेष अभ्यास की आवश्यकता होती है। बाल-साहित्य की प्रसिद्ध पुस्तकों में एक-दो पुस्तकें ही आत्मकथा शैली में लिखी गई मिलेंगी। लिलियन स्मिथ ने अच्छी कहानी की विशेषताओं के संबंध में निम्नलिखित विचार प्रकट किए हैं

"बच्चों के लिए कहानी में सर्वप्रथम आकर्षण घटना का होता है। देश, काल और पात्रों की योजना कहानी को वास्तविकता प्रदान करने और उसकी रोचकता बढ़ाने के लिए आवश्यक है। कहानी में अमुक चीज क्यों और कैसे घटित होती है, इसका विश्लेषण बच्चे शायद ही करते हैं, किंतु कुशल लेखक इनके माध्यम से ही आगामी घटना की जिज्ञासा बनाए रखता है। यदि बच्चा इस बात के प्रति उदासीन हो कि आगे क्यों होता है तो समझना चाहिए कि उस रचना में कहानी नहीं है और ऐसी स्थिति में बच्चे की एकमात्र प्रतिक्रिया निराशा होती है। बच्चे वस्तुतः आनंद के लिए पुस्तक पढ़ते हैं और यदि आनंद उन्हें नहीं मिलता तो वे आनंदित होने का दिखावा नहीं करते हैं। किंतु विभिन्न प्रकार की कहानियों से बच्चे को जो आनंद मिलता है वह एक-सा नहीं होता है। किसी रचना में उसे जो आनंद मिलता है उसे केवल उत्तेजक घटनाओं के तात्कालिक आकर्षण से नहीं मापा जा सकता है। इसका प्रमाण वे कहानियां हैं जिन्हें बच्चा बार-बार पढ़ता है, घटनाओं के आकर्षण के लिए नहीं, क्योंकि उन्हें तो वह पहले से ही जानता है, अपितु कभी समाप्त न होने वाले आनंद के लिए जो उस कहानी में निहित होता है।"[1]

लिलियन स्मिथ के उपर्युक्त उद्धरण में जिन विशेषताओं का उल्लेख किया गया है उन्हें बाल कहानी के व्यापक मानदंड के रूप में ग्रहण किया जा सकता है।

## (आ) बाल कहानी के विभिन्न रूप

बाल कहानी के रूपों का अध्ययन अनेक दृष्टियों से किया जा सकता है। स्थूल गठन की दृष्टि से कहानी के परंपरागत कहानी और आधुनिक कहानी ये दो भेद किए जा सकते हैं। परंपरागत कहानी में लोककथाएं, परीकथाएं, नीतिकथाएं और वे सभी धार्मिक एवं पौराणिक कहानियां आ जाती हैं जिन्हें बच्चे दादी, नानी के मुंह से सदियों से लेकर सुनते आ रहे हैं। इसके विपरीत आधुनिक कहानी वह है जो 'किसी समय की बात है' की परंपरागत शैली में न लिखी जाकर शुद्ध साहित्यिक शैली में लिखी जाती है। मौलिकता की दृष्टि से भी बाल-कहानी के दो भाग किए जा सकते हैं। एक कहानी तो वह है जिसमें किसी अलिखित अथवा लिखित कथा का पुनर्कथन मात्र होता है और दूसरी कहानी वह है जो किसी लेखक की निजी सृष्टि है। उपर्युक्त विभाजन बहुत स्थूल हैं अतः विषयानुसार विभाजन से ही बहुधा कहानी का अध्ययन किया जाता है।

विषय के अनुसार कहानी के सामान्यतः निम्नलिखित भेद किए जाते हैं

(क) लोककथाएं;
(ख) नीतिकथाएं;
(ग) पौराणिक और धार्मिक कथाएं;
(घ) ऐतिहासिक कथाएं;
(ङ) नवीन पशुकथाएं;
(च) फैंटेसी अर्थात नवीन परीकथाएं;
(छ) यथार्थ जीवन की कहानियां।

### (क) लोककथाएं

लोक साहित्य बहुत विस्तृत शब्द है। इसमें परंपरागत अंधविश्वास, जादू-टोने, त्यौहार, उत्सव आदि की कथाएं और गीत, नीतिकथाएं, पुराण आदि अनेक प्रकार के साहित्य सम्मिलित हैं। विविध प्रकार के इस लोक-साहित्य में लोककथाएं सबसे अधिक लोकप्रिय होती हैं।

**लोककथाओं का प्रारंभ :** लोककथाओं के प्रारंभ के विषय में अनेक मत हैं। कुछ विद्वान समस्त लोककथाओं को एक जाति-समूह (आर्य जाति) की उपज मानते हैं। इसके विपरीत कुछ विद्वानों का मत है कि विश्व के विभिन्न भू-भागों में एक

ही परिस्थितियों में एक-सी कथाएं विकसित हो सकती हैं। भारत, मिस्र और यूरोप के विभिन्न देशों में सिंडरेला की कहानी के 345 रूपों का स्पष्टीकरण भी इस सिद्धांत के अनुसार दिया गया है। किंतु आधुनिक नृतत्वशास्त्रियों का कहना है कि विश्व के विभिन्न भू-भागों में मानव एक-सा नहीं रहा है। इस सिद्धांत के विरुद्ध एक आपत्ति यह भी की जाती है कि एक-दूसरे से सर्वथा पृथक जातियों में कहानी के विशिष्ट ब्यौरों और घटना-क्रम तक की समानता होना असंभव है। कुछ लोगों ने लोककथाओं को आदिम जातियों द्वारा सृष्टि के रहस्यों को समझने-समझाने का प्रयत्न माना है और कुछ अन्य विद्वानों ने लोककथाओं के प्रारंभ की मनोवैज्ञानिक व्याख्या करते हुए कहा है कि लोगों ने इन कथाओं को अपनी कुंठित इच्छाओं की तृप्ति के लिए गढ़ा तथा इन कथाओं से उनके अभावों की काल्पनिक पूर्ति होती थी।

इन विभिन्न मत-मतांतरों में किसी एक को सही और अन्य को गलत बताना असंभव है। ऐसा लगता है कि लोककथाओं का जन्म किसी एक प्रक्रिया से नहीं अपितु ऊपर चर्चित समस्त प्रक्रियाओं से तथा कुछ अन्य प्रक्रियाओं से भी हुआ है। यह भी संभव है कि ये कथाएं उसी प्रकार निर्मित हुई हों जिस प्रकार लिखित साहित्य का निर्माण होता है अर्थात इन्हें विशिष्ट व्यक्तियों ने अपनी कारयित्री प्रतिभा से गढ़ा हो और फिर जनमानस में व्याप्त होकर वे किसी एक व्यक्ति का नहीं समस्त जाति की चीज बन गई हों। लेखन-कला के आविष्कार से पहले मानव जाति ने अपने धर्म, दर्शन और साहित्य को मौखिक रूप में सदियों तक सुरक्षित रखा था। इसका प्रमाण वेद हैं जिन्हें श्रुति साहित्य कहा जाता है। आर्य जाति के समस्त ज्ञान-विज्ञान का उद्गम वेदों को बताया जाता है और पौराणिक कथाओं तथा देवी-देवताओं की कहानियों के अतिरिक्त अनेक लोककथाओं के प्रारंभिक रूप भी वेदों में मिल जाते हैं। इन सब बातों को देखते हुए यह कहना भी अनुचित नहीं होगा कि ये लोककथाएं अनेक प्रतिभाशाली व्यक्तियों के बौद्धिक प्रयासों अथवा स्वप्नों का फल हैं। अंतर केवल इतना है कि इसके साथ लिखित साहित्य की तरह रचयिताओं के नाम नहीं जुड़े हैं।

लोक-साहित्य को किसी काल विशेष में अथवा परिस्थिति विशेष में निर्मित साहित्य मानना उचित नहीं होगा। यह सतत विकासशील साहित्य है और आज भी लगभग सभी देशों में तथा समस्त जातियों में अदृश्य प्रक्रिया से इसका निर्माण हो रहा है। विशिष्ट व्यक्तियों द्वारा रचित साहित्य जब अपनी व्यापक 'अपील' के कारण पुस्तकों की सीमाएं तोड़कर जनमानस का साहित्य हो जाता है तब वह लोक-साहित्य की सीमा में प्रवेश कर जाता है। इसके अतिरिक्त विश्व की जनसंख्या का

बहुत बड़ा भाग आज भी बिना पुस्तकों के तथा बिना मुद्रण कला अथवा लेखन कला के अपनी जीवन की आवश्यकताएं पूरी कर रहा है। भारतवर्ष में ही इस समय करोड़ों लोग निरक्षर हैं जो अपने मनोविनोद, ज्ञानवृद्धि आदि के लिए अथवा अपने बच्चों की स्वाभाविक जिज्ञासाओं को शांत करने के लिए अलिखित साहित्य का ही सहारा लेते हैं। ऐसे लोगों में जीवन के नए अनुभवों, नई कल्पनाओं तथा नई इच्छाओं के आधार पर नया लोक-साहित्य भी तैयार होता जा रहा है।

लोक-साहित्य को मानव संस्कृति के भग्नावशेष के रूप में भी माना जा सकता है। यदि हम भारतीय मान्यताओं के अनुसार सृष्टि और प्रलय के एक निश्चित-कालीन चक्र को न भी मानें तो इतना तो उपलब्ध तथ्यों के आधार पर भी माना जा सकता है कि इस विश्व की सभ्यताएं अनेक बार बनी और मिटी हैं। महाप्रलय न सही किंतु खंड-प्रलय तो पुरातत्व एवं इतिहास की घटना है और यदि हम भूतकाल को बिलकुल ही नकार दें तो उद्‌जन बमों आदि के कारण भविष्य में प्रलय की संभावनाओं को तो अस्वीकार कोई भी नहीं कर सकता है। कहने का तात्पर्य यह है कि जब किसी महाविनाश में मानव सभ्यता का कृत्रिम प्रासाद ढह जाता है तो उसकी अनश्वर संचित उपलब्धियां लोक-साहित्य के रूप में यत्किंचित सुरक्षित बनी रहती हैं। उदाहरण के लिए, जब भयानक बमों के विस्फोट से समस्त बड़े-बड़े नगर, नगरों के पुस्तकालय और पुस्तकालयों के महान ग्रंथ नष्ट हो जाएंगे तो बाद की नई सृष्टि में कालिदास, तुलसी, निराला अथवा शेक्सपियर आदि के नाम तथा उनकी रचनाओं के जीवित रहने की संभावना श्रुति और स्मृति के आधार पर ही हो सकती है। दूसरे शब्दों में, इस सृष्टि का महान साहित्य विनाश के बाद यदि बचेगा तो वह लोक-साहित्य का ही रूप लेगा। उद्‌जन बमों और राकेटों आदि के आश्चर्यजनक किस्से नव सृष्टि में असंभव कल्पनाओं से युक्त पुराण बनेंगे और अन्य कहानियां आदि तत्कालीन समाज की मान्यताओं, अंधविश्वासों आदि के सम्मिश्रण के फलस्वरूप लोककथाओं का रूप लेंगी।

**लोककथाओं के मूल स्रोत :** विश्व के विभिन्न भू-भागों की लोककथाओं में घटना, उद्‌देश्य तथा अन्य विवरणों की आश्चर्यजनक समानता को देखते हुए इस धारणा को बल मिलता है कि ये कथाएं किसी एक मूल स्रोत से निकली हैं। अनेक विद्वानों ने भारत को इन कथाओं का उद्‌गम स्थल माना है। प्राचीन काल में विश्व के अधिकांश देशों के साथ भारत के व्यापारिक एवं सांस्कृतिक संपर्कों को देखते हुए यह कहना गलत नहीं होगा कि भारतीय कथाओं का विश्व में काफी प्रचार हुआ था। डा. वासुदेव उपाध्याय के शब्दों में, ''सच तो यह है कि भारतीय कथा साहित्य ने

समस्त पश्चिमी कथा साहित्य पर अपना प्रभाव डाला है। यह कुछ अत्युक्ति नहीं होगा कि हमारा भारतवर्ष ही संसार की कथाओं का मूल उद्गम स्थान है। यहां की मूल कथाएं अरब होते हुए ग्रीस और रोम पहुंचीं।"[2]

डा. सत्येंद्र ने भी भारत को ही लोककथाओं का उद्गम स्थान माना है। ब्रज की लोककहानियों की भूमिका में उन्होंने लिखा है

> "भारतवर्ष को कहानियों का मूल उद्भावक माना जाना चाहिए। अट्ठारहवीं शताब्दी में कहानियों का जो अध्ययन किया गया था उससे तुलनात्मक समीक्षा द्वारा विद्वान इस निष्कर्ष पर पहुंचे थे कि प्रायः सभी लोककहानियां भारत में ही उद्भूत हुईं और यहां से बड़ी-बड़ी लंबी यात्रा करके समस्त संसार में व्याप्त हुईं। *पंचतंत्र, कथा सरित्सागर, बेताल-पचीसी* आदि पुस्तकों में आने वाली विविध कहानियों की विश्वव्यापी यात्राओं का रोचक वर्णन इस काल के पाश्चात्य मनीषियों ने इनके अनुवादों की भूमिकाओं में अथवा स्वतंत्र लेखों के रूप में दिया।"[3]

मे हिल आर्बुथनाट ने भी कुछ इसी से मिलते-जुलते विचार प्रकट किए हैं

> "भारत से बड़ी संख्या में बोलते पशुओं की कहानियां और अन्य कथाएं आईं जिनमें नैतिक और धार्मिक शिक्षाओं के बावजूद कहानी की रोचकता बनी हुई थी। बारहवीं शताब्दी में ये कहानियां अरबी और फारसी अनुवादों के माध्यम से पश्चिमी देशों में पहुंचीं। ये कहानियां व्यापारियों और धर्मयुद्ध करने वालों द्वारा वहां ले जाई गईं। ...इससे हम यह समझ सकते हैं कि क्यों कुछ विद्वान प्राचीन भारत को लोककथाओं का मूल स्रोत मानते हैं।"[4]

और फिलिस फैनर ने भी यह स्वीकार किया है कि "भारतीय कथाएं सभी कथाओं से प्राचीन हैं और कई हजार वर्ष पहले लिखी गई थीं।"[5]

भारतीय कहानियां वृहत्कथा (तथा उस पर आधारित ग्रंथ), *पंचतंत्र, हितोपदेश, जातक-संग्रह* आदि ग्रंथों में संकलित हैं। वृहत्कथा लोक-प्रचिलत कथाओं के संग्रह का सबसे बड़ा प्रयास है। इस ग्रंथ का परिचय पीछे दिया जा चुका है। यह भी दिखाया जा चुका है कि पंचतंत्र की कहानियों और ईसप की कहानियों का परस्पर मिलन कितनी सीमा तक कैसे हुआ है। अंग्रेजी की बहुत सी कहानियों का मूल स्रोत 'गेस्टारोमानरम' को माना जाता है जिसके संग्रहकर्ता के विषय में अभी तक कुछ निश्चित रूप से पता नहीं चला है किंतु इस ग्रंथ को भिक्षु-साहित्य के अंतर्गत रखा जाता है और यह कहा जाता है कि ईसाई धर्म के प्रसार से पहले भिक्षुओं ने शिक्षा आदि के प्रचार के प्रयोजन से इन कथाओं को संगृहीत किया था। ई.एम.

फील्ड ने इस ग्रंथ के बारे में निम्नलिखित विचार प्रकट किए हैं

> "गेस्टारोमानरम के रचयिता के संबंध में कई अटकल लगाए गए हैं। विभिन्न पांडुलिपियों में अनेक प्रकार की विभिन्न कहानियां हैं। कुछ कहानियां तो अन्य भिक्षु-साहित्य की तरह ही पूर्व से आई हुई लगती हैं। इन कहानियों के अंत में जो शिक्षा वाक्य दिए गए हैं वे बिड़पई की प्राचीन कथाओं (अर्थात पंचतंत्र के दक्षिण भारतीय रूप) के शिक्षा-वाक्यों से शब्दशः मिलते हैं। बिड़पई की इन कथाओं का फारसी भाषा में सन् 510 में अनुवाद हुआ था।"[6]

लोककथाओं का स्रोत भारतवर्ष हो अथवा नहीं यह तो निश्चित ही है कि इस देश में लोककथाओं का बहुत विशाल भंडार है। अनेक शताब्दियों से इस विशाल देश का साधारण जनसमाज सौंदर्यानुभूति के लिए लोक-साहित्य पर निर्भर रहता आया है और आज भी इस साहित्य के निर्माण तथा प्रसार की प्रक्रिया अदृश्य रूप से चल रही है।

**लोककथा का गठन :** लोककथा के मुख्यतः तीन भाग होते हैं प्रारंभ, विकास और अंत। लोककथा का प्रारंभ बहुत सशक्त और प्रभावशाली होता है। इसमें विषय (थीम) को इस प्रकार प्रस्तुत किया जाता है कि पाठक कहानी की ओर आकृष्ट हो जाता है। बहुधा यह कार्य कहानी के शीर्षक में अथवा उसके प्रारंभिक वाक्यों में दो विरोधी तत्वों को लाकर किया जाता है जैसे राजकुमार और राक्षस, दुष्ट जादूगर और माली का लड़का आदि। लोककथाओं का विषय स्पष्ट और सहजग्राह्य होता है। यह कहानी का बुद्धितत्व है जिस पर कहानी का ढांचा खड़ा होता है। देशकाल का चित्रण अत्यंत संक्षेप में किया जाता है। 'एक समय की बात है कि किसी नगर में अमुक नाम का एक राजा राज्य करता था' इस वाक्य में 'एक समय' और 'किसी नगर' से देशकाल का बोध करा दिया गया है। स्थान के विस्तृत विवरण के लिए लोककथाओं में गुंजाइश नहीं होती है।

कहानी का विकास वस्तुतः उसका प्लाट है। क्रिया और कुतूहल से भरपूर सशक्त प्लाट के कारण लोककथाओं में बच्चों का आकर्षण बहुत अधिक बढ़ जाता है। प्लाट में एकता का गुण अनिवार्य है जिसका तात्पर्य यह है कि पाठक का ध्यान हमेशा कहानी की विषय-वस्तु पर केंद्रित रहना चाहिए। बहुत सी घटनाओं से अथवा बार-बार सस्पेंस आने से अथवा अत्यधिक जादुई चमत्कारों से कथा की एकता नष्ट हो जाती है। सामान्यतः लोककथाओं में नायक को तीन शर्तें पूरी करनी पड़ती हैं अथवा तीन कठिन परीक्षाओं से होकर गुजरना पड़ता है। यदि यह सिलसिला बहुत

लंबा चलता रहे तो पाठक उकता जाएगा। अतः संक्षिप्तता भी लोककथा की एक विशेषता है। इसके अतिरिक्त कहानी में जो कुछ घटे वह तर्कसंगत हो, नहीं तो बच्चे की दृष्टि में वह कहानी गिर जाएगी।

कहानी का अंत चरम सीमा के बाद शीघ्र ही हो जाना चाहिए। उसमें उन सभी समस्याओं का निपटारा हो जाना चाहिए जो प्रारंभ में उठाई गई थीं। नायक को उसके परिश्रम का पुरस्कार और खलनायक को उसकी दुष्टता का दंड अवश्य मिलना चाहिए।

**लोककथा की शैली :** लोककथा के आकर्षण का एक कारण है उसकी शैली अर्थात कथा की भाषा और कहानी सुनाने का ढंग। चूंकि ये कहानियां एकांत में नहीं पढ़ी जाती थीं अपितु एक व्यक्ति द्वारा अन्य व्यक्तियों को सुनाई जाती थीं, अतः इनकी शैली में शब्द, स्पर्श, रूप, रस, गंधादि ऐंद्रिय अनुभूतियों के लिए पर्याप्त अवसर होता है।

कहानी के बीच-बीच में गीतों अथवा पद्यों का प्रयोग भी लोककथाओं में एक सामान्य बात है। जहां तक कथा के चरित्र-चित्रण का संबंध है इसमें अधिक विस्तार की आवश्यकता नहीं होती है। पात्र टाइप होते हैं। अच्छे पात्र हर दृष्टि से अच्छे और बुरे पात्र हर दृष्टि से बुरे ही होते हैं।

**लोककथाओं के प्रमुख भेद :** बाल-साहित्य में लोककथाओं के सामान्यतः निम्नलिखित भेद किए जाते हैं

(1) संचयात्मक कथाएं;
(2) हास्यप्रधान कथाएं;
(3) असाधारण यथार्थ कथाएं;
(4) बुद्धि-विनोद की कथाएं;
(5) नीतिकथाएं;
(6) परीकथाएं।

(1) **संचयात्मक कथाएं :** ये कहानियां छोटे बच्चों को बहुत लोकप्रिय होती हैं। कहानी के पात्र पशु-पक्षी अथवा मनुष्य कोई भी हो सकते हैं। इन कहानियों की विशेषता यह है कि इनमें शब्दों, वाक्यों और संवादों की पुनरावृत्ति का आकर्षण होता है। कभी-कभी इनमें पद्य-पंक्तियों का प्रयोग होता है जिन्हें एक अथवा अनेक पात्रों के मुंह से किंचित् परिवर्तन के साथ दुहराया जाता है और इस प्रकार कहानी आगे बढ़ती जाती है। उदाहरण के लिए एक कहानी में कौआ चिड़िया के घर दावत खाने

जाता है किंतु वह अपनी चोंच धोने के लिए पहले कुएं के पास जाकर कहता है

"तुम पनरदास, हम कगरदास
देओ पनरवा, धोऊं चुंचरवा
खाऊं चिड़ी के गुलगुले
मटकाऊं बाबा मूछड़ियां।"[7]

कुआं उसे हंडिया लाने के लिए कुम्हार के पास भेजता है। कौआ कुम्हार के आगे वही बात दुहराता है किंतु शुरू में तुम कुम्हारदास जोड़ देता है। कुम्हार उसे मिट्टी लाने के लिए गड्ढे के पास भेजता है, गड्ढा मिट्टी खोदने के लिए बकरे का सींग लाने के लिए कहता है और उसी प्रकार कौआ अनेक व्यक्तियों के पास जाता है। हर बार वह शुरू में दो शब्द बढ़ाकर पिछली बात को दुहराता जाता है। इसी प्रकार एक अन्य कथा में[8] एक चिड़िया भात पकाने के लिए दाने की तलाश में निकलती है। वह खूंटे से दाना मांगती है। खूंटा उसे भगा देता है तो वह राजा से शिकायत करती है। राजा उसकी शिकायत पर ध्यान नहीं देता तो वह रानी के पास जाती है। वहां से भी निराश होकर वह लाठी-आग, हाथी आदि के पास जाती है और हर बार किंचित् परिवर्तन के साथ वही बात दुहराती जाती है। अंत में चिऊंटी उसकी सहायता करती है। चिऊंटी हाथी को डराती है। हाथी के डर से नदी आग बुझाने के लिए तैयार हो जाती है। नदी के डर से आग लाठी जलाने के लिए तैयार हो जाती है। इसी तरह कहानी विपरीत क्रम से लौटकर खूंटे तक आ जाती है और चिड़िया की मुराद पूरी हो जाती है।

लोक-साहित्य में इस प्रकार की बहुत सी कहानियां मिल जाएंगी किंतु इन कहानियों को सजा-संवारकर छोटे बालकों के लिए विशेष रूप से प्रकाशित करने का काम अभी अधूरा है। कुछ कहानियां यत्र-तत्र बिखरी हुई मिलती हैं।

**(2) हास्यप्रधान कथाएं :** लोक-साहित्य की हास्यप्रधान कथाओं में मूर्ख, निठल्ले, गप्पबाज अथवा असाधारण रूप-रंग वाले व्यक्तियों की कहानियां आती हैं। इन कहानियों का हास्य प्रायः स्थूल और सर्वग्राह्य होता है अतः बच्चे भी आसानी से इसका आस्वादन कर सकते हैं। किंतु कहानियों के चयन में यह बात ध्यान में रखनी चाहिए कि हास्य में क्रूरता न हो तथा वह बच्चों पर पूरा प्रभाव न डाले। बहुधा ये कहानियां लोकजीवन में घटी कुछ वास्तविक घटनाओं अथवा वास्तविक पात्रों पर आधारित होती हैं।

**(3) असाधारण यथार्थ कथाएं :** कभी-कभी जीवन में कहानी से भी अधिक

मजेदार घटनाएं घट जाती हैं। इन कहानियों में कभी तो संयोग के तत्व के कारण घटना का चमत्कार होता है और कभी उससे किसी आदर्श अथवा सत्य की अभिव्यक्ति होती है। इन स्थायी आकर्षणों के कारण ये कहानियां मौखिक रूप से ही समाज में प्रचलित हो जाती हैं और कालांतर में लोक-साहित्य का अंग बन जाती हैं। साहस, वीरता, शिक्षा अथवा आदर्श के कारण इस प्रकार की कहानियां बच्चों में हमेशा लोकप्रिय होती हैं।

**(4) बुद्धि-विनोद की कथाएं :** पहेलियों और प्रश्नों की तरह बुद्धि-विनोद के लिए समाज में कुछ कहानियां भी हमेशा प्रचलित रहती हैं। हिंदी में इस प्रकार की अधिकांश कहानियां बीरबल के नाम के साथ जुड़ी हैं। दक्षिण में तेनालीराम और पूर्व में गोनू झा के नाम भी इस प्रकार की कहानियों के लिए प्रसिद्ध हैं।

**(5) नीतिकथाएं :** बोलते पशुओं की ये कहानियां पंचतंत्र, हितोपदेश, और ईसप की कथाओं में काफी लंबे समय से लिपिबद्ध रूप में चली आ रही हैं अतः इनकी चर्चा आगे पृथक से की गई है।

**(6) परीकथाएं :** डा. विश्वनाथ प्रसाद मिश्र ने परीकथा का अर्थ पशु-पक्षियों की विलक्षण कहानियां किया है[9] अर्थात अंग्रेजी शब्द 'फेबुल' के लिए प्राचीन साहित्य में परीकथा शब्द का प्रयोग होता था। किंतु अब 'परीकथा' शब्द का प्रयोग अंग्रेजी के शब्द फेयरीटेल के लिए व्यापक रूप से होने लगा है अतः मैंने द्वितीय अर्थ में ही परीकथा शब्द का प्रयोग किया है। परीकथाओं से तात्पर्य उन कथाओं से है जिनमें जादू का तत्व विद्यमान रहता है। इस प्रकार इन कथाओं के अंतर्गत न केवल परियों की कहानियां अपितु राजा-रानी, भूत-प्रेत, राक्षस-जादूगर आदि की वे समस्त कहानियां आ जाती हैं जिनमें किसी न किसी रूप में जादू के चमत्कार का तत्व विद्यमान होता है।

लोक-कथाओं में परीकथाओं की संख्या सबसे अधिक है। सात-आठ वर्ष से लेकर दस-ग्यारह वर्ष की अवस्था तक ये कथाएं अधिक पढ़ी जाती हैं। किशोरावस्था के लड़के-लड़कियों में भी ये कथाएं प्रेम और साहसपूर्ण प्रसंगों के कारण लोकप्रिय होती हैं। इस प्रकार की कहानियां बच्चों को दी जानी चाहिए अथवा नहीं, इस विषय में लगभग सभी देशों में कुछ मतभेद रहा है। शिक्षकों, सामाजिक तथा राजनैतिक हितों का पोषण करने वाले व्यक्तियों, बच्चों के आनंद के क्षणों का अपहरण करके उन्हें एक रात में महान वैज्ञानिक अथवा महान नेता बनाने वाले लेखकों, धार्मिक भावना भरने के लिए अत्यधिक उत्सुक साहित्यकारों ने परीकथाओं का विरोध किया है। बात यह है कि परीकथाओं के सामने उपर्युक्त वर्ग के लेखकों द्वारा दिया गया

साहित्य टिक नहीं पाता है इसलिए विरोध तीखा हो जाता है। तथापि बाल-साहित्य से इन कथाओं के बहिष्कार का दुस्साहस अभी तक किसी देश ने नहीं किया है।

परीकथाओं के विरुद्ध जो तर्क किए जाते हैं वे संक्षेप में निम्नलिखित हैं

(1) परीकथाएं बच्चे को यथार्थ जीवन से विमुख करके कल्पना के संसार में जीने का आदी बना देती हैं।

(2) विज्ञान के आधुनिक युग में परीकथाएं बहुत बड़ा झूठ हैं। अब बच्चे भी इन कथाओं की असंभव बातों को मानने के लिए तैयार नहीं होते हैं। उन्हें परियों पर विश्वास नहीं होता है।

(3) जादू के चमत्कारों का स्थान अब विज्ञान के चमत्कारों ने ले लिया है और इसलिए परीकथाओं का स्थान भी विज्ञान की कथाएं ले सकती हैं।

बाल-साहित्य के मर्मज्ञों ने समय-समय पर इन आक्षेपों का जो प्रतिपाद किया है इसकी झलक निम्नलिखित उद्धरणों से मिल सकती है

- ''परीकथाएं पढ़ते समय हमारे मन के एक भाग में तो परियों पर पूर्ण विश्वास बना रहता है जबकि दूसरा भाग यह मानता है कि ऐसी किसी चीज का अस्तित्व नहीं है।''[10]

- ''परीकथाएं बाल-साहित्य की स्थायी संपत्ति हैं क्योंकि जो कथाएं सैकड़ों वर्षों से चली आ रही हैं उनमें अनश्वरता का तत्व होना स्वाभाविक है।...सीधे और सरल ढंग से सुनाई जाने पर भी ये कहानियां अपने नाटकीय गुणों, मजेदार घटनाओं, हास्य के तत्व तथा एक रंगीन संसार के आकर्षण के कारण बच्चों की कल्पना को तुष्ट करती हैं।''[11]

- ''परीकथाएं गहरे और निर्मल जल के समान हैं। इनकी गहराई में हमें हजारों वर्षों की एक रहस्यमय अनुभूति होती है।''[12]

- ''यह कहना कि सुंदर पक्षियों और तितलियों के होते हुए बच्चों को परियों की कोई आवश्यकता नहीं है, वैसा ही है जैसा कि यह कहना कि जब तक कोई व्यक्ति इंगलैंड के समस्त सुंदर स्थलों को नहीं देख लेता तब तक उसे स्विट्ज़रलैंड की आवश्यकता नहीं है।''[13]

- ''परीकथाओं से हमें सबसे कोमल मानवीय गुण सरलता की प्राप्ति होती है। यहां बच्चों को जीवित निगलने वाला दुष्ट दैत्य भी अपने वचन से पीछे नहीं

हट सकता है। आप सिक्का उछाल कर उसके साथ जान की बाजी लगा सकते हैं।... परीकथाओं में ईमानदारी सबसे अच्छी नीति नहीं एकमात्र नीति है।"[14]

"परीकथाओं का आकर्षण मानव स्वभाव के किसी अन्य गुण की तरह की व्यापक, प्राचीन और स्थायी है।"[15]

"बड़े होकर साहित्य के रसास्वादन की तैयारी के रूप में परीकथाओं का बड़ा महत्व है। ऐसा बालक महान कवियों के संगीत का आस्वादन कैसे कर सकता है जिसने परीकथाओं में रहस्यमय वनों, जादू भरे पर्वतों, निर्जन किलों और मनुष्यों की भाषा बोलने वाले पशु-पक्षियों से परिचय प्राप्त नहीं किया हो।"[16]

"यदि बचपन में मुझे समस्त परीकथाओं से वंचित कर दिया जाता तो आज मुझे लगता कि मेरे साथ बहुत बड़ा धोखा किया गया है। मुझे लगता है कि हमें किसी भी बच्चे को परीकथाओं की वैध पैतृक संपत्ति से वंचित करने का कोई अधिकार नहीं है। इसके अतिरिक्त मैं मानती हूं कि आधुनिक युग के बालक को इन कथाओं की और भी आवश्यकता है क्योंकि इस्पात, पत्थर, मशीनों तथा बम, गैस-मास्क, मशीनगनों आदि के आधिपत्य के कारण उसके जीवन में बहुत असंतुलन आ गया है।"[17]

संक्षेप में, परीकथाएं बच्चों के लिए बहुत उपयोगी हैं। इनसे बच्चों की कल्पना प्रखर होती है और इनके सौंदर्य, रहस्य तथा आश्चर्य के तत्वों के कारण उसके मस्तिष्क की परिधि विस्तृत हो जाती है। इन कथाओं से बच्चे की संवेगात्मक अनुभूतियां गहरी हो जाती हैं जिससे वह जीवन भर साहसपूर्ण कार्यों के लिए तैयार रहता है। ये कथाएं बच्चे में बिना प्रत्यक्ष उपदेश दिए उच्च मानवीय मूल्यों के प्रति आस्था पैदा करती हैं।

परीकथाएं बच्चे के मानसिक स्वास्थ्य के लिए भी बहुत आवश्यक हैं। चूंकि इन कथाओं में बच्चों के अनेक अभावों की काल्पनिक पूर्ति हो जाती है अतः उसका मन अभावजन्य कुंठाओं से सुरक्षित रहता है। इन कथाओं में बच्चों के अत्यधिक आकर्षण का कारण भी यह है कि बच्चे इनमें अपने अभावों की पीड़ा को भूल जाते हैं। निर्धनता में पले बच्चे को इन कथाओं में सोने-चांदी, हीरे-जवाहरात के ढेर तथा सुनहरी जड़ाऊ वस्त्र मिल जाते हैं, भूखे को यहां तरह-तरह के बढ़िया स्वादिष्ट भोजन, मित्रहीन को विश्वस्त मित्र, कमजोर को अत्यंत बलवान योद्धा का साहचर्य और अन्याय पीड़ितों को अंतिम सफलता की आशा मिल जाती है।

इन कहानियों का एक महत्वपूर्ण उपयोग यह है कि इनके माध्यम से बालकों को मृत्यु आदि के कटु-सत्यों से भी सहज ही परिचित कराया जा सकता है।

हिंदी में बच्चों को सबसे अधिक लोककथाएं ही दी गई हैं। प्रारंभ में केवल नीति-शिक्षा-प्रधान कथाएं ही बच्चों के उपयुक्त समझी जाती थीं। शिशुकाल में पंचतंत्र-हितोपदेश की कहानियों के अतिरिक्त अन्य प्रकार की लोककथाएं प्रायः नहीं दी गईं। किंतु आगे चलकर जैसे-जैसे बच्चों की मांग बढ़ती गई, परीकथाओं और विविध प्रकार की अन्य लोककथाओं को धड़ाधड़ प्रकाशित किया जाने लगा। यह क्रम पिछले पचास वर्षों से अनवरत चला आ रहा है। इस अवधि में हजारों लोककथाएं बच्चों को दी गईं जिनमें सभी प्रकार की कहानियां हैं किंतु परीकथाओं का अनुपात सबसे अधिक है।

भारतवर्ष लोककथाओं का देश है और ये कथाएं आज भी इस देश की अधिकांश जनता का साहित्य हैं। बच्चे इन कथाओं से कभी नहीं अघाते और लेखकों के लिए इनका अक्षय भंडार खुला पड़ा है। ऐसी स्थिति में बाल-साहित्य में इन कथाओं का आधिक्य स्वाभाविक ही है। किंतु जब साहित्य के मूल्यांकन का प्रश्न उठता है तो हमें लेखक के मौलिक योगदान पर सर्वप्रथम विचार करना पड़ता है। प्रचलित लोककथाओं में से किसी एक को उठाकर पुस्तक में रख देने में विशेष परिश्रम की अथवा सृजनात्मक प्रतिभा की आवश्यकता नहीं पड़ती है।

विश्वसाहित्य में ग्रिम बंधुओं की परीकथाओं का बड़ा मान है। यद्यपि ग्रिम बंधु इन कथाओं के लेखक नहीं थे और न उन्होंने बच्चों के लिए विशेष रूप से इनका संग्रह किया था। उनकी रुचि भाषा विज्ञान में थी और लोकभाषाओं के अध्ययन के लिए ही उन्होंने गांव-गांव घूमकर इनका संग्रह किया था। उन्होंने अपनी ओर से इन कहानियों में कुछ नहीं जोड़ा अपितु जैसा सुना वैसा ही लिपिबद्ध कर दिया। इसलिए उनमें लोककथा की शैली पूर्णतः सुरक्षित रही और उसके कारण ये कथाएं शीघ्र ही बड़ों में तथा बच्चों में लोकप्रिय हो गईं।

हिंदी में लोककथाओं के संग्रह के लिए इस प्रकार का श्रम करने वालों में सर्वप्रथम स्व. रामनरेश त्रिपाठी का नाम आता है। ग्रामीण साहित्य के अध्ययन एवं संग्रह में विशेष रुचि होने के साथ-साथ बाल-साहित्य के साथ भी उनका एक लंबे अर्से तक संबंध रहा है। उन्होंने न केवल लोककथाओं को अपितु लोक-प्रचलित बाल-गीतों को भी सजा-संवारकर बालकों के लिए प्रस्तुत किया है। 'बालकथा कहानी' के लगभग दो दर्जन भाग लिखकर उन्होंने विविध प्रकार की सैकड़ों लोककथाएं बालकों के लिए प्रस्तुत की हैं। यद्यपि इन पुस्तकों का 'गेटअप' इतना

बढ़िया नहीं है किंतु ये कथाएं विषय-वस्तु और शैली के आकर्षण के कारण बाल-साहित्य की निधि हैं।

त्रिपाठी जी के अतिरिक्त 1950 से पहले लोककथाओं के क्षेत्र में दूसरा नाम बैजनाथ केड़िया का लिया जा सकता है जिन्होंने *नानी की कहानी* (सात भाग) डबल क्राउन साइज और मोटे गत्ते की जिल्द के साथ प्रकाशित की है। यद्यपि चित्रों तथा प्रकाशन के अन्य आकर्षणों की दृष्टि से इन पुस्तकों में कुछ कमियां दिखाई देती हैं किंतु प्रकाशन-व्यवसाय की तत्कालीन परिस्थितियों को देखते हुए ये संग्रह बढ़िया है।

वर्तमान काल में आत्माराम एंड संस, दिल्ली ने लोककथाओं के संग्रह का पुनः बीड़ा उठाया। भारतवर्ष में लोकतंत्र के उदय के साथ ही 'लोक' शब्द के साथ धार्मिक पवित्रता का भाव जुड़ गया था अतः लोककथाओं की खपत की बड़ी संभावनाएं थीं। इस अवसर का लाभ उठाकर इस प्रकाशन संस्था ने लोककथाओं के डेढ़ सौ के लगभग संग्रह प्रकाशित कर दिए। इन संग्रहों के लेखकों में प्रतिष्ठित और अप्रतिष्ठित सभी प्रकार के लेखक थे। ये पुस्तकें बालकों के लिए प्रकाशित नहीं की गई थीं और इनका संपादन भी अच्छे ढंग से नहीं हुआ है। किंतु इस प्रकार भारत के विभिन्न प्रदेशों में प्रचलित लोककथाएं पाठकों को उपलब्ध हो सकीं अतः इस प्रयास को सराहनीय कहा जा सकता है। ये पुस्तकें चूंकि सचित्र थीं अतः बाल-साहित्य के अंतर्गत इनकी खूब बिक्री हुई।

इस प्रकाशन संस्था की आर्थिक सफलता से प्रभावित होकर लगभग सभी प्रकाशकों ने लोककथाओं के संग्रह प्रकाशित किए। इन प्रयत्नों के फलस्वरूप न केवल भारतवर्ष की अपितु समस्त देशों की लोककथाएं बालकों को उपलब्ध होने लगीं। रमेशचंद्र 'प्रेम' ने *विश्व की लोककथाएं* शीर्षक से छह पुस्तकें प्रकाशित करके विभिन्न देशों की लोककथाएं प्रस्तुत करने का जो प्रयास किया है वह विशेष रूप से सराहनीय है।

उपर्युक्त व्यक्तियों और प्रकाशकों के अतिरिक्त बहुत से अन्य लेखकों तथा प्रकाशन संस्थाओं ने भी लोककथाओं के संग्रह और प्रकाशन में योगदान दिया है। इनकी विस्तृत चर्चा आगे की गई है। किंतु बालकों को किस प्रकार की लोककथाएं किस रूप में दी जानी चाहिए इस प्रश्न पर गंभीरता से बहुत कम लेखकों ने विचार किया है। बाल्यकाल में मिश्रबंधु कार्यालय, जबलपुर; गंगा पुस्तकमाला, लखनऊ; बालभारती, इलाहाबाद; इंडियन प्रेस, इलाहाबाद और शिशुज्ञान मंदिर, इलाहाबाद आदि प्रकाशन संस्थाओं ने बालकों के उपयुक्त शैली में लिखी तथा अच्छे चित्रों आदि के साथ प्रकाशित लोककथाएं दी हैं। इधर पिछले कुछ वर्षों में विभिन्न आयुवर्ग के

बालकों की क्षमताओं को देखते हुए इन कथाओं को सजा-संवारकर प्रकाशित किया जाने लगा है।

लोककथाओं में मौलिक सृजन सामान्यतः संभव नहीं है। हंस क्रिश्चियन एंडरसन की तरह लोककथाओं के पुनकर्थन द्वारा अपने जीवन के हर्ष, विषाद, शोक और उल्लास की अभिव्यक्ति करने वाला कोई लेखक दिखाई नहीं पड़ता। कथन-शैली में नयापन लाने का प्रयास कुछ लेखकों ने किया है किंतु इसके छिटपुट उदाहरण ही मिलते हैं। गुजराती के प्रसिद्ध लेखक गिजुभाई की पुस्तकों के जो अनुवाद काशीनाथ त्रिवेदी ने प्रस्तुत किए हैं उनमें मूल लेखक की शैली का चमत्कार विद्यमान है। छोटे बच्चों में शब्दों की आवृत्ति और वस्तु-गणना के आकर्षण का उन्होंने अपनी शैली में अच्छा प्रयोग किया है। उनकी एक कहानी में एक लड़का सोचता है कि सात परांठों में से कितने खाऊं। लेखक ने इस बात का वर्णन इस प्रकार किया है

> ''वह सोचने लगा कितने परांठे खाऊं?
> एक खाऊं? दो खाऊं? तीन खाऊं?
> चार खाऊं? पांच खाऊं? छह खाऊं?
> या सातों खा जाऊं?''[18]

एक-एक करके सातों परांठों की गिनती से बच्चों को 'सस्पेंस' का आनंद आता है और साथ ही शब्दों की आवृत्ति का आकर्षण भी विद्यमान है।

यदि लोककथाओं की मूल शैली को कहानियों में सुरक्षित रखा जाए तो वे कहानियां निश्चय ही लोकप्रिय हो सकती हैं क्योंकि लोककथा न केवल कथातत्व के कारण अपितु शैली के कारण भी सदियों से अनेक बाधाओं के बीच जीवित रही हैं। छोटे बच्चों के लिए भी लोक-साहित्य में कुछ विशेष कथाएं हैं और उन्हें एक विशेष शैली में सुनाया जाता है। इस प्रकार की शैली की छटा गुजराती भाषा की लेखिका ताराबाई मोडक की कहानियों में मिलती है जिनका बहुत सुंदर अनुवाद प्रसिद्ध लेखक संतराम बी.ए. ने किया है। उनकी शैली का एक उदाहरण देखिए

> ''एक थी जूं
> उसकी जन्मी टूं।
> वह गई खाने को
> उसे मिला पैसा।
> वह बोली 'मां, मां
> इसका क्या लाऊं?'

मां बोली 'भाजी!'
'काटूं कैसे?'
'खदबद खदबद।'
'खाऊं कैसे?'
'मचमच मचमच।'
'सोऊं कैसे?'
'बाएं करवट।''[19]

शिवानी की एक कहानी में भी मालकिन अपने स्वामिभक्त चूहे से पूछती है

''प्यारे चूहे,
दुलारे चूहे
क्या माल खाया
जो इतना मुटाया।''

और चूहा उत्तर देता है

''मालकिन! मालकिन!
रेशम के थान
पुट्टी के धान
चार जोडी मूंछें
भैंसों थीं पूछें
पच्चीस रोटी
और पुट्टी की चोटी।
यह माल खाया तो इतना मुटाया।''[20]

शैलेश मटियानी ने अपनी कहानियों में कथन-शैली का आकर्षण लाने का प्रयत्न किया है। किंतु लोककथा की मूल शैली देने के बजाय वे इंशाअल्ला की प्रसिद्ध कथा 'रानी केतकी की कहानी' का अनुकरण करते दिखाई पड़ते हैं। उदाहरण के लिए

> ''फसकिया मन ही मन प्रार्थना करने लगा 'हे जन्म-मरण के स्वामी। हाथी को मन चींटी को कन देने वाले, जीते को भोजन मरे को कफन देने वाले। सिर ढोक देता हूं, पांव लौट लेता हूं।''[21]

अथवा

''एक थी गौरैया,
उसे मिला रुपैया।

नाची ताता थैया।
फूली नहीं समाई।
कथा सुनो भाई।"[22]

सारांश यह कि हिंदी में बच्चों को लोककथाएं ही सबसे अधिक दी गई हैं। किंतु अधिकांश कथाओं में न तो लेखक की मौलिकता का अंश विद्यमान है और न इनका प्रकाशन ही इतने अच्छे रूप में हुआ है कि ये पुस्तकें बाल-साहित्य की स्थायी संपत्ति बन जाएं। इस क्षेत्र में अभी भी बहुत सा काम शेष है। विभिन्न आयु-वर्ग के बालकों की आवश्यकताओं तथा क्षमताओं के अनुरूप लोककथाओं को चुनकर बढ़िया चित्रों आदि के साथ उनके आकर्षक संग्रह तैयार किए जा सकते हैं। संचयात्मक लोककथाओं को बढ़िया चित्र-पुस्तकों के रूप में प्रकाशित किया जा सकता है। अंग्रेजी में वांदा गाग की पुस्तक *मिलियन आफ कैट्स* केवल एक लोककथा है किंतु कथन-शैली और सुंदर चित्रों के आकर्षण के कारण इसे छोटे बच्चों की पुस्तकों में बहुत ऊंचा स्थान प्राप्त है। हमारे यहां की कुछ लोककथाएं भी उच्चकोटि की चित्र-पुस्तकों के योग्य हैं किंतु इस कार्य के लिए अच्छे चित्रकारों, प्रकाशकों और लेखकों का सहयोग आवश्यक है।

## (ख) नीतिकथाएं

नीतिकथाएं लोक-साहित्य के विशाल भंडार का ही एक अंग होती हैं। अंग्रेजी में इन्हें मारेल टेल्स अथवा फेबल्स कहा जाता है। नीतिकथाएं वे छोटी-छोटी कहानियां हैं जिनमें अच्छे या बुरे, बुद्धिमत्तापूर्ण अथवा मूर्खतापूर्ण व्यवहार की अमूर्त संकल्पनाओं को मूर्त पात्रों के माध्यम से प्रस्तुत किया जाता है ताकि उन्हें सरलता से समझा जा सके। इन कथाओं के पात्र पशु-पक्षी हों अथवा मनुष्य, उनमें निजी व्यक्तित्व का पूर्ण अभाव होता है और वे किसी नैतिक शिक्षा के कथन के लिए उपकरण मात्र होते हैं। किसी नैतिक शिक्षा को लक्ष्य में रखकर एक ही घटना का वर्णन करने वाली कहानी को नीति कथा कहते हैं।

नीतिकथाओं के पात्रों के साथ पाठकों का संवेदनात्मक संबंध स्थापित नहीं होता है क्योंकि वे व्यक्तित्वहीन तथा अच्छे-बुरे गुणों के प्रतीक मात्र होते हैं। इन्हीं विशेषताओं के कारण ये कहानियां शिशुओं को नहीं दी जानी चाहिए अपितु आठ-नौ वर्ष की अवस्था के बालकों को ही दी जानी चाहिए।

नीतिकथाओं का सबसे बड़ा स्रोत पंचतंत्र है। कुछ लोगों ने ईसप की

कहानियों का आदि स्रोत भी पंचतंत्र को माना है। पीछे बताया जा चुका है कि पंचतंत्र की कहानियां किस प्रकार अरबी-फारसी से होते हुए ग्रीक, लैटिन तथा अंग्रेजी में अनूदित हुई थीं। पंचतंत्र की बहुत सी कहानियां ऐसी भी हैं जिन्हें बच्चों के उपयुक्त नहीं कहा जा सकता है। किंतु हितोपदेश की अधिकांश कहानियां बालकों के अधिक निकट हैं संभवतः इसीलिए बच्चों के लिए अधिकतर हितोपदेश की कथाओं को चुना जाता है। इन दोनों ग्रंथों की कथाओं के साथ नीति-उपदेश की बातें इतनी अधिक जुड़ी हुई हैं कि इन्हें ज्यों का त्यों बाल-साहित्य में नहीं दिया जा सकता है। इसके विपरीत ईसप की कहानियों में कथा का तत्व अधिक है और शिक्षा अंतिम वाक्य अथवा शीर्षक तक सीमित है जिसके कारण वे कहानियां बच्चों की पुस्तकों में बिना अधिक काट-छांट किए दी जा सकती हैं।

पंचतंत्र अथवा हितोपदेश को बाल-साहित्य के ग्रंथ मानना चाहिए अथवा नहीं, इस विषय में इतना ही कहना पर्याप्त होगा कि ये ग्रंथ भले ही बाल-साहित्य के ग्रंथ न हों किंतु इनकी कहानियां उसी प्रकार बच्चों की कहानियां हैं जिस प्रकार लोककथाएं बच्चों की कहानियां हैं। विश्वभर में ये कथाएं बालकों द्वारा चाव से पढ़ी जाती रही हैं और इनकी नीतिशिक्षा अथवा वयस्कोचित ज्ञान इनके रसास्वादन में कभी बाधक नहीं हुआ है। बच्चे जानते हैं कि ये कहानियां नीतिशिक्षा की कहानियां हैं और सच्ची बात तो यह है कि वे इन कहानियों को केवल कहानी के लिए ही नहीं अपितु नीतिशिक्षा के लिए भी पढ़ते हैं। उन्हें जीवन में नीति-व्यवहार की मूलभूत बातों के ज्ञान की आवश्यकता होती है और उसे प्राप्त करने के लिए वे उत्सुक रहते हैं। जिस प्रकार वे माता-पिता अथवा गुरु की उपदेशात्मक बातों को अपने लिए उपयोगी समझकर उन्हें ग्रहण करने के लिए तत्पर रहते हैं उसी प्रकार वे इन कहानियों के उपदेशों का भी स्वागत करते हैं। अतः यह कहना ठीक नहीं है कि शिक्षा व उपदेश के कारण बालक इन कहानियों को पसंद नहीं करते हैं। नीति-उपदेश को वे ऐसी कहानियों में अवश्य ही नहीं पसंद करते हैं जिनमें लेखक अपने को महापंडित और बच्चों को अबोध मानकर चलता है और जिनमें बच्चे अपमान अनुभव करते हैं।

किंतु इसका यह अर्थ नहीं कि इन कहानियों की आड़ लेकर बालकों को नीति-उपदेशों से आक्रांत कर दिया जाए। बच्चों को सुधारने के अत्यधिक उत्साह में कुछ लेखक अंत में शिक्षा-वाक्य से ही संतोष नहीं करते, कहानी के प्रारंभ और मध्य में भी अवसर पाते ही लेक्चर झाड़ने लगते हैं।

नीतिकथाओं में भी लेखक के मौलिक योगदान के लिए बहुत कम अवसर

होता है। किंतु छोटे बच्चों के लिए इन कहानियों को प्रस्तुत करते समय कुछ लेखकों ने भाषा-शैली आदि का चमत्कार पैदा करने का प्रयत्न किया है। धर्मपाल शास्त्री ने 'सरल हितोपदेश' में छोटे-छोटे वाक्य, विनोदपूर्ण भाषा और बीच-बीच में पद्य पंक्तियों का समावेश करके इन कहानियों में कुछ नवीन आकर्षण लाया है। पुस्तक की एक कहानी में चालाक गीदड़ हाथी को दलदल में फंसाकर कहता है

> ''पकड़ो मेरी नन्हीं दुम
> निकल सको तो निकलो तुम।''[23]

इसी प्रकार पं. सुदर्शन जी ने छोटे बच्चों के उपयुक्त भाषा का प्रयोग करके कहानियों में नवीनता लाने का प्रयत्न किया है। उनकी भाषा का एक उदाहरण देखिए

> ''चिरचिरा उड़ा। मूंज के पत्ते लाया,
> घास के तिनके लाया, पेड़ों की जड़ें लाया।
> पति-पत्नी ने मिलकर पत्ते चीरे, तिनके
> चीरे, जड़ें चीरीं और घोंसला बनाना शुरू किया।''[24]

उपर्युक्त उद्धरण में पत्ते, तिनके और जड़ें लाने तथा उन्हें चीरने के काम का वर्णन अलग-अलग वाक्यों में किया गया है क्योंकि पक्षियों ने भी ये काम इतनी ही अवस्थाओं में किए थे। इस प्रकार की शैली छोटे बच्चों को आकृष्ट करती है।

जब कभी लेखक इन सुनी-सुनाई कहानियों को अपने व्यक्तित्व का पुट देकर सुनाता है तो उसकी कथन शैली में निजीपन और मौलिकता आ जाती है। उदाहरण के लिए, वीणा दर ने बंदर और मगर की प्रसिद्ध कहानी को इस प्रकार आरंभ किया है

''वही बाल, पीले-पीले मिट्टी के रंग के, गुलाबी-गुलाबी खाल और खाल पर झुर्रियां। वही बात-बात पर दांत और सांस-सांस में क्रोध; बंदर, बंदर देखने में बिलकुल बंदर जैसे किसी और जाति का बंदर ही हो। परंतु यह विचित्र बात थी कि वह केवल रूप से ही बंदर था। उसका हृदय इतना कोमल था और उसके बोल इतने मीठे थे कि देखकर कोई भी कहता कि पिछले जन्म में यह बंदर नहीं कवि था।''[25]

सुदर्शन जी ने भी *बच्चों का हितोपदेश* नामक पुस्तक में हितोपदेश की इतिवृत्तात्मक कथाओं को संवादों की योजना करके नए ढंग से प्रस्तुत करने का प्रयास किया है। इस पुस्तक का प्रारंभ इसी प्रकार होता है

पहले दिन पंडित विष्णु शर्मा ने राजकुमारों को जी भरकर सैर कराई। जब रात हो गई और सब खाना खा चुके तो उनसे कहा, "आओ अब तुम्हें कहानी सुनाएं। क्यों सुनोगे न कहानी?"

चंद्रप्रकाश : "जरूर सुनेंगे। आप सुनाइए।"

सूरजपाल : "मगर कोई अच्छी सी कहानी सुनाइएगा। ऐसी न हो कि आप सुनाते ही रह जाएं और हमें नींद आ घेरे।"

चंद्रप्रकाश : "यह ठीक कहते हैं।"

विष्णु शर्मा : "तुमने कभी कबूतर देखे हैं, कबूतर?"

सूरजपाल : "देखे हैं।"

विष्णु शर्मा : "और चूहे?"

चंद्रप्रकाश : "चूहे भी देखे हैं। मगर आप यह क्यों पूछते हैं? कोई अच्छी सी कहानी कहिएगा। चूहे और कबूतरों की कहानी भी क्या कहानी होगी।"

विष्णु शर्मा : "पहले सुन लो फिर राय देना। एक था शिकारी। वह कबूतर पकड़ा करता था।"

चंद्रप्रकाश : "पंडित जी! वह कबूतरों को कैसे पकड़ लेता था? हम तो नहीं पकड़ सकते। जरा सा भी आगे बढ़ते हैं तो वे झट उड जाते हैं।"

विष्णु शर्मा : "(हंसकर) मगर हाथ से थोड़े ही पकड़ता था। वह भी जाल से पकड़ता था जाल से।"

सूरजपाल : "अब भी समझे या नहीं?"

चंद्रप्रकाश : "अब समझ गया। जाल से तो मैं भी पकड़ सकता हूं। तुम भी पकड़ सकते हो।"

विष्णु शर्मा ने कहानी आगे बढ़ाई ...।[26]

विलाव और गिद्ध की कहानी के निम्नलिखित उद्धरण में भी संवादों का आकर्षण दर्शनीय है

उसने आगे बढ़कर बड़ी नम्रता से कहा "गिद्ध चाचा! प्रणाम!"

गिद्ध : "प्रणाम बाद में होगा। पहले यह बता तू है कौन?"

बिल्ली : "मैं बिल्ली हूं।"

गिद्ध : "मुई, तू यहां क्या लेने आई है? यहां से सिर पर पांव रखकर भाग जा नहीं तो अभी पेट फाड़ डालूंगा।"

बिल्ली : "वाह चचा! आपने तो भतीजी का अच्छा सत्कार किया। पहले मेरी बात तो सुन ली होती।"

गिद्ध : "अरी भतीजी! तुम्हारी बात तो वह सुने जिसकी मौत आई हो।"

बिल्ली : "चचा, यह तो आपकी ज्यादती है।"

गिद्ध : "अच्छा, बोल क्या कहती है? मगर जो कुछ कहना हो वह जल्दी कह डाल।"[27]

हिंदी में लोककथाओं की तरह इन नीति-कथाओं का दोहन भी बहुत अधिक हुआ है। सदियों पहले इन कहानियों का उपयोग बालकों को 'कथाच्छलेन शिक्षा' देने के लिए किया गया था और आज भी बहुत से लोग 'कथाच्छलेन शिक्षा' तक ही बाल-साहित्य को सीमित रखना चाहते हैं। इन कथाओं की सैकड़ों पुस्तकें अब तक प्रकाशित हो चुकी हैं किंतु ऐसी पुस्तकों का आज भी अभाव है जो बच्चों की निजी संपत्ति बनने के योग्य हों। सन् 1915 में चित्रमाला प्रेस, पूना से 'ईसप नीति' नाम से ईसप की कहानियों का एक बड़ा सुंदर संकलन छपा था जिसमें 259 कहानियां थीं। पुस्तक में बढ़िया चित्र भी थे और वह अच्छे कागज पर छपी हुई थी। इंडियन प्रेस और बालशिक्षा समिति से भी ईसप की कथाओं के अच्छे संकलन प्रकाशित हुए थे। अभी हाल ही में भारत सरकार के प्रकाशन विभाग से *सरल पंचतंत्र* शीर्षक से दो भाग प्रकाशित हुए हैं किंतु चित्र, छपाई, पुस्तक सज्जा और भाषा-शैली आदि की दृष्टि से वे निराशाजनक हैं और बच्चों की अपेक्षा नवसाक्षरों के काम की हैं। चिल्ड्रेंस बुक ट्रेस्ट से भी *पंचतंत्र की कहानियां* शीर्षक से दो पुस्तकें प्रकाशित हुई हैं जो पुस्तक-सज्जा और चित्रों आदि की दृष्टि से तो बढ़िया हैं किंतु कहानियों के चयन में असावधानी बरती गई है। कठिनाई यह है कि पंचतंत्र को लोग बच्चों की एक पवित्र पुस्तक मानकर चलते हैं जबकि सच्चाई यह है कि उसकी बहुत सी कहानियां बच्चों के लिए अहितकर भी हैं।

## (ग) पौराणिक और धार्मिक कथाएं

पुराण क्या है इस प्रश्न का कोई एक निश्चित उत्तर नहीं दिया जा सकता है। बहुधा इस शब्द का प्रयोग अंग्रेजी शब्द 'मिथालोजी' के अर्थ में किया जाता है। अंग्रेजी का 'मिथ' शब्द मूलतः ग्रीक भाषा का शब्द है जिसका अर्थ है कहानी और चूंकि ग्रीक लोगों की प्राचीन कहानियों में मनुष्यों और देवताओं के परस्पर संबंधों अथवा देवताओं के पारस्परिक संबंधों का वर्णन होता था अतः इन कहानियों का अर्थ सामान्यतः देवताओं की कहानियां हो गया है। इन कहानियों के उद्‌गम के संबंध में लिलियन स्मिथ ने निम्नलिखित विचार व्यक्त किए हैं

"आज का बच्चा भी जब विश्व की प्राकृतिक वस्तुओं एवं घटनाओं को देखकर उन्हें समझने में असमर्थ रहता है तो वह क्या और कैसे के प्रश्न पूछता है। मानव जाति की बाल्यावस्था में भी आदिम मनुष्य जाति ने इस प्रकार के प्रश्न किए और अपने संदर्भ में इस भौतिक विश्व के रहस्यों के स्पष्टीकरण दिए। उन्होंने प्राकृतिक शक्तियों का मानवीकरण किया।"[28]

उपर्युक्त उद्धरण के अनुसार आदिम जाति के मनुष्यों में ब्रह्मांड के रहस्यों को देखकर अनेक प्रकार के प्रश्न उठते थे जैसे सूरज कैसे बना? पृथ्वी कैसे बनी? आदमी कैसे पैदा हुआ? आदि-आदि। इन प्रश्नों के उत्तर में उन्होंने अपने ढंग से कुछ कहानियां गढ़ीं जिन्हें 'मिथ' कहा जाता है।

जहां तक भारतीय पुराणों का संबंध है, यह कहना कठिन है कि इनका निर्माण किस प्रक्रिया से हुआ है। रामायण और महाभारत महाकाव्य हैं किंतु इन्हें भी पुराणों में सम्मिलित किया जाता है। अग्नि पुराण जैसे कुछ उत्तरकालीन ग्रंथ 'इन्साइक्लोपीडिया' की तरह के ग्रंथ हैं जिनमें धर्म, दर्शन, साहित्य, कला आदि विभिन्न विषयों की सामग्री संकलित है। डा. हरवंश लाल शर्मा ने पुराणों के वर्ण्य-विषय के संबंध में लिखा है

"पुराणों का विषय प्रायः सृष्टि का प्रकरण ही रहता था। इतिहास और पुराणों का भेद हमारे वाङ्मय में प्रसिद्ध ही है। स्वयं पुराणों में ही पुराणों के पांच लक्षण बताए हैं : (1) सर्ग अर्थात सृष्टि का विज्ञान; (2) प्रतिसर्ग अर्थात सृष्टि का विस्तार, लय और फिर से सृष्टि; (3) सृष्टि की आदि वंशावली; (4) मन्वंतर; (5) वंशानुचरित।"[29]

सामान्यतः भारतीय पुराणों में देवताओं की कहानियां हैं और उनमें भी सृष्टि के रहस्यों को रूपक की शैली में स्पष्ट करने का प्रयत्न किया गया है। अधिकांश हिंदू इन पुराणों को धार्मिक ग्रंथ भी मानते हैं।

बालकों के लिए इन पौराणिक तथा धार्मिक कहानियों में लोककथाओं का सा आकर्षण होता है। यद्यपि ये कहानियां वैज्ञानिक सत्य से बहुत दूर होती हैं किंतु इनकी अपनी उपयोगिता है। ये बच्चों को प्रागैतिहासिक काल में विचरण करने का अवसर प्रदान करती हैं। परीकथाओं की तरह इन कहानियों में भी दैवी शक्तियों के कारण जादू का तत्व विद्यमान रहता है। वस्तुतः परीकथाओं और पौराणिक कहानियों में बहुत समानताएं हैं। किंतु परीकथाएं पूर्णतः पलायनवादी साहित्य है और पौराणिक कहानियों में धार्मिक ज्ञान और शिक्षा का तत्व भी विद्यमान है। संभवतः

इसीलिए जब बच्चों को पाठ्य-पुस्तकों से भिन्न साहित्य देने की आवश्यकता अनुभव की गई तो सबसे पहले लोगों का ध्यान पौराणिक कथाओं की ओर ही गया और बच्चों को परीकथाएं देने की बात किसी ने सोची तक नहीं।

बच्चों के लिए पौराणिक और धार्मिक कहानियां सबसे अधिक रामायण और महाभारत से ली गई हैं। ये दो ग्रंथ भारतीय जनजीवन के सदियों से लेकर प्रेरणा-स्रोत रहे हैं और बच्चों के लिए इनकी कहानियों में अनेक आकर्षण हैं। वीरता और साहसपूर्ण प्रसंग, महान योद्धाओं के अद्भुत चमत्कार, युद्ध के वर्णन, रोचक कथा, हनुमान, भीम, अर्जुन आदि अति बलवान पात्रों से सान्निध्य, शाश्वत मानवीय मूल्यों और आदर्शों से साक्षात्कार इत्यादि अनेक तत्वों के कारण ये कहानियां बालकों में बहुत लोकप्रिय होती हैं।

इन दो ग्रंथों के बाल-संस्करणों की बच्चों में हमेशा ही मांग रही है किंतु आज भी इनके अच्छे बालोपयोगी संस्करण उपलब्ध नहीं हैं। 1950 से पहले इंडियन प्रेस, रामनारायण लाल, हिंदी भवन, लाहौर, बाल-शिक्षा समिति आदि संस्थाओं ने इन ग्रंथों के बाल-संस्करण प्रकाशित किए थे और वे काफी अच्छे भी थे किंतु आज वे उपलब्ध नहीं हैं।

लोककथाओं की तरह पौराणिक और धार्मिक कहानियों का भी भंडार है और इनका आकर्षण भी सार्वकालिक है। सुंदर चित्रों और आकर्षक छपाई आदि से युक्त पुस्तकों की मांग आज भी है। चिल्ड्रेंस बुक ट्रस्ट द्वारा अभी हाल ही प्रकाशित 'पौराणिक कहानियां' चित्रों और छपाई आदि की दृष्टि से बहुत सुंदर पुस्तकें हैं और इनकी खूब बिक्री हुई है।

धार्मिक कथाओं में बौद्धों की 'जातक कथाएं,' जैन धर्मग्रंथों की कथाएं और उपनिषदों की कथाएं भी बालकों को दी गई हैं। जातक कथाओं में हितोपदेश और ईसप की कहानियों की तरह पशुपात्र हैं अतः बच्चे इन कहानियों को चाव से पढ़ते हैं। किंतु इन कहानियों का चयन बड़ी सावधानी से किया जाना चाहिए क्योंकि इनमें बहुत सी कहानियां ऐसी भी हैं जो बच्चों पर बुरा प्रभाव डाल सकती हैं। बहुधा धार्मिक सिद्धांतों के प्रतिपादन के लिए अथवा लोगों में धार्मिक विश्वास को दृढ़ करने के लिए इन कहानियों में असंभव घटनाएं कल्पित की जाती हैं अथवा दंड आदि ये रूप में क्रूरतापूर्ण दृश्यों का वर्णन किया जाता है। ऐसे प्रसंग बालकों के सुकुमार हृदय पर बुरा प्रभाव डालते हैं।

## (घ) ऐतिहासिक कहानियां

लिलियन स्मिथ ने बच्चों के लिए ऐतिहासिक कहानियों के संबंध में लिखा है

> "इसमें कोई संदेह नहीं कि ऐतिहासिक कहानियों में जीवट (एडवेंचर) का महत्व सबसे अधिक होता है। कहानी में साहसपूर्ण कार्यों का वर्णन होना चाहिए और ऐसे प्रसंग जितनी तीव्र गति से आएंगे कहानी उतनी ही मजेदार होगी। यदि ऐतिहासिक घटना-क्रम को प्रमुखता देकर क्रियापूर्ण प्रसंगों का वर्णन केवल सतही रूप में किया जाएगा तो बालकों को पूर्ण संतोष नहीं होगा। कहानी और इतिहास को इस प्रकार परस्पर गूंथा जाना चाहिए कि उन्हें एक-दूसरे से पृथक न किया जा सके।"[30]

ऐतिहासिक कहानियों में बच्चे नौ-दर्स वर्ष की अवस्था में रुचि लेने लगते हैं जब वे परीकथाओं की काल्पनिक दुनिया से बाहर निकलकर वास्तविक दुनिया में प्रवेश करते हैं। ऐतिहासिक कहानियों का जीवन वास्तविक होते हुए भी वर्तमान जीवन से इतना भिन्न होता है कि बालक उनमें परीकथाओं के वातावरण का आनंद प्राप्त कर सकते हैं और साथ ही वास्तविक पात्रों से तादात्म्य भी स्थापित कर सकते हैं। इस अवस्था में नायक पूजा की भावना बच्चों में बहुत प्रबल होती है और परीकथाओं में बच्चों को ऐसे पात्र नहीं मिल सकते जिन्हें वे अपना 'हीरो' मान सकें क्योंकि परीकथाओं के पात्र व्यक्तित्वहीन तथा कुछ गुणों और भावनाओं के प्रतीक मात्र होते हैं।

तेरह-चौदह वर्ष के बालक भी इन कहानियों को रोमांसपूर्ण तथा मनमोहक वातावरण के कारण बड़े चाव से पढ़ते हैं। इन बालकों के लिए यह साहित्य वास्तविक जीवन की नीरसता से दूर विचरण करने में और इस प्रकार वर्तमान की ऊब से मुक्ति दिलाने में सहायक होता है।

ऐतिहासिक कहानियां बच्चों को अधिकतर जीवनियों के रूप में दी जाती हैं। आठ-नौ वर्ष के बालकों के लिए लिखी गई ऐतिहासिक कहानियों के संबंध में एने शैक्सटर एटन का कहना है कि "ये कहानियां बहुत सरल होनी चाहिए इसलिए इनमें काल विशेष का वर्णन न होकर एक व्यक्ति का वर्णन होना चाहिए किंतु आदिम मनुष्य की कहानी में आदिम काल के वर्णन से भी कहानी रोचक बन सकती है।"[31]

ऐतिहासिक घटनाओं और वातावरण की अपेक्षा व्यक्तियों का महत्व अधिक होने के कारण ही कुछ लोग ऐतिहासिक कहानी और जीवनी को अभिन्न मानते हैं। हिंदी में अधिकांश ऐतिहासिक कहानियां जीवनियों के रूप में ही लिखी गई हैं। किसी काल-विशेष का सिलसिलेवार इतिहास प्रस्तुत करने के लिए भी बहुधा उस

काल के महत्वपूर्ण व्यक्तियों के जीवन की चुनी हुई घटनाओं को उसी क्रम में प्रस्तुत किया जाता है।

ऐतिहासिक कहानी में सामान्यतः निम्नलिखित विशेषताओं को आवश्यक माना जाता है

(1) कहानी में प्रामाणिकता का निर्वाह होना चाहिए। संवादों तथा अन्य सूक्ष्म विवरणों को लेखक अपनी ओर से कल्पित कर सकता है किंतु कुल मिलाकर कहानी में ऐतिहासिक सत्य का खंडन नहीं होना चाहिए। कहानी में खलनायक के प्रति पक्षपातपूर्ण रवैया अपनाना भी प्रामाणिकता के विरुद्ध है।

(2) भूतकाल को सजीव बनाने के लिए यथातथ्यपूर्ण सूक्ष्म वर्णन बहुत सहायक होते हैं। भाव और विभाव के सूक्ष्म वर्णन के बिना रसात्मक अनुभूति लगभग असंभव है।

(3) कथातत्व पर अधिक ध्यान दिया जाना चाहिए। कहानी का स्थान प्रमुख तथा ऐतिहासिक पृष्ठभूमि का स्थान गौण होना चाहिए।

(4) कहानी में केवल सफलताओं का ही वर्णन नहीं होना चाहिए। सफलता और असफलता, गंभीर संघर्ष और विनोदपूर्ण क्षणों के सम्मिश्रण से कथा की रोचकता एवं विश्वसनीयता बढ़ती है।

(5) भूतकाल की समस्याओं के माध्यम से वर्तमान काल की समस्याओं पर भी कुछ प्रकाश डाला जाना चाहिए।

बच्चों के लिए ऐतिहासिक कहानियां लिखने वालों के समक्ष कथावस्तु की कुछ अधिक समस्या नहीं होती क्योंकि अधिकतर ये कहानियां इतिहास की सुप्रसिद्ध घटनाओं पर आधारित होती हैं। किंतु लेखक भूले-बिसरे जीवन को बच्चों की दृष्टि में सजीव और मूर्त बनाकर तथा भूतकाल की घटनाओं की वर्तमान समस्याओं के संदर्भ में व्याख्या करके इन कहानियों में मौलिक सृजन कर सकता है। हिंदी के सुप्रसिद्ध शैलीकार रामवृक्ष बेनीपुरी ने विभिन्न ग्रंथों से विश्व-इतिहास की घटनाओं को चुनकर उन्हें समकालीन राष्ट्रीय आंदोलन के संदर्भ में बच्चों के लिए प्रस्तुत किया है। इसके अतिरिक्त कहानी कहने की उनकी अपनी विशिष्ट शैली है जो दूर से ही पहचानी जाती है जिसके कारण उनकी ऐतिहासिक कहानियों में मौलिक सृजन विद्यमान है। उनकी एक कहानी का प्रारंभ इस प्रकार होता है

"कहीं लहरों पर भी घोड़ा दौड़ाया जाता है? क्या गप कही आपने?"

"मैं कहता हूं आपका कहना भी ठीक है और मेरा कहना भी। दो विरोधी बातें हैं किंतु दोनों एक साथ ही सही हैं।"[32]

किंतु उनकी कहानियों का अंत भी परंपरा से बिलकुल अलग नई 'एप्रोच' का सूचक है जो निम्नलिखित उद्धरण से स्पष्ट हो जाता है

"अब एक नया सवाल सोनिया के सामने था। क्या वह बुढ़िया की लाश को वहीं छोड़कर भाग जाए? दिन अस्त हो चुका था लेकिन यह निर्जन स्थान था संभव है भेड़िया फिर लौटे या कोई दूसरा जानवर ही पहुंचे। उसने निश्चय कर लिया झटपट बुढ़िया की लाश कंधे पर रखी और गांव की ओर चल पड़ी।"[33]

जब कभी लेखक ऐतिहासिक व्यक्ति अथवा काल से प्रभावित होकर कोई कहानी लिखता है तो उसमें मौलिकता का तत्व स्वतः ही आ जाता है।

## (ङ) नवीन पशुकथाएं

पशु-पक्षियों की कथाएं बच्चों में हमेशा ही लोकप्रिय रही हैं। इसके कई कारण हो सकते हैं। सबसे बड़ा कारण तो संभवतः यह है कि पशु-पक्षियों के जीवन में बच्चा अपने जीवन की समस्याओं को प्रतिबिंबित देखता है अतः वह उनसे तादात्म्य स्थापित कर सकता है जो वयस्क के लिए प्रायः संभव नहीं होता। उदाहरण के लिए बच्चा पशुओं की तरह ही अपने को निस्सहाय और अकेला अनुभव करता है और अपने मन की भावनाओं को अभिव्यक्त करने में वह पशुओं की तरह असमर्थ होता है। पालतू पशुओं की कहानियों से बच्चे की अधिकार भावना की तुष्टि होती है और उसे एक सच्चा साथी मिल जाता है। इसके अतिरिक्त पशुओं में कुछ ऐसे महान मानवीय गुण होते हैं जिन्हें बच्चे अपने जीवन में भी प्राप्त करना चाहते हैं। उदाहरण के लिए, साहस, अन्याय और खतरे का सामना करने की शक्ति, अपने साथी तथा बच्चों के प्रति वफादारी और जीवन के प्रति अथक उत्साह आदि गुणों को बच्चा मनुष्यों में भी देखना चाहता है और स्वयं भी प्राप्त करना चाहता है।

पशुकथाओं को निम्नलिखित चार वर्गों में रखा जा सकता है

(1) मानवीय गुणों के प्रतीक स्वरूप पशुओं की कथाएं।
(2) मानवीय वेश-भूषा वाले खिलौना-पशुओं की कथाएं।
(3) मानवीय भाषा बोलने वाले वास्तविक पशुओं की कथाएं।
(4) यथार्थ पशुकथाएं।

**(1) मानवीय गुणों के प्रतीक स्वरूप पशुओं की कथाएं :** पंचतंत्र, हितोपदेश और ईसप की नीति कथाएं परंपरागत पशुकथाएं हैं और प्रायः सभी देशों में तथा सभी युगों में बच्चे इस प्रकार की कहानियों को पढ़ते अथवा सुनते आए हैं। इन कथाओं के पशु-पात्रों का अपना व्यक्तित्व नहीं होता। वे धूर्त, बुद्धिमान, चालाक, दुष्ट मनुष्यों के प्रतीक मात्र होते हैं। वे अपने पशु-गुणों के अनुरूप व्यवहार नहीं करते अपितु विशिष्ट प्रकार के मनुष्यों की तरह सोचते एवं व्यवहार करते हैं। नीति-शिक्षा और लोक-व्यवहार की शिक्षा देना इन कहानियों का मुख्य उद्देश्य होता है इसलिए इन्हें नीतिकथाएं भी कहते हैं।

इन परंपरागत नीतिकथाओं की शैली पर नवीन नीतिकथाएं भी लिखी जा सकती हैं। हिंदी में इस तरह की कहानियां अभी तक किसी ने नहीं लिखी हैं किंतु अंग्रेजी में थर्बर आदि कुछ लेखक इन कहानियों के लिए प्रसिद्ध हैं। अधिकतर इन कहानियों में सामाजिक व्यंग्य होता है जिसके कारण ये कहानियां प्रायः वयस्कों द्वारा ही आस्वाद्य होती हैं।

**(2) मानवीय वेशभूषा वाले खिलौना-पशुओं की कथाएं :** छह-सात वर्ष की अवस्था तक बच्चों को ये पशुकथाएं बहुत अच्छी लगती हैं। इनके पात्र अधिकतर खिलौने होते हैं जो बच्चों के लिए सजीव हो उठते हैं। इनमें खरगोश, कुत्ता, बिल्ली आदि पालतू पशु अथवा अन्य सुपरिचित पशु मानवीय वेश-भूषा में प्रकट होते हैं। वे न तो पूर्णतः पशुओं की तरह व्यवहार करते हैं और न विशिष्ट 'टाइप' के मनुष्यों के प्रतीक होते हैं। बहुधा ये पशु, सामान्य बच्चों की तरह ही व्यवहार करते हैं। इनका काम बच्चों को नीति-शिक्षा देना नहीं होता। बच्चों का मनोरंजन करना ही इनका प्रमुख काम होता है अतः इन्हें खिलौना पशुओं की कहानियां भी कहते हैं। अंग्रेजी के प्रसिद्ध लेखक ए.ए. मिल्ने ने तो वस्तुतः खिलौनों को ही अपनी कहानियों में रखा है। क्योंकि ये पशु बहुधा बच्चों की तरह ही व्यवहार करते हैं इसलिए इन्हें 'चिल्ड्रेंस इन फर' भी कहा जाता है। हिंदी में पं. कृष्णस्वरूप शर्मा ने अपनी इस प्रकार की कहानियों की पुस्तक का नाम *ऊने बच्चे* रखा है जो संभवतः 'चिल्ड्रेन इन फर' का ही अनुवाद है।

हिंदी में इस प्रकार की कहानियां संभवतः अंग्रेजी के प्रभाव से ही लिखी जाने लगी थीं। सन् 1950 से पहले शिशु ज्ञान मंदिर, प्रयाग और मिश्रबंधु कार्यालय, जबलपुर से इस प्रकार की कहानियां बड़ी संख्या में प्रकाशित हुई हैं। अदलू, बदलू, गज्जू, रीछू, मचलू आदि अजीब-अजीब नामों की इन कहानियों में हास्य-विनोद की भरपूर सामग्री है। हास्यपूर्ण चित्रों के कारण इनका आकर्षण और भी बढ़ गया है।

उदाहरण के लिए, मिश्रबंधु कार्यालय से प्रकाशित नर्मदा प्रसाद मिश्र की पुस्तक *जादू के खेल* में चतरू, मुस्सी, बदलू और अदलू नाम के पशु पात्र पिकनिक पर जाते हैं। *रीछू का कैमरा* नामक पुस्तक में रीछू को कहीं से कैमरा मिल जाता है जिससे वह अपने मित्रों के फोटो खींचता है। गणेशराम मिश्र की एक कहानी में गज्जू और गप्पू नाम के दो पात्र अनेक हास्यपूर्ण प्रसंगों से गुजरते हैं। गज्जू लेई से दीवार पर चित्र चिपकाता है। गप्पू उसकी लेई उठाकर ले जाता है किंतु अपनी टोपी वहीं छोड़ जाता है। गज्जू की टोपी से अब गप्पू की कूची ही चिपक जाती है क्योंकि वह टोपी को ही लेई का बर्तन समझ लेता है। गप्पू इससे खूब चिढ़ता है।

इस प्रकार की पशु कथाएं छोटे बालकों के लिए होती हैं अतः इनकी भाषा आदि छोटे बच्चों के उपयुक्त होनी चाहिए। भाषा-शैली का एक उदाहरण नीचे दिया जा रहा है

"एक थी चूहिया। उसका नाम था चुन्नी। वह बहुत सुंदर थी।

एक था चूहा। उसका नाम था मुन्नू। यह भी बहुत सुंदर था।

एक दिन गन्नू की दुकान पर अचानक दोनों की भेंट हो गई। मुन्नू ने चुन्नी से पूछा

"कहो कहां से आती हो?<br>
और किधर तुम जाती हो?"

चुन्नी ने कहा

"चूं चूं चूं!<br>
मैं काशी से आती हूं<br>
प्रयाग घूमने जाती हूं।"[34]

**(3) मानवीय भाषा बोलने वाले वास्तविक पशुओं की कथाएं :** इन कहानियों के पशु पात्र मनुष्यों के प्रतीक नहीं अपितु सच्चे पशु होते हैं। वे मानवीय भाषा का प्रयोग तो करते हैं किंतु ऐसा वे आपसी व्यवहार के लिए ही करते हैं। मनुष्य उनकी बातचीत को नहीं समझ सकता है। ये कहानियां अंशतः काल्पनिक और अंशतः प्राकृतिक विज्ञान पर आधारित होती हैं। मनुष्य की भाषा बोलते हुए भी इन कहानियों के पात्र अपने सहज गुणों के विरुद्ध आचरण नहीं करते हैं। इन कहानियों का सुंदर उदाहरण किपलिंग द्वारा लिखित जंगल की कहानियां हैं जिनके हिंदी में अनेक अनुवाद हो चुके हैं।

**(4) यथार्थ पशुकथाएं :** ये कहानियां एक तटस्थ द्रष्टा के विवरण के रूप में होती हैं। इस प्रकार की श्रेष्ठ कहानियां वे होती हैं जिनमें लेखक एक मजेदार

कथावस्तु के भीतर पशु और उसके पर्यावरण का वैज्ञानिक यथार्थता के साथ वर्णन करता है। ये पशु कोई भाषा नहीं बोलते किंतु उनकी विभिन्न आवाजों से सामान्य अर्थ निकाले जा सकते हैं। इन कहानियों का लेखक अपने पात्रों को मानवी भावों से प्रेरित होकर काम करने नहीं देता और न ही उन पर भावुकता का आरोप करता है। शिकार की कहानियां इसी वर्ग के अंतर्गत आती हैं किंतु इसमें ऐसी कहानियां भी आ सकती हैं जिनमें घोड़ा, कुत्ता, बैल आदि किसी पशु के जीवन-प्रसंग पूर्ण यथार्थता के साथ वर्णित हों।

## (च) फैंटेसी अर्थात नवीन परीकथाएं

फैंटेसी ग्रीक भाषा का शब्द है जिसका मूल अर्थ है किसी चीज को साकार करना अथवा मूर्त बनाना। इसका निर्माण करने वाली मन की वह शक्ति है जो दृश्य जगत् के परे की अदृश्य वस्तुओं को देखकर उन्हें रूप प्रदान कर सकती है। यह महान शक्ति सृजनात्मक कल्पना महान कवियों और भविष्यद्रष्टाओं के पास होती है। यह कल्पना आविष्कार की शक्ति से भी महान होती है क्योंकि यह अभाव से भाव का निर्माण कर सकती है। यह अदृश्य में प्रवेश करके उस सत्य का उद्घाटन करती है जो सामान्य मनुष्य की पहुंच के परे होता है।

इस प्रकार यह शब्द बहुत व्यापक है। इसके अंतर्गत वह समस्त साहित्य आ जाता है जिसमें एक अवास्तविक दुनिया का वर्णन होता है। परंपरागत फैंटेसी में समस्त परीकथाएं अथवा जादू की कहानियां, अलिफ लैला की कहानियां आदि आ जाती हैं। इस परंपरागत साहित्य को हमने परीकथाओं के अंतर्गत रखा है। फैंटेसी शब्द का प्रयोग हम यहां केवल उसी साहित्य के लिए कर रहे हैं जो परंपरागत फैंटेसी से भिन्न साहित्यकारों की मौलिक कल्पना का विषय है। इसे नया जादू अथवा नवीन परीकथाएं भी कह सकते हैं।

जैसा कि पीछे कहा जा चुका है फैंटेसी लेखक एक अवास्तविक दुनिया के माध्यम से उस सत्य की व्याख्या करता है जो साधारण मनुष्यों को नहीं दिखाई देता। यह व्याख्या दार्शनिक, धार्मिक अथवा व्यंग्यात्मक किसी भी प्रकार की हो सकती है। फैंटेसी के पात्र इस दुनिया के मनुष्य, पशु, पक्षी, अथवा खिलौने आदि जड़ पदार्थ भी हो सकते हैं और जिन्न, भूत, परियां, ग्रह-मानव आदि काल्पनिक पात्र भी, किंतु वह दुनिया इस दुनिया से बिलकुल भिन्न, विचित्र और काल्पनिक होनी चाहिए और उसके माध्यम से किसी सत्य का उद्घाटन होना चाहिए।

फैंटेसी देश और काल की सीमाओं से मुक्त साहित्य है। यह साहित्य विभिन्न कालों की सामाजिक परिस्थितियों और रूढ़ियों के कारण कभी पुराना नहीं पड़ता है।

फैंटेसी का आकर्षण सार्वजनीन और सार्वकालिक है किंतु बच्चों का यह बहुत प्यारा साहित्य है। परंपरागत परीकथाओं की लोकप्रियता इसका प्रमाण है। बात यह है कि फैंटेसी के रसास्वादन के लिए पाठक में जिस शक्ति की आवश्यकता होती है वह बच्चे में बिलकुल सक्रिय होती है किंतु वयस्क बहुधा उसे खो देता है। लिलियन स्मिथ ने इस शक्ति के विषय में लिखा है

> ''कहानी के आस्वादन के लिए जिन मानसिक क्षमताओं की आवश्यकता पड़ती है फैंटेसी में उनके अतिरिक्त एक और शक्ति अपेक्षित होती है। इसे छठी ज्ञानेंद्रिय कह सकते हैं। सभी बच्चों में यह शक्ति होती है किंतु वयस्क इसे बहुत पीछे छोड़ चुके होते हैं। किपलिंग की कहानी 'पक आफ पुक्स हिल' के अनुसार यह शक्ति पत्थर की दीवार के आर-पार देखने की शक्ति है (जो वस्तुतः परियों की शक्ति है)। कालरिज ने इसे 'स्वेच्छा से अविश्वास को निलंबित करने की क्षमता' कहा है। फैंटेसी के पाठक से केवल इतनी आशा की जाती है कि वह अपने अविश्वास को थोड़ी देर के लिए एक ओर रखकर लेखक की बात को सहानुभूतिपूर्वक सुनने के लिए तैयार हो।''[35]

दूसरे शब्दों में, यह कल्पना का साहित्य है और इसके आस्वादन की क्षमता इस बात पर निर्भर करती है कि पाठक की कल्पना कितनी प्रखर है। फैंटेसी में यह कहना ही गलत है कि अमुक बात असंभव है। इसमें असंभव को संभव मानकर ही चलना पड़ता है।

एलिजबेथ नेस्बित ने फैंटेसी की विशेषताओं की चर्चा करते हुए लिखा है

> ''फैंटेसी की सर्वप्रथम यह शर्त है कि उसमें विश्वसनीयता होनी चाहिए। असंभावना के भीतर संभावना, असंगति के भीतर एक संगति और स्वप्न के भीतर एक यथार्थता विद्यमान होनी चाहिए। अतः इसका सृजन एक ऐसी कल्पना का काम है जो स्वतंत्र होते हुए भी स्वनिर्मित सृष्टि के नियमों से आबद्ध होती है।.... फैंटेसी की दूसरी विशेषता है उसकी मौलिकता। फैंटेसी सफल तभी हो सकती है जब उसमें पाठक को प्रभावित करने की शक्ति हो, पाठक को प्रभावित वह तभी कर सकती है जब उसे पूरी ईमानदारी से लिखा गया हो और ईमानदारी से वह तभी लिखी जा सकती है जब उसमें लेखक के अपने मन और स्वभाव की अभिव्यक्ति हुई हो।''[36]

फैंटेसी लिखना कितना कठिन है इसका अनुमान रूथ हिल वीगर्स के निम्नलिखित शब्दों से लगाया जा सकता है

> "फैंटेसी बाल-साहित्य का संभवतः ऐसा क्षेत्र है जिसमें अधिकाधिक लेखक अपनी लेखनी आजमाते हैं और असफल होते हैं। चूंकि इसमें लेखक पर किसी भी प्रकार का बंधन दिखाई नहीं देता है इसलिए नए लेखक इसकी ओर जल्दी आकृष्ट हो जाते हैं जिसके परिणामस्वरूप परीकथाओं के अस्वाभाविक अनुकरण पर लिखी गई नीरस रचनाओं की संख्या बढ़ती है। किंतु अच्छी फैंटेसी के लिए विस्तृत ज्ञान, समझ-बूझ और अंतर्दृष्टि की आवश्यकता होती है। क्योंकि इसकी थीम तो कुछ मूलभूत स्वयं तथ्यों पर आधारित होती है किंतु उसका प्रतिपादन करने वाले पात्र किसी दूसरी दुनिया के प्राणी होते हैं, उसका वातावरण यथार्थता की सीमा के परे का वातावरण होता है और उसका काल इस यथार्थ विश्व के काल से भिन्न होता है। फिर भी इसकी कहानी तर्कसंगत होनी चाहिए, घटनाओं का क्रम औचित्यपूर्ण होना चाहिए, कथावस्तु चरमसीमा की ओर क्षिप्र गति से बढ़नी चाहिए और कहानी का अंत न्यायसंगत होना चाहिए।"[37]

फैंटेसी लिखना साधारण लेखक का काम नहीं है। इसके लिए लेखक में विस्तृत ज्ञान, गहन अनुभूति, अंतर्दृष्टि और एक महान कल्पना की आवश्यकता होती है। क्योंकि फैंटेसी का विषय धर्म, दर्शन, राजनीति, विज्ञान, सामाजिकता आदि कुछ भी हो सकता है अतः फैंटेसी के लेखक में इन गंभीर विषयों को बच्चों के हास्य और मनोरंजन के योग्य बनाने की क्षमता होनी चाहिए। इसके लिए लेखक को एक महान चिंतक और महान रचनाकार होना चाहिए। फैंटेसी में अवास्तविक दुनिया का अनर्गल प्रलाप मात्र नहीं होता है, उसकी नींव इस दुनिया के किसी सत्य पर टिकी होती है किंतु यह सत्य इस प्रकार छिपा हुआ होता है कि बच्चे उसकी ओर ध्यान दिए बिना ही कहानी का पूर्ण रसास्वादन कर सकते हैं। यदि किसी फैंटेसी की रचना के पीछे कोई सत्य निहित नहीं है तो वह रचना 'नान्सेंस' का उदाहरण हो सकती है किंतु फैंटेसी के अंतर्गत नहीं आ सकती। फैंटेसी का लेखक एक महान अन्योक्तिकार, व्यंग्यकार अथवा भविष्यद्रष्टा होता है।

डोरोथी नील व्हाइट ने फैंटेसी के लेखक की योग्यता के संबंध में निम्नलिखित विचार व्यक्त किए हैं

> "फैंटेसी का मूल स्रोत क्या है यह प्रश्न, संभव है, बहुत महत्वपूर्ण न हो किंतु मेरे विचार में यह सत्य है कि जिन व्यक्तियों के हृदय में अनेक दृश्यों और घटनाओं की स्मृतियां सुरक्षित हैं, जो बहुत से लोगों के संपर्क में आए हैं और जिन्होंने मनुष्य की कमजोरियों और मूर्खताओं का निकट से परिचय प्राप्त किया है वे तथ्यों और स्मृतियों के मेल से बहुत अच्छी फैंटेसी लिख सकते हैं।"[38]

फैंटेसी का सर्वोत्कृष्ट उदाहरण जोनाथन स्विफ्ट की 'गुलिवर की यात्राएं' हैं जिनमें महान व्यंग्यकार ने तत्कालीन सभ्य समाज पर तीव्र प्रहार किया है किंतु वह इतना सूक्ष्म है कि बच्चे गुप्त अर्थ की चिंता किए बिना ही कहानी का पूर्ण आस्वादन कर सकते हैं। इस प्रकार की फैंटेसी लिखना अत्यंत प्रतिभाशाली व्यक्ति का ही काम है।

**नवीन परीकथाएं :** फैंटेसी का बहु-सामान्य रूप नवीन परीकथाएं हैं। प्राचीन लोककथा-शैली में लिखी इन कहानियों में नवीनता और मौलिकता तभी आ सकती है जब उसमें अन्योक्ति आदि के माध्यम से वर्तमान जीवन को प्रतिबिंबित किया जाए। यह काम बहुत कठिन होता है क्योंकि कहानी पढ़ते समय पाठक को वर्तमान जीवन का बोध केवल अवचेतन मन से ही होना चाहिए। हिंदी में मनमोहन मदारिया ने *आज की लोककथाएं* नामक पुस्तक में नवीन परीकथाएं लिखने का प्रयास किया है किंतु उनमें लोकतंत्र आदि की शिक्षा इतनी स्पष्ट है कि पाठक उनके प्रति हमेशा जागरूक रहता है और फैंटेसी का वातावरण कृत्रिम सा लगता है।

हंस क्रिश्चियन एंडरसन को नवीन परीकथाओं का प्रथम लेखक कहा जाता है। उसकी कुछ कहानियां तो लोककथाओं का पुनर्कथन मात्र हैं किंतु उसकी मौलिक परीकथाएं वे हैं जिनमें उस अन्योक्ति के माध्यम से अपने जीवन के सुख-दुःख को अभिव्यक्त किया है।

नवीन परीकथा की रचना-प्रक्रिया पर प्रकाश डालते हुए डोरोथी नील व्हाइट ने लिखा है

> ''आधुनिक परीकथाओं के अधिकांश लेखकों में (जैसे हावर्ड पाइड, ई, नैस्बित, एलीनर फार्ज्योन आदि) लोककथाओं का अनुकरण (यदि उसे अनुकरण कहा जा सकता है तो) अवचेतन से हुआ है। बचपन में सुनी हुई कहानियों की धूमिल स्मृतियों से प्रेरणा ग्रहण करके उन्होंने अपनी बात कहने के लिए प्राचीन किंतु जीवित शैली को अपनाया।''[39]

**स्वप्न कथाएं** : फैंटेसी में पाठक को प्रत्यक्ष लोक से काल्पनिक लोक में ले जाने के लिए सामान्यतः 'स्वप्न' की विधि का आश्रय लिया जाता है। 'ऐलिस इन वंडरलैंड' से लेकर अब तक अनेक रचनाएं इस स्वप्न प्रक्रिया से लिखी गई हैं। हिंदी में शिवमूर्ति सिंह वत्स कृत *नन्हीं वीणा,* देवराज दिनेश कृत *किरण जादू के देश में* और कृष्णचंदर कृत *खरगोश का सपना में* इसी प्रक्रिया को अपनाया गया है। इस प्रकार की फैंटेसी को हम स्वप्नकथाएं भी कह सकते हैं।

**साहसिक कथाएं :** फैंटेसी का यह रूप बालकों में बहुत लोकप्रिय है। इसमें

असाधारण शक्ति और साहस वाले नायक की कहानियां होती हैं। बहुधा इस प्रकार की कहानियां जंगल, पर्वत, मरुस्थल आदि निर्जन प्रदेश को पृष्ठभूमि बनाकर लिखी जाती हैं। टार्जन आदि पात्रों की कहानियां इसी कोटि में आती हैं। हिंदी में कृष्ण-चंदर ने 'बहादुर बलराज' पुस्तकमाला में टार्जन जैसे एक नायक की कल्पना की है और उसकी कहानियां हिमालय की पर्वतमालाओं को पृष्ठभूमि बनाकर लिखी गई हैं। दयाशंकर मिश्र 'दद्दा' कृत *साहसी शेखू* की कहानी जंगल की पृष्ठभूमि पर लिखी गई है यद्यपि उसमें किपलिंग की कहानियों की छाया स्पष्ट है। इस प्रकार की कहानियों में यथार्थ और कल्पना का मिश्रण रहता है अतः इन्हें अर्ध-फैंटेसी कहना अधिक उपयुक्त है।

**वैज्ञानिक कथाएं :** फैंटेसी का यह नवीनतम रूप है। इसमें परीकथाओं के जादू का स्थान विज्ञान का जादू ले लेता है। ये कहानियां सामाजिक-राजनैतिक व्यंग्य, अद्भुत साहस, अथवा अन्य किसी भाव को लेकर लिखी जा सकती हैं किंतु उनमें जिस काल्पनिक संसार का निर्माण हो वह विज्ञान का संसार होना चाहिए। वैज्ञानिक फैंटेसी का काम वैज्ञानिक जानकारी देना नहीं होता, यह काम तो प्रत्यक्ष शैली में लिखी गई वैज्ञानिक पुस्तकें ही कर सकती हैं किंतु वैज्ञानिक वातावरण के निर्माण के लिए यह आवश्यक है कि ये कहानियां विज्ञान के कुछ मूलभूत तथ्यों पर आधारित हों तथा उनमें जो कुछ कहा जाए वह विज्ञान की दृष्टि से सही लगे। अधिकतर अंतरिक्ष, भूगर्भ अथवा सागर-तल की यात्राओं की कहानियां वैज्ञानिक फैंटेसी के अंतर्गत आती हैं क्योंकि अधिकांश पाठकों के लिए ये लोक-कल्पनालोक की तरह नए भी हैं और विज्ञान की नवीनतम खोजों के कारण विश्वसनीय भी हैं।

विज्ञान की छिटपुट जानकारी के आधार पर इस प्रकार की कहानियां नहीं लिखी जा सकती हैं। लेखक के लिए यह आवश्यक है कि वह विज्ञान की आत्मा से परिचित हो और विज्ञान की नब्ज पहचानता हो।

फैंटेसी के अंतर्गत आने वाली रचनाएं हिंदी बाल-साहित्य में अभी तक बहुत कम हैं। नवीन परीकथाएं लिखने का प्रयास कुछ लोगों ने किया है किंतु वे प्राचीन कथाओं के अनुकरण से आगे नहीं बढ़ पाए हैं। प्राचीन कथा-शैली में नई बात कहने वाले अथवा अपने जीवन को अभिव्यक्ति देने वाले लेखक हिंदी में अभी तक नहीं दिखाई देते हैं। साहसपूर्ण कथाओं के रूप में अर्ध-फैंटेसी की कुछ रचनाएं उपलब्ध हैं। किंतु वे टार्जन आदि कहानियों से अत्यधिक प्रभावित लगती हैं। दयाशंकर मिश्र 'दद्दा', शारदा मिश्र और शिवमूर्ति सिंह वत्स को नवीन परीकथाएं लिखने में कुछ सफलता मिली है। दद्दा की कहानी 'मुन्नी का छांप काका' को नवीन जादू कथा

का एक अच्छा प्रयास कहा जा सकता है। इस कहानी में मुन्नी नाम की एक गरीब लड़की को स्कूल के पंडित जी पीटते हैं और मुन्नी एक सांप को काका बनाकर पंडित जी को मजा चखाती है। इस कहानी में भाषा-शैली का आकर्षण भी है जो निम्नलिखित उद्धरण से स्पष्ट है

> ''छांप काका ने मुंह फाड़ा। कान की तरफ मुंह बढ़ाया। पंडित जी चिल्लाए हाय मेरा कान! छांप काका नाक की तरफ बढ़ा। पंडित जी चिल्लाए ओ मेरी नाक! पंडित जी घिघियाने लगे, ''मुन्नी मुझे छुड़ा दे। अब मैं कभी न पीटूंगा।''

और लड़के खुशी से गाने लगते हैं

> ''छांप काका फूं फूं फूं
> पंडित जी की हूं हूं हूं
> बड़े मजे की बात भैया
> अहा! मजे की बात भैया।''

## (छ) यथार्थ कहानी

यथार्थ कहानी से बच्चा अपने-आपको समझ सकता है और अपने को उन परिस्थितियों के अनुरूप ढाल सकता है, जिनमें वह रह रहा है। यथार्थ कहानी ऐसी कहानी है जिसमें जो कुछ घटता है वह संभव और विश्वसनीय होता है। यथार्थ कहानी में पात्र जो कुछ भी करें उस पर पाठक को पूरा विश्वास होना चाहिए ताकि वह नायक के साथ तादात्म्य स्थापित कर सके।

दूसरे शब्दों में, यथार्थ कहानी ऐसी कहानी है जिसके स्थान, पात्र, कार्य और भाव जीवन से लिये गए हों और हर तरह से संभव एवं विश्वसनीय हों।

यथार्थ कहानी का अर्थ सच्ची कहानी नहीं है। बच्चों के लिए सच्ची कहानियां ऐतिहासिक कहानियों और जीवनियों के रूप में दी जाती हैं। कभी-कभी जीवन में ऐसी घटनाएं भी हो जाती हैं जो कथा-कहानी से भी अधिक रोचक अथवा प्रेरणादायक होती हैं। इस प्रकार की कहानियां वयस्कों तथा बच्चों में समान रूप से लोकप्रिय होती हैं किंतु इन्हें भी सच्ची कहानी के अंतर्गत अथवा यथार्थ लोककथा के अंतर्गत रखा जा सकता है। बच्चों की यथार्थ कहानी से तात्पर्य उन कहानियों से है जिनमें बालकों का जीवन प्रतिबिंबित हो जिनके पात्र आदि बालकों के जीवन से लिये गए हों और जिनमें बालकों की दृष्टि से (मां-बाप, शिक्षक, सुधारक आदि की दृष्टि से नहीं) उनकी अपनी समस्याओं को उठाया गया हो। यथार्थ कहानी पारिवारिक जीवन

की हो अथवा युद्धभूमि की उसके नायक के साथ बालक का तादात्म्य होना आवश्यक है इसलिए उसका नायक या तो कोई बालक होना चाहिए अथवा कोई ऐसा व्यक्ति जिसके साथ बच्चे सहज भाव से तादात्म्य स्थापित कर सकें।

लोककथाएं, नीतिकथाएं और ऐतिहासिक-पौराणिक कथाएं तो समस्त समाज का साहित्य हैं किंतु बच्चों की अपनी कहानियां वही हो सकती हैं जो उनके जीवन को छूती हों। इस दृष्टि से यथार्थ कहानी को ही बालकों का असली साहित्य कहा जा सकता है। परंपरागत कथाओं से शैली और विषय-वस्तु में भिन्न होते हुए भी यथार्थ कहानी में कहानी मुख्य चीज है और बालकों के सीमित जीवन-क्षेत्र में अच्छी कथावस्तु की खोज करना बड़ा ही कठिन काम है।

**विभिन्न आयु-वर्गों के लिए यथार्थ कहानी :** यथार्थ कहानी सभी आयु-वर्गों के बालकों के लिए आवश्यक है। छह-सात वर्ष तक के बालकों को तो वस्तुतः उनके आस-पास के जीवन की यथार्थ कहानी ही दी जानी चाहिए। परीकथाएं अथवा अन्य प्रकार की कथाओं को इस आयु-वर्ग का बालक नहीं समझ पाता है। जैसा कि पीछे कहा जा चुका है सीमित जीवन-क्षेत्र से अच्छी कथा-वस्तु का निर्माण करना अत्यंत कठिन होता है इसलिए बहुधा लेखक इस आयु-वर्ग के लिए कहानी के स्थान पर भाषा के प्रयोग ही दे पाते हैं। ऐसी स्थिति में बहुधा लेखक अपनी कमजोरी पर पर्दा डालने के लिए बच्चों को इस प्रकार का साहित्य देने की वकालत करते हैं। अमरीका में इस लेखक-वर्ग पर टीका-टिप्पणी करते हुए मे हिल आर्बुथनाट ने लिखा है

> ''बीसवीं शताब्दी के दूसरे दशक के प्रारंभ में लूसी स्प्रेन मिचेल नामक महिला ने 'हियर एंड नऊ स्टोरी बुक' में इस बात की ओर लोगों का ध्यान आकृष्ट किया कि पांच वर्ष से कम अवस्था के बच्चे के लिए यथार्थ कहानी नाम की कोई चीज नहीं होती है। उसने कथा-वस्तु का बहिष्कार करके बच्चे के कार्यों पर ही ध्यान दिया और बच्चे की अपनी भाषा में पुस्तकें लिखीं जिनमें शब्द, स्पर्श आदि ऐंद्रिय क्रियाओं के शब्दों और वाक्यों की पुनरावृत्ति की भरमार थी। उसने बच्चों के लेखन की ऐसी शैली का सूत्रपात किया जिसमें बच्चे को कथा-वस्तु के स्थान पर 'पिटर पैटर' दिया जाता था। उसके अनुयायियों में मार्गरेट-वाइज ब्राउन गाडन मैक्डोनाल्ड प्रमुख है जिसने दो वर्षों में 54 पुस्तकें लिख डालीं।...1950 तक ऐसा लगने लगा था कि हम थीम और कथा-वस्तु से बिलकुल शून्य हो गए हैं और बच्चे को कहानी के स्थान पर 'भाषा के प्रयोग' तथा घटनाओं के स्थान पर 'पिटर पैटर' दे रहे हैं। इन पुस्तकों को पढ़ने से बच्चे को न तो स्वस्थ मनोरंजन मिलता है और न अतिरिक्त ज्ञान अथवा हास्य-विनोद की सामग्री ही मिलती है...इन पुस्तकों के लिए

किसी प्रतिभा की आवश्यकता नहीं होती क्योंकि न तो इनमें कथा-वस्तु का प्रवाह होता है और न चरित्रों का विकास आदि जिसके लिए बच्चे उत्सुक तथा प्रतीक्षातुर बने रह सकते हैं। कुछ वयस्क लोगों का कहना है कि इन पुस्तकों से बालक चकरा और उकता जाता है।''[40]

बाल्य जीवन की सर्वप्रथम कहानी ऐसी होती है जिसमें बच्चा स्वयं कहानी का नायक होता है। छोटा बच्चा अहंकेंद्रित होता है और हर बात को अपने संदर्भ में देखना चाहता है। वह अपने दैनिक जीवन की घटनाओं को कहानी में प्रतिफलित देखकर आनंदित होता है।

किंतु जब वह घर की सीमाएं छोड़कर समाज में प्रवेश करता है तो उसके सामने दूसरे लड़कों के साथ अपने को समंजित करने की समस्या पैदा होती है। उस समय उसे ऐसी कहानियों की आवश्यकता होती है जिनमें उसके स्कूल के जीवन तथा अन्य साथियों के साथ बिताए गए जीवन का चित्रण होता है। उसे अब अपने जैसे साथियों अर्थात अपनी उम्र के साथियों की आवश्यकता पड़ती है। मे लैंबर्टन बेकर का कहना है कि ''इस प्रकार की कहानियों की आवश्यकता केवल उन्हीं बच्चों को नहीं होती है जो अकेले होते हैं। एक परिवार के बच्चों में कुछ वर्षों का अंतर भी एक पीढ़ी का अंतर बन जाता है।''[41]

दस वर्ष की अवस्था के आस-पास बच्चा परीकथाओं के परीलोक से निकलकर अपने जीवन को यथार्थ रूप में समझने के लिए उत्सुक हो उठता है। ऐतिहासिक कहानियों तथा जीवनियों में उसका परिचय ऐसे व्यक्तियों से होता है जो इस संसार में वस्तुतः जीते थे अथवा जी रहे हैं। किंतु इन कहानियों का वातावरण उसके अपने वातावरण से भिन्न होता है अतः इन्हें भी उसकी अपनी कहानियां नहीं कहा जा सकता है। उसे अब ऐसी कहानियों की आवश्यकता पड़ती है जिनमें उसे लगे कि यह तो उसी के जीवन की अथवा उसके किसी साथी के जीवन की कहानी है।

इसके बाद तो यथार्थ कहानी का आकर्षण उत्तरोत्तर बढ़ता जाता है। वयस्क-साहित्य में इस प्रकार के साहित्य का आधिक्य होने के कारण भी यथार्थ कहानी-उपन्यास से उसका परिचय अत्यंत आवश्यक हो जाता है। किशोरावस्था में पहुंचकर तो वह ऐसी किसी पुस्तक को पढ़ने में संकोच करता है जो वयस्क-पुस्तक से किसी रूप में भिन्न दिखाई देती हो।

यथार्थ कहानी का बाल-साहित्य में क्या स्थान है इसे स्पष्ट करने के लिए बाल-साहित्य के तीन प्रसिद्ध समालोचकों के विचार उद्धृत करना पर्याप्त होगा

''कोई भी बच्चा औसत अथवा सामान्य बच्चा नहीं होता है। अतः इसमें कोई

आश्चर्य नहीं कि प्रतिभाशाली लेखकों को कहानी के लिए पर्याप्त सामग्री बाल्यजीवन में ही मिल जाती है तथा उन्हें कथा-वस्तु, रहस्य अथवा साहसिक तत्वों के लिए इधर-उधर भटकने की आवश्यकता नहीं पड़ती। अधिकांश लेखक अपने बचपन की स्मृतियों से सामग्री प्राप्त करते हैं किंतु प्रायः ये स्मृतियां अधूरी होती हैं जिसके परिणामस्वरूप वे बचपन को अत्यंत सुकुमार अथवा सुंदर बनाकर उसका आदर्शीकरण करने लग जाते हैं किंतु वे उस सत्य को नहीं दे पाते जिसकी बच्चों को आवश्यकता होती है और जिसके कारण कहानियों के पात्र सजीव हो उठते हैं। बच्चों के दैनिक जीवन की घटनाओं को लेकर उनमें अपनी स्मृतियों की सुगंध भरना और प्रत्यक्ष जीवन का नाटकीय आकर्षण लाना इने-गिने महान लेखकों का ही काम है।"[42]

"दैनिक जीवन की घटनाओं को बच्चों के लिए रोचक तथा प्रेरणादायक बनाने के लिए उच्च कोटि के रचना कौशल की आवश्यकता होती है। लेखक में सर्वप्रथम बच्चे के जन्मदिन, पिकनिक, खेलों आदि के विभिन्न अनुभवों से प्राप्त आनंद को ग्रहण करने तथा उसे अभिव्यक्त करने की क्षमता होनी चाहिए। यह योग्यता लेखक में तभी आ सकती है जब उसके मन में अपने बचपन की स्मृतियां ताजा हों।"[43]

"बच्चों के दैनिक जीवन की कहानियों में बच्चे की अपनी दुनिया का वर्णन होता है। इस प्रकार की कहानियां पाठकों को तभी आकृष्ट करती हैं जब वे अत्यंत प्रतिभाशाली लेखकों द्वारा लिखी जाती हैं अन्यथा बच्चे के जीवन का क्षेत्र अत्यंत सीमित होने के कारण ये कहानियां पिटी-पिटाई शैली की नीरस तथा खींच-तानकर गढ़ी गई कहानियां ही बन पाती हैं।"[44]

इसके अतिरिक्त दैनिक जीवन की कहानियों के लिए एक और खतरा होता है। बहुधा ये कहानियां समकालीन बच्चों की रुचि का विषय तो होती हैं किंतु बाद की पीढ़ियों के लिए उनका आकर्षण उत्तरोत्तर कम होता जाता है। इनमें से बहुत कम कहानियां बच्चों के साहित्य में स्थायी स्थान प्राप्त कर पाती हैं और ये बहुत उच्च कोटि का साहित्य होता है। इस प्रकार की रचनाओं में *लिटेल वुमन* और *टाम सायर* जैसी पुस्तकें आती हैं।

**यथार्थ कहानी के विविध रूप :** बाल्य जीवन के विभिन्न क्षेत्रों के अनुसार यथार्थ कहानी के अनेक भेद होते हैं। इनका संक्षिप्त परिचय नीचे दिया जा रहा है

***(1) पारिवारिक जीवन की कहानियां :*** बच्चा परिवार के संपर्क में सबसे पहले आता है और यह संपर्क हमेशा बना रहता है। इसीलिए पारिवारिक जीवन की कहानी उसकी सर्वप्रथम कहानी होती है। स्कूल-पूर्व की अवस्था में बच्चा वस्तुतः

पारिवारिक कहानी का आस्वादन ही कर पाता है। ज्यों-ज्यों उसके पारिवारिक संबंधों का विकास होता है, कहानी का क्षेत्र भी विकसित होता जाता है। नौ-दस वर्ष की अवस्था में वह पारिवारिक निर्भरता से मुक्त होने की दिशा में सोचने लगता है और किशोरावस्था में तो वह परिवार के प्रति कुछ विद्रोह का सा रवैया अपना लेता है। इस प्रकार परिवार के ढांचे में अपने आपको समंजित करने की आवश्यकता के कारण उसकी पारिवारिक कहानी का रूप जटिल होता जाता है। सामान्यतः पारिवारिक जीवन की कहानी में एक सदस्य के समूह में समंजन की समस्या अथवा परिवार के विभिन्न सदस्यों के परस्पर समंजन की समस्या अथवा समस्त परिवार के बदली हुई परिस्थितियों के साथ समंजन की समस्या का वर्णन होता है।

***(2) स्कूल-जीवन की कहानियां :*** बच्चों के परिवारेतर जीवन का अधिकांश भाग स्कूल में बीतता है इसलिए उनके यथार्थ साहित्य में स्कूल-जीवन की कहानियों की संख्या हमेशा अधिक होती है। स्कूल-जीवन केवल कक्षा के कमरे तक ही सीमित नहीं होता। वस्तुतः कक्षा के कमरे से बाहर का जीवन साहित्य की दृष्टि से अधिक महत्वपूर्ण होता है। पर्यटन, खेल आदि पाठ्यचर्येतर कार्यक्रमों से स्कूल-जीवन की कहानियों के लिए पर्याप्त सामग्री उपलब्ध होती है।

***(3) साहसिक कहानियां :*** यथार्थ जीवन की कहानियों में साहसपूर्ण कहानियों की मांग सबसे अधिक रहती है। दस-ग्यारह वर्ष की अवस्था में बालकों में एक नई शक्ति का संचार होने लगता है। उस समय साहसपूर्ण कहानियों में उनकी रुचि बढ़ जाती है। उनके भीतर की यह नव-शक्ति और स्फूर्ति बहुधा उग्र व्यवहार के रूप में व्यक्त होती है किंतु यदि उन्हें शक्ति और साहस भरी कहानियां पर्याप्त मात्रा में मिल जाएं तो उनके हृदय का बड़ा सा उफान इन कहानियों में बह जाता है। इस प्रकार साहसिक कहानी एक 'सेफ्टी बाल्व' का काम करती है।

मे वैंबर्टन बेकर कें शब्दों में, "अच्छी साहसिक कथा में न केवल कुछ घटना चाहिए अपितु घटते रचना चाहिए।"[45]

और लिलियन स्मिथ ने साहसिक कहानी के संबंध में निम्नलिखित विचार व्यक्त किए हैं

> "अच्छी साहसिक कहानी इस प्रकार लिखी जानी चाहिए कि पाठक उत्सुकता, जोखिम और सस्पेंस में बह जाए किंतु इसके साथ ही कहानी में स्थायी आनंद देने वाले तत्व भी विद्यमान रहने चाहिए। चरित्र-चित्रण, वातावरण, अच्छा उद्देश्य और कहानी कहने का कौशल आदि ऐसे तत्व हैं जो अच्छी कहानी को स्थायित्व प्रदान करते हैं।"[46]

***(4) रहस्य कथाएं :*** साहसपूर्ण कहानियों की तरह रहस्य-रोमांच की कहानियां भी दस-ग्यारह वर्ष की अवस्था के बाद बहुत लोकप्रिय होती हैं। रहस्य कथा की सफलता इस बात में है कि पाठक पुस्तक समाप्त करने तक यह न जान सके कि कहानी का अंत कैसा होने वाला है। रहस्य कथाओं का अर्थ सामान्यतः जासूसी कहानियां लिया जाता है किंतु रहस्य कथा कोई भी ऐसी कहानी हो सकती है जिसमें पाठक किसी रहस्य का पता लगाने के लिए सतत उत्सुक बना रहे। बालकों की रहस्य कथाओं के संबंध में मे लैंबर्टन बेकर ने निम्नलिखित विचार व्यक्त किए हैं

> ''अभिभावकों को यह बात ध्यान में रखनी चाहिए कि रहस्य कथाएं पढ़ने वाले बालक की रुचि अपराध में नहीं होती है। वह तो दृश्य और अनुमेय के पीछे छिपे हुए रहस्य की खोज के लिए आतुर होता है। उसकी स्थिति साहसिक कहानियों के पाठक की स्थिति जैसी ही होती है। बड़ों के लिए लिखी गई रहस्य कथाओं से बालकों के लिए लिखी गई रहस्य कथाएं इस रूप में भिन्न होती हैं कि इनमें भयानक कृत्य तथा अतिप्राकृतिक बातें नहीं होतीं और इसमें उत्तेजना का तत्व भी बहुत कम होता है।''[47]

कहानी में रहस्य का तत्व हमेशा ही आकर्षण का कारण रहा है और आगे भी रहेगा। किंतु जब केवल रहस्य के लिए असंख्य पुस्तकें लिखी जाती हैं तो पुनरावृत्ति की मात्रा बहुत अधिक हो जाती है और कहानियां बहुत घटिया स्तर की हो जाती हैं। यह स्थिति वयस्क साहित्य में भी है और किशोरों के साहित्य में भी।

***(5) प्रेम कथाएं (रोमांस) :*** बारह या चौदह वर्ष की अवस्था में लड़के साहसपूर्ण कहानियों में रमे रहते हैं किंतु लड़कियां प्रेम कथाओं की ओर झुकती हैं। मे हिल आर्बुथनाट ने प्रेम कथाओं के महत्व के विषय में निम्नलिखित विचार प्रकट किए हैं

> ''कुछ अध्यापक, पुस्तकाध्यक्ष और अभिभावकों का विचार है कि बारह या चौदह वर्ष के बालकों में पुस्तकें पढ़ने की योग्यता और सामाजिक परिपक्वता इतनी मात्रा में आ जाती है कि वे वयस्क साहित्य की चुनी हुई पुस्तकें पढ़ सकते हैं। संभवतः इसमें सच्चाई भी है। किंतु इस संक्रांतिकालीन अवस्था की बहुत सी लड़कियां लोकप्रिय पत्रिकाओं के वासनापूर्ण साहित्य पर टूट पड़ती हैं। इन लड़कियों को इस सस्ते साहित्य के स्थान पर ऐसी पुस्तकें दी जानी चाहिए जो उनमें प्रेम, विवाह और पारिवारिक जीवन के संबंध में स्वस्थ विचार पैदा कर सकें।''[48]

उपर्युक्त उद्धरण से यह स्पष्ट हो जाता है कि किशोरावस्था में प्रेमकथाओं की कितनी

आवश्यकता होती है। बहुधा लोग बाल-साहित्य के संदर्भ में 'प्रेमकथा' शब्द के प्रयोग से चौंक पड़ते हैं किंतु प्रेमकथाएं इस अवस्था के लड़के-लड़कियों के लिए बहुत आवश्यक होती हैं। यदि उन्हें अच्छी प्रेमकथाएं नहीं मिलेंगी तो वे सस्ते, अश्लील यौन-साहित्य पर टूट पड़ेंगे और अनेक विकृतियों के शिकार बनेंगे। इस तथ्य से साक्षात्कार मुझे तब हुआ जब मैंने 'जनक पुस्तक प्रतिष्ठान' में एक प्रयोग करते हुए यह देखा कि सोलह-सत्रह वर्ष के लड़के-लड़कियों ने चुने हुए सौ उपन्यासों में से (जिनमें शरतचंद्र के उपन्यास भी थे) *गुनाहों के देवता* को छोड़कर कोई उपन्यास नहीं मांगा और गुलशन नंदा, प्यारेलाल 'आवारा,' कुशवाहा कांत आदि के उपन्यासों को पढ़ने की ही इच्छा व्यक्त की।

वयस्कों की प्रेमकथाएं घोर पार्थिव होती हैं किंतु किशोरों को प्रेम का अपार्थिव और आदर्शीकृत रूप प्रिय होता है। प्रेम की पवित्र वेदी को किसी भी प्रकार से दूषित होते देखकर उनके मन में ठेस पहुंचती है।

यथार्थ कहानी में 'एक समय की बात है' की शैली उपयुक्त नहीं होती। मैंने एक कहानी का प्रारंभ इस प्रकार किया है

> "गोपाल जब दस वर्ष का था तभी से उसके दिल में तैरने का बेहद शौक पैदा हो गया था। सुकेती नदी की हंसती-खेलती और किलकारियां मारती हुई लहरें उसे जादू की तरह अपनी ओर आकर्षित करती थीं। जिस दिन उसने पहले-पहल सुकेती के दर्शन किए, वह सोचने लगा, 'ओह! कितना अच्छा होता यदि मैं भी तैरना जानता।' इसके बाद उसने तैरना सीखने के लिए बड़ी साधना की। किसी ने सलाह दी कि 'जीती मछली निगलने से तैरना आता है' और उसने झट नदी-किनारे पहुंचकर मछलियों के छोटे-छोटे बच्चे तलाश किए और तीन-चार एक साथ ही निगल गया। फिर यह जानने के लिए कि तैरना आया या नहीं, कपड़े उतारकर वह नदी में घुस गया। परंतु उसने अनुभव किया कि वह डूब रहा है। वह मौत से बचने के लिए हाथ-पांव पटकने लगा। कुशल यह हुई कि पास ही एक मछुआ मछलियां पकड़ रहा था। उसने झट से उसे बाहर निकाल लिया और एक चपत जमाते हुए पूछा, "क्यों वे, नदी में क्यों कूदा था?"

गोपाल को मन ही मन गुस्सा आ रहा था। उसने कहा, "तैरना सीख रहा था।"[49]

कहानी का उपर्युक्त प्रारंभ तो काफी शिथिल है। किंतु रहस्य कथा का प्रारंभ इस प्रकार होना चाहिए कि पाठक प्रारंभ की कुछ पंक्तियों में ही पूरी तरह कहानी के साथ बंध जाए। एक उदाहरण देखिए

> "घंटी की आवाज सुनते ही खेल के मैदान में भगदड़ मच गई। लड़के खेल छोड़कर

> अपने-अपने कमरों की ओर भागे। अशोक तो 'कबड्डी-कबड्डी' करता हुआ ही कमरे में पहुंच गया। डेस्क के नीचे पड़े हुए जूते पहनने के लिए वह जैसे ही झुका उसकी नजर अपनी पुस्तक पर पड़ी। पुस्तक औंधे मुंह पड़ी थी और उसका आधा भाग बीच से फटा हुआ था, ठीक वैसे ही जैसे हरीश, विनोद, आलोक और अतुल की पुस्तकें फटी हुई पाई गई थीं। वह चिल्ला उठा
> "भूत मेरी पुस्तक फाड़ गया।"
> लड़कों के तमतमाए हुए चेहरे भय के कारण एकदम फक पड़ गए। हरीश ने अशोक के हाथ से पुस्तक ली और सुरेश के आगे करते हुए बोला, "सुरेश! क्या तुम अब भी नहीं मानते कि यह किसी भूत का काम है?"[50]

हिंदी में यथार्थ कहानी की ओर अभी बहुत कम ध्यान दिया गया है। भूले-भटके कुछ कहानियां अवश्य लिखी गई हैं किंतु इन कहानियों के पृथक संग्रह अभी तक बहुत कम प्रकाशित हुए हैं। इन पंक्तियों के लेखक ने पिछले पंद्रह वर्षों में इस प्रकार की लगभग पचास कहानियां लिखी हैं जिनमें से कुछ *किशोर जीवन की कहानियां* नामक पुस्तक के दो भागों में प्रकाशित हो चुकी हैं। मेरा व्यक्तिगत मत है कि बच्चों के जीवन से घटना चुनकर कहानी लिखना अत्यंत कठिन काम है और इसमें एक अच्छा लेखक ही सफलता प्राप्त कर सकता है। यथार्थ कहानी शुद्ध साहित्यिक कहानी है। उसका मूल्यांकन कहानी के व्यापक मानदंडों के अनुसार होना चाहिए। इस कहानी का प्रारंभ, मध्य और अंत सभी कुछ परंपरागत कहानी से भिन्न होता है। यथार्थ कहानी से परिचय प्राप्त किए बिना बच्चा आगे चलकर उत्कृष्ट साहित्य के रसास्वादन से वंचित रह सकता है क्योंकि बिना पूर्वाभ्यास के वह उस साहित्य को समझने में असमर्थ रहता है।

## (इ) हिंदी बाल कहानी का विकास

सामान्यतः कविता को कहानी से प्राचीन विधा माना जाता है। विश्व के समस्त देशों के साहित्य में पहले कविता के रूप में ही साहित्य लिखा जाता था। हमारे यहां तो साहित्य के लिए काव्य शब्द का ही प्रयोग होता था। किंतु जहां तक बाल-साहित्य का संबंध है कहानी ने कविता की अपेक्षा पहले मान्यता प्राप्त की है। अंग्रेजी साहित्य में बच्चों के लिए विशेष रूप से लिखी गई सर्वप्रथम पुस्तक न्यूबेरी कृत *ए लिटेल प्रेटी बुक* में यथार्थ जीवन की एक रोचक कहानी है। फ्रांस के बच्चों का साहित्य से सर्वप्रथम परिचय पेराल्ट की परीकथाओं के माध्यम से हुआ था।

**शिशुकाल :** हिंदी में 1900 से पहले बच्चों के लिए विशेष रूप से लिखी गई कविता की कोई पुस्तक नहीं मिलती है। यद्यपि नागरी प्रचारिणी सभा के पुस्तकालय की पुस्तक-सूची में 1860 ई. में प्रकाशित बनवारी लाल गुप्त कृत *शिशुलोरी* नामक पुस्तक का तथा डा. माता प्रसाद गुप्त की पुस्तक *हिंदी पुस्तक साहित्य* में मुंशीराम लाल कृत *बालविनोद रामायण* (सन् 1879 ई.) का उल्लेख है किंतु चूंकि ये पुस्तकें उपलब्ध नहीं हैं अतः यह नहीं कहा जा सकता है कि इनमें बच्चों की मौलिक कविताएं हैं या इधर-उधर से इकट्ठे किए गए सरल पद्य हैं। किंतु कहानी से बच्चों का परिचय बहुत पहले हो गया था। हितोपदेश की कहानियां जो आगे चलकर बच्चों में बहुत लोकप्रिय हुईं, सर्वप्रथम सन् 1806 में लल्लूलाल जी कृत *राजनीति* नामक पुस्तक के रूप में हिंदी में प्रकाशित हुई थी। इसके बाद ईसाई धर्म-प्रचारकों द्वारा प्रकाशित स्कूलों की पाठ्य-पुस्तकों में भी बच्चों का कहानी से परिचय हुआ। 1850 के बाद जब हिंदीभाषी क्षेत्रों में शिक्षा का व्यापक प्रचार हुआ और राजा शिवप्रसाद 'सितारेहिंद' तथा उनके समकालीन अन्य लेखकों ने बड़ी संख्या में हिंदी में पाठ्य-पुस्तकें तैयार कीं तो उनमें भी बाल-साहित्य की कुछ प्रसिद्ध कहानियों का खुलकर प्रयोग किया गया। उस समय बाल-साहित्य की जिन पुस्तकों के अंशों का अधिकतर उपयोग किया जाता था उनमें श्री बद्रीलाल कृत *हितोपदेश* (संस्कृत से अनूदित) और *सहसरात्रि संक्षेप* (बंगला से अनूदित), वंशीधर कृत *सैंडफोर्ड और मार्टिन की कहानी* (अंग्रेजी से अनूदित) पुस्तकें उल्लेखनीय हैं।

उन्नीसवीं शताब्दी के अंतिम दो दशकों में बच्चों के लिए पाठ्य-पुस्तकों से भिन्न साहित्य लिखा जाने लगा था। सन् 1900 से पहले प्रकाशित इन पुस्तकों में राजा शिवप्रसाद 'सितारेहिंद' कृत *लड़कों की कहानी* (सन् 1876), वेंकटेश्वर प्रेस से प्रकाशित जाहिरसिंह वर्मा कृत *नल-दमयंती कथा* (सन् 1893) और सूर्यनारायण सिंह कृत *बलई मिश्र* (सन् 1899), पं. अंबिकादत्त व्यास कृत *कथा कुसुमकलिका* (सन् 1888), मुंशी देवी प्रसाद मुंसिफ कृत *विद्यार्थी विनोद* दो भाग (सन् 1889), नवल किशोर प्रेस से प्रकाशित *मनोहर कहानी* (सन् 1891), लक्ष्मीनाथ शर्मा कृत *शिशु मनरंजन* (सन् 1893), प्रताप नारायण मिश्र द्वारा बंगला से अनूदित *कथामाला* (सन् 1900) तथा ईसाई धर्मप्रचारकों की कुछ पुस्तकें आती हैं। ये समस्त साहित्य कहानी के रूप में हैं अतः हिंदी बाल-साहित्य में कविता की अपेक्षा कहानी की प्रतिष्ठा पहले हो चुकी थी।

शिशुकाल में पौराणिक साहित्य और नीति शिक्षा-प्रधान कहानियां ही प्रमुख रूप से दी गईं। प्रकाशकों का ध्यान सबसे पहले पौराणिक कथाओं की ओर गया।

ये कथाएं धार्मिक भावना के कारण न केवल बालकों के लिए अच्छी थीं अपितु नवशिक्षित ग्रामीण जनता तथा स्त्रियों में भी इनकी खूब खपत हो सकती थी। उधर सांस्कृतिक पुनर्जागरण की लहर भी काफी प्रबल थी, जिससे इस साहित्य को और भी बल मिला। इंडियन प्रेस, इलाहाबाद और रामनारायण लाल, इलाहाबाद ने अपने यहां से लगभग सभी पुराणों के बाल-संस्करण निकाले। संभवतः बाल-साहित्य के संबंध में उस समय लोगों की धारणा यह थी कि किसी भी पुस्तक को संक्षिप्त करके मोटे टाइप में छाप देने से वह बाल-साहित्य बन जाता है। पुराणों के बाल संस्करणों के लेखक के रूप में उस समय पं. रामजीलाल शर्मा तथा पं. द्वारका प्रसाद चतुर्वेदी के नाम विशेष रूप से उल्लेखनीय हैं। रामायण और महाभारत के बाल संस्करण तथा इन ग्रंथों से चुनी हुई कहानियों की पुस्तकें बालकों में निश्चय ही लोकप्रिय हुई होंगी। पुस्तक प्रकाशन की दृष्टि से ये पुस्तकें बाद की पुस्तकों से अच्छी ही थीं। पौराणिक कहानियों की अन्य पुस्तकों में प्रकाश देव कृत *महाभारत की मनोरम कहानियां* (बंगला से अनूदित), मिस अरुंडेल कृत *बालक विनोद*, ब्रजनंदन प्रसाद कृत *अभिमन्यु वध* उल्लेखनीय हैं। अंतिम पुस्तक सांस्कृतिक गौरव से प्रेरित होकर लिखी गई है अतः इसमें भाषा और भाव का विशेष आकर्षण आ गया है।

पौराणिक कहानियों के अतिरिक्त इस काल में नीतिपरक साहित्य बड़ी मात्रा में लिखा गया। पंचतंत्र, हितोपदेश, भोज प्रबंध और ईसप की कहानियों की अनेक पुस्तकें प्रकाशित हुईं जिनमें पं. द्वारका प्रसाद चतुर्वेदी कृत *हिंदी हितोपदेश*, सुंदरलाल द्विवेदी कृत *बालभोज प्रबंध*, आलेन जे. सी. कृत *पंचतंत्र की कहानियां* (अंग्रेजी से अनूदित), चित्रशाला प्रेस, पूना से प्रकाशित *ईसप नीति*, रूपनारायण पांडेय कृत *हिंदी हितोपदेश*, लाला भगवानदीन कृत *बाल कथामाला*, केदारनाथ भट्ट कृत *बाल हितोपदेश* और माधवप्रसाद कृत *नीति की कहानियां* गणनीय हैं। मुंशी देवी प्रसाद मुंसिफ ने *बहरोम बहरोज* नाम की पुस्तक में 'रोजेतुलसफा' की एक नीति-प्रधान कहानी दी जो हितोपदेश की कहानी की तरह ही अनेक नीति-कथाओं की लंबी शृंखला के रूप में है। नेशनल प्रेस, प्रयाग से शेख सादी के 'गुलिस्तां' का गद्य-पद्य अनुवाद प्रकाशित हुआ।

ऐतिहासिक कहानियां भी इस काल में काफी लिखी गई हैं। हरिदास माणिक कृत *राजपूतों की बहादुरी*, पं. द्वारका प्रसाद चतुर्वेदी द्वारा रूपांतरित *ऐतिहासिक कहानियां* और *मनोहर सच्ची कहानियां* इस विषय की अच्छी पुस्तकें हैं। जीवनियों के रूप में कुछ ऐतिहासिक कहानियां प्रस्तुत की गई हैं जिनमें मन्नन द्विवेदी गजपुरी कृत *भारत के प्रसिद्ध पुरुष*, गोपालराम शर्मा कृत *बाल पंचरत्न*, नंदकुमार देव शर्मा

कृत *बालवीर चरितावली,* मुंशी देवी प्रसाद मुंसिफ कृत *चमत्कारी बालक* और *होनहार बालक,* श्रोत्रियापूर्णा देवी कृत *भारत के आदर्श बालक* और ईश्वरी प्रसाद शर्मा कृत *बाल गल्पमाला* आदि पुस्तकें उल्लेखनीय हैं।

इस काल में बंगला के बाल-साहित्य से प्रभावित होकर कई पुस्तकें प्रकाशित हुईं। इंडियन प्रेस ने तो अधिकतर बंगला की पुस्तकों के अनुवाद ही प्रकाशित किए हैं। न केवल पौराणिक कहानियां अपितु अंग्रेजी साहित्य से अरेबियन नाइट्स की कहानियां तथा कुछ अन्य कथाएं भी हिंदी में बंगला से होकर आईं। अनूदित एवं रूपांतरित साहित्य में पं. द्वारका प्रसाद चतुर्वेदी द्वारा अनूदित *हिंदी आरब्योन्यास, ग्रीस और रोम की दंतकथाएं,* शिवसहाय चतुर्वेदी द्वारा प्रस्तुत *मनोरंजक कहानियां* और *सोने का चांद,* गिरिजा कुमार घोष द्वारा प्रस्तुत *लड़कों की कहानियां* भाषा तथा टाइप, पुस्तक प्रकाशन आदि की दृष्टि से अच्छी हैं।

शिशुकाल के उपर्युक्त साहित्य को कई दृष्टियों से महत्वपूर्ण कहा जा सकता है। अधिकांश लेखक हिंदी के जाने-पहचाने लेखक थे और उन्होंने लेखक की पूरी ईमानदारी के साथ लिखा है। संभव है ये लेखक बाल-साहित्य की मनोवैज्ञानिक बारीकियों से और विभिन्न आयु-वर्गों की आवश्यकताओं एवं क्षमताओं, शब्दावली, भाषा-चमत्कार आदि के नियमों से अपरिचित रहे हों किंतु शायद इसीलिए वे बच्चों को अपेक्षाकृत अच्छा साहित्य दे सके हैं। उन्होंने अपनी समस्त क्षमता और योग्यता के साथ बाल-साहित्य लिखा है। कहीं ऐसा नहीं लगता है कि उन्होंने बच्चों को अबोध और मूर्ख मानकर अपने स्तर से नीचे उतर कर लिखा है। पुस्तक सज्जा आदि की दृष्टि से भले ही इनका स्तर छोटा हो किंतु विषय-वस्तु की दृष्टि से ये पुस्तकें वर्तमान काल में प्रकाशित अधिकांश पुस्तकों से अच्छी हैं।

**बाल्यकाल :** यह काल बाल-साहित्यकारों के लिए सतत संघर्ष का समय था। ऐसा लगता था कि शिशुकाल के पैतृक संरक्षण से अपने आपको स्वतंत्र करके बाल साहित्य अपने पांव पर खड़ा होने का प्रयास कर रहा था। बाल-पत्रिकाओं में तीव्र प्रतियोगिता होने लगी थी जिसके लिए बड़ी मात्रा में विविध प्रकार का साहित्य लिखा जाने लगा था। किंतु बड़ी-बड़ी प्रकाशन संस्थाएं बाल-साहित्य के प्रकाशन को अलाभकर मानकर उसमें अधिक उत्साह नहीं दिखाती थीं। उधर सरकार की ओर से भी बाल-साहित्य को कोई विशेष प्रोत्साहन नहीं मिलता था। ऐसी स्थिति में बाल-साहित्यकारों के आगे यही रास्ता था कि वे सीधे अपने पाठकों अर्थात बालकों को अपनी ओर आकृष्ट करने का प्रयत्न करें।

बालकों में साहित्य के प्रति रुचि बढ़ रही थी जिसके बल पर पत्र-पत्रिकाओं

की संख्या में उत्तरोत्तर वृद्धि हो रही थी। इन पत्रिकाओं के लिए सामग्री जुटाने का काम अब काफी कठिन सा हो गया था। पौराणिक-ऐतिहासिक कहानियों और पंचतंत्र, हितोपदेश तथा ईसप की नीति-कथाओं को कब तक दूहा जा सकता था। अतः बाल-साहित्य के नए क्षेत्र की खोज करना आवश्यक हो गया था।

अंग्रेजी साहित्य में ग्रिम बंधुओं की परीकथाओं और एंडरसन आदि लेखकों की परीकथाओं की लोकप्रियता ने लेखकों का ध्यान भारतीय लोककथाओं और परीकथाओं की ओर आकृष्ट किया। लेखकों ने देखा कि न केवल नीति-कथाओं में अपितु परीकथाओं और अन्य प्रकार की लोककथाओं की दृष्टि से भी भारत अत्यंत समृद्ध देश है। परिणामस्वरूप लोककथाएं बड़ी मात्रा में लिखी जाने लगीं। इस काल में प्रकाशित कथा-साहित्य में लगभग 55 प्रतिशत लोककथाएं हैं जिनमें से 7 प्रतिशत शिक्षाप्रद कथाएं, 9 प्रतिशत हास्य-प्रधान कथाएं, 34 प्रतिशत परीकथाएं और शेष 5 प्रतिशत विविध प्रकार की अन्य लोककथाएं हैं। लोककथाओं की तुलना में अन्य प्रकार की कहानियां बहुत कम लिखी गईं। हितोपदेश, ईसप आदि की नीति-कथाओं की संख्या 6 प्रतिशत, ऐतिहासिक कहानियों की संख्या (जीवनियों को छोड़कर) 12 प्रतिशत, पौराणिक कहानियों की 7 प्रतिशत, मानवीय वेशभूषा वाले पशुओं की कथाएं 12 प्रतिशत, यथार्थ जीवन की कहानियां 3 प्रतिशत और वैज्ञानिक तथा यात्राओं आदि की साहसिक कहानियां 5 प्रतिशत लिखी गईं। इस कथा-साहित्य में अंग्रेजी, बंगला, मराठी, गुजराती तथा कुछ दक्षिण भारतीय भाषाओं के अनुवाद भी शामिल हैं। ये अनूदित पुस्तकें कुल कथा-साहित्य का लगभग 10 प्रतिशत हैं।

जैसा कि पीछे कहा जा चुका है परीकथाएं इस काल में सबसे अधिक लिखी गईं। मिश्रबंधु कार्यालय से अमृतलाल दुबे, आत्माराम देवकर, नर्मदाप्रसाद मिश्र, जहूरबख्श की पचासों पुस्तकें प्रकाशित हुई हैं। साधना सदन, इलाहाबाद से प्रकाशित रामनरेश त्रिपाठी कृत *बालकथा कहानी* (अनेक भाग) में तथा हिंदी पुस्तक एजेंसी से बैजनाथ केडिया द्वारा प्रकाशित *नानी की कहानी* (सात भाग) में इन कथाओं का बहुत बड़ा संग्रह प्रस्तुत किया गया है। ज्ञानलोक, प्रयाग के लिए भगवानदास अवस्थी ने, गंगा पुस्तकमाला के लिए वीरेंद्र कुमार पांडेय, लक्ष्मीनारायण टंडन, गिरिजाशंकर द्विवेदी ने, आदर्श पुस्तक मंदिर के लिए विष्णु देव तिवारी, गौरी शंकर मालवीय ने, हिंदी मंदिर, प्रयाग के लिए आनंद कुमार ने बड़ी संख्या में परीकथाएं लिखीं। इनके अतिरिक्त परीकथाओं के लेखकों में अशोक, कृष्णकांत तेलंग, गोपाल देवी, नारायण प्रसाद अरोड़ा, बाबूलाल भार्गव, बुद्धिभद्र दीक्षित, रामचंद्र द्विवेदी, रामरतन भटनागर, व्यथित हृदय, श्री विनोद, शंभुदयाल सक्सेना, शिवनाथ

सिंह शांडिल्य, श्रीनाथ सिंह, सत्यजीवन वर्मा और सुदर्शनाचार्य आदि लेखकों के नाम गणनीय हैं।

लोककथाओं के दोहन का एक अच्छा पहलू यह था कि इन कहानियों में से हास्य-विनोद की कहानियों को भी चुन-चुनकर बच्चों के लिए प्रस्तुत किया गया। मिश्रबंधु कार्यालय से प्रकाशित आत्माराम देवकर कृत *वीर बहादुर, नाक कटाइ,* नर्मदाप्रसाद मिश्र कृत *लुक्को मौसी, हाथीमार गीदड़* आदि पुस्तकें, बैजनाथ केडिया द्वारा लिखित *शेर का शिकार, लुटिया की करामात, मियां मुछंदर, काने की करतूत, चौपट चपेट, सवातीसमारखां, तीन तिकड़मी* आदि अनेक पुस्तकें, सुदर्शनाचार्य कृत *खोपड़े सिंह, तीसमारखां, बच्चू का ब्याह* आदि रचनाएं, भगवानदास अवस्थी कृत *चूहा चमन, गप्प की लकड़दादी, डंडे की मार भोजन की बहार, दुम कटा आदमी* आदि कई पुस्तकें, भूप नारायण दीक्षित कृत *गधे की कहानी* और *नटखट पांडेय,* प्रभुदत्त ब्रह्मचारी कृत *अलबेली कहानियां* और *रसभरी कहानियां,* राजेंद्रसिंह गौड़ कृत *गडबड़-झाला* और *नोंक-झोंक,* जगमोहन विकसित कृत *भोंदू,* पं. ठाकुरदत्त शर्मा कृत *बाप के घर पाप,* राजू दादा कृत *बिल्ली मौसी की कहानी,* वंशीधर मिश्र कृत *हुक्का हुआ, आओ हंसें हंसाएं* आदि रचनाएं हास्य-विनोद-प्रधान साहित्य के संदर्भ में उल्लेखनीय हैं। हास्य-विनोद के परंपरागत साहित्य में बीरबल की कहानियों का भी विशेष स्थान है किंतु इन रोचक कहानियों के संग्रहों में नंदकुमार मिश्र कृत *बच्चों के बीरबल* और शिवनाथ सिंह शांडिल्य कृत *बीरबल की कहानियां* आदि दो-एक नाम ही लिये जा सकते हैं।

हास्य-विनोद के संसार की खोज करने वाले इन लेखकों में बच्चों को नीति-शिक्षा अथवा महानता के प्रबोधनों से आक्रांत करने की प्रवृत्ति स्वभावतः कम थी इसीलिए इस काल में शिक्षा पर जोर देने वाली कहानियां अधिक नहीं लिखी गईं तथापि धार्मिक-नैतिक शिक्षापूर्ण कहानियां कुछ लेखकों ने लिखीं जिनका आधार बहुधा हितोपदेश और ईसप की कहानियां थीं। हितोपदेश पंचतंत्र के संस्करणों में धनीराम बख्शी कृत *बाल हितोपदेश,* संगमलाल अग्रवाल कृत *सरल पंचतंत्र,* सुंदरलाल शर्मा कृत *बाल पंचतंत्र* और ईसप की कहानियों की पुस्तकों में इंडियन प्रेस से प्रकाशित *ईसप की कहानियां* रामदहिन मिश्र कृत *ईसप नीतिकथा* और जहूरबख्श कृत *ईसप की कहानियां* उल्लेखनीय हैं। इसके अतिरिक्त रामनरेश त्रिपाठी, पं. सुदर्शन और व्यथित हृदय, गोपाल देवी, त्रिवेणी प्रसाद, नारायण प्रसाद अरोड़ा, रघुनंदन शर्मा, रामस्वरूप कौशल, लक्ष्मीनिधि चतुर्वेदी, शिवनाथ सिंह शांडिल्य आदि लेखकों ने भी नीति-शिक्षा-प्रधान कहानियां लिखी हैं। रामनरेश त्रिपाठी कृत

*बालकथा कहानी* में अनेक शिक्षाप्रद तथा रोचक कहानियां हैं।

ऐतिहासिक और पौराणिक कहानियों का महत्व इस काल में और भी बढ़ गया था। राष्ट्रीय भावना जन-जीवन में फैल चुकी थी और उसकी अभिव्यक्ति के लिए प्राचीन संस्कृति के गौरवपूर्ण प्रसंगों का वर्णन लेखकों का प्रिय विषय था। इसके अतिरिक्त साहस और रोमांचपूर्ण कहानियों के लिए भी लेखक अधिकतर ऐतिहासिक प्रसंगों पर निर्भर थे। देशप्रेम और राष्ट्रीयता की भावना से प्रेरित होकर एक प्रभावपूर्ण शैली में ऐतिहासिक कहानियां लिखने वालों में रामवृक्ष बेनीपुरी का नाम सर्वप्रथम आता है। उन्होंने देश-विदेश के इतिहास से ऐसे प्रसंगों को चुना जिनसे वीरता, साहस और देशभक्ति की प्रेरणा मिलती थी। उनकी रचनाओं में *बेटे हों तो ऐसे, बेटियां हों तो ऐसी, हम इनकी संतान हैं* आदि पुस्तकें प्रभावूर्ण शैली के लिए विशेष रूप से उल्लेखनीय हैं। इनके अतिरिक्त जहूरबख्श कृत *वीरों की सच्ची कहानियां, इतिहास की कहानियां, मनोहर ऐतिहासिक कहानियां,* नर्मदा प्रसाद मिश्र कृत *भारत के इतिहास की सरल कहानियां, भारत की पुण्य स्मृतियां,* काशीनाथ त्रिवेदी कृत *बलिदान की कहानियां,* इलाचंद्र जोशी कृत *ऐतिहासिक कहानियां,* गिरिजा शंकर वर्मा कृत *प्राचीन ऐतिहासिक कहानियां,* ए.वी. पांडे विद्याभास्कर शुक्ल कृत *ऐतिहासिक कहानियां,* राजा खलकसिंह जू देव कृत *सत्य कथा-संग्रह,* रामदहिन मिश्र कृत *राजपूतों की कहानियां,* व्यथित हृदय कृत *गुड़गुड़ी, तीर गुलेल, राजपूतों की गाथा, देशभक्ति की कहानियां* और *युद्ध की मनोरंजक कहानियां,* शालिग्राम वर्मा कृत *वीरों की कहानियां* और *हमारी कहानियां'* श्रीनारायण चतुर्वेदी कृत *ऐतिहासिक कहानियां,* डा. श्रीनाथ सिंह कृत *रस कथाएं,* इत्यादि रचनाएं भाव-भाषा आदि की दृष्टि से अच्छी कोटि की पुस्तकें हैं। रोचक कहानियों के साथ-साथ सिलसिलेवार इतिहास का चित्र प्रस्तुत करने वाली पुस्तकों में भगवतीशरण उपाध्याय कृत *विजयी भारत* और *बाल इतिहास* उल्लेखनीय हैं।

पौराणिक साहित्य में रामायण और महाभारत की कहानियों का ही आधिक्य रहा। इन दो महाकाव्यों के बाल-संस्करण इस अवधि में भी काफी प्रकाशित हुए जिनमें रामदहिन मिश्र, विद्याभास्कर शुक्ल, शिवनाथ राय, पं. सुदर्शन, गिरिजाकुमार घोष द्वारा प्रस्तुत *बाल रामायण और बाल महाभारत* विशेष प्रसिद्ध हुए हैं। पौराणिक कथाओं की अन्य पुस्तकों में कृष्णानंद जोशी कृत *सुर-असुरों की कथा,* गिरिजा कुमार वर्मा कृत *महाभारत की कहानियां,* देवीदत्त शुक्ल कृत *पंचसती,* बटुक सिंह कृत *महाभारत की कहानियां,* ठा. श्रीनाथ सिंह कृत *श्रीगणेश तथा अन्य कथाएं* गणनीय हैं। प्रफुल्लचंद्र ओझा ने बंगला से दिनेशचंद्र सेन और वि. वि. मजूमदार की चार

पुस्तकों (*वैदिक भारत, महाभारत, रामायण* तथा *पौराणिक भारत*) का अनुवाद किया। ये पुस्तकें बाल-शिक्षा समिति से प्रकाशित हुई हैं।

परीकथाओं तथा अन्य लोककथाओं की अपेक्षा ऐतिहासिक और पौराणिक कहानियों में मौलिक लेखन के लिए अधिक गुंजाइश थी अतः इस क्षेत्र की ओर अच्छे-अच्छे लेखक प्रवृत्त हुए। लगभग सभी लेखकों ने परिश्रम और मनोयोग के साथ कहानियां लिखी हैं अतः इन रचनाओं में साहित्यिक गुण भी मौजूद हैं और इनसे साहस तथा वीरतापूर्ण साहित्य की मांग की पूर्ति भी होती है। इस काल के ऐतिहासिक कथा-साहित्य की तुलना में वर्तमान काल का ऐतिहासिक साहित्य बिलकुल कमजोर लगता है।

बाल-साहित्य के निर्माण में नवीन प्रयास इस अवधि में अधिक नहीं हुए। यद्यपि अंग्रेजी भाषा के बाल-साहित्य की कुछ प्रसिद्ध रचनाएं हिंदी में अनूदित हुईं किंतु ये रचनाएं 'अरेबियन नाइट्स', ग्रिम की परीकथाओं, ग्रीस और रोम की पौराणिक कथाओं और ईसप की कहानियों आदि तक ही सीमित थीं। तथापि अंग्रेजी के बाल-साहित्य से प्रभावित होकर मानवीय वेश-भूषा वाले पशुओं की हास्य-प्रधान कहानियां इस काल में काफी लिखी गईं। इन नवीन पशुकथाओं में बिल्ली, खरगोश, मेंढक, हाथी, रीछ, भालू आदि सुपरिचित पशुओं को मानवीय वेश-भूषा में प्रस्तुत किया जाता था और उन्हें मनुष्योचित काम करते हुए दिखाया जाता था जिससे इन कथाओं में 'नान्सेंस' के तत्व का समावेश हो जाता था। इस प्रकार की कहानियां शिशु ज्ञान मंदिर और मिश्रबंधु कार्यालय से बड़ी संख्या में प्रकाशित हुईं। अमृतलाल दुबे कृत *चूं चं, चोर या चौकीदार, छोटी मेंढकी,* गणेशराम मिश्र कृत *गज्जू और गप्पू की कहानियां, टीपू और सुल्तान, मूसरचंद, अदलू और बदलू, खटपटी खरहा, इल और बिल की कहानियां,* नर्मदा प्रसाद मिश्र *कृत कैसा बुद्धू बनाया, खरहे की चालाकी, गज्जू का झूला, गज्जू का खिलवाड़, चूहाराम का सैरसपाटा, चूं चूं चाची, पुस्सी और पपी, बिल बदक, रीछू का कैमरा* आदि अनेक रचनाएं, शिक्षार्थी कृत *कुकडू कूं,* राजूदादा कृत *बिल्ली मौसी की कहानी* और *चूहा कांग्रेस,* सुदर्शनाचार्य कृत *बच्चू का ब्याह,* ठा. श्रीनाथ सिंह कृत *दोनों भाई,* राजेंदसिंह गौड़ कृत *म्याऊं की दावत,* रमेश भाई कृत *राजा चूं चूं चांग* आदि पुस्तकें इस संदर्भ में उल्लेखनीय हैं।

ये कहानियां छह-सात वर्ष के बालकों को बहुत अच्छी लगती हैं। यद्यपि ये पुस्तकें छपाई आदि की दृष्टि से इतनी बढ़िया नहीं थीं किंतु मजेदार प्रसंगों की योजना और हास्य-प्रधान चित्रों के कारण बच्चों में ये बहुत लोकप्रिय हुईं।

साहसिक कहानियों की बच्चों में हमेशा ही मांग रही है। इस प्रकार का

साहित्य बच्चों को इस अवधि में ऐतिहासिक कहानियों के रूप में ही दिया गया है। किंतु कुछ अन्य पुस्तकें भी लिखी गई हैं। इनमें काशीनाथ त्रिवेदी कृत *साहसी साकें* (अनूदित), गौरी शंकर मालवीय कृत *शाबास मुन्ने,* ज्योतिलाल भार्गव कृत *साहस और जीवट की कहानियां,* मुंशी प्रेमचंद कृत *कुत्ते की कहानी* और *जंगल की कहानियां,* व्यथित हृदय कृत *जंगल की कहानियां,* वीरेंद्र कुमार पांडेय कृत *जंगल में एक दिन,* रामदहिन मिश्र कृत *साहस के पुतले,* रामवृक्ष बेनीपुरी कृत *बेटे हों तो ऐसे* और *बेटियां हों तो ऐसी,* देवीमाधव सिंह कृत *भम्भस सरदार* (अनूदित) आदि रचनाओं के नाम गिनाए जा सकते हैं। प्रसिद्ध यात्रियों की कथाओं के रूप में भी कुछ साहसपूर्ण रचनाएं प्रकाशित हुई हैं जिनमें अधिकांश अंग्रेजी आदि से रूपांतरित हैं। इनमें ठाकुरदत्त मिश्र कृत *प्रसिद्ध यात्रियों की कथा,* पं. ठाकुर दत्त शर्मा कृत *ध्रुव यात्रा,* रामवृक्ष बेनीपुरी कृत *पृथ्वी पर विजय* और *पदचिह्न,* जगपति चतुर्वेदी कृत *भौगोलिक कहानियां,* बलदेव सिंह विशारद कृत *अंधकार के पथिक* (तीन भाग) विशेष रूप से उल्लेखनीय हैं।

यथार्थ जीवन की घटनाओं और समस्याओं को लेकर बालकों के लिए रोचक कहानी लिखना कठिन काम है। बालक लोककथाओं और परीकथाओं की इतिवृत्तमूलक शैली की कहानियां पढ़ने में तो अभ्यस्त होते हैं किंतु नई शैली में लिखी गई नित्यप्रति के जीवन की घटनाओं पर आधारित कहानियां वे तभी पढ़ सकते हैं जब रोचकता, शैली आदि की दृष्टि से वे उच्च कोटि रचनाएं हों। अधिकतर यथार्थ जीवन से चुने हुए असाधारण घटना वाले प्रसंगों अथवा आदर्शपूर्ण प्रसंगों को ही बालकों के उपयुक्त समझा जाता है किंतु ऐसी कहानियों को लोक-साहित्य के अंतर्गत ही लिया जाना चाहिए। यथार्थ जीवन की जिन कहानियों में बालकों के जीवन की अभिव्यक्ति होती है वही वस्तुतः यथार्थ बाल-साहित्य है। बाल्यकाल में बालकों के लिए यथार्थ जीवन का साहित्य बहुत कम दिया गया है। अमृतलाल नागर ने कुछ सुंदर कहानियां लिखी हैं जो *नटखट चाची* नामक संग्रह में संकलित हैं। ज्योतिर्मयी ठाकुर कृत *हंसी की कहानियां,* जहूरबख्श कृत *रानी बिटिया,* पुरुषोत्तमलाल जालान कृत *वन का राजा कौन* की कुछ कहानियां, वीरेंद्र कुमार पांडेय कृत *रसोई में भूत,* सूर्यदेव उपाध्याय कृत *सत्याग्रह* और नारायण प्रसाद अरोड़ा द्वारा लिखित कुछ कहानियां ही इस प्रकार के साहित्य में गिनाई जा सकती हैं। गंगाप्रसाद मिश्र कृत *बिगुल* और गोपाल सक्सेना पथिक कृत *बस कुछ न पूछो* रचनाएं भी यथार्थ जीवन पर आधारित हैं किंतु इनमें आदर्श का आग्रह आवश्यकता से अधिक हो गया है।

अन्य भाषाओं से बाल-साहित्य की अच्छी कृतियों के अनुवादों की ओर भी

लेखकों और प्रकाशकों का ध्यान रहा है। यद्यपि अनुवादों की संख्या अधिक नहीं है किंतु वर्तमान काल की तरह अंधाधुंध अनैतिक अनुवाद इस काल में नहीं हुए यह एक संतोष की बात है। अधिकांश अनुवाद अंग्रेजी और बंगला में किए गए हैं। बंगला भाषा के साथ हिंदी का हमेशा ही निकट संबंध रहा है जिसका श्रेय उत्तर भारत के कुछ बंगाली प्रकाशकों तथा लेखकों को है। इंडियन प्रेस से बंगला भाषा के बाल-साहित्य की बहुत सी पुस्तकों के अनुवाद प्रकाशित हुए हैं जिनमें *गुदड़ी के लाल, प्राचीन संसार की कहानियां, लकड़ी का घोड़ा, सोने का झरना* आदि अनेक पुस्तकें उल्लेखनीय हैं। प्रफुल्ल चंद्र ओझा ने दिनेशचंद्र सेन और वि.वि. मजूमदार की पौराणिक कहानियों के बहुत सुंदर अनुवाद प्रस्तुत किए हैं जो बाल-शिक्षा समिति, बांकीपुर से प्रकाशित हुए हैं। बंगला की एक प्रसिद्ध कहानी 'हुक्का हुआ' (जो अंग्रेजी कहानी 'रेनार्ड दि फाक्स' का रूपांतरण है) हिंदी में वंशीधर मिश्र ने अनूदित की है। अंग्रेजी से अनूदित रचनाओं में भूपनारायण दीक्षित द्वारा प्रस्तुत 'रेनार्ड दि फाक्स' का अनुवाद *दिलावर सियार*, ईश्वरीप्रसाद द्वारा प्रस्तुत 'किंग आफ दि गोल्डन रिवर' का रूपांतरण *सुनहरी नदी का राजा*, रामवृक्ष बेनीपुरी द्वारा प्रस्तुत *अमरकथाएं, संसार की मनोरम कहानियां*, विमला देवी द्वारा प्रस्तुत *विचित्र द्वीप* आदि रचनाएं गणनीय हैं। रामनाथ अय्यर ने *कथा कहानी, मर्यादा राम की कहानियां* और *सुंदर कहानियां* नामक पुस्तकों में दक्षिण की कुछ प्रसिद्ध कहानियां प्रस्तुत की हैं और काशीनाथ त्रिवेदी ने गुजराती के प्रसिद्ध बाल-साहित्य लेखक गिजूभाई की अनेक रचनाओं के सुंदर अनुवाद प्रस्तुत किए हैं।

यथार्थ कहानियों के अतिरिक्त कुछ अन्य क्षेत्रों में भी छिटपुट मौलिक प्रयास किए गए हैं। सुदर्शनाचार्य कृत *बिहारी की वीरता* और दयाशंकर मिश्र ददृदा कृत *रजिया का शेर दादा* और *मुन्ना का छांप काका* रचनाओं में नवीन फैंटेसी लिखने का प्रयास किया गया है। पुरुषोत्तमलाल जालान कृत *वन का राजा कौन* पुस्तक की इसी शीर्षक की कहानी में पशु-पात्रों के माध्यम से लोकतंत्र के आदर्श को प्रस्तुत करने का प्रयत्न किया गया है अतः इसे इस नीतिकथा का मौलिक प्रयास कह सकते हैं। बुद्धिभद्र दीक्षित कृत *नमक हराम* तथा विनोद कुमार कृत *बागड़बिल्ला* नामक रचनाओं में पशुओं के जीवन का यथार्थ वर्णन किया गया है।

वैज्ञानिक कहानियां इस काल में विशेष नहीं लिखी गईं। इस प्रकार की यत्किंचित् कहानियां वैज्ञानिकों और आविष्कारकों की जीवनियों के रूप में हैं जिनकी चर्चा जीवनियों के प्रसंग में की गई है।

**वर्तमान काल :** कथा-साहित्य का निर्माण वर्तमान काल में सबसे अधिक

हुआ है। संभवतः इसका कारण यह है कि यह काल गद्य-साहित्य का काल है। यह भी संभव है कि जहां कविता और नाटक पढ़ते समय बच्चों पर इन विधाओं के शिल्प का कुछ थोड़ा-बहुत बोझ पड़ता है वहां कहानी का आस्वादन वे सहज रूप से कर सकते हैं। कहानी में भी नए शिल्प वाली कहानियों की अपेक्षा वे परंपरागत लोककथाओं तथा नीतिकथाओं को सरलता से ग्रहण कर सकते हैं। संभवतः इसीलिए बच्चों में लोककथाएं और परंपरागत नीतिकथाएं बहुत लोकप्रिय होती हैं। दिल्ली पब्लिक लायब्रेरी के दैनिक पुस्तक इजरा के आंकड़ों से पता चलता है कि लोककथाओं की पुस्तकें बच्चों द्वारा सबसे अधिक पढ़ी जाती हैं और यह बात तेरह-चौदह वर्ष के लड़के-लड़कियों के विषय में भी कही जा सकती है। यह तथ्य हमारे बालकों की अभिरुचियों तथा उनके शैक्षिक विकास के पिछड़ेपन की द्योतक है। क्योंकि सामान्यतः बच्चे को दस वर्ष के बाद परीकथाओं की दुनिया से बाहर निकल आना चाहिए। हमारे यहां तो बच्चे तेरह-चौदह वर्ष की अवस्था में भी परीकथाओं के अतिरिक्त अन्य प्रकार के साहित्य को पढ़ने में अभ्यस्त नहीं हो पाते और फिर अचानक तोता-मैना के किस्सों जैसे सस्ते उपन्यासों पर टूट पड़ते हैं।

इस शोचनीय स्थिति के लिए लेखक, प्रकाशक और पुस्तक-विक्रेता तीनों उत्तरदायी हैं। यदि हम लोककथाओं और नीतिकथाओं के अतिरिक्त अन्य प्रकार का साहित्य (अच्छी कोटि का) पर्याप्त मात्रा में बच्चों को उपलब्ध कराते और उनका सही मार्गदर्शन करते तो हमारे बालकों का मानसिक स्तर इतना पिछड़ा हुआ नहीं होता।

स्वातंत्र्य काल के कथा-साहित्य में 35 प्रतिशत परीकथाएं, 10 प्रतिशत हितोपदेश, पंचतंत्र आदि की नीतिकथाएं, 20 प्रतिशत ऐतिहासिक-पौराणिक कथाएं, 5 प्रतिशत बौद्ध-जैन धार्मिक साहित्य तथा अन्य स्रोतों से ली गई कथाएं और 20 प्रतिशत अनुवाद-रूपांतरण हैं। इस प्रकार 90 प्रतिशत साहित्य पुनर्कथन, अनुवाद रूपांतरण से आया है और शेष दस प्रतिशत पुस्तकों में विविध प्रकार का अन्य साहित्य है। किंतु इसमें से भी अधिकांश साहित्य शिक्षा, आदर्श तथा उच्च भावनाओं को लादने के आग्रह के कारण बिलकुल मामूली स्तर का है। इस सर्वेक्षण में मैंने कहानी तथा उपन्यास की 480 पुस्तकों को चुना था जिनमें लोककथाओं में से कुछ ही पुस्तकों को ही लिया गया है तथा सामान्य ज्ञानवर्द्धक पुस्तकों को सम्मिलित नहीं किया गया है। विभिन्न अवस्थाओं के बालकों की आवश्यकताओं के अनुसार इस साहित्य को वर्गीकृत करने पर मैंने देखा कि इनमें से लगभग 400 पुस्तकें (83 प्रतिशत) नौ से बारह वर्ष के आयुवर्ग के लिए, 53 (11 प्रतिशत) छह से नौ वर्ष के आयुवर्ग के लिए, 17 (4 प्रतिशत) शिशुओं के लिए और 10 (2

प्रतिशत) किशोर वर्ग के लिए हैं। साधारणतया हितोपदेश, पंचतंत्र, ईसप आदि की नीतिकथाएं छह से नौ वर्ष के बालक के उपयुक्त होती हैं। लोककथाओं को भी बच्चा आठ वर्ष की अवस्था मे पसंद करने लग जाता है। किंतु इस आयुवर्ग के लिए जिस प्रकार की भाषा, चित्र आदि अपेक्षित होते हैं उनके अभाव में अधिकांश लोककथाओं को तीसरे वर्ग में रखना पड़ा है। शिशुओं के लिए चित्र कथाओं की हमारे यहां अभी-अभी शुरुआत हुई है और चिल्ड्रेंस बुक ट्रस्ट, नई दिल्ली, राजकमल प्रकाशन, दिल्ली और हिंदी प्रचारक पुस्तकालय, वाराणसी ने इस दिशा में कुछ प्रयास किया है। किशोर साहित्य के नाम पर हाल ही में कुछ पुस्तकें (विशेष रूप से उपन्यास) छपी हैं किंतु उनमें से अधिकांश बालकोपयोगी ही हैं। किशोर साहित्य के स्वरूप के विषय में अभी भली-भांति विचार भी नहीं हुआ है।

स्कूल पूर्व की अवस्था या छह वर्ष से कम अवस्था के बालकों को जो साहित्य दिया जाता है वह चित्र-पुस्तकों के रूप में होता है। इनमें चित्र मुख्य होते हैं और लिखित सामग्री गौण। इस प्रकार के साहित्य का प्रकाशन अभी हाल ही में होने लगा है। हिंदी प्रचारक पुस्तकालय, वाराणसी ने चित्र-पुस्तकों के प्रकाशन में सबसे पहले रुचि ली। चिल्ड्रेंस बुक ट्रस्ट ने अभी हाल ही में कुछ सुंदर चित्र पुस्तकें प्रकाशित की हैं। इनके अतिरिक्त कुदसिया जेदी कृत *अलबेली बछिया,* कुलभूषण कृत *मुन्नू के मित्र,* द्वारका प्रसाद माहेश्वरी कृत *अपने काम से काम,* बालबंधु कृत *अनिता सर्कस गई,* रमेश भाई कृत *नटखट पूसी,* हरीश कृत मुन्नू *किसान की दुनिया,* सस्ता साहित्य मंडल से प्रकाशित *खूब मिले,* हामिद अली खां कृत *बौने की खेती* आदि पुस्तकें छोटे बालकों की आवश्यकताओं की पूर्ति करती हैं। राजकमल प्रकाशन से जे. भारत दास कृत कुछ पुस्तकें तथा हेमकुंट प्रकाशन की कुछ पुस्तकें (अंग्रेजी से अनूदित) भी इस वर्ग में रखी जा सकती हैं।

'लोक' शब्द की अपनी सामयिक अपील के कारण लोककथाएं नवसाक्षर साहित्य, ग्रामीण साहित्य और बाल-साहित्य सभी योजनाओं में खप सकती थीं अतः लोककथाओं का उत्पादन इस काल में सबसे अधिक हुआ है। किंतु ढेर सारी लोककथाओं में कुछ पुस्तकें ही बच्चों की आवश्यकताओं को ध्यान में रखकर लिखी गई हैं। लोककथाओं में छोटे बच्चों के लिए जो कथाएं उपयुक्त होती हैं उनमें घटनाओं और संवादों की पुनरावृत्ति होती जाती है। इन कथाओं को संचयात्मक कथाएं कहा गया है। इस प्रकार की कहानियां हमारे लोक साहित्य में बहुत मिल जाएंगी किंतु इन कहानियों को छोटे बच्चों के अनुरूप बनाकर सुंदर चित्र युक्त संग्रह के रूप में प्रस्तुत करने की ओर ध्यान नहीं दिया गया है। रामनारायण

उपाध्याय की पुस्तक *चतुर चिड़िया में झूठी बिल्ली, चतुर चिड़िया* आदि कहानियां, बालकृष्ण एम.ए. की *हम कगरदास* नामक पुस्तक में कौवे और चिड़िया के बच्चों की एक कहानी, गौरी शंकर लहरी की पुस्तक *चिड़िया जीती राजा हारा* कहानी और विश्वमित्र शर्मा कृत *सुनो कहानी* की कुछ कहानियां संचयात्मक कथाओं के बहुत अच्छे उदाहरण हैं किंतु इन्हें बढ़िया संग्रहों में प्रस्तुत करने की आवश्यकता है। मानवीय भाषा बोलने वाले पशु पात्रों की कहानियां छोटे बच्चों में हमेशा लोकप्रिय होती हैं। इस दिशा में कुछ अधिक श्रम करने की आवश्यकता है। हेमकुंट प्रकाशन से छोटे बच्चों के लिए कुछ लोककथाएं प्रकाशित हुई हैं जिनमें से कुछ तो स्पष्ट अंग्रेजी के अनुवाद हैं। दयाशंकर मिश्र कृत *लुक्को मौसी*, भगत सिंह कृत *तीन भालू* और *मेमी बकरा*, शिवमूर्ति सिंह वत्स कृत *नटखट मेमना, नटखट चूं चूं* आदि कहानियां और बालभारती, इलाहाबाद से प्रकाशित *नई कहानियां, बैल के अंडे* आदि पुस्तकें इस संदर्भ में उल्लेखनीय हैं। शिवानी द्वारा लिखित *पशु-पक्षियों की लोककथाएं*, राजेंद्र शर्मा कृत *महाभारत के पशु-पक्षियों की कहानियां*, राममूर्ति मेहरोत्रा कृत *जानवरों की पौराणिक कथाएं* और गोविंद चातक कृत *पक्षियों की कथाएं* भी कुछ नवीनता लाने वाली हैं।

पशुकथाओं के अतिरिक्त हास्य-प्रधान लोककथाओं का चयन भी बाल-साहित्य की दृष्टि से बहुत महत्वपूर्ण है किंतु इस प्रकार की कहानियां लोककथा-संग्रहों में बिखरी हुई मिलती हैं। बुद्धि-विनोद की कहानियों के साथ उत्तर में बीरबल, दक्षिण में तेनाली राम तथा पूर्व में गोनू झा के नाम जुड़े हुए हैं। सत्यदेव चतुर्वेदी, कमला मेहरोत्रा, ओम प्रकाश बेरी, आनंद कुमार आदि कुछ लेखकों ने बीरबल की कहानियों को बच्चों के लिए प्रस्तुत किया है। मनोरमा मालवीय कृत *बीरबल का बेटा*, तेनाली राम की कहानियों की अच्छी पुस्तक है और मिथिला के गोनू झा की कहानियां भी शैल कुमारी द्वारा *पराग* पत्रिका में प्रस्तुत की गई हैं।

लोककथाओं में सर्वाधिक लोकप्रिय वर्ग परीकथाओं का है। इस प्रकार की लोककथाओं की रोचक सामग्री प्रचुर मात्रा में प्रस्तुत करने में जिन लेखकों का योगदान सराहनीय है उनमें स्व. जहूरबख्श, आनंद कुमार, रमेश चंद्र 'ग्रेम', योगराज थानी, संतराम वत्स्य, सावित्री देवी वर्मा, द्रोणवीर कोहली, गोकुल चंद्र, संत, रामकृष्ण शर्मा, बालकृष्ण एम.ए., जगन्नाथ शर्मा प्रभाकर, शिवमूर्ति सिंह 'वत्स', मनमोहन सरल, श्रीकृष्ण, योगेंद्र कुमार 'लल्ला', शांता संत, विष्णु दत्त विकल', बेनी प्रसाद मंजुल, प्रेम नारायण गौड़, भद्रसेन, शैलेश मटियानी आदि नाम उल्लेखनीय हैं।

इस काल में पंचतंत्र और हितोपदेश के कुछ बाल संस्करण निकले जिनमें

सुदर्शन कृत *बच्चों का हितोपदेश,* भारत सरकार के प्रकाशन विभाग से प्रकाशित विष्णु प्रभाकर द्वारा संपादित *सरल पंचतंत्र,* चिल्ड्रेंस बुक ट्रस्ट से प्रकाशित *पंचतंत्र की कहानियां* उल्लेखनीय हैं। सुदर्शन जी ने कथन शैली में कुछ नवीनता लाने का प्रयत्न किया है किंतु चित्र, छपाई, भाषा आदि की दृष्टि से यह पुस्तक तथा विष्णु प्रभाकर द्वारा संपादित पुस्तक नौ से बारह वर्ष के बच्चों के लिए हैं जबकि नीतिकथाओं का समय 9 वर्ष से पहले है। चिल्ड्रेंस बुक ट्रस्ट की *पंचतंत्र की कहानियां,* कमलेश कृत *बाल पंचतंत्र,* धर्मपाल शास्त्री कृत *सरल हितोपदेश* और शकुंतला देवी कृत *पंचतंत्र की कहानियां* छोटे बच्चों के लिए उपयोगी हैं। रामस्वरूप कौशल, विष्णुदत्त विकल तथा आनंद कुमार ने प्रचुर मात्रा में नीतिकथाएं बच्चों को उपलब्ध कराई हैं। वीणादर कृत *खरगोश गुसाईं* में कथन शैली के कारण नवीन आकर्षण आ गया है।

नीतिकथाओं के अतिरिक्त *वृहत्कथा, बेताल पच्चीसी, सिंहासन बत्तीसी* आदि ग्रंथों से और बौद्ध तथा जैन धर्म की कथाओं से भी लेखकों ने अपनी पुस्तकों के लिए सामग्री चुनी है। राजनाथ पांडेय, यशपाल जैन और व्यथित हृदय ने विक्रम की कथाएं तथा विमला पांडे और विराज एम.ए. ने कथा सरित्सागर की कुछ कहानियां दी हैं। जातक कथाओं में भारत सरकार के प्रकाशन विभाग से प्रकाशित *जातक कथाएं* नामक संकलन उल्लेखनीय है किंतु इन कहानियों के रचयिता के रूप में वर्तमान काल के अनेक लेखकों के नाम जोड़ देना कुछ समझ में नहीं आता। जातक कथाओं में बहुत-सी बातें ऐसी हैं जो धार्मिक दृष्टि से उचित होते हुए भी बाल-साहित्य में नहीं आनी चाहिए अतः इन कथाओं के चयन का काम बड़ी सावधानी से करना पड़ता है। कांता डोगरा की पुस्तक *वीर बौना* की कुछ कहानियां धार्मिक दृष्टि से ठीक होते हुए भी बच्चों के कोमल हृदय पर बुरा प्रभाव डाल सकती हैं। इस क्षेत्र में डा. जगदीश चंद्र जैन कृत *भारतीय कहानियां* (पांच भाग) बाल-साहित्य में नवीन वृद्धि करती हैं।

इतिहास और पुराण की ओर इस काल के लेखकों का झुकाव कम ही रहा है। 1950 से पहले इस प्रकार का साहित्य बड़ी मात्रा में लिखा गया था संभवतः इसलिए कि उस समय हमें प्राचीन गौरव से आत्मबल प्राप्त करने की बड़ी आवश्यकता थी। स्वातंत्र्य काल में हमने इतिहास, पुराण तथा अन्य धार्मिक स्रोतों से उन्हीं प्रसंगों को चुना जो सत्य, अहिंसा, शांति आदि की सामयिक धारणाओं के अनुकूल था। पौराणिक कहानियों में राजबहादुर सिंह कृत *तपस्वियों की कहानियां, देवताओं की कहानियां* आदि अनेक संकलन, विश्वंभर सहाय प्रेमी कृत रामायण के प्रसंगों की

कुछ कहानियां, राम प्रताप त्रिपाठी तथा करुणा त्रिपाठी कृत *ऋषियों-मुनियों की कहानियां,* विराज एम.ए. द्वारा लिखित *गाय और बाघ,* शंभुदयाल सक्सेना कृत *ऋषियों की कहानियां, देवताओं की कहानियां,* सतयुग की कहानियां आदि पुस्तकें सत्यदेव चतुर्वेदी कृत *मधुर कथाएं, ललित कथाएं,* हिमांशु श्रीवास्तव कृत *ज्ञानसरोवर,* सत्य नारायण व्यास कृत, *रामायण की विभूतियां,* प्राणनाथ वानप्रस्थी कृत *सरल महाभारत,* सत्यकाम विद्यालंकार कृत *सरल रामायण,* जगन्नाथदास प्रसाद मिश्र तथा प्राणनाथ वानप्रस्थी कृत कुछ पौराणिक जीवनियां उल्लेखनीय हैं। चिल्ड्रेंस बुक ट्रस्ट से भी अभी हाल ही में पौराणिक कहानियों के दो बहुत सुंदर संकलन प्रकाशित हुए हैं।

ऐतिहासिक कहानियों तथा जीवनियों की ओर लेखकों तथा प्रकाशकों का ध्यान विशेष रूप से चीनी आक्रमण के बाद गया। देश में वीरता के भाव जगाने की आवश्यकता महसूस हुई तो लेखकों ने उन वीरों-योद्धाओं को याद किया जिन्हें वे पहले शांति और अहिंसा के दौर में भुला चुके थे। अधिकांश कहानियां बच्चों के लिए नहीं अपितु साधारण जनता अथवा नवसाक्षरों के लिए लिखी गईं। फिर भी बच्चों की आवश्यकताओं की पूर्ति करने वाली काफी पुस्तकें प्रकाशित हुईं। गोकुल, चंद्र संत कृत *वीरता की अमर कहानियां* और *देश-विदेश के वीरों की अमर कहानियां,* चांद भाई कृत *साहस और देशप्रेम की कहानियां,* यादवेंद्र शर्मा 'चंद्र' कृत *झूठी आन,* नरसिंह राम शुक्ल कृत *हमारे वीर पुरखे,* मनोहर लाल वर्मा कृत *जीवन निर्माण की कहानियां,* रमेश नारायण तिवारी कृत *साहस की कहानियां,* हिमांशु श्रीवास्तव कृत *पूर्वजों की सीख,* रामकृष्ण वर्मा कृत *पुरखों की कथाएं,* प्रशांत कृत *इतिहास के पन्ने,* और *बलिदान की कहानियां,* मदन गोपाल सिंहल कृत *जय एकलिंग* और *वीरभूमि मेवाड़ की कहानियां,* शंकर सहाय सक्सेना कृत *वीरता की कहानियां* आदि पुस्तकें इस संदर्भ में उल्लेखनीय हैं।

हिंदी के प्रसिद्ध लेखक इलाचंद्र जोशी कृत *ऐतिहासिक कहानियां* तथा वृंदावनलाल वर्मा कृत *रश्मि समूह* और *अंबापुर के वीर,* किशोरों के लिए बहुत अच्छी पुस्तकें हैं।

इस काल में अनूदित साहित्य में काफी प्रगति हुई। लोककथाओं और परीकथाओं के अनुवादों के अतिरिक्त विश्व बाल-साहित्य की कुछ उत्कृष्ट कृतियां अनूदित होकर बच्चों को उपलब्ध हुईं। इंडियन प्रेस, इलाहाबाद तथा राजपाल एंड संस, दिल्ली ने बाल क्लासिक माला और रानी प्रकाशन, दिल्ली से किशोर गर्ग ने अंग्रेजी की कुछ प्रसिद्ध बाल पुस्तकों के अनुवाद प्रकाशित किए। हेमकुंट प्रेस, नई दिल्ली ने छोटे बच्चों के लिए कुछ बहुत अच्छी पुस्तकें प्रकाशित कीं। चिल्ड्रेंस बुक

ट्रस्ट की अधिकांश पुस्तकों को भी अंग्रेजी का अनुवाद कहा जा सकता है। इन अनुवादों के कारण किपलिंग, एंडरसन, स्काट, स्टीवेंसन, माइकेल सर्वान्ते, एलेक्जेंडर ड्यूमा, मार्क ट्वेन लुई केराल आदि प्रसिद्ध लेखकों की रचनाओं से बालकों का परिचय हुआ। किंतु मूल्य और पृष्ठों की एक निश्चित सीमा में बंधे रहने के कारण अधिकांश पुस्तकें संक्षेप कथासार बनकर रह गई हैं। हिंदी का अधिकांश वैज्ञानिक साहित्य अंग्रेजी से ही अनूदित अथवा रूपांतरित है। हाल ही में राजपाल एंड संस की सहायक संस्था शिक्षा भारती से ज्ञान-विज्ञान माला सीरीज में बहुत सुंदर पुस्तकें निकली हैं। राजकमल प्रकाशन का चौरंगा साहित्य अंग्रेजी की देन है। इसके अतिरिक्त बहुत सी अनूदित या रूपांतरित पुस्तकें मौलिकता का जामा पहनकर भी प्रकट हुई हैं। किंतु अन्य भारतीय भाषाओं की अच्छी पुस्तकों के अनुवाद की ओर काफी ध्यान नहीं दिया गया। बंगला से सुकुमार राय की पुस्तक (कंचन कुमार द्वारा अनूदित) *ऊटपटांग* और मलयालम से पी. नरेंद्रनाथ की पुस्तक (सुधांशु चतुर्वेदी और एन. परमेश्वरम् द्वारा अनूदित) *रामू मौत से खेला* बहुत सुंदर पुस्तकें हैं। बाल विनोद कार्यालय, बंबई से नागरदास पटेल तथा सुमति पटेल की और मयूर किताबें संस्था से मराठी बाल-साहित्य की कुछ अच्छी पुस्तकें अनूदित हुई हैं।

किंतु बाल-साहित्य का बहुत बड़ा क्षेत्र अभी तक अछूता पड़ा हुआ है जिसकी ओर लेखकों तथा प्रकाशकों का ध्यान नहीं गया। मानवीय वेश-भूषा और मानवीय भाषा वाले पशुओं की नवीन पशुकथाएं 1950 से पहले बड़ी मात्रा में लिखी गई थीं। इस क्षेत्र में मनोहर वर्मा कृत *भुलक्कड़ बिन्नी*, कृष्णचंद्र कृत *खरगोश का सपना* आदि कुछ इनी-गिनी पुस्तकें ही दिखाई देती हैं। यथार्थ पशु कथाओं के क्षेत्र में कंचन कुमार कृत *चल मेरे घोड़े*, कमला शर्मा कृत *हमारा साथी टीपू*, राधेश्याम मिशन कृत *भालू बोला* और पी. नरेंद्रनाथ कृत *रामू मौत से खेला* (अनूदित) आदि कुछ पुस्तकों से ही संतोष करना पड़ता है। शिकार की कहानियों में व्यथित हृदय कृत *हाथियों के वन में*, विराज कृत *हाथियों की खोज में*, रामानुजलाल श्रीवास्तव कृत *जंगल की सच्ची कहानियां*, अ.अ. अनंत कृत *बीहड़ जंगलों में*, रमेश नारायण तिवारी कृत *एक गोली दो शिकार*, सीताराम साह कृत *दिलचस्प कहानियां* और शिवनाथ सिंह शांडिल्य कृत *जान जोखिम की कहानियां* उल्लेखनीय हैं, इनमें से कुछ पुस्तकें किशोरों के लिए उपयुक्त हैं। इधर चिल्ड्रेन्स बुक ट्रस्ट ने हाथियों की कहानियों की दो पुस्तकें बड़ी सुंदर साज-सज्जा के साथ प्रकाशित की हैं किंतु इतिवृत्तात्मक शैली के कारण कहानियों में निखार नहीं दिखाई देता।

परीकथाओं के वातावरण में नई कहानियां (फैंटेसी) प्रस्तुत करने का प्रयास

जिन लेखकों ने किया उनमें शारदा मिश्र (नीलम और मसहरी की देवी, कैरम बोर्ड की परियां), दयाशंकर मिश्र ददूदा (मुन्नी का छांप काका और रजिया का शेर दादा), मनमोहन मदारिया (आज की लोककथाएं), शिवमूर्ति सिंह वत्स (नन्हीं वीणा, सुनहरी मछली, लाल हाथी आदि) उल्लेखनीय हैं। शिवमूर्ति सिंह वत्स, दया शंकर मिश्र ददूदा और शारदा मिश्र में विशेष रूप से नवीन फैंटेसी लिखने की कला का अच्छा विकास दिखाई पड़ता है।

यथार्थ जीवन के साहित्य की ओर हमारे लेखकों तथा प्रकाशकों ने बहुत ही कम ध्यान दिया है। यथार्थ साहित्य के नाम पर अधिकतर बच्चों के लिए ऐसी कहानियां दी गई हैं जिनमें या तो असाधारण घटना का आकर्षण है अथवा जिनसे साहस, वीरता, ईमानदारी आदि की शिक्षा मिलती है। इस प्रकार के शिक्षाप्रद एवं आदर्शपूर्ण यथार्थ साहित्य में प्रशांत कृत *सच्ची घटनाएं,* योगराज थानी कृत *नई-नई कहानियां,* विष्णु प्रभाकर कृत *जीवन पराग,* हरिदास माणिक कृत *बालचरों की बहादुरी* और *आत्मत्यागी वीर,* सुदर्शन कृत *फूलों का गुच्छा* और *पारस* की कुछ कहानियों की गणना की जा सकती है। इस प्रकार का साहित्य बच्चों का अपना साहित्य नहीं होता क्योंकि इसमें बच्चों की अपनी भावनाओं की अभिव्यक्ति नहीं होती है। बच्चों के जीवन से चुनी हुई घटनाओं के आधार पर अथवा उनकी अपनी समस्याओं को लेकर लिखी गई कहानियां नहीं के बराबर हैं। 1950 से पहले अमृतलाल नागर ने *नटखट चाची* नामक संग्रह में दो-तीन बहुत सुंदर कहानियां दी थीं। विष्णु प्रभाकर कृत *जब दीदी भूत बनी* और दुर्गावती सिंह कृत *पढ़ो और आगे बढ़ो* पुस्तकों को इस दिशा में सराहनीय प्रयास कहा जा सकता है। इन पंक्तियों के लेखक ने पिछले दस-बारह वर्षों की अवधि में बच्चों के यथार्थ जीवन और उनकी अपनी समस्याओं पर आधारित लगभग पचास कहानियां लिखी हैं जिनमें कुछ कहानियां दो संग्रहों के रूप में (किशोर जीवन की कहानियां), हिंदी ग्रंथ रत्नाकर, बंबई से 1956 में प्रकाशित हुई हैं। चिल्डेन्स बुक ट्रस्ट से प्रकाशित शंकर की पुस्तक *ननिहाल में गुजरे दिन,* चिरंजीलाल पाराशर कृत *पढ़े-लिखे मूर्ख* और ज्योतिलाल भार्गव कृत *सनी की करामात* भी इस वर्ग की सुंदर पुस्तकें हैं। यथार्थ बाल उपन्यासों की चर्चा आगे की गई है। किंतु इन इक्के-दुक्के प्रयत्नों से इस अभाव की पूर्ति नहीं होती। बच्चों की आवश्यकताओं के प्रति जागरूक देशों में अब बच्चों को जीवन का साहित्य अधिकाधिक मात्रा में दिया जा रहा है और हमारे यहां इस साहित्य की आवश्यकता ही महसूस नहीं की गई है।

ज्ञान-विज्ञान के विषय की इधर बहुत सी पुस्तकें प्रकाशित हुई हैं किंतु वे

अधिकतर सूचनात्मक हैं। कुछ पुस्तकों में वैज्ञानिक तथ्यों को कहानी की मिठास में लपेट कर बच्चों के गले उतारने का प्रयत्न किया गया है जो काफी दकियानूसी तरीका है। वैज्ञानिक कल्पना की कहानियों में चांद तथा अन्य ग्रहों की यात्राओं की कई पुस्तकें छपी हैं किंतु एक तो उनकी मौलिकता संदिग्ध है और दूसरे उनमें कल्पना की प्रखरता तथा वैज्ञानिक दृष्टि दोनों का अभाव है। रमेश वर्मा कृत *सिंदूरी ग्रह की यात्रा* और मेलाराम वफा कृत *चांद की यात्रा*, देवकुमार मिश्र कृत *बीमार चना*, धर्मपाल शास्त्री कृत *अंकुर का सपना*, अतहर परवेज कृत *नकली चांद*, शंकर सुलतान पुरी कृत *पप्पू की अंतरिक्ष यात्रा*, हिमांशु श्रीवास्तव कृत *मछली रानी का देश* (अनूदित), मनहर चौहान कृत *पूं पूं* तथा *रूपा और* लल्ली, स्वदेश कुमार कृत *चींटों का बदला*, रत्नप्रकाश शील कृत *समुद्र में सौ दिन* आदि पुस्तकें इस दिशा में सराहनीय प्रयास हैं। उपर्युक्त पुस्तकों में अधिकांश बाल-उपन्यास हैं।

किंतु यहां यह कहना अनुचित नहीं होगा कि जब तक वैज्ञानिक रहस्यों से साक्षात करने वाले व्यक्ति स्वयं लेखन के क्षेत्र में नहीं आएंगे, तब तक बच्चों के लिए अच्छा वैज्ञानिक साहित्य नहीं मिल सकेगा। इसके अतिरिक्त जब तक वैज्ञानिक विषयों के अध्ययन का माध्यम अंग्रेजी भाषा है तब तक हिंदी में तथा अन्य भारतीय भाषाओं में मौलिक वैज्ञानिक साहित्य का निर्माण असंभव है।

## (ई) उपन्यास

माध्यमिक स्कूल में पहुंचकर बालक सामान्यतः भाषा संबंधी कठिनाई को पार कर लेता है और बिना किसी की सहायता के पुस्तकें पढ़ने लगता है। इस अवस्था का बालक किसी भी काम को लगन और एकाग्रता से कर सकता है। एक स्थान पर बैठकर लंबे समय तक किसी भी काम को करने में वह समर्थ हो जाता है। इस समय उसे छोटी-छोटी कहानियों से संतोष नहीं होता अतः उसे एक ही विषय की अनेक पुस्तकों, धारावाहिक कहानियों तथा उपन्यासों की आवश्यकता पड़ती है। बालक की दृष्टि में उपन्यास एक लंबी कहानी मात्र है जिसका आस्वादन वह अपेक्षाकृत लंबे समय तक कर सकता है। वयस्क कहानी तराशी हुई, नपी-तुली रचना है जो नहर की तरह तीव्र गति से एक निश्चित दिशा की ओर बढ़ती है। इसके विपरीत वयस्क उपन्यास में मैदानी सरिता के समान विस्तार, शिथिलता और गांभीर्य होता है। बाल-उपन्यास में विस्तार तो होता है किंतु शिथिलता बालकों को सह्य नहीं होती

है। बाल-उपन्यास का कथानक तीव्र गति से आगे बढ़ना चाहिए। यदि रोचक घटनाएं तीव्र गति से एक-दूसरे के बाद आती जाएं तो बालक उपन्यास की लंबाई की चिंता नहीं करेगा। अपने मनपसंद नायक टार्जन, बेताल आदि की कहानियां धारावाहिक रूप से वह वर्षों तक पढ़ सकता है।

किंतु बालक केवल कहानी की लंबाई के लिए ही उपन्यास नहीं पढ़ना चाहता है। वह विस्तार में भी जाना चाहता है। अपने प्रिय नायक के पर्यावरण को वह समग्रता से जानना चाहता है। जीवन के प्रति अपनी दृष्टि का विस्तार करना चाहता है और जीवन को पृथक अंगों के रूप में नहीं अपितु समग्र रूप में देखना चाहता है। उपन्यास उसकी इस इच्छा की पूर्ति करता है।

**उपन्यास के भेद :** कहानी की तरह उपन्यास का वर्गीकरण भी कई दृष्टियों से किया जा सकता है। गठन की दृष्टि से बाल-उपन्यास के घटना-प्रधान और चरित्र-प्रधान ये दो मुख्य भेद हैं। घटना-प्रधान उपन्यासों की बालकों में हमेशा ही मांग रहती है। रहस्यकथापूर्ण उपन्यास भी वस्तुतः घटना-प्रधान उपन्यास का ही एक रूप है।

इसके अतिरिक्त बाल-उपन्यास के और भी भेद किए जा सकते हैं जैसे ऐतिहासिक उपन्यास, यथार्थ उपन्यास, साहसिक उपन्यास आदि। बालकों की दृष्टि से इन विभिन्न प्रकार के उपन्यासों की उपयोगिता की चर्चा कहानी के प्रसंग में की जा चुकी है।

**बाल-उपन्यास का विकास :** दादी-नानी से बालक ने लंबी कहानी अथवा शृंखलाबद्ध कहानियां तो सुनी होंगी किंतु उपन्यास से उसका परिचय अभी कुछ समय पहले ही हुआ।

हिंदी में बाल-उपन्यास का विकास सन् 1950 के बाद वर्तमान काल में ही हुआ है। सन् 1950 से पहले लंबी कहानियां तो पर्याप्त लिखी गईं किंतु उपन्यासों की संख्या बहुत कम है। वैसे मौलिक बाल-उपन्यासों का प्रारंभ सन् 1913 में प्रकाशित ब्रजनंदन प्रसाद मिश्र कृत *अभिमन्यु वध* से माना जा सकता है। इस पुस्तक में महाभारत की कहानी को उपन्यास की शैली में लिखा गया है। पुस्तक पर आर्यसमाज की विचारधारा का प्रभाव है किंतु दस वर्ष से ऊपर की अवस्था के बालकों के लिए यह अच्छी पुस्तक है। सन् 1917 में प्रकाशित अमीर अली मीर का उपन्यास *सदाचारी बालक* यथार्थ जीवन की एक सुंदर कृति है। धार्मिक भावना से प्रेरित होकर लिखे गए उपन्यासों में एस.जी. व्यास कृत *धर्मवीर हकीकत राय* भी उल्लेखनीय हैं।

मिश्रबंधु कार्यालय जबलपुर से विविध प्रकार का बाल-साहित्य प्रकाशित हुआ। यहां से प्रकाशित आत्माराम देवकर कृत *नंदू का झोंपड़ा* और *ढोंगी बाबा जी* नामक पुस्तकों को बाल-उपन्यास के अंतर्गत रखा जा सकता है यद्यपि इन पुस्तकों में जो समस्याएं उठाई गई हैं वे बच्चों की नहीं, सामान्य सामाजिक समस्याएं हैं। आचार्य महावीर प्रसाद द्विवेदी कृत *पांडव वनवास* महाभारत की कथा पर आधारित है। यह पुस्तक 1936 में दक्षिण भारत हिंदी प्रचार सभा से प्रकाशित हुई थी। पं. सुदर्शन कृत *रुस्तम सोहराब* उपन्यास इरान की प्रसिद्ध कहानी पर आधारित है और रोचक शैली में लिखा गया है।

सन् 1950 से पहले के बाल-उपन्यासों में विनोद कुमार कृत 'बागड़बिल्ला' (बालभारती, इलाहाबाद से प्रकाशित) और वीरेंद्र कुमार पांडेय कृत 'जंगल में एक दिन' (गंगा पुस्तकमाला से प्रकाशित) विषय-वस्तु और गठन आदि की दृष्टि से बच्चों के अधिक निकट हैं। *बागड़बिल्ला* में एक बाघ के बच्चे की यथार्थ कहानी है जो सर्कस के मालिक द्वारा पकड़ा जाता है और अनेक कडुवे-तीखे अनुभवों के बाद वापस जंगल में पहुंच जाता है। कहानी में पशु-जीवन का यथार्थ वर्णन हुआ है। दूसरी पुस्तक *जंगल में एक दिन* में दो लड़कियों के साहस की कहानी है जिन्हें जंगल में रात बितानी पड़ती है। शिकार-प्रसंग की योजना के कारण उपन्यास का आकर्षण बढ़ गया है।

अन्य भाषाओं से अनूदित रूपांतरित उपन्यासों में पं. सुदर्शन कृत *फूलवती,* वेणी माधव गुप्त कृत *शंकर,* वेणी माधव सिंह कृत *भम्भल सरदार,* द्वारका प्रसाद कृत *भटका साथी,* ईश्वरी प्रसाद कृत *सुनहरी नदी का राजा* तथा रामनारायण लाल, इलाहाबाद से सन् 1911 में प्रकाशित तथा यतींद्रनाथ सेन द्वारा द्वारा अनूदित *रिपवान विंकल* पुस्तकें उल्लेखनीय हैं।

सन् 1950 के बाद अंग्रेजी आदि विदेशी भाषाओं के प्रसिद्ध बाल-उपन्यासों के अनुवाद प्रकाशित हुए। इंडियन प्रेस, इलाहाबाद और राजपाल एंड संस, दिल्ली ने इस दिशा में योजनाबद्ध प्रयास किया। उनकी 'क्लासिक' माला में वे रचनाएं सम्मिलित हैं जो समस्त विश्व का बाल-साहित्य बन चुकी हैं। इस प्रकार मार्क ट्वेन, वाल्टर स्काट, चार्ल्स डिकेंस, स्टीवेंसन, जुलिस बर्ने, एलेक्जेंडर ड्यूमा, किपलिंग, एंडरसन आदि अनेक प्रसिद्ध लेखकों की रचनाएं प्रकाशित हुईं। इडियन प्रेस की पुस्तकों में मूल पुस्तक का सौंदर्य अपेक्षाकृत अधिक मात्रा में विद्यमान है क्योंकि ये संक्षिप्त अनुवाद हैं। राजपाल एंड संस की पुस्तकमाला का उद्देश्य बच्चों को विश्व की श्रेष्ठ कृतियों की झलक देना तथा उनके प्रति बच्चों में उत्सुकता जगाना

है। इन पुस्तकों को अनुवाद के बजाय पुनर्कथन कहना अधिक उपयुक्त होगा। इस पुस्तकमाला की अधिकांश पुस्तकें श्रीकांत व्यास ने तैयार की हैं। ये दोनों पुस्तकमालाएं बच्चों में बहुत लोकप्रिय हुई हैं।

इंडियन प्रेस तथा राजपाल एंड संस के अतिरिक्त अन्य कई प्रकाशकों ने भी प्रसिद्ध उपन्यासों के अनुवाद प्रकाशित किए हैं। किशोर गर्ग ने रानी प्रकाशन की स्थापना करके प्रसिद्ध उपन्यासों के अनुवाद प्रकाशित करने का काम शुरू किया। इन उपन्यासों में भी संक्षिप्तीकरण के आग्रह के कारण मूल पुस्तक का सौंदर्य नहीं आ पाया यद्यपि *भेड़िया बालक* की भूमिका में प्रकाशक एवं अनुवादक ने किपलिंग की बिखरी हुई कहानियों को उपन्यास का रूप देकर अधिक आकर्षक बनाने का दावा किया है। हेमकुंट प्रकाशन, नई दिल्ली ने भी अनेक प्रसिद्ध उपन्यासों के अनुवाद प्रकाशित किए हैं।

इन अनूदित उपन्यासों की सफलता को देखते हुए मौलिक उपन्यास लिखने के लिए बड़े जोर-शोर से प्रयत्न शुरू हुए। आत्माराम एंड संस, दिल्ली से प्रकाशित सत्यप्रकाश अग्रवाल का उपन्यास *एक डर पांच निडर* सुंदर मौलिक कृति है। इसके अतिरिक्त उनके यहां से अरविंद गुर्टू कृत *कहां आ गए,* राबिन शॉ पुष्प कृत *सोन जूही और बौने,* द्रोणवीर कोहली कृत *करामाती कद्दू, बनवासी बच्चे,* राजगोपाल मधुर कृत *कच्छू-बच्छू* आदि अनेक उपन्यास प्रकाशित हुए। नेशनल पब्लिशिंग हाउस, दिल्ली ने भी ताजवर सामरी कृत *बालिश्तिया,* शिवमूर्ति सिंह वत्स कृत *लाल हाथी* और *नन्हीं वीणा,* देवराज दिनेश कृत *किरण जादू के देश में,* जगन्नाथ प्रभाकर कृत *मौजी शंकर,* कमला शर्मा कृत *हमारा साथी टीपू* आदि कुछ छोटे-छोटे उपन्यास प्रकाशित किए किंतु इन्हें उपन्यास के बजाय कहानियां कहना ही अधिक उपयुक्त होगा। हेमकुंट प्रकाशन से प्रकाशित राबिन शा पुष्प कृत *कांच का रास्ता* तथा *चाचा चंदेल* और शिवमूर्ति सिंह वत्स कृत *सुनहली मछली* भी मौलिक उपन्यासों के छिट-पुट प्रयास के उदाहरण हैं।

मौलिक उपन्यासों के क्षेत्र में उमेश प्रकाशन, दिल्ली का योगदान सबसे अधिक है। उनके यहां से मनहर चौहान, उमाशंकर, विश्वमित्र शर्मा आदि लेखकों के अनेक ऐतिहासिक उपन्यास प्रकाशित हुए हैं। इसके अतिरिक्त इस संस्था ने शेक्सपियर के नाटकों पर आधारित उपन्यास तथा कुछ वैज्ञानिक विषयों के मौलिक उपन्यास भी प्रकाशित किए हैं। भारतीय साहित्य मंदिर, दिल्ली तथा नेशनल पब्लिशिंग हाउस के यहां से भी प्रेमचंद महेश, व्यथित हृदय, भगवतशरण उपाध्याय आदि के ऐतिहासिक उपन्यास प्रकाशित हुए हैं।

शकुन प्रकाशन, दिल्ली की स्थापना भी उमेश प्रकाशन की तरह ही केवल बाल-साहित्य के प्रकाशन के उद्‌देश्य से हुई है। इस संस्था ने बहुत थोड़े समय में ही एक सौ के लगभग पुस्तकें प्रकाशित की हैं जिनमें कुछ उपन्यास भी हैं। किंतु पुस्तक के सीमित आकार के आग्रह के कारण ये उपन्यास भी पंगु ही लगते हैं।

कुल मिलाकर हिंदी बाल-उपन्यासों के क्षेत्र में अभी बहुत सा काम शेष है। विदेशी भाषाओं के अच्छे उपन्यास अनूदित हुए हैं किंतु अधिकांश अनुवादों में मूल पुस्तक का सौंदर्य नहीं है। ऐतिहासिक उपन्यास काफी संख्या में प्रकाशित हुए हैं किंतु इनमें प्रसिद्ध कहानी के पुनर्कथन के अतिरिक्त नवीन एवं मौलिक कल्पना नहीं दिखाई देती।

यथार्थ जीवन के उपन्यासों में अभी तक आदर्शवाद और अस्वाभाविक वीरता के कथानकों का ही बोलबाला है। इन उपन्यासों में कमल शुक्ल कृत *गुंजाल,* गोविंद सिंह कृत *हथेली पर हिमालय,* मनहर चौहान कृत *सुबह के पंछी,* विमल शर्मा कृत *एक छोटा सिपाही,* शंभू विकल कृत *गर्मी की छुट्टियों में,* हिमांशु श्रीवास्तव कृत *जगमग दीप जले* और हरिकृष्ण दास गुप्त 'हरि' कृत *बदला* उल्लेखनीय हैं। यथार्थ जीवन के स्वाभाविक तथा समस्या-प्रधान उपन्यासों में कृष्ण मोहन कृत *वह संपेरा था,* पदुमलाल पुन्नालाल बख्शी कृत *भोला,* राबिन शा पुष्प कृत *कांच का रास्ता,* विमला लूथरा कृत *मां की सहायता* और स्वदेशकुमार कृत *गुलेल के टुकड़े,* सत्य प्रकाश अग्रवाल कृत *एक डर पांच निडर,* नाथूराम खड्गावत कृत *तैमूर का लकड़दादा,* विमल राय कृत *दादा का प्यार* अच्छी कृतियां हैं। साहस तथा रहस्य-रोमांचपूर्ण उपन्यासों का अभी अभाव ही है। व्यथित हृदय कृत *प्रेत के घर में,* हरिकृष्ण देवसरे कृत *डाकू का बेटा,* अरुण कृत *भूत भाग गया* (रूपक कथा), मोहरलाल नेहरू कृत *प्रेतनगर,* और हरीश नायक कृत *कच्छू-बच्छू* (फैंटेसी) को इस वर्ग के अंतर्गत रखा जा सकता है। कृष्णचंदर कृत *बहादुर बलराज* (चार भाग) और दयाशंकर मिश्र कृत *साहसी शेखू* का साहसपूर्ण उपन्यासों में विशेष स्थान है। कृष्णचंदर की उपन्यास माला में टार्जन की तरह का एक नायक है। पर्वतीय वातावरण, रोचक संवाद, हास्य-विनोदपूर्ण शैली के कारण ये पुस्तकें बहुत रोचक बनी हैं। जयप्रकाश भारती कृत *बर्फ की गुड़िया,* ताजवर सामरी कृत *बालिश्तिया* पुस्तकें काफी रोचक हैं किंतु इनका वातावरण विदेशी है। वैज्ञानिक उपन्यासों की चर्चा वैज्ञानिक फैंटेसी के प्रसंग में पीछे की जा चुकी है।

## (उ) निष्कर्ष

गत साठ-पैंसठ वर्षों में बाल-साहित्य पर सरसरी विचार करने पर यह स्पष्ट दिखाई देगा कि अधिकांश साहित्य कथा-कहानी के रूप में है। परीकथाएं, नीतिकथाएं, ऐतिहासिक और पौराणिक कहानियां इतनी अधिक मात्रा में लिखी गई हैं कि अब इन क्षेत्रों में नवीनता के लिए कोई अवसर नहीं दिखाई देता। इस परंपरागत साहित्य के अतिरिक्त नवीन साहित्य में भी पिछले दस-बारह वर्षों में कुछ प्रगति हुई है। विभिन्न आयु-वर्गों के बालकों की आवश्यकताओं के प्रति लेखक और प्रकाशक सजग होते जा रहे हैं और चित्र, छपाई, पुस्तक-सज्जा की ओर विशेष ध्यान दिया जा रहा है। छह-सात वर्ष तक की अवस्था के बच्चों के लिए चित्र-पुस्तकों का अभाव बहुत खटकता था किंतु अभाव की पूर्ति के लिए अब कुछ प्रकाशन संस्थाएं गंभीरता से कार्य कर रही हैं। यथार्थ जीवन की कहानियां, नवीन पशुकथाएं, साहस तथा रहस्य-रोमांच की कहानियों की ओर ध्यान दिया जाने लगा है। विश्व बाल-साहित्य की उत्कृष्ट कृतियों के अनुवादों से साहित्य के भंडार में विविधता का समावेश हुआ है। किंतु सबसे महत्वपूर्ण बात यह है कि बाल-साहित्य के सृजन एवं प्रकाशन के विषय में गंभीरता से विचार-विमर्श होने लगा है। लेखक यह मानने लगे हैं कि साहित्य के क्षेत्र में मान्यता प्राप्त करने के लिए उन्हें कोई मौलिक और नवीन चीज लिखनी होगी। सुनी-सुनाई कहानियों की दो-चार पुस्तकें लिखकर वे लेखक नहीं बन सकते। सौभाग्य से अब बाल-साहित्य का लेखन-प्रकाशन अलाभकर व्यवसाय नहीं रहा है। बाल-साहित्य के प्रकाशनों और प्रकाशकों की बढ़ती हुई संख्या इसका प्रमाण है।

किंतु उपलब्धियों की तुलना में त्रुटियां अधिक स्पष्ट हैं। अभी तक बच्चों को ऐसी कहानियां ही दी गई हैं जिन्हें दादी-नानी की कहानियों के अंतर्गत रखा जा सकता है अथवा वयस्क साहित्य की जूठन कहा जा सकता है। लगभग अस्सी प्रतिशत कथा-साहित्य लोककथाओं, नीतिकथाओं अथवा इतिहास-पुराण की कुछ प्रसिद्ध कथाओं पर आधारित है और शेष बीस प्रतिशत में भी अधिकांश कहानियां अन्य पुस्तकों से सामग्री प्राप्त करके लिखी गई हैं। ऐसी कहानियां जिनमें लेखक की अपनी अनुभूति, अपनी संवेदना की अभिव्यक्ति हुई हो बहुत ही कम हैं। इस समस्त साहित्य में लेखक का योगदान इतना ही रहा है कि उसने प्रचलित कथाओं अथवा अन्य पुस्तकों में पढ़ी कहानियों को लिपिबद्ध करके बच्चों तक पहुंचा दिया है। मौलिक सृजन बच्चों के लिए अभी तक बहुत कम हुआ है। नवीन परीकथाओं में बाल-साहित्य अभी शून्य है। 'फैंटेसी' लिखने के लिए जिस प्रतिभा की

आवश्यकता होती है उसका निखार अभी तक किसी लेखक में नहीं दिखाई देता है। नीतिकथाओं के नवीन प्रयोग अंग्रेजी आदि विदेशी भाषाओं में होने लगे हैं किंतु हिंदी में अभी तक किसी ने इस दिशा में सोचा तक नहीं। छोटे बच्चों के लिए खिलौना-पशुओं की कथाएं सन् 1950 से पहले अंग्रेजी से प्रभाव से लिखी जाने लगी थीं किंतु 1950 के बाद इस प्रकार की एक-दो पुस्तकें ही दिखाई दीं और वे भी मिश्रबंधु कार्यालय तथा शिशुज्ञान मंदिर की पुस्तकों का नवीन संस्करण लगती हैं।

यथार्थ जीवन की कहानियों की ओर विदेशों में अब अधिकाधिक ध्यान दिया जा रहा है किंतु हिंदी में अब तक इस प्रकार की दो-तीन पुस्तकें ही प्रकाशित हुई हैं। भारतवर्ष कृषि-प्रधान देश है। गाय-बैल, बकरी आदि पशु हमारे जीवन के अभिन्न अंग हैं किंतु इन पशुओं के साथ हार्दिक संबंध की कहानियां अभी तक नहीं लिखी गई हैं। इसके अतिरिक्त इस देश में भयानक जंगल, विस्तृत मरुस्थल और दुर्गम पर्वत पर्याप्त संख्या में हैं जिनकी पृष्ठभूमि में जीवट की कहानियां लिखी जा सकती हैं किंतु इस पृष्ठभूमि का उपयोग बहुत कम हुआ है। जीवट और यात्राओं की अधिकांश कहानियां हिंदी में, अंग्रेजी पुस्तकों के आधार पर हैं। इंगलैंड, अमरीका और अफ्रीका की पृष्ठभूमि पर तो कहानियां हैं किंतु अपने देश की पृष्ठभूमि पर लिखी गई कहानियों की संख्या बहुत कम है।

पिछले पांच-सात वर्षों से बाल-साहित्य के विषय में गंभीरता से विचार-विमर्श होने लगा है किंतु अभी तक हमारे यहां के लेखक, प्रकाशक और अन्य संबंधित व्यक्ति दिक्भ्रम की स्थिति में ही हैं। चिल्ड्रेंस बुक ट्रस्ट जैसी संस्था के पास इस समय समस्त साधन उपलब्ध हैं किंतु अभी तक वहां से अंग्रेजी तथा संस्कृत आदि की कुछ प्रसिद्ध कहानियों के पुनर्कथन ही प्रकाशित हुए हैं।

## संदर्भ

1. लिलियन स्मिथ, *अनरिलक्टेंट ईयर्स,* पृष्ठ 132।
2. डा. वासुदेव उपाध्याय कृत *पूर्वमध्यकालीन* भारत, पृ. 196।
3. डा. सत्येंद्र, *ब्रज की लोक कहानियां,* भूमिका, पृ. v।
4. मे हिल आर्बुथनाट कृत *चिल्ड्रेंस एंड बुक्स,* पृ. 234।
5. फिलिस फेनर कृत *प्रूफ आफ पुडिंग,* पृ. 49।
6. विलियम टार्ग द्वारा संपादित *बिब्लियोफाइल इन नर्सरी,* पृ. 72।
7. बालकृष्ण कृत *हम कगरदास* की इसी शीर्षक की कहानी।

8. विश्वमित्र शर्मा कृत *सुनो कहानी* में 'चिड़िया चूं चूं' नामक कहानी।
9. डा. विश्वनाथ प्रसाद मिश्र कृत *वाङ्मय विमर्श*, पृ. 54।
10. मे लैंबर्टन बेकर, *फर्स्ट एडवेंचर इन रीडिंग*, पृ. 43।
11. लिलियन स्मिथ, *अनरिलक्टेंट ईयर्स*, पृ. 50-52।
12. पास हजार्ड, *बुक्स, चिल्ड्रेन एंड मैन*, पृ. 157।
13. ए.ए. मिल्ने, *बाई वे आफ इंट्रोडक्शन*, पृ. 15।
14. *यथापेरि*, पृ. 16।
15. एने थैक्सटर एटन, *रीडिंग विद चिल्ड्रेन*, पृ. 65-66।
16. *यथोपरि*, पृ. 76।
17. वांदा गाग, *समथिंग शेयर्ड*, पृ. 83।
18. काशीनाथ त्रिवेदी द्वारा अनूदित, गिजूभाई कृत *बच्चों की कहानियां* से।
19. संतराम बी.ए. द्वारा प्रस्तुत *नदी की कहानियां* से।
20. शिवानी कृत *कुमायूं की पशु-पक्षी कथाएं* से।
21. शैलेश मटियानी कृत *ईश्वर की मिठाई* से।
22. *यथोपरि*।
23. धर्मपाल शास्त्री कृत *सरल हितोपदेश* से।
24. पं. सुदर्शन कृत *खटपटलाल* से।
25. वीणा दर कृत *खरगोश गुसाईं* से।
26. पं. सुदर्शन कृत, *बच्चों का हितोपदेश*, पृ. 11-12।
27. पं. सुदर्शन कृत, *बच्चों का हितोपदेश*, पृ. 22।
28. लिलियन स्मिथ, *अनरिलक्टेंट ईयर्स*, पृ. 65।
29. डा. हरवंशलाल शर्मा कृत *सूर और उनका साहित्य*, पृ. 109।
30. एने थेक्सटर एटन, *रीडिंग विद चिल्ड्रेंस*, पृ. 240।
31. एने थेक्सटर, *रीडिंग विद चिल्ड्रेंस*।
32. रामवृक्ष बेनीपुरी कृत, *बेटे हों तो ऐसे* में 'लहरों की घुड़दौड़' नामक कहानी से।
33. रामवृक्ष बेनीपुरी कृत *बेटियां हों तो ऐसी*, में 'सोनिया के सुनहले काम' नामक कहानी से।
34. राजेंद्र सिंह गौड़ कृत *म्याऊं की दावत* से।
35. लिलियन स्मिथ, *अनरिलक्टेंट ईयर्स*, पृ. 167।
36. एलिजबेथ नेस्बित, *ए क्रिटिकल हिस्ट्री आफ चिल्ड्रेंस लिटरेचर*, पृ. 367।
37. रूथ हिल वीगर्स, *ए क्रिटिकल हिस्ट्री आफ चिल्ड्रेंस लिटरेचर*, पृ. 471।
38. डोरोथी नील व्हाइट, *एबाउट बुक्स फार चिल्ड्रेंस*, पृ. 65।
39. डोरोथी नील व्हाइट, *एबाउट बुक्स फार चिल्ड्रेंस*, पृ. 53।
40. मे हिल आर्बुथनाट, *चिल्ड्रेंस एंड बुक्स*, पृ. 392।
41. मे लैंबर्टन बेकर, *फर्स्ट एडवेंचर इन रीडिंग*, पृ. 89।
42. रूथ हिल वीगर्स, *ए क्रिटिकल हिस्ट्री आफ चिल्ड्रेंस लिटरेचर*, पृ. 538।
43. एलिजबेथ नेस्बित, *ए क्रिटिकल हिस्ट्री आफ चिल्ड्रेंस लिटरेचर*, पृ. 378।

44. लिलियन स्मिथ, *अनरिलक्टेंट ईयर्स,* पृ. 142।
45. मे लैंबर्टन बेकर, *फर्स्ट एडवेंचर इन रीडिंग,* पृ.254।
46. लिलियन स्मिथ, *अनरिलक्टेंट ईयर्स,* पृ.141।
47. मे लेंबर्टन बेकर, *फर्स्ट एडवेंचर इन रीडिंग,* पृ. 273।
48. मे हिल आर्बुथनाट, *चिल्ड्रेन एंड बुक्स,* पृ. 430।
49. मस्तराम कपूर उर्मिल कृत *किशोर जीवन की कहानियां में* 'तैराक' कहानी से।
50. मस्तराम कपूर 'उर्मिल' कृत *पुस्तकें फाड़ने वाला भूत, पराग* सितंबर, 1965।

# 6. हिंदी बाल-साहित्य का अध्ययन (विविध)

## (अ) प्रस्तावना

पिछले दो अध्यायों में बाल-साहित्य की दो प्रमुख विधाओं अर्थात कविता और कहानी पर विचार किया गया है। अन्य विधाओं के अंतर्गत बाल-साहित्य अपेक्षाकृत कम मात्रा में लिखा गया है अतः उसका विवेचन एक ही अध्याय में करना पर्याप्त होगा। इनमें से भी नाटक, जीवनी और ज्ञान-विज्ञान के अंतर्गत पर्याप्त मात्रा में बाल-साहित्य लिखा गया है किंतु यात्रा विवरण की विशेष रूप से बच्चों के लिए लिखी गई पुस्तकें बहुत कम हैं। कामिक साहित्य पश्चिमी देशों के लिए भले ही समस्या बन गया हो, हमारे यहां तो यह साहित्य कुछ पत्रिकाओं में सुरक्षित एकाध पृष्ठ तक तथा टाइम्स आफ इंडिया की पत्रिका *इंद्रजाल कामिक्स* तक ही सीमित है। तथापि इस साहित्य के अच्छे और बुरे पक्षों को लेकर जो विवाद चल पड़े हैं उन पर सरसरी तौर पर विचार करना आवश्यक समझा गया है। हिंदी बाल-साहित्य में समालोचना का अस्तित्व इस समय तो नहीं है किंतु उसे विधिवत प्रस्थापित करने की बड़ी भारी आवश्यकता है अतः कुछ पृष्ठों में समालोचना के मानदंड निर्वारित करने का प्रयास भी किया गया है। निबंध का बाल-साहित्य में पृथक अस्तित्व देखने में नहीं आता। मेरा विचार है कि विचारपूर्ण साहित्य होने के कारण इसका समावेश ज्ञान-विज्ञान के साहित्य के अंतर्गत हो जाता है।

## (आ) नाटक साहित्य

### (क) नाटक साहित्य की उपयोगिता और बाल रंगमंच

पीटर स्लेड ने नाटक (प्ले) की व्यापक परिभाषा इस प्रकार की है : "नाटक का अर्थ

है कोई काम करना। यह एक महान प्रक्रिया है। जब तक जीवन रहता है यह क्रिया समाप्त नहीं होती। इसका मानसिक स्वास्थ्य के साथ शाश्वत संबंध होता है। यह जीवन की कला है। अच्छे नाटक के लिए यह बहुत आवश्यक है कि स्वस्थ भावनाओं और शारीरिक क्रियाओं में पूर्ण संतुलन हो। इससे भिन्न स्थिति में नाटक दोषपूर्ण रह जाता है। ध्यान देने वाली बात यह है कि उपर्युक्त कथन नाटक के व्यापक अर्थ के प्रसंग में ही नहीं अपितु विशिष्ट अर्थ के संदर्भ में भी सही है।''[1]

नाटक बाल्य जीवन की स्वाभाविक क्रिया है। अंग्रेजी में नाटक के लिए 'प्ले' शब्द का प्रयोग भी होता है जिसका अर्थ है खेल और खेल बच्चों का जीवन है, दिल बहलाने का साधन मात्र नहीं। पीटर स्लेड के ही शब्दों में, ''जहां खेल है वहां नाटक है किंतु ऐसा नाटक जिसे बहुधा वयस्क नहीं समझ सकते हैं।''[2] खेल में नाटक के लगभग सभी तत्व विद्यमान होते हैं अतः इसे नाटक का प्रथम रूप कहा जाता है। छोटे बच्चों को इसीलिए रंगमंचीय नाटक अथवा साहित्यिक नाटक की आवश्यकता नहीं होती क्योंकि रचनात्मक खेल से ही उनकी आवश्यकता की पूर्ति हो जाती है।

रचनात्मक खेल का सरलतम रूप वह है जिसमें बच्चे माता-पिता का अभिनय करने का खेल खेलते हैं। प्रत्येक घर में बच्चों को इस प्रकार का खेल खेलते देखा जा सकता है। इसी प्रकार जब कभी बच्चे रामलीला आदि देखते हैं तो घर पर आकर राम-रावण का खेल खेलते हैं। इसके लिए उन्हें किसी निर्देशक अथवा लेखक की आवश्यकता नहीं पड़ती। वेश-भूषा, रंगमंच की व्यवस्था, कहानी, संवाद आदि के लिए वे किसी विशेषज्ञ की राय नहीं लेते हैं। ऐसे खेलों में सभी उपस्थित बच्चे भाग ले सकते हैं। वे अभिनेता भी होते हैं और दर्शक भी।

रचनात्मक खेल अब बाल्य शिक्षा की एक पृथक शाखा के रूप में प्रतिष्ठित है। इसका विकास युद्धकालीन परिस्थितियों में हुआ था। दूसरे विश्वयुद्ध के वातावरण में जब स्कूल-जीवन बच्चों के लिए नीरस और तनावपूर्ण बन गया तो उस तनाव और उकताहट को दूर करने के लिए लड़कियों के एक स्कूल में इसके प्रयोग किए गए और यह देखा गया कि शारीरिक-मानसिक दृष्टि से पिछड़े हुए बच्चों को इससे बहुत लाभ पहुंच सकता है। यह रचनात्मक खेल अब पाठ्यचर्येतर शैक्षिक गतिविधियों का एक अंग है। इसका उद्देश्य बच्चों को शिक्षा देना और उनके व्यक्तित्व का विकास करना होता है।

रचनात्मक खेलों की लोकप्रियता इस बात का द्योतक है कि नाटक में बच्चों का स्वाभाविक आकर्षण होता है। नाटक साहित्य उनकी शारीरिक एवं मानसिक

शक्तियों के विकास में सहायक होता है। इसके अतिरिक्त किसी देश में नाट्य-साहित्य की अभिवृद्धि करने के लिए यह बहुत आवश्यक है कि बच्चों को अच्छा नाट्य साहित्य देकर उनकी पृष्ठभूमि तैयार की जाए। इस संदर्भ में विनिफ्रेड वार्ड के निम्नलिखित शब्द ध्यान देने योग्य हैं

> "कोई भी कला किसी देश की प्रेरक शक्ति तब तक नहीं बन सकती है जब तक बच्चे उसके वातावरण में न पलें अर्थात जब तक वह बचपन से ही जीवन का अभिन्न अंग न बन जाए। अतः यदि हम ऐसे रंगमंच का विकास करना चाहते हैं जिसके दर्शक सुरुचिवान और गुणग्राहक हों तो हमें अपने बच्चों को उत्तम नाटकों से परिचित कराना होगा उसी प्रकार जैसे हम उन्हें (रेडियो आदि के माध्यम से) उत्तम संगीत से परिचित कराते हैं।"[3]

शिक्षा और सदाचार की दृष्टि से भी नाटक की उपयोगिता असंदिग्ध है। बाल-साहित्य के सुप्रसिद्ध लेखक मार्क ट्वेन ने नाटक की प्रभावोत्पादकता के संबंध में लिखा है कि "नाटक, सदाचार और चरित्र की शिक्षा का सबसे उत्तम साधन है क्योंकि इसकी शिक्षा पुस्तकों के माध्यम से नहीं अपितु दृश्य क्रियाओं के माध्यम से प्राप्त होती है और वह सीधे हृदय में प्रवेश करती है। पुस्तकों की शिक्षा अधिक से अधिक वृद्धि तक ही पहुंच पाती है, किंतु जब यह शिक्षा बाल-रंगमंच के माध्यम से व्यक्त होती है तो वह सर्वदा के लिए आधे रास्ते में न रुककर अपने वास्तविक गंतव्य स्थान तक पहुंच जाती है।'4

**बाल रंगमंच के विविध रूप :** सामान्यतः बाल रंगमंच के निम्नलिखित अर्थ लगाए जा सकते हैं

(1) जिसमें अभिनेता और प्रेक्षक बच्चे हों और दोनों अभिन्न हों।
(2) जिसमें अभिनेता बच्चे हों किंतु प्रेक्षक वयस्क हों।
(3) जिसमें अभिनेता वयस्क हों किंतु प्रेक्षक बच्चे हों।
(4) जिसमें अभिनेता बच्चे, वयस्क अथवा कठपुतलियां हों और प्रेक्षक मुख्यतः बच्चे हों।

प्रथम प्रकार का रंगमंच रचनात्मक खेल के उपयोग का है। इसमें अभिनय करने वाले बच्चे स्वयं ही अपने प्रेक्षक होते हैं। यह एक प्रकार का क्रीड़ागण होता है। इसमें दर्शकों के लिए अलग स्थान नहीं होता।

जिस नाटक में बच्चे अभिनय करें किंतु अभिनीत वस्तु केवल वयस्कों द्वारा आस्वाद्य हो उसे बाल नाटक नहीं कहा जा सकता है क्योंकि बाल-साहित्य की प्रत्येक

विधा बालकों द्वारा आस्वाद्य होनी चाहिए। इस दृष्टि से तीसरे और चौथे प्रकार के रंगमंचों को बाल रंगमंच कहा जा सकता है। बाल नाटक में सभी अभिनेता बच्चे ही होने चाहिए यह आवश्यक नहीं है किंतु उसमें ऐसे पात्रों का होना बहुत आवश्यक है जिनके साथ बच्चे तादात्म्य स्थापित कर सकें। व्यावसायिक रंगमंच में बड़ी-बड़ी कंपनियां बालकों के लिए नाटक प्रस्तुत करती हैं। ऐसी कंपनियों में बहुधा बच्चों को सधे हुए कलाकारों के साथ काम करना पड़ता है जिससे उनका स्वाभाविक अभिनय दब जाता है और उनमें अनुकरण की प्रवृत्ति आ जाती है। बहुत बड़े दर्शक समूह के आगे अभिनय करने के लिए बच्चों को बाध्य नहीं किया जाना चाहिए।

बाल रंगमंच का रूप क्या होना चाहिए इस विषय में अब भी विद्वानों में मतैक्य नहीं है। कुछ लोग मानते हैं कि बाल रंगमंच का प्रमुख उद्देश्य बच्चों में अभिनय की कला का विकास करना है और कुछ लोग दर्शक के रूप में बच्चों के मनोरंजन को इसका प्राथमिक लक्ष्य मानते हैं। कुछ लोग इन दोनों का समन्वय करने के पक्ष में भी हैं।

बालकों के लिए एक पृथक रंगमंच के निर्माण की ओर अभी हाल ही में ध्यान दिया जाने लगा है। सन् 1948 में अंतर्राष्ट्रीय थियेटर संस्थान की स्थापना के समय बालकों के लिए पृथक रंगमंच की स्थापना का सुझाव रखा गया था। उस समय बाल-रंगमंच का जो रूप कल्पित किया गया था उसमें बालकों की रुचि के कथानक, बाल कलाकारों द्वारा बालकों के लिए प्रस्तुत करने की व्यवस्था थी। इसके एक दशक बाद हेलसिंकी में सन् 1959 में अंतर्राष्ट्रीय थियेटर संस्थान की पुनः बैठक हुई, उसमें यह निश्चय किया गया कि बाल रंगमंच का प्रमुख उद्देश्य बच्चों का मनोरंजन होना चाहिए भले ही अभिनय करने वाले बच्चे हों अथवा वयस्क अथवा कठपुतलियां। बाल रंगमंच का यह रूप अब लगभग सभी देशों में स्वीकृत हो चुका है।

विश्व के समस्त उन्नत देशों में बच्चों के लिए पृथक थियेटर हैं। अमरीका के बच्चों में तो थियेटर, सिनेमा और टेलीविजन से भी अधिक लोकप्रिय है। यदि रंगमंच में ध्वनि, प्रकाश आदि की अच्छी व्यवस्था हो तो सिनेमा और टेलीविजन की तुलना में नाटक का आकर्षण बच्चों के लिए सर्वत्र ही अधिक हो सकता है क्योंकि नाटक में चित्रों की क्रीड़ा मात्र नहीं, जीते-जागते पात्रों का अभिनय होता है और इसलिए उसमें सत्याभास की मात्रा अधिक होती है।

भारतवर्ष में बच्चों के लिए पृथक रंगमंच की स्थापना कलकत्ता में श्री समर चटर्जी ने 'चिल्ड्रेंस लिटल थियेटर' के रूप में की है। इस संस्था ने अब तक तेईस नाटक तथा नृत्य नाटक और सौ अभिनय गीतों का प्रदर्शन किया है।[5] हिंदी में अभी

तक इस दिशा में कोई प्रयास नहीं हुआ है। यहां तो वयस्क नाटकों के लिए ही रंगमंच नहीं है, बच्चों के रंगमंच की बात तो दूर रही। वैसे यहां संगीत नाटक अकादमी है किंतु उसके कार्यक्षेत्र में बाल-रंगमंच नहीं आता। स्कूल-समारोहों में बच्चे कभी-कभी कोई नाटक खेल लेते हैं किंतु उनमें न तो अभिनीत नाटक बच्चों की रुचि का होता है और न रंगमंच की सुविधाएं ही उन्हें उपलब्ध होती हैं। बाल भवन में खुले रंगमंच की व्यवस्था है कितु उसे अधिकतर रचनात्मक खेलों के उपयोग में ही लाया जाता है। दिल्ली पब्लिक लायब्रेरी में भी कभी-कभार बच्चों के नाटक खेले जाते हैं किंतु ये समस्त प्रयास प्रयोग की अवस्था के ही द्योतक हैं।

रंगभूमि की बनावट के संबंध में उल्लेखनीय बात यह है कि इसमें प्रकाश, ध्वनि तथा अन्य यांत्रिक साधनों की अच्छी व्यवस्था होनी चाहिए। बच्चों के नाटकों में परीकथाओं और पशुकथाओं पर आधारित नाटक भी होते हैं जिन्हें प्रस्तुत करने के लिए अच्छे साधन संपन्न रंगमंच की आवश्यकता होती है। बच्चों के आदर्श रंगमंच के संबंध में पीटर स्लेड ने निम्नलिखित कल्पना की है

> ''बच्चों के वास्तविक रंगमंच की अभी तक किसी ने कल्पना भी नहीं की है। इसका रूप संभवतः उन सब रंगमंचों से भिन्न होगा जिनसे हम परिचित हैं। संभव है भावी रंगमंच में स्टेज नाम की कोई चीज न हो क्योंकि अभिनेताओं की भावी पीढ़ी इसकी कृत्रिमताओं को सहन नहीं करेगी। यदि हम किसी भवन के निर्माण की बात सोच रहे हैं तो एक बात निश्चित है कि इसमें मंच का निर्माण बहुत महत्वपूर्ण नहीं होगा। यह मंच अधिक से अधिक लचीला होगा। इसमें अभिनेताओं के प्रयोग के लिए बहुत सा सामान होगा और घूमने-फिरने के लिए खुला फर्श होगा। अंडाकार भवन के अधिकांश भाग में चारों ओर दर्शक वीथि होगी जिसमें से सीमित दर्शक-समूह अपने नीचे अभिनेताओं के कार्यकलाप देख सकेगा किंतु अभिनेताओं को उनकी उपस्थिति का भान नहीं होगा।''[6]

**अच्छे नाटक के गुण :** अच्छे नाटक में सामान्यतया निम्नलिखित गुण होने चाहिए

(1) कथावस्तु सरल होनी चाहिए और सामान्य रूप से बच्चों की समझ में आ जानी चाहिए।

(2) कहानी का प्रारंभ शीघ्र हो जाना चाहिए और उसमें क्रिया तत्व पर्याप्त मात्रा में होना चाहिए। कथा का अधिकांश भाग पात्रों के क्रिया-कलाप के रूप में दिखाया जाना चाहिए। घटनाओं का शाब्दिक वर्णन करने की

अपेक्षा उन्हें रंगमंच पर दिखाना सभी प्रकार के बाल नाटकों के लिए आवश्यक है।

(3) नाटक का द्रुत गति से विकास हो और चरम सीमा पर जाकर वह समाप्त हो जाए। नाटक का अंत बहुत महत्वपूर्ण होता है क्योंकि प्रेक्षक गृह से बाहर जाते समय श्रोताओं की मनःस्थिति नाटक की सफलता-असफलता की द्योतक होती है।

(4) यदि नाटक भावनाओं को उद्वेलित न कर सके तो वह कदापि सफल नहीं हो सकता है। किंतु यदि भावनाओं को उद्वेलित करने में सस्ती भावुकता, मिथ्यादर्श अथवा फूहड़ हास्य का आश्रय लिया जाएगा तो उससे बड़ी हानि हो सकती है। गलत ढंग से बच्चे की भावनाओं को उभाड़ने का किसी को अधिकार नहीं है। यह घोर अपव्यय है और साथ ही अपराध भी।

(5) नाटक में हास्य मनोरंजन की सामग्री आवश्यक है।

(6) बच्चों की न्यायभावना बहुत सशक्त होती है और इसलिए उन्हें ऐसा नाटक अच्छा लगता है जिसमें पात्रों को न्यायोचित दंड अथवा पुरस्कार दिया गया हो।

**लेखक के गुण :** बच्चों के लिए नाटक लिखने वालों में सामान्य रूप से निम्नलिखित गुणों को आवश्यक माना जाता है :

(1) लेखक में सृजनात्मक कल्पना होनी चाहिए। कल्पना और अभिव्यक्ति की क्षमता दोनों ही नाटक लेखन के लिए अनिवार्य हैं।

(2) लेखक में बच्चों के हृदय का ज्ञान होना चाहिए और उनके प्रति उसके मन में आदर होना चाहिए। अपने लेखन कार्य को हल्का-फुल्का कार्य मानकर उसे बच्चों के आत्मसम्मान और बुद्धि का अनादर नहीं करना चाहिए।

(3) नाटक के शिल्प का अच्छा ज्ञान बहुत आवश्यक है।

(4) बहुत से नाटकों से परिचय इतना आवश्यक नहीं है जितना बाल-साहित्य का विस्तृत ज्ञान।

(5) नाटक-निर्देशन का कुछ अनुभव होने से लेखक बहुत सी ऐसी गलतियों से बच सकता है जिन्हें रंगमंच के ज्ञान से शून्य लेखक बहुधा करते हैं।

## (ख) बाल नाटकों के भेद

रसास्वादन के माध्यम की दृष्टि से बाल-नाटकों के तीन भेद किए जा सकते हैं, पाठ्य नाटक, रेडियो नाटक और रंगमंचीय नाटक। विषय-वस्तु की दष्टि से बाल-नाटक के छह भेद किए जा सकते हैं; यथा ऐतिहासिक नाटक, राष्ट्रीय नाटक, पशुपात्रों के नाटक, परीकथाओं आदि पर आधारित नाटक, हास्यप्रधान नाटक और समस्या-प्रधान नाटक। इनका संक्षिप्त विवेचन नीचे किया जा रहा है

(1) **पठ्य नाटक :** रंगमंच के अभाव में अधिकतर ऐसे नाटक ही लिखे जाते हैं जो कहानी और कविता की तरह पाठ्य होते हैं। इन्हें दृश्यों और उप-दृश्यों में विभाजित संवाद कथाएं कहना ही उचित होगा। स्कूल की पाठ्य-पुस्तकों की आवश्यकता-पूर्ति के लिए इस प्रकार के बहुत से बाल-नाटक लिखे गए हैं। वस्तुतः हिंदी में इसी कोटि के बाल-नाटकों का आधिक्य है। इसका कारण यह है कि हिंदी में बच्चों के लिए रंगमंच की व्यवस्था नहीं है। स्कूलों में कभी-कभी साधारण रंगमंच पर चार-पांच मिनट का कोई कार्यक्रम प्रस्तुत करवाया जाता है। ऐसे अवसरों के लिए ये नाटक उपयोगी हो सकते हैं किंतु इन्हें नाटक कहना उचित नहीं है।

(2) **रेडियो नाटक :** रेडियो ने हिंदी के नाटक-साहित्य के निर्माण में बहुत योगदान दिया है। रंगमंच के अभाव में रेडियो-प्रसारणों का आकर्षण ही नाटक-लेखक को प्रेरणा देता रहा है। बच्चों के लिए रेडियो से अनेक कार्यक्रम प्रस्तुत किए जाते हैं और उनमें नाटक की हमेशा ही मांग रहती है। हिंदी के बाल-नाटकों में रेडियो के लिए लिखे नाटकों की संख्या सबसे अधिक है। चूंकि रेडियो नाटक ध्वनि रूपक होती है और उसे दृश्य क्रियाओं की स्थान पूर्ति ध्वनि प्रभाव से करनी पड़ती है अतः इसमें नाटक का प्रधान आकर्षण (अर्थात पात्रों के अभिनय का आकर्षण) समाप्त हो जाता है।

(3) **रंगमंचीय नाटक :** नाटक प्रधानतः दृश्य साहित्य है। रंगमंच पर सफलतापूर्वक अभिनीत होने वाले नाटक को ही वास्तव में नाटक कहा जाना चाहिए। सुव्यवस्थित रंगमंच के अभाव में इस प्रकार के नाटकों की संख्या प्रायः अधिक नहीं होती। रंगमंचीय नाटक के लेखक को रंगमंच की मूलभूत बातों का ध्यान अवश्य होना चाहिए। किसी घटना को रंगमंच पर किस प्रकार प्रस्तुत किया जाएगा इसकी कल्पना निर्देशक

से पहले लेखक को कर लेनी पड़ती है। उदाहरण के लिए एक नाटक में[7] गाड़ी के स्टेशन पर आने, गाड़ी रुकने पर मुसाफिरों के इधर-उधर घूमने, फिर चलती गाड़ी पर एक युवक के चढ़ने के दृश्यों का वर्णन किया गया है। इन समस्त घटनाओं को रंगमंच पर प्रस्तुत करना असंभव है किंतु लेखक ने बिना सोचे इन्हें अपने नाटक में रखा है। इसी पुस्तक के एक अन्य एकांकी में[8] बछड़े गऊओं का दूध पीते हैं, उपमन्यु कांटों में उलझते-पड़ते आगे जाता है और कुछ दूर चलकर कुएं में गिर जाता है। रंगमंच की इतनी भयंकर उपेक्षा के बावजूद लेखक ने भूमिका में लिखा है कि "इन एकांकियों में अभिनेयता है, पाठनीयता चाहे न हो।"[9]

(4) **ऐतिहासिक नाटक :** ऐतिहासिक तथा पौराणिक घटनाओं पर आधारित नाटकों में अनेक आकर्षण होते हैं। कथा से बहुधा बच्चे परिचित होते हैं। नाटक का वातावरण और पात्रों की वेश-भूषा, वीरता और साहसपूर्ण क्रियाएं, ओजस्वी संवाद आदि इन नाटकों के आकर्षण होते हैं। वेश-भूषा नाटकीय भ्रम पैदा करने में तत्काल सहायक होती है।

(5) **राष्ट्रीय नाटक :** राष्ट्रीय भावना के नाटक हिंदी में सबसे अधिक लिखे गए हैं। बच्चों के लिए नाटक खेलने के अवसर सामान्यतः स्कूल समारोहों तथा राष्ट्रीय पर्वों के दिन ही मिलते हैं और ऐसे अवसरों पर राष्ट्रीय भावनापूर्ण नाटकों की ही अधिक मांग रहती है। किंतु ये नाटक स्कूल के अधिकारियों और उनके द्वारा आमंत्रित सज्जनों को ही आकृष्ट कर पाते हैं। राजनैतिक प्रचार और नारेबाजी का आधिक्य होने के कारण इन नाटकों में बच्चों के ग्रहण करने योग्य शायद ही कुछ होता है।

(6) **पशु पात्रों के नाटक :** पशु पात्रों के नाटक बच्चों में (विशेषतया छोटे बच्चों में) बहुत लोकप्रिय होते हैं किंतु इनके लिए साधन-संपन्न रंगमंच और कुशल निर्देशन की आवश्यकता होती है। विभिन्न पशुओं के मुखौटे पहनकर बच्चे तथा वयस्क पशु-पक्षियों का अभिनय करते हैं। पशु-पक्षियों की कहानियां तो बालकों में लोकप्रिय होती ही हैं, रंगमंच पर प्रस्तुत किए जाने पर इनका आकर्षण और भी बढ़ जाता है।

(7) **परीकथाओं पर आधारित नाटक :** परीकथाओं पर आधारित नाटकों को रंगमंच पर प्रस्तुत करने में भी पशु-पात्रों के नाटकों के समान रंगमंचीय कौशल की बहुत आवश्यकता पड़ती है। आसमान में पात्रों का

उड़ना, भूत-प्रेतों आदि का प्रकट और अंतर्धान होना इत्यादि घटनाओं को रंगमंच पर प्रस्तुत करना बहुत कठिन होता है और इसके लिए साधन-संपन्न रंगमंच तथा कुशल निर्देशन की आवश्यकता होती है।

(8) **हास्य-प्रधान नाटक :** हास्य-विनोद की पर्याप्त मात्रा बालकों के प्रत्येक नाटक में होनी चाहिए किंतु कुछ नाटक केवल बच्चों को हंसाने के उद्देश्य से ही लिखे जाते हैं और ऐसे नाटक निरपवाद रूप से रंगमंच पर सफल होते हैं।

(9) **समस्या प्रधान नाटक :** नाटक में किसी समस्या का विद्यमान होना बहुत आवश्यक है। समस्या के बिना कहानी में नाटकीयता लाना असंभव है। दो विरोधी तत्वों का संघर्ष ही समस्या को जन्म देता है और यही संघर्ष नाटक की जान है।

बच्चों के नाटक में उनकी अपनी समस्याओं का चित्रण कठिन होता है। ऐसे नाटकों में पात्र अधिकतर बच्चे ही होते हैं और कथानक उनके दैनिक जीवन की घटनाओं से लिया जाता है। उदाहरण के लिए, इन पंक्तियों के लेखक द्वारा लिखित 'न्याय-व्यवस्था'[10] नामक एकांकी में एक लड़की के सामने यह समस्या खड़ी हो जाती है कि छात्रावास की पांच-छह लड़कियां एक षड्यंत्र करके उस पर झूठा आरोप लगाती हैं। वे अपनी बात की पुष्टि में अनेक झूठी गवाहियां प्रस्तुत करती हैं किंतु वह लड़की पूर्ण निर्दोष होते हुए भी अपने आपको निर्दोष सिद्ध नहीं कर पाती है क्योंकि उसका कोई गवाह नहीं होता है। इसी प्रकार एक अन्य नाटक[11] में एक कमजोर लड़के के सामने यह समस्या होती है कि कक्षा का एक बलवान लड़का उसे हमेशा सताता है और उससे त्राण पाने में अध्यापक भी उसकी सहायता नहीं करते हैं। इन दोनों नाटकों में प्रधान पात्र अन्याय का शिकार है और इनमें अन्याय के प्रतिकार की समस्या उठाई गई है। यह समस्या वयस्कोचित भी है किंतु यह बाल्य जीवन की भी समस्या है अतः यह बाल-नाटकों का विषय भी है।

बहुधा बाल-नाटकों में समस्या को उठाने के बजाय शिक्षा देने का प्रयत्न किया जाता है किंतु प्रत्यक्ष शिक्षा सभी प्रकार के साहित्य में दोष है। आजकल स्वास्थ्य, नागरिक भावना आदि की शिक्षा देने के लिए बहुत नाटक लिखे जा रहे हैं किंतु ऐसे नाटक बच्चों में नाटक-साहित्य के प्रति अरुचि पैदा करने वाले होते हैं। डोरोथी नील व्हाइट ने एक स्थान पर कहा है कि "जिस नाटक में दांतों को साफ न करने के भयानक परिणाम दिखाए गए हों वह बच्चों को हमेशा दांत साफ करने की शिक्षा

भले ही दें किंतु इससे नाटक में बच्चों की रुचि सर्वदा के लिए समाप्त हो जाती है।"[12]

**बाल-नाटक में सामाजिक समस्याओं का वर्णन** बाल-साहित्य में सामाजिक समस्याओं की चर्चा के नाम से सामान्यतः लोग चौंक पड़ते हैं। किंतु इस प्रकार वे बालकों का अहित ही करते हैं। वे बच्चों को जीवन की समस्याओं से बेखबर रखकर उन्हें कल्पना-लोक में बहलाते रहते हैं और बड़े होकर ये बच्चे उन समस्याओं का सामना करने में अपने आपको अक्षम पाते हैं। परीकथाओं के वातावरण में पलने वाला बालक किशोरावस्था में जब वास्तविक जीवन से साक्षात्कार करता है तो वह घोर निराशा में डूब जाता है और यह निराशा ऐसे व्यवहार में प्रकट होती है जिसे तथाकथित बुद्धिमान लोग 'किशोर अपचार' के नाम से पुकारते हैं।

सामाजिक समस्याओं को साहित्य से बहिष्कृत कर दिया जाए तो साहित्य पंगु हो जाता है। यह तथ्य नाटक के संदर्भ में भली-भांति स्पष्ट हो जाता है। नाटक सामूहिक अनुभूति का साहित्य है। इसमें ऐसे भावों का वर्णन होता है जिसका रसास्वादन एक साथ सभी प्रेक्षक कर सकें। इसे रसशास्त्र में साधारणीकरण कहा जाता है। इसके लिए वैयक्तिक स्तर के भावादि को सामाजिक जामा पहनाना पड़ता है। इस प्रकार उसमें सामाजिक भावनाओं तथा समस्याओं का समावेश अनिवार्य हो जाता है।

बाल-रंगमंच के सुप्रसिद्ध ज्ञाता विनिफ्रेड वार्ड ने इस प्रश्न पर विस्तृत विचार किया है। एक स्थान पर उन्होंने प्रश्न किया है कि "क्या बच्चों के रंगमंच में समस्यापूर्ण नाटकों के लिए स्थान है? क्या बच्चों के मन में शांति, लोकतंत्र और जातिभेद आदि की ज्वलंत समस्याओं के प्रति रुचि उत्पन्न की जा सकती है?"[13] और उसके उत्तर में जोर देकर यह बात कही है कि "बच्चों के रंगमंच में इस प्रकार के नाटकों के लिए स्थान अवश्य होना चाहिए यदि नाटक में कही गई बात वयस्क प्रचार मात्र न होकर बच्चों की रुचि का विषय बने।"[14] बच्चों के लिए सामाजिक समस्याओं के नाटक लिखना कितना कठिन है इसकी चर्चा करते हुए उन्होंने लिखा है

> "जो लेखक ज्वलंत सामाजिक समस्याओं को आधार बनाकर बच्चों के लिए नाटक लिख सकता है उसके लिए क्षेत्र खुला पड़ा है। अभी तक हमारे देश में जातिभेद, सामाजिक असमानता, सच्ची देशभक्ति, युद्ध और शांति आदि की ज्वलंत समस्याओं को बालकों के आगे प्रस्तुत करने की दिशा में कोई काम नहीं हुआ है। इनमें से कौन सी समस्याएं बच्चों के आगे मूर्त तथा स्वाभाविक रूप में प्रस्तुत की जा सकती हैं यह निश्चय करने के लिए लेखक का ज्ञान और अनुभव बहुत विस्तृत होना चाहिए।"

## (ग) बाल-नाटक साहित्य का विकास

**सन् 1950 के पहले का नाटक साहित्य** : सन् 1950 से पहले बच्चों के लिए नाटक बहुत कम लिखे गए हैं। बच्चों के लिए रंगमंच तो था नहीं, कभी-कभार स्कूल-समारोहों में छोटे-छोटे नाटकों की आवश्यकता पड़ जाती थी जिनके लिए ग्राम सुधार, बालचर भावना अथवा राजभक्ति की भावनाओं के संवाद मात्र ही पर्याप्त समझे जाते थे। ब्रिटिश शासन के अंकुश के कारण स्कूलों में देशप्रेम और राष्ट्रीय भावना के नाटकों के खेले जाने के अवसर कम थे। सन् 1940 के आस-पास अपने स्कूल-जीवन में मुझे जिन नाटकों में भाग लेने का अवसर मिला है उनमें 'भारतमाता' नामक नाटक की मुझे अच्छी याद है। इसमें मलेरिया, हैजा, चेचक आदि रोग पात्रों के रूप में थे जिनके कारण भारतामाता बहुत दुःख पाती थीं। नाटक में बीमारियों की रोकथाम की शिक्षा के अतिरिक्त ब्रिटिश सरकार का गुणगान भी विद्यमान था। वार्षिक समारोह पर तीन घंटे का एक नाटक अवश्य खेला जाता था जो बहुधा ऐतिहासिक नाटक होता था। इसमें लड़कों के साथ-साथ अध्यापक भी अभिनय करते थे और स्त्रियों की भूमिका लड़कों को ही निभानी पड़ती थी।

यह स्थिति हिमाचल प्रदेश की भूतपूर्व मंडी रियासत में थी किंतु लगता है कि शेष हिंदी क्षेत्र की ख्याति भी इससे मिलती-जुलती ही थी। संभवतः इसीलिए इस अवधि में नाटक या तो पाठ्य-पुस्तकों के लिए लिखे गए हैं या सकूल-समारोहों की आवश्यकता-पूर्ति के लिए। पठ्य नाटकों में मिश्रबंधु कार्यालय से प्रकाशित नारायण प्रसाद द्विवेदी कृत *बाल नाटकमाला* तथा नर्मदा प्रसाद मिश्र कृत *सरल नाटकमाला,* हिंदी साहित्य सम्मेलन से प्रकाशित बालगोविंद प्रसाद श्रीवास्तव कृत *बाल नाटकमाला* उल्लेखनीय हैं। तीनों नाटकों में ऐतिहासिक प्रसंगों को छोटे-छोटे दृश्यों-उपदृश्यों में विभाजित किया गया है।

रंगमंचीय नाटकों में इंडियन प्रेस का योगदान उल्लेखनीय है। इस संस्था की छात्र नाटकमाला में नत्थीमल शर्मा कृत *सच्चा सेवक* (एकांकी संग्रह) और सुवर्ण सिंह वर्मा कृत *दयालु दयानंद* तथा *कृष्ण-सुदामा* नाटक बहुत सुंदर हैं। ये नाटक रंगमंच की दृष्टि से पूर्ण सफल हैं। श्री पातीराम भट्ट ने स्कूल में लड़कों के उपयोग के लिए स्त्रीपात्र-रहित नाटकों की रचना की है और उनका एक नाटक महाराणा अमरसिंह प्रसिद्ध ऐतिहासिक योद्धा के जीवन-चरित्र पर आधारित है। हवलदारीराम गुप्त कृत *बालकविनोद* तथा *बालिकाविनोद* नामक पुस्तकों में ऐसे एकांकी प्रहसन हैं जिन्हें बालक आसानी से खेल सकते हैं। इनके अतिरिक्त यशवंत पंड्या के मूल

गुजराती नाटक का हिंदी अनुवाद शकुंतला पाठक ने *बहिन* शीर्षक से प्रस्तुत किया। यह पुस्तक सस्ता साहित्य मंडल से प्रकाशित हुई। उपर्युक्त सभी नाटक रंगमंच को ध्यान में रखकर लिखे गए थे और इस दृष्टि से ये नाटक सफल भी हैं।

इनके अतिरिक्त डा. माताप्रसाद गुप्त ने 'हिंदी पुस्तक साहित्य' में रामनरेश त्रिपाठी कृत *पेखन और बफाती चाचा,* शंभुदयाल सक्सेना कृत *रणबांकुरा राजकुमार,* श्रीराम बाजपेयी कृत *स्वर्णग्राम का राजा,* कृष्णमूर्ति मेहरोत्रा कृत *सप्त एकांकी* और प्रो. मनोरंजन श्रीवास्तव कृत *हंसते-हंसते* पुस्तकों का उल्लेख भी किया गया है किंतु ये पुस्तकें उपलब्ध नहीं हो सकी हैं।

**सन् 1950 के बाद का नाटक साहित्य :** बाल्यकाल में कविता और कहानी की तुलना में नाटक बहुत कम लिखे गए। इस कमी की आंशिक पूर्ति वर्तमान काल में हुई। शिक्षा के क्षेत्र में समारोहों, सांस्कृतिक कार्यक्रमों तथा अन्य पाठ्यचर्येतर गतिविधियों का महत्व बढ़ गया और परिणामस्वरूप ऐसे नाटकों की मांग बढ़ी जिन्हें बच्चे सीमित साधनों के साथ अपने स्कूल समारोहों में खेल सकते। इसके अतिरिक्त रेडियो के व्यापक प्रचार ने भी नाटक लेखकों के लिए नए अवसर प्रदान किए।

इस काल में मुख्यतः तीन प्रयोजनों से नाटक लिखे गए हैं अर्थात पाठ्य-पुस्तकों के लिए, स्कूल समारोहों के लिए या राष्ट्रीय पर्वों पर खेले जाने के लिए और रेडियो प्रसारणों के लिए।

पाठ्य-पुस्तकों को ध्यान में रखकर जो नाटक लिखे गए हैं उनमें न तो नाटकीय तत्व है और न रंगमंचीय सीमाओं का ध्यान उनमें रखा गया है। डेढ़-दो मिनट के अनेक छोटे-छोटे दृश्यों में विभाजित ये नाटक संवाद-कथाएं मात्र हैं। लगभग 20 प्रतिशत नाटक इसी कोटि के हैं। शालिग्राम व्यास कृत *बाल रंगमंच,* अनुसूया प्रसाद पाठक कृत *एकांकी संग्रह,* गणेशदत्त इंद्र कृत *बाल रंगमंच* और *रंगमंच के खेल,* पं. नारायण प्रसाद द्विवेदी कृत *बाल नाटकमाला,* बाल गोविंद प्रसाद कृत *बाल नाटकमाला,* डा. रामचरण महेंद्र कृत *अमर आत्माएं,* रामजन्म सिंह शिरीष कृत *इतिहास के चार फूल,* विष्णुदत्त कविरत्न कृत *दो प्यारे मित्र* तथा व्यथित हृदय कृत *अंधों की आंख* आदि नाटक इस कोटि में आते हैं। प्रशांत कृत हिंदी साहित्य की प्रसिद्ध पुस्तकों के नाट्य रूपांतरण तथा डा. कैलाश नाथ भटनागर और डा. महेंद्र भटनागर कृत संस्कृत नाटकों के लघु रूपांतरण भी इसी वर्ग में रखे जा सकते हैं।

स्कूल समारोहों तथा राष्ट्रीय उत्सवों के अवसर पर बहुधा ऐसे नाटक बच्चों से प्रस्तुत कराए जाते हैं जो आमंत्रित 'बड़े लोगों' को प्रभावित कर सकें। इन नाटकों में बहुधा वयस्क पात्र होते हैं और वयस्कों की ही समस्याएं होती हैं। ग्राम सुधार,

राष्ट्रीय एकता अथवा किसी राजनैतिक या सामाजिक आदर्श को लेकर इस प्रकार के नाटक अनेक लिखे गए हैं। हनुमानदास चकोर कृत *नौ बाल एकांकी* और *तेरह बाल एकांकी*, चंद्रभाल ओझा कृत *ये खट्टे बेर*, इंद्रसेन सिंह भावुक कृत *दो लाडले*, और *नवाब और खराब*, एस. लाल कृत *शांति की विजय*, श्रीकृष्ण मायूस कृत *कदम मिला के चलो*, निरंजन नाथ कृत *आदर्श नागर*, पवन कुमार कृत *बाल एकांकी* और विजय कुमार गुप्त कृत *साथी* इस प्रकार के नाटकों में गिनाए जा सकते हैं। राधेश्याम प्रगल्भ कृत 'राह अनेक मंजिल एक' मुहावरों का चमत्कार दिखाने के लिए लिखा गया है और इसी वर्ग में आता है।

पातीराम भट्ट के स्त्री-पात्रहीन ऐतिहासिक नाटक स्पष्टतः इस उद्देश्य से लिखे गए हैं कि स्कूलों के लड़के उन्हें स्टेज कर सकें। इनमें नाटक के गुण मौजूद हैं किंतु वयस्क पात्र और वयस्कोपयोगी विषय होने के कारण इन्हें वयस्क-नाटक कहना ही अधिक संगत होगा। उमाकांत मालवीय कृत *सिंहनी का दूध* पुस्तक भी इसी वर्ग की है।

रेडियो प्रसारणों के लिए राष्ट्रीय आदर्श वाले नाटकों की विशेष मांग रहती है। इस प्रकार के राष्ट्रीय भावना-प्रधान नाटकों में रघुवीर शरण मित्र के *नाटक बच्चों का देश*, *बुद्धि के हीरे*, *भारत माता* और *वीर बालक* उल्लेखनीय हैं। कमलेश्वर ने कुछ सुंदर रंगमंचीय नाटक प्रस्तुत किए हैं जो *कमलेश्वर के बाल नाटक* (दो भाग) और *पैसों का पेड़* पुस्तकों में संगृहीत हैं। इनमें से अधिकांश रेडियो से प्रसारित हो चुके हैं। कुदसिया जैदी ने हिंदुस्तानी थियेटर के लिए *जंगल में शेर*, *सितारा* और *ला मेरा चने दा दाना* आदि नाटक प्रसिद्ध कथाओं के आधार पर लिखे हैं। कमलेश्वर के नाटकों की तरह इनमें भी कुछ नाटक पशु-पक्षी पात्रों वाले हैं और बच्चों के लिए बहुत रोचक हैं। इसी प्रकार के नाटकों में अनिल कुमार कृत *आओ बच्चो नाटक खेलें* और रामकृष्ण शर्मा खद्दर जी कृत *चूहा राजा* भी उल्लेखनीय हैं। बालकराम नागर ने रेडियो के लिए दो प्रसिद्ध कथाओं के नाट्य रूपांतरण किए हैं जो *दो नाटक* नामक पुस्तक में संगृहीत हैं तथा भाषा, क्रियातत्व आदि की दृष्टि से सुंदर नाटक कहे जा सकते हैं। हबीब तनवीर द्वारा एक प्रसिद्ध कथा के आधार पर लिखा गया नाटक 'गधे' रंगमंच पर बहुत सफलतापूर्वक खेला गया है। इसी प्रकार शांता गांधी द्वारा लिखित *एकलव्य*, ज्ञान प्रकाश शर्मा द्वारा लिखित *हिमानी* (जर्मनी की एक प्रसिद्ध कथा का नाट्य रूपांतरण) भी नाटक साहित्य की सुंदर कृतियां हैं। स्वप्न कथा के नाट्य-रूपांतरण के रूप में भानु मेहता कृत *वे सपनों के देश से लौट आए* और परितोष गार्गी द्वारा लिखित पुस्तक *गार्गी के बाल नाटक* रंगमंचीय आवश्यकताओं

की दृष्टि से अच्छे हैं। बच्चों के यथार्थ जीवन के रंगमंचीय एकांकियों में ब्रज राय चौधरी कृत *मां की सहायता*, कमलेश्वर के कुछ एकांकी नाटक, इन पंक्तियों के लेखक की पुस्तक *बच्चों के नाटक* (एकांकी) तथा *स्पर्धा* (पूर्ण नाटक), मोहनलाल गुप्त कृत *बच्चों की सरकार*, लल्लन कृत *एक-दूसरे की लिए*, केशवदेव वर्मा कृत *बाबू जी जिंदाबाद*, त्रिभुवन कौल कृत *नन्हे मुन्नों के रूपक*, श्यामू संन्यासी कृत *भाई और बहन* तथा हबीब तनवीर कृत *गधे* कथातत्व और क्रियातत्व और अभिनेयता की दृष्टि से सफल नाटक हैं।

सरस्वती कुमार दीपक कृत 'गुड़ियों का देश' और सुमित्रा कुमारी सिन्हा द्वारा लिखित 'दादी का मटका', बाबूराम पालीवाल कृत 'चम चम चमके चंदा मामा' और मनोहर प्रभाकर कृत 'इंद्र धनुष' संगीत रूपक हैं और लगभग सभी रेडियो से प्रसारित हुए हैं।

संक्षेप में, वर्तमान काल में बच्चों के लिए पर्याप्त मात्रा में नाटक लिखे गए हैं किंतु अधिकांश रेडियो प्रसारणों के लिए तथा स्कूलों-समारोहों के लिए लिखे गए हैं। जब तक हिंदी जगत् बाल रंगमंच की स्थापना के प्रति उदासीन बना रहेगा तब तक बाल-साहित्य में अच्छे साहित्यिक नाटकों का अभाव बना रहेगा।

## (इ) जीवनी साहित्य

### (क) जीवनी की परिभाषा, उपयोगिता और मानदंड

जीवनी शब्द का प्रयोग अंग्रेजी शब्द बायोग्राफी के लिए किया जाता है जिसका अर्थ आक्सफोर्ड डिक्शनरी के अनुसार, "साहित्य की शाखा के रूप में व्यक्तियों के जीवन का इतिहास है।" इस परिभाषा में तीन बातों पर जोर दिया गया है। पहली बात यह है कि जीवनी इतिहास है अर्थात उसमें प्रामाणिक तथ्य होते हैं। दूसरी बात यह है कि जीवनी व्यक्ति विशेष से संबंधित रचना है अर्थात उसमें विशिष्ट व्यक्ति का वर्णन होता है, 'टाइप' का नहीं। तीसरी बात यह कि जीवनी साहित्य की एक विधा है अर्थात उसमें सृजनात्मक तत्व अनिवार्य है।

जीवनी की यह सामान्य परिभाषा बच्चों के लिए लिखी गई जीवनियों पर भी लागू होती है किंतु इसके साथ-साथ बाल जीवनी में ऐसे गुण भी विद्यमान होने चाहिए जिससे वह रचना बच्चों द्वारा सहज आस्वाद्य हो। उसमें जीवन की उन बातों का विशेष वर्णन होना चाहिए जिनमें बच्चों को रुचि हो सकती है। इसके अतिरिक्त

वह जीवनी ऐसी शैली में लिखी जानी चाहिए जिसे बच्चा समझ सके। सामान्यतः इन शर्तों को पूरा करना बहुत कठिन होता है और इसलिए बच्चों के लिए लिखी अच्छी जीवनियों की संख्या अधिक नहीं होती। कहने को तो हिंदी में बच्चों के लिए डेढ़-दो हजार जीवनियां उपलब्ध हैं किंतु साहित्यिक-रचना की कोटि में आने वाली जीवनियों की संख्या अधिक नहीं है।

**जीवनी की उपयोगिता** जीवनी एक मनुष्य के जीवन की सच्ची और यथातथ्य पूर्ण कहानी है। बच्चों के लिए जीवनी का सर्वप्रथम आकर्षण तो इसकी सच्ची कहानी है। भूत-प्रेत, परी, जादूगर और पशु-पक्षियों की विचित्र और काल्पनिक कहानियों को पढ़ चुकने के बाद बच्चों के जीवन में एक समय आता है जब वह सच्ची, शत-पतिशत सच्ची कहानियों को पढ़ने के लिए उत्सुक दिखाई देता है। संभव है यह प्रवृत्ति काल्पनिक कहानियों की अत्यधिकता के विरुद्ध उसकी तीव्र प्रतिक्रिया की द्योतक हो। यह प्रतिक्रिया सामान्यतः नौ-दस वर्ष की अवस्था में दिखाई देती है। इसके बाद जब बच्चा किशोरावस्था में पहुंचकर अपने को जीवन के विस्तृत क्षेत्र के प्रवेश-द्वार पर खड़ा पाता है तो उसे संबल के रूप में ऐसे व्यक्तियों के जीवन का निकट परिचय प्राप्त करना पड़ता है जिन्होंने अपने सीमित साधनों के साथ उस विस्तृत क्षेत्र में यात्रा की हो। वह जानना चाहता है कि किन व्यक्तियों के समक्ष इस अनिवार्य यात्रा के समय क्या कठिनाइयां आई थीं और उन्होंने उसे कैसे पार किया था अथवा किन व्यक्तियों ने किन-किन उपायों से इस विस्तृत एवं निर्मम संसार में अपने लिए एक विशिष्ट स्थान बनाया था। इन कारणों से जीवनी के प्रति उसका आकर्षण बढ़ जाता है।

जीवनी के प्रति आकर्षण का एक और कारण यह है कि बच्चे सामान्यतः इस विशाल संसार में अपने को निर्बल और असुरक्षित अनुभव करते हैं और उसकी प्रतिमूर्ति के लिए वे ऐसे व्यक्तियों के सान्निध्य में रहना चाहते हैं जो जीवन की कठिनाइयों और संकटों का सामना करने के लिए उन्हें शक्ति दे सकें। सर्वविदित है कि नौ-दस वर्ष की अवस्था के आस-पास बच्चे में नायक-पूजा का भाव प्रबल होता है। सबसे बलवान और शक्तिशाली व्यक्ति को अपना 'हीरो' बनाने के लिए उनमें होड़ चला करती है। राम, कृष्ण, भीम, अर्जुन, अभिमन्यु, हनुमान, हर्क्यूलस जैसे सर्वविदित पात्रों में भी बच्चे यह निर्णय करना चाहते हैं कि इनमें सबसे बलवान, सबसे शक्तिशाली कौन है। भीम और हर्क्यूलस की कुश्ती की कल्पना की जाती है तथा अर्जुन और कर्ण के युद्ध का सूक्ष्म विश्लेषण किया जाता है।

मे लैंबर्टन बेकर ने एक स्थान पर लिखा है, "वयस्कों में आदर्श-पूजा का भाव प्रमुख होता है और बच्चों में नायक-पूजा का। यह भाव बच्चों में छोटी अवस्था से ही पैदा हो जाता है। सर्वप्रथम बच्चे में अपने पिता के समान कोई बड़ा आदमी बनने की इच्छा होती है। चित्र-कथाओं की अवस्था में वह फायरमैन, बस ड्राइवर आदि के चित्रों को पसंद करता है। इसलिए नहीं कि उसकी ज्ञानवृद्धि होती है अपितु इसलिए कि इन चित्रों से उसकी नायकपूजा की भावना की तृप्ति होती है। बच्चों को जीवनी का प्रथम परिचय इन चित्रों के माध्यम से ही होता है।"[15]

जीवनी व्यक्तियों के जीवन की सफलताओं की कहानी है इसीलिए साहित्य के अन्य रूपों की अपेक्षा जीवनी से बालकों को आत्म-विश्वास तथा जीवनोत्साह अधिक मात्रा में प्राप्त होता है।

**जीवनी के गुण-दोष** ज्याफ्री ट्रीज का कहना है कि "अच्छी शैली में लिखी गई किसी व्यक्ति की जीवन-कथा में जो आकर्षण है वह किसी अन्य प्रकार की पुस्तक में नहीं मिल सकता।"[16] और इसी स्थान पर अच्छी जीवनी की चर्चा करते हुए उन्होंने कहा है कि जीवनी का मूल्यांकन इन तीन प्रश्नों के संदर्भ में किया जाना चाहिए, अर्थात

(1) क्या जीवनी का विषय महत्वपूर्ण अथवा रोचक है?
(2) क्या पुस्तक में दिए गए तथ्य प्रामाणिक हैं?
(3) क्या उसकी शैली स्पष्ट और प्रभावोत्पादक है?

अपने प्रथम प्रश्न में विषय की रोचकता के संबंध में एक व्यापक भ्रांति का निवारण करते हुए उन्होंने कहा है कि "यह पुरानी धारणा अब असत्य सिद्ध हो चुकी है कि ऊंचे पद पर प्रतिष्ठित व्यक्तियों का जीवन ही रोचक हो सकता है। यदि अन्य दो प्रश्नों का उत्तर सकारात्मक हो तो किसी भी व्यक्ति की जीवनी रोचक हो सकती है।"[17]

बालोपयोगी जीवनी में बचपन के वर्णन के लिए अपेक्षाकृत अधिक स्थान दिया जाना आवश्यक है क्योंकि बच्चा जीवन के इसी पहलू से ही विशेष रूप से परिचित होता है और इसलिए वह नायक के साथ सरलता से तादात्म्य स्थापित कर सकता है। किंतु साथ ही यह भी आवश्यक है कि जीवनी को बचपन की अवधि तक ही सीमित न रखा जाए। जीवनी के विषय को हमेशा बच्चा बनाए रखना उचित नहीं है।

बहुधा बड़ों के पुराने कपड़े काट-छांटकर बच्चों को पहना दिए जाते हैं किंतु

इस साम्य के आधार पर बालोपयोगी जीवनी बड़ी जीवनी में काट-छांट करके नहीं लिखी जा सकती है। इसे प्रारंभ से ही एक पृथक दृष्टिकोण से लिखना पड़ता है क्योंकि इसका प्रयोजन भिन्न होता है। वयस्क अपनी जीवनी में पूर्ण व्यक्ति को अपनी समस्त विशेषताओं और त्रुटियों के साथ देखना चाहता है। बच्चों की रुचि इस बात में होती है कि उस व्यक्ति की क्या उपलब्धियां हैं और उनके लिए उसने किन-किन बाधाओं को पार किया है।

सामान्यतः बालकोपयोगी जीवनियों में संदर्भ, पाद-टिप्पणियां आदि नहीं दी जाती हैं। इनमें व्यक्ति विशेष के पूरे जीवन का विवरण आवश्यक नहीं माना जाता विशेष रूप से उस स्थिति में जब उस व्यक्ति का जीवन अत्यंत करुण रहा हो अथवा उसमें बहुत सी ऐसी बातें हों जो बच्चों की दृष्टि से अवांछनीय हों। बहुत से लेखकों का विचार है कि सुविदित घटनाओं का वर्णन करते समय संवादों तथा पात्रों के विचार-विश्लेषण में लेखक अपनी कल्पना का प्रयोग कर सकता है। संवादों की योजना से कहानी में नाटकीय तत्व का समावेश हो जाता है। यह कहना कठिन है कि अपनी ओर से संवादों की कल्पना करना कहां तक उचित है तथापि आजकल जीवनियों में संवादों का प्रयोग अधिकाधिक होने लगा है।

पाद-टिप्पणियों आदि के संबंध में में हिल आर्बुथनाट का मत इस प्रकार है, "यद्यपि बच्चे पाद-टिप्पणियों को सामान्यतः नहीं पढ़ते हैं किंतु बड़े बालकों के लिए लिखी गई जीवनियों में पाद-टिप्पणियों आदि देने से यह लाभ होता है कि बच्चे सत्य और यथार्थता का आदर करना सीख जाते हैं और पूर्वाग्रहपूर्ण एवं काल्पनिक जीवनियों के प्रति सचेत हो जाते हैं।"[18]

पीछे कहा जा चुका है कि सृजनात्मक तथ्य की विद्यमानता जीवनी का अनिवार्य गुण है क्योंकि वह साहित्यिक रचना होती है। बाल-जीवनी में यह गुण लाना अत्यंत कठिन होता है। बहुधा बच्चों को जीवनी के नाम पर विश्वकोशों के आधार पर लिखे संक्षिप्त जीवन विवरण ही दिए जाते हैं। इन पुस्तकों के पीछे न तो अंतःप्रेरणा होती है और न इन्हें पढ़ने के बाद व्यक्ति का एक चरित्र उभरता है। प्रायः सभी भाषाओं में इस प्रकार की जीवनियां बच्चों को अधिक मात्रा में दी गई हैं। डोराथी नील व्हाइट ने अंग्रेजी साहित्य के संदर्भ में ऐसी जीवनियों के बारे में निम्नलिखित विचार प्रकट किए हैं

> "बालोपयोगी जीवनियों का क्षेत्र बहुत सीमित होता है। ऐसी छोटी-छोटी जीवनियां बहुत बड़ी संख्या में उपलब्ध हैं जिनमें जान आफ आर्क, नेपोलियन, महारानी एलिजाबेथ आदि के शर्करावेष्टित जीवन विवरण प्रस्तुत किए गए हैं। इस प्रकार

की अधिकांश जीवनियां विश्वकोश सामने रखकर लिखी गई हैं। इन्हें जीवनी कहना ही अनुचित है।''[19]

सामान्यतः पुस्तक मालाओं के अंतर्गत प्रकाशित जीवनियां उपर्युक्त कोटि की होती हैं। चालौंट एस. हक और डोरिस ए. यंग का मत है कि ''बच्चों के लिए लिखी गई कुछ उत्तम कोटि की जीवनियां ऐसे लेखकों द्वारा लिखी गई हैं जिनका संबंध किसी पुस्तकमाला से नहीं रहा है।''[20]

संक्षेप में बच्चों के लिए लिखी गई जीवनी अंतःप्रेरणा से लिखी जानी चाहिए। प्रामाणिकता और यथार्थता का निर्वाह बालोपयोगी जीवनी के लिए भी अनिवार्य शर्त है। यद्यपि उसे विस्तृत संदर्भ, साक्ष्य विवरण आदि देने की आवश्यकता नहीं होती किंतु उसमें जो कुछ वर्णन किया गया हो वह पूर्णतः सही होना चाहिए। शैली में आकर्षण पैदा करने के लिए संवादों तथा मनोविश्लेषणात्मक विवरणों की योजना लेखक कर सकता है किंतु कुल मिलाकर जीवनी में कोई भी बात तथ्य विरुद्ध नहीं होनी चाहिए।

## (ख) जीवनियों के भेद

वर्गीकरण की सुविधा के लिए जीवनियों के भेद करने की आवश्यकता होती है। कार्यक्षेत्र अथवा उपलब्धियों की दृष्टि से महापुरुषों को अनेक वर्गों में विभाजित किया जा सकता है और उसके आधार पर जीवनियों के भी अनेक भेद हो सकते हैं किंतु हिंदी में उपलब्ध जीवनियों को हम मोटे तौर पर निम्नलिखित चार वर्गों में रख सकते हैं

(1) धार्मिक जीवनियां।
(2) ऐतिहासिक जीवनियां।
(3) राजनैतिक जीवनियां।
(4) वैज्ञानिक, साहित्यिक एवं अन्य जीवनियां।

**(1) धार्मिक जीवनियां :** भारतीय जनजीवन सर्वदा से ही धार्मिक भावना से अनुप्राणित रहा है। राम, कृष्ण, बुद्ध, ईसा आदि अवतारों के संबंध में विविध कहानियां बच्चे माता-पिता आदि से सर्वदा ही सुनते आए हैं। ये धार्मिक जीवनियां प्रायः धार्मिक कथाओं के रूप में ही दी गई हैं। बच्चों के लिए धार्मिक जीवनियां प्रस्तुत करते समय बड़ी सावधानी की

आवश्यकता पड़ती है। धार्मिक भावना में बहकर लिखी गई जीवनियों में असंभव घटनाओं और चमत्कारों की ही प्रधानता रहती है। गीता प्रेस, गोरखपुर से प्रकाशित धार्मिक जीवनियों में यह बात देखी जा सकती है। आधुनिक काल के धार्मिक नेताओं में स्वामी दयानंद, स्वामी विवेकानंद, रामकृष्ण परमहंस आदि की जीवनियां काफी लोकप्रिय हुई हैं।

(2) **ऐतिहासिक जीवनियां :** बच्चों को दी गई अधिकांश जीवनियां ऐतिहासिक कथाओं के रूप में हैं। कुछ विद्वानों ने ऐतिहासिक कहानियों और बालोपयोगी जीवनियों में अभेद भी माना है। इसका कारण यह है कि ये जीवनियां बहुधा व्यक्ति विशेष के जीवन में घटी महत्वपूर्ण घटनाओं पर आधारित कहानियों के रूप में दी जाती हैं। जीवट और शौर्य के तत्व की प्रमुखता के कारण ऐतिहासिक जीवनियां दस-ग्यारह वर्ष की अवस्था के बालकों में बहुत लोकप्रिय होती हैं। हिंदी में अशोक, चंद्रगुप्त, महाराणा प्रताप, वीर शिवाजी, महारानी लक्ष्मीबाई, दुर्गावती आदि विभूतियों की जीवनियां बड़ी मात्रा में लिखी गई हैं।

(3) **राष्ट्रीय जीवनियां :** हिंदी बाल-साहित्य का विकास राष्ट्रीय आंदोलन के विकास के साथ-साथ हुआ है अतः राष्ट्रीय जीवनियों की मांग प्रारंभ से ही रही है। स्वतंत्रता प्राप्ति के पहले क्रांतिकारी दल के लोग जिस प्रकार अदम्य साहस दिखाकर संकटपूर्ण परिस्थितियों से जूझ रहे थे उसके कारण इन सेनानियों की जीवनियां पढ़ने के लिए किशोरावस्था के आस-पास के बालकों में बड़ा उत्साह था। सरदार भगतसिंह, चंद्रशेखर आजाद, नेताजी सुभाषचंद्र बोस आदि अनेक सेनानियों के जीवन की घटनाएं साहसिक कहानियों के रूप में आज भी लोकप्रिय हैं। इसके साथ-साथ अन्य राष्ट्रीय नेताओं की जीवनियां भी बड़ी मात्रा में दी गई हैं। 1950 के बाद सत्तारूढ़ नेताओं की जीवनियां प्रकाशित करने की ओर प्रकाशकों का अधिक ध्यान गया है।

(4) **वैज्ञानिक, साहित्यिक एवं अन्य जीवनियां :** इस वर्ग की जीवनियों की संख्या अधिक नहीं है। कबीर, तुलसी, सूर आदि कुछ साहित्यकारों की जीवनियां अवश्य प्रकाशित हुई हैं किंतु वे अधिकतर छात्रोपयोगी हैं। रवींद्रनाथ ठाकुर, निराला, शरतचंद्र आदि साहित्यकारों की कुछ सुंदर जीवनियां अभी हाल ही में प्रकाशित हुई हैं। विज्ञान की ओर अब अधिकाधिक ध्यान दिया जाने लगा है, इसके फलस्वरूप महान वैज्ञानिकों

की जीवनियों की मांग भी बढ़ रही है। वैज्ञानिक और साहित्यिक जीवनियों में रोचकता के साथ-साथ यह गुण भी होना चाहिए कि पाठक के मन पर वैज्ञानिक अथवा साहित्यिक उपलब्धियों का स्पष्ट चित्र अंकित हो जाए।

## (ग) जीवनी साहित्य का विकास

**शिशुकाल** बालकों के कथा-साहित्य में महापुरुषों के जीवन-प्रसंगों का प्रारंभ से ही महत्वपूर्ण स्थान रहा है। शिशुकाल में लिखा गया अधिकांश कथा-साहित्य ऐतिहासिक और पौराणिक विभूतियों के जीवन-प्रसंगों पर आधारित है। तथापि कुछ पुस्तकों को कहानियों से पृथक करके जीवनियों के अंतर्गत रखा जा सकता है। इन पुस्तकों में मन्नन द्विवेदी गजपुरी कृत *भारत के प्रसिद्ध पुरुष,* गोपाल प्रसाद शर्मा कृत *बालपंचरत्न,* नंदकुमार देव शर्मा (संपादक बिहारवंश) कृत *बालवीर चरितावली,* मुंशी देवीप्रसाद मुंसिफ कृत *चमत्कारी बालक* तथा *होनहार बालक,* श्रोत्रियापूर्णा देवी कृत *भारत के आदर्श बालक,* ईश्वरी प्रसाद शर्मा कृत *बाल गल्पमाला* तथा महावीर प्रसाद द्विवेदी कृत *वनिता लिवास* उल्लेखनीय हैं। लगभग सभी पुस्तकें विषयवस्तु की दृष्टि से अच्छी कोटि की हैं। अधिकतर महापुरुषों के बाल्य-जीवन के प्रसंगों को इनमें प्रस्तुत किया गया है।

**बाल्यकाल** बाल्यकाल में जीवनी साहित्य में तीव्र गति से विकास हुआ। राष्ट्रीयता की भावना के प्रबल हो जाने के फलस्वरूप अपने इतिहास की स्वर्णिम घटनाओं तथा उनसे संबंधित व्यक्तियों की स्मृति को ताजा करने के लिए अनेक पुस्तकें लिखी गईं। इस काल में जीवनियों के क्षेत्र में छात्र हितकारी पुस्तकमाला, बालशिक्षा समिति, पुस्तक भंडार, इंडियन प्रेस और हिंदी मंदिर, प्रयाग का योगदान विशेष रूप से सराहनीय है। छात्र हितकारी पुस्तकमाला, दारागंज, प्रयाग से केदारनाथ गुप्त, गणेश पांडेय, व्यथित हृदय, राजकुमारी श्रीवास्तव, जगपति चतुर्वेदी, भगवती प्रसाद वाजपेयी, हनुमान प्रसाद गोयल आदि द्वारा लिखित जीवनियों की एक सौ से अधिक पुस्तकें प्रकाशित हुईं। यद्यपि गेटअप आदि की दृष्टि से ये पुस्तकें साधारण थीं किंतु विषयवस्तु की दृष्टि से वर्तमान काल में लिखी गई अधिकांश जीवनियों से कहीं अच्छी थीं। बालशिक्षा समिति और पुस्तक भंडार से प्रकाशित जीवनियों में व्यक्तियों के जीवन का सविस्तार वर्णन है और इनमें जीवनी के तत्व अधिक मात्रा में विद्यमान हैं। बालशिक्षा समिति के लिए रा.ब. बेचू नारायण,

रामदहिन मिश्र, रामजन्म मिश्र, देवकुमार मिश्र आदि लेखकों ने अनेक जीवनियां लिखी हैं। हिंदी मंदिर, प्रयाग से रामनरेश त्रिपाठी द्वारा लिखित अनेक जीवनियां प्रकाशित हुईं। काशीनाथ त्रिवेदी द्वारा अनूदित पौराणिक जीवनियां भी यहां से प्रकाशित हुईं जिनमें पौराणिक पात्रों को नवीन दृष्टिकोण से प्रस्तुत किया गया है और चमत्कारपूर्ण घटनाओं को भी विश्वसनीय ढंग से प्रस्तुत करने का प्रयत्न किया है। इंडियन प्रेस से अंग्रेजी तथा बंगला से अनूदित कुछ सुंदर जीवनी-संग्रह निकले हैं जो पुस्तक सज्जा और विषय-वस्तु दोनों दृष्टियों से सुंदर हैं। गीता प्रेस, गोरखपुर से भक्तों की अनेक जीवनियां प्रकाशित हुईं जो धार्मिक दृष्टिकोण से लिखी गई थीं। इनमें शांतनु बिहारी द्विवेदी कृत *रामभक्त हनुमान* नामक पुस्तक गेटअप आदि की दृष्टि से बहुत सुंदर पुस्तक है। इसी प्रकार हनुमान प्रसाद पोद्दार कृत *भक्त बालक, भक्त नारी* पुस्तकें भी संगृहणीय हैं।

इस काल में बहुत सी अच्छी जीवनियां लेखकों के वैयक्तिक प्रयास के फलस्वरूप प्रकाशित हुई हैं। विश्वकोश के आधार पर एक ही लेखक से अनेक जीवनियां लिखवाने की प्रवृत्ति (जो वर्तमान काल में प्रमुख है) बाल्यकाल में नहीं दिखाई पड़ती। अनेक पुस्तकें लेखक की साधना के कारण विशेष रूप से उल्लेखनीय हैं। इनमें कृष्णदेव उपाध्याय कृत *चारुचरितावली,* जगदीश नारायण कृत *बड़ों का बचपन,* मुंशी प्रेमचंद कृत *रामचर्चा* और *दुर्गादास,* राजनारायण एम.ए. कृत *बालक बुद्ध,* रूपनारायण पांडेय कृत *प्रतापी परशुराम,* सत्यव्रत कृत *अब्राहम लिंकन,* हृषीकेश शर्मा कृत *संत नंदनार* और रिषभदास रांका कृत *प्यारे राजा बेटा* पुस्तकों को गिनाया जा सकता है। इनके अतिरिक्त संतराम बी.ए. कृत *सद्गुणी बालक,* रामनरेश त्रिपाठी कृत *चंद्रगुप्त,* रमाकांत त्रिपाठी कृत *बालकृष्ण कथा,* इंडियन प्रेस से प्रकाशित यामिनी कांत की अनूदित पुस्तक *बालकों के विद्यासागर,* बद्री प्रसाद शर्मा कृत *सरदार भगतसिंह,* परमानंद दत्त कृत *परशुराम,* नर्मदा प्रसाद खरे कृत *रत्नराशि,* जगपति चतुर्वेदी कृत *अद्भुत महापुरुष* आदि जीवनियों में भी साहित्य के गुण पर्याप्त मात्रा में विद्यमान हैं। छोटी-छोटी दर्जनों जीवनियां लिखने वाले लेखकों में दिनकर, गंगाधर गोरे और प्रतापनारायण चतुर्वेदी के नाम उल्लेखनीय हैं। श्री गोरे ने छोटे आकार की सोलह पृष्ठों की चौपड़ियां स्वयं ही प्रकाशित कीं जिनकी कीमत दो पैसे थी। श्री चतुर्वेदी की पुस्तकें 32 पृष्ठों की थीं और ये भारतवासी प्रेस, दारागंज, प्रयाग से प्रकाशित हुईं। मिश्रबंधु कार्यालय से प्रकाशित नर्मदा प्रसाद मिश्र कृत *भारत के वीर रत्न, भारत की एकादश वीरांगनाएं, देशभक्ति की आहुतियां* आदि पुस्तकें सभी दृष्टियों से अच्छी हैं। श्रीराम बाजपेयी, लाल शर्मा द्वारा लिखित *साहसी*

*बच्चे,* विद्याभास्कर शुक्ल कृत *भारत की वीर बालाएं* और *भारत के वीर बालक,* नरसिंहराम शुक्ल कृत *वीर पुत्रियां,* देवीदत्त शुक्ल कृत बालद्विवेदी, आचार्य चतुरसेन शास्त्री कृत *आदर्श बालक* और *राजपूत बच्चे,* गुर्तीसुब्रह्मण्यम कृत *छत्रपति शिवाजी,* कृष्णलाल वर्मा कृत *बाल श्रीकृष्ण* (दो भाग) आदि पुस्तकें भी साहित्यिक गुणों के कारण विशेष रूप से उल्लेखनीय हैं।

**वर्तमान काल** स्वतंत्रता संग्राम में अभूतपूर्व सफलता मिलने पर देशवासियों के हृदय उन नेताओं के प्रति श्रद्धा भाव से भर गए जिन्होंने स्वतंत्रता के लिए अनेक बलिदान किए थे। परिणामस्वरूप राष्ट्रीय नेताओं की जीवनियों की बहुत मांग हुई। इस काल में प्रकाशित अधिकांश जीवनियां नवसाक्षरों और बालकों दोनों की आवश्यकता पूर्ति के लिए लिखी गई हैं।

इस संबंध में ध्यान देने वाली बात यह है कि अधिकांश जीवनियां अंतःप्रेरणा से नहीं बल्कि प्रकाशकों के आग्रह पर लिखी गईं। प्रकाशकों ने जीवनी मालाएं प्रकाशित करने के कार्यक्रम बनाए और उनका काम किसी एक या दो व्यक्तियों को सौंप दिया।

लगभग सभी प्रकाशकों ने जीवनियां छापीं क्योंकि लोककथाओं की तरह जीवनियां भी एक बैठक में लिखी जा सकती थीं, सस्ते में खरीदी जा सकती थीं तथा आसानी से बिक जाती थीं विशेषकर जब पदारूढ़ व्यक्ति जीवनी का विषय होते थे।

बच्चों की आवश्यकताओं को ध्यान में रखकर छोटी-छोटी जीवनियां प्रकाशित करने के क्षेत्र में राजपाल एंड संस, दिल्ली ने बहुत काम किया है। प्राणनाथ वानप्रस्थी, सत्यकाम विद्यालंकार विनोद, विश्वनाथ आदि लेखकों ने दर्जनों जीवनियां इस माला के अंतर्गत लिखीं जिनमें राष्ट्रीय, धार्मिक और सामाजिक समस्त क्षेत्रों के नेताओं की जीवनियां हैं। सर्वोदय प्रकाशन मंदिर, दिल्ली के लिए वीरेंद्र गुप्त, संतोष कुमार जैन आदि लेखकों ने विभिन्न क्षेत्रों के नेताओं की अनेक दर्जन जीवनियां लिखीं। राजकमल प्रकाशन, दिल्ली से इंद्रनाथ मदान की *हमारे गुरुदेव, भगवान बुद्ध, मुंशी प्रेमचंद, महात्मा गांधी* आदि अनेक जीवनियां प्रकाशित हुईं। व्यक्तित्व की झांकी प्रस्तुत करने में ये जीवनियां काफी सफल रही हैं। हिंदी प्रकाशन मंदिर से प्रकाशित नानाभाई भट्ट की पुस्तकें संभवतः पुनर्मुद्रित हैं। महाभारत आदि के पौराणिक पात्रों को नई दृष्टि से इन पुस्तकों में प्रस्तुत किया गया है। नारायण प्रकाशन मंदिर से जगत नारायण द्वारा प्रकाशित धार्मिक नेताओं की जीवनियां, हिंदी प्रकाशन मंदिर द्वारा प्रकाशित बाबूराव जोशी, नारायण दत्त पांडे आदि लेखकों द्वारा लिखित राष्ट्रीय नेताओं की जीवनियां, बालभारती, इलाहाबाद से प्रकाशित मन्मथ

नाथ गुप्त द्वारा लिखित क्रांतिकारियों की छोटी-छोटी जीवनियां विविधता की दृष्टि से उल्लेखनीय हैं। पुराने प्रकाशकों में पुस्तक भंडार, लहेरिया सराय, अजंता प्रेस, पटना और छात्र हितकारी पुस्तकमाला, इलाहाबाद ने भी इस क्षेत्र में अपने प्रयास जारी रखे। आत्माराम एंड संस ने कामिक पुस्तकों के रूप में रामकृष्ण, चंद्रगुप्त, प्रताप आदि विभूतियों की जीवनियां दीं। ऐतिहासिक जीवनियों के क्षेत्र में जयचंद्र विद्यालंकार द्वारा लिखित *पुरखों के चरित्र* (अनेक भागों में), पौराणिक जीवनियों में जगन्नाथ प्रसाद मिश्र द्वारा लिखित अगस्त्य, दुर्वासा, व्यास आदि ऋषियों की जीवनियां, साहित्यिक जीवनियों में भगवत शरण उपाध्याय की *हमारे हिंदी कवि, हमारे संस्कृत कवि* आदि पुस्तकें और नीलाभ प्रकाशन, इलाहाबाद से ओ हेनरी, ओ नील, विक्टर ह्यूगो आदि की कुछ जीवनियां विशेष रूप से उल्लेखनीय हैं। पीपुल्स पब्लिशिंग हाउस, नई दिल्ली से लगभग बीस जीवनियां प्रकाशित हुई हैं जो पुस्तक सज्जा तथा जीवनी के तत्वों की दृष्टि से उत्तम कोटि की हैं और लेखकों द्वारा मनोयोग से लिखी गई हैं। इनमें डा. रामविलास शर्मा द्वारा लिखित महाकवि निराला की जीवनी क्लासिक की कोटि में रखी जा सकती है। बातचीत की शैली में लिखी गई इस जीवनी में निराला जी का व्यक्तित्व बच्चे के आगे साकार हो उठा है। इसी प्रकार श्री विष्णु प्रभाकर द्वारा लिखित शरतचंद्र की जीवनी में गहन अध्ययन और अंतःप्रेरणा के कारण ऐसा आकर्षण आ गया है जिससे यह जीवनी सामान्य जीवनियों से बहुत ऊपर उठ जाती है। कमलेश द्वारा लिखित कालिदास और बाणभट्ट की जीवनियां भी संवाद-शैली के कारण रोचक हो गई हैं। हिंदी विश्वभारती कार्यालय, लखनऊ से प्रकाशित *भारत निर्माता* (माला) और स्वामी विवेकानंद शतवर्ष जयंती प्रकाशन से प्रकाशित *नन्हें मुन्नों के विवेकानंद, बालकों के विवेकानंद, स्वामी विवेकानंद* आदि पुस्तकें छोटे बालकों तथा किशोरों के लिए हर दृष्टि से उत्तम कोटि की जीवनियां हैं। आचार्य चतुरसेन शास्त्री कृत *आदर्श बालक* तथा *बा और बापू*, मनू बहन गांधी कृत *बापू के संस्मरण*, कृष्णाहथी सिंह कृत *बापू की कहानी*, यादवेंद्र शर्मा कृत *टैसी टोरी*, आचार्य शिवपूजन सहाय कृत *भीष्म और मेरा बचपन*, पं. सुदर्शन कृत *धर्मवीर दयानंद* आदि जीवनियों में अंतःप्रेरणा के स्पर्श के कारण साहित्यिक गुण प्रचुर मात्रा में विद्यमान हैं।

महिलाओं की जीवनियों की ओर अभी अधिक ध्यान देने की आवश्यकता है। इस समय लड़कियों के लिए बहुत थोड़ी जीवनियां उपलब्ध हैं जिनमें वी. प्रभा द्वारा लिखित *नन्हीं नर्तकी*, शकुंतला वर्मा कृत *राजस्थान की वीरांगनाएं* तथा *भारत की वीर नारियां*, प्राणनाथ वानप्रस्थी कृत *वीर पुत्रियां*, सावित्री देवी वर्मा कृत *भारत की*

*महान नारियां*, पुरुषोत्तमदास गौड़ तथा शंकर सुलतानपुरी कृत *भारत की आदर्श महिलाएं*, मदन गोपाल सिंह कृत *हमारी बालिकाएं*, दुर्रे स्वामी कृत *नानी की कहानियां* आदि कुछ पुस्तकों के नाम ही लिये जा सकते हैं। किशोरोपयोगी जीवनियों में शिवदान सिंह चौहान कृत *हमारी संस्कृति के निर्माता*, सत्यप्रकाश त्रिपाठी द्वारा अनूदित विलियम स्टीवेंस की पुस्तक *प्रसिद्ध वैज्ञानिक*, इंद्र विद्यावाचस्पति कृत *ज्योति पुंज* उदयवीर शास्त्री कृत *साहस संजीवनी*, हिंदी विश्वभारती कार्यालय की *भारत निर्माता* (माला), पुरुषोत्तम कुमार निझावन कृत *भारत के लाल*, वाचस्पति गैरोला कृत *भवभूति*, अमरेंद्र कृत डॉ. *श्यामाप्रसाद मुखर्जी*, पथिक द्वारा लिखित *सरदार भगतसिंह*, पूर्णचंद्र सनक कृत *चंद्रशेखर आजाद*, बनारसीदास चतुर्वेदी द्वारा संपादित *यश की धरोहर* (शहीद ग्रंथमाला), पुस्तक भंडार से प्रकाशित *वीर बैरागी* और *परशुराम*, भारत सरकार द्वारा प्रकाशित *भारत के गौरव*, वियोगी हरि कृत *बड़ों के प्रेरणादायक कुछ पत्र* और हरिमोहन शर्मा कृत *भारतीय क्रिकेट के नवरत्न* आदि नाम उल्लेखनीय हैं।

किशोरावस्था के बालकों को अपनी लंबी जीवन-यात्रा में मार्गदर्शन प्राप्त करने के लिए पूर्ण जीवनियों की आवश्यकता पड़ती है किंतु इस प्रकार की जीवनियों की संख्या अधिक नहीं है। खेलकूद के क्षेत्र में अंतर्राष्ट्रीय ख्याति प्राप्त करने वालों की जीवनियां किशोरों के लिए विशेष आकर्षण का विषय होती हैं। हमारे यहां हॉकी, क्रिकेट आदि कुछ खेलों में अंतर्राष्ट्रीय ख्याति के खिलाड़ी हुए हैं। कुछ लोगों ने अपने संस्मरण लिखे हैं किंतु वे अंग्रेजी में ही हैं। हिंदी में इन पुस्तकों के प्रकाशन से एक बड़े अभाव की पूर्ति हो सकती है। इसके अतिरिक्त सेना, पत्रकारिता, अंतर्राष्ट्रीय राजनीति, व्यापार, वकालत, इंजीनियरी अथवा डाक्टरी व्यवसाय आदि के सैकड़ों क्षेत्र अभी तक अछूते हैं। इन विविध क्षेत्रों में सफलता प्राप्त करने वाले व्यक्तियों के आत्म-संस्मरण अथवा उनकी जीवनियां किशोरावस्था के बालकों के लिए बहुत ही लाभप्रद हो सकती हैं।

## (ई) यात्रा-विवरण

यात्रा-विवरणों को साहित्य में विशिष्ट स्थान प्राप्त है। यात्रा-विवरणों का प्राथमिक उद्देश्य किसी प्रदेश तथा उसकी परिस्थितियों का वस्तुनिष्ठ विवरण प्रस्तुत करना है किंतु जब यह विवरण इतना सूक्ष्म और सजीव होता है कि पाठक पर उस प्रदेश

का एक चित्र अंकित हो जाए तो वह साहित्य की कोटि में आ जाता है। कहानी-कविता आदि साहित्य में लेखक का उद्देश्य कुछ भावनाओं, कुछ संवेगों को पाठक तक संप्रेषित करना होता है, ज्ञान-विज्ञान के साहित्य में लेखक किसी विचार को संप्रेषित करता है और यात्रा-विवरण में वह किसी प्रदेश के समग्र मानसिक चित्र को पाठकों तक पहुंचाने का प्रयत्न करता है।

आचार्य रामचंद्र शुक्ल ने केवल विभाव वर्णन से भी रस-निष्पत्ति को संभव माना है।[21] इसके प्रमाण स्वरूप किसी अच्छे यात्रा विवरण को प्रस्तुत किया जा सकता है। यदि सत्यं शिवं सुंदरम् चराचर जगत् में व्याप्त किसी शक्ति का गुण है तो इस सृष्टि के प्रत्येक उपादान में सौंदर्य का अजस्र स्रोत निहित है और तदनुसार सौंदर्य की खोज स्त्री-पुरुष के अंगों में नहीं अपितु इस धरती के जंगल मरुस्थल, नदी-नाले, वन-पर्वत, कंकड़-पत्थर, फूल-कांटों आदि समस्त वस्तुओं में की जानी चाहिए। पहाड़ी नदी जब वर्षा ऋतु के उपरांत गोल-मटोल नए कंकड़-पत्थर अपने तटों पर बिछा देती है तो उसका नवीन सौंदर्य उन लोगों के नेत्र भी मुग्ध कर देता है जो उस नदी की बाढ़ के कारण कष्ट भोग चुके होते हैं। प्रकृति में व्याप्त इस सौंदर्य के कारण ही प्रसिद्ध यात्रा-विवरण किसी उपन्यास से कम रोचक नहीं होते। भारतवर्ष की खोज में निकले और नई दुनिया का पता लगाने वाले कोलंबस, दक्षिण ध्रुव का पता लगाने के लिए कटिबद्ध कैप्टन कुक और कैप्टन स्काट, चीन की भूमि की खाक छानने वाले मार्कोपोलो अथवा अफ्रीका के घने जंगलों में अपना जीवन बिताने वाले लिविंगस्टन की यात्राओं के विवरण संबंधित भूखंड की सूक्ष्म जानकारी देने के साथ अत्यंत रोचक भी हैं। रसोद्रेक की क्षमता के कारण इन यात्रा-विवरणों की उपयोगिता अन्य प्रकार की साहित्यिक कृतियों के समान ही स्वयंसिद्ध है।

इसके अतिरिक्त यात्रा-विवरणों को साहित्य की श्रेणी में प्रतिष्ठित करने वाला तत्व मानव का और प्रकृति का चिर संघर्ष है। मानव प्रकृति पर विजय प्राप्त करने के लिए निरंतर प्रयत्नशील रहता है और अजेय प्रकृति बार-बार उसे प्रताड़ित करती है। यह संघर्ष अनादि काल से चला आ रहा है और अनंत काल तक चलता रहेगा। प्रकृति पर विजय प्राप्त करने के लिए मानव स्वभाव से तत्पर रहता है। एक काफिला जब कुछ दूर जाकर प्रकृति द्वारा परास्त हो जाता है तो दूसरा काफिला पहले काफिले के पदचिह्नों का अनुसरण करते हुए आगे बढ़ता है। यात्रा-विवरण इस कालरूपी बालुकातट पर बने पद-चिह्न हैं जो भावी यात्रियों के लिए मार्गदर्शन का काम करते हैं।

बालकों के लिए अच्छे यात्रा विवरणों की इसीलिए अनेक उपयोगिताएं हैं। इनके माध्यम से बालक चराचर जगत् में व्याप्त सौंदर्य से साक्षात्कार कर सकते हैं।

अच्छे यात्रा विवरण प्रसुप्त 'रोमांस' भावना को जगाकर बालकों के हृदय को विशाल बनाते हैं, उन्हें देश-जातिगत भेदों से ऊपर उठा कर एक उदार दृष्टि प्रदान करते हैं और उनके लिए नवीन वातावरण वाली तथा नित नया संघर्ष प्रस्तुत करने वाली कहानी प्रस्तुत करते हैं।

जैसा कि ऊपर कहा गया है यात्रा विवरण प्रकृति में निहित सौंदर्य की खोज तथा मानव और प्रकृति के चिर संघर्ष की कहानी है। सूक्ष्म प्रकृति वर्णन और मानव-प्रकृति संघर्ष का चित्रण यात्रा वर्णनों के दो महत्वपूर्ण गुण हैं। बाल-साहित्य की अन्य विधाओं की तरह यात्रा-विवरणों में भी सर्वप्रथम एक रोचक कहानी का विद्यमान होना अनिवार्य है। यह कहानी तीव्र गति से आगे बढ़नी चाहिए किंतु सबसे महत्वपूर्ण बात यह कि उनमें वस्तुओं का सूक्ष्म वर्णन होना चाहिए अथवा कम से कम उन वस्तुओं का सूक्ष्म वर्णन तो अवश्य होना चाहिए जो बच्चों की रुचि का विषय हो सकें। यात्रा विवरण भूगोल की पाठ्य-पुस्तक नहीं है। किसी प्रदेश की धरती और जलवायु का सरसरी ज्ञान करा देना इसकी सफलता नहीं है। इसके विपरीत प्रदेश विशेष के प्रति पाठक के मन में रागात्मक भाव पैदा करना तथा उसका सामीप्य प्राप्त करने के लिए पाठक को उत्तेजित करना ही यात्रा विवरण की सफलता है।

**यात्रा साहित्य का विकास** यात्रा-साहित्य के क्षेत्र में हिंदी का बाल-साहित्य अभी बहुत पीछे है। 1950 से पहले यात्रा-साहित्य की कुछ इनी-गिनी पुस्तकें ही मिलती हैं और वे भी अधिकतर अंग्रेजी की पुस्तकों पर आधारित हैं। बाल-शिक्षा समिति, बांकीपुर से प्रकाशित अयोध्याप्रसाद झा कृत *विचित्र दुनिया* और बलदेव सिंह कृत *अंधकार के पथिक* तीन भाग, इंडियन प्रेस से प्रकाशित ठाकुरदत्त शर्मा कृत *ध्रुव यात्रा,* वाणी मंदिर, प्रयाग से प्रकाशित रामवृक्ष बेनीपुरी कृत *पदचिह्न,* रामदयाल अग्रवाल द्वारा प्रकाशित जगपति चतुर्वेदी कृत *भौगोलिक कहानियां* आदि कुछ पुस्तकों के नाम ही इस संदर्भ में गिनाए जा सकते हैं। भूगोल कार्यालय से रामनारायण मिश्र द्वारा लिखित विश्व के विभिन्न देशों का परिचय कराने वाली अनेक पुस्तकें प्रकाशित हुई हैं किंतु इन्हें भूगोल की सामान्य जानकारी देने वाली पुस्तकें ही कहा जा सकता है। संसार के प्रसिद्ध यात्रियों की जीवनियों में कुछ यात्रा प्रसंग अवश्य दिए गए हैं किंतु इन्हें जीवनी के अंतर्गत रखना ही अधिक समीचीन होगा।

1950 के बाद भी यात्रा साहित्य की ओर पर्याप्त ध्यान नहीं दिया गया। पांच-सात जो भी पुस्तकें उपलब्ध होती हैं वे या तो प्रसिद्ध अंग्रेजी पुस्तकों के आधार पर लिखी गई हैं अथवा बच्चों की अपेक्षा वयस्कों के लिए प्रस्तुत किए गए विवरण हैं।

यशपाल जैन ने अमरनाथ, गोमुख, जगन्नाथपुरी आदि की अपनी यात्राओं के विवरण लिखे हैं किंतु वे बच्चों की अपेक्षा नवसाक्षरों के लिए हैं। फिर भी उन्होंने मौलिक यात्रा साहित्य के सृजन का प्रयास किया है जो सराहनीय है। यज्ञदत्त शर्मा ने *लाल किले की सैर* और *होली के दिन* नामक पुस्तकें बच्चों के लिए लिखी हैं किंतु उनमें रोचक कहानी का अभाव है इसलिए वे साधारण स्थान वर्णन मात्र कर पाए हैं। इवे देवकी पांडेय की पुस्तक *बंबई से टिलबरी* तक अच्छा प्रयास है किंतु उसमें भी कहानी के अभाव में रोचकता नहीं आ पाई है।

अनूदित साहित्य में ठाकुरदत्त मिश्र कृत प्रसिद्ध यात्राओं की कथा वोरा एंड कंपनी, बंबई से प्रकाशित *कोनटिकी,* इंडियन प्रेस से प्रकाशित *पृथ्वी की परिक्रमा,* उर्मिला कुमारी कृत *तीन साहसी यात्री* पुस्तकें उल्लेखनीय हैं। मक्तबा जामिया मिल्लिआ से प्रकाशित प्रो. बाल अहमद खुरदार की पुस्तक *एवरेस्ट की कहानी,* यात्रा के साथ-साथ एक साहसिक कहानी भी है।

पर्वतारोहण के क्षेत्र में भारत ने अभी कुछ समय पहले ही ख्याति प्राप्त की है। विभिन्न पर्वतीय अभियानों की स्वानुभूत कहानियां बालकों के लिए बहुत रोचक हो सकती हैं किंतु दुर्भाग्य से हमारे यहां के लोग सबसे पहले अपने अनुभवों को अंग्रेजी में प्रकाशित कराना उचित समझते हैं। ऐसी स्थिति में भारतीय बच्चों तक इन अनुभूतियों को पहुंचाने की ओर कौन ध्यान देगा।

भारतवर्ष में दुर्गम पर्वतों और घने जंगलों तथा मरुस्थलों की कमी नहीं है। फिर भी हम यात्रा साहित्य के लिए विशेषकर जान-जोखिम की यात्राओं के साहित्य के लिए दूसरे देशों की ओर देखते हैं यह बहुत ही दुःख की बात है। अपने विशाल पर्वतों और मीलों तक फैली पर्वतीय चट्टानों में हमें सौंदर्य नहीं दिख पड़ता किंतु इंगलैंड की किसी साधारण सी शिला का वर्णन हम सूक्ष्मता से करने का साहस करते हैं। हिंदी में अफ्रीका के जंगलों अथवा यूरोप, आस्ट्रेलिया, अमरीका आदि देशों की यात्रा-कथाएं मिल जाएंगी किंतु इस विशाल भारतभूमि के ऐसे अनेक स्थल हैं जिन्हें लेखकों के चरण-स्पर्श करके अपने को धन्य मानने का सुअवसर भी नहीं मिला है।

## (उ) वैज्ञानिक साहित्य

**(क) वैज्ञानिक साहित्य की परिभाषा, उपयोगिता और मानदंड :** वैज्ञानिक साहित्य से तात्पर्य भौतिकी और रसायन जैसी विज्ञान की कुछ प्रसिद्ध शाखाओं के

साहित्य से ही नहीं है। वैज्ञानिक दृष्टिकोण से प्रस्तुत किए गए समस्त ज्ञानवर्धक साहित्य को यहां वैज्ञानिक साहित्य कहा गया है। बंगला के प्रसिद्ध लेखक देवी प्रसाद चट्टोपाध्याय कृत *अंतहीन कहानी* में लेखक ने अपनी भतीजी रेणुका (टुनटुन प्रसाद) को वैज्ञानिक पुस्तक का अर्थ इस प्रकार समझाया है, "बहुत किताबों में सच बातें लिखी होती हैं। बहुतों में झूठी बातें लिखी होती हैं। जिन किताबों में सच ही सच बातें लिखी होती हैं उन्हें पंडिताऊ बोली में वैज्ञानिक किताब कहते हैं।"[22]

ललित साहित्य और वैज्ञानिक साहित्य में प्रमुख भेद यह है कि ललित साहित्य में रागात्मक तत्व अथवा कल्पना तत्व प्रधान होता है और वैज्ञानिक साहित्य में विचार अथवा बुद्धि का तत्व प्रमुख होता है। दोनों प्रकार के साहित्य में लेखक नवसृजन करता है। ललित साहित्य का लेखक पुस्तक के समग्र प्रभाव के रूप में किसी भाव को संप्रेषित करता है और वैज्ञानिक साहित्य का लेखक किसी विचार को। केवल तथ्यों को संकलित कर देने से कोई रचना वैज्ञानिक साहित्य की श्रेणी में नहीं आ जाती। जब तक उन तथ्यों के माध्यम से लेखक किसी विचार का प्रतिपादन न करे अथवा तथ्य के पीछे छिपे हुए सत्य को उद्घाटित न करे तब तक उसे अच्छी रचना नहीं कहा जा सकता।

वैज्ञानिक साहित्य वैज्ञानिक फैंटेसी से भी भिन्न है। वैज्ञानिक फैंटेसी में विज्ञान के वातावरण का निर्माण किया जाता है जो हमारे वर्तमान वातावरण से भिन्न एवं विचित्र होता है। फैंटेसी के मूल में कुछ वैज्ञानिक सत्य होते हैं किंतु उसका शेष ढांचा कल्पना के बल पर खड़ा किया जाता है। वैज्ञानिक पुस्तक में लेखक न तो अपनी कल्पना से कहानी गढ़ता है और न उसमें अपनी कल्पना से कुछ जोड़ता है। उसे प्रारंभ से अंत तक वैज्ञानिक तथ्यों का निरूपण ही करना पड़ता है।

वैज्ञानिक साहित्य वर्तमान वैज्ञानिक युग की मांग है। इस युग में मानव जीवन पर विज्ञान और विज्ञान के यंत्रों का इतना प्रभुत्व है कि एक क्षण के लिए भी हम उनसे विलग नहीं रह पाते। मानव सभ्यता के आदि काल से हम जिन वस्तुओं को ईश्वर-दत्त अथवा प्रकृति-दत्त मानते आए थे वे आज हमें वैज्ञानिक साधनों के कारण उपलब्ध हैं। इसीलिए विज्ञान की नई-नई बातों की जानकारी प्राप्त करना आज सबके लिए आवश्यक हो गया है। शिक्षा उत्तरोत्तर विज्ञानाभिमुख होती जा रही है और साहित्य में इसी कारण वैज्ञानिक साहित्य का महत्व दिन-प्रतिदिन बढ़ता जा रहा है। अब बालकों को चांद के विषय में बहुत सी तथ्यपूर्ण जानकारी मिल गई है। इसलिए 'सूत कातने वाली बुढ़िया' पर वे विश्वास नहीं करेंगे। परियों की कहानियों से वे अधिक समय तक नहीं बहल सकते। वे अपने आस-पास की

वस्तुओं की सही-सही जानकारी प्राप्त करने के लिए उत्सुक रहते हैं। वे सूर्य, चांद और सितारों को साहित्यिक उपमानों के माध्यम से नहीं तथ्यों के माध्यम से जानना-समझना चाहते हैं।

किंतु इसका यह अर्थ नहीं कि हमें बच्चों को अब केवल वैज्ञानिक साहित्य ही देना चाहिए और कविता, कहानी, नाटक आदि की उनके लिए कोई उपयोगिता नहीं है। वैज्ञानिक साहित्य ज्ञानवृद्धि करता है वह मस्तिष्क का संस्कार करता है किंतु हृदय का संस्कार करने के लिए ललित कला एवं साहित्य की ही आवश्यकता होती है। इसमें कोई संदेह नहीं कि आज विश्व को वैज्ञानिकों की बहुत आवश्यकता है किंतु सबसे बड़ी आवश्यकता तो सच्चे मनुष्यों की है। विज्ञान ने हमारे हाथ में अपरिमित शक्ति प्रदान की है किंतु ऐसा लगता है कि यह शक्ति महाविनाश का कारण बनेगी। हमें इस शक्ति का सही प्रयोग करने वाले मनुष्यों की आवश्यकता है। ऐसे मनुष्यों का निर्माण विज्ञान द्वारा नहीं महान साहित्य और महान कलाओं द्वारा ही संभव है।

वैज्ञानिक साहित्य बुद्धि का परिष्कार करता है किंतु जब बालक में ठूंस-ठूंस कर विविध विषयों की जानकारी भरने का प्रयत्न किया जाता है तो बुद्धि परिष्कृत होने के स्थान पर भ्रमग्रस्त हो जाती है। अतः यह बहुत आवश्यक है कि वैज्ञानिक पुस्तक में जो तथ्य प्रस्तुत किए जाएं उनमें एक व्यवस्था हो और उनके माध्यम से किसी सत्य की अभिव्यक्ति हो।

वैज्ञानिक पुस्तक का सबसे बड़ा गुण है यथार्थता अर्थात उसमें जो कुछ कहा गया हो वह बिलकुल सत्य हो। गलत तथ्यों को प्रस्तुत करना अथवा तथ्यों को अस्पष्ट एवं उलझे ढंग से प्रस्तुत करना वैज्ञानिक पुस्तक का बड़ा दोष है। लिलियन स्मिथ का कहना है कि ''सही तथ्य, स्पष्ट प्रस्तुतीकरण और सुबोध भाषा ज्ञानवर्धक साहित्य के लिए अनिवार्य तथा अपरिवर्तनीय नियम हैं।''[23] इसके अतिरिक्त केवल तथ्यों को संकलित कर देना पर्याप्त नहीं होता, उनके माध्यम से किसी सत्य की अभिव्यक्ति करना अथवा किसी विचार का प्रतिपादन करना भी आवश्यक होता है। एने टेरी व्हाइट के शब्दों में, ''तथ्य विचारों को प्रस्तुत करने का माध्यम है। जो लेखक तथ्यों को प्रस्तुत करने के साथ किसी विचार का विकास नहीं कर पाता वह अच्छी पुस्तक लिखने में असफल रहता है। उदाहरण के लिए चट्टानों के तथ्य प्रस्तुत करने वाली पुस्तक में समय की संकल्पना की अभिव्यक्ति होनी चाहिए और नक्षत्रों की पुस्तक में अंतरिक्ष (स्पेस) की।''[24]

वैज्ञानिक पुस्तक में अन्य पुस्तकों की तरह ही अच्छी शैली का बड़ा महत्व

होता है। वयस्क पाठक तो ज्ञानार्जन के लिए नीरस पुस्तकें भी पढ़ सकते हैं किंतु बालक किसी ऐसी पुस्तक को नहीं पढ़ पाता जिसका पहला पृष्ठ ही नीरस और उकताने वाला हो। अतः वैज्ञानिक पुस्तक को भी ऐसी शैली में लिखा जाना चाहिए कि बालक प्रारंभ से अंत तक उकताने न पाए।

पुस्तक में इस प्रकार की रोचकता लाने के लिए बहुधा लेखक एक कहानी की आड़ में तथ्य प्रस्तुत करने का प्रयत्न करता है। यह शैली वैज्ञानिक साहित्य में विशेष अच्छी नहीं मानी जाती। शर्करावेष्टित तथ्य बालक में भ्रांति पैदा करते हैं और साथ ही इसमें बालकों को मूर्ख बनाने का प्रयास भी निहित होता है।

अच्छी शैली का अर्थ है कि पाठक पुस्तक को पढ़ते समय उकता न जाए। जिस पुस्तक में प्रत्येक वाक्य एक ही ढंग का हो अर्थात कर्ता से प्रारंभ होकर क्रिया से समाप्त हो जाता हो, उस पुस्तक से पाठक शीघ्र ही उकता सकते हैं। भाषा को कुछ गिने-गिनाए शब्दों तक सीमित रखना भी अनुचित है क्योंकि इससे शैली में कृत्रिमता आ जाती है और बालक नए-नए शब्दों से वंचित रह जाते हैं। मे हिल आर्बुथनाट का कहना है कि "पुस्तक को सुबोध बनाने के लिए यह आवश्यक नहीं है कि उसे छोटे बच्चों को बहलाने की शैली में लिखा जाए। ऐसी पुस्तकों में बच्चे वयस्कों की कृपादृष्टि को भांप लेते हैं और उसे पसंद नहीं करते। तथ्य प्रधान पुस्तक प्रत्यक्ष एवं स्पष्ट शैली में लिखी जानी चाहिए और उसमें पाठक की बुद्धि का समुचित आदर होना चाहिए।"[25]

शैली लेखक के व्यक्तित्व का प्रतिबिंब है यह बात वैज्ञानिक साहित्य के संदर्भ में भी सही है। जो लेखक एक-दो पुस्तकों से अथवा विश्वकोशों से सूचनाएं एकत्रित करके बालकों के लिए वैज्ञानिक पुस्तक लिखने लगते हैं उनकी पुस्तक में शैली का आकर्षण नहीं आ सकता है, अधिक से अधिक वे एक कृत्रिम शैली ही दे सकते हैं। किंतु जिन लेखकों का संबंधित विषय से गाढ़ परिचय होता है, गहन अध्ययन के कारण जिनके लिए तथ्य सजीव हो उठते हैं उनकी शैली में स्वाभाविकता और आकर्षण स्वतः आ जाता है। बंगला के प्रसिद्ध लेखक देवी प्रसाद चट्टोपाध्याय की पुस्तकें लेखक के गहन अध्ययन के कारण ही रोचक बन पड़ी हैं। इन पुस्तकों के कुछ हिंदी अनुवाद पीपुल्स पब्लिशिंग हाउस, बंबई तथा सत्साहित्य प्रकाशन, नई दिल्ली से प्रकाशित हुए हैं। राजकमल प्रकाशन से प्रकाशित *जानने की बातें* पुस्तकमाला भी इस पर आधारित है। आत्माराम एंड संस, दिल्ली से प्रकाशित राजेश बेदी की *अजगर* नामक पुस्तक की रोचकता का रहस्य भी यही है कि लेखक ने अपने जीवन के कुछ महत्वपूर्ण वर्ष सांपों के अध्ययन तथा निरीक्षण करने में बिताए हैं

और पुस्तक में तथ्यों के माध्यम से आनंद की अनुभूति अभिव्यक्त हुई है। कहने का तात्पर्य यह है कि जब भी लेखक वैज्ञानिक रहस्यों से चमत्कृत होकर अथवा विज्ञान के क्षेत्र में अपनी अनुभूति के अतिरेक से विवश होकर लिखेगा तो उसकी पुस्तक में शैली का आकर्षण स्वतः ही आ जाएगा।

**(ख) वैज्ञानिक साहित्य का विकास :** हिंदी में बालकों के लिए वैज्ञानिक साहित्य की आवश्यकता पर स्वातंत्र्य काल में ही विशेष जोर दिया जाने लगा किंतु सन् 1950 से पहले के लेखक तथा प्रकाशक भी वैज्ञानिक साहित्य के प्रति जागरूक थे। सन् 1895 में बिहार बंधु छापाखाना से लक्ष्मीनाथ शर्मा कृत *जीवजंतु,* सन् 1902 में मैकमिलन एंड कंपनी से हरिशंकर शर्मा कृत *विज्ञानपाठ* पुस्तकें प्रकाशित हुई थीं। इसके बाद आर्फन प्रेस, मिर्जापुर से सन् 1904 में *विद्यासागर* नाम की पुस्तक प्रकाशित हुई। यह पुस्तक अनूदित थी। इसके मूल लेखक का नाम शीरींग एडमोर दिया गया है। संभवतः ये तीनों पुस्तकें स्कूलों में विज्ञान की शिक्षा के लिए लिखी गई थीं। इसके बाद वैज्ञानिक साहित्य की ओर अधिकाधिक ध्यान दिया जाने लगा। इंडियन प्रेस, इलाहाबाद, बाल शिक्षा समिति, बांकीपुर, युगांतर प्रकाशन समिति, पटना, पुस्तक भंडार, लहेरिया सराय, आदर्श ग्रंथमाला, प्रयाग, रामदयाल अग्रवाल, प्रयाग, नवलकिशोर प्रेस, लखनऊ, गंगा ग्रंथागार, लखनऊ आदि प्रकाशकों ने इस क्षेत्र में रुचि दिखाई। चंद्रशेखर ने इस काल में पर्याप्त वैज्ञानिक साहित्य लिखा है। जगपति चतुर्वेदी बच्चों के लिए वैज्ञानिक साहित्य लिखने वालों में सबसे अधिक सक्रिय रहे हैं और आज भी पूरी शक्ति इस ओर लगाए हुए हैं। विज्ञान पत्रिका के साथ संबद्ध होने के कारण उनका यह विशिष्ट क्षेत्र बन गया है।

सन् 1950 के बाद वैज्ञानिक साहित्य की ओर अधिक ध्यान दिया जाने लगा। स्वतंत्रता प्राप्ति पर हमने देखा कि हमारा देश विज्ञान के क्षेत्र में विश्व के अन्य राष्ट्रों से बहुत पीछे है। पंचवर्षीय योजनाओं के साथ देश में औद्योगीकरण की रफ्तार तेज हो गई और उसके परिणामस्वरूप हमें बड़ी संख्या में इंजीनियरों तथा तकनीकी कर्मचारियों की आवश्यकता अनुभव हुई। देश को भौतिक साधनों से संपन्न करने के उद्देश्य से वैज्ञानिक साधनों के उत्तरोत्तर प्रयोग के अवसर पैदा हुए। धर्मनिरपेक्षता की नीति ने हमें अपनी समस्याओं के प्रति वैज्ञानिक दृष्टिकोण अपनाने के लिए प्रेरित किया। तथापि छठे दशक के उत्तरार्ध तक वैज्ञानिक साहित्य अधिक नहीं लिखा गया। कारण यह था कि स्कूलों और कॉलेजों में वैज्ञानिक शिक्षा का माध्यम अंग्रेजी थी और अंग्रेजी का यह मोह बढ़ता ही जा रहा था। अतः हिंदी में वैज्ञानिक साहित्य लिखने वाले भी कम थे तथा इस साहित्य की मांग भी कम

थी। 1960 के आस-पास स्थिति में कुछ परिवर्तन हुआ और यह अनुभव किया जाने लगा कि हमारे बालक विज्ञान की शिक्षा में तब तक पिछड़े ही रहेंगे जब तक वैज्ञानिक विषयों को उनकी भाषा में नहीं प्रस्तुत किया जाएगा। इसके अतिरिक्त 1955-56 तक सस्ती लोककथाएं और सस्ती जीवनियां अत्यधिक मात्रा में प्रकाशित हुईं और उसकी प्रतिक्रिया ठोस तथ्यपूर्ण साहित्य के रूप में हुई।

वैसे तो लगभग सभी प्रकाशन संस्थाओं ने वैज्ञानिक साहित्य प्रकाशित किया किंतु कुछ प्रकाशकों ने इसके लिए योजनाबद्ध प्रयास किए जिनके फलस्वरूप पिछले कुछ वर्षों में इस प्रकार का अच्छा साहित्य तैयार हुआ है। शिक्षा मंत्रालय के सहयोग से राजपाल एंड संस, दिल्ली ने क्या और क्यों सीरीज में ज्ञान-विज्ञान की लगभग दो दर्जन पुस्तकें प्रकाशित की हैं जो अंग्रेजी की पुस्तकों के अनुवाद हैं। विषयवस्तु, चित्र, पुस्तक-सज्जा आदि सभी दृष्टियों से ये पुस्तकें सुंदर हैं। यूनेस्को की प्रमुख सहयोजना के अंतर्गत दिल्ली पब्लिक लायब्रेरी के लिए मक्तबा जामिआ, दिल्ली ने दीमक, पालतू पशु, रेशम का कीड़ा, वृक्ष, मधुमक्खी आदि विषयों पर अनेक पुस्तकें तैयार की हैं जो अतरचंद कपूर एंड संस, दिल्ली से प्रकाशित हुई हैं। बढ़िया चित्रों के साथ आर्ट पेपर पर छपी ये पुस्तकें भी अच्छी कोटि की हैं। गवर्नमेंट सेंट्रल पेडागाजिकल इंस्टीट्यूट, इलाहाबाद में आयोजित बाल-साहित्य रचनालय में भी कुछ पुस्तकें तैयारी की गई हैं जो लोकभारती प्रकाशन, इलाहाबाद से प्रकाशित हुई हैं। आत्माराम एंड संस, दिल्ली से विभिन्न लेखकों द्वारा लिखी गई लगभग चालीस पुस्तकें छपी हैं। किताब महल, इलाहाबाद ने भी ज्ञान-विज्ञान की पुस्तकमाला के अंतर्गत अच्छा साहित्य प्रकाशित किया है। नेशनल पब्लिशिंग हाउस, दिल्ली से श्री संतराम वत्स्य द्वारा लिखित *हमारा शरीर, सूरज चांद सितारे* आदि कुछ पुस्तकें निकली हैं जो छोटे बालकों के लिए उपयोगी हैं।

बंगला में देवी प्रसाद चट्टोपाध्याय की पुस्तकें काफी लोकप्रिय रही हैं। उनकी कुछ पुस्तकों के हिंदी अनुवाद पीपुल्स पब्लिशिंग हाउस, बंबई-4 से प्रकाशित हुए थे। चित्रहीन, तथा सस्ते कागज पर घनी छपाई के बावजूद ये पुस्तकें विषयवस्तु की दृष्टि से बहुत सुंदर हैं। इन पुस्तकों के रूपांतरण दिल्ली से सत्साहित्य प्रकाशन ने भी प्रकाशित किए हैं किंतु इनमें मूल लेखक की शैली का बहुत सा आकर्षण कम हो गया है। राजकमल प्रकाशन, दिल्ली ने भी *सूरज चांद सितारे, पृथ्वी और अंतरिक्ष* आदि पुस्तकें तथा लोकप्रिय विज्ञानमाला के अंतर्गत कुछ साहित्य प्रकाशित किया है जो बालकों के लिए भी उपयोगी है। इनके अतिरिक्त बालविज्ञान प्रकाशन, पटना, अंतर्राष्ट्रीय प्रकाश मंडल, नया टोला, पटना, रामप्रसाद एंड संस, आगरा, आनंद

पुस्तक भवन, वाराणसी, राजहंस प्रकाशन, दिल्ली, हेमकुंट प्रकाशन, दिल्ली, शकुन प्रकाशन, दिल्ली, साहित्य भवन, इलाहाबाद, अशोक प्रकाशन, जयपुर, लोकप्रिय प्रकाशन, दरियागंज, सर्वोदय साहित्य प्रकाशन, वाराणसी, सूर्यमुखी प्रकाशन, दिल्ली आदि संस्थाओं से भी वैज्ञानिक साहित्य प्रकाशित हुआ है।

वैज्ञानिक साहित्य के लेखकों में जगपति चतुर्वेदी का नाम सर्वोपरि आता है। चतुर्वेदी जी अब तक बालकों के लिए बीसियों पुस्तकें विज्ञान के विषयों पर लिख चुके हैं। अन्य लेखकों में डा. हरसरनदास विश्नोई, श्याम नारायण कपूर, रमेश वर्मा, रमेशचंद्र प्रेम, श्याम बदन पाठक, सुरेश सिंह, विश्वमित्र शर्मा, प्रकाश पंडित, केशव सागर, राजेश्वर प्रसाद नारायण सिंह, रत्नप्रकाश 'शील', हेमचंद्र जोशी, श्रीकृष्ण, राजेंद्र शर्मा, योगेंद्र कुमार लल्ला आदि के नाम उल्लेखनीय हैं।

संक्षेप में हिंदी में वैज्ञानिक साहित्य पर्याप्त मात्रा में लिखा गया है किंतु अधिकांश उपलब्ध पुस्तकों में विज्ञान आदि विषयों के कुछ स्थूल तथ्यों का संग्रह मात्र है। ऐसी पुस्तकों की संख्या भी कम नहीं है जिनके तथ्य भी आप्त ग्रंथों पर आधारित नहीं हैं। विज्ञान के क्षेत्र में मौलिक चिंतन हमारे यहां बहुत कम हुआ है क्योंकि विज्ञान के छात्र और अध्यापक अंगेजी की पाठ्य-पुस्तकों के आगे नहीं बढ़ पाते हैं। जब तक विज्ञान विषयों का पठन-पाठन देशीय भाषाओं में नहीं होने लगेगा तब तक इन भाषाओं में अच्छा वैज्ञानिक साहित्य भी तैयार नहीं होगा। विज्ञान के रहस्यों से साक्षात्कार करने वाले व्यक्ति जब अपने उस साक्षात्कार-जन्य आनंद की अभिव्यक्ति के लिए लिखने लगेंगे तभी उत्कृष्ट वैधानिक साहित्य का निर्माण हो सकेगा।

## (ऊ) प्रकीर्ण साहित्य

बाल-साहित्य की अन्य प्रकीर्ण विधाओं में निबंध का अभी स्वतंत्र अस्तित्व नहीं दीखता, उसे वैज्ञानिक साहित्य में समाविष्ट किया जा सकता है। गद्यकाव्य, रिपोर्ताज, रेखाचित्र आदि साहित्य की विधाओं का भी बाल-साहित्य में विकास नहीं हुआ है। श्रव्य-दृश्य साहित्य में फिल्म, टेलीविजन तथा रेडियो आदि के लिए लिखा गया साहित्य आता है किंतु इस साहित्य में यांत्रिक साधनों के कारण ही कुछ भिन्नता दिखाई देती है अतः इसका समावेश भी कविता, कहानी आदि सामान्य विधाओं के अंतर्गत हो जाता है। इन सब बातों को ध्यान में रखते हुए यहां केवल

कामिक साहित्य और समालोचना पर ही विचार किया जा रहा है।

## (क) कामिक साहित्य

अमरीका, ब्रिटेन आदि देशों की तरह हमारे देश में कामिक साहित्य ने कोई समस्या अभी उपस्थित नहीं की है। कामिक साहित्य की हिंदी में एक ही पत्रिका *इंद्रजाल कामिक* निकली है जो टाइम्स आफ इंडिया से प्रति मास प्रकाशित होती है। इसके अतिरिक्त कुछ सामयिक पत्रिकाओं में एक-आध पृष्ठ में कामिक कहानी रहती है। किंतु हमारे बालकों में इस साहित्य के प्रति वैसा झुकाव नहीं दिखाई देता जिसके कारण अमरीका आदि देशों के शिक्षाशास्त्री अथवा बाल-साहित्य-विशेषज्ञ अत्यधिक चिंतित दिखाई देते हैं। कारण यह है कि हमारे यहां कामिक-साहित्य अभी व्यावसायिक स्तर पर प्रकाशित होने नहीं लगा है और पत्र-पत्रिकाओं के रूप में जो साहित्य बच्चों को उपलब्ध होता है वह काफी परिष्कृत है। उसमें मारधाड़ के किस्से और किशोर अपचार को प्रोत्साहन देने वाली कहानियां नहीं होती हैं। पंचतंत्र की कहानियां अथवा टार्जन जैसे पात्रों की साहसपूर्ण कहानियां इनका विषय होती हैं और उनका प्रकाशन भी अच्छे ढंग से किया जाता है। फिर भी इस बात की आशंका तो है ही कि भविष्य में पश्चिमी देशों की देखा-देखी हमारे यहां भी केवल लाभ की दृष्टि से सस्ते कामिक साहित्य का प्रकाशन होने लगे और हमारे देश में भी यह कठिन समस्या का रूप धारण कर ले। अतः यहां इस साहित्य के गुण-दोषों पर सरसरी तौर पर विचार कर लेना अनावश्यक नहीं होगा।

समाचारपत्रों में प्रकाशित कामिक साहित्य और पुस्तकों के रूप में प्रकाशित साहित्य में काफी अंतर होता है। समाचारपत्रों के कामिक सस्ते कागज पर छपे होते हैं, उनमें बे सिर-पैर की कहानियां अथवा नीरस कहानियां हो सकती हैं किंतु इन सब त्रुटियों के बावजूद उन पर नियंत्रण रहता है और इसलिए वे हानिकारक नहीं होते। पुस्तकों के रूप में प्रकाशित साहित्य पर कोई 'सेंसर' नहीं होता और उसे बच्चे छिपकर पढ़ते हैं। यह साहित्य ही अंततः हमारी समस्या है।

कामिक-साहित्य के पक्ष में निम्नलिखित बातें हैं

(1) ये पढ़ने में आसान होते हैं। बहुत सी कहानियां चित्रों में ही कह दी जाती हैं और संवादों आदि के रूप में शब्द बहुत कम होते हैं।

(2) इनमें साहसपूर्ण कहानियां होती हैं जो बालकों को बहुत प्रिय होती हैं।

(3) इनमें अच्छे-बुरे की मूलभूत मान्यताओं की नाटकीय अभिव्यक्ति होती

है। इनके खलनायक हर दृष्टि से खल होते हैं और नायक हर दृष्टि से अच्छे होते हैं।

(4) कामिक कहानियां आधुनिक लोककथाएं हैं।

(5) कामिक-साहित्य में कहानी बड़ी तेजी से आगे बढ़ती है, उसमें क्रियातत्व बड़ी मात्रा में होता है।

(6) यह साहित्य बहुत सस्ता होता है और हर स्थान पर मिल सकता है।

और कामिक-साहित्य के विरोध में सामान्यतया निम्नलिखित बातें कही जाती हैं

(1) इस साहित्य में बच्चों का बहुत सा समय नष्ट हो जाता है, भद्दे चित्रों और अस्पष्ट अक्षरों के कारण उनकी आंखों के कमजोर होने की आशंका रहती है।

(2) डाक्टर फ्रेडरिक वेरथम नाम के एक विद्वान ने तो ऐसे जजों और पुलिस अधिकारियों के साक्ष्य दिए हैं जो यह मानते हैं कि किशोर अपचार का कामिक-साहित्य से संबंध है।

(3) व्यावसायिक स्तर पर प्रकाशित अधिकांश कामिक-साहित्य में अपराध और यौन भावनापूर्ण कहानियां होती हैं जो बच्चों के लिए हानिकारक होती हैं। अधिकांश पुस्तकों का कागज सस्ता, रंग और चित्र भद्दे, मनुष्यों के चेहरे विकृत, भाषा अनगढ़ और वाक्य टूटे होते हैं। कहानी में घटनाओं पर ध्यान केंद्रित रखा जाता है और पात्रों की भावनाओं के विश्लेषण के लिए कोई स्थान नहीं होता है। इन सब बातों के कारण कहानियां बालकों पर अस्वस्थ प्रभाव डालती हैं।

इसमें कोई संदेह नहीं कि सस्ते ढंग से प्रकाशित कामिक-साहित्य बालकों के लिए हानिकर ही सिद्ध होगा किंतु इस साहित्य के प्रचार को रोकने के लिए कानून का प्रतिबंध लगाने के बजाय हमें बालकों को अच्छा साहित्य पर्याप्त मात्रा में और सस्ते दामों में उपलब्ध कराना चाहिए। भविष्य में आने वाले खतरे के लिए यदि हम अभी से तैयारी कर लें तो अच्छा ही होगा।

गीता प्रेस, गोरखपुर ने रामायण, महाभारत आदि ग्रंथों की प्रसिद्ध कहानियां और राम, कृष्ण, बुद्ध, चैतन्य महाप्रभु आदि विभूतियों की जीवनकथाएं पट्टीदार चित्रों (स्ट्रिप्स) में प्रकाशित की हैं। इनमें कामिक पुस्तकों की समस्त अच्छाइयों को ग्रहण कर लिया गया है। सुरुचिपूर्ण भाषा और सुंदर चित्रों के प्रयोग के कारण ये पुस्तकें बालकों में बहुत लोकप्रिय हैं। इसके अतिरिक्त इन पुस्तकों की कीमत भी

बहुत साधारण है। वस्तुतः इस प्रकार का साहित्य यदि प्रचुर मात्रा में प्रकाशित हो तो कामिक-साहित्य के खतरों का बड़ी आसानी से सामना किया जा सकता है।

## (ख) समालोचना साहित्य

एलिजबेथ नेस्बित ने बाल-साहित्य की समालोचना के महत्व पर विचार व्यक्त करते हुए कहा है, "बाल-साहित्य की समालोचना के महत्व के संबंध में जितना भी कहा जाए कम है क्योंकि यहां उच्च कोटि के स्थान पर मामूली स्तर के साहित्य और अनुभूति एवं दृढ़ विश्वास से प्रेरित लेखन के स्थान पर शिक्षा के प्रयोजन से लिखे गए कृत्रिम एवं प्रेरणारहित साहित्य के हावी हो जाने का हमेशा खतरा बना रहता है।"[26]

उपर्युक्त कथन को अक्षरशः सिद्ध करने के लिए हिंदी के बाल-साहित्य को प्रमाणस्वरूप प्रस्तुत किया जा सकता है। हिंदी में बाल-साहित्य का सुनियोजित प्रकाशन बीसवीं शताब्दी के दूसरे दशक में शुरू हो गया था। अमरीका में भी बच्चों की पुस्तकों का प्रकाशन पुस्तक व्यवसाय की पृथक शाखा के रूप में 1919 में शुरू हुआ था जब वहां की मेकमिलन फर्म ने एक पृथक बाल-विभाग की स्थापना की थी। संभव है अमरीका की फर्म की तुलना में भारतीय प्रकाशन संस्थाओं के बाल-विभाग काफी छोटे परिमाण में रहे हों किंतु हमारी उस समय की स्थिति को देखते हुए इसे भी एक उपलब्धि माना जाएगा। आज अमरीका के बाल-साहित्य और हिंदी के बाल-साहित्य में मात्रा और कोटि दोनों दृष्टियों से जमीन-आसमान का फर्क है। यह ठीक है कि इसका कारण दोनों देशों की राजनैतिक तथा आर्थिक स्थितियों में अंतर था किंतु इसके अलावा एक बड़ा कारण यह भी था कि हिंदी का बाल-साहित्य समालोचना के अभाव में वह चीज नहीं पा सका जो उद्यान के नन्हें पौधों को माली से मिला करती है। अमरीका में (और संभवतः समस्त अंग्रेजी बाल-साहित्य के क्षेत्र में) समालोचना का सूत्रपात्र 1918 में हुआ जब *थ्री आऊल बुक्स* की प्रसिद्ध लेखिका एने कैराल मूर ने *लिटिल ब्याय लास्ट* नामक पुस्तक पर एक समीक्षात्मक लेख *न्यूयार्क हेराल्ड* के लिए लिखा। उसके बाद तो वहां बाल-साहित्य की समीक्षा का उत्तरोत्तर विकास हुआ और अनेक व्यक्तियों ने इस क्षेत्र में प्रसिद्धि पाई। इसके विपरीत हिंदी में आज याने बीसवीं शताब्दी के सातवें दशक के उत्तरार्ध में भी बाल-साहित्य की समीक्षा लिखने का सूत्रपात नहीं हुआ है। *साहित्य संदेश* में 1939 से लेकर 1960 के बीच कुछ लेख और पिछले दो-तीन वर्षों में विभिन्न सामयिक पत्रिकाओं में यत्र-तत्र कुछ लेख प्रकाशित हुए किंतु वे सरसरी

सर्वेक्षण मात्र प्रस्तुत करते हैं। 1946 में भीष्म एंड कंपनी, कानपुर द्वारा प्रकाशित श्रीकृष्ण विनायक फड़के की छोटी सी पुस्तक *बालदर्शन* संभवतः बच्चों के साहित्य पर विचार-विमर्श करने वाली प्रथम पुस्तक है। इसके बाद ज्योत्स्ना द्विवेदी कृत *हिंदी किशोर साहित्य* नामक पुस्तक मिलती है जो नंदकिशोर एंड ब्रदर्स, बनारस द्वारा 1952 में प्रकाशित हुई थी। इस पुस्तक में मनोविज्ञान, शिक्षाशास्त्र और साहित्य के सिद्धांतों के आधार पर किशोर साहित्य का अध्ययन प्रस्तुत किया गया है। सन् 1962 में गवर्नमेंट सेंट्रल पेडागाजिकल इंस्टीट्यूट, इलाहाबाद में बाल-साहित्य रचनालय का आयोजन किया था जिसमें पढ़े गए निबंध *बाल-साहित्य की मान्यताएं एवं आदर्श* शीर्षक से पुस्तकाकार प्रकाशित हुए हैं। यह पुस्तक बाल-साहित्य के सैद्धांतिक पक्ष पर कुछ प्रकाश डालती है। सन् 1966 में श्री निरंकारदेव सेवक की पुस्तक *बालगीत साहित्य* किताब महल, इलाहाबाद से प्रकाशित हुई है जिसमें हिंदी के बालगीत साहित्य पर सैद्धांतिक और व्यावहारिक दोनों पहलुओं से विचार किया गया है।

किंतु इन इनी-गिनी रचनाओं के अलावा हिंदी बाल-साहित्य की सम्यक् व्याख्या अथवा समालोचना प्रस्तुत करने का इस समय भी हमारे पास कोई माध्यम नहीं है। पत्रिकाएं बाल-साहित्य की समीक्षा प्रकाशित करने में संभवतः 'स्पेस' का अपव्यय मानती हैं  प्रकाशक अथवा लेखक के आग्रह पर द्रवीभूत होकर कभी-कभी वे पुस्तक परिचय के रूप में दो-तीन पंक्तियां छाप देती हैं, यही क्या कम है? प्रतिष्ठित पत्रिकाओं में *साहित्य संदेश* ही ऐसी पत्रिका है जिसने बाल-साहित्य के नवीन प्रकाशनों की यत्किंचित् समीक्षा समय-समय पर प्रकाशित की है। हिंदी-साहित्य का इतिहास लिखने वाले बाल-साहित्य की ओर कृपादृष्टि करने में शायद अपना अपमान अनुभव करते हैं। (डा. भोलानाथ तिवारी ने *हिंदी साहित्य 1926-1947* नामक ग्रंथ में बाल-साहित्य की कुछ पृष्ठों में चर्चा की है यह एक आश्चर्य की बात है)।[27]

बाल-साहित्य की समालोचना के उपेक्षित रह जाने का परिणाम यह हुआ कि लगभग पौनी शताब्दी के बाद आज भी जो बाल-साहित्य लिखा तथा प्रकाशित किया जा रहा है उसके पीछे कोई चिंतन अथवा योजना नहीं है। प्रकाशक, लेखक, पुस्तकें खरीदने वाले अभिभावक, पुस्तकाध्यक्ष और अन्य सरकारी अभिकरण बिना किसी निश्चित दिशा-ज्ञान के अंधेरे में रास्ता खोजते हुए आगे बढ़े जा रहे हैं। वैसे तो हर व्यक्ति, जो किसी न किसी रूप में बच्चों के संपर्क में आता है, अधिकार के साथ इस विषय पर एक लेक्चर झाड़ सकता है कि बच्चों का साहित्य कैसा होना चाहिए। किंतु इन वैयक्तिक मान्यताओं अथवा पूर्वाग्रहों से साहित्य के विकास में कोई

सहायता नहीं मिलती, उलटे इनसे अराजकता और दिशाहीनता की स्थिति पैदा होती है। अच्छे बाल-साहित्य में क्या गुण होने चाहिए इत्यादि प्रश्नों का निर्णय मतपेटी से नहीं किया जा सकता है, इसके लिए अधिकारी व्यक्तियों द्वारा सतत चिंतन और अध्ययन की आवश्यकता होती है। रूथ हिल बीगर्स ने अपनी पुस्तक *एबाउट बुक्स, चिल्ड्रेन एंड लाइब्रेरियन* के प्रारंभ में एक मजेदार वाक्य लिखा है जिसका ठीक-ठीक अनुवाद करना तो संभव नहीं है किंतु उसे हिंदी में इस प्रकार रखा जा सकता है : ''एने कैराल मूर ने 'थ्री आऊल्स' के तीसरे खंड के पहले वाक्य में ब्रेसी सेंडार्स का यह उद्धरण देते हुए कि 'कोई काम इतना कठिन नहीं है जितना बच्चों के लिए लिखना, आगे कहा है कि बच्चों के लिए पुस्तक लिखने के बाद कोई काम इतना कठिन नहीं है जितना बच्चों की पुस्तकों के बारे में लिखना। इसी सिलसिले को आगे बढ़ाते हुए मैं यह कहना चाहती हूं कि 'बच्चों के लिए पुस्तक लिखने के बाद कोई काम इतना कठिन नहीं है जितना बच्चों की पुस्तकों के बारे में लिखना किंतु बच्चों की पुस्तकों के बारे में लिखने के बारे में लिखना इसका अपवाद है।''[28]

**समालोचना का उद्देश्य :** जैसा कि पीछे कहा जा चुका है समालोचक एक बागवान का काम करता है। वह साहित्य रूपी नन्हें पौधे को सींचता है, संवारता है और काट-छांट करके उसके सही एवं स्वस्थ विकास में सहायक होता है। किसी साहित्यिक कृति के गुण-दोषों का विवेचन कर समालोचक लेखन-कौशल का उत्तरोत्तर विकास करता है। साहित्य के मानदंड निर्धारित करके वह लेखकों एवं प्रकाशकों के लिए दीप स्तंभ का काम करता है। घटिया और निम्न स्तर के लेखन पर प्रहार करके वह साहित्यिक वातावरण को दूषित होने से बचाता है और पाठकों की रुचियों का विकास करता है।

हिंदी में आज तक छोटी-बड़ी आठ हजार के करीब बाल-साहित्य की पुस्तकें छप चुकी हैं, किंतु अच्छी पुस्तकों की सूची में संख्या पांच सौ से अधिक नहीं जा सकती। बड़ी बात तो यह है कि इतने वर्षों के अनुभव के बाद भी हम अत्यंत सामान्य कोटि की पुस्तकें लिखते और प्रकाशित करते जा रहे हैं। दुर्भाग्य से हिंदी में बाल-साहित्य लिखने वालों में अधिकतर संख्या शिक्षकों की रही है, जो शिक्षक नहीं हैं उनमें से भी अधिकांश व्यक्ति समाज-सुधार और राष्ट्रोत्थान की भावनाओं से इतने अधिक अभिभूत हैं कि उनसे अलग रहकर बच्चों के लिए लिख ही नहीं सकते। ऐसी स्थिति में बच्चों को साहित्य के नाम पर अधिकतर उपदेश और आरोपित भावनाएं ही मिलें तो इसमें आश्चर्य क्या है?

किंतु आश्चर्य तो यह देखकर होता है कि हिंदी साहित्य के दिग्गज व्यक्ति

एवं संस्थाएं इसके प्रति पूर्ण उदासीन हैं। वयस्क साहित्य में लेखकों से अधिक समालोचक और आलोच्य पुस्तकों से अधिक आलोचना पुस्तकें हैं। बाल-साहित्य में जहां सैकड़ों पुस्तकें हर वर्ष प्रकाशित होती हैं, पुस्तक-समीक्षा तक की आवश्यकता अनुभव नहीं की जाती। बच्चों को अच्छा नागरिक बनाने और विविध प्रकार के सहस्रों उपदेश पिलाने के लिए हर कोई तैयार बैठा है किंतु इस बात की ओर कोई ध्यान नहीं देता कि उन्हें दिया जाने वाला साहित्य उत्तम कोटि का हो और घटिया किस्म के साहित्य से उन्हें अलग रखा जाए।

**समालोचना और समीक्षा :** वैसे तो इन दो शब्दों का एक ही अर्थ है किंतु इनका प्रयोग अब दो भिन्न अर्थों में होने लगा है। समालोचना शब्द तो किसी रचना के सर्वांगीण मूल्यांकन के लिए प्रयुक्त होता है और समीक्षा पत्र-पत्रिकाओं में आमतौर पर प्रकाशित होती है जिसका उद्देश्य संभावित पाठकों को आकृष्ट करना होता है। बाल-साहित्य की समीक्षा संभावित पाठकों को नहीं ऐसे संभावित क्रेताओं को ध्यान में रखकर की जाती है जो स्वयं उन पुस्तकों को पढ़ने वाले नहीं हैं। हिंदी की पत्र-पत्रिकाएं बाल-साहित्य की समीक्षा के प्रति घोर उदासीनता दिखाकर हिंदी साहित्य का ही अहित कर रही हैं क्योंकि बाल-साहित्य सामान्य साहित्य से पृथक कोई वस्तु नहीं है और कोई भी भाषा बाल-साहित्य की उपेक्षा करके, इस शताब्दी में सम्मान की अधिकारिणी नहीं हो सकती।

**समालोचक के गुण :** समालोचना-सिद्धांत विषयक किसी भी पुस्तक में समालोचक के गुणों की एक अच्छी-खासी सूची मिल जागी। समालोचक को बहुविद, सूक्ष्मद्रष्टा, निष्पक्ष, धैर्यवान और सहृदय होना चाहिए किंतु बाल-साहित्य के समालोचक के लिए सर्वप्रथम शर्त यह है कि उसके पास बच्चों की तरह पुस्तक का रसास्वादन करने की क्षमता होनी चाहिए। एने थैक्टर एटन के शब्दों में, "जो व्यक्ति बच्चों की किसी पुस्तक को पढ़कर बच्चे का सा आनंद प्राप्त नहीं कर सकते हैं उन्हें बाल-साहित्य की समालोचना करने का काम कभी अपने हाथ में नहीं लेना चाहिए।"[29]

आजकल एक फैशन यह भी प्रचलित है कि बच्चों की पुस्तकों की समीक्षा बच्चों से ही कराई जाती है। यह प्रवृत्ति बच्चों के लिए भी हानिकारक है और बाल-साहित्य के लिए भी। इससे बच्चे के मन में हर साहित्यिक रचना को संदेह की दृष्टि से देखने की धारणा बन जाती है और समीक्षा का स्तर भी गिर जाता है।

**साहित्य के मानदंड :** चूंकि समालोचक का काम साहित्य के मानदंड निश्चित करना और उनके आधार पर किसी रचना को परखना है अतः यहां साहित्य

के मानदंडों पर सरसरी चर्चा कर लेना अप्रासंगिक नहीं होगा। सबसे पहले तो हमें यह बात अपने मन से निकाल देनी चाहिए कि बाल-साहित्य सामान्य साहित्य से भिन्न कोई चीज है। साहित्य के सामान्य गुण-धर्म यदि किसी रचना में नहीं होंगे तो उसे बाल-साहित्य में स्थान नहीं मिलेगा। कुछ लोग बाल-साहित्य को केवल शब्द-समूह की कसौटी पर ही कसते हैं। उनके अनुसार एक निश्चित शब्द भंडार को सामने रखकर बाल-साहित्य की रचना की जानी चाहिए। ऐसे लोगों से तो इतना ही कहा जा सकता है कि वे विश्व की प्रसिद्ध बाल-पुस्तकों को पढ़कर स्वयं यह देख लें कि वे कहां तक किसी शब्द-भंडार को ध्यान में रखकर लिखी गई हैं। संभवतः इस प्रकार की धारणा वाले लोग साहित्य को स्कूली पढ़ाई का ही एक अंग मानकर चलते हैं। कुछ फार्मूलों को सामने रखकर लिखी गई पुस्तक साहित्य के सामान्य गुण-धर्म में अनिवार्यतः पिछड़ी होगी क्योंकि साहित्य की रचना-प्रक्रिया में इस प्रकार के बंधन सह्य ही नहीं होते। संक्षेप में किसी रचना की समीक्षा करते समय हमें निम्नलिखित प्रश्नों पर विचार करना चाहिए

(1) क्या रचना बाल-साहित्य के लिए मौलिक देन है? पुरानी कथाओं के पुनर्कथन में भी मौलिकता आ सकती है किंतु यह बहुत बड़ी साधना का फल है। अंग्रेजी साहित्य में एंडरसन और हाथर्न जैसे कुछ लेखकों के पुनर्कथन में ही मौलिकता है।

(2) क्या रचना अंतःप्रेरणा से लिखी गई है या अपना ज्ञान-भंडार या अपने पूर्वाग्रहों को बालकों पर थोप कर उनका कल्याण करने की भावना से? दूसरी प्रक्रिया से अच्छे साहित्य का निर्माण सामान्यतः असंभव होता है।

(3) क्या रचनाकार ने बच्चों की भावना तथा योग्यता को समुचित आदर दिया है या उन्हें अबोध, नासमझ और अपने से निम्न स्तर के पाठकों के रूप में देखा है? इस संबंध में पाल हजार्ड की ये पंक्तियां ध्यान देने योग्य है : "बच्चे उन पुस्तकों को पसंद नहीं करते हैं जिनमें उन्हें बराबर का दर्जा नहीं दिया जाता और उन्हें 'प्यारे नन्हें साथियों' आदि शब्दों से संबोधित किया जाता है, अथवा जो उनकी अपनी प्रकृति के अनुरूप नहीं होती, जिनके चित्र उनकी आंखों को और जिनकी सजीवता उनके हृदय को आकृष्ट नहीं कर पाती अथवा जो उन्हें केवल वही चीजें सिखाती हैं जिन्हें वे स्कूल में सीखते हैं और जो उन्हें नींद की गोद में सुला सकती है किंतु सपनों की दुनिया में नहीं ले जा सकती।"[30]

(4) क्या रचना स्वाभाविक शैली में लिखी गई है? इस प्रसंग में राबर्ट लासन और अनातोले फ्रांस के निम्नलिखित उद्धरण ध्यान में रखने योग्य हैं

"जब किसी लेखक की रचना से ऐसा लगे कि वह प्रकट रूप से बच्चों के लिए लिखी गई है तो समझ लेना चाहिए कि वह लेखक बच्चों पर अपनी श्रेष्ठता लाद रहा है।"[31]

*राबर्ट लासन*

"जब तुम बच्चों के लिए लिख रहे हो तो उस विशेष अवसर के लिए विशेष शैली मत अपनाओ। अपनी पूरी क्षमता से सोचो, पूरी क्षमता से लिखो और सारी वस्तु को सजीव होकर आने दो।"[3]

*अनातोले फ्रांस*

और अंत में पाल हजार्ड ने अच्छे बाल-साहित्य के संबंध में निम्नलिखित विचार प्रकट किए हैं : "मैं ऐसी पुस्तकों को पसंद करता हूं जो साहित्य की आत्मा के प्रति वफादार होती हैं, जो बच्चों के लिए सहज और प्रत्यक्ष ज्ञान का द्वार खोल देती हैं, जो ऐसा सरल सौंदर्य प्रस्तुत करती हैं जिसे बच्चा तुरंत ग्रहण कर सकता है, जो बच्चे के हृदय में ऐसी चेतना, ऐसा स्पंदन भर देती हैं जो बच्चों के जीवन की स्थायी संपत्ति बन जाए। जिनमें बढ़िया चित्र होते हैं  ऐसे चित्र जिन्हें बच्चे पसंद करें, जिन्हें समस्त विश्व के कला वैभव से चुना गया हो। मुझे ऐसी पुस्तकें अच्छी लगती हैं जो बच्चों में रुग्न भावुकता के बजाय स्वस्थ भावनाशीलता जगाती हैं, जो बच्चों को महान मानवीय संवेदनाओं की अनुभूति कराती हैं और जो उनमें व्यापक जीवन के प्रति आदरभाव पैदा करती हैं। मैं उन पुस्तकों को अच्छा मानता हूं जिनमें साहस और खेल के महत्व का समुचित आदर होता है, जिनमें यह महसूस किया जाता है कि मन और बुद्धि के प्रशिक्षण का तत्काल लक्ष्य उपयोगिता और व्यावहारिकता न तो होता है और न होना चाहिए।

"मुझे ज्ञानवर्द्धक पुस्तकें पसंद हैं किंतु ऐसी पुस्तकें नहीं जो बच्चों के मनोरंजन तथा विश्राम में घुसपैठ करती हैं और हर विषय को बिना उकताहट पैदा किए सिखाने का दंभ भरती हैं। यह बात सरासर झूठ है। मैं ऐसी ज्ञानवर्द्धक पुस्तकों को पसंद करता हूं जो ज्ञान के स्तर के बारे में अपने आपको धोखा नहीं देती हैं और यह दावा नहीं करती हैं कि जानकारी समस्त वस्तुओं की स्थानपूर्ति कर सकती है।

"अंत में, मैं उन पुस्तकों को अच्छा मानता हूं जिनमें प्रचुर मात्रा में नैतिक गुण होते हैं किंतु इस प्रकार की नैतिकता नहीं जिसमें भिखारी को दो पैसे देने वाला अपने आपको हीरो मान लेता है या जिसमें किसी काल विशेष या जाति विशेष की त्रुटियों को ही आदर्श मान लिया जाता है। उदाहरणार्थ, बात-बात पर आंसू बहाने वाली करुणा, उदारताहीन पवित्राचरण और उच्चवर्गीय समाज के पाखंड। मैं उन पुस्तकों को अच्छा मानता हूं जिनमें जीवन को प्रेरणा देने वाले शाश्वत सत्य को सक्रिय रूप में प्रस्तुत किया जाता है, जिनमें यह दिखाया जाता है कि सच्चे निःस्वार्थ प्रेम का अंत अभीष्ट की प्राप्ति में होता है और जिनमें ईर्ष्या, द्वेष, लोभ-लालच की कुरूपता तथा हेयता को स्थापित किया जाता है।"[33]

मेरे विचार से, उपर्युक्त उद्धरण बाल-साहित्य की समीक्षा के क्षेत्र में दीपस्तंभ का काम कर सकता है।

## (ए) निष्कर्ष

गत पृष्ठों पर सरसरी नजर डालने से यह स्पष्ट हो जाता है कि हिंदी बाल-साहित्य का क्षेत्र उत्तरोत्तर विस्तृत होता जा रहा है। कविता, कहानी के अतिरिक्त नाटक, जीवनी, ज्ञान-विज्ञान के साहित्य की ओर भी लेखक तथा प्रकाशक अधिकाधिक ध्यान देने लगे हैं। वर्तमान काल में विशेष रूप से नाटक और ज्ञान-विज्ञान के साहित्य में जो प्रगति हुई है वह बहुत उत्साहवर्द्धक है। एक सुव्यवस्थित रंगमंच के अभाव में भी बच्चों के लिए पर्याप्त नाटक-साहित्य लिखा गया है। दूसरी ओर ज्ञान-विज्ञान के साहित्य के लिए हमारे यहां परिस्थितियां अभी अनुकूल नहीं बन पाई हैं। स्कूलों और कालेजों में विज्ञान की शिक्षा अब भी मुख्यतः अंग्रेजी में दी जाती है और विज्ञान के क्षेत्र के प्रतिष्ठित व्यक्ति अब भी अंग्रजी में ही सोचते और लिखते हैं। ऐसी स्थिति में हिंदी में विज्ञान की पुस्तकों के लिए अधिक अवसर नहीं हो सकते। तथापि ज्ञान-विज्ञान का साहित्य प्रचुर मात्रा में प्रकाशित हुआ है।

अच्छी जीवनियों के लिए बच्चों का उत्साह कभी कम नहीं पड़ता। हिंदी में प्रारंभ से लेकर ही बच्चों के लिए अच्छी जीवनियां देने की ओर ध्यान दिया गया है। इस महान देश के सदियों प्राचीन इतिहास में ऐसे सहस्रों व्यक्ति हैं जिनका जीवन बच्चों के लिए रोचक और प्रेरणादायक हो सकता है अतः जीवनी लिखने वालों के लिए यहां सामग्री का कभी भी अभाव नहीं हो सकता। परिणामस्वरूप बाल-साहित्य

में, संख्या की दृष्टि से कहानी के बाद जीवनी का ही स्थान है। इस क्षेत्र में हिंदी बाल-साहित्य की उपलब्धियां उत्साहवर्द्धक हैं। ऐतिहासिक, धार्मिक, पौराणिक और राजनैतिक जीवनियों के साथ वैज्ञानिक और साहित्यिक जीवनियों के परिमाण में भी पिछले कुछ वर्षों से वृद्धि हो रही है। गीता प्रेस, गोरखपुर से प्रकाशित कल्याण का 'बालकांक' धार्मिक, पौराणिक और ऐतिहासिक जीवनियों के लिए संग्रहणीय है। छात्र हितकारी पुस्तकमाला की समस्त जीवनियां एक वृहत्संग्रह के रूप में प्रकाशित हो जाएं तो अच्छा जीवनी-संग्रह तैयार हो सकता है। पीपुल्स पब्लिशिंग हाउस से प्रकाशित जीवनियों की सफलता से प्रमाणित होता है कि यदि अधिकारी व्यक्तियों से जीवनियां लिखवाई जाएं तो वे बालकों में निश्चय ही लोकप्रिय होती हैं। डा. रामविलास शर्मा द्वारा निराला की जीवनी और श्री विष्णु प्रभाकर द्वारा लिखित शरतचंद्र की जीवनी को उत्कृष्ट कृतियों में रखा जा सकता है।

इन उत्साहवर्द्धक बातों के साथ-साथ कुछ अभावों की तीव्र अनुभूति भी होती है। समालोचना का क्षेत्र अभी तक लगभग अछूता है। लेखकों के मार्गदर्शन के लिए विविध प्रकार के साहित्य निर्माण के सिद्धांतों का विवेचन-प्रस्थापन इस समय बहुत ही आवश्यक है। इसके अतिरिक्त समीक्षा के अभाव में अच्छे साहित्य और सामान्य कोटि के साहित्य में भेद करना कठिन हो गया है। यह स्थिति अच्छे लेखकों के आगे आने में सबसे बड़ी बाधा है। इससे न केवल बालकों का अहित हो रहा है अपितु जनता के पैसे का अपव्यय भी हो रहा है।

बाल-साहित्य इस समय अधिकांशतः सरकारी तथा अर्धसरकारी संस्थाओं द्वारा खरीदा जा रहा है और वहां अच्छे-बुरे की पहचान करने का कोई साधन नहीं है। वयस्क साहित्य में कविता, कहानी, नाटक आदि विधाओं की समीक्षा के लिए विशिष्ट पत्रिकाएं हैं किंतु बाल-साहित्य की समीक्षा तथा मूल्यांकन करने के लिए एक भी पत्रिका नहीं है। यह स्थिति बाल-साहित्य के स्वस्थ विकास में बहुत बड़ी बाधा है।

यात्रा-साहित्य की कमी के लिए लेखकों के प्रमाद के अतिरिक्त कोई और कारण नहीं दीखता। संभवतः कुछ लोगों का यह भ्रम बना हुआ है कि यूरोप, अमरीका आदि देशों में जाने वाले लेखक ही यात्रा-साहित्य लिख सकते हैं। इस विस्तृत भूखंड में जहां वन, पर्वत, मरुस्थल, नदियों आदि की कमी नहीं, रोचक यात्रा विवरणों के लिए पर्याप्त सामग्री है। कमी ऐसे लेखकों की है जो विभिन्न स्थानों के साथ रागात्मक संबंध स्थापित करके उसकी अभिव्यक्ति अपनी रचनाओं में करें।

## संदर्भ

4. विनिफ्रेड वार्ड, *थियेटर फार चिल्ड्रेन,* पृ. 33।
5. हरिकृष्ण देवसरे, 'भारत में बच्चों का रंगमंच कब बनेगा', *साप्ताहिक हिंदुस्तान,* 6 अगस्त, 1967।
6. पीटर स्लेड, *चाइल्ड ड्रामा,* पृ. 269।
7. चंद्रभाल ओझा कृत *बाल एकांकी* में 'नमस्ते' नामक एकांकी।
8. *यथोपरि* में उपमन्यु नामक एकांकी।
9. *यथोपरि,* भूमिका।
10. मस्तराम कपूर 'उर्मिल', *बच्चों के नाटक* का 'न्याय व्यवस्था' नामक एकांकी।
11. *यथोपरि* का 'शरारत' नामक एकांकी।
12. डोरोथी नील व्हाइट, *एबाउट बुक्स फार चिल्ड्रेन,* पृ. 180।
13. विनिफ्रेड बार्ड, *थियेटर फार चिल्ड्रेन,* पृ. 125।
14. *यथोपरि,* पृ. 68।
15. मे लैंबर्टन बेकर, *फर्स्ट एडवेंचर इन रीडिंग,* पृष्ठ 227।
16. ज्याफ्री ट्रीज, *एंज्वायिंग* बुक्स, पृ. 80।
17. ज्याफ्री ट्रीज, *एंज्वायिंग* बुक्स, पृ. 83।
18. मे हिल आर्बुथनाट, *चिल्ड्रेन एंड बुक्स,* पृ. 509।
19. डोरोथी नील व्हाइट, *एबाउट बुक्स फार चिल्ड्रेन,* पृ. 109।
20. चार्लोट एस. हक तथा डोरिस ए. यंग कृत *चिल्ड्रेंस लिटरेचर इन एलिमेंटरी स्कूल,* पृ. 209।
21. रामचंद्र शुक्ल, *चिंतामणि,* भाग 1, पृ. 142।
22. अंतहीन कहानी, (हिंदी अनुवाद-युगलजीत नवलपुरी), पृष्ठ 7।
23. लिलियन स्मिथ, *अनरिलक्टेंट ईयर्स,* पृ. 179।
24. एनेथैक्स्टर व्हाइट, *दि चिल्ड्रेंस बुक्शेल्फ* (पेपरबैक), पृ. 26।
24. मे हिल आर्बुथनाट, *चिल्ड्रेन एंड बुक्स,* पृ. 54।
25. एलिजबेथ नेस्बित, *ए क्रिटिक्स हिस्ट्री आफ चिल्ड्रेंस लिट्रेचर,* पृ. 423।
26. डा. भोलानाथ, *हिंदी साहित्य, 1926-1947,* पृ. 445-449।
27. रूथ हिल वीगर्स, *एबाउट बुक्स चिल्ड्रेन एंड लाइब्रेरियन,* पृ. 1।
28. एने थैक्टर एटन, *रीडिंग विद चिल्ड्रेन,* पृ. 11।
29. पाल हजार्ड, *बुक्स, चिल्ड्रेन एंड मेन,* पृ. 50।
30. फिलिस फेनर कृत *समथिंग शेयर्ड,* पृ. 42।
31. यथोपरि, पृ. 42।
32. पाल हजार्ड, *बुक्स, चिल्ड्रेन एंड मैन,* पृ. 42-43।

# 7. बाल-साहित्य का आयुवर्गानुसार अध्ययन

## (अ) प्रस्तावना

साहित्य का विवेचन दो दृष्टिकोणों से किया जाता है लेखक के दृष्टिकोण से और पाठक के दृष्टिकोण से। साहित्य क्या है, इसे क्यों और किस प्रकार लिखा जाना चाहिए; इसका मूल्यांकन किन बातों के आधार पर किया जाना चाहिए; कौन सा साहित्य उत्तम कोटि का है और कौन सा घटिया कोटि का इत्यादि प्रश्नों पर कभी हम लेखक की दृष्टि से विचार करते हैं और कभी पाठक की दृष्टि से। साहित्य-चिंतन की भारतीय परंपरा में पाठकों का दृष्टिकोण प्रधान है और पश्चिमी परंपरा में लेखक का दृष्टिकोण। एक मत अभिव्यक्ति पर जोर देता है और दूसरा अभिव्यक्ति के प्रतिफल अर्थात पाठकों को मिलने वाले रस अथवा आनंद पर। साहित्य को समझने-समझाने के लिए दोनों दृष्टिकोणों का समन्वय आवश्यक है। केवल अभिव्यक्ति के पक्ष को लेकर चलने और पाठकों की प्रतिक्रियाओं की पूर्ण उपेक्षा करने से लेखक की अहम्मन्यता ही प्रधान हो जाती है और यह गलत धारणा बन जाती है कि लेखक ईश्वर की ओर से भेजा गया कोई मसीहा है जिसकी हर बात पाठक को नतशिर होकर स्वीकार कर लेनी चाहिए, उसकी हर अच्छी या बुरी रचना को साहित्य के पद से विभूषित किया जाना चाहिए; अथवा यदि लेखक विक्षिप्त है तो विक्षिप्तता को ही साहित्य का उत्तम गुण मान लेना चाहिए। इसके विपरीत केवल पाठकों के दृष्टिकोण को मान्यता देने और लेखक के दृष्टिकोण की उपेक्षा करने से साहित्य आलू-गोभी की तरह बाजार-माल बन जाता है जिसका उत्पादन बाजार की मांग को देखते हुए कुछ निश्चित फार्मूलों पर होने लगता है। ये दोनों स्थितियां

एकांगी दृष्टिकोण की चरमावस्था की द्योतक हैं।

बाल-साहित्य में इन दोनों दृष्टिकोणों के बीच समन्वय स्थापित किए बिना काम ही नहीं चल सकता। बालक मूल्यांकन की रहस्यमयी सहज-शक्ति के बल पर ऐसे लेखकों की रचनाओं की उपेक्षा कर देते हैं जो वस्तुतः साहित्यकार नहीं होते अर्थात जो आत्माभिव्यक्ति या सृजनेच्छा से प्रेरित होकर नहीं लिखते हैं। दूसरी ओर वे हर रचना को अपनी पसंद और नापसंद की कसौटी पर ही कसते हैं तथा लेखक की ख्याति, प्रचार, प्रोपेगंडा आदि से प्रभावित नहीं होते हैं। अतः बाल-साहित्य के मूल्यांकन के लिए एक ओर तो लेखक के प्रतिभादि गुणों पर विचार करना आवश्यक होता है और दूसरी ओर बालकों की रुचियों पर।

बालकों की पसंद का प्रश्न वयस्कों के लिए हमेशा ही रहस्यमय रहा है। मनोविज्ञान के उन्नत ज्ञान के बावजूद हम निश्चित रूप से यह नहीं कह सकते हैं कि बालक किस पुस्तक को पसंद करेगा। इसके अतिरिक्त बालक की पसंद इतनी वैयक्तिक होती है कि 'औसत' पसंद का निर्धारण भी नहीं किया जा सकता है। फिर भी बाल-साहित्य की अवस्था के अनुसार वर्गीकृत करने के प्रयास किए गए हैं। यद्यपि उपर्युक्त कारणों से इन वर्गीकरणों को पूर्ण नहीं माना जा सकता तथापि ये बालकों को आवश्यकतानुसार साहित्य उपलब्ध कराने में हमारी सहायता करते हैं।

कुछ विद्वान बाल-साहित्य का वर्गीकरण बालक की आयु-अवस्था के अनुसार करते हैं और कुछ उसके शिक्षा-स्तर के अनुसार। दोनों प्रकार के वर्गीकरण का उद्‌देश्य एक ही है अर्थात बच्चे को उसकी आवश्यकताओं तथा क्षमताओं के अनुरूप साहित्य उपलब्ध कराना। आयु-वर्गीकरण करते समय कुछ लोग अति सूक्ष्म विवेचन के प्रयास में एक अथवा आधे वर्ष के अंतर वाले बालकों के लिए भी एक पृथक वर्ग बना डालते हैं जो हास्यास्पद हो जाता है। वैसे तो सभी बच्चों का शारीरिक एवं बौद्धिक विकास एक जैसा नहीं होता है इसलिए कभी-कभी नौ वर्ष का बच्चा भी रुचियों की दृष्टि से छह वर्ष अथवा ग्यारह वर्ष के बच्चे के समान हो सकता है। हम किसी पुस्तक की पूर्णरूप से किसी विशेष आयु के लिए सिफारिश नहीं कर सकते हैं। तीन वर्ष के बच्चे के लिए उपयुक्त[1] पुस्तक किसी बच्चे को बहुत कठिन और किसी को बहुत बचकाना लग सकती है। वर्ग-विभाजन सुविधा के लिए सामान्यीकरण का प्रयास और आवश्यकता से अधिक वर्ग बनाने से सामान्यीकरण का उद्‌देश्य ही विफल हो जाता है।

जैसा कि पीछे कहा जा चुका है वर्गीकरण आवश्यकताओं और क्षमताओं को

देखते हुए किया जाता है। बच्चा किन आवश्यकताओं की पूर्ति के लिए पुस्तकें पढ़ना चाहता है इसका विवेचन पहले अध्याय में किया जा चुका है। किंतु विभिन्न आयु के बच्चों की आवश्यकताओं में भी विभिन्नता होती है। विकास के परिप्रेक्ष्य में बच्चे की आवश्यकताओं का अध्ययन करके उसके अनुरूप पुस्तकों की सिफारिश करना वर्गीकरण का लक्ष्य है। दूसरे शब्दों में, हम यह जानने का प्रयत्न करते हैं कि विकास की किस अवस्था में बालक क्या करना चाहता है और उसमें किस प्रकार की पुस्तकें उसके लिए सहायक हो सकती हैं। क्षमताओं के अध्ययन का उद्देश्य है इस बात का पता लगाना कि बच्चा किस अवस्था में किस प्रकार के साहित्य का आस्वादन कर सकता है।

यहां आस्वादन की क्षमता पर कुछ विस्तार से विचार करने की आवश्यकता है। साहित्य शास्त्र में पाठक के लिए 'सहृदयता' का गुण अनिवार्य बताया गया है जिसका सीधा-सादा अर्थ यह है कि उसका बौद्धिक एवं मानसिक विकास इतनी मात्रा में हो जाना चाहिए कि वह वर्णित विषय को समझ सके या उसका आस्वादन कर सके। शृंगार का जो प्रसंग वयस्क के लिए बहुत आनंददायक होगा वह बालक के लिए निरर्थक तथा उकता देने वाला होगा क्योंकि बालक के मन में रति-भाव अभी तक सुषुप्तावस्था में होता है और विभाव-अनुभाव के कुशलतम चित्रण से भी उसका जागरण नहीं हो पाता है इसलिए उसे रसानुभूति नहीं होती। रसानुभूति के लिए सर्वप्रथम तो पाठक में यह भाव विकसित अवस्था में विद्यमान होना चाहिए जिसका चित्रण साहित्य में किया गया है। इसके अतिरिक्त उसमें विभावादि के वर्णन का प्रभाव ग्रहण करने की शक्ति भी होनी चाहिए। जिस अंधे व्यक्ति ने न कभी चांद देखा है और न उसके विषय में कुछ सुना है उसके लिए चांद की सुंदरता का वर्णन अथवा उसकी उपमा देते हुए नायिका की सुंदरता का वर्णन करना बेकार है। कहने का तात्पर्य यह है कि साहित्य के आस्वादन के लिए बच्चे को वर्णित विषय से प्रत्यक्ष या अप्रत्यक्ष अनुभूति (पुस्तकों से या सुनी-सुनाई बातों से प्राप्त अनुभूति) द्वारा परिचित होना चाहिए।

यह प्रत्यक्ष या अप्रत्यक्ष अनुभव जिसे हम पाठक के संस्कार भी कह सकते हैं, बालक में धीरे-धीरे विकसित होते हैं। साहित्य को जिन रत्यादि नौ मूल भावों का विषय माना गया है वे जन्म से ही बच्चे में विकसित नहीं हो जाते हैं। बीज रूप में उनकी विद्यमानता को तो माना जा सकता है किंतु जब तक वे प्रकट नहीं हो जाते हैं तब तक उन्हें रसास्वादन के प्रयोजन के लिए अविद्यमान ही कहा जा सकता है।

सामान्यतः वयस्कता-पूर्व की आयु की तीन अवस्थाएं मानी जाती हैं शैशवावस्था, बाल्यावस्था और किशोरावस्था। मनोवैज्ञानिक इन तीन अवस्थाओं का भी उपविभाजन करते हैं; उदाहरण के लिए वे बाल्यावस्था और किशोरावस्था के मध्यवर्ती तारुण्य काल का स्वतंत्र रूप से अध्ययन करते हैं और बाल्यावस्था को भी प्रथमावस्था, मध्यावस्था और उत्तरावस्था में विभाजित करते हैं। किंतु साहित्य के प्रयोजन के लिए आमतौर पर बाल्यकाल को चार अवस्थाओं में विभाजित किया जाता है। बच्चे की आयु के अनुसार ये अवस्थाएं इस प्रकार हैं

(1) छः वर्ष से पूर्व;
(2) छः वर्ष से नौ वर्ष तक;
(3) नौ वर्ष से बारह वर्ष तक;
(4) बारह वर्ष से ऊपर।

वर्ष-निर्धारण के विषय में सभी विद्वानों में मतैक्य नहीं है। उदाहरण के लिए, कुछ लोग पांच वर्ष तक प्रथम अवस्था की आयु मानते हैं और कुछ सात वर्ष तक। इसी प्रकार अन्य अवस्थाओं में भी एकाध वर्ष का अंतर पाया जाता है। इसके अतिरिक्त बच्चे के विकास में केवल आयु का कारक ही काम नहीं करता है, अपितु उसकी शिक्षा, दीक्षा, संस्कार, पारिवारिक परिस्थितियों आदि का भी विकास में महत्वपूर्ण योगदान रहता है अतः कुछ लोग आयु के स्थान पर शिक्षास्तर की दृष्टि से साहित्य का वर्गीकरण करना अधिक समीचीन मानते हैं। आजकल साहित्य के अध्ययन को शिक्षा का एक महत्वपूर्ण अंग माना जाने लगा है, अतः दूसरे प्रकार का वर्गीकरण कुछ अधिक लोकप्रिय हो चुका है। इसके अनुसार बाल्यकाल की निम्नलिखित चार अवस्थाएं मानी जाती हैं

(1) स्कूल पूर्व की अवस्था;
(2) प्राथमिक स्कूल की अवस्था;
(3) माध्यमिक स्कूल की अवस्था;
(4) हाई स्कूल की अवस्था।

उपर्युक्त दोनों प्रकार के विभाजन में कुछ विशेष अंतर नहीं है अतः हम सुविधा के लिए दूसरे प्रकार के विभाजन को ही लेकर चलेंगे किंतु इससे किसी को यह धारणा नहीं बना लेनी चाहिए कि बाल-साहित्य स्कूल का विषय है और यह पाठ्य-पुस्तकों की तरह स्कूल की चारदीवारी में बंद रहना चाहिए।

## (आ) स्कूल पूर्व की अवस्था

सामान्यतः छह वर्ष से कम आयु के बच्चों को इस वर्ग में रखा जा सकता है। साहित्य के प्रयोजन के लिए शुरू के दो-अढ़ाई वर्षों की गणना नहीं की जाती क्योंकि उस समय बच्चा किसी भी प्रकार के साहित्य के आस्वादन में अक्षम होता है।

### मनोवैज्ञानिक विशेषताएं तथा उनका प्रभाव

चार्लोट एस. हक और डोरिस ए. यंग द्वारा लिखित 'चिल्ड्रेंस लिट्रेचर इन एलिमेंटरी स्कूल' में इस अवस्था के बालक में निम्नलिखित विशेषताएं बताई गई हैं

(1) **भाषा-ज्ञान का त्वरित विकास :** इसके कारण बच्चा शब्दों की ध्वनि, संगीत, लय आदि की ओर विशेष रूप से आकृष्ट होता है। बेतुकी कल्पना (नांसेंस) से बहुत आनंद प्राप्त होता है।

(2) **सतत क्रियाशीलता और अल्पकालिक एकाग्रता :** इसके कारण उसे छोटी-छोटी कहानियों तथा थोड़े समय में समाप्त होने वाली पुस्तकों की आवश्यकता है। पुस्तकों का टाइप बड़ा तथा पाठ बिखरा हुआ होना चाहिए। बालक चित्रों आदि को स्पर्श करने, वस्तुओं आदि का नामोच्चारण करने और वाक्यों आदि को दुहराने से आनंद प्राप्त करता है।

(3) **अहंकेंद्रित संकल्पनाएं तथा व्यवहार :** वह ऐसी कहानियों को पसंद करता है जिनमें उसकी एक विशेष भूमिका है। वह हर चीज को, हर घटना को अपने संदर्भ में देखना चाहना है।

(4) **अपने आस-पास की दुनिया के प्रति अत्यधिक जिज्ञासु :** वह ऐसी कहानियों को पसंद करता है जिसमें नित्य प्रति की घटनाएं, अनुभव आदि हों और जिनमें उसके सुपरिचित पालतू पशु, खिलौने और सगे-संबंधी पात्र हों।

(5) **वह कल्पनाशील खेल खेलना चाहता है :** वह अपनी कहानियों में निर्जीव वस्तुओं को प्राणवान, मूक प्राणियों को बातचीत करने वाला देखना चाहता है।

(6) **वयस्कों से वह सुरक्षा और प्यार की अपेक्षा करता है :** वह चाहता है कि कहानी कहने वाला उसकी ओर विशेष रूप से ध्यान दे। कहानियों

> का अंत न्यायोचित और सुखद देखना चाहता है। दुष्ट को दंड मिलना चाहिए और अच्छे पात्र को सफलता मिलनी चाहिए।[1]

इस आयुवर्ग के बच्चों के लिए उपयुक्त साहित्य के स्वरूप का निश्चय उपर्युक्त मनोवैज्ञानिक विशेषताओं को ध्यान में रखकर किया जाता है।

## साहित्य के विविध रूप

बच्चे का साहित्य से सर्वप्रथम परिचय चित्रों के माध्यम से होता है। दो-अढ़ाई वर्ष की अवस्था में जब बच्चा आस-पास की वस्तुओं में भेद करना सीख लेता है तो अपनी जानी-पहचानी वस्तुओं एवं प्राणियों के चित्र पुस्तक में देखकर खुशी से उछल पड़ता है। वह उन चित्रों को नन्हीं-नन्हीं उंगलियों से छूकर देखना चाहता है, अटपटे स्वरों में उन्हें नाम लेकर पुकारना चाहता है, किसी को थप्पड़ मारकर और किसी को प्यार से पुचकारकर उनसे खेलना चाहता है। उसके नन्हें हृदय के बिंब-प्रतिबिंब और उनसे जुड़े हुए भाव, चित्रों के विवरण के संयोग से आनंद की सृष्टि करते हैं उसी तरह जैसे सहृदय पाठक के हृदय में स्थित भाव नाटक अथवा कहानी-कविता में विभाव, भाव आदि के संयोग से रस-निष्पत्ति करते हैं। अतः चित्र पुस्तकों को साहित्य का प्रथम रूप मानना उचित ही है।

**चित्र पुस्तकें :** चित्र पुस्तक का साधारण अर्थ है ऐसी पुस्तक जिसमें चित्र हों। इस साधारण अर्थ की परिधि में अनेक प्रकार की पुस्तकें आ सकती हैं जैसे बच्चों को अक्षर ज्ञान कराने वाली चित्र वर्णमालाएं, प्राइमर, चित्रावलियां, कामिक्स (अथवा कम से कम परिष्कृत कामिक्स) अथवा ऐसी पत्रिकाएं जिनमें बहुत से चित्र हों भले ही वे व्यापारिक विज्ञापन हों। जाहिर है कि उपर्युक्त सभी प्रकार की पुस्तकों को साहित्य की कोटि में नहीं रखा जा सकता है अतः इस साहित्य की सीमा निश्चित करना आवश्यक है।

चार्लोट एस. हक और डोरिस ए. यंग के अनुसार, "चित्र पुस्तक ऐसी पुस्तक है जिसमें चित्रों का निर्माण पाठ के अभिन्न अंग के रूप में किया जाता है। सचित्र पुस्तक में चित्र पाठ का विस्तार मात्र करते हैं। चित्र पुस्तकों और प्रारंभिक पाठ्य-पुस्तकों में भी भेद कर लेना चाहिए। अधिकांश चित्र पुस्तकों के लिए अच्छी पठन-योग्यता आवश्यक होती है और वे वयस्कों द्वारा बच्चों को पढ़कर सुनाई जाती हैं। ये पुस्तकें छोटे बच्चे के रुचि-स्तर को देखते हुए लिखी जाती हैं, उसकी पठन-योग्यता को देखते हुए नहीं।"[2]

और डोरोथी नील व्हाइट ने लिखा है, "चित्र पुस्तक मात्र सुंदर चित्रों वाली पुस्तक अथवा सचित्र पुस्तक नहीं है। इस शब्द का यहां अभिप्राय उस पुस्तक से है जिसमें चित्रों तथा पाठ में कहानी कही गई हो और जिसमें चित्र और पाठ एक-दूसरे के पूरक हों। सबसे छोटे बच्चे की चित्र पुस्तक में वस्तुतः पाठ में वर्णित घटनाओं को दुहराया जाता है।"[3]

प्रारंभ में बच्चा चित्रों में अपनी जानी-पहचानी वस्तुओं को देखकर, उन्हें छू कर तथा उनका नाम लेकर ही प्रसन्न हो जाता है। उसके बाद वह चित्रों में क्रियाशीलता देखना चाहता है अर्थात चित्रित पात्रों को कुछ काम करते हुए देखना चाहता है। तत्पश्चात वह पात्रों के कार्यों में कारण-कार्य का संबंध जोड़ता है और तभी उसमें कहानी का भाव आता है। अतः शुरू-शुरू में तो बच्चे को स्थैतिक चित्र दिए जा सकते हैं जैसा कि वर्णमालाओं में होता है। उसके बाद उसे क्रियाशील चित्र जिन्हें स्पष्ट करने के लिए पाठ भी हो, दिए जाने चाहिए। तत्पश्चात चित्र कथाओं की बारी आएगी। मे लैंबर्टन बेकर ने लगभग यही बात कही है। उन्होंने कहा है कि "छोटे बच्चों को सबसे पहले जो पुस्तकें दी जानी चाहिए उनमें बच्चे की छोटी सी नई दुनिया के चित्र रहने चाहिए   उन चीजों के चित्र जिन्हें बच्चा पहचानता है, जिनका वह नाम ले सकता है। तत्पश्चात वह उन चित्रों की ओर झुकेगा जिनमें कुछ नाटकीय आकर्षण अथवा लगातार कहानी की तरह की कोई चीज होगी।"[4]

जोसेट्टी फ्रेंक ने[5] चित्र पुस्तकों में निम्नलिखित गुण आवश्यक माने हैं

(1) चित्र सरल और साफ हों, आधे अथवा कटे हुए चित्रों को बालक पसंद नहीं करते।
(2) चित्र और पाठ साथ-साथ चलें ताकि जब बच्चा चित्र देख रहा हो तो मां कहानी पढ़ती चले।
(3) छोटे बच्चे रंगों को, विशेषकर मूल रंगों को, खूब पसंद करते हैं।
(4) पालतू पशुओं और घरेलू वस्तुओं की कहानियां बहुत लोकप्रिय होती हैं।
(5) छोटे बच्चे ध्वनियों और शब्द-संवेदनों से बहुत प्रसन्न होते हैं।
(6) हास्य सीधा तथा स्पष्ट हो तथा बालक की समझ की सीमा में हो। और
(7) पालतू पशुओं तथा खिलौनों में मानवीय गुणों का आरोप छोटे बच्चों के लिए बिलकुल स्वाभाविक बात है।

चित्र पुस्तकों में फोटो-चित्रों का प्रयोग विशेष लाभदायक नहीं होता। सक्रिय चित्रों को प्रस्तुत करने में फोटो चित्रों की अपेक्षा रेखाचित्र अथवा कलरप्रिंट अधिक

सफल होते हैं। मे लैंबर्टन बेकर के शब्दों में, "केवल वही फोटोग्राफ बच्चों की पुस्तक के योग्य हो सकता है जो कुत्ते को धोखा दे सके।"[6]

आकार की दृष्टि से चित्र पुस्तकें दो प्रकार की होती हैं। एक बड़े आकार वाली जो दो गोदों में खुल सके अर्थात चित्रों वाला पृष्ठ बच्चे की गोद में और पाठ वाला पृष्ठ मां की गोद में आ जाए। दूसरे प्रकार की पुस्तकें आकार, बनावट और वजन आदि की दृष्टि से ऐसी हों जिन्हें बच्चा स्वयं पकड़ सके और इधर-उधर ले जा सके।

चित्र कथा में बच्चों के जीवन में नित्यप्रति घटने वाली किसी भी घटना का वर्णन किया जा सकता है अथवा उसमें पालतू पशुओं या जाने-पहचाने जानवरों की कहानी कही जा सकती है। लोकथाएं चित्रकथाओं का प्रिय विषय है किंतु लोककथा में हास्य-मनोरंजन की पर्याप्त मात्रा होनी चाहिए और उसका विषय बच्चों की समझ के दायरे के भीतर होना चाहिए। पशु-पात्रों की कहानियों में बच्चों के लिए हमेशा ही आकर्षण विद्यमान रहता है।

**शिशुगीत :** शिशुगीत छोटे बालक के जीवन की बड़ी भारी आवश्यकता है। उन्हें उठते-बैठते, चलते-फिरते गीतों और तुकबंदियों की आवश्यकता पड़ती है। शिशुगीतों का विस्तृत विवेचन कविता के प्रसंग में किया जा चुका है। यहां यह बात उल्लेखनीय है कि इस अवस्था के बालक को दी जाने वाली शिशुगीतों की पुस्तकें भी बढ़िया चित्रों से सुसज्जित होनी चाहिए।

चित्र पुस्तकें और शिशुगीत अक्षर-ज्ञान-रहित बालक का साहित्य है। जब उन्हें पर्याप्त अक्षर-ज्ञान हो जाता है तो वे पुस्तक को स्वयं ही पढ़ने की कोशिश करते हैं। पांच साल का होने पर बच्चा स्कूल में प्रवेश करता है और छठे वर्ष तक वह साधारण पढ़ना-लिखना सीख लेता है। कुछ बच्चे उससे पहले घर पर ही अक्षर-ज्ञान प्राप्त कर लेते हैं। चूंकि इन बच्चों को अभी पढ़ने में काफी कठिनाई होती है अतः इन्हें दी जाने वाली पुस्तकों में जो कुछ लिखा जाए वह मोटे टाइप में हो और इस तरह पृष्ठ फैलाकर रखा गया हो कि बालक आसानी से पढ़ भी सके और शीघ्रातिशीघ्र पुस्तक समाप्ति का गर्व भी अनुभव कर सके। भाषा बच्चे की सीमित शब्दावली को देखते हुए सरल होनी चाहिए। वस्तुतः शब्द-समूह की सीमा में बंधने की आवश्यकता लेखक को इसी वर्ग के साहित्य को लिखते समय पड़ती है। चित्र पुस्तकों में पुस्तक के पाठ को न तो बच्चा स्वयं पढ़ता है और न उसे पूरी तरह उस पाठ को समझने की आवश्यकता पड़ती है। किंतु यहां लेखक को बच्चे की क्षमताओं का पूरा ध्यान रखना पड़ता है। उसे कठिन शब्दों, भावों और अमूर्त संकल्पनाओं से दूर रहना पड़ता है। किंतु इसका यह अर्थ कदापि नहीं है कि लेखक को कुछ चुने-चुनाए शब्दों की

सीमा में अपने आपको पूरी तरह बांध लेना चाहिए। भाषा का ज्ञान कराने वाली पुस्तक के लिए यह शर्त उचित हो सकती है किंतु साहित्य के सृजन के लिए इस प्रकार का अंकुश हानिकारक ही होता है। नए शब्दों की ध्वनियां और उनके रूप बच्चों के लिए बहुधा आकर्षण का विषय भी बनते हैं।

इस अवस्था में बालक को अनेक प्रकार की कहानियां आकृष्ट करती हैं। इनका संक्षेप में वर्णन करना यहां आवश्यक होगा।

**आस-पास के सुपरिचित जीवन की कहानियां :** मनोवैज्ञानिकों का कहना है कि इस आयु का बालक अहंकेंद्रित होता है। वह अपने आस-पास की वस्तुओं का निरीक्षण और निर्वचन अपने ही संदर्भ में करता है। अपने खिलौनों को वह खूब संभालकर रखता है और किसी को उन पर अधिकार जमाने नहीं देता है। अपने आस-पास के लोगों को वह अपने माता-पिता, भाई-बहन आदि के रूप में ही पहचानता है और उनसे भिन्न व्यक्तियों को वह अजनबी समझता है। इन सब कारणों से इस आयुवर्ग का बालक ऐसे साहित्य का आस्वादन कर सकता है जो उसके आस-पास की वस्तुओं का वर्णन करे और वर्णन भी ऐसा जो उसी को केंद्र मानकर किया गया हो। कहानी में माता-पिता, भाई-बहन आदि परिवार के लोग अथवा कुत्ता, बिल्ली, गाय, बैल, चूहा, खरगोश आदि सुपरिचित पशु हो सकते हैं किंतु नायक सब कहानियों में वह बालक ही होना चाहिए। कहानी में अपना नाम सुनकर बालक प्रसन्न हो जाता है और उसमें रुचि लेने लगता है। इसके लिए कुशल लेखक नायक बालक का ऐसा वर्णन कर देता है जो औसत बालक पर घट जाए ताकि माता-पिता आदि कहानी सुनाते समय नायक के नाम के स्थान पर आसानी से श्रोता बालक के नाम का प्रयोग कर सकें। कहानी के प्लाट अथवा कथावस्तु के लिए दूर भटकने की आवश्यकता नहीं होती और न ही सस्पेंस के निर्माण के लिए किसी विशेष योजना अथवा कौशल की आवश्यकता होती है। यदि हम बालक के साथ घटी किसी साधारण घटना का वर्णन कहानी के रूप में उसी बालक के सामने करें तो वह बालक सारी घटनाओं की पूर्व जानकारी होते हुए भी हर वाक्य में कुतूहल की अनुभूति करेगा। वस्तुतः इस आयु-वर्ग के साहित्य में अप्रत्याशित घटनाओं के बजाय प्रत्याशित घटनाओं के वर्णन से ही कुतूहल की सृष्टि की जाती है।

**पशुकथाएं :** इस अवस्था के बालकों में पालतू पशुओं अथवा सुपरिचित पशुओं की कथाएं बहुत लोकप्रिय होती हैं किंतु ये पशुकथाएं हितोपदेश, पंचतंत्रादि की नीतिकथाओं अथवा पशु जीवन की वास्तविक कथाओं से भिन्न होती हैं। इनमें पशु मनुष्यों की वेश-भूषा में प्रकट हो सकता है, उनके जैसे बातचीत कर सकता

है किंतु वह कोई उपदेश अथवा शिक्षा देने के लिए नहीं आता बल्कि बालक के मनोरंजन का साधन मात्र बनकर आता है। इस अवस्था के बालक में सहज विश्वास की ऐसी शक्ति होती है जिसके बल पर वह जड़ को चेतन में, स्थिर को गतिमान में, मूक को वाचाल में और अभाव को भाव में परिवर्तित कर सकता है अतः इस वर्ग के साहित्य को यथार्थ की कसौटी पर कसने की आवश्यकता नहीं होती। इस अवस्था का यथार्थ और बेतुकापन वयस्कों के यथार्थ और बेतुकेपन से बिलकुल भिन्न होता है।

**साहसिक कथाएं :** जो घटनाएं हमारे लिए अत्यंत साधारण होती हैं वही छोटे बच्चे के लिए अत्यंत साहसपूर्ण हो सकती हैं। उदाहरण के लिए, बकरी के बच्चे को पकड़ना, दुकान से मां के लिए कोई चीज लाना आदि साधारण घटनाओं को लेकर साहसिक कथाओं की रचना की जा सकती है। अतः साहसिक कथाओं के लिए किसी रोमांचपूर्ण कथावस्तु को ढूंढ़ने की आवश्यकता नहीं होती, उनके दैनिक जीवन से ही साहसपूर्ण घटनाओं का चयन किया जा सकता है।

**लोकथाएं :** अधिकांश लोककथाएं इस आयुवर्ग के उपयुक्त नहीं होतीं किंतु कुछ परंपरागत कथाएं विशेष रूप से छोटे बच्चों के लिए ही हैं। इन कथाओं में कथा तो साधारण सी होती है किंतु संवादों तथा घटनाओं की आवृत्ति-पुनरावृत्ति से कथा आगे बढ़ती जाती है। इस प्रकार की कथाओं को संचयात्मक कथाएं कहा जाता है। इनकी चर्चा पीछे कहानी के प्रसंग में की जा चुकी है।

बाल-साहित्य के मर्मज्ञ श्री सोहनलाल सिंह ने अपने एक लेख में इस वर्ग के साहित्य की शैली का बहुत सुंदर विवेचन किया है। उन्होंने कहा है, " 'वहां कुत्ते, बिल्लियां और घोड़े थे' इस प्रकार के वाक्यों के बजाय बच्चे यह सुनकर प्रसन्न होते हैं कि 'वहां कुत्ते थे, वहां बिल्लियां थीं और वहां घोड़े थे।' ...बच्चा हर चीज का स्वाद अलग-अलग चखना चाहता है। 'उसने कोट पहना' यह एक फीकी सी साधारण सी बात है। परंतु इसे यों कहा जाए कि 'उसने मोटे और लाल बटनों वाला नीले रंग का कोट पहना' तो देखिए कि बच्चे के कान और नेत्र कैसे आपकी ओर देखने लगते हैं।...किसी भी चीज या जीव का नाम उसके व्यक्तित्व का अनोखा अंग है। बच्चों को नाम प्यारे लगते हैं। अगड़म-बगड़म नामों में भी एक जादू की-सी तासीर लगने लगती है। सूअर का नाम थूथनचंद, भालू का नाम घोंघानाथ, मेंढक का नाम उदकू फुदकू इत्यादि उन्हें बहुत प्रिय लगते हैं।...विभिन्न सांसारिक वस्तुओं को एक हवाई दुनिया से निकालकर बच्चों की जीती-जागती दुनिया में लाने का नामों के अतिरिक्त एक और भी ढंग है गणनढंग। 'लड़के के पास कई गायें, बकरियां और घोड़े थे।'

कहने से बच्चा खुश नहीं होगा। इसे यों कहना अधिक उचित होगा 'घुल्लू के घर सात गायें थीं, नौ बकरियां थीं और उन्नीस घोड़े' थे।[7]

चित्रों की प्रसन्नता होने के कारण इस आयुवर्ग के बालकों के साहित्य में लेखक की अपेक्षा चित्रकार का योगदान अधिक होता है। जिन देशों ने अपने बच्चों के लिए अच्छा बाल-साहित्य दिया है वहां महान कलाकारों ने शिशुओं की पुस्तकों के चित्र बनाने में अपनी कला का उपयोग किया है। कभी-कभी तो पुस्तक चित्रकार के मन की ही सृष्टि होती है और लेखक चित्रों की पूर्ति के लिए कहानी आदि लिख देता है।

## (इ) प्राथमिक स्कूल की अवस्था

सामान्यतः पांच वर्ष की आयु के बाद बच्चा स्कूल में प्रवेश करता है। वह घर, परिवार, सगे-संबंधियों, खिलौनों और पालतू पशुओं की दुनिया से बाहर निकलकर एक नई दुनिया में प्रवेश करता है। वह भाषा और लिपि का ज्ञान प्राप्त करता है और अक्षरों तथा शब्दों के जादू से बिना माता-पिता आदि के माध्यम के, सीधा परिचय प्राप्त करता है। अधिकांश औसत बच्चों में छह-सात वर्ष की आयु से पहले स्वतंत्र रूप से पुस्तक पढ़ने की क्षमता नहीं होती है। कुछ लोगों ने चार-पांच वर्ष की अवस्था के बालकों को स्वतंत्र रूप से पुस्तक पढ़ने योग्य बनाने का प्रयत्न किया है किंतु मनोविज्ञान और शरीर-रचना-विज्ञान के क्षेत्र में किए गए अध्ययनों से पता चला है कि छह साल की आयु के बच्चे शारीरिक अथवा मानसिक दृष्टि से पुस्तक-पठन से आनंद ग्रहण करने की स्थिति में नहीं होते हैं और बेस पोर्टर एडम्स के शब्दों में, "इससे पहले बच्चे पर पढ़ने के लिए जोर डालना निश्चय ही गलत बात है।"[8]

स्कूल-पूर्व की अवस्था में बच्चा स्वतंत्र रूप से चित्रों का ही आनंद ले सकता है। पुस्तक की कहानी को वह माता-पिता अथवा बड़े भाई-बहनों से सुनता है। इस अवस्था में कुछ बच्चे तो छोटी-छोटी कहानियों को पढ़ने लगते हैं किंतु कुछ पढ़ने से कतराते हैं। उन्हें प्रोत्साहन देने तथा उनमें आत्मविश्वास पैदा करने के लिए माता-पिता को पुस्तक स्वयं पढ़कर सुनानी चाहिए। इस प्रकार वह कहानी का आनंद भी ले सकता है और शब्दों के सही उच्चारण का प्रशिक्षण भी प्राप्त कर लेता है। यदि माता-पिता हर रोज आठ-दस मिनट भी इस कार्य में लगाएं तो वे बालकों के

मन में स्वतंत्र पुस्तक पठन के लिए आत्मविश्वास भी पैदा कर सकते हैं और उसकी पठन-योग्यता में भी वृद्धि कर सकते हैं। जब तक बच्चे में भाषा और लिपि का पर्याप्त ज्ञान नहीं हो जाता तब तक उसे स्वतंत्र रूप से कहानियां आदि पढ़ने के लिए बाध्य नहीं किया जाना चाहिए।

जैसा कि कहा जा चुका है आयुवर्ग अथवा शिक्षा-स्तर के अनुसार साहित्य का विभाजन सुविधा के लिए किया जाता है और इसे नितांत पूर्ण नहीं माना जा सकता है। पीछे स्कूल-पूर्व वर्ग के लिए जिस प्रकार के साहित्य का वर्णन किया गया है उसका इस आयुवर्ग के बच्चे पूर्ण बहिष्कार नहीं करते। कुछ बच्चे तो प्राथमिक स्कूल की अवधि में चित्रकथाओं और मनुष्यों की वेश-भूषा में प्रकट होने वाले पशुओं की हास्यपूर्ण कथाओं को ही पढ़ते रहते हैं। वस्तुतः साहित्य का यह विभाजन उन बालकों के लिए सही घटता है जिन्हें शुरू से नियमित रूपेण साहित्य उपलब्ध कराया जाता है। यदि बच्चा तीन-चार वर्ष से लेकर चित्रकथाओं और प्रारंभिक पशुकथाओं आदि के रूप में साहित्य का आस्वादन करने लगे तो प्राथमिक स्कूल की अवस्था में पहुंचकर उसकी साहित्यिक अभिरुचि में निश्चय ही परिवर्तन हो जाएगा। इसी प्रकार मिडिल स्कूल और हाई स्कूल की अवस्था में वह उस साहित्य की ओर आकृष्ट होगा जिसे बाल-साहित्य के मर्मज्ञों ने इस अवस्था के लिए निर्धारित किया है। हमारे यहां ग्यारह-बारह वर्ष के बालक भी परीकथाओं से चिपके रहते हैं इसका कारण यह है कि नियमित रूप से साहित्य का अध्ययन न कर पाने से उनकी अभिरुचियां विकसित नहीं हो पाती हैं।

## इस अवस्था की विशेषताएं और उनका प्रभाव

इस अवस्था में बच्चा कुछ समय तक तो शिशु ही बना रहता है अथवा बना रहना चाहता है। माता-पिता और संबंधियों के लाड़-प्यार से बिलकुल अलग होकर स्कूल के साथियों तथा अध्यापकों की अपरिचित दुनिया में प्रवेश करना उसे अच्छा नहीं लगता है। इसलिए उसकी साहित्यिक अभिरुचियां आदि कुछ समय तक लगभग वही रहती हैं जो पिछली अवस्था के बालक में होती हैं। वह अपने आस-पास की सुपरिचित दुनिया की कहानियां पढ़ता रहता है, चित्रकथाओं, विकीर्ण पाठ वाली पुस्तकों, मनुष्यों की वेश-भूषा वाली पशुकथाओं को नए सिरे से पढ़ता है। स्कूल-पूर्व की अवस्था वाले बालक की तरह वह अत्यधिक चंचल स्वभाव का होता है और किसी चीज पर अधिक देर तक उसका ध्यान एकाग्र नहीं रहता अतः वह छोटी-छोटी

कहानियां और थोड़ी देर में समाप्त की जा सकने वाली पुस्तकें पसंद करता है। भाषा-ज्ञान के विकास की त्वरित प्रक्रिया के कारण वह शब्दालंकारों, अजीब-अजीब नामों तथा ध्वनियों और शब्दों एवं वाक्यों की आवृत्ति की ओर आकृष्ट होता है। वह माता-पिता से प्यार-प्रशंसा और सुरक्षा की अपेक्षा करता है। कहने का तात्पर्य यह कि इस अवस्था में कुछ समय तक तो उन्हीं पुस्तकों को पसंद करता रहता है जो स्कूल-पूर्व की अवस्था के लिए होती हैं किंतु धीरे-धीरे बाहर की दुनिया के संपर्क में आने के कारण उसमें परिवर्तन आता रहता है। माता-पिता उसे स्कूल के अपरिचित और अप्रिय संसार की ओर अग्रसर करने के लिए उस पर जोर डालते हैं जिसमें उसे कभी-कभी निष्ठुरता का आभास मिलता है। नए साथियों में उसे वैसा लाड़-प्यार नहीं मिलता जैसा उसे घर पर मिला करता था। उसके साथ बहुत बार वे साथी निष्ठुर व्यवहार भी करते हैं और वह देखता है कि इसमें माता-पिता उसकी सहायता नहीं करते हैं। उसे माता-पिता के पराश्रय से मुक्त होकर नई परिस्थितियों के अनुसार अपने आपको ढालना पड़ता है। हर चीज को अपने ही संदर्भ में देखने की प्रवृत्ति उसकी कमजोर पड़ जाती है और अहंकेंद्रिता को छोड़कर समाजोन्मुख होने लगता है। फिर नई दुनिया की नई चीजें उसे अपनी ओर आकृष्ट करती हैं और वह अपनी पुरानी दुनिया को छोड़कर नई दुनिया में प्रवेश करने के लिए अत्यधिक व्यग्र रहने लगता है। लगभग सात वर्ष की आयु में उसमें सहसा बहुत बड़ा परिवर्तन आ जाता है।

## साहित्य के विविध रूप

इस अवस्था के बालक में निम्नलिखित प्रकार के साहित्य के प्रति विशेष आकर्षण पाया जाता है

(1) **यथार्थ जीवन की कहानियां :** इस समय उसके सामने सबसे बड़ी समस्या यह होती है कि परिवारेतर संसार के अनुसार अपने आपको कैसे ढाला जाए। इसलिए उसे ऐसी पुस्तकों की आवश्यकता होती है जो उसे इस संसार की कठिनाइयों का बोध कराएं तथा उनमें अपने आपको समंजित करने में उसका मार्गदर्शन भी करें। स्कूल के वातावरण की यथार्थ कहानियां इस दृष्टि से उसके लिए सहायक होती हैं। इसके अतिरिक्त खेलकूद, पिकनिक आदि की कहानियों की ओर भी उसका झुकाव होता है।

(2) **पशुकथाएं :** जीवन के यथार्थ से सीधा परिचय प्राप्त करने के कारण अब उन चीजों से उसका मन नहीं बहलता जिनसे वह शिशु अवस्था में अपने आपको बहला लेता था। वह हर चीज को सही रूप में देखना चाहता है इसलिए अब पशुओं को मनुष्यों की वेश-भूषा में देखना उसे उतना अच्छा नहीं लगता। किंतु पंचतंत्र और ईसप की कहानियों जैसी नीति-प्रधान पशुकथाओं की ओर उसका आकर्षण बढ़ जाता है। कारण यह है कि उसे इस अवस्था में व्यावहारिक ज्ञान और नीति की कदम-कदम पर आवश्यकता पड़ती है। ये कहानियां एक नीति-वाक्य पर केंद्रित होती हैं और पाठक का ध्यान भी अन्य बातों की ओर नहीं जाता, बस उस नीति-वाक्य पर ही केंद्रित रहता है अतः इन कथाओं में पशुओं की मानवी भाषा की ओर बालक का ध्यान नहीं आता।

(3) **परीकथाएं :** परीकथाओं के प्रति रुचि भी सात-आठ वर्ष की अवस्था में जाग्रत होती है। बालक जब माता-पिता के लाड़-प्यार की छाया से बाहर निकलकर जीवन के यथार्थ के संपर्क में आता है तो यह अनुभव करता है कि यह जीवन उतना मजेदार नहीं है जितना वह कल्पना किए बैठा था। जीवन की कई कठिनाइयों, कई अभावों और कई परेशानियों का उसे अनुभव होता है। माता-पिता के लाड़-प्यार की छाया हट जाने से वह अपने आपको असुरक्षित अनुभव करता है अतः वह जीवन से पलायन करके ऐसे लोक में पहुंचना चाहता है जहां जीवन से अभाव न हों, जिंदगी बहुत पेचीदा न हो और जहां हर समय संकट में सहायता करने वाला कोई साथी मौजूद हो। परीकथाओं में उसे ये सभी बातें मिल जाती हैं अतः वह इनकी ओर आकृष्ट होता है। लोकथाएं, परीकथाएं, जादू-भूत-प्रेतों आदि की कहानियां उसे जीवन के यथार्थ से दूर ऐसे कल्पना-लोक में पहुंचा देती हैं जहां एक नन्हा सा बालक भी अपनी बुद्धिमत्ता से बहुत बड़े राक्षस को मार सकता है, अत्यधिक निर्धन बालक भी ईमानदारी और परिश्रम से अच्छे से अच्छा पुरस्कार प्राप्त कर सकता है और माता-पिता और सगे-संबंधियों से वंचित बिलकुल असहाय बच्चा भी परी का प्यार और सहानुभूति प्राप्त कर सकता है।

(4) **लोककथाएं :** रूडोल्फ ड्रीकर्ज का कहना है कि "स्कूल-पूर्व की अवस्था में बच्चे की जीवन-शैली का निर्माण होता है। उस समय नए अनुभव उसकी मूलभूत धारणाओं में परिवर्तन कर सकते हैं। इसके बाद नए

अनुभव उसकी मूल धारणाओं को नहीं बदल सकते अपितु वह उन वैयक्तिक धारणाओं के आधार पर ही नए अनुभव की व्याख्या करता है। स्कूल की अवधि में किशोरावस्था तक शैक्षिक और वैयक्तिक अनुभव से जीवन के लक्ष्य और तदनुसार बाह्य व्यवहार को आसानी से बदला जा सकता है यद्यपि इन परिवर्तनों से मूलभूत जीवन-शैली में अनिवार्यतः परिवर्तन नहीं होता। तरुणावस्था में व्यक्तित्व का रूप स्थिर हो जाता है और उसके बाद न तो जीवन-शैली और न लक्ष्यों को आसानी से बदला जा सकता है।"[9]

उपर्युक्त उद्धरण के अनुसार यह समय व्यवहार-निर्माण का समय होता है अतः उचित-अनुचित, अच्छाई-बुराई और जीवन के शाश्वत मूल्यों की जानकारी कराने वाली लोकथाओं की इस समय बहुत आवश्यकता होती है। जीवन में विस्तार आ जाने से इस आयु के बालक की रुचियों में भी विविधता आ जाती है जिनकी तृप्ति लोक-साहित्य के विशाल भंडार से ही की जा सकती है। किंतु हर प्रकार का लोक-साहित्य बालकों के लिए उपयुक्त नहीं होता। बालकों की क्षमताओं को देखते हुए उनमें से सरल, रोचक और शिक्षाप्रद कहानियों के चयन की आवश्यकता होती है। मन को एकाग्र करने की शक्ति में कुछ वृद्धि होती है अतः अब वह अपेक्षाकृत लंबी कहानियां भी पढ़ लेता है। पत्रिकाओं में धारावाहिक रूप से प्रकाशित होने वाली कहानियों अथवा मालाओं के रूप में प्रकाशित होने वाली पुस्तकों का वह आस्वादन कर सकता है।

(5) **रहस्य एवं रोमांचपूर्ण कथाएं :** स्कूल-पूर्व की अवस्था के साहित्य में कहानी का तत्व नाम मात्र का होता है। किसी जानी-पहचानी घटना का साधारण कथन मात्र भी कहानी बन जाता है क्योंकि उस अवस्था में बालक पूर्वापर घटनाओं के सूक्ष्म संबंध तथा कथा की अन्य जटिलताओं को समझने में असमर्थ होता है। इस अवस्था में बालक एक अच्छी कहानी चाहता है जिसमें शुरू से आखिर तक कथा का विकास हो और अंत न्यायोचित एवं सुखद हो। वह मात्र कथा के तत्व के लिए अथवा रहस्य और रोमांच के लिए भी कहानी पढ़ना चाहता है अतः इस आयु में भूत-प्रेत, जादू-शिकार और जान के जोखिम की कहानियां भी लोकप्रिय होती हैं।

(6) **कविता और गीत :** हास्य-प्रधान कविताएं और तुकबंदियां, कथायुक्त

कविताएं, खेल के गाने और अभिनेय गीतों की इस समय बहुत आवश्यकता होती है। विषय कुछ भी हो किंतु वे गेय होने चाहिए और उनमें सिनेमा के भद्‍दे गानों का स्थान लेने की क्षमता होनी चाहिए।

शिशु-वर्ग के साहित्य में लेखक की अपेक्षा चित्रकार का बहुत अधिक योगदान रहता है। चित्र-पुस्तकों में पाठ-लेखक को किसी विशिष्ट रचना कौशल अथवा शैली की आवश्यकता नहीं पड़ती। किंतु उसके बाद के साहित्य में शब्दों और ध्वनियों के कुशल प्रयोग का महत्व बढ़ जाता है। लेखक को भाषा में ताल और लय का पुट देना पड़ता है। सौभाग्य से अधिकांश सामग्री लेखक को परंपरागत परीकथाओं, नीतिकथाओं तथा अन्य लोककथाओं में मिल जाती है जिन्हें कालरूपी कलाकार ने तराश-तराश कर ऐसा रूप दे दिया है जिसमें साधारण मनुष्य कुछ अधिक नहीं जोड़ सकता; जो जोड़ सकता है वह निश्चय ही महान लेखक है। इन कथाओं के अतिरिक्त बच्चों को जो कुछ भी दिया जाए वह लेखक की आत्माभिव्यक्ति हो अन्यथा वह साहित्य न होकर कुछ और ही होकर रह जाएगा। यह काम बहुत कठिन है और इसके लिए जन्मजात प्रतिभा तथा सतत साधना की आवश्यकता है।

## (ई) माध्यमिक स्कूल की अवस्था

आठ-नौ वर्ष से लेकर बारह-तेरह वर्ष तक यह अवस्था रहती है। कुछ लोग इस अवस्था को भी दो भागों में बांटते हैं आठ से दस वर्ष और दस से बारह वर्ष। किंतु जैसा कि पीछे कहा गया है अधिक वर्ग बनाने से सामान्यीकरण का उद्‍देश्य ही विफल हो जाता है अतः हम इस अवस्था पर एकबारगी विचार करेंगे।

### इस अवस्था की विशेषताएं और उनका प्रभाव

यह अवस्था कई दृष्टियों से बहुत महत्वपूर्ण है। बच्चा इस अवस्था में वयस्क-नियंत्रण से पूरी तरह स्वतंत्र होना चाहता है। घर और सगे-संबंधियों की अपेक्षा बाहर के मित्रों और साथियों की दुनिया अधिक लुभावनी लगती है और वह माता-पिता की अपेक्षा अपनी टोली के प्रति अधिक वफादार होता है। बाल-जीवन का यह अत्यधिक व्यस्त काल होता है और बच्चा स्कूल के काम और स्कूलेतर गतिविधियों में उलझा रहता है। वह सैकड़ों काम करना चाहता है और हजारों बातें सीखना चाहता है। उसकी इच्छाओं और आकांक्षाओं की कोई सीमा नहीं होती। इस अवस्था में बच्चा यह

समझने लगता है कि वह बहुत बड़ा हो गया है और अब वह दूसरों पर निर्भर नहीं है। उसमें काम करने और बर्दाश्त करने की असीम शक्ति होती है और वह कहानियों में भी तीव्र एवं तत्काल क्रिया की अपेक्षा करता है। साहसिक कार्यों के प्रति रुझान इस अवस्था में एक आम बात है अतः इस अवस्था के साहित्य में साहसिक कथाओं, दुर्गम प्रदेश की यात्राओं, शिकार, युद्ध, मारधाड़ और जान जोखिम वाली कहानियों के प्रति बच्चे अत्यधिक रुचि प्रदर्शित करते हैं। टोली भावना (गैंग स्पिरिट) के कारण बालक कठोर जीवन, कठिन कार्य और कर्कश भाषा को अधिक पसंद करते हैं। चूंकि इस आयुवर्ग के बालकों की इच्छाओं एवं आकांक्षाओं की कोई सीमा नहीं होती अतः साहित्य का विषय-क्षेत्र अत्यंत विस्तृत होता है। संभवतः इसीलिए विश्व का अधिकांश बाल-साहित्य इसी आयुवर्ग के लिए लिखा गया है। इसके अतिरिक्त ये बालक न तो चित्रों से बहलते हैं और न शब्दजाल में फंसते हैं। वे तो पुस्तकों में ठोस चीज ढूंढ़ते हैं। कहानी पूरी तरह कसी हुई हो, उसमें भरपूर 'एक्शन' हो, घटनाओं में तीव्र गति से परिवर्तन होता हो, कथोपकथन जानदार और वयस्कोचित हो। थीम, कथावस्तु, कथोपकथन, चित्र, पुस्तक-सज्जा, भाषा, शैली आदि किसी में भी वे बालोचित गुण नहीं देखना चाहते। यदि लेखक ने पाठकों को 'प्यारे बच्चो' आदि संबोधनों का प्रयोग किया होगा अथवा उसने पाठकों को बच्चा मानकर भाषा, शैली आदि में तदनुरूप रियायतें की होंगी तो बालक उन प्रसंगों को पढ़कर खीझ उठेंगे। वे न तो अपने आपको बालक मानते हैं और न यह बर्दाश्त कर सकते हैं कि कोई उन्हें बालक माने। शेखी मारना, झूठ बोलना, कपड़ों आदि के प्रति लापरवाह रहना, भद्दी गालियां आदि बकना, माता-पिता के नियंत्रण के प्रति विद्रोहशील होना आदि बातें इस आयु के लड़कों में आमतौर पर देखी जा सकती हैं। लड़कियों में यौन-भावना कुछ-कुछ विकसित होने लगती हैं और वे अपने यौन गुणों को कुछ-कुछ समझने लगती हैं किंतु लड़के लड़कियों के प्रति उदासीन रहते हैं। लड़के और लड़कियों की साहित्यिक रुचि में भेद होने लगता है। लड़कियों में प्रेम अथवा रोमांस की कहानियों में रुचि अधिक होती है और लड़के साहसपूर्ण कथाओं में अधिक रुचि लेने लगते हैं।

इस अवस्था का बालक अहं-केंद्रित नहीं रहता समाज-केंद्रित हो जाता है। वह हर चीज को अपने साथियों के संदर्भ में देखता है। अपनी बात के समर्थन के लिए वह तुरंत दूसरों का हवाला देता है घर पर अपने किसी दोस्त का हवाला और दोस्तों में माता-पिता या अन्य किसी संबंधी का हवाला देता है। उसकी साहित्यिक रुचियां भी टोली भावना से प्रभावित होती हैं। वह उन पुस्तकों को विशेष रूप से

पढ़ना चाहता है जिनकी चर्चा उसके दोस्त करते हैं। चूंकि वह दोस्तों के बीच अपने आपको किसी रूप में कम सिद्ध नहीं करना चाहता अतः वह उन सब बातों की जानकारी प्राप्त करना चाहता है जो उसके मित्रों की टोली में चर्चा का विषय होती हैं। वह किसी चीज को स्वतंत्र रूप से अपनी बुद्धि से नहीं परखता और न किसी कार्य के औचित्य-अनौचित्य के संबंध में वयस्कों की राय को ही विश्वसनीय मानता है। इसके विपरीत उसकी मान्यताएं और धारणाएं टोली की मान्यताओं और धारणाओं के अनुसार बनती तथा बदलती हैं।

इस अवस्था के बालक में काम करने की असीम शक्ति होती है और वह किसी भी रुचिकर काम में लंबे समय तक मन को एकाग्र कर सकता है अतः वह लंबी कहानियों को तरजीह देता है। उपन्यास, जीवनियां, विस्तृत यात्रा-विवरण, धारावाहिक कथाएं, मालाओं में प्रकाशित होने वाली पुस्तकें इस आयुवर्ग के बालकों में लोकप्रिय होती हैं।

## साहित्य के विविध रूप

कविता, कहानी, उपन्यास, एकांकी नाटक, जीवनी, यात्रा-विवरण, निबंध आदि समस्त विधाएं और पौराणिक, ऐतिहासिक, लोकप्रचलित, वैज्ञानिक, यथार्थ, कपोल कल्पित आदि समस्त प्रकार का साहित्य इस अवस्था में पढ़ा जाता है। परीकथाएं और तिलिस्मी कथाएं दस साल की आयु तक तो बहुत पढ़ी जाती हैं किंतु उसके बाद जीवनियों और साहसिक कथाओं की ओर बालक का झुकाव अधिक हो जाता है।

**पशुकथाएं :** इस आयुवर्ग के लिए जो पशुकथाएं दी जाती हैं वे पहली और दूसरी अवस्था की पशुकथाओं से भिन्न होती हैं। मनुष्यों की वेश-भूषा और बोलचाल वाले पशु-पात्रों पर अब बच्चों को विश्वास नहीं होता। इसके अतिरिक्त वे कहानी के पात्रों के साथ तादात्म्य स्थापित करना चाहते हैं अतः इन पात्रों का अपना निजी व्यक्तित्व होना चाहिए। नीतिकथाओं के पशु-पात्रों की तरह वे बुद्धिमत्तापूर्ण वाक्यों के उच्चारण का साधन मात्र नहीं होने चाहिए। पशु पात्र के कार्य ठीक उसके अनुरूप हों तथा वह किसी अन्य प्राणी को अपनी बात के भीतर न छिपाए हुए हो। पशुओं की पारंपरिक बातचीत को मनुष्यों की भाषा में लिखा जा सकता है जैसा कि किपलिंग की जंगल की कहानियों में किया गया है किंतु उन्हें अपने धर्म और स्वभाव के प्रति वफादार रहना चाहिए तथा उनका निजी व्यक्तित्व होना चाहिए।

**जीवनियां :** जीवनियों के प्रति अत्यधिक आकर्षण इस अवस्था के बालकों

की महत्वपूर्ण विशेषता है। मनोवैज्ञानिकों का कहना है कि इस अवस्था में नायक-पूजा (हीरो वर्शिप) की भावना बच्चे में जाग्रत होती है। हर क्षेत्र में बच्चा काल्पनिक साथी के रूप में किसी ऐसे व्यक्ति को चुन लेता है जो सर्वाधिक शक्तिशाली अथवा गुणवान होता है। नायक का चुनाव करते समय भी वह सामान्यतः उसकी शक्ति की ओर अधिक ध्यान देता है। हिंदू बच्चों में सामान्यतः हनुमान, भीम, अर्जुन, कर्ण, कृष्ण, राम, अभिमन्यु, परशुराम आदि विभूतियां नायक के रूप में बहुत लोकप्रिय होती हैं। वैसे बच्चों की नायक पूजा अपने धर्म अथवा देश तक ही सीमित नहीं रहती, किसी भी धर्म अथवा देश के असीम शक्तिशाली व्यक्ति के संपर्क में आकर वे उसके प्रशंसक बन जाते हैं। हनुमान और भीम के प्रशंसक अपने लड़के को जब मैंने ग्रीक योद्धा हर्क्यूलस की कहानी सुनाई तो वह थोडी देर के लिए उदास हो गया और फिर उसने पूछा, "क्या हर्क्यूलस हनुमान-भीम को भी हरा सकता है?" मैं इस प्रश्न का उत्तर देने में असमर्थ था। इसके अतिरिक्त यदि मैं हर्क्यूलस के मुकाबले में हनुमान या भीम को तुच्छ बता देता तो इसकी भावना को ठेस लगती और यदि हर्क्यूलस को तुच्छ कहता तो कहानी का प्रभाव कम हो जाता। अतः मैंने तीनों की कुछ अनन्य विशेषताओं का वर्णन करके तीनों को समान ही बताया। अब वह अपने मित्रों में बातचीत करते समय हनुमान तथा भीम के साथ-साथ हर्क्यूलस का नाम लेना नहीं भूलता है। कहने का तात्पर्य यह कि नायक पूजा की इस प्रवृत्ति के कारण ही इस अवस्था में जीवनियां बहुत लोकप्रिय होती हैं।

इस अवस्था के बालकों को जो जीवनियां दी जाएं वे रोचक ढंग से लिखी गई हों। इसके लिए लेखक संवाद अपनी ओर से भी जोड़ सकते हैं किंतु वे तथ्यों के विपरीत नहीं होने चाहिए। संदर्भ-टिप्पणियों की आवश्यकता नहीं होती है और लंबे विवरणों को छोड़ा जा सकता है किंतु इस कतर-ब्योंत से जीवनी की प्रामाणिकता में किसी प्रकार की त्रुटि नहीं रहनी चाहिए।

**ऐतिहासिक कथाएं :** बालकों के लिए लिखी गई ऐतिहासिक कथाओं और जीवनियों में वस्तुतः बहुत कम अंतर होता है। ये कथाएं किसी ऐतिहासिक पात्र को केंद्रबिंदु मानकर लिखी जाती हैं।

**अन्य प्रकार का कथा-साहित्य :** परीकथाओं की तरह अन्य लोककथाएं भी नौ-दस वर्ष तक खूब पढ़ी जाती हैं। यथार्थ जीवन के साहित्य से इस अवस्था के बालकों को परिचित कराना आवश्यक होता है। इन कहानियों में बच्चों की अपनी समस्याओं का चित्रण भी किया जा सकता है और धीरे-धीरे उन्हें देश एवं समाज

की प्रमुख समस्याओं से भी परिचित कराया जा सकता है। वैज्ञानिक साहित्य तो प्राचीन परीकथाओं की तरह ही इस आयुवर्ग में लोकप्रिय होता है। बच्चे को विशाल मानव-समाज से परिचित कराने में यात्रा साहित्य बहुत उपयोगी सिद्ध होता है।

**कविता :** इस अवस्था में बालक हर प्रकार की कविता पढ़ एवं समझ सकते हैं। कथा-प्रधान कविताएं, वीरों के चरित्र-गान, भाव-प्रधान गीत, प्रकृति चित्रण की कविताएं, बेतुकी कविता, हास्य-प्रधान तुकबंदियां, अभिनेय गीत आदि कविता के विविध रूप इस अवस्था के कविता-साहित्य में सम्मिलित हैं।

**नाटक, एकांकी आदि :** छोटी आयु के बालकों में नाटक तथा खेल में कोई भेद नहीं होता है। उनके लिए रचनात्मक खेल ही नाटक हैं। किंतु इस आयुवर्ग के बालक के लिए रंगमंचीय नाटकों एवं एकांकियों की आवश्यकता होती है। बच्चों के लिए सुविकसित रंगमंच की व्यवस्था कई देशों में की गई है किंतु इस प्रकार की व्यवस्था का अभाव होने पर भी स्कूल के कार्यक्रमों के लिए बच्चों द्वारा अभिनेय एकांकी पर्याप्त मात्रा में उपलब्ध होने चाहिए।

**ज्ञानवर्धक एवं तथ्यपूर्ण साहित्य :** इस रहस्यमय संसार में प्रवेश करते ही बच्चे के मन में असंख्य प्रश्न पैदा होते हैं। इनके समाधान के लिए वह छह-सात वर्ष की अवस्था तक तो माता-पिता आदि पर आश्रित होता है किंतु अब वह इस क्षेत्र में आत्मनिर्भरता प्राप्त करना चाहता है अतः उसे प्रश्नोत्तरियों, विश्वकोशों, तथा प्रत्यक्ष जानकारी देने वाली पुस्तकों की आवश्यकता पड़ती है।

इस आयुवर्ग के लिए सबसे अधिक मात्रा में साहित्य लिखा गया है तथा लिखा जाता है किंतु उसमें स्थायित्व उतना ही कम देखा गया है। कारण यह है कि इस अवस्था का बालक एक अच्छा आलोचक होता है भले ही वह अपनी इस क्षमता को प्रकट न कर सके। अतः लेखक को साहित्य-रचना करते समय अपनी समस्त शक्ति, समस्त रचना-कौशल का प्रयोग करना चाहिए। यह साहित्य व्यापक साहित्य की कसौटी से हर दृष्टि से खरा उतरना चाहिए, उसमें किसी प्रकार की रियायत या ढिलाई नहीं होनी चाहिए।

## (उ) हाई स्कूल की अवस्था

इस अवस्था का समय बारह वर्ष से लेकर पंद्रह-सोलह वर्ष अथवा वयस्कता प्राप्ति तक माना गया है। इसे किशोरावस्था भी कहते हैं। मनोवैज्ञानिकों ने इसे तरुणावस्था

और किशोरावस्था में विभक्त किया है। साहित्य के प्रयोजन के लिए इसे किशोरावस्था के अंतर्गत रखना ही पर्याप्त होगा।

## (क) मनोवैज्ञानिक विशेषताएं और उनका प्रभाव

पीछे उद्धृत ग्रंथ *चिल्ड्रेंस लिटरेचर इन एलिमेंटरी स्कूल* में इस अवस्था की विशेषताओं और उनके प्रभाव का वर्णन इस प्रकार किया गया है

(1) **शारीरिक विकास की गति में असमानता :** तारुण्य प्राप्ति से पहले शारीरिक वृद्धि बड़ी तीव्र गति से होती है। लड़कियां लड़कों की अपेक्षा दो साल पहले ही तारुण्य प्राप्त कर लेती हैं। इस भिन्नता के कारण लड़कों तथा लड़कियों की साहित्यिक रुचियों में भिन्नता आ जाती है। विकास की प्रक्रिया को समझने के लिए किशोरों को मार्गदर्शन की आवश्यकता पड़ती है।

(2) **विकास क्रम में अपनी यौन-विशेषताओं के महत्व का एहसास :** पुस्तकों के माध्यम से ऐसे पात्रों के साथ किशोर तादात्म्य स्थापित करते हैं जो इस अवस्था से गुजर रहे होते हैं। पुस्तकें उनकी यौन-संबंध विषयक अनेक भ्रांतियों को दूर करके उन्हें शक्ति प्रदान कर सकती हैं।

(3) **विशेष पसंद के कार्यों में सतत और तीव्र रुचि :** इस गुण के कारण किशोर पूरी तल्लीनता के साथ अपनी मनपसंद पुस्तकें पढ़ता है। पुस्तकें पढ़ने में पहले की अपेक्षा अधिक समय लगाता है। एक ही विषय की अधिक से अधिक पुस्तकें पढ़ना चाहता है।

(4) यथार्थ से निकट परिचय होने के कारण अब वह सुदूर कल्पना के क्षेत्रों में पलायन करना चाहता है। अतः इस समय उसे कल्पना-प्रधान साहित्य की भी आवश्यकता पड़ती है।

(5) अपने समूह अथवा टोली के प्रति उसकी निष्ठा बढ़ जाती है। वह अपने पूर्वाग्रहों को धड़ल्ले से अभिव्यक्त करता है।

(6) अपने आप के प्रति सजग हो जाता है; जीवन के मूल्यों की खोज करता है और विश्व की समस्याओं में रुचि लेने लगता है। इस दृष्टि से उसे सामयिक घटनाओं और परिस्थितियों से परिचित कराने वाले साहित्य की आवश्यकता पड़ती है।

इस अवस्था के बालक बाल-साहित्य से छलांग मारकर एकदम वयस्क साहित्य पर

उतर आते हैं। समाचारपत्र, सिनेमा, रेडियो, टेलीविजन आदि साधनों के कारण वे अब तक वयस्कों की दुनिया से काफी परिचत हो चुके होते हैं और वे जल्दी से जल्दी अपने आपको पूर्ण वयस्क सिद्ध करना चाहते हैं। किंतु बाल-साहित्य के मर्मज्ञ और मनोवैज्ञानिक जानते हैं कि इस अवस्था के लड़के-लड़कियों की समस्याएं बिलकुल भिन्न प्रकार की होती हैं और उन्हें देखते हुए एक विशिष्ट प्रकार के साहित्य की आवश्यकता होती है।

यह अवस्था मानसिक उलझनों एवं जटिलताओं की अवस्था होती है और किशोर स्वयं अपने भीतर हो रहे परिवर्तनों को नहीं समझ पाता है। माता-पिता और परिवार के अन्य व्यक्ति उसे अभी बालक ही मानते हैं किंतु बाहर के लोग उसे पूर्ण युवक अथवा युवती मानने लगते हैं। यदि उसके शारीरिक विकास की गति कुछ मंद हुई और समवयस्क मित्रों की तुलना में वह अपने आपको पिछड़ा हुआ पाता हो तो उसके मन में अनेक भीतियां घर कर लेती हैं। उदाहरण के लिए, वह सोचने लगता है कि वह संभवतः युवावस्था को कभी प्राप्त ही नहीं करेगा। यौन-भावना का विकास इस अवस्था की खास बात है जिसके कारण लड़के-लड़कियों को अत्यधिक परेशान रहना पड़ता है। बाल्यावस्था और युवावस्था के संधि-स्थल में खड़ा होकर किशोर चकरा जाता है। उसे मार्गदर्शन की बहुत बड़ी आवश्यकता होती है। माता-पिता आदि से वह इन समस्याओं के बारे में बातचीत करने से कतराता है। उसके समवयस्क साथी उसके समान ही भ्रमग्रस्त होते हैं। ऐसी स्थिति में पुस्तकों से ही उसे अच्छा मार्गदर्शन मिल सकता है। वयस्क-साहित्य को वह पढ़ और समझ सकता है किंतु वह साहित्य उसका मार्गदर्शन करने के बजाय उसे और उलझन में डाल देता है। उदाहरण के लिए, जब लड़कियों को प्रेम की उलझनों का एहसास होने लगता है तो वे किशोरोपयोगी प्रेम-साहित्य के अभाव में वयस्कोपयोगी और बहुधा प्रौढ़ोपयोगी निम्न कोटि की प्रेम-कथाओं पर टूट पड़ती हैं और संतुलन प्राप्त करने के बजाय वे रहे-सहे संतुलन को भी खो बैठती हैं। किशोरावस्था में प्रेम का रूप वायवी होती है उसमें शारीरिक संबंध तथा नग्नता के लिए कोई स्थान नहीं होता। वयस्कोपयोगी और प्रौढ़ोपयोगी प्रेमकथाओं में प्रेम का नग्न रूप व्यक्त होता है जो किशोरावस्था के लड़के-लड़कियों को पथभ्रष्ट कर देता है।

इसके अतिरिक्त किशोर के समक्ष जीवन में प्रवेश करने से संबंधित अनेक चिंताएं होती हैं। वह यह निश्चय करना चाहता है कि जीवन में उसे क्या करना है, क्या बनना है और उसके लिए उसे किस प्रकार की तैयारी करनी चाहिए। वह भावी जीवन के सर्वोच्च आदर्शों का महल बनाना चाहता है। अतः उसे इस समय

ऐसे साहित्य की आवश्यकता पड़ती है जो उसके जीवन की दिशा निश्चित कर सके, उसके लिए आदर्शों का निर्माण कर सके। अच्छी व्यवसाय पुस्तकें और महान व्यक्तियों की जीवनियां इस दृष्टि से उसके लिए बड़ी सहायक होती हैं।

## किशोर अपचार

आजकल लगभग सभी देशों में किशोर अपचार की समस्या उग्र रूप धारण किए हुए है। आए दिन पत्र-पत्रिकाओं में इस विषय पर लेख छपते हैं, रेडियो द्वारा विद्वानों की वार्ताएं प्रसारित की जाती हैं, शिक्षाशास्त्रियों और मनोवैज्ञानिकों की गोष्ठियां आयोजित की जाती हैं। कुछ लोग किशोरों की अनुशासनहीनता और विद्रोहपूर्ण कार्रवाइयों के लिए शिक्षा को दोषी ठहराते हैं और कुछ वर्तमान सभ्यता के अभिन्न अंग समाचारपत्र, रेडियो, टेलीविजन आदि को, और कुछ सस्ते तथा घटिया किस्म के साहित्य में इसका कारण ढूंढ़ते हैं।

किंतु किशोर अपचार को प्रोत्साहन देने वाले अनेक तत्व हैं। सर्वप्रथम तो किशोर की अपनी मानसिक स्थिति होती है। बेस पोर्टर एडम्स ने लिखा है, "इन महत्वपूर्ण वर्षों में वयस्कत्व और बचपन के बीच का पुल बहुत लचीला होता है। किसी दिन यह पुल बहुत छोटा लगता है; इसके आमने-सामने के किनारों पर खड़े दो व्यक्ति एक-दूसरे के अत्यंत निकट होते हैं और वे एक-दूसरे की भावनाओं को भली-भांति समझते हैं तथा उनका आदर करते हैं। दूसरे ही दिन यह पुल बहुत लंबा हो जाता है और बच्चा चिंतित अभिभावक की पहुंच से बिलकुल बाहर दिखाई देता है। वह अपनी दुनिया में पहुंच जाता है, वह नम्र, आज्ञाकारी और पितृ-भक्त नहीं रहता। बहुत संभव है कि वह उस समय शर्मीला और एकांतप्रिय हो जाए अथवा उद्दंड, विद्रोही और किसी भी प्रकार के हस्तक्षेप के प्रति असहनशील रुख अपना ले।"[10]

इसके अतिरिक्त शरीर के द्रुत एवं असमान परिवर्तन, यौन भावना का अंकुरण, योग्यता एवं क्षमता के संबंध में परिवार के लोगों और बाहर के व्यक्तियों की धारणाओं में जमीन-आसमान का अंतर, भावी जीवन के विषय में अनिश्चितता, परनिर्भरता की दुनिया छोड़कर सहसा आत्म-निर्भरता की दुनिया में प्रवेश करने की भीति, कल्पना और सरल विश्वास के वायवी प्रदेश को छोड़कर यथार्थ की कठोर भूमि पर पदार्पण आदि अनेक बातें किशोर-मन में अनेक उलझनें पैदा करती हैं। दुर्भाग्य से इन उलझनों को सुलझाने में उसे किसी ओर से पर्याप्त सहायता भी नहीं मिलती।

वयस्कों के आगे वह अपनी उलझनों को प्रकट नहीं करना चाहता है और ऐसा साहित्य उसे पर्याप्त मात्रा में मिलता नहीं जो इस स्थिति में उसका मार्गदर्शन कर सके।

किशोरावस्था में यह विद्रोह भावना या अनुशासनहीनता सहसा प्रकट नहीं होती है। इसका प्रारंभ काफी समय पहले बचपन में ही हो जाता है जब बच्चा माता-पिता से रूठकर अथवा उनके प्रति क्रोध प्रकट करके उनके अनुशासन एवं नियंत्रण से अपने को मुक्त करने का प्रयास करता है। वस्तुतः बचपन की पूरी अवधि में वह अपने आपको अभिभावकों के नियंत्रण से मुक्त करने के लिए प्रयत्नशील रहता है क्योंकि वह अवचेतन मन की प्रेरणा से स्वतंत्र जीवन की ओर अग्रसर होता रहता है। मध्य बाल्यावस्था में बालक परिवार की अपेक्षा अपनी टोली के प्रति अधिक वफादार होता है और टोली में स्थान पाने के लिए वह माता-पिता से झूठ बोलता है, उनकी आज्ञा की अवहेलना करता है और कभी-कभी प्रकट विद्रोह भी करता है। किशोरावस्था में यही भावना अपने उग्र रूप में प्रकट होती है। रूडोल्फ ड्रीकर्स के शब्दों में, "इस अवधि में बालक समाज में अपना स्थान निश्चित करने का प्रयास करता है जिसके कारण उसे अनिवार्य रूप से माता-पिता तथा अध्यापकों का विरोध करना पड़ता है। वह विरासत में मिली हर चीज पर संदेह प्रकट करता है विशेषकर उन मूल्यों पर जो पिछली पीढ़ी द्वारा स्थापित किए गए हैं।...वह अपने लिए समाज में महत्व एवं प्रतिष्ठा का स्थान बनाना चाहता है किंतु समाज की वर्तमान व्यवस्था उसे इसका पर्याप्त अवसर नहीं देती। कुछ भाग्यशाली व्यक्तियों को छोड़कर जो स्कूलों तथा कालेजों में अपने लिए महत्व का स्थान बना लेते हैं, अधिकांश की महत्वाकांक्षा प्रताड़ित हो जाती है और तब वे सामाजिक व्यवस्था के विरोध में ही अपने भीतर कुछ सांत्वना अनुभव कर सकते हैं। किशोर अपचार के मूल में बहुधा प्रताड़ित महत्वाकांक्षाएं होती हैं।"[11]

इसके अतिरिक्त किशोर अपचार का एक अत्यंत महत्वपूर्ण और सबल कारण यह है कि किशोर अब यह महसूस करने लगता है कि माता-पिता, अध्यापकों आदि के वयस्क समाज ने उसे अब तक बेवकूफ बनाया है और उसके साथ बहुत बड़ा धोखा किया है। वह देखता है कि अब तक माता-पिता, अध्यापक तथा अन्य तथाकथित हितचिंतकों द्वारा प्रत्यक्ष और परोक्ष रूप से जो उपदेश उसे पिलाए गए थे वे केवल उसी के लिए थे और उपदेश देने वालों का अपना आचार-व्यवहार उन उपदेशों के ठीक विपरीत है। वह प्रत्यक्ष देखता है कि जो लोग उपदेश देते अघाते नहीं थे वे स्वयं झूठ बोलते हैं, ईर्ष्या-द्वेष करते हैं, दूसरों को धोखा देते हैं, अपने स्वार्थ

के लिए दूसरों के पेट पर लात मारते हैं, अपनी शारीरिक हविस के लिए भ्रूण-हत्या को भी उचित मानते हैं, घटिया किस्म का साहित्य पढ़ते हैं, निम्न कोटि की बातें करते हैं और घृणित किस्म के कार्य करते हैं। वह महसूस करता है कि जिन अभिभावकों, अध्यापकों अथवा नेताओं को वह पूज्य और आदर्श मानता रहा है वे उस योग्य नहीं हैं। इन सब बातों को देखते हुए उसकी समस्त आस्थाएं ढह जाती हैं, वह हर चीज को संदेह की दृष्टि से देखने लगता है और वयस्कों द्वारा हस्तांतरित मूल्यों के प्रति विद्रोह का रवैया अपना लेता है।

इस दृष्टि से विचार करने पर हम इस निष्कर्ष पर पहुंचते हैं कि बाल-साहित्य में प्रत्यक्ष उपदेश अथवा नीति शिक्षा की प्रवृत्ति न केवल साहित्य के धर्म के विपरीत है बल्कि वह अंततः स्वयं बालक के लिए तथा समाज के लिए भी हानिकारक सिद्ध होती है। बाल्यावस्था में जितना अधिक उपदेश उन्हें पिलाया जाएगा, किशोरावस्था में उसकी उतनी ही भयंकर प्रतिक्रिया होगी। इस विवेचन से एक और निष्कर्ष भी निकलता है और वह यह कि किशोर अपचार की सबसे अधिक जिम्मेदारी माता-पिता, अभिभावक, अध्यापक, लेखक तथा राजनैतिक, सामाजिक और धार्मिक क्षेत्रों के नेता-वर्ग की है। इन लोगों की कथनी और करनी का अंतर किशोरों के मन में आस्थाहीनता के बीज बोता है। नेताओं के वैयक्तिक जीवन और सामाजिक जीवन में भेद करने का तर्क संसद भवन अथवा न्यायालयों में भले ही अपना काम कर जाए किंतु किशोरों के आगे इस प्रकार का तर्क देकर उन्हें विद्रोह से दूर नहीं रखा जा सकता है। माता-पिता 'स्टैंडर्ड' ऊंचा करने की फिक्र में लोभ, ईर्ष्या, झूठ, बेईमानी का सहारा लेते हैं, अध्यापकगण पदलिप्सा अथवा धनलिप्सा के कारण अफसरों के तलवे चाटते हैं, नेतागण 'कुर्सियां' हथियाने के लिए निम्नतम स्तर के हथकंडों पर उतर आते हैं और किशोरों से वे आशा करते हैं कि वे इन सब बातों की ओर आंखें मूंद कर उन्हें पहले की तरह श्रद्धा और आदर का पात्र मानें अथवा उनके उपदेशों को नत-शिर होकर स्वीकार करें।

वयस्कों और प्रौढ़ों की आत्मा मर चुकी होती है। अपनी मजबूरियों के कारण वे अधर्म, अन्याय और अत्याचार को चुपचाप सहन कर लेते हैं; उनकी आत्मा से विद्रोह की आवाज नहीं निकल पाती है। किंतु किशोरों की आत्मा अभी जिंदा होती है, अपनी विद्रोह भावना को अभिव्यक्त करने के लिए वे मजबूर होते हैं। समाज के वर्तमान ठेकेदारों को जो अपने आपको शाश्वत ठेकेदार मानते हैं भले ही यह आवाज खतरनाक लगे किंतु वस्तुतः यह आवाज ही समाज में नित नया निर्माण करती है और उसे गतिरुद्ध होकर सड़ने से बचाती है।

किशोरों के विद्रोही स्वरों को न तो हम दबा सकते हैं और न इन्हें दबाया जाना चाहिए। किंतु हम अच्छे साहित्य द्वारा उनकी मानसिक उलझनों को सुलझाकर किंकर्तव्यविमूढ़ता की स्थिति में उनका उचित मार्गदर्शन करके, उनकी अपरिमित इच्छाओं एवं आकांक्षाओं की, कम-से-कम, काल्पनिक तुष्टि करके, उनके भीतर विद्यमान असीम शक्ति और उत्साह को सही दिशा में मोड़कर किशोर अपचार में कमी कर सकते हैं। दुर्भाग्य से हिंदी में किशोरोपयोगी साहित्य के लेखन और प्रकाशन की ओर पर्याप्त ध्यान नहीं दिया गया है। सरकारी संस्थाओं ने भी किशोरोपयोगी साहित्य के प्रकाशन में कोई विशेष योगदान नहीं दिया है। किशोरों के नाम पर जो कुछ प्रकाशित हुआ है उसका अधिकांश भाग बालकोपयोगी है। संभव है इसका कारण यह हो कि किशोर साहित्य के संबंध में कोई खोजपूर्ण कार्य नहीं हुआ है और उसका स्वरूप हमारे सामने अभी तक स्पष्ट नहीं हुआ है।

## लेखक की सीमाएं

किशोरों के लिए लिखते समय हमें इस बात का हमेशा ध्यान रखना चाहिए कि किशोर अपने आपको पूर्ण वयस्क और हर तरह से जिम्मेदार मानते हैं अतः "प्यारे बच्चो, नौनिहालो, विद्यार्थियो, अथवा कल के कर्णधारो" जैसे संबोधनों के प्रयोग को विद्वानों ने गलत ठहराया है क्योंकि इसमें बालक का अपमान निहित है। किंतु किशोर तो इन संबोधनों के प्रति अत्यंत असहिष्णु होते हैं। लेखन-शैली में कहीं ऐसा नहीं लगना चाहिए कि लेखक पाठकों को आयु, ज्ञान अथवा बुद्धि की दृष्टि से कम मानता है। इसके अतिरिक्त लेखक को इस बात का भी ध्यान रखना चाहिए कि किशोर छोटे बच्चों की तरह अहंकेंद्रित नहीं होते बल्कि कालकेंद्रित होते हैं। किशोर-वर्ग इस समय जो-जो काम करता है, जिस प्रकार के कपड़े पहनता है और जिन बातों पर विश्वास करता है वही उसके लिए सबसे अधिक महत्वपूर्ण है।

और अंत में, मे लैंबर्टन बैकर के शब्दों में, "किशोरों को कोई ऐसी चीज न दी जाए जो उनके विवाद और असंतोष को भड़काए। जरा सी ईंधन से भड़क उठने वाली इस भयंकर आग की समानता कोई और आग नहीं कर सकती। इस खतरनाक ईंधन को उनके साहित्य से दूर ही रखना चाहिए।"[12]

## (ख) किशोर साहित्य के विविध रूप

किशोरों की आवश्यकताओं और आकांक्षाओं को देखते हुए उन्हें निम्नलिखित प्रकार

का साहित्य दिया जाना चाहिए

(1) **प्रेम-उपन्यास :** इस आयु में किशोरों को, विशेषकर लड़कियों को, यौन-भावना के स्फुरण के कारण सबसे अधिक परेशान रहना पड़ता है। प्रेम और रोमांस की भूख उनमें स्वाभाविक होती है। अतः उन्हें अच्छे प्रेम-प्रधान साहित्य की आवश्यकता होती है किंतु इन कहानियों में शारीरिकता, नग्नता, अतियथार्थता और अतिमनोवैज्ञानिकता का यथासंभव प्रवेश न हो क्योंकि इनसे किशोरों के प्रेम-संबंधी वायवी और कोमल धारणाओं को ठेस पहुंचती है और उनके जीवन में असंतुलन का खतरा पैदा हो जाता है।

(2) **जीवनियां :** जीवन के यथार्थ को समझने के लिए कृतसंकल्प और अपने लिए आदर्शों एवं लक्ष्यों की खोज में परेशान किशोरों को अच्छी जीवनियों में बड़ी राहत मिलती है। नौ से बारह वर्ष के आयुवर्ग के बालकों को जो जीवनियां दी जाती हैं उनमें बच्चे की क्षमताओं को देखते हुए कुछ कतर-ब्योंत करनी पड़ती है किंतु किशोरों को जो जीवनियां दी जानी चाहिए उनमें समस्त ब्यौरे तथा प्रमाण आदि दिए जाने चाहिए।

(3) **ऐतिहासिक और पौराणिक साहित्य :** किशोर अपनी प्राचीन संस्कृति और इतिहास से गाढ़ परिचय प्राप्त करना चाहता है। अतः उसे इतिहास आदि के प्रामाणिक ग्रंथों की आवश्यकता होती है। ऐतिहासिक कथाओं को वे रोमांस, साहसिक तत्व के लिए तथा नायक पूजा के भाव से प्रेरित होकर भी पढ़ते हैं।

(4) **साहसिक कथाएं और रहस्यपूर्ण साहित्य :** साहसिक कार्यों और रहस्योद्घाटन की प्रवृत्ति किशोरावस्था में सबसे अधिक होती है। शिकार की कहानियां, दुर्गम प्रदेश की यात्राएं, जासूसी कहानियां, युद्ध-भूकंप आदि भीषण संकटों की कथाएं इसीलिए इस अवस्था में लोकप्रिय होती हैं।

(5) **वैज्ञानिक साहित्य :** इसमें विज्ञान के आविष्कारों की कहानियां तथा काल्पनिक वैज्ञानिक कथाएं (सांइस फेंटेसी) तथा ज्ञान-विज्ञान के तथ्यपूर्ण विवरण सम्मिलित हैं। आधुनिक वैज्ञानिक युग में इस साहित्य का महत्व निर्विवाद सिद्ध है।

(6) **यथार्थ जीवन का साहित्य :** किशोर अपने आपको पूर्ण वयस्क

मानता है। वह न केवल अपनी भीतरी समस्याओं को भली-भांति समझना चाहता है बल्कि अपने आस-पास की राजनीतिक एवं सामाजिक समस्याओं से गाढ परिचय भी प्राप्त करना चाहता है। अतः उसे वर्तमान जीवन से संबंधित समस्यामूलक साहित्य की बहुत आवश्यकता होती है।

(7) **व्यवसाय-साहित्य :** समाज में अपने लिए स्थान बनाने के उद्देश्य से किशोर के सामने व्यवसाय का चुनाव करने की समस्या होती है। विभिन्न व्यवसायों में सफलता प्राप्त करने वाले व्यक्तियों की जीवनियां अथवा उनके जीवन से संबंधित कहानियां किशोरों के लिए बहुत उपयोगी सिद्ध होती हैं।

(8) **खेलकूद या विशेष शगल आदि का साहित्य :** क्रिकेट, फुटबाल, हाकी आदि विभिन्न खेलों के रोचक वर्णन, खिलाड़ियों के कारनामे आदि लड़कों में विशेष रूप से लोकप्रिय होते हैं। लड़कियां भी अपने प्रिय शगल विषयक साहित्य को जी भरकर पढ़ना चाहती हैं।

(9) **कविता साहित्य :** किशोरों में प्रेमगीत और मार्मिक भाव-प्रधान गीत विशेष रूप से लोकप्रिय होते हैं।

(10) **नाटक तथा एकांकी :** रेडियो, टेलीविजन, सिनेमा आदि के प्रचलन के बावजूद नाटकों तथा एकांकियों का महत्व निर्विवाद सिद्ध हैं। रंगमंचीय गतिविधियों में सबसे अधिक योगदान किशोरों का ही रहता है किंतु किशोरोपयोगी एकांकी तथा नाटक हम उसे कह सकते हैं जो उनकी समस्याओं को प्रस्तुत करें और उन्हें जीवन-पथ पर आगे बढ़ने की प्रेरणा दें।

(11) **ज्ञानवर्धक एवं तथ्यपूर्ण साहित्य :** विशाल जीवन की देहली पर खडे किशोर के मन में असंख्य प्रश्न तथा जिज्ञासाएं होती हैं जिसके कारण उसे पर्याप्त मात्रा में ज्ञानवर्धक एवं तथ्यपूर्ण साहित्य की आवश्यकता होती है।

किशोरों के लिए उपर्युक्त प्रकार का साहित्य पर्याप्त मात्रा में उपलब्ध कराने की आवश्यकता है। अभी इस आवश्यकता की ओर लेखकों तथा प्रकाशकों ने बहुत कम ध्यान दिया है।

## (ऊ) विभिन्न आयु-वर्गों के लिए उपलब्ध साहित्य

विभिन्न आयुवर्गों के बालकों को उनकी आवश्यकता और क्षमता के अनुरूप साहित्य उपलब्ध कराने का विचार हिंदी में नया नहीं है। स्कूल-पूर्व की अवस्था के बालकों के लिए शिशुगीतों की आवश्यकता तो बीसवीं शताब्दी के प्रारंभ से ही अनुभव की जाने लगी थी। वस्तुतः हिंदी बाल कविता का प्रारंभ ही नर्सरी कक्षाओं के बच्चों की आवश्यकताओं के कारण हुआ। उदाहरण के लिए, मन्नन द्विवेदी गजपुरी, वेणीमाधव त्रिपाठी, रामचरित राय और अमृतलाल चक्रवर्ती द्वारा लिखे गए शिशुगीत तीन से छह वर्ष के बालकों को आवश्यकताओं और रुचियों को ध्यान में रखकर लिखे गए थे। बाल्यकाल में अनेक लेखकों ने शिशुगीतों के महत्व को समझा और परिणामस्वरूप कुछ बहुत सुंदर शिशुगीत-पुस्तकें सामने आईं। इन लेखकों में अशोक बी.ए., विद्याभूषण विभु, श्रीनाथ सिंह, स्वर्ण सहोदर, हरिऔध, सोहनलाल द्विवेदी, रमापति शुक्ल आदि प्रमुख हैं। बाल्यकाल के अधिकांश लेखकों ने अंग्रेजी के शिशुगीतों से प्रेरणा ग्रहण की किंतु उनमें अभिव्यक्ति को मौलिकता का अभाव नहीं है। इस दृष्टि से आधुनिकता में हम आगे बढ़ने के बजाय कुछ पीछे हटते दिखाई देते हैं। आधुनिक काल में बहुत सी पुस्तकों में अंग्रेजी के नर्सरी गीतों का भोंडा अनुकरण अथवा रूपांतरण भी देखने को मिल जाएगा। दिल्ली के बच्चों के मुंह से अक्सर ऐसी कविताएं सुनने को मिल जाती हैं तथापि आधुनिक काल में शिशुगीतों की कुछ सुंदर पुस्तकें भी सामने आईं। धर्मपाल शास्त्री, निरंकारदेव सेवक, वेणीमाधव शर्मा, उर्मिला वर्मा, शीला गुजराल, शांता संत, दयाशंकर मिश्र दद्दा, अवधेश आदि कुछ लेखकों के नाम इस प्रसंग में विशेष रूप से उल्लेखनीय हैं। धर्मपाल शास्त्री ने बच्चों के निकट संपर्क में रहकर उनकी तरह कल्पनाएं करने का अच्छा अभ्यास कर लिया है जिससे उनके साहित्य में बचपन की ताजगी विद्यमान रहती है।

स्कूल-पूर्व की अवस्था के बालकों के लिए शिशुगीतों के अतिरिक्त चित्र पुस्तकों के रूप में विविध प्रकार की कहानियों की आवश्यकता होती है। सन् 1950 से पहले शिशु कार्यालय, इलाहाबाद, और मिश्रबंधु कार्यालय, जबलपुर ने इस आवश्यकता को महसूस किया। मिश्रबंधु कार्यालय से प्रकाशित पुस्तकों में तो आयुवर्ग का उल्लेख भी कर दिया जाता था यद्यपि उन्होंने वर्गीकरण को बहुत अधिक खींचकर एक-एक वर्ष के अंतर से कई आयु-वर्ग बना दिए थे।

शिशु कार्यालय और मिश्रबंधु कार्यालय से प्रकाशित पुस्तकों में पर्याप्त चित्र भी होते थे और कहानियां भी छोटे बच्चों के योग्य होती थीं किंतु उन्हें सही अर्थ

में चित्र-पुस्तकें नहीं कहा जा सकता। जैसा कि पीछे कहा जा चुका है चित्र-पुस्तकों में चित्र प्रधान और पाठ गौण होता है। बच्चा पुस्तक के पाठ को नहीं पढ़ता अपितु माता-पिता आदि के मुंह से सुनता है। इसके साथ-साथ वह चित्रों के माध्यम से सारी कहानी भी समझ लेता है।

चित्र-पुस्तकों की उपर्युक्त विशेषताओं की ओर हमारा ध्यान अभी कुछ समय पहले ही आकृष्ट हुआ है। अच्छी चित्र-पुस्तकों की संख्या हिंदी में इस समय भी बहुत कम है। हिंदी प्रचारक पुस्तकालय, वाराणसी और राजकमल प्रकाशन ने इस दिशा में सफल प्रयास किया है। गत दो-तीन वर्षों में चिल्ड्रेंस बुक ट्रस्ट से श्री शंकर पिल्ले की सूझबूझ के फलस्वरूप कुछ सुंदर चित्र-पुस्तकें प्रकाशित हुई हैं। किंतु इन गिनी-चुनी पुस्तकों से इस अभाव की पूर्ति नहीं होती। चित्र-पुस्तकों का प्रकाशन बहुत खर्चीला काम है और साधारण प्रकाशक की सामर्थ्य में नहीं है। इसके अतिरिक्त इस साहित्य के लिए अच्छे चित्रकारों का सहयोग भी अपेक्षित है। अतः इस प्रकार का साहित्य पर्याप्त मात्रा में तभी उपलब्ध हो सकता है जब चिल्ड्रेंस बुक ट्रस्ट जैसी अनेक संस्थाएं इस क्षेत्र में आगे आएं।

चित्रों की प्रधानता के साथ-साथ इस आयुवर्ग के लिए विशिष्ट प्रकार की कहानियां अपेक्षित होती हैं जिनकी चर्चा पीछे की जा चुकी है। बच्चों के दैनिक जीवन की घटनाओं पर आधारित कहानियां तथा खिलौनों, सुपरिचित वस्तुओं, पशु-पक्षियों आदि को लेकर लिखी गई कहानियां भी हिंदी में बहुत हैं। मानवीय वेशभूषा वाले पशु पात्रों की अनेक कहानियां सन् 1950 से पहले मिश्रबंधु कार्यालय, शिशु कार्यालय आदि संस्थाओं से प्रकाशित हुई थीं किंतु वर्तमान काल में इस साहित्य की ओर विशेष ध्यान नहीं दिया गया है। संचयात्मक कथाओं को छोटे बच्चों के अनुरूप बनाकर प्रस्तुत करने की इस समय बड़ी आवश्यकता है।

प्राथमिक स्कूल की अवस्था के बालकों के लिए सबसे अधिक नीतिकथाएं, परीकथाएं तथा अन्य लोककथाएं दी गई हैं। संभवतः इसका कारण यह भी रहा है कि हमें विरासत में लोक-साहित्य का अक्षय भंडार प्राप्त हुआ है। पंचतंत्र और हितोपदेश की नीतिकथाएं हमारे यहां सदियों से बालकों को 'कथाच्छलेन' शिक्षा देने के लिए उपयोग में लाई जाती रही हैं। हिंदी बाल-साहित्य के शिशुकाल में बच्चों को जो साहित्य दिया गया उसमें अधिकांश पंचतंत्र, हितोपदेश आदि की कथाओं पर आधारित साहित्य ही है। परीकथाओं की संख्या हिंदी में सबसे अधिक है। नीतिकथाओं, परीकथाओं तथा अन्य लोककथाओं को पिछले साठ वर्षों से निरंतर ठूंसा जा रहा है। अतः इस वर्ग की पुस्तकें अब आवश्यकता से अधिक हो गई हैं।

इस अवस्था के बालकों के लिए सबसे बड़ा अभाव यथार्थ जीवन की कहानियों का है। घर के बाहर स्कूल के नए समाज में अपने को समंजित करने में बालक के लिए स्कूल जीवन की यथार्थ कहानियां सहायक हो सकती हैं।

माध्यमिक स्कूल की अवस्था के बालकों के लिए बहुत अधिक पुस्तकें लिखी गई हैं। अधिकांश परीकथाएं, लोककथाएं, नीतिकथाएं, धार्मिक, पौराणिक और ऐतिहासिक कथाएं, कथासरित्सागर, बैताल पच्चीसी और सिंहासन बत्तीसी की कथाएं इसी आयुवर्ग के बालक के लिए लिखी गई हैं। यद्यपि पंचतंत्र, हितोपदेश और ईसप की नीतिकथाओं में इस अवस्था के बालक की रुचि कम हो जाती है और परीकथाओं का आकर्षण भी दस वर्ष की अवस्था के बाद कम हो जाता है किंतु हिंदी में इन कथाओं की अधिकांश पुस्तकें प्रकाशन, भाषा-शैली आदि की दृष्टि से इसी आयुवर्ग के उपयुक्त हैं। अपने अज्ञान के कारण हम इस आयु के बालकों की अन्य जरूरतों की उपेक्षा करते हुए इन कथाओं को उन पर लादते जाते हैं जिसका परिणाम यह होता है कि वे अपनी अवस्था के अनुरूप मानसिक विकास नहीं कर पाते। वे किशोरावस्था में पहुंचकर भी बालक ही बने रहते हैं।

कथा-साहित्य में, इस आयुवर्ग के बालकों की सबसे बड़ी आवश्यकता यथार्थ कहानियों की होती है। परीकथाओं की काल्पनिक दुनिया से निकलकर अब वह यथार्थ के प्रति आकृष्ट होता है। जीवनियों, ऐतिहासिक कहानियों तथा वैज्ञानिक साहित्य की ओर इसीलिए उसका अधिक झुकाव होता है। यथार्थ जीवन की कहानियां हिंदी में गिनी-गिनाई हैं। स्कूल और परिवार के जीवन और इस आयु के बालक की निजी समस्याओं से संबंधित कहानियां विभिन्न कथा-संग्रहों में बिखरी हुई मिलेंगी।

जीवनियों के नाम पर सैकड़ों पुस्तकें प्रकाशित हो चुकी हैं और हर मास प्रकाशित होती जा रही हैं किंतु अधिकांश पुस्तकों में विश्वकोशों पर आधारित सामान्य जीवन-परिचय मात्र हैं। अंतःप्रेरणा से लिखी गई साहित्यिक जीवनियों की विशेष कमी है। नाटक साहित्य की पिछले दस-बारह वर्षों में काफी पुस्तकें प्रकाशित हुई हैं किंतु बच्चों के लिए सुव्यवस्थित रंगमंच के अभाव में यह साहित्य पंगु ही है। अधिकांश नाटक संवाद कथाएं और रेडियो नाटक हैं। बच्चों के जीवन को स्पर्श करने वाले रंगमंचीय नाटकों का अभाव बना हुआ है। कविता में राष्ट्रीय प्रबोधनगीत पिछले कुछ वर्षों में बहुत अधिक लिखे गए हैं किंतु बच्चों की अव्यक्त भावनाओं को वाणी देने वाले गीत वर्तमान काल में तो बहुत कम लिखे गए हैं। सन् 1950 से पहले अनेक कवियों ने बाल कविता को समृद्ध किया था। उस समय की चुनी

हुई पुस्तकों को अच्छे चित्रों आदि के साथ पुनः प्रकाशित करके इस अभाव को पूर्ति हो सकती है।

वैज्ञानिक साहित्य में अधिकतर हिंदी में अंग्रेजी से अनुवाद और रूपांतरण ही मिलते हैं। ज्ञानवर्धक साहित्य का पिछले कुछ सालों से खूब प्रकाशन होने लगा है किंतु इसमें कोटि की पुस्तकें इनी-गिनी ही हैं। राजपाल एंड संस से शिक्षा मंत्रालय की योजना के अंतर्गत ज्ञान-विज्ञान सीरीज में इधर कुछ बहुत सुंदर पुस्तकें प्रकाशित हुई हैं। इस संस्थान ने अभी हाल ही में दस खंडों में एक 'सचित्र विश्वकोश' प्रकाशित किया है जिससे एक बड़े अभाव की पूर्ति होती है। यात्रा कथाओं में भी अधिकतर प्रसिद्ध यात्रियों की कहानियां अंग्रेजी से रूपांतरित होकर आई हैं।

हाई स्कूल की अवस्था के बालक किशोर वर्ग में आते हैं जिनकी आवश्यकताओं की पूर्ति करने वाला साहित्य हिंदी में इस समय भी बहुत कम है। संस्कृत, हिंदी, अंग्रेजी की प्रसिद्ध पुस्तकों के लघु संस्करण, ऐतिहासिक व्यक्तियों और राष्ट्रीय विभूतियों के जीवन पर आधारित कुछ लघु उपन्यास और ज्ञान-विज्ञान के तथ्यपूर्ण साहित्य की पुस्तकें ही किशोरों के लिए उपलब्ध हैं। प्रेमकथाएं, खेलों और खिलाड़ियों की पुस्तकें, व्यावसायिक सफलताओं का चित्रण करने वाली पुस्तकें, अच्छी जीवनियां, जान-जोखिम और रहस्य-रोमांचपूर्ण कहानियां, समाज तथा राष्ट्र की गंभीर समस्याओं से परिचित कराने वाली पुस्तकें आदि विविध प्रकार का साहित्य इस आयुवर्ग के लिए आवश्यक होता है। इसके निर्माण तथा प्रकाशन के लिए सुनियोजित प्रयास की आवश्यकता है।

## (ए) निष्कर्ष

बालकों के मानसिक विकास को देखते हुए विभिन्न अवस्थाओं में उन्हें विभिन्न प्रकार के साहित्य की आवश्यकता होती है। इस बात का एहसास लेखकों तथा प्रकाशकों में शुरू से ही दिखाई देता है। यद्यपि आयु-वर्गानुसार साहित्य के निर्माण अथवा विभाजन की चर्चा अभी कुछ वर्षों से ही सुनाई देने लगी है किंतु पहले के लेखक तथा प्रकाशक भी इन आवश्यकताओं से बेखबर नहीं थे। यह ठीक है कि पर्याप्त मार्गदर्शन के अभाव में शिशुकाल और बाल्यकाल के प्रकाशकों ने (कुछ अपवादस्वरूप प्रकाशनों को छोड़कर) पुस्तकों के टाइप, चित्र, बाहरी आकर्षण आदि की ओर पर्याप्त ध्यान नहीं दिया अतः बाहर से देखने पर इन पुस्तकों को शिशुकाल-

पुस्तकें अथवा बालकों की पुस्तकें कहने में संकोच हो सकता है। किंतु जहां तक साहित्य का प्रश्न है अथवा बालकों की साहित्यिक भूख को तृप्त करने का प्रश्न है, बाल्यकाल के लेखकों तथा प्रकाशकों ने बच्चों को लगभग हर प्रकार का साहित्य देने का प्रयत्न किया है।

बाल्यकाल की त्रुटियों को आधुनिक काल में पूरा करने का प्रयास किया गया। आजादी के बाद विदेशों से हमारे सांस्कृतिक संपर्क बढ़े जिससे हमें अपने बाल-साहित्य को उन्नत करने का अवसर मिला। अनेक प्रकाशकों तथा सरकारी संस्थाओं ने विभिन्न आयुवर्ग के बालकों के लिए साहित्य प्रकाशित करने में अपनी शक्ति लगाई। पुस्तक-सज्जा, चित्रों आदि की त्रुटियों को दूर करने के प्रयास किए गए। किंतु अभी तक इस क्षेत्र में बहुत कुछ करना शेष है। वस्तुतः बच्चों के लिए सम्मानजनक प्रकाशन अभी दो-चार संस्थाओं ने ही निकाले हैं। प्रकाशकों तथा लेखकों में विभिन्न अवस्थाओं के बालकों की आवश्यकताओं तथा क्षमताओं के बारे में, और उन्हें दिए जाने वाले साहित्य के विषय में पर्याप्त जानकारी नहीं है। इस क्षेत्र में लेखकों, प्रकाशकों तथा पुस्तकाध्यक्षों के सम्मिलित प्रयास की आवश्यकता है। शिक्षा मंत्रालय के राष्ट्रीय शैक्षिक अनुसंधान तथा प्रशिक्षण परिषद ने इस दिशा में कुछ सफल प्रयास किए हैं। यद्यपि इस परिषद का क्षेत्र मुख्यतः पाठ्य-पुस्तकों का है किंतु इनके निष्कर्ष समस्त बाल-साहित्य की अभिवृद्धि के लिए बहुत उपयोगी सिद्ध होंगे।

इस समय लगभग पचास वर्ष के प्रयत्नों के बाद हिंदी बाल-साहित्य की जो स्थिति है उसे देखकर काफी संतोष होता है। किशोरावस्था को छोड़कर अन्य अवस्थाओं के बालकों के लिए हमारे पास उपयुक्त साहित्य है। यद्यपि स्तर एवं कोटि की दृष्टि से उसमें अनेक त्रुटियां भी मौजूद हैं किंतु प्रसन्नता की बात यह है कि इस दिशा में आदर्श प्रस्तुत करने का काम शुरू हो चुका है और लेखक तथा प्रकाशक गंभीरता से बाल-साहित्य के सृजन की बात सोचने लगे हैं।

विभिन्न आयुवर्गों के अनुरूप विविध साहित्य रूपों का विवेचन विधागत अध्ययन के अंतर्गत किया जा चुका है। यहां उसका सरसरी उल्लेख कर देना ही पर्याप्त समझा गया है।

# संदर्भ

1. चार्लोट एस. हक तथा डोरिस ए. यंग, *चिल्ड्रेंस लिट्रेचर इन एलिमेंटरी स्कूल*, पृ. 9-12।
2. चार्लोट एस. हक तथा डोरिस ए. यंग, *चिल्ड्रेंस लिट्रेचर इन एलिमेंटरी स्कूल*, पृ. 88।
3. डोरोथी नील व्हाइट, *एबाउट बुक्स फार चिल्ड्रेन*, पृ. 14।
4. मे लैंबर्टन बेकर, *फर्स्ट एडवेंचर इन रीडिंग*, पृ. 21।
5. जोसेट्टी फ्रेंक, *योर चाइल्ड्स रीडिंग टुडे*, पृ. 45।
6. मे लैंबर्टन बेकर, *फर्स्ट एडवेंचर इन रीडिंग*, पृ. 21।
7. श्री सोहनसिंह, *प्रकाशन व पुस्तक व्यवसाय*, पृ. 64-65।
8. बेस पोर्टर एडम्स, *एबाउट बुक्स एंड चिल्ड्रेन*, पृ. 152।
9. रूडोल्फ ड्रीकर्स, *साइकोलोजी इन दि क्लासरूम*, पृ. 28।
10. बेस पोर्टर एडम्स, *एबाउट बुक्स एंड चिल्ड्रेन*, पृ. 235।
11. रूडोल्फ ड्रीकर्स, *साइकोलोजी इन दि क्लासरूम*, पृ. 17-18।
12. मे लैंबर्टन बेकर, फर्क्ट एडवेंच इन रीडिंग, पृ. 183।

# 8. उपसंहार

## (अ) प्रस्तावना

प्रस्तुत शोध-प्रबंध के लिए मैंने छोटी-बड़ी लगभग दो हजार पुस्तकों और 68 पत्रिकाओं को आधार सामग्री के रूप में चुना है। इस आधार-सूची को तैयार करने में, मैं मुख्य रूप से हिंदी साहित्य सम्मेलन के संग्रहालय, नागरी प्रचारिणी सभा के आर्यभाषा पुस्तकालय तथा दिल्ली पब्लिक लायब्रेरी पर निर्भर रहा हूं। हिंदी में बाल-साहित्य की अब तक कुल कितनी पुस्तकें छपी हैं यह जानने के लिए इस समय हमारे पास कोई साधन नहीं है। उपलब्ध ग्रंथ-सूचियां इस जिज्ञासा की तृप्ति में विशेष सहायक नहीं होतीं। राष्ट्रीय ग्रंथ-सूची में बाल-साहित्य की सैकड़ों पुस्तकों को अपने छोटे आकार और अल्प मूल्य के कारण स्थान नहीं मिल पाया है। हिंदी साहित्य सम्मेलन से सन् 1957 में प्रकाशित, श्री राजबली पांडेय द्वारा संपादित 'उच्चतर साहित्य' नामक ग्रंथ-सूची में बाल-साहित्य की सबसे अधिक (लगभग 1100) पुस्तकों की सूची दी गई है स्पष्ट है कि यह सूची भी बाल-साहित्य के कुल परिमाण को जानने में विशेष सहायक नहीं होती।

अब तक किसी पुस्तकालय ने बाल-साहित्य की समस्त पुस्तकों को संगृहीत करने का सुनियोजित प्रयास नहीं किया है। सन् 1950 से पहले बाल-साहित्य का प्रकाशन और प्रचार क्षेत्रीय सीमाओं में बंधा हुआ दिखाई देता है जिसके कारण एक हिंदी प्रदेश में प्रकाशित सभी पुस्तकें अन्य प्रदेशों में नहीं पहुंच पाती थीं। ऐसी स्थिति में दो-तीन पुस्तकालयों में उपलब्ध पुस्तकों पर आधारित सूची को चयनात्मक ही कहा जा सकता है। प्रस्तुत शोध-प्रबंध की आधार सूची भी इस दृष्टि से चयनात्मक है और मेरा अनुमान है कि यह हिंदी के कुल बाल-साहित्य के चतुर्थांश

से अधिक का प्रतिनिधित्व नहीं करती। किंतु हिंदी बाल-साहित्य के परिमाण का न सही, उसके संरचनात्मक स्वरूप का अनुमान तो इस सूची से लग ही सकता है। सूची में दी गई पुस्तकों के अनुसार कविता, कहानी, जीवनी, नाटक, ज्ञान-विज्ञान आदि प्रमुख विधाओं में साहित्य का अनुपात इस प्रकार दिखाई देता है

| *विधा* | *पुस्तक संख्या* | *अनुपात* |
|---|---|---|
| कविता | 275 | 14% |
| कहानी-उपन्यास | 1037 | 52% |
| जीवनी | 403 | 20% |
| नाटक | 108 | 5% |
| ज्ञान-विज्ञान | 124 | 6% |
| पाठ्य-पुस्तकें | 57 | 3% |
| | | 100 |

उपर्युक्त सामग्री के आधार पर गत पृष्ठों में हिंदी बाल-साहित्य का जो अध्ययन प्रस्तुत किया गया है, उसमें संभव है अनेक त्रुटियां हों किंतु वस्तुनिष्ठता के धर्म का पालन करने का भरसक प्रयत्न किया गया है। इस अध्ययन के सारांश के रूप में हिंदी बाल-साहित्य की उपलब्धियों, त्रुटियों और भविष्य की संभावनाओं का विवरण इस अध्याय में प्रस्तुत किया जा रहा है।

हिंदी बाल-साहित्य ने गत लगभग सत्तर वर्षों में जो यात्रा की है उसे बहुत लंबा तो नहीं कहा जा सकता तथापि वह काफी रोचक और कड़वे-मीठे अनुभवों से पूर्ण है। वर्तमान स्थल पर खड़े होकर जब हम पीछे की ओर दृष्टिपात करते हैं तो लगता है कि हम यात्रारंभ करने के स्थान से बहुत दूर नहीं चल पाए हैं, किंतु जिन बाधाओं, ऊबड़-खाबड़ रास्तों को हमने प्रोत्साहन-रहित नीरस वातावरण में पार किया है उनकी याद हमें अगली यात्रा के लिए संबल का काम दे सकती है। इसके अतिरिक्त जहां-जहां हम भटके हैं, जिन स्थानों पर हमने ठोकरें खाई हैं, उनकी याद भी अगला रास्ता तय करने के लिए सहायक सिद्ध हो सकती है।

## (आ) उपलब्धियां

हमारे लिए बड़े गौरव की बात यह है कि हमारा देश ज्ञान-विज्ञान के क्षेत्र में समस्त

विश्व में अग्रणी रहा है। सदियों प्राचीन इसके इतिहास में ऐसे अनेक उदाहरण हैं जो भारतवासियों को हमेशा प्रेरणा देते रहे हैं। इतिहास एवं संस्कृति की इन प्राचीन मधुर स्मृतियों की संजीवनी के कारण ही संभवतः यह जाति एक हजार वर्ष तक गुलामी के भार से दबे रहने पर भी मर नहीं पाई। उर्दू के प्रसिद्ध कवि डा. इकबाल ने "कुछ बात है कि हस्ती मिटती नहीं हमारी, सदियों रहा है दुश्मन दौरे जमां हमारा" कहकर जिस बात की ओर संकेत किया था वह शायद यही है। बाल-साहित्य के क्षेत्र में पंचतंत्र हमारी संस्कृति का गौरव ग्रंथ है। यद्यपि हिंदी में बाल-साहित्य का विधिवत निर्माण बीसवीं शताब्दी में ही होने लगा किंतु यह गर्व का विषय है कि इस देश में दो हजार से भी अधिक समय पूर्व रोचक कहानियों के माध्यम से शिक्षा देने का क्रांतिकारी प्रयोग किया गया था और आज ये कहानियां समस्त विश्व के बाल-साहित्य में अपना स्थान सर्वोपरि बनाए हुए हैं। हमारे लिए गौरव का एक अन्य विषय यह है कि भारतवर्ष को न केवल बोलते पशुओं की कथाओं का अपितु विश्व भर में फैली असंख्य लोककथाओं का भी जन्मदाता माना जाता है। यद्यपि हमारे बच्चों को पुस्तक रूप में साहित्य बहुत देर बाद मिलने लगा किंतु बच्चों के मनोरंजन के लिए विविध प्रकार के लोक-साहित्य का अक्षय भंडार हमारे यहां सदैव विद्यमान रहा है।

विश्व के कुछ उन्नत देशों की अपेक्षा भारत में बाल-साहित्य का निर्माण अर्वाचीन है किंतु भारतवर्ष जिन परिस्थितियों से गुजर रहा था उनमें यह स्वाभाविक ही था। बाल-साहित्य आधुनिक युग की देन है। इसका विकास आधुनिक युग के प्रमुख साधन मुद्रणालय के साथ-साथ हुआ है। भारतवर्ष में प्रेस का प्रचार उन्नत यूरोपीय देशों की तुलना में बड़ी देर से हुआ, इसीलिए बाल-साहित्य के निर्माण में भी यह देश लगभग एक सौ साल पिछड़ गया। भारत में प्रेस का प्रवेश यद्यपि अट्ठारहवीं शताब्दी के अंत में हो गया था किंतु लगभग सन् 1850 तक प्रेस की सुविधाएं केवल ईसाई मिशनरी संस्थाओं तक ही सीमित थी। इसके अतिरिक्त प्रारंभ में प्रेस की सुविधाएं बंगाल और बंबई को प्राप्त हुईं और हिंदीभाषी क्षेत्रों में प्रेस का प्रचार तीस-चालीस वर्ष बाद हुआ। इसके फलस्वरूप कलकत्ता और बंबई में पुस्तकों का प्रकाशन हिंदी क्षेत्रों से पहले होने लगा। बाल-साहित्य का निर्माण भी बंगला और मराठी भाषाओं में इसीलिए कुछ पहले होने लग गया था। बंगाल में बच्चों की सर्वप्रथम पत्रिका *बालक बंधु* केशवचंद्र सेन ने सन् 1876 में निकाली। उसके बाद उन्नीसवीं शताब्दी में ही सन् 1883 में प्रमोदचंद्र सेन द्वारा संपादित सखा, सन् 1885 में *बालक* और सन् 1895 में *मुकुल* नामक पत्रिकाएं निकालीं। मराठी की प्रथम बाल

पत्रिका *बालबोध* सन् 1885 में विनायक कोंडदेव ओक ने निकाली और उसके बाद सन् 1906 में वासुदेव गोविंद आप्टे का *आनंद* प्रकाशित होने लगा। हिंदी की प्रथम पत्रिका *विद्या विनोद* को कहा जा सकता है जो बाबू चंडीप्रसाद सिंह के संपादकत्व में खड्गविलास प्रेस से सन् 1894 के आस-पास निकलने लगी थी। यह पत्रिका वर्ष में एक बार निकलती रही। हिंदी की प्रथम मासिक पत्रिका *बाल प्रभाकर* थी जो सन् 1906 से सिद्धेश्वर प्रेस से प्रकाशित होने लगी थी।

भारत में प्रेस का प्रचार धीरे-धीरे हुआ। धीरे-धीरे इसलिए कि विदेशी शासकों को यही प्रिय था और शासित वर्ग साधनहीन था। उन्नीसवीं शताब्दी के अंतिम चालीस वर्षों में एक दर्जन के लगभग भयानक दुर्भिक्ष पड़े थे। इन दुर्भिक्षों से जन-साधारण की स्थिति का अनुमान सहज ही लगाया जा सकता है। प्रेस की सुविधाएं प्राप्त होने पर भी स्कूल में पढ़ाई जाने वाली पुस्तकों को प्राथमिकता दी गई। उसके बाद ही मनोरंजनार्थ पुस्तकों की ओर ध्यान दिया गया। इन समस्त बाधाओं के बीच उन्नीसवीं शताब्दी के उत्तरार्ध में छिटपुट रूप से और बीसवीं शताब्दी के प्रारंभ से ही नियमित रूपेण बाल-साहित्य का निर्माण भी एक उपलब्धि ही है।

प्रारंभ से ही हिंदी के प्रतिष्ठित साहित्यकारों ने बाल-साहित्य के निर्माण में बड़ी रुचि दिखाई है। बीसवीं शताब्दी के प्रथम दो दशकों में बच्चों की अनेक पत्रिकाएं निकलने लगी थीं यथा *बाल प्रभाकर, बाल हितैषी, कन्या मनोरंजन, विद्यार्थी, बाल मनोरंजन, शिशु, बालसखा* आदि। इन पत्रिकाओं में उस समय के जाने-माने साहित्यकार बच्चों के लिए लिखते थे जिनमें आचार्य रामचंद्र शुक्ल, लाला भगवानदीन, हरिऔध, सेठ गोविंददास, पं. देवी प्रसाद मुंसिफ, रामनरेश त्रिपाठी, पं. रामनारायण मिश्र, परशुराम चतुर्वेदी, बनारसीदास चतुर्वेदी, अमृतलाल चक्रवर्ती, द्वारका प्रसाद चतुर्वेदी, पं. रामजीलाल शर्मा, रामचंद्र वर्मा, किशोरीलाल गोस्वामी, बंग महिला, श्रीधर पाठक, सुखराम चौबे, गुणाकर, पं. जगन्नाथ प्रसाद चतुर्वेदी आदि अनेक नाम विशेष रूप से उल्लेखनीय हैं। इन लेखकों ने अपनी पूरी सामर्थ्य से लिखा। वे बाल-साहित्य के फार्मूलों से परिचित नहीं थे अतः उन्होंने वही लिखा जिसे वे बालकों के लिए उत्तम समझते थे। इन्होंने बच्चों की बुद्धि का तिरस्कार करने वाली एक निश्चित शब्दावली में बंधी रचनाएं नहीं दीं अतः इन रचनाओं में साहित्यिक गुण प्रचुर मात्रा में थे। यद्यपि पुस्तकों का प्रकाशन अच्छे ढंग से नहीं हुआ किंतु इस काल में कुछ बहुत अच्छी कहानियां, कविताएं और जीवनियां बच्चों को दी गईं।

बाल्यकाल (अर्थात सन् 1920 से 1950 तक) का समय अनेक दृष्टियों से

महत्वपूर्ण है। इसमें बाल-साहित्य का सर्वतोन्मुखी विकास हुआ। बाल-साहित्य को एक विशेष प्रकार के लेखन और प्रकाशन के रूप में स्वीकार किया जाने लगा। कुछ प्रकाशन संस्थाएं केवल बाल-साहित्य के प्रकाशन का कार्यक्रम लेकर ही खड़ी हो गईं, और अनेक लेखक अपनी समस्त शक्ति से बाल-साहित्य के निर्माण में जुट गए। कविता, कहानी, जीवनी, वैज्ञानिक साहित्य आदि समस्त विधाओं में कुछ बहुत सुंदर रचनाएं इस काल में प्रकाशित हुईं। इस काल के अधिकांश लेखकों ने लेखक की पूरी ईमानदारी के साथ लिखा, अतः उनकी रचनाओं में मौलिकता का तत्व विद्यमान है। कविता के क्षेत्र में तो इसकी उपलब्धियां वस्तुतः गर्व करने योग्य हैं। रामनरेश त्रिपाठी, विद्याभूषण विभु, सोहनलाल द्विवेदी, ठा. श्रीनाथ सिंह, देवीदत्त शुक्ल, ज्योति प्रसाद निर्मल, रामेश्वर करुण, रमापति शुक्ल, स्वर्ण सहोदर, सुदर्शनाचार्य आदि लेखकों की कुछ कविताएं तो संसार की अच्छी बाल-कविताओं के समक्ष रखी जा सकती हैं। कहानी के क्षेत्र में लोकथाओं, परीकथाओं, ऐतिहासिक और पौराणिक कथाओं के कुछ बहुत सुंदर संकलन बच्चों को दिए गए। गद्य के क्षेत्र में रामवृक्ष बेनीपुरी, जहूरबख्श, सुदर्शन, रामदहिन मिश्र, नर्मदा प्रसाद मिश्र, मुंशी प्रेमचंद आदि प्रसिद्ध लेखकों ने उच्च कोटि का साहित्य बच्चों को दिया है। रामनरेश त्रिपाठी ने बालकथा कहानी के अनेक भाग और बैजनाथ केडिया ने नानी की कहानी के सात भाग प्रकाशित करके लोककथाओं और परीकथाओं का इतना बड़ा संग्रह प्रस्तुत किया कि आगे के लेखकों को पुस्तकें लिखने की सामग्री प्राप्त करने में बहुत सुविधा हो गई। छात्र हितकारी पुस्तकमाला और बाल शिक्षा समिति ने एक सौ से अधिक जीवनियां प्रकाशित की हैं जिनमें से कुछ तो बड़े मनोयोग से लिखी गई हैं। पत्र-पत्रिकाओं में *शिशु, बालसखा, बानर, बालक, खिलौना, बाल-विनोद* आदि पत्रिकाओं की बिक्री उस समय की अच्छी साहित्यिक पत्रिकाओं से कम नहीं थी। बाल-साहित्य का यह सर्वतोन्मुखी उत्कर्ष उस काल के उत्साही लेखकों, प्रकाशकों और पत्र-पत्रिकाओं के संपादकों के प्रयत्न का फल है। सरकार की ओर से खरीद अथवा पुरस्कार के रूप में उन्हें कोई प्रोत्साहन नहीं मिलता था तथापि उन्होंने विविध प्रकार का साहित्य पर्याप्त मात्रा में बच्चों को उपलब्ध कराया।

बाल्यकाल के साहित्य में उल्लेखनीय बात यह भी है कि इसमें बच्चों को कोरे उपदेश पिलाने का आग्रह बहुत कम मिलता है। हास्य मनोरंजन की बहुत अच्छी सामग्री कविताओं और कहानियों के रूप में इस काल में उपलब्ध कराई गई। कारण यह था कि लेखकों की रचनाओं और पत्र-संपादकों की पत्रिकाओं का अस्तित्व ही बच्चों की पसंद-नापसंद पर निर्भर था अतः नीरस और बोझिल रचनाओं की अपेक्षा

हास्य-विनोदपूर्ण सरस रचनाओं की बिक्री की अधिक संभावनाएं थीं। लेखकों ने लोक-साहित्य के विशाल भंडार से चुन-चुन कर हास्य-विनोद की कहानियां बालकों को दीं। कविता के क्षेत्र में भी हास्य-प्रधान कथाओं, गीतों और तुकबंदियों की पर्याप्त मात्रा में रचना हुई। मानवीय वेश-भूषा वाले बोलते पशुओं की कथाएं इस काल की नवीनता है। शिशु ज्ञान मंदिर, प्रयाग और मिश्रबंधु कार्यालय, जबलपुर से इस प्रकार की बहुत सी कहानियां प्रकाशित हुईं जो आठ-नौ वर्ष की अवस्था तक के बच्चों के लिए बहुत उपयोगी थीं। विभिन्न अवस्था के बालकों की रुचियों तथा आवश्यकताओं के अनुरूप साहित्य भी मिश्रबंधु कार्यालय आदि प्रकाशन संस्थाओं से पर्याप्त मात्रा में प्रकाशित हुआ। यद्यपि चित्र, छपाई, पुस्तक-सज्जा आदि की दृष्टि से सामान्यतः पुस्तकों का स्तर बहुत अच्छा नहीं था तथापि इंडियन प्रेस, रामनारायण लाल, इलाहाबाद, शिशु ज्ञान-मंदिर आदि संस्थाओं से प्रकाशित कुछ पुस्तकों की छपाई और सज्जा वर्तमान मानकों के अनुसार भी उत्तम कोटि की थी।

सन् 1950 के बाद, हिंदी बाल-साहित्य का निर्माण और प्रकाशन जिस तेजी के साथ हुआ वह आश्चर्य का विषय है। लगभग सभी प्रकाशन संस्थाओं ने बाल-साहित्य प्रकाशित किया और अनेक प्रकाशन संस्थाएं केवल बाल-साहित्य के कार्यक्रम को लेकर ही क्षेत्र में उतर आईं। स्कूलों और पुस्तकालयों के प्रसार के कारण बाल-साहित्य की बिक्री की संभावनाएं बढ़ गईं और अब बाल-साहित्य एक लाभप्रद व्यवसाय के रूप में प्रतिष्ठित हो चुका है। इस समय हिंदी में कहानी, उपन्यास, कविता, नाटक, चित्रकथा, जीवनी, ज्ञान-विज्ञान आदि विविध विषयों की प्रतिवर्ष सैकड़ों पुस्तकें प्रकाशित होती हैं और अब किसी भी अच्छे पुस्तक विक्रेता के यहां किसी भी अवस्था के बालक के लिए मनपसंद विषय की दर्जनों पुस्तकें मिल सकती हैं। बाल-साहित्य के प्रकाशन में आफसेट का अधिकाधिक प्रयोग इस बात का द्योतक है कि अच्छी पुस्तकों के लिए बढ़िया छपाई और पांच हजार प्रतियों का संस्करण एक सामान्य बात है। चिल्ड्रेंस बुक ट्रस्ट और शिक्षा भारती से प्रकाशित पुस्तकें इसके उदाहरण हैं।

बाल-पत्रिकाओं के क्षेत्र में हमारी उपलब्धियां अधिक स्पष्ट हैं। *बालसखा* ने अभी हाल ही में अपनी पचासवीं वर्षगांठ मनाई है। और *बालक* पिछले चालीस वर्षों से लगातार प्रकाशित होता रहा है। *मनमोहन, पराग, बाल भारती, चंदा मामा, राजा भैया, नंदन* अपने-अपने क्षेत्र में डटे हुए हैं। *पराग, चंदा मामा* और *नंदन* ने तो बिक्री की दृष्टि से हिंदी की लगभग समस्त मासिक पत्रिकाओं को पीछे छोड़ दिया है। हिंदी *चंदामामा* की बिक्री लगभग सत्तर हजार है। *पराग* पचहत्तर हजार के निकट है और

*नंदन* को प्रकाशन के छह महीने बाद से ही आफसेट मशीन की अपर्याप्त सुविधा के कारण पचहत्तर हजार तक सीमित रखना पड़ रहा है। इन तीन पत्रिकाओं के पाठक भारत के समस्त कोनों में मिल जाएंगे।

हिंदी को अखिल भारतीय स्वरूप प्रदान करने के लिए अन्य भाषाओं की अच्छी कृतियों के अनुवाद भी काफी संख्या में हुए। ब्रिटेन, अमरीका, रूस आदि देशों के बाल-साहित्य की उत्कृष्ट रचनाओं का अब हिंदी के माध्यम से रसास्वादन किया जा सकता है। विश्व बाल-साहित्य की क्लासिक रचनाओं के प्रकाशन में राजपाल एंड संस, दिल्ली और इंडियन प्रेस, इलाहाबाद का योगदान बहुत महत्वपूर्ण है। अन्य भारतीय भाषाओं की पुस्तकों के अनुवाद भी हो रहे हैं। बंगला, मराठी और गुजराती भाषाओं के साथ तो हिंदी का आदान-प्रदान प्रारंभ से ही रहा है। तमिल, तेलुगु, मलयालम, कन्नड़, उड़िया आदि भाषाओं से भी अभी हाल में कुछ पुस्तकें अनूदित हुई हैं।

## (इ) त्रुटियां

आत्म-निरीक्षण की प्रक्रिया में उपलब्धियों की अपेक्षा त्रुटियों की ओर बार-बार ध्यान जाता है अतः वे कुछ बढ़े हुए रूप में ही सामने आती हैं। यदि विश्व की अन्य उन्नत भाषाओं के संदर्भ में हिंदी बाल-साहित्य पर विचार किया जाए तो स्थिति उत्साहवर्धक नहीं दिखाई देगी। अंग्रेजी, फ्रेंच, जर्मन, रूसी और जापानी भाषाओं की तुलना में हिंदी का बाल-साहित्य बहुत पीछे है। हिंदी में अभी तक ऐसा कोई लेखक सामने नहीं आया है जिसे एंडरसन, मार्क ट्वेन, लुई कैराल, स्टीवेंसन, डिकेंस, लुइसा अलकाट, ए.ए. मिल्ने आदि विश्वविख्यात लेखकों की श्रेणी में रखा जाए और न कोई ऐसी पुस्तक ही प्रकाशित हुई है जिसके बार-बार छपने अथवा बच्चों द्वारा मांगे जाने की संभावना दिखाई दे।

यदि हम स्तर को छोड़कर केवल पुस्तकों की संख्या पर ही विचार करें तो भी विश्व के अन्य देशों की तुलना में हमारी उपलब्धि बहुत सामान्य लगती है। उदाहरण के लिए, पाल हजार्ड के अनुसार[1] अमरीका में 1919 में एक करोड़ बीस लाख, 1925 में दो करोड़ बावन लाख, 1927 में तीन करोड़ सत्तर लाख पुस्तकें प्रकाशित हुई थीं। अकेले न्यूयार्क में 1919 में 433 और 1929 में 931 नई पुस्तकें प्रकाशित हुई थीं। परिणाम की इस सीमा तक पहुंचने की बात अभी हम सोच भी नहीं सकते हैं। यह

ठीक है कि भारत की अन्य भाषाओं की तुलना में हिंदी में बाल-साहित्य की प्रतिवर्ष अधिक नई पुस्तकें छपती हैं और बिक्री की दृष्टि से भी हिंदी बाल-साहित्य अन्य भारतीय भाषाओं से आगे है। उदाहरण के लिए, दक्षिण भारतीय भाषाओं के बाल-साहित्य के संबंध में अभी हाल ही में किए गए एक सर्वेक्षण के अनुसार तेलुगु में विभिन्न विषयों की 260 पुस्तकें और तमिल में विभिन्न आयुवर्गों के लिए 600 पुस्तकें उपलब्ध बताई गई हैं।[2] इसकी तुलना में हिंदी में आठ-दस हजार पुस्तकों का अनुमान है। किंतु हिंदी के विस्तृत क्षेत्र और अंग्रेजी के साथ चल रही उसकी स्पर्धा को देखते हुए यह संतोषप्रद नहीं है।

इसके अतिरिक्त संख्या से कहीं अधिक महत्व साहित्य की कोटि का होता है और यहां हिंदी में गर्व करने योग्य अधिक सामग्री नहीं है। वैसे तो बाल-साहित्य में उत्तम कोटि की रचनाओं की संख्या हमेशा ही कम होती है और यह बात किसी एक भाषा अथवा देश पर नहीं, समस्त भाषाओं और समस्त देशों पर लागू होती है। एक सौ प्रकाशित पुस्तकों में अच्छी पुस्तकों की संख्या चार-पांच सौ से अधिक नहीं होती है। इसी प्रकार सैकड़ों लेखकों में कुछ दो-चार लेखक ही उस ऊंचाई तक पहुंच पाते हैं जहां से उस बाल-साहित्य का सृजन होता है जिसे सर्वोत्तम कोटि का साहित्य कहा जाता है। इस प्रकार के साहित्य-सृजन के लिए पूरे जीवन की साधना अपेक्षित होती है।

हिंदी में विशेष रूप से सन् 1950 से पहले अनेक लेखकों ने बड़े परिश्रम और मनोयोग से बच्चों के लिए बहुत कुछ लिखा है तथा उनकी पुस्तकें बच्चों में लोकप्रिय भी हुई हैं किंतु कविता, कहानी, नाटक और जीवनी किसी विधा की अभी तक कोई ऐसी रचना प्रकाशित नहीं हुई जिसे पढ़ने के लिए हर बच्चा उत्सुक दिखाई दे अथवा जिसकी व्यापक चर्चा बच्चों में हो। मेरे कहने का आशय यह नहीं है कि हिंदी में अब तक एक-दो दर्जन क्लासिक कृतियों का निर्माण हो जाना चाहिए था। जिस भाषा में बाल-साहित्य की समीक्षा का सर्वथा अभाव है और जिसमें बच्चों के साहित्य को साहित्य के रूप में मान्यता तक नहीं मिल सकी है उसमें 'क्लासिक' कृतियों की बात करना हवाई किले बनाना ही है। किंतु कुछ ऐसी पुस्तकें तो सामने आनी ही चाहिए थीं जो अपने साहित्यिक गुणों के बल पर समीक्षकों तथा साहित्य मर्मज्ञों की तंद्रा भंग करके उन्हें लेखनी उठाने के लिए विवश कर देतीं।

पंचतंत्र और हितोपदेश की कहानियों का हमने इतना अधिक दोहन किया है कि अब बच्चों के लिए उनमें कोई आकर्षण नहीं रह गया है। तथापि इन कहानियों को नवीन जादूभरी शैली में सुनाने की आज भी आवश्यकता है और इनके

नयनाभिराम तथा चित्ताकर्षक संग्रहों का आज भी अभाव है। चिल्ड्रेंस बुक ट्रस्ट से प्रकाशित *पंचतंत्र* की कहानियों की दो पुस्तकें नयनाभिराम पुस्तक सज्जा और चित्रों के कारण ही संग्रहणीय हैं। धार्मिक और पौराणिक कहानियां सैकड़ों की संख्या में लिखी गई हैं किंतु नाना भाई भट्‌ट की अनूदित पुस्तकों को छोड़कर अन्य किसी पुस्तक में लेखक का मौलिक योगदान नजर नहीं आता। लोककथाओं और परीकथाओं का दोहन तो हम पिछले लगभग पचास वर्षों से लगातार करते ही आ रहे हैं। एक-एक कथा को अनेकों बार पत्रिकाओं और पुस्तकों में प्रकाशित करके हमने बच्चों को बहलाने का प्रयत्न किया है, बहुत से व्यक्ति तो केवल लोककथाओं की पुस्तकें लिखकर ही लेखक बन गए हैं किंतु अभी तक किसी भी लेखक ने एंडरसन का अनुसरण करते हुए इन कथाओं के माध्यम से अपने जीवन को अभिव्यक्ति देने का प्रयत्न नहीं किया। विश्वकोशों के आधार पर दर्जनों जीवनियां और ज्ञान-विज्ञान की पुस्तकें लिखने वाले लेखक तो अनेक हैं किंतु अंतःप्रेरित जीवनियों की संख्या अत्यल्प है और ज्ञान-विज्ञान की ऐसी पुस्तकों का अभाव है जिनमें विज्ञान के रहस्यों के साक्षात्कार से उत्पन्न आनंदानुभूति की अभिव्यक्ति हुई हो। कविता के क्षेत्र में बच्चों से पंचशील, विश्वशांति, देश की भावनात्मक एकता के नारे लगवाने वाले गीत अथवा चीन और पाकिस्तान का सामना करने के लिए बच्चों के हाथ बंदूक थमाने वाले गीत स्वातंत्र्य काल में अंधाधुंध लिखे गए किंतु बच्चों की भावनाओं को स्पर्श करने वाले, उनकी कल्पनाओं और आकांक्षाओं को स्वर देने वाले गीत कभी-कभार कुछ लेखक ही लिख पाए हैं। कहानियां, हजारों की संख्या में बच्चों को दी गई हैं किंतु नई कहानियां, मौलिक सृजन की कहानियां बच्चों के जीवन को स्पर्श करने वाली और उन्हें स्वस्थ जीवन की ओर अग्रसर करने वाली कहानियां अंगुलियों पर गिनी जा सकती हैं। डिकेंस, मार्क ट्वेन और लुइसा अलकाट आदि की तरह अपने बचपन की स्मृतियों के आधार पर बच्चों के नए संसार का सृजन करने वाले लेखक, स्टीवेंसन की तरह बच्चे की अतृप्त आकांक्षाओं को अभिव्यक्ति देने वाले लेखक और ए.ए. मिलने की तरह बच्चे के जीवन में प्रवेश करके निर्जीव खिलौनों को भी अमर जीवन प्रदान करने वाले लेखक हिंदी में अभी तक तैयार नहीं हुए हैं।

बाल-साहित्य के निर्माण में लेखक का ही नहीं प्रकाशक का योगदान भी महत्वपूर्ण होता है। चित्र, छपाई, पुस्तक-सज्जा आदि गुण किसी पुस्तक को लोकप्रिय बनाने में बहुत सहायक होते हैं किंतु हमारे यहां के प्रकाशकों ने इस तथ्य की ओर अभी तक विशेष ध्यान नहीं दिया है। सन् 1950 से पहले का अधिकांश

बाल-साहित्य छपाई व पुस्तक-सज्जा आदि की दृष्टि से बहुत सामान्य कोटि का है। इस समय की अनेक रचनाएं विषय-वस्तु की दृष्टि से बहुत अच्छी हैं किंतु प्रकाशकों की अदूरदर्शिता के कारण वे असमय ही विस्मृत हो गई हैं। 1950 के बाद अंतर्राष्ट्रीय संपर्कों के कारण विश्व के अन्य देशों में प्रकाशित पुस्तकों से हमारा परिचय हुआ और फलस्वरूप प्रकाशन की कोटि में सुधार के लक्षण दिखाई पड़ने लगे। किंतु आज भी दो-तीन संस्थाओं को छोड़कर शेष प्रकाशक पुरानी लेटर प्रेस मशीनों पर रंगहीन अनाकर्षक पुस्तकें छापे जा रहे हैं जबकि विदेशों में बाल-साहित्य के लिए लेटर प्रेस के उपयोग की बात अब कोई सोचता ही नहीं। चित्रकार के महत्व को आज भी मान्यता नहीं मिली है। अधिकांश प्रकाशक पुस्तक में चित्रकार का नाम देने की आवश्यकता भी नहीं समझते। विदेशों में लेखक और चित्रकार के सहयोग को बाल-साहित्य के क्षेत्र में बहुत आवश्यक माना जाता है किंतु हमारे यहां ऐसे कोई लक्षण अभी दिखाई नहीं देते हैं। इसी प्रकार संपादक के महत्व को भी हमारे यहां किसी ने नहीं समझा है। मेरा विचार है कि बाल-साहित्य के लेखक और पाठक के बीच संपादक की कड़ी बहुत आवश्यक है। विभिन्न आयुवर्गों के बालकों को उनकी भाषा-क्षमता के अनुसार साहित्य देने के लिए लेखक पर जोर डालना अनुचित है क्योंकि साहित्य-सृजन की प्रक्रिया में इस प्रकार के बंधन सह्य नहीं होते किंतु कुशल संपादन से उस रचना को बच्चों द्वारा सहज-ग्राह्य बनाया जा सकता है।

एक और बड़ी त्रुटि हमारे बाल-साहित्य में यह है कि इसके लेखन और प्रकाशन के पीछे कोई योजना नहीं है। विभिन्न आयुवर्गों के बालकों के लिए जिस-जिस प्रकार की पुस्तकें अपेक्षित होती हैं उनमें कहीं समन्वय नहीं दिखाई पड़ता है। पांच-छह वर्ष तक की अवस्था के शिशुओं के लिए चित्र-पुस्तकों की आवश्यकता होती है किंतु चित्र-पुस्तकों के निर्माण में अभी शुरुआत ही हुई है। हिंदी प्रचारक पुस्तकालय वाराणसी ने इस प्रकार की पुस्तकों के प्रकाशन में संभवतः सबसे पहले रुचि दिखाई। अभी हाल ही में चिल्ड्रेंस बुक ट्रस्ट, राजकमल प्रकाशन, राजपाल एंड संस, हेमकुंट प्रकाशन आदि कुछ संस्थाओं ने चित्र पुस्तकें प्रकाशित की हैं किंतु इनकी संख्या अभी बहुत कम है। छह से नौ वर्ष के बालकों के लिए सरल लोककथाएं, नीतिकथाएं और गीत तो हैं किंतु घर और स्कूल के वातावरण की यथार्थ कहानियां, तथा सुपरिचित पशु-पक्षियों तथा अन्य वस्तुओं की रोचक कहानियां बहुत कम हैं। नौ से बारह वर्ष के बालकों के लिए अधिकांशतः लोककथाएं, परीकथाएं, ऐतिहासिक-पौराणिक कथाएं ही दी गई हैं जबकि दस वर्ष के बाद बच्चा सामान्यतः काल्पनिक दुनिया को छोड़कर यथार्थ जीवन में प्रवेश करता है और परिणामस्वरूप

उसे यथार्थ साहित्य की बहुत अधिक आवश्यकता पड़ती है। रहस्य रोमांच की कहानियां, शिकार, यात्रा और खेलकूद के प्रसंग, जीवन की सफलताओं और असफलताओं का सूक्ष्म वर्णन करने वाली जीवनियां, यथार्थ जीवन की कहानियां, वैज्ञानिक रहस्यों का निकट परिचय कराने वाली पुस्तकें तथा भावी जीवन के निर्माण में सहायक होने वाला साहित्य इस अवस्था के बालकों के लिए बहुत आवश्यक होता है किंतु इस प्रकार की पुस्तकें पर्याप्त मात्रा में उपलब्ध नहीं हैं। किशोरावस्था के लड़के-लड़कियों की आवश्यकताओं पर तो अभी किसी ने ध्यान भी नहीं दिया है। इस अवस्था का साहित्य वयस्क-साहित्य से किसी भी रूप में कम अथवा भिन्न नहीं होता क्योंकि ऐसा होने पर लड़के-लड़कियों की दृष्टि में वह 'बच्चों का' साहित्य हो जाता है। उन्हें पूर्ण जीवनियों, उपन्यासों, यात्रा-विवरणों आदि की आवश्यकता होती है। इसके अतिरिक्त वयस्क जीवन की देहली पर खड़ा किशोर अपना जीवन-मार्ग निश्चित करने के लिए चिंतित होता है और उसे ऐसी पुस्तकों की आवश्यकता होती है जो उसका मार्गदर्शन कर सकें। हिंदी में इस प्रकार की पुस्तकों के प्रकाशन की ओर अभी ध्यान नहीं दिया गया है। दस वर्ष की अवस्था के आस-पास लड़कियों की साहित्यिक अभिरुचियां लड़कों की साहित्यिक अभिरुचियों से भिन्न होने लगती हैं, वे प्रेमकथाओं में अधिकाधिक रुचि लेने लगती हैं और किशोरावस्था में तो लड़के और लड़कियों को समान रूप से प्रेमकथाओं की आवश्यकता पड़ती है। किंतु हिंदी में बालकों को प्रेमकथाएं देने की बात सुनकर आज भी लोग चौंक पड़ते हैं। संक्षेप में, इस बात की अभी बहुत आवश्यकता है कि बच्चों की विविध आवश्यकताओं के अनुरूप विविध प्रकार का साहित्य उचित मात्रा में उपलब्ध कराया जाए।

## (ई) कारण और उपाय

इन त्रुटियों के लिए लेखक, प्रकाशक, शिक्षाशास्त्री, राजनैतिक और सामाजिक क्षेत्र के नेतागण, पुस्तक विक्रेता और पुस्तक क्रेता सभी उत्तरदायी हैं और इसलिए इनका कारण हमें देश की सामाजिक, राजनैतिक, साहित्यिक और व्यावसायिक परिस्थितियों में ढूंढ़ना होगा।

**सामाजिक स्थिति :** बाल-साहित्य एक विशेष प्रकार की सामाजिक मनोवृत्ति में पनपता है और यह है बच्चों के अधिकारों के प्रति जागरूकता की मनोवृत्ति। बच्चों

का जीवन स्वतंत्र जीवन है, वह वयस्क जीवन की भूमिका मात्र नहीं है। दूसरे शब्दों में, बच्चा लघु-वयस्क मात्र नहीं है, उसकी अपनी स्वतंत्र सत्ता है। उसके जीवन के क्षण आनंदपूर्वक जीने के लिए हैं, केवल वयस्क जीवन की तैयारी के लिए नहीं। दुर्भाग्य से हमारे समाज में बचपन के संबंध में इस प्रकार का दृष्टिकोण व्यापक रूप से नहीं अपनाया गया है। अधिकांश लोग निरक्षर हैं किंतु शिक्षित समाज में भी यह चेतना नहीं आ पाई है। ये लोग बचपन को वयस्क जीवन की तैयारी का समय मात्र समझते हैं अतः उनका यह प्रयत्न रहता है कि बच्चे शीघ्रातिशीघ्र वयस्क बन जाएं। परिणामस्वरूप हमारे साहित्य में बच्चों को असमय वयस्क बना देने की प्रवृत्ति दिखाई देती है। समय-असमय उपदेश पिलाने वाला साहित्य, शीघ्रातिशीघ्र बुद्धिमान बनाने वाला नीतिपरक साहित्य, विविध विषयों की अनगढ़ जानकारी ठूंसकर मरने वाला आई.क्यू. पोषक ज्ञानवर्धक साहित्य और स्कूली शिक्षा में सहायक सिद्ध होने वाला शैक्षिक साहित्य, यही सामान्य लोगों की दृष्टि में अच्छा बाल-साहित्य है और इन सामान्य लोगों में सुशिक्षित व्यक्ति, साहित्यकार और पत्रकार भी आ जाते हैं। ऐसे लोगों की संख्या अत्यल्प है जो स्वस्थ आनंद प्रदान करने वाले साहित्य को बच्चों के लिए अभीष्ट मानते हैं। ऐसी स्थिति में अच्छे साहित्य की रचना संभव नहीं क्योंकि साहित्य का प्रमुख लक्ष्य पाठक को आनंदानुभूति कराना होता है। जो समाज बचपन को एक स्वतंत्र जीवन मानकर चलेगा वह बचपन के लघु क्षणों को अधिक से अधिक सरस, सुंदर और आनंदमय बनाने का प्रयत्न करेगा और ऐसी स्थिति में ही बालकों के लिए उत्कृष्ट कोटि के साहित्य का निर्माण हो सकेगा।

बच्चों को प्यार करना और बात है और उनके अधिकारों का उचित सम्मान करना और बात। सभी माता-पिता बच्चों को प्यार करते हैं किंतु उनके अधिकारों के प्रति कुछ ही लोग सचेत होते हैं। वस्तुतः प्यार में अधिकारों के सम्मान की भावना निहित है किंतु हम सही अर्थ में प्यार करना नहीं जानते। बच्चों के प्रति हम भावुकता का प्रदर्शन मात्र करना जानते हैं। एक लंबे अर्से तक इस देश की बागडोर 'बच्चों के चाचा' के हाथ में रहने पर भी बच्चों के प्रति सामाजिक दृष्टिकोण में स्वस्थ परिवर्तन नहीं दिखाई देता। राजधानी की सरकारी बसों में आज भी बच्चों से आधा किराया वसूल कर लिया जाता है किंतु उन्हें सीट पर बैठने का अधिकार नहीं मिलता। बच्चों के नाम पर बड़ी-बड़ी संस्थाओं का निर्माण किया गया है किंतु लाखों बच्चे, जो आज भी क़ीडों-मकोड़ों की तरह पल रहे हैं, उनकी छाया का स्पर्श तक नहीं कर सकते। उच्च कोटि के बाल-साहित्य के निर्माण में इस प्रकार का सामाजिक दृष्टिकोण बहुत बड़ी बाधा है।

दूसरा व्यापक गुण हमारे शिक्षित समाज का यह है कि उसमें निजीपन के लिए (जिसे मैं मौलिकता भी कह सकता हूं) विशेष उत्साह नहीं है। यह प्रवृत्ति हममें स्वतंत्रता प्राप्ति के बाद विशेष रूप से पनपी है। लगभग सभी क्षेत्रों ममें हमने 'कामचलाऊ' नीति अथवा समस्याओं का सरल समाधान ढूंढ़ने की नीति अपनाई है। स्वयं परिश्रम करके समस्याओं का समाधान खोजने के बजाय हमने विदेशों द्वारा प्रस्तुत सरल समाधान अपनाए और इस प्रकार हमारी मौलिक शक्ति का जो क्षय हुआ उसे हमने विश्वपरक उदारतावाद के शब्दजाल से झुठलाने का प्रयत्न किया। यह स्थिति शैक्षिक, राजनैतिक और आर्थिक क्षेत्रों में भी काफी स्पष्ट है किंतु इसका ज्वलंत उदाहरण तो अंग्रेजी भाषा, और अंग्रेजी रहन-सहन के प्रति उत्तरोत्तर बढ़ता हुआ प्रेम है। स्वतंत्रता से पहले सभी नेतागण अंग्रेजी भाषा को हटाने के पक्ष में थे क्योंकि वे इसे मौलिक विचारों का गला घोंटने वाली भाषा मानते थे किंतु स्वतंत्रता के बाद कभी तो 'खुली खिड़की' के नाम पर और कभी अंग्रेजों की 'शानदार विरासत' के नाम पर हम इससे अधिकाधिक चिपकते गए। और आज तो यह स्थिति है कि अच्छे-खासे विद्वान और समझदार व्यक्ति भी अंग्रेजी के हटाने से देश के विघटन की भविष्यवाणी करने लगे हैं। वास्तविकता यह है कि अंग्रेजी हट जाने से हमें परिरम करना पड़ेगा, अपनी समस्याओं के समाधान के लिए दूसरों का अंधानुकरण करने के बजाय हमें कुछ मौलिक प्रयत्न करना पड़ेगा और हम इससे यथासंभव बचना चाहते हैं। शिक्षा, विज्ञान आदि के क्षेत्र में हम डेढ़ सौ वर्षों से जूठन पर पलते आ रहे हैं और आगे भी पलते रहना चाहते हैं। अंग्रेजी की इस दासता के कारण ही पैंतालीस करोड़ जनसंख्या वाले इस देश में अंग्रेजी में लिखने-सोचने वाले विश्वस्तर के लगभग आधा दर्जन लेखक और विचारक ही दिखाई पड़ते हैं फिर भी हम विघटन की बेतुकी कल्पना का भय दिखा कर इस भाषा को सर्वदा के लिए शिक्षा, विचार और व्यवहार की भाषा बनाए रखना चाहते हैं। तात्पर्य यह कि हमारा शिक्षित समाज मौलिकता के प्रति अत्यधिक उदासीन है और कभी-कभी तो वह मौलिकता के नाम पर चिढ़ता है तथा उसे दकियानूसीपन कहता है। उदाहरण के लिए, अच्छे सभ्य व्यक्ति वही माने जाते हैं जिनका रहन-सहन और पहनावा विदेशी हो, अच्छे पढ़े-लिखे व्यक्ति उन्हें कहा जाता है जो अंग्रेजों की तरह अंग्रेजी बोलते हों अथवा किसी विदेशी विश्वविद्यालय से डिग्री प्राप्त कर आए हों, अच्छे स्कूल उन्हें माना जाता है जिनमें विदेशी प्रणाली से शिक्षा विदेशी भाषा में दी जाती है। इसके विरीत भारतीय रहन-सहन, भारतीय पहनावा, भारतीय भाषाओं की शिक्षा आदि दकियानूसीपन के लक्षण माने जाते हैं।

ऐसी सामाजिक स्थिति में मौलिक चिंतन और सृजन का व्यापक अभाव दिखाई दे तो इसमें आश्चर्य की बात नहीं है। बाल-साहित्य पर तो कोई नजर रखने वाला ही नहीं है अतः किसी विद्वान ने मौलिक सृजन का आग्रह किया ही नहीं। किंतु हमारे वयस्क-साहित्य में भी, जहां जागरूक समालोचकों की कमी नहीं है, मौलिकता की काफी बलि दी गई है। न केवल विचारों के क्षेत्र में निजीपन की असमर्थता को सार्वदेशिकता के पर्दे से ढकने का प्रयास किया जाता है अपितु भाषा में भी नई-नई अभिव्यक्ति के नाम पर अंग्रेजी के शब्दों, वाक्यों और मुहावरों को अनगढ़ रूप में अपनाने की प्रवृत्ति बढ़ रही है।

**साहित्यकारों का दोष** सामाजिक स्थिति के बाद साहित्यकारों और साहित्य-क्षेत्र के नेताओं को बाल-साहित्य की त्रुटियों के लिए जिम्मेदार ठहराया जा सकता है। बीसवीं शताब्दी के प्रारंभ से ही बाल-साहित्य का सृजन होने लगा था। सन् 1950 से पहले बीसियों बाल-पत्रिकाएं निकलीं और काफी वर्षों तक चलती रहीं। इसी अवधि में अढ़ाई-तीन हजार के लगभग पुस्तकें भी अवश्य प्रकाशित हुई होंगी किंतु किसी विद्वान ने अपने ग्रंथ में बाल-साहित्य की चर्चा नहीं की, उसका मूल्यांकन तो दूर रहा। मजेदार बात तो यह है कि अनेक प्रतिष्ठित साहित्यकार बालकों के लिए लिखते भी रहे फिर भी उन्होंने बाल-साहित्य को साहित्य के रूप में मान्य नहीं किया। ऐसी बात नहीं है कि बाल-साहित्य के नाम पर जो कुछ लिखा गया है वह सभी सृजनात्मक प्रतिभा का फल है, इसमें बहुत सा साहित्य सामान्य कोटि का तथा उपेक्षणीय भी हो सकता है किंतु समस्त साहित्य को एकबारगी उपेक्षित कर डालने का कारण समझ में नहीं आता है। कुछ लेखकों ने तो वर्षों तक पूरी ईमानदारी के साथ अपने जीवन के कीमती क्षण बाल-साहित्य के सृजन में लगाए किंतु साहित्य-क्षेत्र के नेताओं ने इन लेखकों के परिश्रम को उल्लेख मात्र के योग्य भी नहीं समझा। इतनी घोर उपेक्षा के बाद भी लेखक बालकों के लिए लिखते रहे और लिखते जा रहे हैं यह भी एक आश्चर्य की ही बात है। यह स्थिति आज भी बनी हुई है। हिंदी साहित्य के किसी प्रसिद्ध समालोचक ने बाल-साहित्य को पढ़ने तथा उसके संबंध में कुछ लिखने की आवश्यकता नहीं समझी। पत्र-पत्रिकाओं में बाल-साहित्य की समीक्षाएं प्रकाशित करना आज भी समय और स्थान का अपव्यय समझा जाता है। साहित्य समीक्षकों का एक वर्ग छात्रोपयोगी पुस्तकें लिखने में लीन है और दूसरा वर्ग अपने-अपने गुटों की उपलब्धियों का प्रशस्तिगान करने में लगा है। कुछ एक प्राचीन कृतियों को बार-बार उठाकर बाल की खाल उतारने वाले समीक्षक अथवा नारी को नंगा करने अथवा गाली-गलौज करने वाली दो-चार कहानियां या कविताएं

लिखने वाले लेखकों को नए युग का मसीहा घोषित करने वाले समीक्षक तो हिंदी में पर्याप्त मिल जाएंगे किंतु सद्साहित्य के विकास और असद्-साहित्य के विनाश के महान उत्तरदायित्व को निभाने वाले समालोचक हिंदी में कम हैं। बंगला, गुजराती, मराठी आदि अनेक भारतीय भाषाओं में उच्च कोटि के समालोचकों ने समय-समय पर बाल-साहित्य पर लेख आदि लिखे हैं किंतु हिंदी के विद्वान आज भी इस ओर से पूर्ण उदासीन हैं।

साहित्य समीक्षा बागवान की तरह अवांछित को हटाकर अभीष्ट का पोषण करती है। हिंदी बाल-साहित्य समीक्षा के अभाव में ठीक ढंग से विकास नहीं कर पाया क्योंकि न तो लेखकों को सही मार्गदर्शन मिल सका और न उन्हें धन, यश आदि के रूप में कोई प्रोत्साहन मिला।

किंतु सारा दोष समीक्षकों के मत्थे मढ़ना भी अनुचित है। स्वयं बाल-साहित्य लिखने वाले भी अपनी इस उपेक्षा के लिए जिम्मेदार हैं। अधिकांश लेखकों ने मौलिक सृजन का प्रयास नहीं किया बल्कि इधर-उधर से सुलभ-सामग्री लेकर पुस्तकें मात्र तैयार कर दीं। प्रकाशकों की मांग पर किसी भी समय किसी भी विषय पर पचास-साठ पृष्ठों की पुस्तक लिखकर उसे सौ-पचास में प्रकाशकों के हाथ बेच देने वाले लेखकों को साहित्यकार का दर्जा नहीं मिल सकता है क्योंकि उसका काम तो प्रकाशन संस्थाओं के मुंशी के काम से अधिक नहीं होता। किसी अन्य भाषा की कृति को रूपांतरित करके अपने नाम से प्रकाशित करवाने वाले लेखक तथा विश्वकोशों से सामग्री उतारकर पुस्तक बनाने वाले लेखक साहित्यिक यश के अधिकारी नहीं हो सकते।

**राजकीय प्रोत्साहन :** 1950 के बाद के साहित्य को राजकीय प्रोत्साहन से बहुत बल मिला है। वस्तुतः इस काल के बाल-साहित्य का मुख्य प्रेरणा-स्रोत ही राजकीय संस्थाएं थीं। स्वतंत्रता प्राप्ति के बाद स्कूलों का विस्तार हुआ और पुस्तकालयों में बाल-साहित्य की खपत की संभावनाएं बढ़ गईं। इसके अतिरिक्त राजकीय स्तर पर भी बाल-साहित्य के प्रकाशन और प्रसार में रुचि ली जाने लगी। परिणामस्वरूप 1954 के आस-पास केंद्रीय शिक्षा-मंत्रालय ने तथा उसके बाद प्रादेशिक सरकारों ने बाल-साहित्य पर पुरस्कार देने तथा पुस्तकें खरीदने की योजनाएं बनाईं। इन योजनाओं से बाल-साहित्य का लेखन-प्रकाशन बड़ी तीव्र गति से हुआ। किंतु इन योजनाओं के संचालन में कुछ ऐसी त्रुटियां थीं जिनके कारण बाल-साहित्य के नाम पर बहुत सा कूड़ा-कर्कट भी जमा हो गया।

बाल-साहित्य पर पुरस्कार देने की योजना अपने में बहुत अच्छी है किंतु यदि

उसके संचालन के लिए अच्छी व्यवस्था का अभाव हो तो पुरस्कारों से कोई विशेष लाभ नहीं होता है बल्कि हानि ही हो सकती है। केंद्रीय सरकार की ओर से दिए जाने वाले पुरस्कार उच्च कोटि की साहित्यिक कृतियों पर दिए जाने चाहिए किंतु अच्छी कृतियों का निर्णय करने का साधन अर्थात समीक्षा नाम की वस्तु अभी तक हमारे पास नहीं है। ऐसी स्थिति में पुरस्कारों का निर्णय कैसे किया जाता है। जाहिर है कि ये निर्णय कुछ व्यक्तियों की निजी पसंद-नापसंद पर ही होते रहे हैं किंतु इससे तो अच्छी कृतियों के पोषण में सहायता नहीं मिलती है। कृतियों के मूल्यांकन की उचित व्यवस्था के अभाव में सामान्य कोटि की पुस्तकों को पुरस्कृत हो जाने का खतरा होता है जो अच्छे साहित्य के संवर्धन के लिए निश्चय ही हानिकारक है।

राजकीय पुरस्कारों के लिए लिखी गई पुस्तकों में राजकीय पुरुषों को खुश करने की प्रवृत्ति सामान्यतः विद्यमान रहती है और अच्छे लेखक अपने स्वाभिमान के कारण ऐसी पुस्तकें लिखने के लिए तैयार नहीं होते। वर्तमान काल के हिंदी बाल-साहित्य में सस्ती कोटि की राजनैतिक नारेबाजी की पुस्तकों का आधिक्य इसका प्रमाण है।

राजकीय पुरस्कारों की तरह राजकीय खरीद में भी यह दोष विद्यमान है कि इससे सस्ती किस्म के प्रचारात्मक साहित्य का अधिक पोषण होता है। सामान्यतः राजकीय खरीद में पुस्तक के साहित्यिक गुणों की अपेक्षा उसकी कीमत तथा कमीशन पर अधिक ध्यान दिया जाता है जिसके कारण अच्छी कोटि की पुस्तकें तो खरीद की सुविधा से वंचित रह जाती हैं किंतु सामान्य कोटि का साहित्य ढेरों खरीद लिया जाता है। जो प्रकाशक लेखकों को अच्छा पारिश्रमिक देकर उनकी पुस्तकों को आकर्षक ढंग से छाप सकते हैं वे सरकारी संस्थाओं को अधिक कमीशन नहीं दे पाते। किंतु बहुत सी सरकारी संस्थाएं 'वणिक्वृत्ति' की निम्नतम सीमा तक जाकर अधिकतम कमीशन की मांग करती हैं। प्रकाशकों का कहना है कि कुछ संस्थाएं तो आधी कीमत पर पुस्तकें खरीदने का दुराग्रह करती हैं। ऐसी खरीद योजनाओं से तो वही प्रकाशक लाभ उठा सकते हैं जो लेखकों को पचास-साठ रुपए थमा कर सस्ती कोटि की पुस्तकें लिखवाते हैं और उन्हें सस्ते ढंग से छापकर लागत से पांच-छह गुना कीमत रखने का दुस्साहस कर सकते हैं। इसके अतिरिक्त समीक्षा के सर्वमान्य सिद्धांतों के अभाव में खरीद समिति के सदस्यों को खुश करने की कला की भी आवश्यकता पड़ती है जो सामान्यतः स्वाभिमानी प्रकाशक अथवा लेखक के पास नहीं होती है।

बच्चों को कम कीमत पर अच्छी पुस्तकें उपलब्ध कराने में ऋण आदि के रूप

में सरकारी सहायता बहुत आवश्यक है किंतु इसका उपयोग इस देश के बालकों को अच्छा बाल-साहित्य उपलब्ध कराने के लिए होना चाहिए न कि घिसी-पिटी कहानियां अंग्रेजी में छापकर अंतर्राष्ट्रीय बाजार में मूर्खतापूर्ण प्रतिस्पर्धा करने के लिए जैसा कि लगभग आधे करोड़ की आर्थिक सहायता से स्थापित चिल्ड्रेंस बुक ट्रस्ट में इस समय हो रहा है। कुछ बड़े लोगों के ड्राइंग रूम की शोभा बढ़ाने की अपेक्षा सरकार को हजारों-लाखों निर्धन बच्चों की आवश्यकताओं को पूरा करने के लिए अधिक प्रयत्नशील रहना चाहिए।

**प्रकाशन संस्थाओं और पुस्तक-विक्रेताओं का प्रभाव :** युग की नित नवीन आवश्यकताओं के प्रति सतत जागरुकता अच्छे प्रकाशक का गुण है। इसमें तो कोई संदेह नहीं कि व्यावसायिक सफलता और आर्थिक लाभ उसका प्रमुख लक्ष्य होता है किंतु इसके साथ-साथ अच्छे साहित्य को प्रकाश में लाना और सुरुचिपूर्ण पाठक तैयार करना भी उसका ध्येय होना चाहिए क्योंकि अंततः संस्था का भविष्य इसी पर निर्भर है। विदेशों में कुशल प्रकाशक नए प्रतिभाशाली लेखकों की तलाश में पूंजी खर्च करना भी एक निवेश ही मानते हैं जिसके लिए वे लेखकों से संपर्क स्थापित करने वाले व्यक्तियों को अच्छा पारिश्रमिक देते हैं। भारत में लेखन और प्रकाशन अभी उस स्थिति में नहीं पहुंच पाया है।

हिंदी के लेखकों की स्थिति वैसे ही दयनीय है। दो-चार सुविख्यात लेखकों को छोड़कर अन्य लेखक हमेशा प्रकाशकों के कृपाकांक्षी होते हैं। बाल-साहित्य के लेखक की स्थिति तो और भी बुरी है। ऐसी स्थिति में प्रकाशक लेखकों का मनमाना शोषण कर सकते हैं किंतु इससे साहित्य का अहित तो होता ही है प्रकाशक को भी हानि उठानी पड़ती है। कारण यह है कि जब प्रकाशक सौ-डेढ़ सौ रुपए देकर पुस्तक की पांडुलिपि खरीदने का आग्रह करेगा तो उसे न तो अच्छे लेखक मिलेंगे और न ही अच्छी पुस्तकें। जिस लेखक ने परिश्रम से अपनी पुस्तक लिखी है, जिसने कठिन साधना से गुजर कर वस्तुतः मौलिक सृजन किया है, वह अपनी कृति को प्रकाशक के हाथ सस्ते दाम पर नहीं बेच सकता है क्योंकि यह कृति उसकी संतान होती है।

अधिकांश प्रकाशकों की यह प्रवृत्ति होती है कि पुस्तक कम से कम लागत से तैयार हो जाए और उसकी अधिक से अधिक कीमत रखी जाए। इसके कारण एक ओर तो वे कागज, छपाई, पुस्तक-सज्जा आदि पर अधिक खर्च करना नहीं चाहते और दूसरी ओर वे कीमतें इतनी रखते हैं कि पचास प्रतिशत कमीशन देने के लिए तैयार हो जाते हैं। राजकीय संस्थाओं की ओर से की जाने वाली थोक खरीद

में इस प्रकार की घातक प्रतियोगिता करने वाले प्रकाशक प्रकाशन-व्यवसाय और साहित्य को गंदा करने वाले हैं और वे राजकीय अथवा अराजकीय संस्थाएं जो पुस्तकें खरीदकर इनके इस कार्य में भागीदार होती हैं, वे भी समाज और राष्ट्र के हितों के विरुद्ध काम करती हैं।

इस बात को तो कोई भी अस्वीकार नहीं कर सकता है कि बच्चों की पुस्तकों के प्रकाशन में लागत अधिक आती है। लागत से तिगुनी कीमत रखने पर सामान्यतः पुस्तकें महंगी लगने लगती हैं। किंतु इस समस्या का समाधान किसी और ढंग से किया जा सकता है। उदाहरण के लिए, पुस्तक की कीमत लागत से दो या अढ़ाई गुना रखी जा सकती है और उसकी प्रतिपूर्ति के लिए बाल-साहित्य पर कमीशन की दर घटाई जा सकती है, संस्करणों का आकार बढ़ाया जा सकता है, एक ही पुस्तक को दो-तीन भाषाओं में प्रकाशित किया जा सकता है आदि आदि। किंतु इससे भी अधिक चिंता की बात तो यह है कि हम सस्ती कीमत की पुस्तकें देने के प्रयास में सस्ती किस्म की पुस्तकें ही दे पाते हैं। अमरीका में भी बच्चों को कम कीमत पर पुस्तकें उपलब्ध कराने का प्रयास किया जाता है किंतु इसके लिए वे पुस्तक की कोटि में किसी प्रकार कमी नहीं आने देते। पाल हजार्ड ने अमरीकी प्रकाशकों की इस नीति की बहुत प्रशंसा की है। उनके निम्नलिखित शब्द हमें प्रेरणा देने वाले हैं

> ''अमरीका एक विचित्र देश है जहां के लोग हर चीज में और विशेषकर पुस्तकों में किफायत करने की बात नहीं सोचते हैं। वे सस्ते दामों पर पुस्तकें तैयार करने के विरुद्ध नहीं होते किंतु वे यह भी नहीं सोचते कि सस्तापन ही सर्वांगपूर्णता की अंतिम कसौटी है। घटिया कागज, टूटे हुए टाइप, फीकी स्याही, अपर्याप्त जिल्दबंदी, छपाई की गलतियां ये सब उन्हें सह नहीं होता।''[3]

इसके अतिरिक्त हमारे प्रकाशकों में व्यावसायिक सूझ-बूझ की भी कमी दिखाई देती है। सर्वप्रथम तो उनके प्रकाशन-कार्यक्रमों के पीछे कोई योजना नहीं होती। विशेषकर बाल-साहित्य का प्रकाशन तो एक सनक में किया जाता है। यह सोचने का भी प्रयत्न नहीं किया जाता है कि जिस पुस्तक को वे छाप रहे है वह नई चीज है अथवा नहीं। यदि लोककथाओं का फैशन चला तो सभी प्रकाशक अंधाधुंध लोककथाएं प्रकाशित करने लगे। यदि जीवनियों की कुछ मांग हुई तो उन्हीं नेताओं की जीवनियां सबने प्रकाशित कर डालीं। चूंकि इस प्रकार की पुस्तकों में प्रकाशक के नाम के अतिरिक्त और किसी प्रकार की भिन्नता नहीं होती अतः एक ही प्रकार की पुस्तकें

बाजार में जमा हो जाती हैं और घातक प्रतियोगिता चलने लगती है। यदि लेखक का मौलिक योगदान पुस्तक में नहीं है तो चित्रों आदि की कुछ असमानता होते हुए भी ग्राहक की दृष्टि में विभिन्न प्रकाशकों की पुस्तकें एक ही जैसी होंगी और वह अधिकतम कमीशन देने वाले से ही पुस्तक खरीदेगा।

प्रचार और विज्ञापन की कला में भी हमारे प्रकाशक बहुत पीछे हैं। हिंदी का क्षेत्र इतना बड़ा है कि बाल-साहित्य की एक अच्छी पुस्तक की पांच हजार प्रतियां तो छह महीने के अंदर-अंदर बिक जानी चाहिए। किंतु ऐसा लगता है कि पुस्तक की कीमत निश्चित करते समय तो प्रचार आदि के लिए व्यवस्था की जाती है किंतु बाद में इस कार्य को व्यर्थ समझ लिया जाता है।

पुस्तक-प्रकाशन एक तकनीकी व्यवसाय है और तकनीकों का द्रुतगति से विकास हो रहा है। यदि प्रकाशक नए-नए तकनीकों और नए यंत्रों का उपयोग नहीं करेगा तो वह पिछड़ जाएगा। हमारे प्रकाशकों की एक मुख्य त्रुटि यह है कि वे नई तकनीकों को अपनाने में बहुत देर कर देते हैं। उदाहरण के लिएए इस समय विश्व के उन्नत देशों में बाल-साहित्य के प्रकाशन के लिए आफसेट से कम की बात तक कोई नहीं सोचता किंतु हमारे यहां अभी तक घिसे-पिटे प्रेस ही काम में लाए जाते हैं। कुछ प्रकाशक तो अभी तक ऐसी पुस्तकें छापे जा रहे हैं जो एक-एक आने में बिकने वाली सिने-गीतों की चौपड़ियों के समकक्ष रखी जा सकती हैं। इसके ठीक विपरीत कुछ प्रकाशक बड़े लोगों के ड्राइंग रूम की शोभा बढ़ाने के उद्‌देश्य से छपाई तथा पुस्तक सज्जा की ओर इतना अधिक ध्यान दे रहे हैं कि विषयवस्तु का स्तर गिरता जा रहा है और पुस्तक सुंदर खिलौने का स्थान लेती जा रही है।

**पत्रिकाओं का दृष्टिकोण** : आधुनिक साहित्य को पत्रकारिता ने बहुत प्रभावित किया है। यह प्रभाव धनात्मक भी है और ऋणात्मक भी। एक ओर तो तात्कालिक अपील का समावेश करके इसने साहित्य को साधना की भूमि से उतारकर सामान्य स्तर पर ला खड़ा कर दिया है, दूसरी ओर साहित्य को जनसाधारण तक पहुंचा कर इसने उपकार भी किया है।

हिंदी की बाल-पत्रिकाओं ने प्रारंभ में बाल-साहित्य के निर्माण में बहुत योगदान दिया है। इन पत्रिकाओं ने हिंदी के मूर्धन्य साहित्यकारों को बाल-साहित्य लिखने के लिए प्रेरित किया। यद्यपि बाल-साहित्य के संबंध में संपादकों तथा लेखकों में उस समय जो धारणाएं प्रचलित थीं वे कुछ दोषपूर्ण थीं तथापि उन्होंने यथाशक्ति बच्चों को अच्छी रचनाएं देने का प्रयत्न किया। बाल-पत्रिकाओं के संपादकों में पं. रामजीलाल शर्मा, बदरीनाथ भट्‌ट, देवीदत्त शुक्ल, लल्लीप्रसाद पांडेय,

सोहन लाल द्विवेदी, श्रीनाथ सिंह, रामवृक्ष बेनीपुरी, रामनरेश त्रिपाठी, सुदर्शनाचार्य, आचार्य रामलोचन शरण, सुरेश सिंह, ज्योतिलाल भार्गव आदि व्यक्ति स्वयं भी बाल-साहित्य के प्रसिद्ध लेखक तथा मर्मज्ञ माने जाते हैं। इन लोगों ने अपने-अपने व्यक्तिगत संपर्क तथा पुरुषार्थ से लेखकों का अच्छा-खासा दल तैयार किया। इन पत्रिकाओं की बिक्री आजकल की कुछ पत्रिकाओं की तुलना में बहुत कम थी किंतु इनका ध्यान बच्चों को यथासंभव अच्छी-से-अच्छी रचनाएं जुटाने की ओर रहता था। बढ़िया चित्र, छपाई आदि की सुविधाएं उन्हें उपलब्ध नहीं थीं किंतु उसकी प्रतिपूर्ति वे अच्छी सामग्री से किया करते थे।

सन् 1950 के बाद की बाल-पत्रिकाओं में साहित्य-सृजन की अपेक्षा पत्रकारिता का अंश अधिक समाविष्ट है। संभवतः इसीलिए पत्रिकाओं की प्रचार संख्या तो बढ़ी है किंतु इनके माध्यम से अच्छे लेखक बहुत कम तैयार हुए हैं। इस काल की एक विचित्र बात यह है कि पुस्तकों के लेखक पत्रिकाओं के लिए नहीं लिखते और पत्रिकाओं के लेखक पुस्तकें नहीं लिख पाते अथवा उन्हें प्रकाशित नहीं करवा पाते। वर्तमान काल की पत्रिकाओं में *मनमोहन* ही संभवतः ऐसी पत्रिका है जिसने अनेक लेखक हिंदी बाल-साहित्य को दिए हैं। रमेश वर्मा, मनहर चौहान, सरस्वती कुमार दीपक, उमाकांत मालवीय, श्रीप्रकाश, मस्तराम कपूर 'उर्मिल', रघुनाथ प्रसाद विकल, मनोहर वर्मा, हिमांशु जोशी, प्रेमनारायण गौड़ आदि कितने ही लेखक *मनमोहन* के संपादक श्री सत्यव्रत के अनुरोध भरे पत्रों के कारण अनेक वर्षों से लिखते चले आ रहे हैं। *बालभारती* सरकारी पत्रिका है। इसमें अच्छे प्रसिद्ध लेखक भी औपचारिकता के निर्वाह मात्र के लिए लिखते हैं। लगभग बीस वर्षों में इस पत्रिका को लेखकों का एक अच्छा दल तैयार कर लेना चाहिए था किंतु ऐसा दिखाई नहीं देता है। *बालसखा* और *बालक* अब बहुत बूढ़े हो गए हैं और जैसे-तैसे कुछ क्षण और जी लेने के लिए हाथ-पैर पटक रहे हैं। *राजाभैया, मिलिंद* आदि कुछ पत्रिकाएं वैयक्तिक प्रयास मात्र हैं और अपनी सीमाओं में बंधी हुई हैं। *पराग, चंदामामा* और *नंदन* ये तीन पत्रिकाएं ही इस समय बाल-साहित्य जगत् पर छाई हुई हैं। इनमें से *चंदामामा* में इतिहास, पुराण और लोकसाहित्य की पुरानी कथाएं ही अधिकतर छपती हैं जिनका संकलन-लेखन संपादकीय विभाग ही कर लेता है। *नंदन* ने कुछ प्रसिद्ध लेखकों को बाल-साहित्य लिखने के लिए प्रेरित किया है किंतु अभी तक कोई उत्कृष्ट कहानी सामने नहीं आई है। कारण संभवतः यह कि इस पत्रिका में भी अधिकतर *चंदामामा* की तरह पुरानी और प्रसिद्ध कथाओं के रूपांतरण छपते हैं। दोनों पत्रिकाओं में अंतर यह है कि *चंदामामा* प्राचीन भारतीय कथाओं को

छापताहै और *नंदन* की दृष्टि विदेशों की ओर अधिक रहती है।

*नंदन* और *चंदामामा* केवल बच्चों के ही नहीं नवसाक्षर महिलाओं के भी पत्र हैं। इस दृष्टि से 'पराग' इन दोनों पत्रिकाओं से भिन्न है। इस पत्रिका में नई और मौलिक रचनाओं के प्रति उत्साह तो है किंतु अपना एक लेखक वर्ग बनाने के प्रति यह पत्रिका भी उदासीन लगती है।

## (उ) भविष्य

इन उपलब्धियों और त्रुटियों पर भली-भांति विचार करने के बाद भविष्य का जो धूमिल सा चित्र मन में उभरता है वह उत्साहवर्धक एवं आशाप्रद है। सबसे बड़ी आशाजनक बात तो यह है कि अब बाल-साहित्य के विभिन्न पक्षों और उसकी समस्याओं पर गंभीरता से विचार-विमर्श होने लगा है। 1962 में बालभवन की स्थापना के समय बाल-साहित्य पर एक बहुत अच्छा सेमिनार हुआ था जिसमें देश-विदेश के अनेक विद्वान सम्मिलित हुए थे। केंद्रीय शिक्षा-मंत्रालय के राष्ट्रीय शैक्षिक अनुसंधान और प्रशिक्षण परिषद ने भी इस विषय पर एक-दो संगोष्ठियां आयोजित की थीं। सेंट्रल पेडागाजिकल इंस्टीट्यूट, इलाहाबाद द्वारा आयोजित सेमिनार में पढ़े गए निबंध तो 'बाल-साहितय की मान्यताएं एवं आदर्श' नामक पुस्तक के रूप में प्रकाशित हो चुके हैं। अभी हाल ही में चिल्ड्रेंस बुक ट्रस्ट की ओर से भी बड़े पैमाने पर एक सेमिनार आयोजित किया गया था जिसमें समस्त भारतीय भाषाओं के लेखकों तथा विद्वानों और विदेशों के कुछ विद्वानों ने भाग लिया था। इसके अतिरिक्त विश्वविद्यालयों में बाल-साहित्य पर शोध भी किए जाने लगे हैं। बाल-साहित्य के समुचित मूल्यांकन तथा समीक्षा के लिए अभी तक कोई व्यवस्था नहीं हो पाई है किंतु इस दिशा में अब विद्वान लोग गंभीरता से सोचने लगे हैं।

मानव इस यंत्र युग में जिस गति से अपनी मानवीय क्षमताओं को खोकर यंत्रवत् बनता जा रहा है उसे देखकर साहित्य आदि ललित कलाओं का भविष्य अंधकारमय ही दीखता है किंतु मेरे विचार से यंत्र युग द्वारा लीले जाने का खतरा वयस्क साहित्य को ही है बाल-साहित्य को नहीं। इसका अनुमान वर्तमान स्थिति से भी लग सकता है। आजकल वयस्क-साहित्य अधिकाधिक सिकुड़ता जा रहा है। नाटक साहित्य, सिनेमा और टेलीविजन के आगमन से समाप्तप्राय है। कविता, कहानी कुछ बुद्धिजीवी लेखक-पाठकों तक ही सीमित रह गई है। अन्य विधाओं में

भी पत्रकारिता का अंश इतना अधिक है कि वह तात्कालिक अपील की वस्तु बनता जा रहा है। इसके विपरीत बच्चों को साहित्य के रसास्वादन का अधिकार अभी कुछ समय पहले ही मिला है और वे उस अधिकार को इतनी जल्दी नहीं खोना चाहते हैं। बाल-साहित्य की पुस्तकों और पत्रिकाओं की प्रचार संख्या बढ़ती जा रही है। बच्चे आनंद के लिए पुस्तकें पढ़ते हैं। किसी नीरस कृति को वे लाख दबाव डालने पर भी नहीं अपनाते भले ही वह कृति किसी महान लेखक की रचना हो। प्रचार और विज्ञापन उनकी मान्यताओं को नहीं बदल सकते और न वे हर रोज बदलने वाले साहित्यिक फैशन से ही प्रभावित होते हैं। इसके अतिरिक्त यंत्र युग चाहे कितना भी विकराल रूप धारण कर ले, वह उनकी कल्पनाओं और संवेदनाओं को कुंठित नहीं कर सकता है। मनुष्य द्वारा चंद्रमा के रौंदे जाने के बाद भी इस धरती के बच्चों को चंद्रमा पहले की तरह ही मुग्ध करता रहेगा।

और अंत में, हम महाविनाश के मुख-विवर के निकट खड़े हैं। इस धरती का मानव अपनी दानवीय शक्तियों के दुरुपयोग से किसी भी समय अपना सर्वनाश कर सकता है। यदि किसी दिन भस्मासुर ने महाशिव के सिर पर हाथ रख दिया तो इन बड़े-बड़े ग्रंथों में सिमटा हुआ साहित्य शेष नहीं बचेगा किंतु जो बालकों का अपना साहित्य होगा वह क्षणभंगुर जिल्दों की सीमा से मुक्त होने के कारण उस समय भी जीवित रहेगा।

## संदर्भ

1. *बुक्स, चिल्ड्रेंस एंड मेन,* पृ. 85।
2. इन्फरमेशन बुलेटिन, नई दिल्ली, भाग सात, अंक पहला और दूसरा, जुलाई 1965।
3. *बुक्स, चिल्ड्रेंस एंड मेन,* पृ. 85।

# संदर्भ-ग्रंथ

## (क) हिंदी


1. कल्याण (पत्रिका), बाल अंक, जनवरी 1955।
2. अध्ययन और अन्वेषण, विजयेंद्र स्नातक।
3. हिंदी साहित्य; 1926-1947 ; डॉ. भोलानाथ।
4. आचार्य रामलोचरन शरण अभिनंदन ग्रंथ; व्रजनंदन सहाय 'व्रज वल्लभ' का लेख।
5. हिंदी पुस्तक साहित्य; डॉ. कामता प्रसाद गुप्त।
6. उच्चतर साहित्य; डॉ. राजबलि पांडे।
7. बाल-साहित्य की मान्यताएं एवं आदर्श; सेंट्रल पेडागाजिकल इंस्टीच्यूट इलाहाबाद; महादेवी वर्मा का उद्घाटन भाषण।
8. शिक्षा की कुछ समस्याएं : सर रिचर्ड लिविंग्स्टन; हिंदी ग्रंथ रत्नाकर, बंबई।
9. चिंतामणि, भाग एक; रामचंद्र शुक्ल।
10. आधुनिक साहित्य की, भूमिका : आचार्य हजारी प्रसाद द्विवेदी।
11. सिद्धांत और अध्ययन; गुलाबराय एम.ए.
12. शैली और कौशल : आचार्य सीताराम चतुर्वेदी।
13. पूर्व मध्कालीन भारत; वासुदेव उपाध्याय।
14. सरल पंचतंत्र, भूमिका : विष्णु प्रभाकर : भारत सरकार, प्रकाशन विभाग।
15. हिंदी के आदि मुद्रित ग्रंथ : कृष्णाचार्य।
16. आधुनिक हिंदी साहित्य; लक्ष्मीसागर वार्ष्णेय।
17. विचार-प्रवाह; आचार्य हजारी प्रसाद द्विवेदी।

18. ब्रज की लोक कहानियां, भूमिका; डॉ. सत्येन्द्र।
19. वाङ्मय विमर्श; विश्वनाथ प्रसाद मिश्र।
20. सूर और उनका साहित्य; डॉ. हरवंशलाल शर्मा।
21. बालगीत साहित्य; निरंकार देव सेवक।

**(ख) इंग्लिश**

1. About Books and Children, Bess Porter Adam
2. About Books, Children and librarians, Ruth Hill Vigures
3. About Books for Children, Dorothy Neal White
4. Critical History of Children Books, Cornelia Miegs, Anne Thaxter Eaton, Elizbeth Nesbit, Ruth Hill Vigures
5. All the Books of my Life, Sheila Kaye Smith
6. A Parent's Guide to Children's Reading, Nancy Larrik
7. Bibliophile in Nursery, William Targ
8. Books for Children (Time for Tales), May Hill Arbuthnot
9. Book, Children and Men, Paul Hazard
10. By Way of Introduction, A.A. Milne
11. Child Drama, Peter Slade
12. Children and Books, May Hill Arbuthnot
13. The Children's Book-shelf, Anne Thaxter White
14. Children's Books in England, P.J. Harvey Darton
15. Children's Literature in Elementary School Charlotte, S. Huck, Doris A. Young.
16. Enjoying Books, Geoffery Trease
17. Illustration of Books, David Bland
18. First Adventare in Reading, May, Lamberton Becker
19. History of Children Books, Elva S. Smith
20. Plays and Creative Way for Children, Gertrude L. Kerman
21. Psychology in Class-Room, Rudolf Dreikurs MD.
22. Reading with Children, Anne Thaxter Eaton
23. Something Shared, Phyllis Fenner
24. The Proof of Pudding, Phyllis Fenner
25. Theatre for Children, Winifred Ward
26. Unreluctant Years, Lillian Smith A.L.A.
27. Young Writers Young Readers, Borris Ford
28. Your Child Wants to Read, Ruth Tooze
29. Your Child's Reading Today, Josettiee Frank